江苏历代文化名人传·沈德潜

赵杏根 著

江苏文库

研究编

江苏历代文化名人传

江苏文脉整理与研究工程

江苏人民出版社

图书在版编目(CIP)数据

江苏历代文化名人传. 沈德潜 / 赵杏根著. -- 南京 : 江苏人民出版社,2025. 4 -- (江苏文库). -- ISBN 978 - 7 - 214 - 29766 - 2

Ⅰ. K825. 4;K825. 6

中国国家版本馆 CIP 数据核字第 2024FG0630 号

书　　名　江苏历代文化名人传・沈德潜
著　　者　赵杏根
出版统筹　张　凉
责任编辑　张　凉　陈　欣
责任监制　王　娟
装帧设计　姜　嵩
出版发行　江苏人民出版社
地　　址　南京市湖南路 1 号 A 楼,邮编:210009
照　　排　江苏凤凰制版有限公司
印　　刷　苏州市越洋印刷有限公司
开　　本　718 毫米×1 000 毫米　1/16
印　　张　35. 75　插页 4
字　　数　515 千字
版　　次　2025 年 4 月第 1 版
印　　次　2025 年 4 月第 1 次印刷
标准书号　ISBN 978 - 7 - 214 - 29766 - 2
定　　价　118. 00 元

江苏文脉整理与研究工程

总主编

信长星　许昆林

第二届学术指导委员会

主　　任　莫砺锋

委　　员　（按姓氏笔画排序）

邬书林　宋镇豪　张岂之　茅家琦

郁贤皓　袁行霈　莫砺锋　赖永海

编纂出版委员会

出版说明

江苏文化源远流长、历久弥新，文化经典与历史文献层出不穷，典藏丰富；文化巨匠代有人出、彪炳史册，在中华民族乃至整个人类文明的发展史上有着相当重要的地位。为科学把握江苏文化的内涵与特征，在新时代彰显江苏文化对中华文化的贡献，江苏省委、省政府决定组织实施"江苏文脉整理与研究工程"，以梳理江苏文脉资源，总结江苏文化发展的历史规律，再现江苏历史上的文化高地，为当代江苏构筑新的文化高地把准脉动、探明趋势、勾画蓝图。

组织编纂大型江苏历史文献总集《江苏文库》，是"江苏文脉整理与研究工程"的重要工作。《文库》以"编纂整理古今文献，梳理再现名人名作，探究追溯文化脉络，打造江苏文化名片"为宗旨，分六编集中呈现：

（一）书目编。完整著录历史上江苏籍学人的著述及其历史记录，全面反映江苏图书馆的图书典藏情况。

（二）文献编。收录历代江苏籍学人的代表性著作，集中呈现自历史开端至一九一一年的江苏文化文本，呈现江苏文化的整体景观。

（三）精华编。选取历代江苏籍学人著述中对中外文化产生重要影响、在文化学术史上具有经典性代表性的作品进行整理，并从中选取十余种，组织海外汉学家翻译成各国文字，作为江苏对外文化交流的标志性文化成果。

（四）方志编。从江苏现存各级各类旧志中选择价值较高、保存较好的志书，以充分发挥地方志资治、存史、教化等作用，保存江苏的地方文献与历史文化记忆。

（五）史料编。收录有关江苏地方史料类文献，反映江苏各地历史地理、政治经济、文化教育、宗教艺术、社会生活、风土民情等。

（六）研究编。组织、编纂当代学者研究、撰写的江苏文化研究著作。

文献、史料、方志三编属于基础文献，以影印方式出版，旨在提供原始文献，以满足学术研究需要；书目、精华、研究三编，以排印方式出版，既能满足学术研究的基本需求，又能满足全民阅读的基本需求。

“江苏文脉整理与研究工程”工作委员会

江苏文库·研究编编纂人员

一脉千古成江河

——江苏文库·研究编序言

樊和平

“江苏文脉整理与研究工程”是江苏文化史上继往开来的一个浩大工程。与当下方兴未艾的全国性“文库热”相比，江苏文脉工程有三个基本特点：一是全面系统的整理；二是“整理”与“研究”同步；三是以“文脉”为主题。在“书目编—文献编—精华编—史料编—方志编—研究编”的体系结构中，“研究编”是十分独特的板块，因为它是试图超越“修典”而推进文化传承创新的一种学术努力。

“盛世修典”之说不知起源于何时，不过语词结构已经表明“盛世”与“修典”之间的某种互释甚至共谋，以及由此而衍生的复杂文化心态。历史已经表明，“修典”在建构巨大历史功勋的同时，也包含内在的巨大文化风险，最基本的是“入典”的选择风险。《四库全书》的文化贡献不言自明，但最终其收书的数量竟与禁书、毁书、改书的数量大致相当，还有高出近一倍的书目被宣判为无价值。“入典”可能将一个时代的局限甚至选择者个人的局限放大为历史的文化局限，也可能由此扼杀文化多样性而产生文化专断。另一个更为潜在和深刻的风险，是对待传统的文化态度。文献整理，尤其是地域典籍的整理，在理念和战略上面临的最大考验，是以何种心态对待文化传统。当今之世，无论对个体还是社会，传统已经不仅是文化根源，而且是文化和经济发展的资源甚至资本。然而一旦传统成为资源和资本，邂逅市场逻辑的推波助澜，就面临沦为消费和运作对象的风险，从而以一种消费主义和工具主义的文化态度对待文化传统和文献整理。当传统成为消费和运作的对象,其文化价值不仅可能被误读误用,而且也可能在对传统的消费中使文化坐吃山空,造就出文化上的纨绔子弟,更可能在市场运作中使文化不断被糟蹋。"江苏文脉整理与研究工程"的"整理工程"以全面系统的整理的战略应对可能存在的第一种风险,即入典选择的风险;以"研究工程"应对第二种可能的风险,即消费主义与工具主义的风险。我们不仅是既往传统的继承者,更应当是未来传统的创造者;现代人的使命,不仅是继承优秀传统,更应当创造新的优秀传统,这便是传统的创造性转化与创新性发展的真义。诚然,创造传统任重道远,需要经过坚忍不拔的卓越努力和大浪淘沙般的历史积淀,但对"江苏文脉整理与研究工程"而言,无论如何必须在"整理"的同时开启"研究"的千里之行,在研究中继承和发展传统。这便是"研究编"的价值和使命所在,也是"江苏文脉整理与研究工程"在"文库热"中于顶层设计层面的拔群之处。

一 倾听来自历史深处的文化脉动

20 世纪是文化大发现的世纪,20 世纪以来西方世界最重要的战略,就是文化战略。20 世纪 20 年代,德国社会学家马克斯·韦伯的《新教伦理与资本主义精神》,揭示了西方资本主义文明的文化密码,这就是"新教伦理"及其所造就的"资本主义精神",由此建构"新教伦理+资本主义"的所谓"理想类型",为西方资本主义进行了文化论证尤其是伦理论证,奠定了 20 世纪以后西方中心论的文化基础。20 世纪 70 年代,哈佛大学教授丹尼尔·贝尔的《资本主义文化矛盾》,揭示了当代资本主义最深刻的矛盾不是经济矛盾,也不是政治矛盾,而是"文化矛盾",其集中表现是宗教释放的伦理冲动与市场释放的经济冲动分离与背离,进而对现代西方文明发出文化预警。20 世纪 70 年代之后,亨廷顿的《文明的冲突与世界秩序的重建》将当今世界的一切冲突归结为文明冲突、文化冲突,将文化上升为西方世界尤其是美国国家战略的高度。以上三部曲构成西方世界尤其是美国文化帝国主义的国家文化战略,正如一些西方学者所发现的那样，时至今日，文化帝国主义被另一个概念代替——“全球化”，显而易见，全球化不仅是一种浪潮，更是一种思潮，是西方世界的国家文化战略。文化虽然受经济发展制约甚至被经济发展水平所决定，但回顾从传统到现代的中国文明史，文化问题不仅逻辑地而且历史地成为文明发展的最高最难的问题，正因为如此，文化自信才成为比理论自信、道路自信、制度自信更具基础意义的最重要的自信。

在全球化背景下，文脉整理与研究具有重大的国家文化战略意义，不仅必要，而且急迫。文化遵循与经济社会不同的规律，全球化在造就广泛的全球市场并使全球成为一个“地球村”的同时，内在的最大文明风险和文化风险便是同质性。全球化催生的是一个文化上的独生子女，其可能的镜像是：一种文化风险将是整个世界的风险，一次文化失败将是整个人类的文化失败。文化的本质是什么？梁漱溟先生说，文化就是人的生活的根本样法，文化就是“人化”。丹尼尔·贝尔指出，文化是为人的生命过程提供解释系统，以对付生存困境的一种努力。据此，文化的同质化，最终导致的将是人的同质化，将是民族文化或西方学者所说地方性知识的消解和消失；同时，由于文化是人类应对生存困境的大智慧，或治疗生活世界痼疾的抗体，它所建构的是与自然世界相对应的精神世界和意义世界，文化的同质性将导致人类在面临重大生存困境时智慧资源的贫乏和生命力的苍白，从而将整个人类文明推向空前的高风险。应对全球化的挑战和西方文化帝国主义的国家战略，“江苏文脉整理与研究工程”是整个中华民族浩大文化工程的一部分和具体落实，其战略意义绝不止于保存文化记忆的自持和自赏，在这个全球化的高风险正日益逼近的时代，完整地保存地方文化物种，认同文化血脉，畅通文化命脉，不仅可以让我们在遭遇全球化的滔滔洪水之时可以于故乡文化的山脉之巅“一览众山小”地建设自己的精神家园和文化根据地，而且可以在患上全球化的文化感冒甚至某种文化瘟疫之后，不致乞求“西方药”来治“中国病”，而是根据自己的文化基因和文化命理，寻找强化自身的文化抗体和文化免疫力之道，其深远意义，犹如在今天经过独生子女时代穿越时光隧道，回首当年我们的“兄弟姐妹那么多”

和父辈们儿孙满堂的那种天伦风光，不只是因为寂寞，而且是为了中华民族大家庭的文化安全和对未来文化风险的抗击能力。

“江苏文脉整理与研究工程”是以江苏这一特殊地域文化为对象的一次集体文化自觉和文化自信，与其他同类文化工程相比，其最具标识意义的是“文脉”理念。“文脉”是什么？它与“文献”和文化传统的关系到底如何？这是“文脉工程”必须解决的基本问题。

庞朴先生曾对“文化传统”与“传统文化”两个概念进行了审慎而严格的区分，认为“传统文化”可能是历史上曾经存在过的一切文化现象，而“文化传统”则是一以贯之的文化道统。在逻辑和历史两个维度，文化成为传统都必须同时具备三个条件：历史上发生的，一以贯之的，在现实生活中依然发挥作用的。传统当然发生于历史，但历史上发生的一切，从《道德经》《论语》到女人裹小脚，并不都成为传统，即便当今被考古或历史研究所不断发现的现象，也只能说是“文化遗存”，文化成为传统必须在历史长河中一以贯之而成为道统或法统，孔子提供的儒家学说，老子提供的道家智慧，之所以成为传统，就是因为它们始终与中国人的生活世界和精神世界相伴随，并成为人的生命和生活的文化指引。然而，文化并不只存在于文献典籍之中，否则它只是精英们的特权，作为“人的生活的根本样法”和“对付生存困境”的解释系统，它必定存在于芸芸众生的生命和生活之中，由此才可能，也才真正成为传统。《论语》与《道德经》之所以成为传统，不只是因为它们作为经典至今还为人们所学习和研究，而且因为在中国人精神的深层结构中，即便在未读过它们的田夫村妇身上，也存在同样的文化基因。中国人在得意时是儒家，“明知不可为而偏为之”；在失意时是道家，“后退一步天地宽”；在绝望时是佛家，“四大皆空”。从而建立了与自给自足的自然经济结构相匹合的自给自足的文化精神结构，在任何境遇下都不会丧失安身立命的精神基地，这就是传统。文化传统必须也必定是“活”的，是在现实中依然发挥作用的，是构成现代人的文化基因的生命因子。这种与人的生活和生命同在的文化传统就是“脉”，就是“文脉”。

文脉以文献、典籍为载体，但又不止于文献和典籍，而是与负载它的生命及其现实生活息息相关。“文脉”是什么？“文脉”对历史而言是

"血脉",对未来而言是"命脉",对当下而言是"山脉"。"江苏文脉"就是江苏人的文化血脉、文化命脉、文化山脉,是历史、现在、未来江苏人特殊的文化生命、文化标识、文化家园,以及生生不息的文化记忆和文化动力。虽然它们可能以诸种文化典籍和文化传统的方式呈现和延续,但"文脉工程"致力探寻和发现的则是跃动于这些典籍和传统,也跃动于江苏人生命之中的那种文化脉动。"江苏文脉整理与研究工程"的最大特点就在于它是"文脉工程"而不是一般的"文化工程",更不是"文库工程"。"文化工程""文库工程"可能只是一般的文化挖掘与整理,而"文脉工程"则是与地域的文化生命深切相通,贯穿地域的历史、现在与未来的生命工程。

"江苏文脉整理与研究工程"是"整理"与"研究"的璧合,在"研究工程"中能否、如何倾听到来自历史深处的文化脉动,关键是处理好"文献"与"文脉"的关系。"整理工程"是对文脉的客观呈现,而"研究工程"则是对文脉的自觉揭示,若想取得成功,必须学会在"文献"中倾听和发现"文脉"。"文献"如何呈现"文脉"?文献是人类文明尤其是人类文化记忆的特殊形态,也是人类信息交换和信息传播的特殊方式。回首人类文明史,到目前为止,大致经历了三种信息方式。最基本也是最原初的是口口交流的信息方式,在这种信息方式中,信息发布者和信息传播者同时在场,它是人的生命直接和整体在场并对话的信息传播方式,是从语言到身体、情感的全息参与,是生命与生命之间的直接沟通,但具有很大的时空局限。印刷术的产生大大扩展了人类信息交换的广度和深度,不仅可以以文字的方式与不在场的对象交换信息,而且可以以文献的方式与不同时代、不同时空的人们交换信息,这便是第二种信息方式,即以印刷为媒介的信息方式或印刷信息方式。第三种信息方式便是现代社会以电子网络技术为媒介的信息方式,即电子信息方式。文献与典籍是印刷信息方式的特殊形态,它将人类文化史和文明史上具有特殊价值的信息以印刷媒介的方式保存下来,供后人学习和研究,从而积淀为传统。文字本质上是人的生命的表达符号,所谓"诗言志"便是指向生命本身。然而由于它以文字为中介,一旦成为文献,便离开原有的时空背景,并与创作它的生命个体相分离,于是便需要解读,在解读中便可能发生误读，但无论如何，解读的对象并不只是文字本身，而是文字背后的生命现象。

文献尤其是典籍是不同时代人们对于文化精华的集体记忆，它们不仅经受过不同时代人们的共同选择，而且经受过大浪淘沙的历史洗礼，因而其中不仅有创造它的那个个体或文化英雄如老子、孔子的生命表达，而且有传播和接受它的那个民族的文化脉动，是负载它的那个民族的文化生命，这种文化生命一言以蔽之便是文化传统。正因为如此，作为集体记忆的精华，文献和典籍是个体和集体的文化脉动的客观形态，关键在于，必须学会倾听和揭示来自远方的生命旋律。由于它们巨大的时空跨度，往往不能直接把脉，而需要具有一种“悬丝诊脉”的卓越倾听能力。同时，为了把握真实的文化脉动，不仅需要对文献和典籍即“文本”进行研究，而且需要对创造它们的主体包括创作的个体和传播接受的集体的生命即“人物”进行研究。正如席勒所说，每个人都是时代的产儿，那些卓越的哲学家和有抱负的文学家却可能成为一切时代的同代人。文字一旦成为文献或典籍，便意味着创作它的个体成为一切时代的同代人，但无论如何，文献和它们的创造者首先是某个时代的产儿，因而要在浩如烟海的文献和典籍中倾听到来自传统深处的文化脉动，还需要将它们还原到民族的文化生命之中，形成文化发展的“精神的历史”。由此，文本研究、人物研究、学派流派研究、历史研究，便成为“文脉研究工程”的学术构造和逻辑结构。

二　中国文化传统中的江苏文脉

江苏文脉是中国文化传统的一部分，二者之间的关系并不只是部分与整体的关系，借助宋明理学的话语，是“理一”与“分殊”的关系。文脉与文化传统是民族生命的文化表达和自觉体现，如果只将它们理解为部分与整体的关系，那么江苏文脉只是中国文化传统或整个中华文化脉统中的一个构造，只是中华文化生命体中的一个器官。朱熹曾以佛家的“月映万川”诠释“理一分殊”。朗月高照，江河湖泊中水月熠熠，此番景象的哲学本真便是“一月普现一切水，一切水月一月摄”。天空中的“一月”与江河中的“一切水月”之间的关系是“分享”关系，不是分享了“一月”的某一部分，而是全部。江苏文脉与中国文化传统之间的关系便是“理一分殊”，中国文化传统是“理一”，江苏文脉是“分殊”，正因为如此，关于江苏文脉的研究必须在与整个中国文化传统的关系中整体性地把握和展开。其中，文化与地域的关系、江苏文化在中华文化发展中的贡献和地位，是两个基本课题。

到目前为止的一切人类文明的大格局基本上都是由以山河为标志的地理环境造就的，从轴心文明时代的四大文明古国，到“五大洲四大洋”的地理区隔，再到中国山东—山西、广东—广西、河南—河北，江苏的苏南—苏北的文化与经济差异，山河在其中具有基础性意义。在这个意义上，可以将在此以前的一切文明称为“山河文明”。如今，科技经济发展迎来一个“高”时代：高铁、高速公路、电子高速公路……正在并将继续推倒由山河造就的一切文明界碑，即将造就甚至正在造就一个“后山河时代”。“后山河时代”的最后一道屏障，“山河时代”遗赠给“后山河时代”的最宝贵的文明资源，便是地域文化。在这个意义上，江苏文脉的整理与研究，不仅可以为经过全球化席卷之后的同质化世界留下弥足珍贵的“文化大熊猫”，而且可以在未来的芸芸众生饱尝“独上高楼，望尽天涯路”的孤独之后，缔造一个“蓦然回首”的文化故乡，从中可以鸟瞰文化与世界关系的真谛。江苏独特的地域环境与江苏文化、江苏文脉之间的关系，已经不是所谓“一方水土一方人”所能表达，可以说，地脉、水脉、山脉与江苏文脉之间的关系，已经是一脉相承。

我们通过考察和反思发现，水系，地势，山势，大海，是对江苏文脉尤其是文化性格产生重大影响的地理因素。露水不显山，大江大河入大海，低平而辽阔，黄河改道，这一切的一切与其说是自然画卷和自然事件，不如说是江苏文脉的大地摇篮和文化宿命的历史必然，它们孕生和哺育了江苏文明，延绵了江苏文脉。历史学家发现，江苏是中国惟一同时拥有大海、大江、大湖、大平原的省份，有全国第一大河长江，第二大河黄河(故道)，第三大河淮河，世界第一大人工河大运河，全国第三大淡水湖太湖，全国第四大淡水湖洪泽湖。江苏也是全国地势最低平的一个省区，绝大部分地区在海拔 50 米以下，少量低山丘陵大多分布于省际边缘，最高峰即连云港云台山的玉女峰也只有 625 米。丰沛而开放的水系和低平而辽阔的地势馈赠给江苏的不只是得天独厚的宜居，更沉潜、更深刻的是独特的文化性格和文脉传统，它们是对江苏地域文化产生重大影响的两个基本自然元素。

不少学者指证江苏文化具有水文化特性，而在众多水系中又具长江文化的特性。“水”的文化特性是什么？“老聃贵柔”，老子尚水，以水演绎世界真谛和人生大智慧。“天下莫柔弱于水，而攻坚强者莫之能胜。”柔弱胜刚强，是水的品质和力量。西方文明史上第一个哲学家和科学家泰勒斯向全世界宣告的第一个大智慧便是：水是万物的始基。辽阔的平原在中国也许还有很多，却没有像江苏这样“处下”。老子也曾以大海揭示“处下”的智慧：“江海所以能为百谷王者，以其善下之，故能为百谷王。”历史上江苏的文化作品、江苏人的文化性格，相当程度上演绎了这种“水性”与“处下”的气质与智慧。历史上相当时期黄河曾经从江苏入海，然而黄河改道、黄河夺淮，几番自然力量或人力所为，最终黄河在江苏留下的只是一个“故道”的背影。黄河在江苏的改道当然是一个自然事件或历史事件，但我们也可能甚至毋宁将它当作一个文化事件，数次改道，偶然之中有必然，从中可以发现和佐证江苏文脉的“长江”守望和江南气质。不仅江苏的地脉“露水不显山”，而且江苏的文化作品，江苏人的文化性格，一句话，江苏文脉，也是“露水不显山”，虽不是“壁立千仞”，却是“有容乃大”。一般说来，充沛的水系，广阔的平原，往往造就自给自足的自我封闭，然而，江苏东临大海，无论长江、淮河，还是历史上的黄河，都从这里入大海，归大海，不只昭示江苏的开放，而且演绎江苏文化、江苏文脉、江苏人海纳百川的博大和静水深流的仁厚。

黄河与长江好似中华文脉的动脉与静脉，也好似人的身体中的任督二脉，以长江文化为基色的江苏文化在中华文脉的缔造和绵延中作出了杰出贡献。有学者指出，在中国文明史上，长江文化每每在黄河文化衰弱之后承担起“救亡图存”的重任。人们常说南京古都不少为小朝廷，其实这正是“救亡图存”的反证，“天下兴亡，匹夫有责”的口号首先由江苏人顾炎武喊出，偶然之中有必然。学界关于江苏文化有三次高峰或三次大贡献，与两次大贡献之说。第一次高峰是开启于秦汉之际的汉文化，第二次高峰是六朝文化，第三次高峰是明清文化。人们已对六朝文化与明清文化两大高峰对中国文化的贡献基本达成共识，但江苏的汉文化高峰及其贡献也应当得到承认，而且三次文化高峰都发生于中国社会的大转折时期，对中国文化的承续作出了重大贡献。在秦汉之际的大变革和大一统国家的建构中，不仅在江苏大地上曾经演绎了波澜壮阔的对后来中国文明产生深远影响的历史史诗，而且演绎这些历史史诗的主角刘邦、项羽、韩信等都是江苏人，他们虽然自身不是文化人，但无疑对中国文化产生了深远影响。董仲舒提出"罢黜百家，独尊儒术"的主张，奠定了大一统的思想和文化基础，他本人虽不是江苏人，却在江苏留下印迹十多年。江苏的汉文化高峰对中国文化的最大贡献，一言概之即"大一统"，包括政治上的大一统和思想文化上的大一统。六朝被公认为中国文化发展的高峰，不少学者将它与古罗马文明相提并论，而六朝文化的中心在江苏、在南京。以南京为核心的六朝文化发生于三国之后的大动乱，它接纳大量流入南方的北方士族，使南北方文化合流，为保存和发展中国文化作出了杰出贡献。明朝是中国历史上第一次在南京，也是第一次在江苏建立统一的帝国都城，江苏的经济文化在全国处于举足轻重的地位，扬州学派、泰州学派、常州学派，形成明清时期中国文化的江苏气象，形成江苏文化对中国文化的第三次重大贡献。三大高峰是江苏的文化贡献，在重大历史转折关头或者民族国家危难之际挺身而出，海纳百川，则是江苏文化的精神和品质，这就是江苏文脉。也正因为如此，江苏文化和江苏文脉在"匹夫有责"的担当精神中总是透逸出某种深沉的忧患意识。

江苏文脉对中国文化的独特贡献及其特殊精神气质在文化经典中得到充分体现。中国四大文学名著，其中三大名著的作者都来自江苏，这就是《西游记》《红楼梦》《水浒》，其实《三国演义》也与江苏深切相关，虽然罗贯中不是江苏人，但以江苏为作品重要的时空背景之一。四大名著中不仅有明显的江苏文化的元素，甚至有深刻的江苏地域文化的基因。《西游记》到底是悲剧还是喜剧？仔细反思便会发现，《西游记》

就是文学版的《清明上河图》。《清明上河图》表面呈现一幅盛世生活画卷，实际却是一幅“盛世危情图”，空虚的城防，懈怠的守城士兵……被繁华遗忘的是正在悄悄到来的深刻危机。《西游记》以唐僧西天取经渲染大唐的繁盛和开放，然而在经济的极盛之巅，中国人的精神世界却空前贫乏，贫乏得需要派一个和尚不远万里，请来印度的佛教，坐上中国意识形态的宝座，入主中国人的精神世界。口袋富了，脑袋空了，这是不折不扣的悲剧。然而，《西游记》的智慧，江苏文化的智慧，是将悲剧当作喜剧写，在喜剧的形式中潜隐悲剧的主题，就像《清明上河图》将空虚的城防和懈怠的士兵淹没于繁华的海洋一样。《西游记》喜剧与悲剧的二重性，隐喻了江苏文脉的忧患意识，而在对大唐盛世，对唐僧取经的一片颂歌中，深藏悲剧的潜主题，正是江苏文脉“匹夫有责”的担当精神和文化智慧的体现。鲁迅说，悲剧将人生的有价值的东西毁灭给人看。《西游记》是在喜剧形式的背后撕碎了大唐时代人的精神世界的深刻悲剧。把悲剧当作喜剧写，喜剧当作悲剧读，正是江苏文化、江苏文脉的大智慧和特殊气质所在，也是当今江苏文脉转化发展的重要创新点所在。正因为如此，“江苏文脉研究”必须以深刻的哲学洞察力和深厚的文化功力，倾听来自历史深处的江苏文化的脉动，读懂江苏，触摸江苏文脉。

三　通血脉，知命脉，仰望山脉

江苏文化的巨大魅力和强大生命力，在数千年发展中已经形成一种传统、一种脉动，不仅是一种客观呈现的文化，而且是一种深植个体生命和集体记忆的生生不息的文脉。这种文化和文脉不仅成为共同的价值认同，而且已经成为一种地域文化胎记。在精神领域，在文化领域，江苏不仅有灿若星河的文学家，而且有彪炳史册的思想家、学问家，更有数不尽的才子骚客。长江在这片土地上流连，黄河在这片土地上改道，淮河在这片土地上滋润，太湖在这片土地上一展胸怀。一代代中国人，一代代江苏人，在这里缔造了文化长江、文化黄河、文化淮河、文化太湖，演绎了波澜壮阔的历史诗篇，这便是江苏文脉。

为了在全球化时代完整地保存江苏文脉这一独特地域文化的集体记忆，以在“后山河时代”为人类缔造精神家园提供根源与资源，为了继承弘扬并创造性转化、创新性发展中国优秀传统文化，2016 年江苏启动了“江苏文脉整理与研究工程”。根据“文脉”的理念，我们将研究工程或“研究编”的顶层设计以一句话表达：“通血脉，知命脉，仰望山脉。”由此将整个工程分为五个结构：江苏文化通史，江苏历代文化名人传，江苏文化专门史，江苏地方文化史，江苏文化史专题。

“江苏文化通史”的要义是“通血脉”，关键词是“通”。“通”的要义，首先是江苏文化与中国文明的息息相通，与人类文明的息息相通，由此才能有民族感或“中国感”，也才有世界眼光，因而必须进行关于“中国文化传统中的江苏文脉”的整体性研究；其次是江苏文脉中诸文化结构之间的“通”，由此才是“江苏”，才有“江苏味”；再次是历史上各个重要历史时期文化发展之间的“通”，由此才能构成“史”，才有历史感；最后是与江苏人的生命与生活的“通”，由此“江苏文脉”才能真正成为江苏人的文化血脉、文化命脉和文化山脉。达到以上“四通”，“江苏文化通史”才是真正的“通”史。

“江苏文化专门史”和“江苏文化史专题”的要义是“知命脉”，关键词是“专”，即“专门”与“专题”。“江苏文化专门史”在框架上分为物质文化史、精神文化史、制度文化史、特色文化史等，深入研究各类专门史，总体思路是系统研究和特色研究相结合，系统研究整体性地呈现江苏历史上的重要文化史，如哲学史、文学史、艺术史等，为了保证基本的完整性，我们根据国务院学科分类目录进行选择；特色研究着力研究历史上具有江苏特色的历史，如民间工艺史、昆曲史等。“江苏文化史专题”着力研究江苏历史上具有全国性影响的各种学派、流派，如扬州学派、泰州学派、常州学派等。

“江苏地方文化史”的要义是“血脉延伸和勾连”，关键词是“地方”。“江苏地方文化史”以现省辖市区域划分为界，13 市各市一卷。每卷上编为地方文化通史，讲述地方整体历史脉络中的文化历史分期演化和内在结构流变，注重把握文化运动规律和发展脉络，定位于地方文化总体性研究；下编为地方文化专题史，按照科学技术、教育科举、文学语言、宗教文化等专题划分，以一定逻辑结构聚焦对地方文化板块加以具体呈现，定位于凸显文化专题特色。每卷都是对一个地方文化的总结和梳理，这是江苏文化血脉的伸展和渗入，是江苏文化多样性、丰富性的生动呈现和重要载体。

“江苏历代文化名人传”的要义是“仰望山脉”，关键词是“文化”。它不是一般性地为江苏历朝历代的“名人”作传，而只是为文化意义上的名人作传。为此，传主或者自身就是文化人并为中国文化的发展、为江苏文脉的积累积淀作出了重要贡献；或者虽然自身主要不是文化人而是政治家、社会活动家等，但对中国文化发展具有重大影响。如何对历史人物进行文化倾听、文化诠释、文化理解，是“文化名人传”的最大难点，也是其最有意义的方面。江苏历史上的文化名人汗牛充栋，“文化名人传”计划为100位江苏文化名人作传，为呈现江苏文化名人的整体画卷，同时编辑出版一部“江苏文化名人辞典”，集中介绍历史上的江苏文化名人1000位左右。

一脉千古成江河，“茫茫九派流中国”。江苏文脉研究的千里之行已经迈出第一步，历史馈赠我们一次千载难逢的宝贵机遇，让我们巡天遥看，一览江苏数千年文化银河的无限风光，对创造江苏文化、缔造江苏文脉的先行者们献上心灵的鞠躬。面对奔涌如黄河、悠远如长江的江苏文脉，我们惟有以跋涉探索之心，怵惕敬畏之情，且行且进，循着爱因斯坦的“引力波”，不断走近并播放来自江苏文脉深处的或澎湃，或激越，或温婉静穆的天籁之音。

我们一直在努力；

我们将一直努力！

目　录

第一章　家世与少年时代

沈德潜生于清康熙十二年癸丑(1673 年)十一月十七日。[①] 周岁日,其祖父沈钦圻购得图章二方,一为“沈潜之印”,一为“玉堂学士”,或以《尚书·洪范》有“沈潜刚克”之语,乃大喜,为此孙取名“德潜”。从德潜的高祖父始,沈家就按五行相生取名。德潜的父亲沈锺彦,是“金字辈”,金生水,德潜是“水字辈”,“潜”就带“水”。德潜 17 岁那年正月,父亲给他取字“确士”。德潜 40 岁,自己更字为“归愚”,并且撰写文章,阐述其意。德潜用过的斋名,还有竹啸轩、一一斋等。

第一节　竹墩沈氏

浙江吴兴沈氏家族,是望族。德潜《归愚文钞》卷十二《先府君行述》云:“始祖寿四公自吴兴迁吴,卜居葑溪之杨枝塘。”[②]其《沈归愚自订年谱》又云:“我沈氏本吴兴人,自处士始长讳寿四公于前明洪武时来吴,卜居葑门外之竹墩。”那么,德潜家到底是居住在杨枝塘还是在竹墩?冯桂芬《(同治)苏州府志》卷三十记载长洲县二十九都“黄天荡西滩”有一图和二图。一图包括鸭蛋浜、沈家浜桥、杨枝荡、北暝田、竹墩等。其中“杨枝荡”,即“杨枝塘”,在吴方言中,“荡”“塘”的发音几乎相

---

① 该章所用材料,凡未注明出处者,俱出自《沈归愚自订年谱》,沈德潜著,潘务正、李言编辑点校:《沈德潜诗文集》,人民文学出版社 2011 年版,第 2093—2142 页。

② 沈德潜著,潘务正、李言编辑点校:《沈德潜诗文集》,人民文学出版社 2011 年版,第 1495 页。

同。二图包括马家浜、沈家桥、小桃源、陆家板桥和竹墩等。其中“竹墩”下注明：“归安竹墩沈氏居此得名。”在当时的行政区划中，“都”大致相当于现在的“乡”而略小，“图”相当于现在的行政村而略小。《苏州府志》中记载的这些地名，都是自然村。杨枝塘是个比较大的自然村，一图和二图中的两个竹墩，都是在杨枝塘的附近，属于杨枝塘的卫星村。德潜本人的两种记载和《苏州府志》中的记载，都没有错。

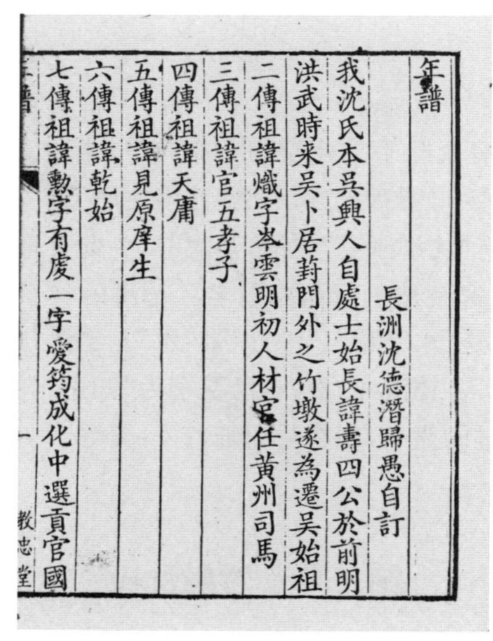
年譜
長洲沈德潛歸愚自訂
我沈氏本吴興人自處士始長諱壽四公於前明
洪武時来吴卜居葑門外之竹墩遂為遷吴始祖
二傳祖諱熾字岑雲明初人材官任黃州司馬
三傳祖諱官五孝子
四傳祖諱天庸
五傳祖諱見原庠生
六傳祖諱乾始
七傳祖諱勲字有虞一字愛筠成化中選貢官國
年譜 一 教忠堂

《沈归愚自订年谱》(清乾隆间教忠堂刻本)

葑门外，现在有杨枝塘居民区，该区是苏州大学在原来杨枝塘村的地址上建设的教工居住区，就在苏州大学东校区南三四百米的地方，其间只隔着葑门路、葑门横街等区域。德潜诗文中多次提到，他从家里渡过朝天湖去乡下。杨枝塘稍东，就是黄天荡，而黄天荡，就是朝天湖的别称。尽管和德潜生活的年代相比，当地及附近地区的地形地貌已经发生了非常大的变化，甚至黄天荡或朝天湖都已经不复存在，但今天还是有迹可寻的。德潜老宅所在的竹墩，应该在今天的杨枝塘居民小区附近。

江南地区，以“墩”为名的村庄是常见的。这样的村庄，往往是被水环绕，由桥或坝通外部，或三面环水。在这样的地方安家，显然是出于安全的考虑。沈家在归安时候的“竹墩”，很可能就是这样的地貌。杨枝塘附近也有个类似地貌的地方，就是沈家迁徙到苏州后的住宅所在。像世界上许多移民喜欢用家乡的地名来命名一样，沈家用他们在归安所居住的地方“竹墩”来命名他们在苏州城外杨枝塘所居住的地方。

沈寿四就成了这一支沈氏的迁吴始祖，也就是一世祖。他繁衍出来的这一支沈氏，就称为“竹墩沈氏”。竹墩沈氏的二世祖名炽，字岑云，曾官黄州司马。三世祖名官五，为孝子。四世祖名天用。五世祖名见原，庠生。六世祖为乾始。七世祖名勋，字有虔，一字爱筠，明成化间选贡，官国子助教，曾被册封为安南国王副使，里居时，散财赈灾。《长洲县志》中记其事迹。八世祖名济，字怀竹，长洲县廪生。沈济的儿子，就是德潜的高祖父，名植，字葑野，苏州府学廪贡生。曾祖父名世烈，字弘野，国学生，乡饮介宾。祖父讳钦圻，字得舆，明长洲县生员，明亡，弃举子业，教授生徒。其临终遗言云：“我家德薄，不以富贵功名望子孙，愿乡里称善人，足矣！”父亲名锺彦，字美初，家贫，以教授生徒为生。其临终遗言云：“我无他言，即先训所云为善，后人世守可也。”以上这些，都见之于德潜自订年谱和《先祖行述》《先府君行述》。

竹墩沈氏这个家族，尽管在明初洪武年间就到了苏州，但在苏州，不算大族，也没有多少名望，和苏州彭家、顾家、徐家、潘家相比，相差实在太大。德潜很少写到他的宗族和族人。这个家族的人口似乎也不多。《归愚文钞》卷二十《先祖行述》云，德潜的曾祖父有5个儿子，长子字升之，第四子就是德潜的祖父沈钦圻，他们都是诸生，在苏州知识界很有名，入清后都放弃了诸生资格，当明王朝的遗民。[①]《先府君行述》云，德潜的祖父也有两个儿子，长子未成年就去世了，次子就是德潜的父亲。德潜《先妣事状》中曾经提到，在他们一家生活困难的时候，“族中非无称多田翁者，然欲贷五斗粟不得”，[②]而德潜的祖父、父母，都热心帮助族人和亲戚。可见，竹墩沈氏家族的族谊，也是淡薄的。苏州及其

① 沈德潜著，潘务正、李言编辑点校：《沈德潜诗文集》，人民文学出版社2011年版，第1494页。
② 沈德潜著，潘务正、李言编辑点校：《沈德潜诗文集》，人民文学出版社2011年版，第1495页。

附近地区的家族，有家谱的很多，沈家也是有家谱的。落款为“乾隆乙酉初夏愚兄德潜题于清旷楼时年九十有三”的《十笏斋诗叙》云，乾隆帝问沈世枫和德潜行辈，世枫以兄弟对，“两家宗谱并在”。[①] 江南地区的家谱，一般是“三十年一小修，六十年一大修”，可是，德潜活了 97 岁，在他的著述中，尤其是他逐年纪事的年谱中，却没有关于修他自家家谱的任何记载，和科名、仕宦发达者喜欢修家谱的常态相比，这一点显得非常突出。沈家这样的家族，在当地民间，属于人口不多的“小姓”。更为重要的是，在德潜的著述中，除了以上提到的这些外，几乎没有沈氏族中近支成员的记载，而他对不属于这一支的沈姓士人，如沈用济、沈廷芳等，则总是青眼有加的。可见，苏州沈氏这个家族，没有达到兴旺的程度，即使就人口而言，也是如此。

读书仕宦，显然是作为文化家族的沈家生存和发展的最佳选择。科举考试，是我国封建时代相对而言最为公平、最为普适的晋升通道。要参加科举考试，就必须读书。读书所需要的物质资本不多，读书人拼的是家庭的文化积累、人的智商、努力程度和运气。书读得好，科场成功，可以做官，家族可以发展，即使科名不利，困顿科场，无法进入仕途，也至少能以塾师为业，可以基本保证家庭生存，何况社会对读书人，还是尊敬的。因此，沈家选择这样的生存和发展路径，既和他们家族的文化传统密切相关，又是他们最为切实的选择。

德潜所列这些祖宗中，有过官职的，只有两位。二世祖沈炽官位最高，但也只是黄州司马。七世祖沈勋，曾官国子助教，品级在知县之下。科名最高的也是贡生。可见，在德潜之前，沈家仕宦不达，科名不显。文化方面乃至社会方面，在他祖父之前，沈家似乎也没有什么成就。只有沈勋，因为在灾荒之年散财赈灾，《长洲县志》中记其这些事迹。

总之，这个家族，人口不多，家族也没有什么凝聚力，在仕宦、科名、文化、社会声誉等方面，没有多少值得推崇的成就，也没有显赫的声誉，但他们有读书、参加科举考试的传统，有一定的文化积累，也没有任何负面的记录或声誉等影响。

---

① 沈世枫：《十笏斋诗集》，《清代诗文集汇编》第 308 册，上海古籍出版社 2010 年影印本，第 117 页。

这样的家族，其子弟大多循规蹈矩，谨小慎微，老实厚道。钱泳《履园丛话》卷二十三《算尽锱铢》云："苏州人奢华糜丽，宁费数万钱为一日之欢，而与肩挑贸易之辈，必斤斤较量，算尽锱铢，至于面红声厉而后已，然所便宜者不过一二文之间耳。真不可解也。相传沈归愚尚书贫困时，鲜于僮仆，每早必提一筐，自向市中买物，说一是一，从不与人争论。诸市人知其厚道，亦不敢欺。"①这样的传说，我们虽然无法验证其真伪，但和竹墩沈家的状况、和德潜一生的总体形象，是一致的。不过，此类子弟，缺点也是很明显的。最大的缺点是平庸，莫说雄奇俊迈之举、魁伟独特之行，即使是妙语灵解、突破常规者，亦明显缺乏。德潜一生，为人、为官、立论、为诗文乃至为学，无不如此。这和他的家族传统，有密切的关系。

第二节　祖辈和父辈

在德潜出生之前，他的曾祖辈直系长辈早已去世。对他影响较大的，是他的祖父母和父母，以下分别作介绍。

德潜的祖父沈钦圻，字得舆，长洲县学生，一生以当塾师为生，亦擅长写诗，是有成就的诗人。尽管他去世的时候，德潜只有 8 岁，但他是对德潜影响最大的一个人。在中国的家庭中，祖父和孙子的关系，是非常密切的，沈钦圻和德潜的关系，也是如此。

沈钦圻是由明入清的人物，他在康熙十九年（1680 年）去世，终年 64 岁。根据国人以虚岁计年龄的传统，沈钦圻应该生于明万历四十五年（1617 年）。明朝灭亡的时候，他年仅 28 岁。

关于沈钦圻获得秀才资格的朝代，有不同的说法。这一问题，所关甚大，因此，不能不作考辨。沈钦圻的诗歌，被德潜选入《明诗别裁集》卷十一，在小传中，明确为"长洲县学生"。②《归愚文钞》卷十一《明诗别

① 钱泳著，孟裴校点：《履园丛话》，上海古籍出版社 2012 年版，第 461 页。
② 沈德潜、周准编：《明诗别裁集》，中华书局 1975 年影印本，第 126 页。

裁集序》中，德潜云："至杨廉夫、倪元镇诸公，归诸元人；钱受之、吴骏公辈，归诸国朝人。编诗之中，微具国史之义。"①杨维桢等尽管也在明朝生活了多年，但他们作为元朝的官员，到了明朝，没有做官，他们是元朝的遗民，他们的政治立场在元朝，因此，德潜就把他们当元朝人对待，其人其诗，都不入《明诗别裁集》。钱谦益、吴伟业等，有明朝的进士等科名，长期仕明，但入清后仕清，非明朝遗民，故《明诗别裁集》也不予收录。至于明遗民，《明诗别裁集》是收录的，把他们作为明朝人对待。沈钦圻及其诗歌，被收录在《明诗别裁集》，依据正是他的明遗民资格。既然他是明遗民，那么，就不会有清朝的秀才科名。

可是，沈钦圻及其诗歌也被德潜收录于《清诗别裁集》。《清诗别裁集》卷七列其小传，云其为"江南长洲人，邑诸生"。② 此书《凡例》云："前代遗老而为石隐之流，如林茂之、杜茶村诸公，其诗概不采入，准明代倪云林、席帽山人例也。亦有前明词人，而易代以来，食毛践土既久者，诗仍采入。编诗之中，微存史意。"③那么，沈钦圻及其诗歌被采入此书，是符合"前明词人，而易代以来，食毛践土既久者，诗仍采入"这一条，还是他在清朝取得了诸生的资格，算作"清诸生"？

其实，沈钦圻是明朝的诸生，这在德潜《先祖行述》中有明确的记载："年二十余，补长洲生。偕伯兄升之公，有声于时。时值思陵殉社稷，福王南渡，见时事不可为，辄愤激，形诸诗，如：'玉阙悲龙驭，雄关丧虎臣。一堂争洛蜀，四镇角熊罴。还须求故剑，慎勿剪连枝。'可作诗史读也。后守初志，布衣藜杖以老，凡三十余年。"④《先府君行述》亦有记载："先王父得舆公，讳钦圻，为长庠名诸生，明季时偕伯兄升之公与叶圣野、金孝章、朱云子诸先生，并有声坛坫，后遂弃举子业，布衣幅巾以老，守初志也。"⑤《李逸民墓志铭》云："时先大父亦弃诸生，奉刘剩庵学博避地阳城湖滨。归故里，每至李长洲寓，及先生家，先生以兄礼事先

① 沈德潜著，潘务正、李言编辑点校：《沈德潜诗文集》，人民文学出版社 2011 年版，第 1304 页。
② 沈德潜编：《清诗别裁集》，上海古籍出版社 1984 年版，第 273 页。
③ 沈德潜编：《清诗别裁集》，上海古籍出版社 1984 年版，第 3 页。
④ 沈德潜著，潘务正、李言编辑点校：《沈德潜诗文集》，人民文学出版社 2011 年版，第 1494 页。
⑤ 沈德潜著，潘务正、李言编辑点校：《沈德潜诗文集》，人民文学出版社 2011 年版，第 1496 页。

大父。三人会合，或终日默坐，或慷慨歌泣，外人莫能测也。"[①]很明显，沈钦圻成为诸生且有一定的声誉，是在明代灭亡之前。

入清，凡是在明朝取得科名者，他们既有的科名，清朝一律予以承认，让他们照样享受相关的待遇。例如，就苏州而言，据佚名《吴城日记》卷上记载，顺治二年五月，清军占领苏州后，清廷就派官员治理。最迟在六月，总督李延陵就召集了在明朝有举人、贡生、庠生科名的人，"因各府、州、县多缺官，意欲便宜任选。十三日，于孝廉中选知府，节推三四人。于庠生中选留吴翀汉、冯嘉等八人，欲授知、推职。会申青门微言以解。"[②]明朝已经有诸生科名者，不需要再在清朝组织的科举考试中去考诸生，可以进入乡试的程序，有举人科名者，可以直接进入会试的程序。清廷此举的目的很明显，这就是谋求地方上这些有声誉、有影响的读书人的合作，以巩固其统治。事实上，这一法令出来后，很多在明朝取得科名的人，就和清当局合作了，其中不少人也因此获得了较好的发展。《吴城日记》卷中云，顺治二年十一月，江苏举行乡试，"以十一月廿九日为头场，放榜后，十二月十七日报至，三学中式者九人"。[③] "旧岁乙酉已行乡试，兹有旨再行乡试。宗师即岁案作科案，三等前列为遗才。(顺治三年丙戌)九月十九日头场。十月初六日放榜，三学中式八人。"[④]姚廷遴《历年记》云："自清朝来，就考者少，而入学者甚易。是年(按：顺治五年)岁考，奉旨，与考者作准，不与考者，竟不作准矣。故上海秀才若老若幼、若贵若贱，俱抱佛脚赴考。时有作诗嘲之者云：'一队夷齐下首阳，六年观望已凄凉。当时惟耻食周粟，今日何妨补鞑粮。头上商量新结束，胸中打点旧文章。自知薇蕨终难咽，悔杀当初骂武王。'此诗虽俚，而切中时事，可以观民风。"[⑤]此可以为证。

而当时才30多岁的前明诸生沈钦圻，拒绝了清当局的橄榄枝，不为所动，放弃了明朝的诸生资格，宁肯过清贫的生活，坚决当明朝的遗

① 沈德潜著，潘务正、李言编辑点校：《沈德潜诗文集》，人民文学出版社2011年版，第1416页。

② 佚名：《吴城日记》，江苏古籍出版社1985年版，第203页。

③ 佚名：《吴城日记》，江苏古籍出版社1985年版，第219页。

④ 佚名：《吴城日记》，江苏古籍出版社1985年版，第224页。

⑤ 上海人民出版社编，陈左高、吴贵芳等校点：《清代日记汇抄》，上海人民出版社1982年版，第67页。

民，拒绝和清王朝合作。如果他和当时不少诸生那样，和清当局合作，以他在年龄、才华等方面的优势，取得富贵，也是有很大的可能的。

《先祖行述》中记载了沈钦圻与一前辈遗民的关系："先是，刘学博剩庵先生隐居阳城湖滨，至织席以食。先祖亦授徒阳城，时遗之粟。尝与登荒丘，吊落日，酣喜歌哭。先生曰：'茫茫宇宙，中路知己，乃在沈君。'后先生殁，先祖与陆泓、陈三岛、徐晟经纪其丧，葬之虎丘。集有《哭刘先生》诗，中云：'变名唯恐识，后死尚嫌迟。'又云：'招魂弟子事，愧乏楚人辞。'隐然以宋玉自任也。"①此刘学博名锡永，字钦尔，号剩庵，河北魏县人。明崇祯九年举人，十六年，为长洲县学教谕，曾代理崇明知县。明亡后，他隐居相城阳城湖滨。清大官亲自到他家里，劝他和当局合作，刘锡永以死相拒。有出仕清廷的明朝官员想帮助他，也遭到他的严词拒绝。魏县老家的老仆人来，劝他回老家，他说："我非不欲归，奉君命来此，义不可归。"②在他的信念中，他还是明朝的长洲县学教谕，这是朝廷任命的，没有朝廷的相关政令，他不愿意离开长洲县。明王朝早已覆灭，但他对明王朝的忠诚仍然如斯，是铁杆遗民了。沈钦圻和他交好，被他引为"知己"，则沈钦圻的"忠君"意识，应该也是很明显的。

古代的科举考试，考试内容为信仰、学问和能力。学问和能力是中性的，和政治无关，信仰则和政治直接相关。汉武帝以后，我国封建社会中，几乎所有的王朝都是以儒家思想立国的，信仰都是儒家思想。因此，明朝科举考试所选拔的人才，可以直接为清廷所用。但是，作为文官选拔考试，科举考试和后来学校的升学考试还是很不相同的，其中最大的不同就是其政治性。科举考试是政治制度中的一个重要部分，除了考试内容之一的信仰中包含的相对而言比较抽象的政治性之外，还有其具体的政治性。这两种政治性结合起来，科举考试的政治性就显得非常丰满。作为官方信仰的儒家思想，其中最为重要的部分就是君臣之间的伦理关系，就臣民而言，最为重要的，就是"忠君"。如果就信

---

① 沈德潜著，潘务正、李言编辑点校：《沈德潜诗文集》，人民文学出版社 2011 年版，第 1494 页。
② 沈德潜著，潘务正、李言编辑点校：《沈德潜诗文集》，人民文学出版社 2011 年版，第 1393 页。

仰的部分而言，“忠君”是抽象的。这种抽象化，在宋代理学家那里，早就在完备的理论体系中实现了。

而就具体的某次科举考试而言，“忠君”就不是抽象的了，是被注入了具体的内容的，那就是对当朝的忠诚，因为科举考试本身，就是当朝政治制度的一部分，而具体的考试又是该朝组织的。参加这样的考试，不仅是认同儒家思想、认同当朝，而且是默认自己对当朝的忠诚。一旦通过科举考试，获得科名，那么这就意味着考生的学问、能力和对当朝及其君主的忠诚得到了当朝的认可，对考生而言，这是王朝及其君主的“恩泽”，彼此之间就有了“君臣”的伦理关系。这样的伦理关系，就科名获得者而言，既是礼法层面的，也是道德乃至于感情层面的。因此，对科名获得者而言，忠于该王朝及其君主，也是一种政治道德乃至政治感情。在该王朝获得官位的人，就更如此了。在君臣关系被认为是压倒一切的“大伦”的时代，在人们的心目中，“忠君”是至高无上的，王朝及其君主的利益是至高无上的，而很少人能够认识到，其上还有天理在，还有天下苍生的利益在。道德和感情，有时会在一定程度上超越理性。

到了清代初年，明王朝已经灭亡，前明官员和各种科名获得者，他们必须“忠”的“君”已经不存在了，他们和明王朝之间的伦理关系、礼法的部分也就不存在了。但是，在许多人心中，他们和明王朝之间的伦理关系的某些部分仍然存在。例如，刘锡永仍然坚持不肯离开长洲县，坚守当年的“君命”，正是其政治道德和政治感情的强烈体现，以至于超越了理性。沈钦圻推崇刘锡永的这些言行，放弃诸生资格，不参加清朝的科举考试，这些都鲜明地体现了他的政治道德和政治感情。

就现存文献而言，其中没有沈钦圻的儿子沈锺彦参加科举考试的记载。同样，我们也无法找到沈钦圻反对沈锺彦参加清廷科举考试的记载。不过，根据情理推测，沈锺彦也会参加清政府的科举考试，只是连秀才也没有考上罢了。沈钦圻去世的时候，德潜只有 8 岁，还没有到参加科举考试的年龄。

沈钦圻的明遗民身份和“忠君”的政治道德，乃至于政治感情，对德潜有很大的影响，具体体现在四个方面：第一，从祖父那里，德潜知道了明末清初的很多人物和事件，这些人物和事件成为他后来诗文写作的重要内容。第二,德潜自己"忠君"的政治道德受到其祖父的影响。第三,德潜对"忠君"这样的政治道德的提倡和宣扬,也有其祖父的影响。如果其祖父有明朝科名,而入清后和当局在政治上合作,那么,在"忠君"方面,其政治道德就不足为道了。德潜宣扬"忠君",还能那么理直气壮吗?第四,沈钦圻的政治感情,对德潜也是有所影响的。德潜对明遗民赞美有加,而他在成为诸生以后,在被荐举参加博学鸿词考试之前,他对清王朝的感情是极为平淡的。例如,康熙帝屡次南巡苏州,每次都引起了轰动,还曾经给苏州等地减免钱粮,而德潜竟然没有任何诗文予以颂扬。

沈钦圻也是一位诗人。德潜《先祖行述》云:"生平诗不一格,初喜樵刘随州,中年感时伤乱,师杜少陵,后出入于乐天、剑南。陆太仆起顽云,锺谭狂药毒遍天下,不能毒沈君,大是豪杰之士。"[①]《明诗别裁集》卷十一举其诗云:"五言如,'山横去鸟外,人立晚霞边';'学《易》应观我,言《诗》或起予'。七言如,'冷岸孤舟摇月白,荒村一犬吠灯红'。皆陆太仆起顽所称赏者。兹录感时伤事六章,异于流连光景之作,有关风教,不在语言之工也。"[②]《清诗别裁集》卷七云:"国初诗沿明季余习,多宗景竟陵。先大父往复陶杜,自摅胸臆,未尝求工而自中绳削。陆起顽太仆谓锺谭之风流毒天下,不能濡染沈生,大是豪杰之士。太仆,先大父师也,不轻许人。当时以为笃论。"[③]通过这些评论,我们可以大致知道沈钦圻诗歌的基本风貌。

尽管沈钦圻传世的诗歌作品不多,他去世的时候,德潜还年幼,但是在诗歌创作方面,沈钦圻对德潜,也有很大的影响。

德潜的祖母,在德潜出生之前就已去世了。德潜的继祖母蒋氏,对德潜关爱有加。德潜 5 岁那年,五月患了疟疾,至九月始愈寒热。期间,蒋氏抱德潜置于身,虽暑热亦然。在沈家生活困难的阶段,蒋氏和德潜的母亲褚氏,每日制作蜡烛芯,换取食物,寒暑不休。康熙二十六年,蒋氏去世。

---

① 沈德潜著,潘务正、李言编辑点校:《沈德潜诗文集》,人民文学出版社 2011 年版,第 1494 页。

② 沈德潜、周准编:《明诗别裁集》,中华书局 1975 年影印本,第 126 页。

③ 沈德潜编:《清诗别裁集》,上海古籍出版社 1984 年版,第 273 页。

德潜的父亲沈锺彦，字初美，是个老实的读书人，生性善良谨愿，乐于助人，以当塾师为生，没有取得过科名。在家里，他是孝子，好丈夫，好父亲，也善于治家。沈钦圻去世的时候，沈锺彦虚龄 27 岁。临终前，沈钦圻对他说："我家德薄，不以富贵功名望子孙，愿乡里称善人，足矣！"[①]德潜《先府君行述》的叙述是："吾家德薄，富贵功名不汝望，愿读书自好，乡里称善人，足矣！"[②]终其一生，沈锺彦确实是一个读书自好的"乡里善人"。

沈锺彦在艺术方面也是有所成就的。《先府君行述》云："少留心绘事篆刻，兴到时复成诗，后专攻分隶书，一波一磔，神与古会，唐以下不加贬斥，而宗法实在汉人。人有求必应，索书者屦满户外，弗厌也。"[③]德潜诗集中，有《家严画夜泊图命题绝句》。[④]

《清诗别裁集》卷二十中，有沈锺彦的小传和三首诗歌，德潜云："先君子喜成断句诗，馆于画师汤式九家，汤写一花卉，先君子辄题一诗。年五十余，专攻分隶书，诗偶然作矣。身后稿为人窃去。初刻《国朝诗》时，未能得也。兹于汪氏学徒册子中，得此三诗，皆汤氏馆中作，潜儿时所及见云。"[⑤]三诗为《题画》《罂粟花》和《金钱花》。后来，德潜喜欢鉴赏书画，为很多书画写了题跋。他在书画方面的艺术修养，显然受到其父亲的直接影响。

德潜的母亲褚氏，生于顺治十四年，比德潜的父亲小 3 岁。因为褚氏的父亲褚肇锡和母亲宋氏，俱中年去世，其兄或弟又在成年之前就去世了，因此，褚氏 8 岁就到沈家当童养媳，于 17 岁那年生下了德潜。

褚氏勤俭朴素，吃苦耐劳，在家庭经济困难时期，上敬公婆，下抚子女，协助丈夫治家。她尽管没有文化，但对德潜还是有很大影响的。德潜《先妣事状》云：

> 先妣性慈爱，于儿女不手加挞责，然见德潜读书懈，作儿童之戏，正色曰：我家贫困至此，汝读书不成，是终为人下也。继以泪

① 沈德潜著，潘务正、李言编辑点校：《沈德潜诗文集》，人民文学出版社 2011 年版，第 2094 页。

② 沈德潜著，潘务正、李言编辑点校：《沈德潜诗文集》，人民文学出版社 2011 年版，第 1496 页。

③ 沈德潜著，潘务正、李言编辑点校：《沈德潜诗文集》，人民文学出版社 2011 年版，第 1497 页。

④ 沈德潜著，潘务正、李言编辑点校：《沈德潜诗文集》，人民文学出版社 2011 年版，第 694 页。

⑤ 沈德潜编：《清诗别裁集》，上海古籍出版社 1984 年版，第 813 页。

下。常命背所读经书，书熟乃喜，买枣栗作饼饵以诱。……生平喜勤劳，惜物力，植寒瓜豌豆之属，必手汲水以灌，曰，成实时可代饭也。衣服坏敝不堪者，浆洗缝纫，以作里衣，曰，妇人处闺中，免尘垢已足，不须华饰也。丙寅春，远戚某遣家人妇来议姻，见家中俭朴，窃冷笑。先妣婉谢之，谓德潜曰：彼富女，岂合作我家妇？今后结婚，宜择贫者。又言：人生所重，不在服用饮食。吾儿他日无忘斯语，既惜福，亦以励志也。明于大体，类如此。①

这些，不仅对德潜的为人有很大的影响，而且对他写诗文陶铸世风，乃至对他的诗歌理论，也是有深远的影响的。

第三节　少年时代的家庭和受教育状况

德潜少年时代，家境可称清贫。其家有一些田在相城，那里和德潜的老宅所在地杨枝塘一样，都属于长洲县，但是两地相距还是比较远的。杨枝塘在苏州城东南葑门外，相城则在苏州城北。沈家在那里到底有多少田地，文献没有记载，德潜《先祖行述》云“租入仅供饘粥”。入清后，作为前明诸生，其祖父坚持民族气节，不和清当局从合作，不再享有诸生的所有权利，以当塾师为业，且“能赴人缓急”，在阳城当塾师，时常接济隐居在那里的前明长洲县教谕刘锡永。“冬月，给里党之呺然肤立者，岁以为常。”某年除夕，一个外乡人到沈家求助，说遇到劫匪，被劫得一无所有，急需几十两银子才能回家。沈钦圻就“捡橐中金，尽予之”。后来，沈家发现那人原来是个骗子，童仆窃笑，而沈钦圻却说：“吾以不欺待人，不逆其诳也。”②沈家的田地出租，虽然仅仅能够维持一家温饱，但加上沈钦圻当塾师的收入，经济上应该是宽裕的。可是，沈钦圻这样来治家，显然很难致富了。不过，就其家当时还有童仆看，他们家的经济状况至少在德潜出生之前还是可以的。

① 沈德潜著，潘务正、李言编辑点校：《沈德潜诗文集》，人民文学出版社 2011 年版，第 1499 页。
② 沈德潜著，潘务正、李言编辑点校：《沈德潜诗文集》，人民文学出版社 2011 年版，第 1494 页。

德潜出生后不久，三藩之乱就爆发了。江南地区历来是国家赋税的重要来源，朝廷为了筹集支撑平定三藩之乱的巨大财政开支，大大加重了对江南地区人民的压榨。德潜《先妣事状》云："赋役繁重，产尽弃，家道日落。先祖以诗文自娱，不善治生，日益困。"①沈钦圻晚年，喜欢种花，荒圃一区，乞四方名花殆遍。甚至在酷暑，他也在花圃中劳作，欣然自得，自号"种花农"。当然，他种的花是供自己和别人欣赏的，而不是出售牟利的，这样种花当然有支出而没有收入了。

康熙十九年，沈钦圻去世，沈家少了一个塾师的收入，经济就更加困难了。《先府君行述》云："当先王父辞世也，家业略尽，又值三孽造衅，徭役日增，频岁旱潦，无一丝一粟可营丧事。府君哀感有加，赖友生佽助，卒尽丧礼。"②资助沈家为沈钦圻办丧事的，主要是苏州画家汤光启。汤家和沈家有较深的情谊和较为密切的关系，当时德潜的父亲沈锺彦在汤家当塾师。

次年，清军占领云南，三藩之乱平定。这时候，一升米的价钱已经上涨到二十六七文，一石米要三两银子，而在江南，正常年景，一石米一两银子。

> 先妣瘁力女红，计日作烛心千余枝，约易米三升。除盛暑外，尽三鼓，乃已。闻窗外鸦鹊声，知天已旦，旋起。犹艰于得食，买豆麦屑杂饭中，自食其粗者，而以精者食先祖妣。尝谓家严曰："所得馆谷可积以置膳田，家中旦夕需不相累也。"当是时，童奴逃窜，亲戚不相往来，族中非无称多田翁者，然欲贷五斗粟不得。先妣曰："向人告急，不如自食其勤。且遍尝困苦，异日处逆境，不为忧也。"因自励益坚。③

《先府君行述》云："自后五六年，府君拮据于外，先妣褚硕人赞襄于内，积馆谷，得薄田若干亩，可供饘粥。"④"若干亩"，到底是多少亩？《先妣

① 沈德潜著，潘务正、李言编辑点校：《沈德潜诗文集》，人民文学出版社 2011 年版，第 1498 页。
② 沈德潜著，潘务正、李言编辑点校：《沈德潜诗文集》，人民文学出版社 2011 年版，第 1496 页。
③ 沈德潜著，潘务正、李言编辑点校：《沈德潜诗文集》，人民文学出版社 2011 年版，第 1499 页。
④ 沈德潜著，潘务正、李言编辑点校：《沈德潜诗文集》，人民文学出版社 2011 年版，第 1496 页。

事状》中说是“二十亩”。在当时的江南，一个五口之家，有自田二十亩，如果在正常年景，且没有额外的赋税，完全可以温饱了。这二十亩田是沈家用沈锺彦当塾师的薪水添置的，他们还有原来的那些田，但沈家的生活还是如此艰辛，可见当时赋税之重，以及灾害之甚。

康熙二十六年四月二十一日，褚氏去世，年仅三十有一。《先妣事状》云：“先妣出母家所授簪珥衣服易食，易且尽，后布衣蒿簪以终其身。含殓时，无一鲜衣、一银器也。”①可见沈家的生活是何等的俭朴。德潜的自订年谱中，褚氏的卒年为康熙二十五年，但《先妣事状》中所云：褚氏生于顺治十四年，生德潜的时候是 17 岁，去世的时候是 31 岁，据此推算，褚氏去世的年份应该是康熙二十六年。是年六月，德潜的祖母去世。丧事毕，德潜的父亲早出夜归，为人经理家业。德潜与幼妹二人，衣食不周，孤苦伶仃，家业依然不振。

褚氏去世的时候，沈锺彦才 34 岁。为了德潜和妹妹不受继母的虐待，在妻子去世以后，他拒绝续弦，也不纳妾，这在当时是非常难得的。此后，沈家就主要靠田租和沈锺彦当塾师、给人经理家业的收入为生。在德潜和妹妹长大成人之前，沈锺彦既当父亲养家，又当母亲照顾儿女。

出生在沈家这样的家庭，在文化教育方面是幸运的。康熙十六年，德潜 5 岁，开始识字。祖父教他四声、六书，他都略能领会。当时的四声和吴方言基本一致，小孩掌握起来并不困难。至于六书，对掌握汉字的音、形、义都很有帮助。沈钦圻以此教孙儿，符合小孩学习汉语的规律，对德潜此后能够成为著名诗人也是有帮助的，声韵方面，尤其如此。德潜 6 岁开始读书。祖父常苦吟作诗，诗成，就命德潜把这首诗当歌唱，然后考问这诗歌中字的声调，德潜都能准确回答。祖父喜云：“是儿他日必以诗名，惜吾不及见耳。”②祖父还给德潜写了一首五律诗。这些实际上就是德潜的诗歌启蒙，对德潜学习乃至后来致力于诗歌创作，有很大的促进作用。

---

① 沈德潜著，潘务正、李言编辑点校：《沈德潜诗文集》，人民文学出版社 2011 年版，第 1498 页。
② 沈德潜著，潘务正、李言编辑点校：《沈德潜诗文集》，人民文学出版社 2011 年版，第 1495 页。

康熙十八年七月，沈钦圻到耆泽河宋氏为塾师，把 7 岁的德潜也带去了，德潜就在宋家读书。次年三月，沈钦圻因病离开宋家回家，德潜也随之回家。回家后的第二个月，沈钦圻就去世了。

康熙十九年七月，德潜随在汤光启家当塾师的父亲到汤家读书。次年，有风水师过德潜一家所居杨枝塘竹墩，察看一番，云此间水势环合，宜有人文之秀。德潜母亲知道了，窃喜，说："其言果然，应在我家。"当时德潜已经读完《四书》和《尚书》，才 7 岁而已。风水先生的这番议论和他母亲的反应，对德潜读书也是一个鼓舞。

康熙二十一年的冬天，沈钟彦辞去汤家塾师的职务回家，德潜也就跟着回家了，这时他已经读完了《易经》《诗经》。在汤家两年半，德潜除了读书外，还有别的收获。汤光启是苏州有名的画家，他画了画，常请沈钟彦题诗，这是德潜所常见的。汤家家境好，朋友多，喜宴客，客中多文化人。因此，德潜在汤家，得见吴中老辈文化名人。这些经历，对后来德潜在苏州文化界的活动显然有很大的正面影响。

康熙二十二年，沈钟彦在家里开设私塾，招收学生，教他们读书，德潜也就在家里跟着父亲读书。有亲戚蒋家委托沈钟彦当管家，沈钟彦同意了，就把私塾交给了德潜，以此减轻家庭负担。当时，德潜才 11 岁。德潜课徒之暇，日读《左传》、韩愈文章一二篇，略有领悟。夜读唐代近体诗数首。后来，他读古文选本，至李陵《答苏武书》、魏徵《十思疏》、李华《吊古战场文》、胡铨《弹劾秦桧、王伦、孙近封事》等篇，若有所得，希望自己以后也能撰写此类古文。到 13 岁叛逆期，德潜在家教书之余，时作戏耍，读书不能如向日之专心，其父亲严加督促，甚至责打。德潜的母亲和继祖母相继去世后，沈钟彦继续在蒋家当管家，德潜与幼妹二人，衣食不周，孤苦伶仃，读书当然受到影响，但德潜还是读了张居正的《小通鉴》等。

到 16 岁时，德潜读了子部"兵家类"的重要经典《孙子兵法》《吴起兵法》和《蔚缭子》，并且写了《战守论》《乐毅论》两篇文章。沈钟彦读了这两篇文章说："我误此儿也。"他随即与邻居俞曾在商量，欲为德潜请教师，指导德潜作文。俞曾在推荐其表兄施灿，沈钟彦同意了，于是聘定。据德潜《施先生传》记载，施灿，字星羽，长洲县生员，家住浒墅关附近的商业区，离群索居，在孝友方面做得很好。性狷介，甘于贫困。为人重敬，虽独坐，衣冠必肃。虽遇童子，与揖让，必尽礼。过先贤祠宇墟墓，必再拜，移时始去。为学重朴学，而重人伦日用。所辑《养正录》，都是切合人伦实用的内容。所纂还有《四书大全节要》，完成十卷，没有全部完成。关于他当德潜教师之事，此传中仅云“潜从先生受经，凡二载”而已。①

康熙二十八年二月，施灿来教德潜作八股文。先教德潜读清朝前辈八股文，德潜读之，感觉“若吾故物”。读数十篇后，德潜能分所读文章之高下。四月，德潜作八股文，能成篇，施灿批阅，有批评处，有赞赏处。施灿私下谓俞曾在曰：“沈生文易于遇合，不似吾辈之艰难。”德潜闻之，窃喜。次年，德潜读当时八大八股名家的八股文，又私下学作诗歌。曾作绝句四首，施灿见之，谓德潜曰：“勿荒正业，俟时艺工，以博风雅之趣，可也。”冬月，施灿知沈家贫，无力延请教师，遂主动辞馆归。师生依依，几于泣下。

施灿离开后，到新年，德潜始受业于蒋济选。根据德潜《蒋先生传》所云，②蒋济选，字觉周，长洲县学生员，为人端方正直，精熟儒家五经。他解读儒家经典，不拘汉学、宋学门户，择善而从，又参之以自己的见解，这在当时的读书人中是比较少见的。当时，蒋师正在济东道宋广业家坐馆。每逢开讲日期，听讲者甚多，馆舍几乎无法容纳。德潜也前往听讲。

康熙三十年，德潜第一次参加科举考试，县试、府试都被录取，可以参加院试。如果通过院试，那他就是秀才了。

康熙三十一年，德潜 20 岁，县试应长洲、吴县二县试。学使为学士许汝霖，于录取二十九名外，批示备卷十余名，德潜之卷在其中。学使批德潜吴县试卷云：“首篇合格，此析理未精。”首篇题目为《父作之合下二节》，第二篇题目为《知其性也句》。虽未被录取，但得此勉励，德潜愈加自励。次年，时任江苏巡抚商丘宋荦观风考试，德潜参加，被取为第

① 沈德潜著，潘务正、李言编辑点校：《沈德潜诗文集》，人民文学出版社 2011 年版，第 1401 页。

② 沈德潜著，潘务正、李言编辑点校：《沈德潜诗文集》，人民文学出版社 2011 年版，第 1400 页。

二名。总河遂宁张鹏翮观风考试，德潜被取为第二名。布政使山东张志栋观风考试，德潜被取为第一名。前途似乎一片光明，德潜读书，也更加用功，不仅抄读《史记》《汉书》，而且读汉魏乐府。八股文之外，他还学作古文。

康熙三十三年，德潜参加长洲县试，被取为第六名，参加府试，被取为第五名，参加院试，被取为第二十名，遂为长洲县博士弟子员。当时的学政邵嗣尧，为理学名臣，刚正特立。清代江南学臣之清介，自此人始。

在此前几年，德潜还开始了交友活动，交了两个朋友。德潜 16 岁，与孙璜定交。孙璜也是秀才，长德潜 8 岁，德潜呼之为兄。后来他们一起多次参加乡试，相互照顾有加。除了八股文外，孙璜也喜欢写诗，工楷书、隶书，精篆刻。德潜编《清诗别裁集》，选录孙璜之诗。他们之间的友谊，延续终身。[①] 德潜 19 岁时，在宋家听蒋济选讲课期间，与宋公子育民交好。宋育民对德潜说："唐有'沈宋'，我二人他日成名，亦当以'沈宋'称，但唐之沈宋，人品庸劣，吾辈磊磊落落，有所树立，并称'沈宋'，是所愿也。"[②]德潜深表赞同。但是第二年，宋育民骤亡，同学多痛哭失声者。

① 沈德潜著，潘务正、李言编辑点校：《沈德潜诗文集》，人民文学出版社 2011 年版，第 1630 页。
② 沈德潜：《沈归愚自订年谱》，《沈德潜诗文集》，人民文学出版社 2011 年版，第 2098 页。

第二章　从青年秀才到老名士

第一节　在乡试路上跋涉的支撑力量

乡试难度较大。[①] 首先是录取率低。康熙五十二年(1713 年)江南恩科乡试,在二月份举行,诸生穿棉袄羊裘戴风帽入场,不搜检。应试者一万七千余人。[②] 这一科录取了多少,文献没有记载。康熙三十五年丙子科乡试,江南增加二十个录取名额,共八十三名。[③] 由此可见,江南乡试录取的名额,大概就是这个数目。按照这个数字计算,录取率大约是两百分之一,录取之难可想而知。

德潜 22 岁中秀才,在当时不算早,但也不算迟。直到 66 岁,他考了 17 次乡试才中举,历时 44 年。中举后次年,他就考中进士,入翰林,飞黄腾达。不到 10 年,官至礼部侍郎,堂堂二品大员。因此,在清代科举话题中,德潜是一个传奇,一个"晚达"的标本式的人物,很多时候,还被当成了"励志"的榜样。"梁灏八十中状元",那是传说,虚构出来的,而沈德潜则是铁的事实。

德潜中秀才次年,就可以为获得参加乡试的资格而参加科试了。

---

① 该章所用材料,凡未注明出处者,俱出自《沈归愚自订年谱》,沈德潜著,潘务正、李言编辑点校:《沈德潜诗文集》,人民文学出版社 2011 年版,第 2093—2142 页。

② 许洽:《眉叟年谱》,顾公燮等:《丹午笔记·吴城日记·五石脂》,江苏古籍出版社 1999 年版,第 260 页。

③ 许洽:《眉叟年谱》,顾公燮等:《丹午笔记·吴城日记·五石脂》,江苏古籍出版社 1999 年版,第 254 页。

可是，在这一年的科试中，他考了个第三等第六名。就科举考试而言，江苏是大省，第三等第六名应该可以获得参加乡试的资格。但是，德潜因为这个名次，没有获得参加乡试的资格。现在看来，原因可能有两个：第一，在科举考试方面，至少是那一年，江苏是按照小省的规定来处理的，第三等第六名正是无法获得乡试资格的最高名次。第二，德潜是新晋秀才，获得乡试资格的门槛或许要高一些，必须是一等和二等的成绩才行。德潜35岁那年，科试也考了个三等，但还是得到了乡试资格，那时的德潜，是老秀才了。

康熙三十五年七月，德潜和苏州好友孙璜同行，到句容县参加“录遗”考试。当时，句容连续十来天下大雨，德潜和孙璜骑着驴子赶路，有时候就冒险在水中走。夜宿旅店，烤干湿透了的衣服。孙璜义气慷慨，作长歌纪其事。到二十日，句容周围山洪暴发，凡四十余处，雷霆助之，水暴涨丈许，城外漂没无算，城中多受伤者。此见德潜《文学孙古愚传》等。[①] 参加“录遗”考试的考生吴江士仲棣溺死。[②] 这次“录遗”考试，德潜终于通过了，获得了参加此年乡试的资格。八月，德潜到南京参加乡试，途经镇江，听寺僧说七月十五日江中风浪大作之时杨孝子救父亲的事情，见德潜《杨孝子传》。[③] 是年乡试，江南增加二十个名额，共录取举人八十三名，[④]但德潜不在其中。第一次参加乡试，就如此曲折多磨。

那么，是什么力量支撑德潜在乡试路上跋涉40多年，最后成就这段科举传奇？

是不是对某些迷信“预言”的信仰？《沈归愚自订年谱》有这样的记载：康熙二十年，德潜9岁，有风水师云，德潜家所居竹墩，水势环合，宜有人文之秀。德潜母亲知之，窃喜，谓“其言果然，应在我家”。德潜是否因为相信这风水师所言，坚信他肯定能够在科场获得成功，这样的坚信，支撑他在乡试路上跋涉这么多年？又，康熙五十八年部分云，德潜

① 沈德潜著，潘务正、李言编辑点校：《沈德潜诗文集》，人民文学出版社2011年版，第1630页。
② 许治：《眉叟年谱》，顾公燮等：《丹午笔记·吴城日记》，江苏古籍出版社1999年版，第255页。
③ 沈德潜著，潘务正、李言编辑点校：《沈德潜诗文集》，人民文学出版社2011年版，第1622页。
④ 许治：《眉叟年谱》，顾公燮等：《丹午笔记·吴城日记·五石脂》，江苏古籍出版社1999年版，第255页。

父亲的墓地“暖而润，有藤蟠结，人云吉地”。似乎德潜是相信风水的。但康熙三十六年部分云，德潜父亲葬德潜祖父母、继祖母、母亲于王家田之姜村，也做好了他自己的坟墓。有人谓德潜云，此葬地不吉利，应丧子。众人劝迁葬。德潜谓其家本无意于求福，葬亲不必吉地。他认为命赋于天，非地所能生死也。这样说来，德潜是不信风水的。

那风水先生也仅仅说“人文之秀”，即使这确实应在德潜身上，这话也未必是科场成功的意思。因此，风水、命运之类的吉兆，即使有过，也不足以成为支撑德潜这么多年在乡试道路上的艰辛跋涉。许指严《南巡秘记补编》云：“相传归愚六十岁时，犹诸生，困于场屋。术者谓当得十余年太平宰相，闻者皆讥笑之。旋捷南宫，由庶常召试，竟获殊宠。至古稀之年，则已大拜矣。”①这更是小说家之言，不足为据。

支撑德潜在乡试路上艰辛跋涉 40 多年的，主要有两方面的力量。

第一，是德潜对自己文章写作水平的自信。这样的自信从哪里来？主要是岁考和科考中他不俗的表现。

根据《沈归愚自订年谱》记载，从 23 岁到 61 岁这 39 年间，德潜参加了 12 次岁试、12 次科试、“录遗”考试 1 次、乡试 14 次，一共 39 次考试，平均每年一次，而在苏州府学举行的“月课”之类，还不算在内。德潜 38 岁、48 岁到 50 岁、59 岁这 5 年没有考试，其中 48 岁到 50 岁是为他的父亲守孝，按照当时的礼制，服丧期间，是不能参加科举考试的。其中有几年是一年考两次。可是，如此频繁的考试，德潜竟然没有考取举人。那么，岁考和科试中，他表现如何呢？

我们先检点一下他岁考中的成绩。25 岁，一等第二十一名，学使为礼部侍郎张榕端。28 岁，一等十三名，学使为张泰交。31 岁，二等，学使为刑部侍郎张廷枢。34 岁，三等，学使为侍讲魏学诚。37 岁，一等第七名，学使为宫允杨中讷。40 岁，二等，学使为宫庶胡润。43 岁，二等，学使为侍讲学士俞正健。46 岁，二等，学使为谢履厚。52 岁，一等第一名，学使为法海。55 岁，二等一名，学使为邓锺岳。58 岁，一等第一名，学使为张廷璐。61 岁，一等第一名，学使为张廷璐。

① 沈德潜著，潘务正、李言编辑点校：《沈德潜诗文集》，人民文学出版社 2011 年版，第 2088 页。

这段时期内，德潜参加12次岁试，其中6次一等，5次二等，1次三等。当然，等级的评定和阅卷人员和学政的眼光有很大的关系，但无论如何，德潜这样的成绩，还是比较好的。能够先后在不同的学政手中获得一等第一名，尤其不容易。

我们再看德潜科试的成绩。23岁，三等第六名。26岁，二等第一名。29岁，二等。32岁，一等。34岁，三等。35岁，三等。39岁，三等。42岁，一等第六名。44岁，二等。53岁，一等第一名。56岁，一等第一名。60岁，一等第一名。

这段时期内，在德潜自订年谱中明确记载的12次科试中，成绩为5次一等，3次二等，4次三等。4次三等中，第一次是没有通过，所以参加了“录遗”考试，其他3次，没有参加“录遗”考试的记载，但他还是参加了这些乡试，这说明他的成绩尽管在三等，但在前几名，符合乡试资格的要求，所以没有必要参加“录遗”考试了。5次一等中，竟然有3个第一名，而且还不是出于同一个学政之手，这是非常难得的。这说明，以当时的评价标准来看，其文章的火候已经到了。从年龄而论，50岁以下的秀才参加举人考试，都属正常，自然不必论。50岁以上者再参加举人考试，就显得有些特别了。可是，德潜50岁以后岁考的成绩是三次一等第一名、一次二等第一名，科试是连续三次清一色一等第一名，如此亮丽骄人的成绩，任谁也不能忍住去参加下一轮考试。

第二，德潜的信心，还来自阅卷者甚至学政对他文章的评价，还有多位学政对他的器重。例如，康熙五十一年，尽管德潜在科试中仅入二等，但学政胡润对德潜仍青眼有加。这年小除夕日，德潜接到胡润的邀请，说要他新年就到江阴学使署中，编选《万寿作人诗》并参加录遗考试的阅卷。我们于此可见胡润对德潜的信任。雍正二年(1724年)岁考，德潜投卷。次日，学使少司马法海命德潜入学使院，批阅生童所作文章，凡九日。德潜所批阅者，咸当学使意，而他自己所作，被取为一等第一名。雍正八年岁考，德潜不仅获得一等第一名，且被学使张廷璐许为“文行并高”。十一年岁考，德潜获得一等第一名，试卷评语为：“古槎架险，体质苍坚，不屑与落蕊漂萍争妍斗媚。”学使召见德潜，行宾主之礼，还请德潜点定学使诗稿，并为诗稿作序，易称“先生”。科试中，也有类似的情况出现。雍正三年科试，德潜获得一等第一名。原卷评语为："融化经言，佐以议论，董醇贾茂，两者兼之。"复卷评语为："金石奏而蟋蟀之鸣自破。"德潜晋见日，学使俞兆晟云："子文寄浙中，到处抄誊矣。"相待有国士之目。雍正十年科试，德潜获得一等第一名，考卷评语为"理境通明，从容合节，策亦原委了然"。雍正八年，试古学，为《震泽赋》《诗学源流论》《范文正公祠堂碑记》《玉山晴望》《姑苏怀古》五题，德潜又获第一。试卷评语为："诸体并擅精能，鼓吹六籍，斧藻群言。洵艺林巨手也。"雍正七年冬，学政邓锺岳把德潜召到学政衙门所在地江阴，欲推荐德潜为"大优"，如此则德潜可以当知县。德潜有自知之明，觉得自己没有社会治理的才能，就婉言谢绝了。很明显，这些学政对德潜文章的评价如此高，对德潜如此器重，除了德潜为人谨愿敦厚外，他们主要是欣赏他的文章。

欣赏德潜文章的，不仅仅是学政。康熙四十八年，德潜仅 37 岁。是年，巡抚于准在知府陈鹏年的襄助下，重修苏州郡学，成，"大中丞于公属为记"，德潜乃作《重修苏州郡学记》，注明"代"者，当是代于公也。《归愚文钞》卷八收录此文。然根据《沈德潜诗文集》之校记，十二卷本《归愚文钞》卷六收录此文，作"二千石陈公命"。①

所有这些，都使德潜对能够决定自己科场前途的文章，信心满满，希望满满，结果却都使他格外失望。但是，怀着这样的信心与希望，他总是以为成功就在下一次，不肯放弃。就这样，在这段漫长的岁月中，他参加了 14 次乡试，还是没有能够通过举人考试。设身处地，既然有这样的信心，放弃确实很难。

德潜参加这么多乡试而没有中举，其中有三次，最为可惜。第一次是康熙五十年，他 39 岁时的江南乡试。这次乡试中，德潜已经在录取范围，将要上草榜的时候，被副主考赵晋换下来了。原来，赵晋寻找到想要录取的考生的考卷，根本不看文章，就录取了，取代了德潜。事后，德潜所作答卷的阅卷人、房考沾化县知县李某为德潜详细讲述此乡试闱中事。李某还向德潜致歉，说自己无力与赵晋等相争，很是惭愧，所

---

① 沈德潜著，潘务正、李言编辑点校：《沈德潜诗文集》，人民文学出版社 2011 年版，第 1755 页。

以送给德潜一些钱，云为膏火之资，以稍赎其愆云。这是德潜自订年谱中记载的，只是他把赵晋称为“主试”，不够准确，实际上，赵晋是副主考。乡试阅卷、录取情况，应该是机密，纪律和道德都是不允许对外透露的。那么，李某对德潜说这些内幕，似乎有违纪律和道德。

这一次江南乡试，发生了清代历史上有名的“辛卯江南科场案”。副主考赵晋，勾结其他官员，营私舞弊，正主考左必蕃无力约束，导致考场混乱，弊端迭出，当然也就没有公正可言。十月初九日发榜后，舆论大哗，苏州、扬州的考生还举行了声势浩大的抗议活动。江宁织造曹寅就将这些情况及时报告了康熙。左必蕃觉得无法隐瞒，就主动向朝廷报告，说所录取的举人中，确实有文理不通之人，“臣不胜骇愕”。地方总督和巡抚也将此事上奏朝廷，还和督抚之间本来就存在的矛盾扯在一起。朝廷多次派大员到江南审理，结果是左必蕃革职，赵晋和一个叫俞方名的官员被杀，舞弊中举的举人和相关涉案者多人被问罪。

作为这次科场舞弊案的直接受害者，德潜在自订年谱中表示：“命实不犹，无可憾也。”这样的境界，比“怨而不怒”还高出很多。这当然是德潜晚年编写年谱时的表达，未必确实是其当时的心情。可是，在他当时所写诗文中，完全没有明显和科场案或者这次乡试相关的内容，不仅如此，这些诗文中疑似怨愤激烈的内容也找不到。作于此年的《杂兴》诗第四首云：“群动日纷扰，吾庐幸幽寂。翛然数束书，此外无一物。暇日常独憩，空斋抱虚白。静观草木性，闲知鱼鸟逸。自谐尘外踪，可作忘机客。白云不还山，徘徊终日夕。”①“群动日纷扰”，就是指苏州等地读书人抗议科场不公的活动，德潜不仅没有参加，而且心境竟然如此平和。

一次是雍正二年，他 52 岁时参加江南乡试恩科。试日，他感觉所作文极佳，踌躇满志，然以失写年号，未能终场，当然也就不会被录取了。德潜也没有任何诗文涉及此事。

还有一次是雍正四年，江南乡试。德潜又一次进入了录取范围。可是，第三场首策，德潜的答卷被一个姓徐的收卷人员用水洗去印上一

① 沈德潜著，潘务正、李言编辑点校：《沈德潜诗文集》，人民文学出版社 2011 年版，第 782 页。

字，由此导致该答卷无效，德潜因此落榜。徐某本为一个武童生，他某次参加武秀才的考试，还请德潜给他作保结者，也就是证明人，证明他的身份等材料的真实性。武秀才考试中，骑射项目，徐某已经通过，而写文章考试，他没有信心，遂请德潜代考。代考之类的事情，既违反法律，又违反道德，远远超过了德潜的底线，德潜理所当然地拒绝了。徐某由此怀恨在心，利用他在乡试中收卷的便利，用这样卑劣的手段对德潜实施报复。德潜的房考，也就是阅卷官员金匮知县王乔林，深为德潜惋惜。可是，德潜诗文中，也没有提到徐某所为。

以上三次，都是意外事件导致了德潜和举人失之交臂，而不是其文章水平的原因。既然如此，他能舍弃下一次考试的机会吗？很难。

困顿科场的人，都少不了怨愤之气，可是，德潜困顿科场这么多年，他却几乎从来没有怨愤之气，甚至在这条道路上遭受不公正待遇后，仍然没有怨愤之气，这更加出乎常情。

由于他在岁考和科考中获得的良好评价，以及三次因意外事件落榜的经历，促使他难以放弃乡试，在乡试之路上跋涉下去。

第二节　科举悲喜与生存状态

在这段时期内，德潜平均一年参加一次以考取举人为目的的考试，此类考试成了他生存状态的一个重要部分，甚至是核心部分。尽管没有中举，在这样的历程中，他还是收获颇丰。参加这些考试的结果，对改善他和他的家庭的生存状态，特别是他的职业生涯、社会声誉，起了重大的积极作用，亦即给他带来了可观的名和利。

最为显性的是，德潜在康熙五十三年，也就是他42岁那年，科试获得一等第六名，遂为廪生。所谓廪生，就是诸生中由政府发给津贴的优秀学生，一般是每月四两银子。当时正常年景，江南白米的价格一般是每石一两银子左右。这笔收入，对德潜家这样的家庭来说，至关重要。此外，廪生的社会声誉当然胜过普通的诸生。

在读书和科举关系密切、科举和做官又是紧密联系在一起的社会中，不仅是科名的高下，而且是科举考试中成绩的高下，对其人的职业生涯都有直接的影响。德潜也是如此。

在当时，一个秀才最为寻常的职业就是当私塾先生，教青少年读书作文。可是，同样当教师，薪酬、声誉、社会地位，乃至可能获得的社会资源，是有很大差别的。

德潜在22岁那年成为秀才后，次年，就到句容周氏家坐馆，一共持续了大约三年。学生张渭徵，尊德潜为父辈。学生年纪小，教学内容也不可能高深，周家也不是文化底蕴、社会声望等出众的家族，当时的句容，其经济、文化等远远不如苏州发达，又远离苏州，因此，德潜这样的选择，也有一定的无奈。自己的资本如此，选择的余地是不太大的。当年和次年，德潜的考试成绩并不理想，也是他在周家继续教下去的原因之一。

25岁，德潜在岁考中获得了一等第一名，次年，他就在苏州家里开设私塾教学生了，“多从学者”，这和“一等第一名”的成绩显然有直接的关系。学生多了，德潜的经济收入自然也就高了，社会影响也就大了。当年他又在科试中得了二等第一名。27岁那年，他就到大姚张家教书。次年，德潜仍然在家里教书，岁考得了一等第十三名。29岁，他被苏州尤鸣佩家请去教书。苏州尤家，文化底蕴深厚，当时著名的文学家、学者、翰林尤侗，就是尤鸣佩的族父。这个工作，至少延续到康熙四十五年，即德潜34岁的时候。这年，德潜在尤家所教学生尤秉元入泮宫，为诸生。

康熙五十二年二月乡试下第后，德潜就到钱万策家坐馆。这次坐馆延续了多长时间，德潜的自订年谱没有明确的记载。次年，德潜在科试中考了一等第六名，就“食饩”了，也就是成为廪生了。在此年秋天举行的江南乡试中，尽管德潜下第，但是德潜教的学生尤秉元中式，这也给德潜带来了很大的声誉。

康熙五十四年，德潜43岁，到方蓂朔家坐馆。方蓂朔乃方殿元之子。方家是广东人，客居苏州，也是文化底蕴深厚的家族。

康熙五十七年三月，江镇道魏荔彤来苏州，见德潜诗文，聘请先生为其家塾师，课其子。六月，德潜遂到魏荔彤家坐馆。学生有二人：士敏和壮徵，都已经是诸生了。要知道，魏荔彤是现任官员，这一点，和德潜以往的东家都不同，且道台的品级在知府之上。康熙五十九年四月，德潜所教魏家子弟士敏、壮徵回家乡柏乡应试，德潜遂辞归，魏荔彤最初挽留，后见德潜去意已决，也就同意了。此后，他们之间仍然有联系。雍正元年，魏壮徵，在家乡乡试中中式，成举人。这当然也给德潜带来了良好的声誉。

雍正二年三月，德潜到王鹤书家坐馆，学生仅一人。宾主关系融洽。七月，苏州府同知温而逊见德潜诗文，遂聘请德潜教授其家子弟，德潜遂向王家辞职，王家应允，德潜遂携带王家子到温家教书。温而逊不仅是当时现任官员，还是苏州府的第二把手。八月，学使兵部侍郎法海来岁试，德潜投卷。次日，法海命德潜入学使院，批阅生童所作文章，凡九日。德潜所批阅者，咸当学使意。德潜自己所作，被取为一等第一名，评语为“理学到家”等。雍正三年，德潜东家温而逊任太沧州知州，温家移家太仓，德潜遂到太仓温家坐馆。雍正四年，温而逊晋升苏州知府，德潜遂到苏州知府衙门内坐馆。雍正六年十月，温而逊由苏州知府晋升道台，离开苏州，德潜才离开温家塾教之职。

可见，在乡试连续失利 14 次的这段岁月中，德潜的塾师职业生涯却可谓“芝麻开花节节高”，这和他在科举考试及相关考试中的成绩、学生中多人考中举人的教学业绩有直接的关系。他不断参加岁考、科试和乡试，尽管是无奈之举，但实际上，这样的经历使他始终把握这些考试及其发展变化的脉络，掌握应对这些考试的技巧，对他的教学工作无疑有很大的促进作用，他的多位学生考中举人，就是证明。当然，他在岁考和科试中的出色成绩，也是证明。有了这两个方面的证明，他作为教师的价值就体现得越来越高，从句容寻常有钱人家的塾师，到苏州府知府乃至镇江道家的塾师，这样的进步，很少有读书人能够做到，而德潜做到了。究其奥秘，正在于德潜这么多的科举考试实践，以及他在岁考、科试中的出色表现。如果他因为乡试失利而早早放弃了科举考试，他也不会有这么多考试实践，那么，他作为教师的职业生涯也不会步步高升，很可能仅仅是到他的祖父和施灿、蒋济选这两位老师那样的程度罢了。

第三节　诗文活动及其作用

一、和科举直接相关的诗文或诗文活动

作为诗文作家，德潜参加科举考试也会以此因缘，写作诗文，参与相关的诗文活动，结识诗文作家，彼此交往切磋，在道德、学问和艺术等方面，相互影响。这具体体现在几个方面。

首先，他在考场中所作的某些诗文，具有超越科举考试的价值。清代科举考试所考的，不全是八股文，也有其他的文体，体现作者的才学识力和写文章的功力，且具有社会内容。德潜诗文集中现存的某些文章，就是科场中所作。这些文章，就内容而言是有价值的，少数文章还价值较高，就艺术而言也是如此。从康熙三十五年(1696 年)到雍正十年(1732 年)，德潜考举人 12 次。号舍所成之文，存三场对策一卷，存《明史》《国计》《风俗》《防海》《弭盗》《审势》《节制》等若干篇，见《归愚文钞》卷五。[①] 又，雍正十年五月，张廷璐试士，德潜于号中作赋一、论一、碑记一、诗歌三。张以德潜冠两府州士，并且赞赏德潜所作《范文正公祠堂记》，[②]认为“端重有体”。此后 5 年多，德潜将此文编入文集。

其次，清代江苏乡试是在南京举行的，德潜到南京参加乡试，途中经过镇江等地的时候，乡试前后暂住南京的时候，登临游览所及，耳闻目睹所得，往往会成为大好诗料，写成诗歌。这些诗歌，在德潜这一段时期所作诗歌中占一定的比例。雍正元年，因是年会试移到八月，故乡试提前到四月举行。乡试完毕后，德潜游览南京及其附近名胜，如乌龙潭、清凉山、卞忠贞祠、鸡鸣山、台城、万石卧钟、明孝陵、灵谷、倒出泉等。他尽管乡试下第，但畅游而归，且写了不少游览这些山水名胜的诗篇，尽管大多比较平庸，但也有一些可称佳作。他在参加科举考试时期

① 沈德潜著，潘务正、李言编辑点校:《沈德潜诗文集》，人民文学出版社 2011 年版，第 1746—1754 页。

② 沈德潜著，潘务正、李言编辑点校:《沈德潜诗文集》，人民文学出版社 2011 年版，第 1241 页。

所作，有些诗歌具有纪实的意义。例如，《归愚诗钞》卷十五《客中生日》云："满庭黄叶满床尘，红烛青尊夜欲分。真觉光阴如过客，可堪四十竟无闻。中宵孤馆听残雨，远道佳人合暮云。遥忆故园茅屋里，焚香为礼玉晨君。"①德潜自订年谱康熙五十一年部分引用此诗，作《寓中遇母难日》，自注云："第四语为一州七邑诸名流也。"康熙五十二年有乡试，故江苏学政胡润主持科试，一州七邑欲于次年参加乡试的诸生参加科试，以获取参加乡试的资格。这次考试，不是在苏州进行的，故考试期间，德潜离家客居在外。是年二月初一日，德潜到南京参加乡试，与孙璜(字弥邵)同泊舟江干，同赋《江干夜月》。德潜所作此诗不见载籍，孙璜所作见《清诗别裁集》卷二十八，云："雪夜江干月倍清，推篷遥望正三更。天连玉峤千山白，水漾金波万里明。旅况每依甘露寺，名心遥系石头城。沙寒洲冷渔灯灭，倦听邻舟摘阮声。"德潜云："康熙癸巳二月省试，余与弥邵同泊江干、同赋是题。余诗废弃久矣，批读孙诗，恍如尘梦。"②孙璜此诗，用两个"遥"字，而不是因顶针、反复、叠词等而用，这在律诗中是不常见的。

其三，参加和科举相关的诗文活动。文会是士人组织的写作活动，类似于作文竞赛，但和科举的关系比较密切，有些是直接针对科举考试的，具有应试的意味。参与文会的人写的文章，由大家公认的内行或者由大家集体评定，在一定程度上超越了利益关系，因此具有较高的公正性和权威性，代表了民间的评价。例如，吴敬梓《儒林外史》中，范进在乡试前夕，参加了魏好古等组织的文会，提高了写作水平，更提高了信心，所以克服困难，饿着肚子，也要参加乡试。

康熙四十四年乡试之前，彭启丰举行文会，德潜也参加了。这次文会，首题为《不逆诈》一节，次题为《水由地中行》二句。这些文章，都没有流传下来，但是，由题目来看，都是八股文。成绩评定，参加文会的人中，合格卷只有三份：徐达夫、习载展和德潜。三卷之中，约略还以德潜之卷居先。这年秋天，这三人都参加了乡试，徐达夫中式，习载展和德

① 沈德潜著，潘务正、李言编辑点校：《沈德潜诗文集》，人民文学出版社2011年版，第306页。
② 沈德潜编：《清诗别裁集》，上海古籍出版社1984年版，第1186页。

潜落榜。九年后的甲午科，刁载展中式。德潜于30多年后，方中乡试。德潜友人张岳未于是科也中式，而张的父亲张涵中副榜，其时已经64岁了。此见德潜所作《张先生墓志铭》。①

康熙五十六年七月，德潜前往南京参加乡试，就在南京参加文会，与会者有储六雅、王耘渠、王罕皆、曹谔庭、束聚五、荆其章、蔡芳三、顾天山、顾嗣宗等。文会为时艺、诗、古文各一场，聚会后补送，犹有前代《壬申文选》之遗风。

文会尽管是民间的活动，对参与者文章的评价也是民间的评价，对科举考试中对文章的评价没有影响，甚至其间没有什么关系，但是，对文章作者在文化圈中的声誉，是有影响的。

二、职业生涯和直接相关的诗文活动

德潜在23岁那年开始在句容周氏家坐馆，一直延续了大约3年。在此时期，德潜同朱恭季（奕恂）、陈师洛（世治）诗篇唱和。这些诗歌尽管没有保存下来，但是，德潜诗文中有与这两位相关的内容。康熙五十七年四月初一日，德潜闻陈师洛二月间于楚地去世的消息，撰写了《陈师洛哀辞》。②

康熙三十七年，德潜26岁，到大姚张家坐馆，在那里大约两年。大姚偏僻，极少学者文人。德潜乃访问沈庄怀，和其唱和。庄怀熟悉明史，擅长诗歌。当时德潜和庄怀唱和的诗歌也没有流传下来，但德潜后来所作和庄怀相关的诗歌，在德潜诗文集中有多首，例如，《访沈庄怀》《题沈庄怀吴淞江竹堂》《连雨走访庄怀》《题沈庄怀遗稿后》等。通过这些诗歌，我们可以看到沈庄怀其人以及德潜和他之间的友谊，以及当时的情景等。

康熙四十年起，德潜到苏州著名的文化家族尤家坐馆，至少延续到康熙四十五年。东家为尤鸣佩，著名诗人尤侗为鸣佩世父，诗人尤珍（字沧湄）是尤侗的儿子。德潜在尤家坐馆期间，课徒之暇，讲求声律，

① 沈德潜著，潘务正、李言编辑点校：《沈德潜诗文集》，人民文学出版社2011年版，第1780页。

② 沈德潜著，潘务正、李言编辑点校：《沈德潜诗文集》，人民文学出版社2011年版，第1488页。

和尤珍等多所酬唱。德潜诗成，尤珍必指瑕赏瑜。尤珍诗成，亦请德潜评定，有一字未安，辄改正。可见彼此都虚怀若谷。尤见德潜《吴江道中》诗有"湖宽云做岸，邑小市侵桥"句，曰："何减刘文房！"见德潜《和亦园书兴》诗有"半壁夕阳山雨歇，一池新涨水禽来"句，曰："何减许丁卯！"尤侗见德潜《北固怀古》《金陵咏古》和《景阳钟歌》等诗歌，谓尤珍曰："此生他日诗名，不在而辈下。"尤家常有文坛著名人物往来，德潜也就有机会向他们请教。例如，张大受见德潜《拟古乐府》一册，曰："古调不弹，此伯牙琴弦也。"德潜受到这些鼓舞，遂益致力于为诗。当然，德潜作诗，没有耽误教学，他教的尤家学生尤秉元，在康熙四十五年考中了秀才。

康熙五十四年，德潜到方蕡朔家坐馆。方蕡朔乃方殿元之子，以诗学世其家。方蕡朔之弟方东华好客，四方诗人来苏州者，多到方家广歌堂作客。德潜因此而认识蜀中费厚蕃之弟费滋衡、广南梁孝稚、山阴杨可师、钱塘沈用济、无锡杜诏等知名诗人。因此，这一时期，德潜和包括东家在内的很多诗文作家有诗文交往，多诗文活动。

康熙五十七年六月，德潜到江镇道魏荔彤家坐馆。这一馆职，一直延续到五十九年四月。课务甚为轻松，故德潜得以肆力于诗古文，成文60余篇，成诗百余篇。暇日游览镇江名胜，如金山、焦山、北固山等，往往写诗纪之。

在此期间，德潜得交镇江诗人余京。先是康熙三十七年，德潜于《采芳录》中，得到京口余布衣诗歌二首，一为《北固山怀古》，一为《月下汲中泠泉》，风格遒上，拔出众人，心里甚为赞许。《采芳录》为学使辑选大江南北人士之诗歌，乃古代太史观风之遗。自此，余京和这两首诗歌，就往来于德潜之心。然每过镇江，他都不及识余京。认识余京之经过，德潜《余文玑诗集序》中记述甚为详细："戊戌（康熙五十七年）秋，作客京口，为焦山之游，于焦隐士祠复得余君诗石刻二章，如遇旧识。问之寺僧，僧曰：'此吾乡隐君余文玑也。子欲见之乎？'因道里居氏族及出处进退甚详。余访之江干老屋，俱道所以，相与定交。至是距戊寅，盖二十有一年矣。"[①]德潜《石帆诗集序》亦载其事。康熙五十八年三月

① 沈德潜著，潘务正、李言编辑点校：《沈德潜诗文集》，人民文学出版社2011年版，第1763页。

十六日，德潜与余京游览镇江蒜山，作《游蒜山记》，又有《游焦山记》，殆同时期作。德潜《竹啸轩诗钞》卷十四《同京口余文圻登蒜山》《同薄勺亭侍读、魏怀舫宪副泛舟大江登金山》等诗歌，也是这一时期所作。

四月，德潜所教魏家子弟士敏、壮徵回家乡柏乡应试，德潜遂辞归。魏荔彤挽留云："儿子虽去，我老友受切磋可也。"及见德潜《南徐寓中作歌》六首，知德潜归志已决，遂允辞。将别，魏荔彤题德潜《万峰独立图》云："峰峰卓立断跻攀，邛屐逍遥鸟道间。试问此翁登眺后，何人更上万重山?"又赠德潜诗二首，结尾云："他时旌节临吾土，便合扫门迎故人。"此明显以仕宦显达相祝。后来，魏荔彤以所注《庄子》，请德潜逐篇加评语，德潜如命报之，又成《读庄子》文章一篇。魏荔彤致书德潜，谓对德潜之评语，不改一字付印，自题云："先生注《庄》，与余或同或异，相视而笑，莫逆于心可也。"后魏荔彤又以所注《老子》寄德潜，请德潜加评语，如其做注释《庄子》，德潜为之如前之于其所注释之《庄子》。

三、参加文化公务与相关诗文活动

这里说的"文化公务"，是指政府设立的带有官方性质的文化项目。德潜应相关负责官员的邀请或聘请，参加这些文化项目的工作。这些文化项目都和诗文相关，本身就是诗文活动，此其一。其二，由参加这些文化项目，会衍生出其他的一些诗文活动。

康熙五十一年，小除夕日，江苏学政胡润邀德潜到江阴学使署中，编选《万寿作人诗》。为庆祝康熙帝六十寿辰，胡润组织力量，编选此诗歌选本。次年正月初二日，德潜同朱恭季、陈师洛到江阴，继而随胡润到句容署中选诗，因为当时有"录遗"考试在句容举行，学政是负责人，当然必须自始至终在句容，编选《万寿作人诗》的工作也只能在句容进行。

雍正四年二月，元和知县江之炜聘德潜参与修《元和县志》。当时，德潜是苏州知府温而逊家的塾师，江之炜聘之，也有看顶头上司面子的意思。德潜分得《元和县志》中学校、水利、人物和艺文部分。于是他"矢公矢慎"，耗时两年，与同人共成此书，"后为俗子改坏，有俟重修，可惜也"。

雍正九年三月，浙江总督李卫聘请德潜参与修《浙江通志》，德潜乃到杭州，进入修志馆。此次修志总裁沈翼机、傅王露、陆奎勋让德潜先修《西湖志》，分水利、名胜、祠墓、志余四个部分。德潜遍览载籍，并时率儿子种松来往西湖之上，游览名胜。同人聚会，时相唱和。和德潜尤其契合者，有诸锦、厉鹗、周长发、王延年等。诸人中，还有平湖张云锦。德潜《兰玉堂诗集序》云："雍正辛亥岁，予留浙江志书馆修《省志》及《西湖志》，平湖张铁珊在焉。铁珊为太史陆堂前辈甥，工韵语。时浙中名流咸集，纂辑暇，常跋烛联吟，搜奇斗险。铁珊诗出语必惊人，予为敛手服。越二年，各散去。"①八月十八日，出杭州正阳门观潮。十月，德潜所分得部分完成，又得《通志图说》部分。次年二月初，赵谷林同德潜游览西溪及其诸名胜。三月，德潜所承担之《通志图说》成。德潜即从杭州归苏州。闰五月，苏州织造海保聘德潜与修《通鉴》。

第四节　拜师与雅集

一、拜叶燮为师

康熙三十七年(1698 年)四月，德潜和张景崧一起，到吴江拜访叶燮，正式拜叶燮为师，向叶燮请教诗学。叶燮，字星期，康熙进士，历官宝应知县，退出官场后，在家乡隐居。清初钱谦益、吴伟业、顾炎武等去世后，吴地乃至东南诗文名家，论诗文成就和在士林的影响，首推叶燮。

德潜拜叶燮为师，是他一生中的大事，对他此后在诗歌方面的成就和在诗坛上的地位，乃至于社会地位，影响极大。除了在诗歌理论、诗歌创作方面的影响外，叶燮对德潜的积极影响，至少体现在以下几个方面。

首先，叶燮在诗坛对德潜有非常重要的提携之功，这大大增强了德潜在诗坛的影响力。德潜有编年的存诗，从康熙三十八年起见《一一斋

---

① 沈德潜著，潘务正、李言编辑点校：《沈德潜诗文集》，人民文学出版社 2011 年版，第 1356 页。

诗》。此诗集前有叶燮、张景崧二序。由叶燮序言可知，德潜此前刻有诗集《留饭草》。康熙四十年，叶燮将德潜所作诗歌送给当时担任宰相的张玉书，张玉书读后，向德潜索近作，德潜因赋《金山行》寄之。此诗见《一一斋集》卷三。

据《沈归愚自订年谱》记载，康熙四十二年秋，叶燮去世。先是叶燮以所作诗古文并诸学生所作诗歌，寄给时任刑部尚书的诗坛领袖王士禛，后王士禛回信至，极道叶燮诗文特立成家，绝无依傍。在叶门弟子中，以德潜和张岳未、张永夫不止得皮得骨，直已得髓。又谓河汾之门，讵以将相为重？滔滔千言，惜叶燮不及见矣。[①] 康熙五十年，王士禛寄信给尤珍，赞扬沈德潜等的诗。这些不仅提高了德潜在诗坛上的地位，增强了德潜诗歌的影响力，而且大大增强了德潜在诗歌方面的信心。出身于下层知识分子家庭又天资并不出众的青年德潜，实在是太需要这些了。

其次，有助于同门之间的切磋和相互宣传，提高诗歌理论水平、写作技巧，增强在诗坛上的影响力。《沈归愚自订年谱》和德潜《二弃草堂宴集序》记载，乾隆十二年正月，德潜到叶燮旧居二弃草堂拜叶燮之位。时叶燮之门生存者九人，都参与了这一活动：叶太史长杨（定湖），年八十一；顾处士嘉誉（来章），七十九；张处士鈛（少弋），七十六；德潜，七十五；谢徵士淞洲（沧湄），七十一；李徵士果（客山）、沈徵士岩（颖谷），俱六十九；薛徵士雪（一瓢）六十七。周太学之奇年最少，亦六十五。叶燮之孙子启祥也参加了这次活动，年七十一。十个人，共 723 岁。[②] 德潜《二弃草堂宴集序》云：

> “今兹九人，皆向时请业于二弃草堂者。讨术业之渊源，合通门之情好，横山一脉，犹在人间。……于时登小山，穿桂丛，抚琴尊，寻故简，阐先生《原诗》上下篇之议论。……传闻城市，亦以为美谈，洵为吴中之盛事也已！形诸毫翰，皆五言古格，要以流连泉石，会合同学，扬扢雅风，归于不忘师门为主。诗篇既成，勒之石，

① 沈德潜著，潘务正、李言编辑点校：《沈德潜诗文集》，人民文学出版社 2011 年版，第 2101 页。
② 沈德潜著，潘务正、李言编辑点校：《沈德潜诗文集》，人民文学出版社 2011 年版，第 2122 页。

陷于草堂之壁，聊比香山、洛下图书。”[①]

李果《咏归亭诗钞》卷八有《丁卯正月五日，同叶编修定湖、顾处士碉西、张处士少戈、沈阁学归愚、谢徵士林村、沈徵士颖谷、薛徵士一瓢、周太学庸客，集横山二弃草堂，用渊明斜川诗韵》诗，亦纪其事。[②]“同门”是我国古代社会广泛存在的“类宗法社会”的一种。“类宗法社会”大量移植至我国非常发达的宗法社会文化中，凝聚力强。同门之间，相互帮助、援引，只要不违反法律、道德和情理，都是可以的。叶门弟子，肯定不止这些，德潜的好友张景崧也是。他们和德潜在诗歌方面的切磋是常见的。

再次，叶门弟子也是可以夸耀的身份。中国古代，从政治、学说，技艺乃至血缘，都极为讲究渊源，并无不以渊源正大为尚。事实上，无论平日言谈，即使在诗文中，德潜也很多次亮出自己叶门弟子这个身份。尽管这样做的人，往往是缺乏自信的，但也有自信的人，觉得自身的成就和影响还无法满足自己的渴望，所以把老师的名望也尽量用上。于德潜，这两种情况，都是有的。

二、绣谷送春雅集

冯桂芬《（同治）苏州府志》卷四十五云：“绣谷在阊门内后板厂，朔州知州蒋深所筑，有绣水、苏斋、交翠堂诸胜。嘉庆中为叶河帅观潮所得，道光初归南康谢观察学崇，后为婺源王都转凤生所居。”[③]蒋深另有一别墅，名凫溪渔舍，在虎丘斟酌桥，见同书卷四十六。梁章钜《浪迹续谈》卷一云：“按此宅在国初为蒋氏旧业，偶于土中掘得‘绣谷’二大字，作八分书，遂以名其园。园中亭榭无多，而位置有法，相传为王石谷所修。”[④]

康熙三十八年己卯春暮，绣谷主人蒋深召集当时名流，在绣谷举行送春雅集。王昶《湖海诗传》卷三十蒋业鼎部分云：当时，尤侗已经82

---

① 沈德潜著，潘务正、李言编辑点校：《沈德潜诗文集》，人民文学出版社2011年版，第1364页。

② 李果：《咏归亭诗钞》，《清代诗文集汇编》第244册，上海古籍出版社2010年影印本，第380页。

③ 冯桂芬：《苏州府志》第二册，凤凰出版社2008年版，第358页。

④ 梁章钜著，吴蒙校点：《浪迹丛谈》，上海古籍出版社2012年版，第153页。

岁，而德潜年最少，才 27 岁而已，当然是“叨陪末座”了。到乾隆二十四年(1759 年)己卯四月初，蒋深的孙子蒋仙根仿照他的祖父，也召集当时四方名流，在绣谷举行送春雅集，被称为“后己卯绣谷送春”。德潜非常荣幸，先后参加了两次“己卯绣谷送春”雅集。

在参加了乾隆己卯绣谷送春雅集后，德潜写《后己卯送春文宴序》云：“先是，蟠猗(仙根)尊人绣谷先生于康熙己卯宴会送春，时年最高者为尤西堂侍讲，朱太史竹垞齿次之。张匠门太史时为孝廉，顾秀野太史时为上舍生，惠小红豆学士、徐澄斋太史时为诸生，齿又递次之。予年最少，亦厕末席。而画师则王耕烟、杨子鹤，方外则目存上人。在座分体赋诗，工画者写山水轴，并写一朵牡丹。四方传闻，如同于洛下、邺中、兰亭、岘首。今诗画卷俱留几案间，供人把玩。”[①]于此可见康熙己卯绣谷送春雅集的大致状况。

参加此次绣谷送春雅集的文化名人，有尤侗、朱彝尊、徐葆光、张大受、顾嗣立、惠士奇、王翚、杨晋、瀞睿上人等，除了朱彝尊外，其他人和绣谷的建造者、第一位主人、此次雅集的主人蒋深，在《苏州府志》中都有传。

僧人诗人宗渭，似乎也参加了这次活动。宗渭，字绀池，江南华亭人。少年时学诗于著名诗人宋琬，中年后又学诗于尤侗。见沈德潜《清诗别裁集》卷三十二。释宗渭《芋香诗钞》卷四《蒋树存招同社友绣谷送春分韵》云：“九十春光转眼移，好从绣谷阅良时。送春诗卷惊词客，入夏烟峦托画师。(石谷在坐)尚有残红飘酒盏，漫看浓绿暗书帷。闲云却笑缘何事，坐尽斜阳未放辞。”[②]从诗题和诗歌本身看，特别是“石谷在坐”的注释看，宗渭是参加了这次雅集的。德潜《后己卯送春文宴序》中没有提到宗渭，应该是德潜忘记了，毕竟相隔整整 60 年，德潜已经是 87 岁的高龄老人了。

值得注意的是，当时康熙帝南巡刚离开苏州，可是现在可以找到的有关这次活动的所作诗文，全然没有相关的内容。

① 沈德潜著，潘务正、李言编辑点校：《沈德潜诗文集》，人民文学出版社 2011 年版，第 1550 页。
② 宗渭：《芋香诗钞》，《四库未收书辑刊》本，第八辑第 23 册，北京出版社 2000 年版，第 766 页。

三、城南诗社

康熙四十六年，德潜35岁。《沈归愚自订年谱》云，是年：

予与张子岳未、徐子龙友、陈子匡九睿思、张子永夫锡祚结城南诗社，每课五题：古体五言、七言各一，律诗五言、七言各一，绝句一，或五言，或七言，面成一诗，余俱补完。一月一举，社中序齿批阅。匡九尝谓己诗"如南粤赵佗，独霸一方，不奉朝请"；龙友诗如"孙策用兵，几同项羽，但恐中道摧折"；永夫诗"如残雪在岭，孤鸿唳空"；岳未诗"如金碧楼台，无问贤愚，咸思登眺"，谓予诗"如文叔用兵，遇小敌怯，遇大敌勇"。闻其谈谐，一座笑乐。①

德潜《徐龙友遗诗序》云：

方其结社于城南也，龙友始其事。入社者张子岳未、永夫，顾子嗣宗、陈子有九、吴子蕴山、尤子少逸、丁子树芳，余亦追随其后。月一举，古今体凡五题，每举必面课二诗。诗成，互加驳赏。龙友诗时冠籍。当得意时，纵横啸呼，赏诗以酒，凡三四年无间。后各以事牵，乃散去。今遗稿所存，社中诗居多。②

沈德潜《归愚诗钞》卷九有诗《诗社诸友渐次沦没不胜盛衰聚散之感作歌一章柬旧同好》，此诗作于雍正九年，其中提到诗社诸友，云：

夙习嗜诗教，文雅防漂沦。当年结诗课，素心聚南村。后来联北郭，十子追前民。蛇珠荆玉竞怀宝，扶轮承盖正始存。诸公虽非天庙器，能教山泽闻韶钧。电光鸟影逾二纪，叠见剪纸招吟魂。锻亭（张景崧）与息庐（冯念祖），一沦幽燕一西秦。西塘（徐夔）与有九（陈睿思），近没敬亭远海滨。柏堂（释岑霁）老干一枝折，方外诗卷归幻尘。锄茅（张锡祚）灵洲（方还）继凋丧，两山荒荒墓草新。方舟（沈用济）一棺淮水湄，鹿床（顾绍敏）影堂羞渚苹。耻庵（陈培脉）今年亦乘化，诗坛故友已十人。痛惜逝者行自念，南皮感旧同

① 沈德潜著，潘务正、李言编辑点校：《沈德潜诗文集》，人民文学出版社2011年版，第2102页。
② 沈德潜著，潘务正、李言编辑点校：《沈德潜诗文集》，人民文学出版社2011年版，第1322页。

颦呻。人生哪有金石固，要使文采能通神。[①]

城南诗社的情况，大致如上所云。德潜《清诗别裁集》中，城南诗社也被称作"葑南诗课"。《苏州教育学院学报》2013年第1期胡媚媚《城南诗社考论》、安徽大学出版社2022年8月版王玉媛《清代格调派研究》，对城南诗社考证颇详。

该诗社成员有张景崧、徐夔、陈睿思、张锡祚、张进、彭启丰、陆苍培等，他们的生平和诗歌特色都见之于《苏州府志》和《清诗别裁集》。此诗社大约持续了三四年，后来主要成员多因事离开苏州，诗社也就在无形中解散了。

四、北郭诗社

德潜《方舟兄遗诗序》云："犹记庚子、辛丑间，结诗社于北郭，方舟每课必至。诗成，传示众坐，人人推射雕手。方舟作锺记室语，品评他人诗，不失锱铢轻重。一时友朋之乐，称为盛事。乃岁月几何，众人各以事散去，不易复合，而方舟遽成古人。"[②]《沈归愚自订年谱》云，康熙六十一年壬寅，年五十，"三月，联北郭诗社"。[③] 但康熙六十年辛丑部分，则没有关于诗社的任何记载。德潜《归愚诗钞》卷九有诗《诗社诸友渐次沦没不胜盛衰聚散之感作歌一章柬旧同好》，此诗作于雍正九年，其中提到当时已经去世的诗社诸友，如张景崧等（见"城南诗社"部分）。[④]这些人中，至少徐夔、张景崧、陈睿思三位，是城南诗社中的成员。当然他们很可能也参加了北郭诗社的活动。其余的，我们就视为北郭诗社中的成员。现在能够考证出来的，简单介绍于下。

岑霁，字晓初，又字樾亭，俗姓朱，江南长洲人。少岁祝发圣感寺。著有《柏堂诗集》四卷，德潜删为二卷。沈德潜《清诗别裁集》卷三十二云："上人将母柏堂，尽子道。喜读儒书，敦友生谊。盖隐于禅者也。诗

① 沈德潜著，潘务正、李言编辑点校：《沈德潜诗文集》，人民文学出版社2011年版，第183页。
② 沈德潜著，潘务正、李言编辑点校：《沈德潜诗文集》，人民文学出版社2011年版，第1320页。
③ 沈德潜著，潘务正、李言编辑点校：《沈德潜诗文集》，人民文学出版社2011年版，第2108页。
④ 沈德潜著，潘务正、李言编辑点校：《沈德潜诗文集》，人民文学出版社2011年版，第183页。

品清澈无尘，远近名流争欲识其面。”[①]德潜《归愚文钞》卷十七有《樾亭上人传》，言其卒年五十一。[②]

方还，字蓂朔，广东番禺人。贡生。著有《灵洲诗集》。其父方殿元，字蒙章，号九谷，康熙三年甲辰进士，历官江宁知县、郯城知县，以病退出官场，和诸子侨居苏州。沈德潜《清诗别裁集》卷二十八云：“蓂朔为九谷先生长子，所学一本庭训。移家于吴。倡诗教，喜宾客。四方诗人来吴者，每登方氏广歌堂，赋诗宴饮，称一时之盛。知广南屈、梁、陈三家外，别有方氏派衍云。”[③]德潜曾在方家坐馆。

沈用济，字方舟，浙江钱塘（今杭州）人。国子生。著有《方舟集》。其性好游览，终以游破其家。迁嘉兴，再迁江宁，继至苏州，寓狮林寺垂十五年，与吴人士结北郭诗社。晚客淮安，没于湛真寺。生平见冯桂芬《（同治）苏州府志》卷一百十二等。沈德潜《清诗别裁集》卷二十五云：“方舟足迹半天下，至广南，与屈翁山、梁药亭定交，诗乃大进。游边塞，留右北平久，诗皆燕赵声。一时名流，几莫与抗行。然所成诗一句一字，质之同人，有讥弹，辄改定，所由完善无罅漏也。向见重红兰主人，辇下名大著。”[④]

顾绍敏，字嗣宗，江南长洲人。廪生。著有《鹿床草》一卷、《西笑集》二卷、《岭外集》一卷、《凿垣集》二卷、《东樵集》六卷。沈德潜《清诗别裁集》卷二十六言其“屡试南北闱，终于不遇，晚而著书自娱，亦足悲其志矣。诗自中唐以下，两宋金元明无不含咀采撷，汇而成家。平昔论诗以情韵为上，风骨次之，故稿中，诗品亦恰如其议论。”[⑤]

陈培脉，字树滋，江南长洲人。国学生。沈德潜《清诗别裁集》卷二十五云：“树滋笃于友谊，壮岁与诸才士角逐名场，然众人升云路去，而树滋终老诸生，无几微见色也。诗宗法盛唐。晚游新城尚书之门，所诣益进。”[⑥]

---

① 沈德潜编：《清诗别裁集》，上海古籍出版社 1984 年版，第 1375 页。

② 沈德潜著，潘务正、李言编辑点校：《沈德潜诗文集》，人民文学出版社 2011 年版，第 1415 页。

③ 沈德潜编：《清诗别裁集》，上海古籍出版社 1984 年版，第 1148 页。

④ 沈德潜编：《清诗别裁集》，上海古籍出版社 1984 年版，第 1017 页。红兰主人，清宗室爱新觉罗·岳端。

⑤ 沈德潜编：《清诗别裁集》，上海古籍出版社 1984 年版，第 1060 页。

⑥ 沈德潜编：《清诗别裁集》，上海古籍出版社 1984 年版，第 1027 页。

以上诸位，不是该诗社的全部成员。德潜《归愚诗钞》卷十《北郭诗人歌》中，所载该社成员显然就全面一些。诗云：

> 石帆诗理通优昙，老去弥勒为同龛。论诗将令森兵钤，断断岳岳加针砭。（张荪九畹）鹤沙襞积抽茧蚕，一韵未慊终身惭，脱弃家室无胶粘。（华亭张少弋鈇）迂村期期语喃喃，友朋山水性所湛；五言六代穷搜探，纯钩不露寒芒铦。（周钦莱准）山人饲鹤南山南，结芝术友邻菊潭；新句澄澈开镜函，古淡直欲闻韶咸。（尤在京依）何人使笔驰风帆，毛公谐谑饶清酣，掷纸一笑掀银髯。（毛遇汲树杞）敬亭纵饮神憨憨，击缶耻发声鐂鐂，吐语万象供镌镵。（宣城洪鸣佩钧）白松奇阵鼓且儳，生马不施勒与衔，意气直欲降章邯。（朱云友玉蛟）木鸢居士神安恬，怀人吊古临风檐；晚唐元代中州兼，蜂酿崖蜜边中甜。（朱念祖受新）陈生入世百不谙，嗜奇猎古贪夫贪；乐府神味伊凉甘，谁其歌者宜何戡。（陈经邦奎）钱塘诗老气浑涵，胸罗豫章与楩楠；吐纳众有含洪纤，勺湖荒秽俱夷芟，远追曹阮君其堪，两贤左右同骖驔，先后十载埋云岚。（钱塘家方舟用济、广南方东华朝）①

兹将此诗中所及北郭诗社成员考列如下，已见上文者从略：

张畹，字荪九，自号石帆樵人，江南长洲人。布衣。汪缙《汪子文录》卷九《中峰三先生传》中有其传。沈德潜《清诗别裁集》卷二十九云："荪九穷居郊外，世缘半绝。素交二三人外，车骑造访之，弗接也。论诗必溯源唐人以前，有与争辨者，至面赤不顾。或目为诗癖、为诗愚，乃大喜。身后诗篇零落，只存社中共赋一篇。"②此所谓"一篇"者，即德潜所选《移木芙蓉植后圃》五古一首。

周准，字钦莱，钱塘人，长洲籍，世居甫里，中年迁苏州城内之临顿路。诸生。著有《迂村漫稿》，又协同德潜编《清诗别裁集》。生平无机事机心，刻苦为诗，不事生产。见冯桂芬《（同治）苏州府志》卷八十八。

① 沈德潜著，潘务正、李言编辑点校：《沈德潜诗文集》，人民文学出版社 2011 年版，第 194 页。

② 沈德潜编：《清诗别裁集》，上海古籍出版社 1984 年版，第 1214 页。

沈德潜《清诗别裁集》卷三十言其“诗宗法唐代以前五言古，七言绝尤善”。①

洪均，字鸣佩，安徽宁国人。不乐仕进。著有《东岸吟稿》。何绍基《(光绪)重修安徽通志》卷二百二十六言其“游于吴，与沈德潜等友善。德潜所选《古诗源》，多资赞订”。②

朱玉蛟，字云友，著有《白松堂诗》。见冯桂芬《(同治)苏州府志》卷一百三十七。

朱受新，字念祖，江南吴县人。诸生。著有《木鸢诗稿》。沈德潜《清诗别裁集》卷三十云：“诗体以七言绝句为最难。四句中开阖动荡，语近情遥，不镂琢，不点染，而言中言外，神远韵流，方为尽善。宋元人有心奇巧，往往失之。木鸢诸作，颇近唐人。惜无旗亭画壁能赏‘黄河远上’者。”③

陈魁，本姓吴，字经邦，岁贡生。家贫，僦居陋巷，衣食不继，咏歌不辍。性介不妄交。体羸善病，而诗笔遒健。德潜、周准皆器之。卒年八十有一。见冯桂芬《(同治)苏州府志》卷八十九。德潜《归愚诗钞余集》卷三、王昶《湖海诗传》卷十一皆录其诗。德潜《北郭诗人歌》中作“陈奎”，误。

尤怡，字在京，一作在泾，号饲鹤山人、饲鹤散人，江南长洲人，居苏州临顿里皮市。布衣。其医学著作甚多，为著名医学家。生平见沈德潜《清诗别裁集》卷二十九等。韩骐《补瓢存稿》卷四《挽尤在泾二十韵》有“北郭仍吟社，东吴洽胜流。侍郎初未遇，诗老实同游”云云，即指其参加北郭诗社。此诗又云：“所惜宗工在，难忘向日俦。《遂初》虽欲赋，怀旧不胜忧。”自注：“归愚侍郎予告将归。”④可见尤怡卒于德潜即将致仕回乡之前。德潜诗中作“尤依”，误。

张鈫，字少弋，江南华亭人。布衣。见沈德潜《清诗别裁集》卷二十九。

① 沈德潜编：《清诗别裁集》，上海古籍出版社 1984 年版，第 1283 页。

② 何绍基等撰：《光绪重修安徽通志》，凤凰出版社 2011 年影印本，第 4 册，第 28 页。

③ 沈德潜编：《清诗别裁集》，上海古籍出版社 1984 年版，第 1295 页。

④ 韩骐：《补瓢存稿》，《清代诗文集汇编》第 275 册，上海古籍出版社 2010 年版，第 298 页。

雍正十三年乙卯夏天，德潜将往京城，参加博学鸿词考试，有《北上述怀别诸同学》七律三首，第三首云："折柳歌闻尊酒余，故人于此送征车。联吟北郭怀中岁，分手河梁及夏初。畏我友朋宜养拙，生逢尧舜敢逃虚？他时凭眺燕台上，目断南鸿尺一书。"自注云："予年四十余结北郭诗社。"[①]德潜北上以后，北郭诗社就停止了活动。参加博学鸿词考试下第，德潜回到家乡以后，各类著述中也没有北郭诗社活动的记载。该诗社大约就在雍正十三年德潜北上以后停止了活动。王玉媛《清代格调派研究》，对该诗社考证颇详。

① 沈德潜著，潘务正、李言编辑点校：《沈德潜诗文集》，人民文学出版社2011年版，第326页。

第三章　从“徵君”到翰林

这一阶段，德潜被举荐参加博学鸿词考试，中进士、点翰林，在翰林院学习。①

第一节　以退为进，获取荐举

雍正十二年(1734年)，德潜62岁，终于迎来了科举道路上的转机。朝廷下诏，举博学鸿词。

根据德潜自订年谱记载，长洲县知县沈光曾举德潜，作为参加博学鸿词考试的候选人，德潜“以学术浅陋辞”。此类事情，如不推辞谦让，不足以凸显出上峰识才之慧眼，也不足以显示其人确实名副其实，因为儒家讲究“礼”，而“礼”的要义，就是自我克制，就是“让”。如何“让”，才称得体？自古选拔官员的标准，德才而已。如果说自己德行不好，那么，不仅选拔之事落空，自我形象也受到影响，还很可能伤害到荐举的长官，因此，谁都不会这么说。才的内涵很丰富，且多种多样。有些方面的才能，例如经国济民、社会管理，这方面的才能，德潜确实是严重缺乏的，他如果这样谦让，自曝其短，这事情也就很可能真的被谦让掉了。他“以学术浅陋辞”，把注意力和评价点带到“学术”上去，这确实很高

---

① 该章引用的材料，凡未注明出处者，俱出自《沈归愚自订年谱》，沈德潜著，潘务正、李言编辑点校：《沈德潜诗文集》，人民文学出版社2011年版，第2093—2142页。

明，因为毕竟有14次没有考取举人的事实，这样说，也不算是矫情；但他又有一系列岁考、科试的骄人成绩，这又足以证明其“学术浅陋”不确实，而博学鸿词选拔考试的要义，就是把那些被乡试等例行考试遗漏的人才选拔出来，而德潜看起来正是这样的人。德潜巧妙地以自己明显的长处，掩盖了自己缺乏官员应该具备的行政能力这样一个明显的缺陷，而又显得谦虚、得体，更加符合当局要选拔的人才的标准。不过，很明显，德潜确实不是真的认为他自己不符合标准而推辞。

关于这件事请，他的自订年谱中记载较为简单，其实，事实恐怕要复杂得多。

沈德潜此年所作诗歌，没有明显涉及博学鸿词之事。但《归愚文钞》卷十五《答友人书》乃围绕博学鸿词之事而作，此文颇为耐人寻味。

从《答友人书》中可知，当时，每个县有一个荐举名额，而候选人显然不止一个。知县欲举此友人为该县参加博学鸿词考试的候选人，此友人似乎觉得不敢当，乃写信给德潜，征求德潜的意见，德潜乃作此为覆。此文有云：

> 吾闻上求之以诚，下应之以实。今所求者，孝友方正，才堪办事，而文亦可观者，县举一人，按实而求，即行不必如颜闵，才不必如张赵卓鲁，文不必如韩、欧阳，亦必岐然卓跞，抑兼擅三长，然后上求下应，无惭盛举。倘白头之豕，自诧辽东，珪组乍膺，友朋贻诮，周颙、卢鸿，果一无所长者耶？吾兄平心自扪，辞与不辞，应有定见。①

言辞尽管非常委婉，但是意思是很明确的，这朋友没有达到“兼擅三长”这个标准，还是以推辞为好。

可是，德潜自己达到了“兼擅三长”了吗？从德潜的自订年谱看，在“孝”的方面，他没有问题。“友”的部分，又如何呢？德潜没有兄弟，但有一个妹妹。其自订年谱中，康熙二十五年部分云，是年，德潜的母亲和继祖母去世后，他和幼妹二人，衣食不周。当时，德潜14岁。《先妣

① 沈德潜著，潘务正、李言编辑点校：《沈德潜诗文集》，人民文学出版社2011年版，第1383页。

事状》云，德潜的母亲在是年四月间去世的时候，“幼妹嬉戏堂下，犹向母氏索乳也”。[①] 当时，妹妹还没有断乳，至少也应该是上一年出生的吧。到雍正十二年，也就是朝廷下诏举博学鸿词这一年的三月，德潜的这位妹妹才出嫁罗家，当时她至少也已经虚龄50岁了。德潜的父亲去世的时候，妹妹虚龄25岁，在当时已经是大龄未婚女青年了。当时，家中女子找对象结婚等事情，都是家长的事情，女子本人，无法参与，甚至不应该过问。其父亲去世后，德潜是家长，有责任给妹妹找婆家，但他竟然把妹妹耽误到50岁才出嫁。在那个年代，50岁还出嫁，说明她不嫁不是她自己不愿意出嫁，又有人愿意娶她，说明也不是没有人愿意娶她。以沈家的家境，办理嫁妆和婚事，完全没有问题。那么，德潜这个兄长或者家长，当得如何？何况，他自己一再纳妾，其孝友方面如此。

“才堪办事”的才能，德潜又如何？既然论及这样的能力，德潜以“张赵卓鲁”为言，那么，这样的能力显然就是指社会治理方面的能力了。西汉张敞，为官政绩卓著，担任京兆尹的时候，出奇制胜，解决了困扰京城多年的治安问题。西汉赵广汉，担任颍川太守和京兆尹等要职，清正廉洁，精明强干，敢作敢为，成效卓著。史书甚至说擅长处理政务，是他的天性。卓茂、鲁恭，都是东汉地方官中的循吏，治理地方，都非常成功。德潜自订年谱云，雍正七年冬，学使邓锺岳把德潜招至江阴，欲荐德潜“大优”，如果成功，那么就可得知县。德潜自忖无作地方官员的才能，就推辞了。这样说来，在社会治理方面，德潜自己也曾经认为是缺乏这方面的能力的，怎么年纪大了5岁，到62岁了，这方面的能力迅速增长、这方面的信心充足了？要知道，社会治理能力是和精力密切相关的。

就现存的各种资料来看，德潜是缺乏这方面的能力的。这“三长”之中，也就是“文”这方面，德潜的信心是充分的，就当时的评价标准而言，也是合格的。那么，总体评估，以德潜自己说的标准来全面衡量，被推荐参加博学鸿词考试，德潜是否合格呢？显然也是不合格的。当然，根据其自订年谱，他确实是推辞了，但仅仅是“以学术浅陋辞”，而没有

---

① 沈德潜著，潘务正、李言编辑点校：《沈德潜诗文集》，人民文学出版社2011年版，第1499页。

涉及他的为政能力等，尽管他很清楚，他的为政能力是明显不足的。

那么，如果一个人觉得自己是符合这“三长”的，或者确实是符合这“三长”的，是不是就可以积极接受这样的推荐呢？德潜举例说，在荐举事务上，古人“有位者之心如此其公也”，“无位者之爱其身，如此其重也”，笔锋转到当时荐举博学鸿词人选：

> 比闻推荐者半出市恩，受荐者半由请托。门阀苞苴，蚁合蜂附，古云“秀才不知书，孝廉父别居”者，随在皆是，而无因至前者寥寥数人。藉起古人于今日，无论贾谊、董仲舒不愿为伍，即晁错之刻薄，公孙弘之曲学阿世，亦有相顾粲然者。以故当路诸公不肯加礼，堂皇钩点，几同审录。金玉自爱者，而顾厕于其间邪？在上之旷典如彼，在下之苟且如此，辞与不辞，应有定见。士各有志，何待问之他人？①

很明显，即使其人确实是德行高尚、具有异才大能的高人，也是不应该接受的，因为他们自爱其身，不愿意和那些以“请托”得荐的人为伍，不愿意被推荐者如此不尊重，故连征求他人的意见都没有必要，推辞就是。在这样的社会环境下，这友人应该推辞，那么德潜当然也应该推辞。所以，德潜最初推辞了。

以上两个必须推辞的理由都非常充分了，德潜又在此文中加上一个“正面形象”：“同学顾嗣宗绍敏，风藻自赏，濯秀清流，学博举以应诏，毅然固辞，而县尹爱人以德，不复相强。举者可云知人，辞者可云自爱。”②到这一步，这友人还能不推辞吗？德潜自己，能不推辞吗？

笔者认为，这封信中的“友人”，很可能是德潜虚构的，他故意虚设这“友人”及该“友人”写信问计于德潜之事，利用回信这一形式，表达对荐举博学鸿词的见解，以及对地方政府在荐举过程中出现的乱象予以抨击。首先，这“友人”是苏州府的，还是外地的？如果他是外地的，德潜如何能够得知那里在荐举过程中出现的乱象？如果是道听途说的，这又如何可以作为立论的依据？没有事实依据而抨击别人，这不是君

① 沈德潜著，潘务正、李言编辑点校：《沈德潜诗文集》，人民文学出版社 2011 年版，第 1383 页。
② 沈德潜著，潘务正、李言编辑点校：《沈德潜诗文集》，人民文学出版社 2011 年版，第 1383 页。

子应该有的，何况，所抨击的是官员和士人，对方如果追究，德潜如何应对？其次，这“友人”如果是苏州府的，即使是常熟、吴江等地的，也不必写信，这些地方和苏州之间，在当时水路交通方便，朝发午至，至于长洲、元和、吴县的，就更加方便了。第三，明确批评某人“三长”不足，也不合适。你说某人办事能力不足，他或许会接受；你说他文章不好，他可能心里就不舒服了；如果没有确实的证据，你说他德行有亏，他是难以接受的。忠厚谨慎如德潜者，当不会如此。最后，德潜后来是接受博学鸿词荐举的，如果这位“友人”以此为问，德潜何以自解？

还有，在此信中，德潜又以对方索要近作为因由，云寄给他新诗《拟刘安桂树丛生》和《赋得山水有清音》二首，但这两首诗都不见于德潜的诗文集中，今天我们也无法知道诗中的具体内容。但是，这两首诗的题目就反映出了主题：前者是拟西汉淮南王的《招隐士》，是鼓励布衣从政的；后者“山水有清音”是左思《招隐》诗中的句子，《招隐》写隐居之乐，劝官员退出官场，来享受隐居生活。两诗主题，完全相反。前者和劝阻对方推辞荐举的立意，完全相反吧？

德潜这封信，是针对荐举过程中苏州府的乱象而发的。他很想获得荐举，这是肯定的。荐举有很多步骤，他首先要获得县府的荐举，继而通过省的荐举，才可以参加正式的博学鸿词考试。博学鸿词考试，这是“旷典”，只要参加考试，无论考中与否，都是一种荣耀，如果考中，待遇和常例的会试殿试取中的进士完全一样。没有官职在身的读书人，大多会争取的。当时，地方官有腐败，也不鲜见。因此，在荐举过程中，那些乱象完全在情理之中。如果听任这样的乱象发展，那么，德潜未必能够获得县府荐举，要走下去，就难了。因此，德潜不得不及时出手，假托回复友人书信，解答友人疑问，强调荐举必须坚持标准，荐人者保持公心，待荐者保持自爱，否则，被荐举是一种耻辱。文气之激愤，言辞之激烈，在德潜的诗文中，这是仅见的。我们于此可见德潜当时的心情。他已经 62 岁了，这样的机会不会有第二次，即使是参加正常科举考试的机会，也所剩无几了，这时不出手，更待何时？因此，他果断出手了。这信的重点是抨击这些乱象，否定在乱象中被荐举，德潜的目的是希望当局和士林改变这样的乱象，使自己正常地获得荐举，而不仅仅是抨击这些乱象。为了避免当局以为自己拒绝被荐举，德潜必须委婉地表明自己的态度：希望获得荐举而结束布衣生涯，但也能够继续享受隐士的快乐，《拟刘安桂树丛生》和《赋得山水有清音》这两首诗歌的题目就是起这样的作用。至于这两首诗是否保存下来，甚至是否写过，都不重要了。

后来，县府当局的操作细节，我们不得而知。学政张廷璐召德潜去，坚持荐举他应博学鸿词。在张廷璐以往主持的科试等考试中，德潜大多名列前茅，由此获得张廷璐的赏识。于德潜而言，张廷璐有知遇之恩在。在荐举博学鸿词候选人的过程中，学政是个关键角色，而张廷璐这个学政，分量更加重要，因为他的亲哥哥张廷玉是康熙帝的心腹、雍正帝的汉族大臣中的首席重臣。张廷璐为官，清廉正直，精明强干，文章出色。因此，张廷璐在江苏官场，地位较高，尤其在荐举博学鸿词候选人的过程中，他的意见是决定性的。有了张廷璐的力挺，县府两级就不成问题了。总之，德潜就进入博学鸿词候选人的名单了。

此类荐举，按理说，必须按照德潜所说的"三长"来综合衡量。可是，在具体的操作上，这是有不小的难度的。德行方面，只要大德不逾闲，又无卓特之行，很难分出高下。办事能力的考察，更难操作。唯一可以考出高下的，就是文章了。当局实际上正是这样做的。是年五月，总督、巡抚、学使三院考试。考题系硃批上谕，为《颂时雨赋》《一实万分论》《三才万象共端倪》长律十二韵。江南参与考试者 31 人，录取 6 人，德潜为第三名。第一名孙见龙，康熙五十二年(1713 年)癸巳会元；第二名孙天寅，举人；第四倪承茂；第五名吴龙见；第六名朱厚章。朱厚章，字药亭，昆山人。在此期间，他到苏州数月，德潜时过其斋，论诗文书法等。次年三月，大吏敦促被荐举者赴京城参加考试，而药亭在此前一个月就去世了。此见德潜所作《朱药亭遗诗序》。①

那么，德潜在《答友人书》中抨击的、导致他以及其他自爱其身的正直读书人耻于接受荐举的乱象有没有改变呢？我们无法知道。德潜在信中说的"三长"，也是接受荐举的先决条件，德潜是明显不符合的，而

① 沈德潜著，潘务正、李言编辑点校：《沈德潜诗文集》，人民文学出版社 2011 年版，第 1332 页。

他为何又接受了荐举呢？当然，遁词总是能够有的，例如张廷璐的劝说。

第二节 首次京师之行

雍正十三年（1735 年）四月，德潜带着儿子种松，偕同苏州倪承茂（稼咸）、武进吴恂士，往京师参加博学鸿词考试。

《归愚诗钞》卷十六有其《北上述怀别诸同学》诗三首，兹录其一、其二云：

> 老骥空怀千里程，三条烛下梦魂惊。南辕北辙终何济，西抹东涂浪得名。匹马漫思随李广，悲歌无意和荆卿。衰年也受交章荐，惭愧吴公识贾生。
>
> 买山已过鲃山西，蕙带荷衣制欲齐。拾橡风林呼稚子，灌花月夜并荆妻。出门遥指天双阙，故里空闲雨一犁。为语云岩猿鹤伴，终教与尔共幽栖。[①]

自知只有“西抹东涂”本事而因此获得荐举的他，对此行的结果，所抱希望是不大的。

德潜在京师的生活，从《归愚文钞》卷十五《与张剑州书》中有一些信息：“奉别以来，倏逾半载。京师热毒，更甚于南。炎蒸之气，益以沙尘，真觉无处可避。”回忆家乡夏日和朋友们一起消暑的情景，感觉非常好。“九月，风威已抵南方。十一月内，自后风寒气寒，血衰之人，何以御此？弟定寓后，杜门守拙，不敢妄交辇下贵客。有下礼寒士者，始一应之。欲如时贤，作眷韝鞠跽状，不唯不愿，且亦不能。试期遥遥，长安米贵，真不易居。静念虚名，竟同嚼蜡，南还之想，时形梦寐。”[②]年过花甲的老人，从不出江南，突然到北京，住这么长的时间，生活显然难以习惯。更为重要的是，此时的德潜，年纪大，社会地位低微，又不得不和官

---

① 沈德潜著，潘务正、李言编辑点校：《沈德潜诗文集》，人民文学出版社 2011 年版，第 325 页。

② 沈德潜著，潘务正、李言编辑点校：《沈德潜诗文集》，人民文学出版社 2011 年版，第 1385 页。

场、名场的人打交道，也很难获得多少尊敬和认可，和在苏州相比，差别很大。再者，他们尽管为参加博学鸿词考试而到京城，但是，包括生活费在内的所有费用是要他们自己承担的。还有，他对考试结果不抱多少希望，心情不好，也在情理之中。

当年八月，受荐举参加博学鸿词考试的诸生被允许参加北闱举人考试。德潜亦循例入场，未中。不久，德潜得到家乡传来的消息，他的弟子于令仪参加江南乡试获中。那么，德潜如果没有获得推荐到京城参加博学鸿词考试，自然也会参加江南乡试，就也有可能考中。因此，德潜十一月间写给张剑南的信中表现出来的心情，就更加容易理解了。

八月二十三日，雍正帝去世。越日，乾隆帝即位，以次年为乾隆元年(1736 年)。未及一月，新政频行，如免雍正十二年之前积欠，召还朱轼、杨名时等著名大臣，禁止天下言祥瑞，解散僧人道流，减轻关政、盐政等。十二月，德潜移居彭启丰家，彭时任宫允。种松教彭家二子绍谦、绍观读书。这样，他们父子两人在北京的生活总算有了着落。彭启丰的老家住宅，在现在苏州市十全街，靠近东首，和德潜家的老宅距离很近。彭启丰没有考上进士的时候，他们来往较多。他们给别人写文章，落款写到地址的时候，也时常都用“葑溪”。德潜移居彭家，也有投靠的意思。

第二年亦即乾隆元年八月，德潜又循例参加北闱乡试，又是不第。九月，博学鸿词考试终于在保和殿举行，名义上是乾隆帝亲自主持的，故称御试。参加考试者 193 人，其中最为年长者为万经，康熙四十二年癸未翰林。最年少者为袁枚，科名只是诸生。考题为《五六天地之中合赋》《山鸡舞镜诗》七言长律十二韵、《黄钟万事根本论》。二场经解一、史论一。阅卷者为鄂尔泰、张廷玉、邵基。录取一等五人、二等十人。这 15 人，都进了翰林院。沈廷芳中二等。德潜失写题中字，以此不合格，不第。法式善《槐厅载笔》卷五云：“大学士刘文定公，武进学廪生，年二十六，举博学鸿词科，擢第一。廷试《五六天地之中合赋》，诸徵士不解所出，多瞠目缩手。公独挥翰如飞。桐城张文和公故睨公卷，对众朗吟，始共得题解。诗题《山鸡舞镜》，有句云，‘似拟投林方戢戢，可能对语便关关’，一时传诵。时吴郡沈归愚宗伯，亦以诸生赴召试，未第，俯首曰：吾辈头颅如许，乃不如一白面后生，得不愧死？”[①]戴璐《藤阴杂记》卷一也有这样的记载。

京城米贵，居大不易。德潜父子也就同倪稼咸归苏州。舟中有附舟弃妾死，同舟人敛金以殓之，使此女之棺材可以归故乡。德潜与稼咸作《妾薄命》诗以吊之。此事德潜自订年谱载之，诗也见之于德潜诗集中。龚炜《巢林笔谈续编》卷上载此事颇详，云：“沈归愚先生试鸿博归，有童子引一病妇，欲附舟尾。询之，乃其姊，为宦妾，逐于主母者。同舟有难色，先生以其情，恳强载之。中途妇死，先生为棺殓。舟子将弃诸路，先生恻然曰：生死虽殊，思恋父母，一也。羁魂千里，殊可悯。又厚予船直，归榇其家。王松筠云。”[②]此事为德潜自己和倪稼咸等传出。龚炜与德潜同时而年辈稍后，为常熟人。

德潜到家，虽失意而归，仍歌吟笑呼，无戚戚之容。学使张廷璐按行昆山，德潜晋见。张公慰劳再三，谓古今晚遇者甚多，劝德潜仍然应试。德潜感张公之诚，表示从命。

在启程离开京城之前，德潜又做了一件重要的事情，这就是写了《上大宗伯杨公书》。此事也有论述的必要。

此信有云：

> 今天下抱道德而通经术，孰有如阁下者？推荐贤能、振拔淹滞为己任，孰不有望于阁下者？……今阁下莅政以来，未闻有所推引，岂天下之大，无有如崔平州、法孝直诸人耶？……潜累困乡举，白首无成，滥膺鸿博之荐，仍遭黜落。目下驱车南还，自分老死草野，不复萌用世志矣。但愿秉国成者，同欧阳好士之诚，体朱子求贤之切，俾君子并进，朝廷清明，潜得晏然山泽，歌咏太平，以为盛世之民。此区区之忱，所望于二三大臣者，庶几旦暮遇之也。[③]

立意正大堂皇，理直气壮，又显得高朗拔俗，忠君爱国之忱拳拳，溢

---

① 法式善：《槐厅载笔》卷五，清嘉庆间刊本。

② 龚炜：《巢林笔谈》，《笔记小说大观》本，第33编第5册，新兴书局1983年版，第187页。

③ 沈德潜著，潘务正、李言编辑点校：《沈德潜诗文集》，人民文学出版社2011年版，第1374页。

于言表。可是，对这位“大宗伯杨公”的这些指责，理由是非常不充分的。

此“大宗伯杨公”为杨名时。杨名时，江苏江阴人，康熙三十年进士，历官要职。雍正年间，在云贵总督、云南巡抚任上获罪，待罪云南。乾隆帝即位后，召杨名时回京城。乾隆元年二月，乾隆帝赐杨名时礼部尚书衔，兼管国子监祭酒事，在上书房并南书房行走。三月，乾隆帝赏赐给杨家宅第一区。此后，杨名时上疏建议增加太学藏书，上疏革除云南弊政，乾隆帝都采纳。五月，他又奉旨教习翰林院的庶吉士，上疏建议确定各地乡试名额，非常详细，亦为乾隆帝采纳。八月，杨名时得重病，九月初一日去世。这些详见《清史列传》第四册[①]和钱仪吉等编《清代碑传全集》卷二十四《清代碑传全集》上册徐用锡所作《杨凝斋先生名时传》。[②] 博学鸿词考试在八月，当时杨名时已经得病。考试结果出来，德潜准备回乡，写这信应该起码是八月中旬或者下旬的事情了。

杨名时长期当云南巡抚、云贵总督，雍正六年被革职，罪名之一就是荐举人才不当。刑部拟的惩处意见是“斩监候”，雍正帝命全部审理清楚后再议处罚。从那时起，到乾隆帝即位之前，杨名时一直在云南待罪，自然无法荐举任何人才。“大宗伯”是礼部尚书的古称。可是，即使杨名时乾隆元年在朝廷任职，也仅是礼部尚书的头衔而已，此头衔的作用仅在于解决杨名时的品级问题。乾隆元年的礼部尚书，满人是三泰，汉人是任兰枝，礼部和杨名时实际上没有什么关系。杨名时兼管国子监祭酒事，还不是真正的祭酒，且即使是真正的祭酒，相当于后来的国立中央大学校长，品级也不高，仅仅从四品而已，权力也不大，根本不可能有推引人才的权力和机会，其职责是培养人才，或者为培养人才创造良好的条件，例如他上任后就干的增加太学图书这样的事情。再说，杨名时此前是戴罪之身，重新到京城任职，从二月起，到德潜考试落第的八月，才 6 个月而已，即使仅仅是角色转换，也是需要时间的。新的工作，即使有推引人才的责任、权力、机制和机会，他也有个熟悉的过程。

① 官修，王锺翰点校：《清史列传》，中华书局 1987 年版，第 1053 页。

② 钱仪吉等编：《清代碑传全集》，上海古籍出版社 1987 年版，第 156 页。

如果他要推荐人才，必须对人才有充分的了解，这也需要时间，更加需要合适的条件。他已经有这方面的惨痛教训，差点掉了脑袋，能不更加谨慎吗？更何况，杨名时年纪已经七十有八。因此，德潜在信中对杨名时的指责是完全不公正的。

那么，德潜在写信的时候是否知道杨名时此前的那些事情呢？显然是知道的。此信中也说："往者总制滇黔，宵小中伤，留滞数载。……（今天子）起公万里外，畀以秩宗，兼领大司成之任，则阁下之所以报天子，思为国家树根本绵达之计者，诚无如以得人才为急务也。"①至于当时杨名时患病，德潜可能不知道，否则，他在信中不会没有这方面的内容，即使出于最为基本的礼貌修养，他也应该问候几句。那么，德潜既然知道杨名时的相关情况，为什么还要给杨名时写这封信呢？他不会不知道，作为刚从戴罪之身的身份中摆脱出来的杨名时的处境和心理，也不会不知道作为管国子监祭酒事的杨名时的职责不是荐举人才，而是培养人才或者为培养人才创造条件，但他故意把荐举人才的职责强安到杨名时的头上，再理直气壮地指责他上任几个月以来没有向朝廷荐举人才！再者，他在这封信中，以欧阳修、诸葛亮之求人才而举之，来反衬杨名时在荐举人才方面无所作为，以文章自负的德潜，竟然会如此引喻失义！杨名时的情况，能跟欧阳修、诸葛亮相比吗？那么，德潜为什么要这样？

很明显，在荐举人才方面，德潜对朝廷、朝臣有很大的不满，也希望朝廷、朝臣改弦易辙，这样对国家和人才都是有大利的，否则，长此以往，国家会有危险。可是，这样的不满、这样的建议，采用什么样的表达方式效果最好，且能够避免给自己带来麻烦甚至危险呢？德潜选择了给杨名时写信。为什么不给别的大臣写信呢？这和他认识的大臣少、和杨名时却有些关系直接相关。他在信中说："方今可以此言闻者，唯高安相国，而潜地分阔绝，名未通于左右，不敢渎陈。阁下同朝论政暇，其以是言商之乎！"②此"高安相国"为江西高安人朱栻，当时为文华殿大

① 沈德潜著，潘务正、李言编辑点校：《沈德潜诗文集》，人民文学出版社2011年版，第1374页。
② 沈德潜著，潘务正、李言编辑点校：《沈德潜诗文集》，人民文学出版社2011年版，第1374页。

学士。这样说来，在德潜看来，德潜和杨名时之间，相对而言，“地分阔绝”的程度要轻。“地分”，可以理解为“地方”和“身份”。杨名时的官职，比朱栻低，当然离德潜就近一些了。至于杨名时的家乡，就和德潜更加近了。杨名时的老家江阴，离苏州不远，同在江南。更加重要的是，德潜于朱栻，“名未通于左右”，所以“不敢渎陈”，那么，于杨名时，就应该不是这样了。德潜和杨名时，不仅有同乡之谊。德潜于杨名时，也是通过名的，至少是递过拜帖的。德潜的好友翁照，也因为参加博学鸿词考试在京城，而翁照也是江阴人。德潜在京城期间，应该拜访过杨名时。再者，杨名时见惯了大风大浪，且刚从戴罪之身摆脱出来不久，德潜又是他的同乡后辈，地位卑微，对德潜的指责和冒犯，他也不会计较。德潜和杨名时之间有这样的关系，杨名时又有机会见到朱栻，因此，德潜把写信的对象就锁定为杨名时。

当时朝廷上，朱栻的地位当然是很高的，但并不是最高的。当时实权最大、影响最大的汉族大臣是张廷玉。德潜在信中说“方今可以此言闻者，唯高安相国”，岂不得罪了在朝廷上的其他朝臣，特别是张廷玉？难道德潜对张廷玉不满？这是一个问题。还有一个问题，似乎更加重要，在此信中，德潜呼吁大臣荐举人才，到底是为公，还是为私？从信中看，当然是绝对为公，他自己只要“晏然山泽，歌咏太平，以为盛世之民”而已，没有要求被荐举的意思。如果确实是为公，那么，德潜所说的荐举人才就应该是广泛的，不是荐举某些人才乃至某个人才而已。于是，问题又产生了。朝廷耗费那么庞大的行政资源和社会资源，刚刚举行博学鸿词考试，若说官员没有广泛地荐举人才，这不是对德潜自己也参加的这个旷世大典的否定吗？不是罔顾事实的瞎说吗？德潜自己不就是荐举出来的吗？

德潜确实对这次博学鸿词考试不满，对在这次考试中起关键作用的张廷玉不满。这样的不满，也和当时或后来舆论对张廷玉以及这次博学鸿词考试的评论是一致的。这次荐举参加博学鸿词考试的人选，全国轰轰烈烈，各地层层选拔，最后参加考试者 193 人，而最后考中的，仅仅 15 人而已！这样的结果，下第者难免有被捉弄、被折腾乃至被欺骗的感觉。是下第者中没有优秀的人才吗？不是的。下第者中，有多位后来中了进士，甚至当过大官，或有大名。戴璐《藤阴杂记》卷二列举了若干："不取而后登显仕者：沈归愚德潜，王少司马会汾，裘大司空曰修，钱少宗伯载，叶庶子酉，杨学士述曾，金总宪德瑛。曹大宗伯秀先，以春榜已入翰林，不与试。全祖望撰《公车徵士小录》。今惟袁随园存。"①因此，指责张廷玉等在这次考试中刻意减少录取数量，这样的说法也是有道理的。德潜作为下第者，有不满是很自然的。

除了表达不满，德潜写这封信，应该也有他的小算盘。他即使完全出于公心，建议朝臣广泛地荐举人才、选拔人才，但是，在刚结束博学鸿词考试的当时，再行此类的政务是不可能的。当然，某大臣荐举少量人才，在德潜看来，不仅可能，而且应该赶快实施。《论语·子路》中，仲弓问政，孔子的回答，有"举贤才"一条。仲弓问："焉知贤才而举之？"孔子回答："举尔所知。"②当然，你不了解的人才如何去荐举？德潜觉得，在当时的朝臣中，杨名时是了解他的，会认为他是个人才，因此，这信也有婉转地请杨名时荐举，在朱轼等面前推荐他的意思。反过来，正因为德潜认为杨名时是了解他的，但没有推荐他，所以，德潜就对杨名时不满。可是，即使杨名时了解德潜，他是否认为德潜是值得他推荐的人才，还是个很大的问题。要知道，无论人品、学问还是行政能力，杨名时都是超群的。德潜对他寄予厚望，也多半是想借助同乡关系而已。毕竟，在中国封建社会中，"同乡"这样的"类宗法社会"也是极为重要的。

可惜，杨名时在九月初一就去世了，朱轼也在九月去世，享年72岁。德潜的这封信，他们应该都没有看到。即使在他们去世之前，这封信就已经到达他们家中，重病中的他们也多半不会劳神看的，毕竟，对他们来说，德潜仅仅是一个微不足道的落第老秀才而已。

后来，德潜长期担任礼部侍郎等职务的时候，不知道是否想起过他在这封信中的话？他向朝廷荐举了多少人才？如果一个也没有，那么，他在此信中说的那些话又置于何地呢？

---

① 戴璐：《藤阴杂记》，《笔记小说大观》本，新兴书局1979年版，第14编第10册，第6121页。
② 朱熹注：《四书章句集注》，中华书局2012年版，第142页。

第三节 从科场得意到出处彷徨

乾隆二年(1737 年),德潜已经 65 岁了,在旧徒蒋重光(宣照)家坐馆。教课之余,批阅唐宋八家文,选明代墨卷和《和声》二集,应请给人家写序言、碑传等文章,参加一些诗文群体活动,游览山水等等。一个很现实的问题摆在他面前:既然博学鸿词考试没有成功,乡试道路还要不要继续走下去?

答案是肯定的。至于理由,属于"意料之外,情理之中"。德潜此年所作诗歌《渔歌二章题蒋生子宣照》之一云:"滑笏春江泻似油,日长跂脚坐船头。垂直钓,漾清流,不得鱼儿也罢休。"①这垂钓者很享受这样的状态和过程,钓不到鱼,也没有关系。对德潜来说,参加乡试也是如此。看看年代比德潜早一些的《聊斋志异》和与德潜同时的《儒林外史》中关于科举的描写,德潜这样的状态和态度确实似乎不可思议。可是,尽管德潜 16 次乡试而科名无所进,但他也从中收获不小,此上文已经言之,因此,他继续走科举之路也不难理解。当然,正如很享受垂钓过程的人也希望能够钓到鱼一样,德潜也是很希望在乡试中获中的。

次年又是乡试之年。三月科试,德潜名列第一。考卷评语为:"文非腹笥不办,而一往疏古,近曾子固,学西汉人文字。"科试发榜后,德潜晋见学使张廷璐,得到张的赞扬和鼓励。五月,两江总督昆明杨永斌请德潜入其官署,批阅观风考试的试卷,两月而事毕。杨奉命回京师任礼部侍郎,德潜乃辞归。这些对提高德潜的社会声誉、在文化圈内的地位,有明显的积极作用。

八月,德潜参加了江南乡试。九月榜发,德潜中式,为第二名。至此,德潜共参加乡试 17 次矣!德潜的名次比较高,且高得恰到好处,因为如果他中了第一名,那么他就是解元,而 66 岁的解元不免带有奇怪的色彩。主考为刑部侍郎安州陈德华、宫詹嘉善许王猷,房考为武进县令赵锡礼。所为论、表、五策,主考评语有"寝馈融浃于古"之语,皆进呈

① 沈德潜著,潘务正、李言编辑点校:《沈德潜诗文集》,人民文学出版社 2011 年版,第 895 页。

朝廷。《归愚文钞》卷七所载《道统》《经学》《察吏》《积贮》《刑恤》，就是德潜在这次考试中的答卷。这次乡试，苏州府中式者 13 人。

十一月，岁试、科试考卷刊刻告成。学政张廷璐还朝。张任江苏学政，达 9 年之久，而未尝轻辱一士人，于德潜更是有知遇之恩。十二月，德潜与倪稼咸等赴北京，准备参加次年会试。

乾隆四年正月，德潜与倪稼咸等到北京。途中，德潜与倪稼咸一路唱和，得诗歌 50 余首。

二月，德潜参加会试，中第六十五名。总裁为大学士泰安赵国麟、冢宰江西甘如来、刑部侍郎长白留保、兵部侍郎上海凌如焕，房考为学士闽中吴履泰，对房为侍御广西陈仁。殿试对策，即是《归愚文钞》卷七《殿试对策》，殿试诗歌的题目是《因风想玉珂》。《归愚诗钞》卷十九载此诗，题目是《御试保和殿赋得因风想玉珂》，诗云：

> 直宿龙楼近，良宵俨在公。堂空宜受月，珂动想因风。节以清飚送，音缘天籁通。凭虚谐律吕，结念响珑璁。隐隐梧垣外，遥遥银箭中。趋朝应待命，入觐缅和衷。境静神逾肃，身闲耳倍聪。朝来陈谏草，悃款达深宫。①

经过殿试，此科进士第一甲三名依次为庄有恭、涂逢震、秦勇均。第二甲九十名，德潜在第八名，第五名是袁枚，第七名是裘曰修，蒋麟昌紧随德潜之后，为第九名。第三甲为二百三十五名。是科进士总计 328 名。

胪唱日，德潜成《胪唱恭纪》诗，见《归愚诗钞》卷十七，诗云："鸣鞭静后奏箾韶，御幄香浓入绛霄。卤簿叠陈仪仗肃，鸿胪三唱姓名标。羽毛共看翻灵凤，文采争传赋洞箫。天半倘逢云五色，魏公硕望在同朝。"②接下来，就是举行释奠仪式，到太学中祭祀、拜谒先圣先师，然后是举行释褐仪式，脱下平时穿的衣服，换上官服，算是考上进士，由平民而官员、由普通士人而官宦了。《归愚诗钞》卷六《释褐恭纪》云："释奠旋行释褐礼，贤良策罢拜先师。柏林虬干森阶戺，石鼓鸿文护戟枝。弟

---

① 沈德潜著，潘务正、李言编辑点校：《沈德潜诗文集》，人民文学出版社 2011 年版，第 372 页。
② 沈德潜著，潘务正、李言编辑点校：《沈德潜诗文集》，人民文学出版社 2011 年版，第 332 页。

子北来听木铎，司成南面坐皋比。丰碑遍看题名记，要使声华后代垂。”①皇帝赐坊仪文绮，德潜作《赐给文绮坊仪恭纪》诗，云：“恩荣宴后集朝簪，锡予联绵惠泽深。中使自天颁采帛，度支传命授兼金。千丝织作怜寒夜，万国输将识苦心。来自田间难报称，愿持洁白守规箴。”②其自订年谱中，“万国”作“九宇”。

新科进士传胪后第三天，是朝考。朝考成绩，分为一、二、三这三个等级。皇帝和相关大臣根据会试以来的成绩和答卷等情况，对新科进士作出安排。这次朝考，德潜名列第三。看验日，诸王大臣六人。刑部尚书尹继善云：“第八名为江南老名士，极长于诗。”大学士张廷玉云：“文亦好。”因被列为一等内。五月，乾隆帝临勤政殿，接见新科进士。越日，德潜被钦点庶吉士，有《钦点庶常恭纪》诗纪君恩，云：“古木槎丫忽遇春，也随侍从拜新纶。许亲香案称仙吏，望见红云识圣人。甲观西山探秘册，柯亭刘井话前尘。自怜老去头盈雪，漫拟终军对白麟。”③真乃皇恩浩荡，“倾阳”的“葵藿”，当然要竭尽身段的柔软度拜舞了。

待这些都结束，德潜到座主凌如焕府邸拜谒，凌如焕道：“我诸生时，即诵子试牍，今乃出我门下。方今文思圣人在上，崇奖儒术，期于日赞盛治。子虽年老，犹及勉旃。”④可见德潜所作《诰授资政大夫少司马座主凌公神道碑》。袁栋《书隐丛说》卷十四云：“（德潜）己未联捷。殿试时，已拟鼎甲，卷有误字，仅得庶常。信矣，得失之有命也，迟速之有时也！”⑤德潜《简赵秋谷先生》云：“御李倘能随杖履，后先己未亦同年。”⑥王培荀《乡园忆旧录》卷二云：“沈归愚、袁子才俱乾隆戊午、己未联捷进士。是时益都赵秋谷先生尚健在。秋谷，康熙戊午举人，己未进士，与新举人会先后同年。沈归愚赠以诗云，‘后先己未亦同年’。归愚犹接渔洋、秋谷之芳徽，其负海内盛名，不虚。”⑦

① 沈德潜著，潘务正、李言编辑点校：《沈德潜诗文集》，人民文学出版社 2011 年版，第 903 页。
② 沈德潜著，潘务正、李言编辑点校：《沈德潜诗文集》，人民文学出版社 2011 年版，第 332 页。
③ 沈德潜著，潘务正、李言编辑点校：《沈德潜诗文集》，人民文学出版社 2011 年版，第 333 页。
④ 沈德潜著，潘务正、李言编辑点校：《沈德潜诗文集》，人民文学出版社 2011 年版，第 1440 页。
⑤ 袁栋：《书隐丛说》卷十四，乾隆九年（1744 年）锄经楼版，第 16 页，B 面。
⑥ 沈德潜著，潘务正、李言编辑点校：《沈德潜诗文集》，人民文学出版社 2011 年版，第 336 页。
⑦ 王培荀著，蒲泽校点：《乡园忆旧录》，齐鲁书社 1993 年版，第 120 页。

六月，乾隆帝钦点庶吉士教习师为刑部尚书尹继善、刑部侍郎刘统勋。刘统勋回家守孝，其庶吉士教习师之职由礼部侍郎吴家骐担任。八月，馆课，德潜为第一。尹继善评德潜答卷，云“论说与赞颠扑不破，不得以辞华目之”。这么多年，德潜一直没有搁下书本和诗文技术的研究与操练，因此，和年轻人相比，在见解和写作技巧方面，他还是有特别的优势的。

十一月，德潜乞假归里。至于他请假回乡的原因，文献没有记载。因此，我们只能猜测。他落第的次数实在太多了，因此，也许在这次会试之前，他自己也没有做好考中的准备。现在竟然考中了，还被点了翰林，那么，此后他的生活，包括家中的常规事务都要改变了。他有必要回去作出相应的安排。不过，这些安排也可以通过书信进行的，未必要请假回乡。当时，从北京到苏州也不容易。更奇怪的是，德潜回乡后，竟然重操旧业，到吴江当起了塾师。这可不是在庶吉士假期中正常的事情。从这个角度看，德潜请假回乡似乎还有别的原因。

会有什么原因呢？付出了很大的努力，争取到了某个职位以后，一时又不免迷惘：竟然真的得到了，接下去怎么办呢？这是很多人有过的经历，德潜应该也是如此。结合德潜的具体情况和可能的前景考虑，这个问题还是比较大的，他不能不认真对待。他确实是有所考虑的。十四卷本《归愚诗钞》卷六《偶然作》云：“口众那能胜，身孤亦自危。穷经难济世，言事岂营私？不作商丘木，几同太庙牺。倾阳葵藿在，仍有赐环时。”[①]此诗作于德潜当庶吉士后不久。后来他重新编二十卷本《归愚诗钞》的时候，把这首诗删除了。就我们今天探讨德潜当时的生存状态和心理状态而言，此诗是非常重要的。

翰林院的庶吉士，是朝廷从新进士中选拔的人才，意在把他们作进一步培养后供大用，因此，这批人中的绝大多数，不仅才干出众，且年纪都比较轻。年轻气盛，少年得志而轻狂自负，此类人物自然会有的。德潜为人，谨慎敦厚，思想保守，近乎迂腐，不善和人交往，再加上年纪又大，同在翰林院的庶吉士们，有些就年龄而论属于他的孙子一辈，他自

① 沈德潜著，潘务正、李言编辑点校：《沈德潜诗文集》，人民文学出版社 2011 年版，第 906 页。

然很难和他们合群，不少意见也很难一致。袁枚《随园诗话》卷三第五七条云："己未翰林五十人。蒋君麟昌，年才十九，大京兆晴崖公讳炳之长子也，目空一世，尝言：'同馆中，吾服叔度、子才耳。'归愚先生虽耆年重望，意不属也。"[①]这样的评价让德潜情何以堪？官场讲究同年相互援引，他和同年之间关系如此，此后如何在官场立足乃至发展？故德潜有"口众那能胜"云云。

还有一个更为现实的问题，庶吉士散馆后，朝廷要根据考试结果和每个人的情况分配工作。古人做官，最为主要的是"官守"和"言责"。有"官守"者，需要对某个地方或者某个部门的事务负具体的责任。例如，庶吉士散馆后，被派到地方当知县、中央机构某个衙门担任职务的人都是如此。德潜尽管皓首穷经，但经学修养对具体治人、治事的实际操作没有多大帮助，他没有这方面的本事，也不喜欢做这些事情，如果散馆后真的被派去做这些事情，例如当知县之类，他如何应付？德潜后来尽管也被乾隆帝赐予"尚书"的头衔，但是，他这个"尚书"和他在翰林院当庶吉士的同年裘曰修（叔度）的"尚书"相比，含金量是悬殊的。且不说德潜的"尚书"是虚衔，裘曰修则是长期担任尚书实职的，就功业而论，除了陪乾隆帝写诗、编校少量图书外，德潜毫无功业可言，而裘曰修治河等的功业是显著的，他的才干令许多人钦佩。德潜如何能够和这样的人物相比？

大约就在这个时候，德潜早年当秀才时的同学黄师琼（位思）也到了京师，和德潜相见（见《归愚文续》卷十《广通知县位思黄君墓志铭》）。[②] 黄比德潜小 6 岁，康熙五十一年进士，因为考虑到孝养父母，到地方任教官。两位早年的同学相见后，讨论出处之事几乎是肯定的。如果这样，黄一定对德潜说了当地方官的许多艰辛，这对德潜肯定是有影响的。很明显，德潜对"官守"既然没有信心，那么，"言责"如何？"言事岂营私"，德潜可以无私。但是，即便无私，也很难没有麻烦。康熙、雍正两朝，以正直言事被罚乃至被杀的官员是不少的。"不作商丘木，几同太庙牺！"

① 袁枚：《随园诗话》，人民文学出版社 1982 年版，第 90 页。

② 沈德潜著，潘务正、李言编辑点校：《沈德潜诗文集》，人民文学出版社 2011 年版，第 1860 页。

"商丘木",长于荒野,因为没有用处,所以免遭砍伐而得长久,典故出自《庄子》。"太庙牺",君主祖宗庙里用于祭祀的牺牲。动物能被用作牺牲供奉君主的祖先,当然是很难得的,但是,对动物来说,这种光荣也意味着死亡。朝臣能够有机会为国家牺牲,当然是忠烈行为,是光荣的,但自己的生命也结束了。因此,庄子的选择是,宁可做一无所用、默默无闻、远离光荣的商丘木,也不愿意当太庙中的牺牲。毕竟,愿意作出和庄子这种选择相反的选择的人是不多的。德潜深深感到,他和"太庙牺"之间的距离已经不远了。"倾阳葵藿在,仍有赐环时。"但是,他对皇帝、对朝廷的忠心肯定是坚定的,如同葵藿向太阳之性那样,不会改变,有了这一点,皇帝也会允许他离开朝廷回家乡的。"赐环",就是"赐还"的意思。可是,即使就明清两朝看,许多官员对皇帝和朝廷的忠诚确实天日可表,断无怀疑之理,但还是被皇帝下令重罚甚至处死。这样的事实,德潜不会不知道。不管德潜是否已经有别解,他既然已经从"倾阳"来思考如何保全自己的问题,说明他已经找到了解决困境的思路。

因此,德潜请假回家,重要目的之一就是评估、思考以后的职业规划,核心是,要不要当官。中进士后不当官的先例还是有的,例如和德潜同时代的全祖望。

德潜回乡后,就到吴江同里袁氏当教师,学生有袁景辂、吴南勤等。课徒之暇,德潜写作诗文,到收藏家那里欣赏书画藏品等。例如,乾隆五年五月间,德潜到北濠赵氏阅赵孟頫所临《黄庭经》和苏轼《橘颂》书法作品,宋元明人跋甚多,皆真迹。他又阅宋元人画团扇多种,乃李营邱、郭忠恕、郭熙、范宽、马远、李唐、刘松年、赵大年、萧照、夏珪、黄子久、赵仲穆、盛子昭诸人所画,本项子京家故物。赵氏雄于资,得而有之。九月,德潜得沈廷芳书,书中有云同人想望,宜早赴翰林院。彭启丰给德潜寄诗,似乎也有这样的意思。《芝庭诗文稿》之《诗稿》卷五《秋日有怀沈归愚庶常》云:"乞假金门节序更,苍葭影里雁南征。江湖风雅推高格,廊庙韶韺识正声。仙鹢晚移秋浦净,云亭朝启翠峰晴。著书具备千秋业,不独才名重两京。"[1]十二月,德潜乃买舟北上京城。

[1] 彭启丰:《芝亭诗文稿》,《四库未收书辑刊》本,第九辑第23册,北京出版社2000年版,第629页。

到次年正月，德潜还没有到京城。在京城的一些朋友还不知道德潜在来京城的路上，而给他寄诗歌。例如朱玉蛟《白松草堂诗钞》卷四《七言律诗》之《集唐》，有《辛酉元旦怀曦谷兼寄归愚》云："梦转闻春鸟，披衣岁已新。山林存典则，廊庙企经纶。展略欣耆彦，灰心怅病臣。寄言云际鹤，慎重向高旻。"①从最后两句看，朱玉蛟也是以为德潜要在家乡隐居，不肯来京师任职了，故以放弃隐逸相劝。即使德潜的好友彭启丰也不知道德潜正在赴京城的途中，其《芝庭诗文稿》之《诗稿》卷五《人日立春寄沈归愚庶常时同汪谨堂昊君庵两学士斋宿院署》有"忽忆故乡当此日，草堂促句争衔杯"之句，②此诗编年，正在此年辛酉。

是年二月，德潜入翰林院，继续为庶吉士。当时教习师为史贻直、刑部尚书阿克敦。德潜共成赋 40 余篇，其中《中和节进农书》《大狩礼成》《太学石鼓》《经经纬史》等，为馆师奖赏者。四月，德潜长子种松到京城应试，并参加官员任职考试。九月，德潜妾陈氏到京城。很明显，德潜已经做好长期在京城做官的准备了。

那么，这是不是可以证明德潜已经找到了在官场上适合保护自己，使自己避免成为"太庙牺"的途径？"倾阳葵藿在，仍有赐环时"的"倾阳"，除了忠于朝廷和皇帝这个大方向之外，他也许找到了适合他的具体路径了。

① 朱玉蛟：《白松草堂诗钞》，《四库未收书辑刊》本，第十辑第 22 册，北京出版社 2000 年版，第24 页。
② 彭启丰：《芝亭诗文稿》，《四库未收书辑刊》本，第九辑第 23 册，北京出版社 2000 年版，第 626 页。

第四章　文化官僚与御用诗人

第一节　散馆御试后的步步升迁

乾隆七年(1742年)壬戌四月九日，德潜这一届庶吉士散馆。[①] 散馆考试是御试，要求作赋一篇，题目是《王屋非尧心赋》，诗一首，题目是《春蚕作茧诗》五言八韵，限“咸”字韵。德潜所作赋，见《归愚文续》卷一。诗见《归愚诗钞》卷十九，题目为《御试赋得春蚕作茧得咸字》，诗云：“蚕月条桑候，蚕家闭户严。缠绵丝渐吐，宛转缕俱衔。巧性形维肖，藏身裹似缄。员时疑比瓮，挂处想栖岩。理绪觇多蕴，文心悟不凡。已看筐满满，旋摘手掺掺。黼黻凭缫藉，荆扬足贡函。冰弦成五色，清庙奏韶咸。”[②]当时也参加这次考试的袁枚，在其所作《太子太师礼部尚书沈文悫公神道碑》中云：“日未昳，两黄门卷帘，上出，赐诸臣坐，问谁是沈德潜，公跪奏：‘臣是也。’‘文成乎？’曰：‘未也。’上笑曰：‘汝江南老名士，而亦迟迟耶？’其时在廷诸臣，俱知公之简在帝心矣。越翌日，授编修。”此事见《沈德潜诗文集》之附录一《传记资料》。[③] 德潜自订年谱云，乾隆帝亲临考场，入座后，命诸大臣入座，见先生年老，询问姓名籍贯，德潜一一对答。这可以和袁枚的记载相互印证。

---

① 该章所用材料，凡未注明出处者，俱出自《沈归愚自订年谱》，沈德潜著，潘务正、李言编辑点校：《沈德潜诗文集》，人民文学出版社2011年版，第2093—2142页。

② 沈德潜著，潘务正、李言编辑点校：《沈德潜诗文集》，人民文学出版社2011年版，第372页。

③ 沈德潜著，潘务正、李言编辑点校：《沈德潜诗文集》，人民文学出版社2011年版，第2067页。

越三日，散馆考试成绩公布，第一名为裘曰修。德潜名列第四，当然属于一等，留在翰林院任编修。这样，德潜就在中央政府机关正式担任常职了。此后，德潜步步高升，没有受过任何挫折。

乾隆八年三月晦日，乾隆帝御试翰林诸臣于正大光明殿，赋为《藏珠于渊》，论为《礼以养人为本》，诗为《折槛旌直臣》五言八韵，得“交”字。德潜在这次考试中所作诗载《归愚诗钞》卷十九，题目为《御试赋得折槛旌直臣得交字》，诗云：“汉室容强谏，贤奸岂混淆。刚方难自屈，柔佞哪能包？欲褫无良魄，宁为没口匏。诛心霜共凛，攀槛虎同虓。呼籲声偏激，旌扬忠可教。殿廷留迹象，史册励衡茅。圣代悬鼗铎，群材耻斗筲。孝成何足慕，占叶地天交。”[①]等第发榜，一等三名，王会汾为第一。二等九名，德潜为第五。三等二十七名。其余为四等。王会汾、裘曰修、万承苍以编修晋侍读学士，德潜晋升左春坊中允。这时，离开庶吉士散馆考试还不足一年。在溧水当知县的袁枚，听到这个消息，写诗祝贺。其《小仓山房集》之《诗集》卷三《闻同年裘叔度沈归愚廷试高等骤迁学士喜赋一章》云：“蓬山何必怅离群，日下征鸿信屡闻。殿上几回歌白雪，诗人俱已到青云。玉堂气类关心切，宦海烟波逐渐分。莫道锦袍容易夺，诸公遭际圣明君。”[②]其中不无羡慕之意。

此后几个月中，德潜升迁的速度令人几乎不敢相信。他晋升左春坊中允不足两个月，到五月，他又晋翰林院侍读；六月，晋左庶子，掌坊；九月，晋侍讲学士；十二月，获授日讲起居注官。这样的升迁速度，连德潜自己也惶恐了。他在自订年谱中说：“一岁之中，君恩稠叠，不知何以报称，窃自惧也。”乾隆九年六月，德潜晋詹事府少詹事。塞尔赫《晓亭诗钞》卷三《怀音集》之《立秋前八日同人过荒斋看雨中新竹用壁间李处士见怀韵》有句云：“辇下词人新宠命，江南名士旧弹冠。”其自注云：“是日，张南华、沈归愚迁宫詹、少詹也。”[③]

乾隆十年四月，德潜晋升詹事府詹事，谢恩。乾隆帝于勤政殿召见德潜，问及年纪、诗学、儿子几人，又云：“升汝京堂，酬汝读书苦心。”并

① 沈德潜著，潘务正、李言编辑点校：《沈德潜诗文集》，人民文学出版社2011年版，第372页。

② 袁枚：《小仓山房诗集》，《清代诗文集汇编》第339册，上海古籍出版社2010年影印本，第342页。

③ 塞尔赫：《晓亭诗钞》，《清代诗文集汇编》第238册，上海古籍出版社2010年影印本，第546页。

论及历代诗之源流升降。又云："张鹏翀才捷于汝，而风格不及于汝。"最后问及苏州年成。德潜一一奏对，乃出。次日，德潜进呈所作古文和诗钞，获赐府纱二匹。

不到一年，德潜又获提拔，为内阁学士，竟然成了二品大员，中进士才七年而已。乾隆十一年三月，德潜接家中来信，知妻子俞氏已于正月二十六日去世，临终时，寡女奉含饭。德潜与种松，皆不及一见。糟糠之妻去世，德潜欲请假归，正在这个时候，德潜接到任命，乾隆帝又提拔他为内阁学士。德潜觉受恩深重，不敢随即请假，遂命儿子种松南还，以尽子道，他自己则暂留内阁。七月，德潜夜梦妻子俞氏，醒而成诗。进呈新诗，此诗未删。乾隆帝见此诗，见德潜时云："汝既悼亡，何不归家料理?"德潜感此，即进折子，请假归乡，并请开缺。乾隆帝下旨准假，不必开缺。例乞假者，概不与朝中事。

八月，乾隆帝宴请群臣于瀛台，德潜仍然奉召赴宴。是日，有38人奉命入涵元殿，其余人入崇雅殿。入涵元殿者获赐座。设宴作乐，乐止进膳。伶人演柏梁体赋诗事。乾隆帝命内侍为诸臣斟酒，又亲手赐十一人酒：五中堂，三尚书，一侍郎，两阁学。德潜为内阁学士，也就是这两阁学之一。乾隆帝又召德潜至御座旁饮酒，云："汝和《生秋诗》甚佳。今日诗须更好。"德潜赶忙叩首，复坐。再作乐。宴席散，泛舟至流杯亭，君臣联句，复饮酒赋诗。诗成，赏赉有差。次日，诸臣谢恩。乾隆帝召德潜至西暖阁。德潜谢恩毕，谨奏曰："臣自读四子书，及成制义，皆君父教训。今臣蒙天恩，泥途中拔至二品，而臣父属草茅。"语至此，呜咽不能出声。乾隆帝见德潜泪下，云："即当诰封。"德潜三叩首出。随传旨："本身外，诰封曾祖、祖、父三代。"陛辞日，赐五言八韵，起二语云："我爱德潜德，淳风挹古初。"又赐五律一章，题云："沈德潜为父请封，陈亲遗训，声泪俱下。此所谓终身之慕乎？甚嘉悯焉。"中一联云："奚用悲寥落，应知遂显扬。"大学士张廷玉捧出，诸大臣见之，谓稽古之荣，实属罕闻。钱陈群赠德潜诗"帝爱德潜德，我羡归愚归"之句，尤为艺林传诵也。

德潜于是回乡。回乡途中，一路官府隆重接待，自然不必说。十一月，德潜到家。因为德潜身居富贵，其家已经移居城中。择日上三代诰命，焚黄墓所，役工建坊。远近观者，咸啧啧叹息，何啻合闾巷人。其荣耀可知。德潜撰写《诰封三代墓表》，存《沈德潜诗文集》中。[①]

乾隆十二年六月，德潜假满回到京城。陛见，乾隆帝云："汝假满即来，可云急公。今命汝入上书房，辅导诸皇子，授汝礼部侍郎。"根据《清代职官年表》，且是礼部右侍郎。既出，乾隆帝赐以诗，起句云："朋友重然诺，况在君臣间。"落句云："儿辈粗知书，相期道孔颜。"乾隆帝知德潜老于教授也。德潜入上书房，诸皇子亲王皆聪明，于经史，闻一知二，作诗古文渐合体裁，有所删润，一一领略。凡入上书房者，五更二点必赴，申时二刻方出。皇上悯德潜年老，召谕云："汝天明始来，午时二刻即出，以身教，不专以言教也。"正课暇时，命赋诗，如《三希堂歌》《韩幹照夜白》《黄公望山居》《龚开瘦马》《牟益捣衣》《徐贲山水》之类，古近体兼有之。自是赓和题咏甚多。

乾隆十三年六月，在此前不久的官员考察中，德潜自陈履行职责没有到位，愿让位于学士齐召南。此时，乾隆帝知沈德潜患噎，命解部务。齐召南任礼部侍郎，德潜专在上书房行走，食礼部侍郎原品的俸禄。乾隆帝准徐元梦、杨名时例，以待德潜，可谓体恤至矣。

乾隆十四年夏，德潜患噎未愈。乾隆帝命兵部尚书梁诗正传旨："沈德潜不必到上书房，许其归里，享林泉之乐。朕与之以诗始，亦以诗终。令其校阅诗稿，校毕起行。"梁公捧御制诗十四本到德潜处。德潜奉旨后，逐日恭阅，阅过四本，先缴进。乾隆帝召见，云："我一见汝，便知好人。汝回去与乡邻讲说孝悌忠信，便是汝之报国。"又云："赐汝匾额，原是'诗坛耆宿'，既而改'耆硕'，见年老之人，坚固自守，同于硕果不食，以后更加发荣滋长也。"又云："我五十寿时，一定来京拜祝。"又云："有折子，于巡抚处进。"德潜认为："君臣之间，同于家人父子矣。"次日，德潜恭进四首诗，陛辞良久。内侍捧出匾额一，御画一，缎、绫各四匹，人参二斤，治噎大食丸一十六，最后又传出御制用陛辞韵四律，首章落句云："高尚特教还故国，清标终惜去朝班。"次章落句云："尔自一舟归浩荡，望穷潞水暮川虚。"三章中云："笑予结习多难遣，嘉汝临文不忘

① 沈德潜著，潘务正、李言编辑点校：《沈德潜诗文集》，人民文学出版社2011年版，第1459页。

箴。”四章中云:“尽有烟霞为供养,正赊岁月入讴歌。”旁观者,亦皆唏嘘感叹。

德潜出都日,皇子亲王俱送诗文、路费。朋旧门生,饯别于都亭。有送至百余里者。赠诗者甚多。王鸣盛所作,五言百韵,给德潜留下了很深的印象,见其所作《王凤喈诗序》。①

德潜离开京城之前,应已故吏部尚书甘汝来的大儿子之请,撰写《大冢宰甘公逊斋集序》。夏五日,德潜于东昌舟中,为宝应刘师恕《锡谷堂诗》作序言,落款自称“后学”。夏,德潜归乡途中,经扬州,撰写《重兴建隆寺碑记》

六月,德潜至家。知四月中得孙。亲朋好友来家中者,与都门送行者等,投赠诗篇,类于束笋。宴会几无虚日,“谊何笃也”。于向日诸同学,德潜一一往晤,以叙旧情。77 岁的老人,在京师十年荣华富贵之后,结束仕宦生涯,衣锦还乡。自此,德潜开始了长达 20 年的退休生涯。

第二节 政绩盘点

德潜从乾隆七年(1742 年)庶吉士散馆后,担任七品的编修,到乾隆十一年担任从二品的内阁学士,只用了 4 年,一年后又担任品级相同但职位更高的礼部侍郎。这样的升迁速度是惊人的。在德潜因老病无法履行到位礼部侍郎职责的情况下,乾隆帝还让德潜在不担任礼部侍郎的情况下,食礼部侍郎原品的俸禄,说是准徐元梦、杨名时例。徐、杨两位,历任要职,从方面大员到朝廷重臣,政绩卓著,于“官守”“言责”都有了不起的建树。我们再看看德潜,他晋升速度如此惊人,乾隆帝给他的待遇如此优渥,那么,他到底有哪些了不起的政务和政绩呢?根据包括德潜的自订年谱在内的文献记载,他的政务和政绩主要有这样几类,以下分述之。

---

① 沈德潜著,潘务正、李言编辑点校:《沈德潜诗文集》,人民文学出版社 2011 年版,第 1358 页。

一、整理古籍、编写史书

乾隆七年九月，德潜奉辅臣所传乾隆帝上谕，校勘新旧《唐书》，分修《明史纲目》。乾隆九年，正月，校勘《旧唐书》完毕，每卷后有考证，缮写进呈，然后开始校勘《新唐书》。乾隆十年，正月，德潜校勘《新唐书》完毕，进呈。此类工作，属于国家工程，国家官员承担，当然于理也可通。至于德潜参加分修《明史纲目》的情况，文献没有记载。两《唐书》的部头，都不算大，对此二书作校勘，工作量是不大的，难度更加不大。

二、考差

乾隆九年六月，德潜被钦点为湖北乡试正主考，副主考为御史西成。晦日，启程前往湖北。七月，在从京师前往湖北途中，一路却负弩迎者。过柏乡，德潜忆魏念庭（荔彤）旧有"旌节临吾土"之语，今诗谶果然，而魏已经去世多年，因作诗志慨。经过比干墓和岳飞、杨忠烈公（继慎）祠堂，德潜皆瞻拜。过汉口，千樯栉比，楼阁三层，如金门、阊门风景。舟行过晴川阁，望黄鹤楼，崔颢题诗中风景，历历在目。

德潜到湖北，主持乡试，考题为：首题《周有八士》一节，次题《人道敏政》二节，三题《段干木逾垣而避之》三节。出题后，德潜和西成各先作文三篇。次日，德潜又作首题文二篇，以示格法之变，又命各房考一起作首题文，并且为他们评定，"俾其不迷心目也"。此乡试收回考卷5800余份，初步中式只有43份考卷。德潜乃与副主考、房考等从落第考卷中，搜得9份中式，此乡试第二名危应奎、第二十五名杜官德，皆从落卷中搜得者。榜发，所中者多知名之士。拆号之时，湖广总督晏斯盛云得第二名危应奎、第二十五名杜官德，一榜有光。德潜因此语，感叹好文章往往在落卷中，而江南卷多，考官无法遍搜，实在是遗憾之事。

出闱后，德潜登黄鹤楼，望鹦鹉洲，吊祢衡，晤已经139岁之老人汤云山，皆有诗歌纪之，作有《湖北乡试录序》。杜官德为乾隆十年进士，危应奎不见于《明清进士题名碑录》。

乾隆十年六月，乾隆帝召见德潜，问上一年湖北乡试事，以及其地民风土俗，并及140岁老人，德潜是否亲见其人。德潜如实奏对。七月，德潜奉旨稽察左翼觉罗四学。

乾隆十年九月，德潜被钦点为武会试副总裁，正总裁为工部侍郎涂逢震。入闱半月，录取进士 86 名，会元为李经世，为辛酉解元。殿试第一名为董孟，第二名为李经世。后董官至云南提督。德潜作《武会试录后序》。

乾隆十三年三月，乾隆帝钦点会试总裁，刑部尚书陈大受为正总裁，少宰蒋溥、兵部侍郎鄂容安和德潜为副总裁。初六日入闱。初七日，乾隆帝钦命《四书》题三：首题“好人之所恶”一节，次题“子曰呜呼曾谓泰山不如林放乎”，三题“鲁君之宋”二句。试士日，德潜拟作三篇。四总裁分省阅文，回避本省人之文。德潜抓阄得江西、广东、山西、陕西、盛京。江西中 27 名，前后场并佳者 3 人，为杨立方、刘宗魏、曹先发。广东中 17 名，前后场并佳者 2 人：林明伦、陈庆升。山西中 17 名，五策俱佳者宋鉴一人。陕西中 13 名，彼卷中分高下而已。盛京中一人，朱崧，四书文可观。通榜共 262 人。会元郑忬，江南靖江人，系陈总裁所阅者。殿试日，德潜未明入朝，点中式乡贡士名，随入提调。收卷时，德潜阅梁国治对策，文与书法俱佳。胪唱日，梁国治得赐进士第一人。朝考日，有旨复令德潜阅卷。德潜作《戊辰会试录后序》。

可惜，在德潜列出姓名的他所取中的进士中，林明伦也只做到衢州知府；宋鉴做到南雄通判，倒是经学成就较大，如果不当官，其经学成就肯定还要大。至于其他的几位，都很难查到他们的成就。

总计一次乡试正主考，两次会试副总裁，就当考差的次数而论，确实不算多。何况，考差几乎都是美差，京官都是求之不得的。就选拔的人才而论，德潜这几次考差，更是平平了，三榜之中，叫得响的人有几人？更不用说什么“龙虎榜”了。

三、侍从

乾隆九年二月，乾隆帝谒泰陵，点讲官侍班，德潜在其中。德潜老年学骑马到陵，与此谒陵之礼，班次在中堂之下。礼毕，德潜随乾隆帝等归。

乾隆十年二月，乾隆帝谒景陵，仍点德潜在侍从之列。德潜随驾过蓟州，至马兰峪，行礼与乾隆帝谒泰陵同。驾归，过盘山，乾隆帝宿行宫，德潜同其他随行官员由下盘上中盘，一路流泉古松怪石，如南方景色。沿途有李将军舞剑台，此李将军，相传是李靖，然征辽者为李勣，而非李靖。

这样做侍从，也就是“跟着走”就是了，没有回答任何咨询，如果有，德潜自己早就记录下来了。实际上，不管是从乾隆帝看来，还是在德潜等大臣看来，这些侍从都是恩宠、荣耀而已，没有多少作用，更加算不上功劳的。何况，还是谒陵这样对国计民生有害无益的事情。

四、教皇子

乾隆十二年六月，德潜请假回乡，假满到京城，就接了这个工作。这工作大约持续了两年。

那么，教学效果如何呢？果亲王弘瞻和乾隆帝的皇长子、皇三子，确实都能诗，这也许就是德潜教导的功劳。至于乾隆帝赐德潜诗中说的“相期道孔颜”云云，显然是没有达到目的。因为，皇长子就在乾隆十三年，因为不讲究礼数被乾隆帝斥责。当时，德潜正教着他们。何况，这些皇子、亲王，应该是要参与国家治理的。这些本事，德潜自己也不具备，怎么去教他们呢？

五、其他

乾隆十年八九两月，德潜奉命参与秋审事宜，仔细阅读案卷，释绞罪中可矜者四人。这是德潜的仕宦生涯中最为了不起的亮点。

乾隆十三年三月，皇后去世，德潜校阅相关礼仪文件。这是礼部侍郎的分内之事。

这里必须提到的是，从当庶吉士到告老还乡，德潜从来也没有就任何政务上过任何奏章，更没有就任何政务提出过任何意见或建议，没有和任何官员公开讨论过任何政务，更不用说有不同意见甚至争论了，这在侍郎级别的官员中是极为少见的。另外，他从来也没有向朝廷或乾隆帝荐举过任何人才。或许，他真的忘记了当年博学鸿词考试落第后所写信中，对管国子监祭酒事半年的杨名时上任以来没有荐举过人才那么正大堂皇、义正词严的指责。

以上是德潜从庶吉士散馆到告老还乡的政务和政绩，严格点说，其中只有三次考差和参与秋审才是真正的政务。就考差而论，尽管没有出现科场事件，但选拔人才方面没有任何出色之处。乾隆七年壬戌四月散馆任编修，到乾隆十一年三月成为二品大员，德潜才用了 4 年时间。乾隆十二年六月，再从内阁学士到实际地位更高的礼部侍郎，扣除请假回乡的 10 个月，德潜实际只用了 5 个月时间。如此寒酸的政绩与如此迅速的升迁形成鲜明的对比，完全不成比例。我们不得不得出结论，沈德潜的迅速升迁和他的政绩几乎没有关系。

第三节　和乾隆帝的诗歌因缘

除了此前各种考试中的诗歌外，德潜和乾隆帝的诗歌因缘开始于德潜担任翰林院编修不久。其中最为多见的，是德潜和乾隆帝所作诗歌。

乾隆七年(1742 年)六月九日，乾隆帝分批接见新留翰林院任职者，并语张廷玉云“沈德潜系老名士，有诗名”。命德潜和其《消夏十咏》五律，其余人愿意和者亦和。同德潜一起作和诗者有编修裘曰修、蒋麟昌、鞠逊行，检讨廖鸿章、陈世烈等。朝廷于内阁军机房分给笔札，赐饭及瓜果。午刻走笔，未刻赋就，进呈。次日，乾隆帝颁赏德潜纱二匹、葛纱二匹，其余人，则二匹、一匹不等。德潜将其和乾隆帝所作诗歌诸作编为《矢音集》三卷，其中第一卷为德潜在朝当官时所作。德潜此次和乾隆帝《消夏十咏》而作五律十首，为《矢音集》第一卷第一篇，题目为《恭和御制消夏十咏元韵》。①

此后，乾隆帝常命德潜和其诗歌。如：

是年七月，德潜侍班，乾隆帝命和《讨源书屋恭瞻皇祖御笔》七律二首。德潜和作见《矢音集》卷一《敬和御制讨源书屋恭瞻皇祖御笔元

---

① 沈德潜著，潘务正、李言编辑点校：《沈德潜诗文集》，人民文学出版社 2011 年版，第 977 页。

韵》。九月，德潜奉命和乾隆帝《落叶诗》七律六首。德潜和作见《矢音集》卷一《恭和御制落叶诗元韵》。

乾隆八年二月，德潜为乾隆帝所召见，奉命和其《纸鸢》七律一首。德潜和作见《矢音集》卷一《恭和御制纸鸢元韵》。三月，德潜奉命和乾隆帝《柳絮》七律五首。连前和《落叶诗》，内务府勒石。德潜又奉命和《喜雨》七律二首。德潜和作见《矢音集》卷一《恭和御制柳絮诗元韵》。

乾隆十年六月，轮班。乾隆帝出其所作《补亡诗》六章，及《读贞观治要》《未央宫瓦》二诗，命德潜和。越日，德潜进呈和诗，获赐葛纱二匹。十一月，德潜和乾隆帝所作《落花诗》六首进呈，获赐缎一匹。德潜和作见《矢音集》卷一《恭和御制落花诗即用落叶元韵》。

乾隆十年二月，乾隆帝谒景陵期间，和乾隆帝御制诗八首。四月，德潜晋升詹事府詹事，谢恩。乾隆帝于勤政殿召见德潜，论及历代诗之源流升降，又云："张鹏翀才捷于汝，而风格不及于汝。"最后问及苏州年成。德潜一一奏对，乃出。次日，德潜进呈所作古文和诗钞，获赐府纱二匹。

乾隆十一年七月，德潜和乾隆帝《生秋诗》，见《矢音集》卷一《奉敕恭和御制生秋诗二十章用元微之生春诗元韵》。此诗得到乾隆帝的赞赏。德潜作于是年八月的和乾隆帝诗之作，还有《蒙恩给假御制五言长律送行，恭和元韵纪恩》《蒙恩给三代封典，御制五言律嘉奖，恭和元韵纪恩》《瀛台赐宴恭和御制元韵》，这些诗都是德潜因夫人去世请假回乡前所作的。

乾隆十二年六月，德潜到京城，奉命入上书房，辅导诸皇子。正课暇时，帝命赋诗。其中和乾隆帝诗诸作，有《奉敕题黄公望山居图恭和御制元韵》《恭题御笔画梅后，御制即用臣德潜韵，仍题画上，重命赓和》《奉敕题龚开骏骨图恭和御制元韵》《恭题御画擘蓝即次御制元韵》《恭和御制今秋各省告丰者甚多，既慰以惧，并示近臣元韵》《恭和御制三月二十九日作元韵》《恭和御制土木堡元韵》《恭和御制游潭柘岫云寺元韵》等，俱见《矢音集》卷一。

乾隆十三年六月，乾隆帝成《悼孝贤皇后诗》，命南书房诸臣与德潜同和，中有"儿"字"亡"字二韵，难于措辞，德潜赓和云："普天俱洒泪，老耄似童儿。”“海外三山杳，宫中一鉴亡。”帝命即写卷后，传观众臣，示妥适也。

德潜和乾隆帝的诗歌因缘，除了德潜和乾隆帝之诗外，还体现在以下几个方面。

德潜经常写诗给乾隆帝。例如，德潜告老还乡的时候，恭进四首诗，陛辞良久。

德潜经常把自己写的其他诗歌给乾隆帝看。例如，乾隆十一年七月，德潜夜梦刚去世的妻子，醒而成诗。进呈新诗，此诗未删。乾隆帝见此诗而知道德潜妻子去世，批准了他回乡的假期。

乾隆帝也赐诗歌给德潜。乾隆十四年己巳夏，德潜完成了乾隆帝近作诗歌十四本中的四本的校阅任务后，乾隆帝赐臣五言长律一首，起云：“清时旧寒士，吴下老诗翁。”结云：“近稿经商榷，相知见始终。”沈德潜感叹：“皇上冲然若谷之怀，古帝王所未有也。”德潜临行时，最后又传出御制用陛辞韵四律。

乾隆帝“君和臣诗”，和德潜所作诗歌。乾隆十一年丙寅四月，乾隆帝赐德潜《觉生寺大钟歌》，即用德潜同题诗歌原韵。德潜感慨，君和臣韵，古未有也。某日，乾隆帝画了一幅梅花图，德潜题诗，为《恭题御笔梅花》，乾隆帝和德潜所作此诗，用德潜此诗原韵，德潜乃作《恭题御笔画梅后，御制即用臣德潜韵，仍题画上，重命赓和》。德潜所作此二诗，都见之于《矢音集》卷一。当然，乾隆帝也和钱陈群所作诗，但那已经是乾隆十八年的事情了，见《清史列传》之《钱陈群传》。①

乾隆帝请德潜给他修改诗歌。乾隆十四年夏，德潜患噎未愈，申请致仕。乾隆帝命梁诗正传旨允许，但又云：“朕与之以诗始，亦以诗终。令其校阅诗稿，校毕起行。”梁公捧御制十四本到德潜处。奉旨后，德潜逐日恭阅，阅过四本，先缴进。乾隆帝召见，云：“汝所改几处，俱依汝。唯《大钟歌》中云：‘道衍严被荣将命’汝改‘荣国’，因道衍封荣国公也。荣将，本黄帝时铸钟人，汝偶然误会，然古书正读不尽，有我知汝不知者，亦有汝知我不知者。余八本尽心校勘，不必依回。”校阅完这些诗

① 官修，王锺翰点校：《清史列传》，中华书局1987年版，第1444页。

稿，德潜才启程南还。

那么，德潜和乾隆帝之间的诗歌因缘和德潜的迅速升迁之间，有没有什么关系呢？德潜晋升阁学以后，某些人以为德潜之迅速晋升，是擅长诗歌写作、给乾隆帝献诗的缘故，因而为了晋升，竟然也给乾隆帝献诗，遭到乾隆帝的批评。和乾隆帝有诗歌因缘的朝官不止一个，若论和乾隆帝诗歌往来次数之多，德潜甚至排不上第一，钱陈群就很可能排在德潜的前面。钱陈群是康熙三十年进士，比德潜资格老得多，行政作为当然更是德潜所无法相比的，上奏折先不说，他担任侍郎的刑部政务量之大、之难，都是德潜担任侍郎的礼部所不能比的，可是，钱陈群在乾隆十八年退休，官位也不过是刑部侍郎而已。

再者，写诗并不是政务，何况德潜所作那些诗歌和社会政治相关的极少，即使相关者，德潜除了在诗歌中赞颂皇帝成功之外，实在找不出有任何裨益意义的内容。

因此，他和乾隆帝之间的诗歌因缘、他的诗歌理论和创作，并不足以构成他升迁迅速的充分理由。

第四节　升迁迅速原因之探讨

乾隆帝曾经三次谈及超常拔擢德潜的原因。

《清史列传》之本传载乾隆十一年(1746 年)十月乾隆帝上谕云：

> 朕向留心诗赋，不过几余遣兴，偶命属和，其中才学充裕如沈德潜等，间或一加超擢，而躁进之徒，竞思进献，若借此可为梯云之捷径。不知沈德潜优升阁学，朕原因其为人诚实谨厚，且怜其晚遇，是以稠叠加恩，以励老成积学之士，初不因进诗优擢。雕章琢句，专事浮华，此风一炽，必有藉手捉刀，希图侥幸者。传谕知之。[①]

此见《沈德潜诗文集》之《附录一》。

① 沈德潜著，潘务正、李言编辑点校：《沈德潜诗文集》，人民文学出版社 2011 年版，第 2061 页。

《乾隆朝实录》卷三五二之乾隆十四年十一月部分，载乾隆帝上谕：

> 近者侍郎沈德潜，学有本源，虽未可遽目为巨儒，收明经致用之效，而视獭祭为工、剪彩为丽者，迥不侔矣。今海宇升平，学士大夫，举得精研本业，其穷年矻矻，宗仰儒先者，当不乏人。奈何令终老牖下？而词苑中寡经术士也。内大学士九卿，外督抚，其公举所知，不拘进士、举人、诸生，以及退休闲废人员，能潜心经学者，慎重遴访，务择老成敦厚、淳朴淹通之士以应，精选勿滥，称朕意焉。①

《乾隆朝实录》卷一〇七一之乾隆四十三年十一月部分，载乾隆帝上谕：

> 沈德潜自中式进士，及选入翰林时，朕因闻其平日学问尚好，格外施恩，又念其留心诗学，且怜其晚成，是以不数年间，即擢为卿贰，又令在上书房行走。而伊自服官以来，不过旅进旅退，毫无建白，并未为国家丝毫出力，众所共知。即乞休后，复赏给尚书衔，晋阶太子太傅，并予在籍食俸，恩施至为优渥。②

此见《沈德潜诗文集》之《附录》一。

我们根据乾隆帝所说，再结合其他的资料，来探讨德潜迅速升迁的原因。窃以为，主要原因在相互联系的两个部分。

德潜是乾隆帝树立的一个榜样，一个科场励志的典范。在中国封建社会中，读书人实现自身人生价值或者解决自己生存问题的途径是不多的，主要是两条：行道和传道。行道，也就是做官；传道，当教师、写作诗文、做以文史为主的学术研究等。至于实业和媒体，当时还很不发达，没有成为读书人的普遍选择。可是，即使官员的队伍不断扩大，但在读书人中，能够有机会当官的总是极少数人，绝大多数读书人是在政治体制之外。这些在政治体制之外的读书人中，当然有大量的能力很强的人才。这些人才，如果疏离于朝廷，这不仅是朝廷的巨大损失，对朝廷说来，更是一种危险的因素。他们一旦被有政治野心的人利用，或

① 沈德潜著，潘务正、李言编辑点校：《沈德潜诗文集》，人民文学出版社 2011 年版，第 2089 页。

② 沈德潜著，潘务正、李言编辑点校：《沈德潜诗文集》，人民文学出版社 2011 年版，第 2092 页。

者他们自己有政治野心而付之于行动，成为朝廷异己的力量，那么，这危险就成为事实了。看看历史上，几乎任何一种对抗朝廷的政治或者军事的力量，不管是割据的军阀，还是起事的农民，抑或是稍具规模的山大王，几乎都有读书人参与其中。还有一种情况是，体制外的读书人没有任何对抗朝廷的具体行动，但是，他们经过研究和思考，提出了不利于朝廷的思想，这些思想对朝廷而言，同样是危险的存在，因为思想可以超越时空，可能会在以后对朝廷产生这样或那样的不利。思想的力量，也是一种力量，如果某种思想的力量对朝廷来说是异己的力量，那么，也是朝廷的危险。总之，如何把体制外的读书人纳入朝廷的控制之下，这是朝廷的一大要务。

对朝廷来说，科举制度最大的功能不是选拔人才，而是把尽可能多的人才吸引在朝廷的控制之下，最大限度地避免他们成为朝廷的异己力量。康熙中期以后，社会长期安定，南美洲的农作物传入我国并且被推广，社会经济好转，人口迅速增长，读书人越来越多。和德潜同时的作家吴敬梓《儒林外史》中，就有乡村创办学校的情节。读书人越多，科举考试中的竞争就越激烈，甚至导致科场案发生。就清代而言，在科举考试的若干程序中，读书人能否进入体制内，乡试是最为关键的考试。就德潜为主考的那次湖北乡试看，举人考试的录取率不到百分之一。参加举人考试的是经过科试淘汰剩下来的优秀诸生，而被淘汰下来的诸生的数量更多，更不用说没有诸生资格的读书人的庞大数量了。在这样的情况下，屡次考试不中的读书人，就很难在科场坚持下来。

如何加强科举考试在控制人才方面的功能，也是当时朝廷新的课题。开博学鸿词科，非常明显，就是这样的用意。各地轰轰烈烈地荐举人才，像德潜这样考了 14 次举人都没有考上的老秀才才获得了参加殿试的资格，最后也只录取了区区 15 人。科举考试是把人才吸引在科场上，吸引在以儒家经典为中心的书本里，而不是选拔人才，这样的用意已经够明显的了。乾隆十四年十一月，乾隆帝又有命大臣荐举“潜心经学者”的上谕，他的用意也是如此。

德潜 22 岁中秀才，一路考到 67 岁才中进士。如果朝廷正常使用、正常考核、予以正常晋升，那么，按照德潜的能力和业绩，他也只能当个七品的编修了，如果考虑到年资等综合因素，最多也就是到六品、从五品而已。但是，如果这样，对朝廷而言，德潜这一个难得的资源就被浪费了。困顿科场几十年，即使中了进士，当了翰林，没有什么作为，也没有令人特别羡慕的富贵，但乾隆帝让德潜以超常的速度和无业绩晋升，看起来几乎是皇帝白送他可观的富贵，其用意就是为天下读书人树立一个榜样，给他们提供一个科场励志的典范，鼓励他们效法，即使长期困顿科场，也要在科场上坚持下去，也许就会像德潜那样获得名利富贵。德潜为清廷作出的最大的贡献在于此，而不在于为政。以上所引乾隆帝上谕中已经说得很清楚，他提拔德潜为从二品的内阁学士的一个原因，就是“怜其晚遇，是以稠叠加恩，以励老成积学之士”。[①]（见《清史列传》之本传）要知道，树立这样的榜样，也是不容易的，人选难找，而德潜正好是合适的人选。

乾隆帝所说，非常拔擢德潜的原因之一是“朕原因其为人诚实谨厚”，[②]这也是对的。德潜家非素封，曾经有贫困的经历，社会地位也不高，多次和官员接触，长期当塾师，几十年困顿科场，信心不足，总之，他的家庭出身和职业、经历等，养成了他诚实谨厚、敦厚朴实、谦卑低调、静默凝重、端方正派、迂腐木讷的性格和作风。他由于能力欠缺，对于政务，不管是地方还是中央，甚至就是他任职的部门及其管辖的事务，都看不出什么问题，提不出什么意见和建议，自然不会损害或威胁任何人的利益。再加他年纪大，能力欠缺，在官场中关系亲密者不多，甚至团伙也不会在乎他，既不会拉他，更不会打他，不会有什么关于他的负面信息到乾隆帝那里。所有这些，包括德潜的软弱无能、不得不静默，精明强干如乾隆帝者，自然看得清清楚楚。对乾隆帝这样的上级而言，不多事、不惹事，不炫耀小聪明，绝对听话，这样的部下也不错，称得上“诚实谨厚”。其实，这样的“诚实谨厚”，和多年后乾隆帝对德潜的指责“旅进旅退，毫无建白，并未为国家丝毫出力”，其内涵是相同的，不同的是态度。

---

① 沈德潜著，潘务正、李言编辑点校：《沈德潜诗文集》，人民文学出版社 2011 年版，第 2061 页。

② 沈德潜著，潘务正、李言编辑点校：《沈德潜诗文集》，人民文学出版社 2011 年版，第 2061 页。

那么，德潜和乾隆帝之间的诗歌因缘到底是不是德潜迅速升迁的原因呢？答案当然是肯定的。尽管乾隆帝明确说，德潜之升迁“初不因进诗优擢”，但他又明确说“朕因闻其平日学问尚好，格外施恩，又念其留心诗学”云云，“留心诗学”这一句，与他们之间的诗歌因缘显然不可能没有关系。这个问题，我们可以分为几个方面来认识。

首先，德潜以诗歌的形式，增加了和乾隆帝互动的频度，使乾隆帝通过诗歌及其以外的相关信息了解了德潜，不仅了解了德潜的性格、作风等，也了解了德潜的学问。德潜尽管出身书香门第，但是，也就是普通的读书人家，并没有多少家学渊源。他尽管拜叶燮为师，但为时不长，思想和诗歌理论、诗风等，或受到叶燮影响，至于经史等方面的学问所受叶燮的影响不会很大，再说，叶燮本人也不以学问著称。德潜的学问，其实并不大。且不提明末清初顾炎武等大儒，也不和康熙朝江浙翰林前辈朱彝尊、汪琬他们相比，不和德潜的弟子王鸣盛、钱大昕，晚辈赵翼相比，就是和德潜同时的全祖望、杭世骏相比，德潜的学问，差距是非常明显的。可是，乾隆帝认为德潜的学问很好。如上所引，他说德潜“才学充裕”，又于乾隆十四年十一月说：“近者侍郎沈德潜，学有本源，虽未可遽目为巨儒，收明经致用之效，而视獭祭为工、剪彩为丽者，迥不侔矣。”①（见《乾隆朝实录》卷三五二）后来，他又说德潜“学问尚好”等等。究其原因，是乾隆帝通过诗歌来认识德潜的学问为多，因此有“视獭祭为工、剪彩为丽者，迥不侔矣”云云，此明显是就诗歌而言之。

除了当塾师以外，德潜半个多世纪致力于举业和诗歌，而举业当然是和儒家经典联系在一起的，因此，德潜的学问有两大特点，一是和儒家经典结合在一起，二是和诗歌紧密结合在一起，而乾隆帝也注重这两项，德潜得以通过诗歌因缘，让乾隆帝了解其学问及其特点，进而得到乾隆帝的认可。其他的翰林诸君出于种种原因，就没有德潜那样的机缘，因而他们的学问不为乾隆帝深知。例如，比德潜资格稍老的杭世骏，学问尽管胜过德潜，诗歌创作方面的造诣也不下于德潜，但他个性张扬，直率雄辩，多才好事，言行狂放，乾隆帝和他之间不可能产生如他

① 沈德潜著，潘务正、李言编辑点校：《沈德潜诗文集》，人民文学出版社 2011 年版，第 2089 页。

和德潜那样的诗歌因缘。

其次，通过这样的诗歌因缘，德潜的诗歌理论和创作也为乾隆帝所了解，得到他的认同。德潜的诗歌理论和诗歌创作完全符合儒家的学说，和统治者的利益是完全一致的。例如，德潜的诗歌理论和创作，都提倡“忠孝”。这“忠”不必说，天下人都应该忠于朝廷，忠于当朝皇帝，这当然是乾隆帝所求之不得的。“孝”，看似和朝廷和皇帝没有直接关系，其实所关重大。古人“以孝治天下”之说，并非虚言。二十四史中，多部史书有《孝友传》，其中所记载的几乎都是在社会危机或者个体危机出现的时候，践行“孝友”的人们帮助亲人渡过危机的事迹。我国的家族或宗族文化、亲族文化非常发达，而其核心就是“孝”。家族、宗族或亲族成员在危机之中，“孝”的观念能使家族、宗族或亲族中其他的成员援手，使其人度过危机，如此则其人的个体危机就不会发展为社会危机了。因此，只要存在发展得蓬蓬勃勃的以“孝”为核心的家族文化、宗族文化和亲族文化，社会治理就容易多了。德潜这样的诗歌理论和诗歌创作，乾隆帝当然要赞赏、提倡了。超常地拔擢德潜，其实也是这种赞赏、提倡的体现。

再次，德潜是乾隆帝难得的诗歌伴侣。乾隆帝自负天纵英才、天赋异禀，文治武功之类社会治理不必说，对人情物理的洞察力不必说，即使小道如诗歌者，如记诵之学者，他也要胜过旁人。社会治理、人情物理，乃至记诵之学，自有客观标准，但诗歌之道，标准就难以把握了。在诗歌艺术方面，即使乾隆帝没有足够的自知之明，他也没有拥有充分自信的理由。因此，他需要合适的人和他切磋。德潜正是最为合适的人选。乾隆帝对德潜超常拔擢，也是对德潜的一种酬报、鼓励乃至警示。

德潜具备这样一些条件。第一，考虑到乾隆帝对诗歌伴侣年龄方面的接受程度，德潜是最为合适的，因为当时翰林院中擅诗名者，很可能以德潜年龄最大，比乾隆帝大了 38 岁，近两代人的差距。年纪轻的人，就没有这样的优势。第二，如乾隆帝早就知道的那样，德潜在参加进士考试之前，早就是“江南老名士”了。江南诗风，向来极盛。德潜是诗歌名家叶燮弟子，又得到前诗坛领袖王士禛的赞扬，靠《唐诗别裁集》等诗歌选本、他自己的诗歌理论和创作，在江南诗坛早已成名，和他建立诗歌因缘，于乾隆帝而言，并不算辱没。第三，德潜的诗歌理论和诗歌创作为乾隆帝所赞赏，不仅如此，德潜的诗歌艺术所长在格调，以致后来他的弟子王昶打出了以沈德潜为首的“格调派”大旗。即使从艺术方面而论，这也于乾隆帝非常适合。袁枚《随园诗话》卷一第二条云：“杨诚斋曰：从来天分低拙之人，好谈格调，而不解风趣。何也？格调是空架子，有腔口易描；风趣专写性灵，非天才不办。余深爱其言。”[①]仅仅就诗歌艺术方面而言，乾隆帝确实是“天分低拙之人”，他的诗歌创作足以证明这一点。第三，乾隆帝的地位、当时的环境、对皇帝的传统人设，都让他不宜在诗歌中纵笔书写其性灵的。对他来说，如果写作诗歌，“格调”更为适合，而德潜的诗歌理论和创作是这一路的，故于乾隆帝尤为契合。第四，德潜在诗坛是“老名士”，但在官场却是后进，因此，他不会摆谱，乾隆帝容易控制。第五，德潜长期当塾师，知道如何批改学生的文章，更知道如何应对学生可能出现的负面心理，更何况乾隆帝不是他的学生，且是皇帝，德潜不可能不谨慎对待。他即使修改乾隆帝的诗歌，也是很有分寸的。因此，乾隆帝现存的诗歌，和沈德潜的诗歌相比，是两种风格，且在艺术上和德潜的诗歌相比，相差甚远。就乾隆帝一方而言，在诗歌写作方面，他能够从德潜那里获得教益，但不至于丢失面子，而德潜在校阅其诗歌的时候有意无意造成的若干失误，又可以成为他显示学问方面某种优越感的机会，德潜也自然态度谦卑，认同他的这种优越感。第六，德潜曾经在知府、道台家当过塾师，知道保密的重要，更何况他在京师交游不多，为人谨慎，包括乾隆帝诗歌方面问题在内的不该说的事情，他绝对不会向外传播的。综合这些条件，德潜应该是乾隆帝最为合适、最为理想，也最为难得的诗歌伴侣，毕竟乾隆帝是非常精明的。

最后，还有一个非常重要的原因是，诗歌因缘也使乾隆帝和德潜之间产生了一定程度的感情因素，这些感情因素也是德潜获得迅速升迁的原因。当然，他们君臣之间的感情，其中的成分是比较复杂的，于德潜而言，是忠诚、感激为主，或许还有某种类似于爷爷对孙子的关怀。

① 袁枚：《随园诗话》，人民文学出版社 1982 年版，第 2 页。

于乾隆帝而言，是信赖为主。对一个皇帝来说，感情恰恰是最为难得的东西，不管是忠诚、感激，还是信赖。

上文已经提到，德潜为翰林院庶吉士不久，因考虑前途，曾经有《偶然作》一诗云："口众那能胜，身孤亦自危。穷经难济世，言事岂营私？不作商丘木，几同太庙牺。倾阳葵藿在，仍有赐环时。"[①]此诗见十四卷本《归愚诗钞》卷六，后来德潜编《归愚诗钞》时删除了此诗。他自知没有经国济民的才能，在朝廷当官，很可能会成为牺牲品，但自信只要当"倾阳"的"葵藿"，就可以安然告老还乡。但如何当"倾阳"的"葵藿"呢？

至此，我们知道了德潜是如何当"倾阳"的"葵藿"的。他所获得的惊人效果是，不仅避免成为牺牲品，甚至在朝为官十年中，奇迹般地没有受到任何处分，而且获得了超过期望的富贵荣耀，最后得以"赐环"，衣锦还乡，这不要说在乾隆朝，即使在整个清代，也几乎是仅见的。德潜当"倾阳"的"葵藿"，其奥秘是利用好机会。例如，和乾隆帝的诗歌因缘，多接触乾隆帝，多为乾隆帝服务，让乾隆帝了解自己的长处，知道自己对他的好。这就是他的"葵藿""倾阳"。至于谏君泽民，这确实超越了他的能力范围，也在他对自己要求的范围之外。德潜这样的奇遇，只有在封建朝廷才会发生。

因此，沈德潜的奇迹，是我们认识封建王朝、封建制度、封建社会和封建思想的一个典型样本。

---

① 沈德潜著，潘务正、李言编辑点校：《沈德潜诗文集》，人民文学出版社2011年版，第906页。

第五章　晚年林下生活

德潜从乾隆十四年(1749 年)六月从京城回到家乡后,开始了长达20 年的林下生活,直到三十四年去世。这一部分,就写这一段时间内德潜的活动和生存状态,以及与之相关的心理状态。①

第一节　和乾隆帝之间的关系

一、接驾和伴驾

德潜退休后,乾隆帝多次南巡,德潜总是接驾、伴驾,虽老迈衰病亦如此。按理,大臣退休后,没有政府公职,没有履行公务的义务,但这样的接驾和伴驾不完全是公务,从名义上说,更多的是出于君臣之间的情谊。君恩浩荡,臣下能够没有感恩之情吗?因此,就乾隆帝而言,接见乡居的臣下,主要意义有三:一是验证这些臣下对自己的忠诚或敬畏,二是了解社会状况,三是提醒、警示他们乡居守法、不忘君主的意思。就臣下而言,这也是表达忠诚的机会,即使没有忠诚可言,也要装出忠诚无限的样子,无论如何不敢不去。当然,就德潜而言,他对乾隆帝确实是非常忠诚的。以下是乾隆帝历次南巡到苏州或附近地区时德潜接

---

① 该章所用材料,凡未注明出处者,俱出自《沈归愚自订年谱》,沈德潜著,潘务正、李言编辑点校:《沈德潜诗文集》,人民文学出版社 2011 年版,第 2093—2142 页。

驾、伴驾的情况。

乾隆十六年(1751 年)二月,乾隆帝南巡至清江,德潜接驾于此。首先缴进上一年乾隆帝命德潜和其御制诗之诗,然后,德潜被召见于武帐中。乾隆帝问德潜身体是否健康,吴地百姓是否劳苦,德潜一一回答。乾隆帝说,吴中人能诗文而多寿者推文徵明,德潜今正复相似,而遭遇过之。德潜奏,臣际圣明之朝,屡蒙拔擢,胜徵明远甚。其文章德行,万万不能及也。此见德潜《文待诏祠堂碑记》。① 乾隆帝颔首,就令德潜退出。一会儿,德潜获赐绸缎各一匹、人参一斤、貂皮四张。次日,又获赐七言诗一首,其中有"玉皇案吏今烟客,天子门生更故人。别后诗裁经细检,当前民瘼听频陈"云云,"当前民瘼"一句,就是为德潜在上一日陈奏民生疾苦而作。乾隆帝一行渡江后,先到苏州,次浙江,次金陵,德潜俱随驾。在杭州的时候,乾隆帝为一私家园林题"小有天"匾额,德潜遂为作《小有天园记》,纪其事。② 在西湖的时候,乾隆帝赐德潜"道存风雅"匾额。在镇江金山时,乾隆帝又和德潜《山居杂兴》十章,又作《题紫阳书院》五古一首。德潜奉命恭阅御制诗三本,恭和御制诗十二章。最后,乾隆帝下令,德潜在籍食俸,亦即退休后照样领取原来的俸禄,因为当时一般的退休官员是没有退休金的。乾隆帝到苏州,候补州同知蒋仙根缮写乾隆帝所作《盛京赋》于灵岩山行在。乾隆帝收下,赐蒋宫缎等。德潜又撰写《恭跋蒋蟠猗恭缮御制盛京赋碑刻》。③ 四月,德潜送驾至扬州,乾隆帝召见于高旻寺行宫,慰劳云:"汝年衰,不必远送。凡年老诸臣,汝传旨,俱不必再送。"又云:"人言吴民浮薄,看来甚有诚意。"德潜云:"吴民最易感动,我朝重熙累洽,皇上深仁厚泽,虽田夫村妇,亦俱欢呼爱戴,何况臣工士林?"乾隆帝听了,大悦,云:"西湖、金陵诗,另着人寄来,汝和就进呈可也。"良久,德潜乃出。次日,德潜遵旨,同原广东巡抚王谟、太仆寺卿蒋琏送驾归。途次,德潜乃知御试诗赋取中一等六名,上下江各三人,赐举人,以中书用。德潜门生中式者钱大昕、褚寅亮二人,亦异数也。

---

① 沈德潜著,潘务正、李言编辑点校:《沈德潜诗文集》,人民文学出版社 2011 年版,第 1247 页。
② 沈德潜著,潘务正、李言编辑点校:《沈德潜诗文集》,人民文学出版社 2011 年版,第 1600 页。
③ 沈德潜著,潘务正、李言编辑点校:《沈德潜诗文集》,人民文学出版社 2011 年版,第 1552 页。

乾隆二十二年，二月，乾隆帝南巡，德潜抱病至清江直隶厂接驾。乾隆二十年，乾隆就准备南巡，但当时江浙地方灾荒严重，故乾隆帝下令减轻税收，南巡推迟到此时。乾隆帝在武帐中召见德潜。德潜谢恩毕，代吴地百姓谢乾隆帝再生之恩，备陈民间疾苦，乾隆帝甚悦，赐诗歌一首，有“星垣帝友岂无友，吴下诗人尚有人”之句，并且说第二天还会下旨，德潜有病，可以先行，苏州再见。德潜遂出。德潜夜行到家，阅读邸钞，见乾隆帝圣旨：“礼部侍郎沈德潜致政归里，年逾八旬，实称蓬瀛人瑞，今来接驾，着加礼部尚书职衔，以示眷念老臣之意。”驾临苏州，乾隆帝召见德潜于灵岩山行宫，赐坐，问苏州地方高年有学问之人。德潜以国子监司业顾栋高、进士方棨如对，乾隆帝详细询问了他们的履历等，记录下来，又问德潜有没有时文稿，如果有，不妨进呈。良久，德潜乃出。次日，德潜进呈时文稿一部，卷轴六种。乾隆帝于时文稿以外，收受唐寅山水画卷一卷，其余则退还。德潜旋获赐宫缎八匹、端砚一方，德潜拜赐而归。次日，乾隆帝又召见德潜，云：“汝之时文，应得先正力。”又云：“汝病乍安，不必随驾。”德潜奏云：“恋主情深，忘其为病也。”于是德潜仍随驾至杭州西湖，镇江金山、焦山，于途次恭阅御制诗二本。至扬州，知道金陵召试古学，共录取七人：下江五人，为王昶、曹仁虎、吴省钦、褚廷璋、徐曰琏，皆德潜所掌紫阳书院中人；上江二人，韦谦恒、吴宽。吴宽是德潜旧门人。德潜门下弟子一次被录取这么多人，亦盛事也。送驾归家，三月已尽。

乾隆二十七年，乾隆帝又要南巡了。二月初一，德潜作《九日同钱尚书陈群舟行迎驾》诗，可见在正月就行动了。十九日，在常州白家桥接驾。乾隆帝在舟中召见德潜，赐座，让德潜和钱陈群各回本境。两天后，乾隆帝到苏州，90 岁的德潜侍班于行宫前。乾隆帝下令，老年人宜安息，不必远送。次日，赐德潜“九秩诗仙”匾额，诗歌二首，其中一首是乾隆帝赐给钱陈群和德潜两人的，开头云：“二老江浙之大老，新从九老会中回。”德潜随驾到浙江，乾隆帝仍让他回苏州。乾隆帝从浙江回苏州，召见德潜，使德潜感到“如慈父之爱子”。乾隆帝再次让德潜不必远送了，又让太监扶着德潜出行宫。这一次，德潜共和御制诗十八首，获赐绸缎、古砚、果品和生鱼等。

乾隆三十年二月，德潜与钱陈群扶病前往常州武进白家桥接驾。乾隆帝看到两位老人扶杖跪迎，下令如此年老，可以不必远来，天色已晚，到苏州行宫召见他们。乾隆帝到苏州行宫，在行宫的修竹吾庐召见德潜，备问病痛和子孙情况，德潜一一奏对。乾隆帝说有人参赐给德潜疗疾，宜在家静养，不必送迎。良久，德潜乃出。旋获赐人参一斤、缎子四匹，律诗二首，其中一首也是赐给钱陈群的。闰二月四日，乾隆帝往浙江。十二日，内阁传达上谕："沈德潜、钱陈群，江浙耆宿也，并以卿贰予告里居。曩者省方东南，存问所及，特进尚书阶，优颁廪禄。兹时巡莅，止二人扶杖迎谒。耄耋而神明不衰，朕甚嘉焉。其各加太子太傅，以宠异之。沈德潜之孙、钱陈群之幼子，并赐举人，一体应礼部试。二臣益欣愉恬养，以跻期颐，副朕优高年、眷旧臣之意。钦此。"闻命之下，德潜自然感激涕零，旁人艳羡，传为异数。十九日，乾隆帝谕沈德潜、钱陈群并改食正一品俸禄，又赐御临苏轼制草。二十六日，乾隆帝又在行宫召见德潜，问民情，说爱戴出于诚心，恐民间不无疾苦。德潜回答说，百姓对皇帝的爱戴确实出于诚心，因为朝廷减轻了对百姓的赋税，使百姓得以休息，故他们感恩皇帝。乾隆帝又谕德潜不必远送，只在行宫门左右送即可以，回家后好好调理。德潜自然感激无加。

二、典礼祝吊和岁时问候

乾隆十五年六月，德潜闻皇长子去世，一折进挽章，一折向乾隆帝请安。

同年七月，德潜成祝乾隆帝四十寿诗册进呈，并且进呈新诗一册。八月，德潜接乾隆帝批折，乾隆帝所赐缎、纱各二匹，御制诗七律一首，中云："起我七言真借尔，嘉卿一念不忘君。"落句云："为语余年勤爱护，来看吴会共论文。"次年，乾隆帝南巡，此乃和德潜预约之意。

乾隆十六年十月，德潜启程赴京城，参加皇太后六十寿诞庆祝活动。十一月到京城，进《万寿册》。乾隆帝即召见，问江南年岁、米价和封疆大吏任职情况。奏对完毕，德潜知道乾隆帝此日将上皇太后宝册，即辞出，随众臣朝贺。二十五日，皇太后寿辰，德潜到寿康宫行礼，随即至太和殿行礼。次日，乾隆帝召德潜至南书房，命德潜题韩滉《七才子图》，又题御书《无逸篇》后，又题御画《古干梅》。题毕，进呈文徵明像，乾隆帝即题七律一首，命南书房诸位臣下属和。此年乾隆帝南巡时，对德潜说起文徵明，多赞赏语，德潜将此事告诉苏州诸生后，“时诸生含知天语及其先世，故于德潜祝慈宁万寿时，嘱以待诏遗照进呈，而上特宠赉之”。[①]（见德潜《文待诏祠堂碑记》）德潜又获赐“德艺清标”匾额。

次日，乾隆帝又赐德潜貂裘，谕明春暖和再南还，并且给德潜乾隆帝诗歌一本，乃南巡回京后所作，命德潜校阅。十二月初一日，德潜到静安庄，谒皇长子停金棺处，拜哭而返。又五日，德潜将乾隆帝一册诗校阅完毕，缴进。十五日，乾隆帝于养心殿召见德潜，德潜请乾隆帝为其诗集作序，乾隆帝允诺。二十五日，乾隆帝召见德潜于内廷，命观其所作《归愚诗序》。序中称呼德潜为“归愚叟”，并云“他日见访山居，即以为愚公谷也”。德潜觉得，从古无君序臣诗者，传之史册，后人犹以为荣云。次日，德潜谢恩，获赐乾隆帝御书“福”字，如德潜在位时年底一样。

次年正月初九日，乾隆帝召德潜，赋《雪狮子》联句。诗成，乾隆帝给德潜很多赏赐，云为德潜寿。德潜觉得，君称臣寿，亦从古所无，此为格外施恩，故更加感恩。次日，小宴重华宫，乾隆帝成七律二首，参加臣下十六人，即席和韵。十五日，乾隆帝仍然用《小宴重华宫》韵，赋七律二首，命德潜再和。次日，乾隆帝召德潜到圆明园，与之论人臣体用。德潜奏对，体用兼备，如姚、宋、韩、范诸公，可以维持庙社。有体无用，犹不失明理之人，但不可以寄以重任耳。若无体而妄谈作用，恐有狂躁而偾事者。乾隆帝以为然。申刻，乾隆帝赐宴正大光明殿，作乐演戏。入夜，乾隆帝又命德潜等往御园看秋千焰火。次日，德潜赋二律、八绝句进呈。

二月初一日，德潜进呈陛辞日期的奏折。乾隆帝召见德潜作别，赐送行七律一首，又赐银子二百两，作为路费，并祝德潜长寿康宁，和德潜订他年相见之约。德潜这样形容乾隆帝：“温言霁容，不啻慈父母也。”七日后，德潜启程南归。

---

① 沈德潜著，潘务正、李言编辑点校：《沈德潜诗文集》，人民文学出版社 2011 年版，第 1247 页。

乾隆二十五年，是乾隆帝五十大寿。二十四年十月，大臣蒋溥传乾隆帝旨，谓尚书沈德潜、侍郎钱陈群明年不必来京祝寿，缘南巡有期，相见不远，迎驾日并许瞻仰，老年人无烦跋涉也。先寄一信还，当颁发谕旨。德潜跪读之下，感激五中，恐古君臣间鲜有此受恩者矣。乾隆二十五七月，德潜进《颂言》十四首祝贺乾隆帝五十大寿。

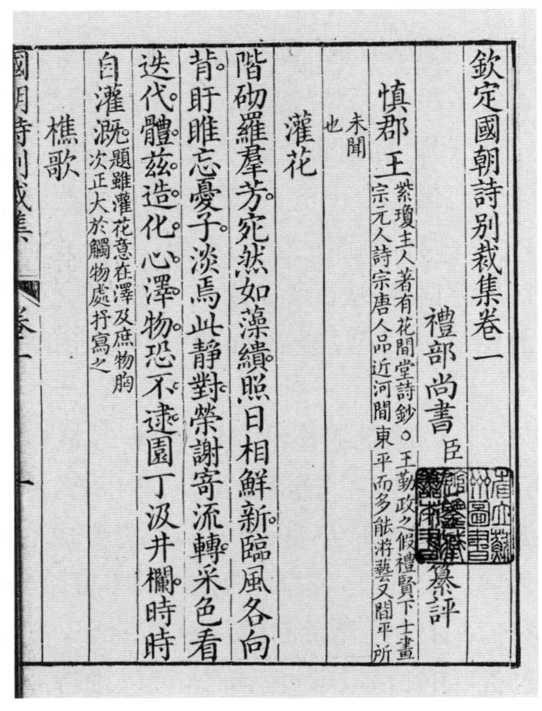

欽定國朝詩別裁集卷一　禮部尚書臣　纂評

慎郡王　紫瓊主人著有花間堂詩鈔。王勤政之暇禮賢下士畫宗元人詩宗唐人品近河間東平而多能游藝又間平所未聞也

灌花

階砌羅羣芳宛然如藻繢照日相鮮新臨風各向背。盱睢忘憂子淡焉此靜對榮謝寄流轉采色看迭代。體茲造化心澤物恐不逮園丁汲井欄時時自灌溉　題雖灌花意在澤及庶物胸次正大於觸物處抒寫之

樵歌

《钦定国朝诗别裁集》(清乾隆间刻本)

乾隆二十六年九月，德潜启程去北京，参加皇太后七旬祝寿活动。十月底，德潜到京城。十一月，德潜进呈《历朝圣母图册》《国朝诗选》(即《国朝诗别裁集》或《清诗别裁集》)，乾隆帝慰劳，赐缎子一匹。十四日，乾隆帝命德潜参与“九老会”，并获得大量赏赐。所谓“九老会”者，有三组，一为还在位的老臣九位；一为已经家居的老臣九位，德潜和钱陈群在其中(见德潜撰写《钱大司寇香树斋文集序》)[①]；一为老年武臣九

① 沈德潜著，潘务正、李言编辑点校：《沈德潜诗文集》，人民文学出版社2011年版，第1561页。

位。这些，都绘图为纪念。十五日，接太后驾、皇帝驾。二十二日，到太后所居宫殿行礼，参与“九老会”的人又每人获赐缎子六匹。二十四日，乾隆帝让他们这些老人游览香山，以符“香山九老”之典。二十七日，乾隆帝发出御制诗三本，命德潜校阅。

十二月四日，德潜校阅御制诗完毕，进呈。乾隆帝召见德潜，云次年他南巡期间，德潜迎驾、送驾，不必出苏州。

可是，德潜进呈的《国朝诗别裁集》惹了祸。《沈归愚自订年谱》中记载，乾隆帝召见德潜时又云：“《国朝诗别裁集》不应以钱谦益冠籍，又钱名世诗不应入选，慎君王不应称名。今已命南书房诸臣删改，重付镌刻，外人自不议论汝也。”德潜认为：“体恤教诲，父师不过如此矣。”①可是，实际情况远不止如此轻描淡写。王先谦《东华续录（乾隆朝）》乾隆五十四记载乾隆二十六年十一月乾隆帝原话云：

> 沈德潜来京，进所选《国朝诗别裁集》，求为题辞。披阅卷首，即冠以钱谦益。伊在前明曾任大僚，复仕国朝，人品尚何足论？即以诗言，任其还之明末可耳，何得引为开代诗人之首？又如慎郡王，以亲藩贵介，乃直书其名，至为非体。更有钱名世，在雍正年间，获罪名教，亦行入选。甚至所选诗人中，其名两字俱与朕名同音者，虽另易他字，岂臣子之谊所安？且其间小传评注，俱多纰缪。沈德潜身既老愦，而其子弟及依草附木之人，怂恿为此，断不可为学诗者训。朕顾可轻弁一醉乎？已命内廷翰林逐一检删，为之别白正定矣。至朕自来加恩于沈德潜者，特因其暮年晚遇，人亦谨愿无他，是以令其在家食俸，加晋头衔，以示优恤。然庄有恭前任苏抚时，曾奏及伊子不知安分，时为规戒，俾不至多事，累及伊父。此正庄有恭存心公正，所以保全沈德潜者不少。见《诗选》刻已数年，陈宏谋则近属同城，尹继善虽驻江宁，亦断无不行送阅者。使能留心如庄有恭，据理规正，不但此事早知检点，即其子弟等群知约束，安静居乡，其所裨于沈德潜者岂浅鲜耶？陈宏谋无足论，而尹继善佯为不知之锢习，虽朕屡经谆谕，尚执而不化耳。着将此传谕尹继

① 沈德潜著，潘务正、李言编辑点校：《沈德潜诗文集》，人民文学出版社 2011 年版，第 2138 页。

善、陈宏谋，令其知所省改。[1]

可见乾隆帝还是很严厉的，连陈宏谋和尹继善也挨了批评。

还好，德潜有惊无险。果亲王、皇四子、皇五子、皇六子俱赠诗赠帛。初六日，德潜乃南归。诸门生设席赠费，有送至四十里之外者。

乾隆三十四年四月，宫傅钱陈群来传上谕，悯德潜年届期颐，勿涉长途。次年乾隆帝六旬寿辰，只在本地率众人叩祝。乾隆帝反复曲折，丁宁备至，德潜觉高厚之恩，无微不至，读之感泣。又奉到御批奏折，获赐御制诗一律。五月，德潜又奉到御批奏折，其中命德潜亦劝钱陈群不必入京恭祝。德潜以97岁高龄，即赴钱陈群的家乡嘉兴传旨。八月二十三日，同在籍臣彭启丰、韩彦曾、许集叩祝乾隆帝万寿。众人所作共计七言律诗二百首，相与歌咏太平，道扬乾隆帝"圣德"。德潜表示"望百老人恭逢圣诞，不胜鼓舞欢忭之至也"。

三、诗歌往来

乾隆十五年九月，德潜游天台山期间，方欲遍游琼台、双阙、赤城、天姥诸胜，而驿递适至，云朝廷有旨颁到，宜即归接。于是不能如黄山之畅游。既接旨，知赐初刻御制诗集四套，共二十四本，御书墨刻十二册，又命和御制诗一百四章，旨云："于便中和之，接驾日面呈，不必迫窘借屈为也。"随即缮折谢恩。十六年正月，乾隆帝批折子回。德潜获赐"福"字。六月，和御制诗毕，进呈，并请安。七月，批折回。一批"诗留览"，一批"朕安，汝亦安否"。

十七年八月，傅阆陵删订《西湖志》十卷，系以往德潜等同修者，请德潜代为进呈。九月，乾隆帝在《西湖志》上题三首绝句代序，赐缎、绫各二匹，命二臣分受之。

十八年正月，德潜校乾隆帝所作诗歌，缮折向乾隆帝请安。三月，德潜收到乾隆帝之批折回复："览汝奏牍，如接晤言。"乾隆十九年二月，江苏巡抚庄有恭交给德潜御制诗一册，以及御书"福"字。三月，德潜校阅御制诗毕，缮折进呈。四月，德潜收到乾隆帝所批奏折。

---

① 王先谦：《东华续录》，《续修四库全书》第373册，上海古籍出版社2002年版，第44页。

二十年正月元宵后，庄巡抚进京城朝见乾隆帝后回苏州，德潜至庄处，恭请乾隆帝安，知乾隆帝眷念德潜，屡次问眠食步履，并赐予“福”字。次日，庄巡抚送乾隆帝诗二册，到紫阳书院，命德潜缓缓校阅。二月，德潜校阅乾隆帝诗完毕，缮折，仍托庄巡抚代为进呈。三月，德潜收到乾隆帝的批折，获赐宫缎四匹。

二十二年四月，户部尚书蒋恒轩寄给德潜御制诗，共160余首。奉旨命和。至五月尽，德潜和毕，进呈。

二十五年三月，前一岁，进呈《荡平西域》雅诗14首，表乾隆帝圣武布昭，不越五年，拓地二万余里，成圣祖、世宗未竟之功。此时折回，乾隆帝批改五字，缘讹认“准夷”为“策陵”，“总台吉”为“四大台吉”，乾隆帝有旨云：“沈德潜为南方老成之士，不应错误，故特谕正之。”德潜认为：“君之于臣，如父师之教其子弟矣。”

二十六年八月，德潜获赐御制诗二集，八函。浙江巡抚庄有恭遣人带来乾隆帝圣旨，并云先赐予上书房、南书房诸臣，其余未及颁发也。

二十八年四月，德潜获赐御制《和德潜摄山诗》12首、御书长卷。

三十二年正月，德潜具折向乾隆帝请安。乾隆帝赐人参一斤，御制诗七律一首：“乙酉别余念到今，开囊喜接远来音。知常康健仍能咏，防省精神免校吟。通体清新托梅萼，延龄资助赐人参。百年拟谒金门贺，定得如期遂此心。”

三十三年正月，德潜得张择端《清明易简图》真本，外流传者多赝本，德潜乃缮折恭请乾隆帝安，图亦并进呈。乾隆帝批回：“朕安。卿亦佳否?”又御批进画折云：“既系尤迹，卿宜有咏。若能成佳话，写来内廷装池可也。”赐五言古诗一首、人参一斤。德潜奉旨成七言古诗一首，并且详述图之始末，进呈谢恩。乾隆帝批“欣阅览之”。

德潜退居林下后，获礼部尚书衔，又加太子太傅，在籍食正一品俸禄，孙子维熙获赐举人身份。二十七年十月，乾隆帝又晋赠四代诰命，德潜之曾祖父、祖父、父亲并获赠光禄大夫、礼部尚书，曾祖母、祖母、母亲和已故的妻子，并赠一品夫人。德潜焚黄墓地，观者咸叹君恩之重。按照当时的标准，德潜所选《国朝诗别裁集》出现了严重的政治错误，乾隆帝严肃指出后，为德潜找借口，让相关臣下作补救后，竟然轻轻地放过了德潜，德潜竟然没有因此而受到任何影响。乾隆帝至于德潜，可谓皇恩浩荡。德潜深感受恩深重，也曾经觉得不安。

十九年九月，德潜上辞俸禄奏折，以天恩高厚，欲报无由。乾隆帝批复，不允。德潜心中，益为兢惕。那么，他如何报答呢？第一是尽力完成乾隆帝交给的任务，例如校阅诗稿、和御制诗的任务，至于其他的任务当然很少了，不过，只要是乾隆帝给他的任务，他都尽量完成好。例如，乾隆帝要他向钱陈群转达第二年不必到京城为他祝寿的上谕，他竟然以 97 岁的高龄，马上亲自到嘉兴向钱陈群转达。其实，他自己也知道，转达不转达，钱陈群都知道，因为钱陈群也向他转达乾隆帝让他不要到京城参加这个活动的上谕。第二是尽力以诗歌为乾隆帝服务。例如，二十四年闰六月，阅读邸钞，知去秋雨后直至六月无雨。乾隆帝命官发粟平粜，清理刑狱，炎天步祷，为文自责，比于汤之桑林。天心降鉴，小暑大雨，远近遍及。乾隆帝命给助籽本，百姓艺粱艺菽，可望有秋。德潜认为，是"至诚昭格，捷于影响也"，因作颂以纪其实。第三，尽力向乾隆帝表达自己的无限忠诚。如何表达？例如，以如此高年，接驾随驾送驾，不惮劳顿，有时甚至还是抱病而行。前后竟然有两次千里迢迢到京城祝寿，第二次还在八十九到九十之交！要知道，这是在那个年代！再如，表示自己铭记浩荡皇恩。乾隆十八年六月，德潜命种松开始建造御书楼和宗祠于竹墩故居。次年十一月，新建祠宇落成，以所刻御赐诗文共文石四十有一方，嵌诸壁间。又如，乾隆三十年四月，德潜门生贡士王廷魁为德潜刻御赐诗文及德潜恭和御制诗，始乾隆二十三年至三十年前后，共六卷，卷后恭成跋语，以道扬"圣德"，并志君臣遇合之隆，赓扬之盛。乾隆三十年九月，众门生谓德潜迭受君恩，明良一德，宜建坊以垂永久，乃具呈督抚，并允所请。建坊沧浪亭北文待诏祠之左，以御赐诗比文徵明，有"书画虽输诗胜彼，功名已过寿如他"句。宇共六楹，坊之后建御制诗亭，环列围墙，于十一月落成，费用八百余金。所有这些，都是向乾隆帝表示德潜对皇上无限忠诚，尽心尽力为乾隆帝服务。

德潜的德才、功业和他从乾隆帝那里得到的相比，实在过于悬殊。那么，乾隆帝对德潜，为什么施予如此浩荡的皇恩呢？答案和前面一章所分析的德潜获得迅速升迁的原因是一致的。不过，于乾隆帝而言，德潜那些正面的方面，如谨厚、忠实、感恩、勤奋等，又经过了时间的考验，显得更加醇厚。另外一个方面，乾隆帝自负天纵英才，目空一切，对大臣刻薄寡恩，即使是张廷玉这样的三朝重臣，也被他肆意凌辱，这也影响了他自己的心理，这就是他觉得对其忠诚的臣下实在稀少，于是德潜长期表现出来的高度忠诚，对他说来，也就弥足珍贵了。

第二节　紫阳书院山长

康熙五十一年（1712 年），江苏巡抚张伯行在苏州府学的东偏建造紫阳书院，次年告成，堂阁亭榭斋舍咸备，士子读书其中，书院供给生活费用。院长也称山长，由巡抚聘请地方上有学问、有名望的人担任，总的目的是作为府学的补充，以培养人才。雍正十一年（1733 年），有诏发帑金以养士，当局获得经费后，购置土地，以田租来支持书院的日常开支，且扩大书院规模。历任巡抚等封疆大吏，都很重视书院的运行与建设，因此，紫阳书院声誉日隆。

那么，建造在苏州的书院为什么要以“紫阳”为名呢？很明显，就是继承朱熹的为学思想和传统。德潜《归愚文钞》卷九《紫阳书院题名记》云：

> 当日朱子立朝，以诚意正心、不欺君上为本。生平著述，见于《易本义》《诗传》及《学》《庸》《论》《孟》集注章句；笔削之权，寓于《纲目》；日用常行之务，则在《近思录》《小学》诸编。而指归所在，一本于穷理致知、主敬存诚，以复乎本天之性，此紫阳朱子之学也。学者勉强服习，以渐几于有成，将处不失为谨身寡过之士，出则能为国家有体有用之人。[1]

乾隆十六年（1751 年）正月，紫阳书院院长常熟王峻（艮斋）因病辞职，

---

① 沈德潜著，潘务正、李言编辑点校：《沈德潜诗文集》，人民文学出版社 2011 年版，第 1256 页。

书院学生钱大昕等相送，钱大昕《潜研堂诗集》卷二有《用昌黎会合联句韵送王艮斋先生归海虞》诗。[①] 江苏巡抚王师请德潜担任紫阳书院院长。是年，恰巧乾隆帝南巡，到苏州，赐紫阳书院“白鹿遗规”匾额和五言古诗一首，大抵是以切近笃实勉励师生。

五月，德潜到紫阳书院任职，先拜至圣先师孔子像，次谢恩，次拜朱熹牌位。所写成规条十则，为《紫阳书院条规》（见《归愚文钞余集》卷七）。此《条规》开宗明义，明确该书院的使命是“使肄业其中者分义利，审出处，明先王之道，通当世之务也”。除了重申上承朱熹之学、倡导“学人砥砺，首重立行，次重实学”外，又更加具体而微者，侧重还在文章，因为，毕竟对当时书院的学生来说，应试训练实际上是最为重要的。

在文章训练方面，德潜强调三点：第一，“文贵抉经之心”，“又当证之史学，以广知人论世之实”。这就是说，文章当有思想，但此思想必须从儒家经典中来，否则即使有巧思奇语，也难免驳杂，难保纯正，还有可能走向歪门邪道。来自儒家经典的思想，当以来自史书的事实来阐述清楚，如此可见融汇理论和实践的功力，也可显示知识之渊博与否，以及理解和应对人情物理之道的正确与否、深刻与否。很明显，这样的教育，弊病是明显的。首先，当时儒家思想已经显示出保守性甚至落后性，用以限制学生的思想，会妨碍思想的发展；其次，为了能够得到高分，乃至通过科举考试，在文章训练中学生自然会迎合儒家思想，隐藏自己真实的思想，这实际上就是在倡导学生在文章写作中说假话，培养他们说假话的能力和习惯。可悲的是，他们真实的思想，并不会因此而被消除。文章中的思想确实应该是正确的，但是，正确与否，不能以儒家思想为评判标准。当然，德潜这样指导学生也不完全是他的错，这是科举制度本身的弊病，学生要通过科举考试，师生都必须服从于科举考试的逻辑，包括这样的弊病。

第二，文体须正。“文无定态，纯古淡泊，明白俊伟，与夫寓绳尺于纵横之中，取神韵于意言之外者，各自成家”，这些是“正”的文体。“唯肤庸堆垛，令阅者昏昏索索，此冠裳土偶之失也。矫之者又复变为纵目

---

① 钱大昕：《潜研堂集》，《清代诗文集汇编》第364册，上海古籍出版社2010年影印本，第509页。

厉角，荒幻诡僻，以不可解、无文理为高”，这些是“不正”的文体。其实，这两种“不正”的文体，后世也是大量存在的。德潜关于文体的这些观点，其实就是文章的表达方式，其中包括语言、修辞、逻辑、文采、布局、条理和思路等等。笔者认为，德潜的这些论述还是正确的。

第三，时文和古学并重。“制义所以宣圣贤语意，而经国大业，不朽盛事，仍在古学”。古学包括为古文和诗歌。制义，也就是时文、八股文，仅仅是用于科场考试而已，而经国济民、经世致用所用文章，还是古文，而润色鸿业、鼓吹盛世、歌咏升平，则诗赋正适其用。学好了“古学”，“他日内列词臣，可以任史职，备顾问，登高作赋，不愧卿大夫；出肩繁剧，亦不至问刑名不知，问钱谷不知也”，这也是为学生此后的职业生涯考虑。学生即使无法通过科举考试进入官场，有了这些本事，就是当幕僚，适应面要宽一些，能力也要强一些。

此外，德潜在《规条》中还强调了精勤的重要，告诫学生不要聚集在一起闲谈，减少日常社交，尽量争取更多的时间用在学习和研究上。①这当然是正确的，佛家的“六度”之中有“精进”这一条，“精进”也就是精勤的意思。

根据德潜自订年谱记载，在德潜担任院长期间，紫阳书院每月一课，作文为《四书》题二篇，当然是八股文，当日缴卷。古文、诗题各一，五日内缴卷。所有诗文，都由德潜批阅，评定等第，“课文点定后，集讲堂公阅，以验去取当否，且得奇文共欣赏意”。

尽管德潜年事已高，但他对紫阳书院的工作非常认真。乾隆十七年二月，德潜参加完乾隆帝母亲六十大寿的庆典回到苏州，到家后，仍赴书院，按期课文。有时，德潜自己会参加作文，给学生示范。例如，乾隆二十一年八月，传到江南乡试题目，首题为“摄齐升堂”一节。德潜以此“真题”为“下水作文”，拟作一篇，给学生们看。做“下水作文”是需要水平和勇气的，何况当时的德潜已经 84 岁高龄了。

此外，德潜把书院学生月课中的优秀文章选录，编纂成书。乾隆十八年十月，选刻《紫阳书院课艺》告成；乾隆二十六年六月，选刻《紫阳书

① 沈德潜著，潘务正、李言编辑点校：《沈德潜诗文集》，人民文学出版社 2011 年版，第 1690 页。

院课艺二集》，渐次告成；乾隆三十四年，德潜97岁高龄，还选编了《紫阳书院课艺三集》。

也许考虑到德潜年事已高，体力不济，乾隆十九年甲戌，江苏巡抚庄有恭聘请闽中廖太史南崖名鸿章同德潜任紫阳书院讲席。

乾隆二十二年二月，德潜迎驾时，奏陈辞去紫阳书院掌教职务。诸生吴山秀等向巡抚爱必达呈文，挽留德潜。巡抚应众之请，亲自到紫阳书院，当面挽留德潜，谓："为国作人，即是文章报国，此正公之素心，上必不以为非也"。德潜鉴其诚恳，乃仍留紫阳书院院长之任，照常课士。是年九月，广西陈宏谋任江苏巡抚。陈硕学，除理学之外，凡水利、农田、兵刑、备荒诸政，必悉心讲求。陈宏谋很重视书院教育，常亲自到书院考核学生，让学生作文。每试《四书》一题，或论或策一题，评定后，必作题解一篇，以示诸生。德潜当然也同时参加。主讲席者廖鸿章胸有经画，随大小叩而皆鸣。书院中不止求文辞之工而已。乾隆十九年，紫阳书院创为《题名记》，将书院肄业学生中考中举人、进士者，"纪其科，分列其姓名及其官爵，而以司教事者先之，书之于版，悬诸堂皇"。德潜作《紫阳书院题名记》，[①]见《归愚文钞》卷九。这对书院学生，也是很好的激励。

紫阳书院此前已经有较好的基础和声誉，再加上德潜等的悉心教导，学生在科举考试中成功的不少。仅仅根据德潜自订年谱中所记载的，就有：乾隆十六年，乾隆帝南巡，御试诗赋取中一等六名，上下江各三人，赐举人，以中书用。中式者钱大昕、褚寅亮。十七年，南榜吴昌宗、闻朱梃、徐伸，北闱顾祁。十八年，钱策、华封祝、陈浚新、陈王宾、刘慧远、顾顗遇。二十一年，南闱司马梦祥、袁钰、潘凯，北闱徐作梅、张光焯。二十二年，乾隆帝南巡，在金陵召试古学，共录取7人：王昶、曹仁虎、吴省钦、褚廷璋、徐曰琏，皆紫阳书院中人。二十五年，浙江乡试榜唐琪、潘瑛，副榜邱季思，南闱薛起凤、陈师集、陈初哲、沈士骏、蔡大镛、段玉裁，北闱陈基德、汪为善。三十三年，南闱杨昌霖、徐兰森、沈起凤、童高中、顾葵、林蕃锺、曾廷楷、张凤翼、潘元扬、陆学逊，北闱蒋谢庭。

---

① 沈德潜著，潘务正、李言编辑点校：《沈德潜诗文集》，人民文学出版社2011年版，第1256页。

三十四年五月，殿试，紫阳书院门生陈初哲，赐第一甲第一人，授修撰。

紫阳书院的规模有多大？乾隆十九年，紫阳书院肄业者有140人。经过科试淘汰后的诸生，参加乡试，录取率一般不到百分之一。知道了这样的背景，我们就可以认识到紫阳书院的业绩是多么耀眼了。这些中了举人的学生中，不少后来又中了进士，如钱大昕、王昶、曹仁虎等就是如此，且都有可观的成就，尤其是王鸣盛、钱大昕、段玉裁，是大师级的学者。当然，德潜在紫阳书院的学生，中举的还远远不止这些，因为有不少是在德潜去世后中举的。

第三节　群体诗文活动举要

一、塔影园文会

苏州有两个"塔影园"，都在虎丘。一个是文家造的。冯桂芬《（同治）苏州府志》卷四十六云："塔影园，即海涌山庄，在虎丘便山桥南数武，上林苑录事文肇祉所筑，后顾苓云美居之，更名云阳草堂。中有倚竹山房、松风寝、照怀亭诸胜。"又引顾苓《塔影园记》云："塔影园者，文基圣先生别墅也。先生为待诏衡山之孙、国博三桥子。词翰奕世，宏长风流。初于虎丘南岸诛茅结庐，名海涌山庄，凿池及泉，池成而塔影见。"[①]顾苓的某世女性祖先，就是文家的女儿，因此，他自称是文家的"弥甥"。另一个"塔影园"是蒋家造的。冯桂芬《（同治）苏州府志》卷四十六云："蒋氏塔影园，俗呼蒋园，在虎丘东南隅。蒋重光所筑别业，有宝月廊、香草庐、浮苍阁、随鸥亭诸胜。园本程氏故居，蒋氏有之。盖袭塔影之名，而非旧址也。嘉庆二年（1797年），任太守兆炯即塔影园改建白公祠，中有思白堂、怀杜阁、仰苏楼。"[②]此园建成于乾隆年间，德潜《归愚文钞》卷五《塔影园记》云："赋琴主人为园于虎丘东南隅，山之明

① 冯桂芬编：《（同治）苏州府志》第二册，凤凰出版社2008年版，第378页。

② 冯桂芬编：《（同治）苏州府志》第二册，凤凰出版社2008年版，第378页。

丽秀错，园皆得而因之。名曰‘塔影’，山巅浮屠，隐见林隙，故名。园本程氏故居，几为废壤。主人有之，刜蒙翳，斸荒墟，构新依故，崇卑决淤，经营有年。”此文描写该园内部结构和外部环境甚详。结尾云：“昔顾高士苓居塔影园，高士结志区外，洒心清川，所云畏荣好古者也。今异其地而同其名，殆有尚友前民之意焉。主人名重光，子子宣，姓蒋氏。园成，为乾隆某年月日。”①那么，德潜他们的这次文会是在哪个“塔影园”呢？

乾隆十四年（1749年）八月，德潜参加虎丘塔影园文宴，远近文友诗友交至。德潜成《塔影园文燕四律》，云：

> 桂香入座午风清，簪盍闲园会友生。嘉客携群来鹿水，（王贡士鹤书、孝廉凤喈诸子）仙槎浮浪自沧瀛。（叶进士子敬、主人、李贡士健林诸子）吾衰幸未车生耳，类聚欣占凤善鸣。若个当筵驰阵马，文成先吐句庚庚。
>
> 对酒当歌歌可夫，由来良会重吾吴。文章声价关金石，霸业消沉吊蟪蛄。岚翠断边衔落照，波光定处卧浮图。兴高狂语频惊坐，依旧江湖一钓徒。
>
> 社事飘零散慎交，敦盘此日续西郊。道存砥砺联三益，象取乾离玩六爻。剖异正须分黑白，和声终贵合弦匏。诸君预拟明堂咏，肯效扬云作《解嘲》。
>
> 地是野王文燕地，时当白帝驻车时。千秋怀古每如此，四国名流某在斯。深喜苏瑰真有子，（曹黄门谔庭令子菽衣，时有文誉）还希杜甫愿多师。只惭老我摧颓甚，空艳梅村修禊诗。②

吴伟业《吴诗集览》卷十二上七言律诗二之上有《癸巳春日禊饮社集虎丘即事》四首，据程穆衡笺注，顺治十年（1653年）春社，九郡人士至者几千人，可见其盛大。德潜他们的这次塔影园文宴，当然没有这样的规模，但参加者中也有多位名流。德潜自订年谱中说此文宴乃“以续梅村文宴之后”，可见此举确实有上承吴伟业虎丘社集的意图。“社事

① 沈德潜著，潘务正、李言编辑点校：《沈德潜诗文集》，人民文学出版社2011年版，第1268页。
② 沈德潜著，潘务正、李言编辑点校：《沈德潜诗文集》，人民文学出版社2011年版，第362页。

飘零散慎交”，也是感叹当年吴地社团的消长。

同时，王鸣盛《西沚集》卷十五《同沈侍郎归愚暨三吴诸子集蒋君塔影园二首》，其一云：“悠然水石径开三，丛桂香中此盍簪。一老风骚推巨手，群公蕴藉足清谈。醉余豪气看长剑，帘卷高秋落翠岚。珍重他年车笠约，相逢宾主尽东南。”[①]此诗题目中明确，这次文会是在“蒋子宣塔影园”举行的。根据王鸣盛《西庄存稿》卷五相同诗歌的题目中所载“汪自牧、顾陶元、沈兰初、吴在扬、郭晓升、曹菽衣、李健林、吉乃振、程自山、张诚伯、蒋遇纯、家学舒诸子集蒋子宣塔影园”云云，[②]诗歌题目中的这些参加者有几位可以考得。例如：

顾我钧，字陶元，吴江同里人。诗宗苏陆，生新豪放。覃精经学。乾隆九年举人。入都时，秦蕙田尚书奉命修《五礼通考》，我钧与编纂焉。（冯桂芬《（同治）苏州府志》卷一百六）

沈天中，字兰初，诸生，屡踬乡闱，又连遭王父母丧，遂弃举子业而习医。好为诗，尤善章草。（冯桂芬《（同治）苏州府志》卷八十三）

吴翀，字在扬，江南吴县人，乾隆十五年举人，能诗，著有《艾香吟草》。（王昶《湖海诗传》卷十三）

王之醇，字学舒，一字鹤书，诸生。入太学，试南北闱，屡荐不售。晚举乡饮宾以殁。之醇熟于制艺，源流剖析至精。评选有明迄清初文不下数十种，皆风行海内。诗亦简淡，有王孟风。一时海内巨公如大兴黄叔琳、金坛王步青、嘉定张鹏翀、长洲沈德潜、常熟陈祖范辈，皆折节与交。（冯桂芬《（同治）苏州府志》卷九十六）

曹锡黼，字菽衣，江南上海人，诸生。给事中一士子。（王昶《湖海诗传》卷三十）

德潜所谓“凤喈孝廉”，即王鸣盛，当时他还是举人。至于王鸣盛列出的其他人，一时难以考出，只好暂时阙如了。

二、栖霞山诗歌因缘

据德潜自订年谱记载，乾隆二十一年八月江南乡试题目，首题“摄

① 王鸣盛：《西沚集》，《清代诗文集汇编》第 350 册，上海古籍出版社 2010 年影印本，第 835 页。

② 王鸣盛：《西庄始存稿》，《续修四库全书》本，第 1434 册，第 61 页。

齐升堂”一节。主考为冯浩，系德潜乾隆十三年当会试副总裁时录取的门生。法式善《清秘述闻》卷六云，乾隆二十一年丙子科乡试，“江南考官：礼部侍郎介福，字受兹，满洲镶黄旗人，癸丑进士。御史冯浩，字孟亭，浙江桐乡人，戊辰进士。题‘摄齐升堂’一节，‘上祀先公’一句，‘麒麟之于’二句。”①此和德潜之记载，可以相互补充。

乡试结束后，德潜因往金陵会晤冯浩。德潜在金陵期间，两江总督尹继善邀请主考、将军、监临，与德潜同游摄山。摄山又名伞山，即南京市东北栖霞山。此山为金陵名胜，深邃秀削，多奇石和古松。松有六朝至当时尚存、两人合抱者。可惜，这次游山，也许是参与人数多的缘故，只及山之半。德潜成五言古诗六首，见《归愚诗钞余集》卷二《望山尹师招游摄山赋诗六章》，前两首云：

金陵多名山，摄山此为冠。药草能摄生，嘉名人共羡。一峰散三峰，峰峰入霄汉。献花与祖堂，俯视疑角丱。栖霞古道场，名迹俱可按。旧玩总持碑，梦魂常眷恋。今来日已曛，辞尘宿僧院。月白照藜床，一心澄止观。明当踏层云，芒鞋夙曾办。

清晨露犹零，言穿古松径。树树六朝青，受命同一正。围抱三两人，过者悚然敬。当年造艅艎，议欲伐其性。大吏许护持，（竺庵和尚请于大吏）至今交手庆。更种三千株，苍郁助名胜。（竺庵徒楚云所种，见王渔洋与宋商丘札）虽为山泽材，行逢天子圣。旋登万松台，轩棂且虚凭。长风动深林，龙吟入清听。②

尹继善和德潜此六首诗，见《尹文端公诗集》卷五《秋日同介受兹沈归愚两宗伯庄容可中丞游摄山栖霞寺次沈宗伯韵》。于此诗题目，可知此科江南乡试主考介福、江苏巡抚庄有恭也参加了游山。介福是成就较大的满族诗人。法式善《八旗诗话》言其作诗以唐人为圭臬，尝录开元、大历诗三百首，心摹力揣，兴至辄书，不加窜易，并赞扬其有《西清载笔录》《退思斋诗》《野园诗集》《留都集》《关中纪行草》《采江小草》等诗歌。

---

① 法式善：《清秘述闻》，《笔记小说大观》本，第37编第8册，新兴书局1984年版，第194页。
② 沈德潜著，潘务正、李言编辑点校：《沈德潜诗文集》，人民文学出版社2011年版，第449页。

同年十二月，尹继善入觐回江苏，因公事至苏州，德潜往晤。尹继善云，见乾隆帝时，乾隆帝问及栖霞山之胜，尹继善进呈德潜和他写栖霞山的唱和诗，乾隆帝当场作和诗，德潜赞叹为“真天纵才也”。尹继善当日往灵岩山、邓尉山等处，检查为乾隆帝次年南巡歇息之处。德潜随往，次日事毕，各解散。

因为乾隆帝问及栖霞山之胜，并且和德潜写栖霞山的诗，尹继善知道，次年乾隆帝南巡的时候肯定要游览栖霞山的。于是，他就在此年年末到乾隆二十二年年初，对栖霞山的相关道路和景点作了一番加工改造。树木蓊翳，石壁崚嶒，泉壑交注，顿开胜概（见钱陈群《香树斋诗文集》诗续集卷十六《乾隆二十七年八月奉恩旨游摄山恭和御制游摄山栖霞寺仍叠尹继善沈德潜倡和韵》中自注）。[①]

乾隆二十二年，乾隆帝南巡，二月，到金陵，驻跸栖霞行宫。尹继善作《恭和御制游摄山栖霞寺元韵》（见《尹文端公诗集》卷五），钱陈群作《游摄山栖霞寺用尹继善沈德潜倡和韵》（见《香树斋诗文集》之《诗续集》卷十）。然钱陈群实未参与游山活动，仅按图奉敕赓和而已。

乾隆二十七年，乾隆帝南巡，又游览栖霞山，尹继善等当然要陪同，尹继善又作《恭和御制游摄山栖霞寺仍叠尹继善沈德潜唱和韵》（见《尹文端公诗集》卷七）。这是钱陈群首次参加了栖霞山之游，作《乾隆二十七年八月奉恩旨游摄山恭和御制游摄山栖霞寺仍叠尹继善沈德潜倡和韵》，有自注云：“今秋始得来游，瞻仰御题，超迈陶谢，屈伏齐梁。恭读之下，再四寻绎，为山灵称幸焉。”[②]（见钱陈群《香树斋诗文集》诗续集卷十六）是年，钱陈群的儿子钱汝诚当江南乡试主考，故乾隆帝南巡，特意邀请钱陈群到南京随驾，这样也可以和儿子见面。游山结束后，钱陈群下山，和已经结束乡试考务的儿子钱汝诚见面了。因为乾隆帝再三劝阻德潜不要远送，所以，德潜并未参加这次游山活动。

在送走南巡的乾隆帝后，九月中，德潜游览摄山和栖霞山，遇雨，宿

---

① 钱陈群：《香树斋诗文集集》，《清代诗文集汇编》第 261 册，上海古籍出版社 2010 年影印本，第 411 页。

② 钱陈群：《香树斋诗文集集》，《清代诗文集汇编》第 261 册，上海古籍出版社 2010 年影印本，第 411 页。

般若台。次日微雨，遍游摄山、栖霞山诸名胜。这次游山，雨中探胜，逐景盘桓，逐题吟咏，虽舆夫惆怏，不顾也。他成古诗十二章，视前诗倍之，为《彩虹明镜》《幽居》《般若台》《桃花涧》《紫峰阁》《玉冠峰》《千佛岩》《九株松》《叠浪崖》《万松台》《白鹿泉》《最高峰》，俱见《归愚诗钞余集》卷六。① 次年四月，德潜获乾隆帝赐御制《和德潜摄山诗》十二首，御书长卷以赐。乾隆三十年乙酉，乾隆帝南巡之年，德潜因93岁高龄，没有能够到金陵等地随驾，但作《奉敕再咏摄山十二景仍次前韵》十二首（见《归愚诗钞余集》卷八）。② 钱陈群《香树斋诗文集》之《诗续集》卷二十有《再用沈德潜游摄山十二首诗韵仍令沈德潜并钱陈群和之》，可见乾隆帝第二次用沈德潜韵仍然写这十二个题目，沈德潜和钱陈群都是奉命和作的。此时，尹继善尚未离两江总督之任，其诗集中没有这十二首诗歌的和作，但其《尹文端公诗集》卷九《恭和御制游摄山栖霞寺元韵》或是此时所作。

这一次栖霞山诗歌因缘，前后延续十年之久，两个题目，十八首诗歌，都是沈德潜原唱，和者是乾隆帝和尹继善、钱陈群。尹继善前后四叠前题之韵，更为不易。

另外一次栖霞山之诗歌因缘，是袁枚在乾隆二十三年初冬发起的。袁枚和沈德潜、庄有恭是进士同年，也是翰林院同学、同事，和尹继善关系密切。可是，乾隆二十一年乡试结束后游览栖霞山，二十二年众高官陪同乾隆帝游览栖霞山，袁枚一个小小的退休知县，自然没有参加的资格。

是年初冬，尹继善病愈，遂和家人、同僚游览栖霞山，袁枚也参加了。他写了《侍宫保游栖霞作》，见《小仓山房诗集》卷十四，编年在戊寅。诗云：

> 偶见先生开病眼，教陪公子看秋山。来修胜景官俱集，去请銮舆表正还。小雪晴多冬更暖，寒林霜重叶全斑。嫦娥似解云仙会，彻夜清光水石间。

---

① 沈德潜著，潘务正、李言编辑点校：《沈德潜诗文集》，人民文学出版社2011年版，第524页。
② 沈德潜著，潘务正、李言编辑点校：《沈德潜诗文集》，人民文学出版社2011年版，第570页。

说到栖霞喜不胜，尚书前世此山僧。引来瀑布分三处，陡辟奇峰远一层。元老独操风月主，群公齐献匠心能。宫门管扫闲花者，尚有诗人王右丞。（江宁丞王香□，有“宫阶□帚扫斗花”之句）

屈指奇观数未穷，就中最胜是行宫。两松收立黄门外，万岭横陈紫阁东。山似人才搜更出，水如膏熚转常通。知公不厌闲游客，一个狂夫履独红。（从官皆靴，而枚独朱履）

同来不肯同归去，游味从头再细尝。山好全凭松色古，春回还盼水声长。亭台分寸无虚设，物力东南幸莫忘。休怪曲终仍奏雅，打禾民正满残阳。①

诗中有对尹继善为乾隆游览而整修此山景点的赞赏，但也有讽喻。以风趣幽默、玩世不恭、无聊帮闲、不拘小节知名的袁枚，其底色还是堂皇正大的。这在袁枚的诗文中，并不少见。

尹继善作《初冬偕诸同事游摄山和袁子才韵》《再和袁子才游摄山韵》《闻袁子才自栖霞归，于小桃源中种花凿池，欲与名山比胜，请予题其斋曰小栖霞。惜以政务劳形，未暇过访。回忆柴门驻马，忽忽已三年矣。仍用游摄山韵，再赋四章，以志佳话，并订重游》，俱见《尹文端公诗集》卷五。尹继善如此一叠二叠三叠，袁枚只好予以回报，写了《余雅不喜次韵叠韵而宫保寄诗嬲之不得已再献四章》，亦见《小仓山房诗集》卷十四。

德潜和尹继善、袁枚之间都有密切的关系，因此，他也作《追和望山尹师同袁子才同年游摄山诗次韵》，见《归愚诗钞余集》卷二诗云：

天台黄海才游遍，又到金陵上摄山。杖履入林云共远，巅崖衔日鸟同还。曾经访古搜碑石，（寻江总刻石诗，不遇）犹记题名剔藓斑。别后三年成往事，心期常在万松间。

寻山元老力堪胜，不藉扶携白足僧。洞号桃花沿曲曲，峰名玉冠上层层。（峰名纱帽，上改今名）亭台位置天工巧，赋咏清华哲匠能。未得相随共酬唱，自嘲年耄比聋丞。

---

① 袁枚：《小仓山房诗集》，《清代诗文集汇编》第339册，上海古籍出版社2010年影印本，第451页。

> 壑转坡回境不穷，离宫仿佛翠微宫。千龛石佛青崖侧，六代苍松紫阁东。新句遥传金玉响，昔游追忆梦魂通。后时仍见停銮辂，依旧云光朵朵红。
>
> 清时别见元才子，日下红尘不愿尝。师弟归依情自浃，林泉眠食兴偏长。伞山溪谷寻俱熟，（形似伞，亦名伞山）宦海风涛涉久忘。我欲续游偕故友，策将小蹇过丹阳。[①]

当时和此后，和者不少。例如，钱陈群《香树斋诗文集》诗续集卷十二《次韵尹望山节相和袁简斋大令游摄山诗四首》。

袁枚和尹继善等游览栖霞山之事和相关诗歌唱和，产生了两个艺术品。

一是图画，即画于他们游览栖霞山之当月，而相关的诗歌亦附之。陈文述《颐道堂集》外集卷四《题尹文端公偕袁简斋游栖霞图同家曼生作即用原韵》之小序云："图作于乾隆戊寅十月。卷中有文端公及袁简斋，卢雅雨都转，沈归愚、彭芝亭、钱香树三尚书，李鹤峰侍郎，王谷原中翰诸人诗，及简斋二跋。图本为似村公子所藏，后以贻颜小坡，辗转流传。今复为庆蕉园方伯所得，出以见示。与家曼生各用原韵题之。作画者，或云王二痴，或云黄正川，简斋目击其挥毫洒墨。今亦莫定其主名。更可慨已。"[②]后题此图者竟然有数十人。祁寯藻《䜌䡅亭集》后集卷十二《尹文端公与袁简斋先生游摄山图倡和诗卷》云："四十贤人题句在，百年诗画想风流。乾嘉遗墨都难得，何况追随杖履游。"自注云："前卷图作于乾隆二十三年戊寅之岁，简斋元唱七律四首，文端再和。共题词二十一人，标首者一人，后卷题词十九人，跋者一人。"又云："朝野欢娱官事简，栖霞山色大江流。岂知风去台空后，犹倚轩窗得卧游。"[③]这些题诗的人中，如吴锡麒《有正味斋集》之《诗集续集》卷五《韩江酬唱集一》之《题尹文端公摄山游卷后即用卷中和随园韵四首应庆蕉园方伯教》、詹应甲《赐绮堂集》卷十四《诗》之《尹文端公携客游摄山唱和图卷

---

① 沈德潜著，潘务正、李言编辑点校：《沈德潜诗文集》，人民文学出版社 2011 年版，第 462 页。

② 陈文述：《颐道堂集》，《清代诗文集汇编》第 504 册，上海古籍出版社 2010 年影印本，第 624 页。

③ 祁寯藻：《（谷曼）（谷九）亭集》，《清代诗文集汇编》，第 583 册，上海古籍出版社 2010 年影印本，第 312 页。

阅六十余年而墨采如新次卷中韵四首应蕉园尚书命》、孙星衍《孙渊如先生全集》之《冶城絜养集》卷上《庆方伯保出尊甫尹文端公游摄山图属题次卷中韵四首》、张问陶《船山诗草》卷十九《尹文端公游摄山图用袁子才前辈与公倡和元韵》。

二是书法作品，乃钱陈群首作，而卢见曾等相继增加者。梁章钜《退庵诗存》卷二十三《古瓦研斋所藏国朝书画杂诗》云："名臣名士又名山，翰墨因缘岂等闲。前辈飞腾余绮丽，后尘也许我跻攀。"有小注云："钱文端摄山唱和诗卷，此公自录，次韵尹文端公和袁简斋游摄山诗，寄赠卢雅雨都转者。都转复备录简斋原唱，暨尹文端、沈归愚、彭芝庭诸先生和作，而附以己诗。又有王谷原、傅玉笥二君和题。时余游摄山归，亦有所作，而此卷适来。装池已敝，因属王椒畦孝廉补图合装，并附拙诗于后。"①

这三次栖霞山诗歌因缘，就影响而言，即使在乾嘉年间也是以袁枚为首唱的那次明显更大。那么，德潜首唱的那两次有乾隆帝和作的加持，为什么在当时和后来的诗人群体中引起的影响还不如袁枚首唱的那次呢？翻检清代诗人的诗集，我们可以发现，除了少数得宠者外，主动和皇帝诗的诗人是很少的。曲高和寡，原来还可以从政治的角度去解读，在专制统治的封建社会中，尤其如此！

三、后己卯绣谷送春

乾隆二十四年四月，绣谷主人蒋仙根设"后己卯送春宴"。召集名流，会于家园。诸参加者樽酒之余，或鼓丝桐，或披卷轴，或得意高歌，或兴豪说剑，或论今而吊古，或谈空而说玄。宾主忘机，鱼鸟共欣。六十年前康熙己卯，蒋家先人蒋深召集送春雅集，已见前。此又逢己卯，仙根已逾六旬，而当年末座之德潜，则无论年龄、科名、官位和在文坛地位，都当之无愧地为首座了。诸君在席者相与赋新诗，谈往事，而王存素绘图以续前人画图。吴中喧传，以为佳话也。康熙、乾隆两己卯，绣谷盛事，前后辉映，洵足传也。康熙己卯绣谷送春时，诸文士所作诗画

① 梁章钜：《退庵诗存》，《清代诗文集汇编》，第515册，上海古籍出版社2010年影印本，第237页。

卷轴都摆在几案间，供人把玩，而甲子一周，已经匆匆六十一年了。这些都见之于《归愚文钞余集》卷二《后己卯送春文宴序》。[①]

《归愚诗钞余集》卷三又有《绣谷后己卯送春》云：

晓钟欲动春旋去，(卯初迎夏)绣谷徐开北海尊。试问春归向何处，黯然若个不消魂。

饯春嘉客气峥嵘，老我瞢腾怆旧情。座上细谈前己卯，恍如石畔话三生。

渊明旧有《闲情赋》，小阁簪花为写真。(为张忆娘写《簪花图》)此日当筵重把卷，惜春还惜画中人。

六十年间似转蓬，衰颜聊借酒杯红。请看明岁迎春客，仍是今番送别翁。[②]

德潜又作《后己卯送春文宴序》文纪其事，追叙昔日盛况，而发为沧桑变幻之感慨，结尾云："是会也，人各赋诗，不拘体制，要期媲美前哲，留俟后来。属余弁端，不辞而为之序。"[③]可见，在当时在座的每个人都作有诗歌，且这些诗歌还被汇编起来，德潜所作此文就是这一雅集所作诗歌总集的序言。可惜，这本诗歌总集没有能够流传下来。与会者在此雅集中所作诗歌，在他们自己的诗集中或者其他总集中流传下来的也不多。

德潜此诗中，第三首"渊明旧有《闲情赋》，小阁簪花为写真。此日当筵重把卷，惜春还惜画中人"云云，乃指《张意娘簪花图》。关于此图，清人多所题咏和记载。德潜《清诗别裁集》卷三十二滁睿部分，选其《题簪花图》绝句，云其无诗稿，乃从画卷中采此诗，并云："图写张忆娘簪花。卷中题咏几及百人，独此首甚超。"[④]袁枚《小仓山房集》之《小仓山房诗集》卷七《题张忆娘簪花图并序》之小序云："康熙初，苏州倡张忆娘，色艺冠时。好事者蒋绣谷为写《簪花图》，一时名宿尤西堂、汪退谷、

---

① 沈德潜著，潘务正、李言编辑点校：《沈德潜诗文集》，人民文学出版社2011年版，第1550页。
② 沈德潜著，潘务正、李言编辑点校：《沈德潜诗文集》，人民文学出版社2011年版，第466页。
③ 沈德潜著，潘务正、李言编辑点校：《沈德潜诗文集》，人民文学出版社2011年版，第1550页。
④ 沈德潜编：《清诗别裁集》，上海古籍出版社1984年版，第1374页。

惠红豆诸公，题褫裙褶几满。亡何，图被盗，迹之，在扬州巨贾家。绣谷子盘猗以他画赎还。余至苏州，事隔五十余年，开卷如生，惜无留墨处矣。为五绝署之纸尾。”其三云：“想见风华一坐倾，清丝流管唱新声。国初诸老钟情甚，袖角裙边半姓名。”[①]可见，早在清初，就有很多人题咏了。袁枚《随园诗话》卷六云：“乾隆庚午，余在苏州，绣谷之孙漪园以图索题，见忆娘戴乌纱髻，着天青罗裙，眉目秀媚，以左手簪花而笑。为当时杨子鹤笔也。”又云“题者皆国初名士”，有姜垓、尤侗等。[②] 王昶《春融堂集》卷二十五《鬓云松令》小序云：“吴中张忆娘，为北里名流。曩昔往来蒋绣谷先生家，因为写簪花小照。忆娘殁后，是图亦漂泊不省所在矣。绣谷令嗣蟠漪得于竹西市肆，携归重付装池，缣素犹新，如见采兰拢鬓时态也。”[③]王昶《湖海诗传》卷三十蒋业鼎部分云：“吴中名妓张忆娘，为顾侠君、惠半农两公所眷。树存作《簪花图》，日夕漫漶，升枚加以装潢，并属座客题词。其好事如此。”钱大昕《潜研堂集》诗集卷四《题张忆娘簪华图四首图藏绣谷蒋氏》自注云：“‘我有青衫无限泪，与君红袖一般多’，蒋树存题句也。”毕沅《灵岩山人诗集》卷三十六《嵩阳吟馆集》之《题张忆娘簪花图遗照》自注云：“予昔侍归愚师于教忠堂，每于酒阑吟罢，尝说忆娘遗事。今读先生卷中题句，益增惘然。”陈文述《颐道堂集》外集卷八《题宛兰簪花图》小序云：“杨子鹤画《张忆娘簪花图》，旧藏绣谷蒋氏。”袁枚《子不语》卷十三《张忆娘》写张忆娘与蒋某之间因情生恨，导致张忆娘自杀，蒋某亦因忆娘索命而死，且云此图“为当时杨子鹤笔也”。[④] 陈用光《太乙舟诗集》卷十二、沈大成《学福斋集》诗集卷十三等，也有题此图之作。清中叶休闲风气之盛，可见一斑。此次雅集，玩赏此图，当然肯定是一个重要节目，故德潜有诗纪之。

惜德潜没有明确记载参加者的姓名。现将参加者以及当时所作的作品考列如下。

绣谷主人蒋仙根，字蟠猗，一字奕兰，号苏斋，苏州长州县人，贡生。

① 袁枚：《小仓山房诗集》，《清代诗文集汇编》第 339 册，上海古籍出版社 2010 年影印本，第 375 页。

② 袁枚：《随园诗话》，人民文学出版社 1982 年版，第 207 页。

③ 王昶：《春融堂集》，《清代诗文集汇编》第 358 册，上海古籍出版社 2010 年影印本，第 294 页。

④ 袁枚：《子不语》，浙江古籍出版社 2017 年版，第 149 页。

候补州同知。他是绣谷建造者蒋深的孙子，擅长书画。见德潜自订年谱和陆锡熊《篁村集》卷三《春郊射猎图为蒋蟠猗赋》、翁方纲《复初斋文集》卷九《欧颜柳论》、赵怀玉《亦有生斋集》诗卷一《书小林屋图后为韩上舍是升作》、冯桂芬《（同治）苏州府志》卷一百四十一等。

绣谷少主人蒋业晋，字绍初，号立崖，蒋仙根之子。乾隆二十一年举人，官汉阳府同知。著有《秦中》《吴庑》《楚游》《出塞》《归田》诸集。后被文字狱牵连而遭流放，若干年后赦归。见王昶《湖海诗传》卷二十和李兴盛《中国流人史》。

绣谷少主人蒋业鼎。王昶《春融堂集》卷六十《蒋升枚墓表》云：

> 君名业鼎，字升枚，苏州府长洲县学生。祖深，举人，预修《明史》，岁满，选贵州知县，寻迁山西朔州知州，有诗名，世称为树存先生。父仙根，贡生，以工书闻于时。吴编修大受、王侍御峻咸推重之。蒋氏为吴中望族，其子弟率轻隽，以侈汰自喜。君又风神闲雅，望之如藐姑射神人。顾承其家学，独嗜书。作为时文，娟妍静好，求底于极工。其于诗也亦然。君师光禄兄鸣盛，因与今学士钱君大昕、编修曹君仁虎、褚君廷璋暨余交好。……君以乾隆己卯某月某日卒。……君卒年二十有九。……兄业晋，以举人方为湖北知县云。①

王鸣盛《西庄始存稿》卷三十八《蒋升枚哀辞》云："乾隆己巳、庚午，予主奕兰家，与生共晨夕二载。楚游归，复留吴门，过从甚密。"②蒋业鼎是王鸣盛的学生，而王鸣盛又是德潜的学生。很可惜，就在乾隆己卯绣谷送春以后不久，他就因咯血病去世了。袁枚《小仓山房集》之《诗集》卷十六有《过绣谷园吊主人蒋升枚》诗。陆锡熊《篁村集》卷三有《蒋大芝巢蒋二琴山招陪沈归愚宗伯彭芝庭司马及诸同学集绣谷送春歌》，此"芝巢"当为蒋业晋，而"二琴"当为蒋业鼎。

王愫，字存素，自号林屋山人，江苏太仓人，诸生，寓居苏州枫桥。工诗善画，有《朴庐诗稿》。见王昶《（嘉庆）直隶太仓州志》卷三十六、汪学金《娄东诗派》卷二十四、彭蕴璨《历代画史汇传》卷二十九、冯金伯

---

① 王昶：《春融堂集》，《清代诗文集汇编》第358册，上海古籍出版社2010年影印本，第582页。

② 王鸣盛：《西庄始存稿》，《续修四库全书》第1434册，上海古籍出版社2002年影印本，第414页。

《国朝画识》卷十二、冯桂芬《(同治)苏州府志》卷一百三十九等。这次雅集,他负责绘画,把雅集的情景画下来。

彭启丰,字芝庭,苏州长洲县人,居住在葑门内,德潜从少年时代起的好友,历官尚书,此时也年老致仕家居。其《芝庭诗文稿》之《诗稿》卷十一《绣谷送春诗有序》,序言为骈文,诗为七律二首。

赵文哲,字损之,一字升之,号璞函,上海(当时属江苏)人,有《媕雅堂集》。他是“吴中七子”之一,德潜的学生,故也参加了这次送春活动。其《绣谷送春歌为蒋绍初升枚作》诗,见王昶《湖海诗传》卷二十六。后来在乾隆二十七年,赵文哲通过考试,担任内阁中书。乾隆三十三年,朝廷欲查办前两淮盐运使卢见曾,准备突然抄卢见曾家。纪昀是卢见曾之子的亲家,从相关官员那里得到这一绝密计划,提前告知了卢见曾,卢见曾马上采取相应措施,致使朝廷计划落空。这个泄密案件多位官员牵涉其中,赵文哲、王昶也在其中。赵文哲和王昶等被撤销职务,并被罚随云贵总督阿桂往云南征缅军营效力,后又赴四川军营,参加平定大小金川的战役,赵文哲战死在那里。

这次雅集以后不久,绣谷少主人蒋业鼎去世,其兄蒋业晋到僻远地方做知县,长期未回家乡,后又被牵连到文字狱中,遭到流放,好不容易回到家乡。蒋家经过这么多折腾,绣谷当然早就保不住了。钱泳《履园丛话》卷二十《绣谷》云:“世传《张忆娘簪花图》,即于是园作也。嘉庆中,(绣谷)为叶河帅观潮所得。道光初,又归南康谢椒石观察作板舆之奉,今又为婺源王氏所有矣。先是蒋氏欲将是宅出售他姓,犹豫未决,为问于乩仙。仙判一联云,‘无可奈何花落去,似曾相识燕归来’,是宋人晏殊句也,而不解其义。迨归叶氏,则上句应矣。后叶氏转售于谢,谢又售于王,则下句应矣。”①梁章钜《浪迹续谈》卷一《绣谷》云:“苏州阊门内有绣谷园。余过吴门时,有以《绣谷送春图》卷来售者,恐是仿本,且其值过昂,因置之。此园嘉庆中为吾乡叶晓厓河帅所得,后归余同年谢椒石(学崇)观察,又后归王竹屿(凤生)都转。叶、谢、王皆余至好,往

① 钱泳著,孟裴校点:《履园丛话》,上海古籍出版社 2012 年版,第 335 页。

来最熟。今则不知何姓所居矣。”①

康熙己卯绣谷送春雅集的召集者是蒋深，亦即绣谷的建造者，第一个主人。六十年后的乾隆己卯，绣谷还在他子孙手里，也已经不容易了。可是，最晚在嘉庆中，此园就不是蒋家的了。此后，此园更换主人的频率似乎提高了。

第四节　尾声：身后风波与诗派传承

乾隆三十四年（1769 年）五月，德潜以 97 岁高龄到嘉兴向钱陈群传旨，次年乾隆帝 60 大寿，钱陈群不必到北京祝贺。八月二十三日，德潜在苏州和彭启丰、韩彦曾、许集等在籍大臣一起，祝乾隆帝长寿。九月初七，德潜去世。

次年，德潜子种松命维熙求碑文于彭启丰，彭启丰作《光禄大夫太子太师礼部尚书沈文悫公墓铭》。种松又分别求碑文于钱陈群、袁枚。钱陈群作《赠太子太师大宗伯沈文悫公神道碑》，袁枚作《太子太师礼部尚书沈文悫公神道碑》。种松等乃于十二月癸酉葬德潜于元和（故地在今苏州）之姜村（在今郭巷附近）祖墓。德潜子一人，种松，国学生。女三人，长归章树印，次归计嘉谷。此时有孙男十一人：维熙，恩赐举人，维燕、维然、维溙、维杰、维煦、维鱼、维点、维默、维照、维焄。孙女六人。

德潜去世以后，在乾隆四十三年被一场灾祸波及，受到严厉处罚。这场灾祸，就是“徐述夔《一柱楼诗》案”。

关于清代这个著名的文字狱，学术界研究较多。兹根据《文献》1985 年 7 月号所刊陈翔华《徐述夔及其〈一柱楼诗〉狱考略》、《云南师范大学哲学社会科学学报》1992 年 12 月版朱昌桂《景东涂跃龙与徐述夔〈一柱楼诗案〉》、《江苏地方志》2004 年第 6 期王芳《清风不识字，何必乱翻书》、《档案建设》2014 年 8 月版梅宁《对徐述夔〈一柱楼诗案〉的再认识》和王先谦《东华录》中所载，简要叙述如下。

---

① 梁章钜著，吴蒙校点：《浪迹丛谈》，上海古籍出版社 2012 年版，第 153 页。

徐述夔，名赓雅，字孝文，一字述夔，江苏栟茶镇人。栟茶镇，先是属扬州府泰州，乾隆三十三年设置东台县，划入东台县，仍属扬州府，现属南通市如东县。乾隆三年，徐述夔中举人。考题之一是《行之以忠》，其答卷中有："礼者，君所自尽者也。"礼部磨勘，判定"君所自尽"为大不敬，处以罚停会试。后来，他参加相关考试，取得了一个"拣选知县"的身份。其卒年当为乾隆二十八年。徐述夔卒后，其子徐怀祖即于是年刊刻其遗著《一柱楼诗集》《和陶诗》《学庸讲义》等。乾隆四十二年七月，徐怀祖病故。

徐怀祖购得同乡蔡耘田地若干顷，总价2400两银子。乾隆四十三年，蔡耘之堂兄监生蔡树嘉代蔡耘向徐怀祖的儿子廪监生徐食田交涉，以这些田中有蔡家祖坟为由，欲以960两银子赎回这宗土地中蔡家指定的部分，徐食田不从。蔡、徐两家于是到县衙门就此事展开诉讼。

蔡树嘉放言，徐食田若不允以此条件赎田，他将以徐述夔遗著《一柱楼诗》呈控当局，说该诗集中有"诋毁本朝"之语。徐食田闻蔡嘉树所言，遂于乾隆四月初六日将徐述夔所著《一柱楼诗》《和陶诗》《小题诗》《学庸讲义》四种书并书版348块呈缴东台县衙。四月初九日，蔡嘉树将《一柱楼诗集》、德潜所作《徐述夔传》等刻本呈控东台县衙。东台知县涂跃龙从《徐一夔传》中发现，徐一夔所著书还有《论语摘要》等三种，徐食田未缴，遂于十一日出具传票令徐食田补缴。四月十六日，徐食田据县令要求，将这些未刊稿缴齐。二十一日，涂知县将此案结案，令徐食田将此项土地中蔡家祖坟所在的10亩田划给蔡家。此后，涂知县到邻县办事，五月，才将徐述夔的这些著作呈缴专门办理违碍书籍事务的江宁书局。局员保定纬等因这些书并未在违碍之处贴粘签，禀请江苏布政使陶易将这些书发回东台县粘签。

此际，蔡树嘉向东台县书办金长五打听涂知县在徐食田缴书文件上的批语。因为涂知县在徐食田四月初六日缴书文件上的批语已经在县衙照壁上公开，所以，金就将涂知县在徐食田四月十六日缴书文件上的批语抄给了蔡树嘉。蔡树嘉据此认为，徐食田呈缴徐一夔著作是在他控告这些书籍之后，县当局有意庇护徐食田，故倒填日期，将徐食田由"被告"改为"自首"，遂将徐述夔《一柱楼诗》等著作中的违碍之处摘出，到布政司控告。此年大旱，布政使陶易的幕僚陆琰因忙于协助陶易勘灾等，没有仔细察看，拟批语，有“书版已经呈县，如有违碍，应行销毁。该县自当交局，与尔何干？显系挟嫌倾陷”，“收罗违碍书籍，若只字句失检，将举首之人，以所诬之罪反坐”。陶易也因为忙于勘灾、求雨之类的公务，没有仔细核实，就将这些书籍和文件等转给扬州知府谢启昆，令他审理。

七月中旬，此案人犯卷宗物证等解到扬州府。二十二日，谢知府拘捕徐述夔的学生、校勘《一柱楼诗》的徐首发、沈成濯，并且将书中“悖逆”之处签出，准备严办。

八月，江苏学政刘墉在金坛办理考试事务。如皋县民童志璘受蔡树嘉等所托，将《一柱楼诗》和沈德潜《徐述夔传》呈刘墉控告。刘墉移札两江总督和江苏巡抚，同时上报乾隆帝，云徐述夔诗句“语多愤激”，又云沈德潜所作《徐述夔传》中有“‘伊弟妄罹大辟’之语，或者因愤生逆，亦未可知”云云。乾隆帝于八月二十七日下旨，令大学士暂管两江总督高晋、署两江总督萨载、江苏巡抚杨魁严查此案，并且追究相关官员的责任。至此，此案就成了钦定大案了。乾隆帝又下旨，在全国范围内搜查徐述夔著述，结果只在浙江查出一套《一柱楼诗》。

此案于十一月二十七日结案。结果是：徐述夔、徐怀祖尽管已经死亡，但还是按照大逆凌迟律，开棺剉尸，枭首示众；徐食田、徐食书兄弟，徐首发、沈成濯师兄弟，被判斩首；陶易、陆琰被判斩监候，秋后处决。实际上，陶易被解到京师后十日就死于狱中。高晋、萨载、杨魁也受到处分。谢启昆因办理案“迟缓半月”被判“发往军台效力赎罪”。涂跃龙因“未能立即查究”处以“杖一百，徒三年”。不少前任官员也因当时未能发现徐述夔写这些有违碍文字而被追究责任，受到处罚。徐述夔的子、孙、兄、弟、兄弟之子，年16岁以上者皆斩，15岁以下及妻妾、姊、妹，子之妻、妾付给功臣之家为奴。财产入官。沈德潜所有官爵及官衔谥典尽行革去，其乡贤祠牌位亦一并撤除，乾隆帝所赐祭葬碑文也被当局遵旨仆倒。乾隆帝认为，原告蔡嘉树应该早就知道《一柱楼诗》等是悖逆之书而没有及时揭发，非“实知尊君亲上”，但逆书系他告发，取保省释。

徐述夔一案被引发，乃至沈德潜卷入其中，看似偶然，但实际上有其必然性。首先，当时的清政权已经完全稳固，正在利用政治上的绝对优势清理妨碍其统治的思想文化，编辑《四库全书》，三令五申禁止、销毁违碍书籍，兴文字狱，都是实现这一战略意图的举措。此案正当其时。其次，明清之际，东南的反清力量活跃，反清士人众多。反清力量被消灭了，反清士人也以这样或那样的方式离开了，可是，相关的思想文化仍以书籍、意识等方式存在，清除这些也是不容易的。因此，东南正是清当局清理的重点，文字狱高发地区也正是东南，就可以证明这一点了。此案正当其地。第三，徐述夔著作中确实存在至少是嘲讽、不满清当局的内容。一个人参加科举考试获取科名，乃至当官获得大富大贵，其政治立场、思想立场、文化立场未必和当局一致，更加不用说感情了，这样的例证在封建时代不可胜数。徐述夔确实是清朝的举人，但未必和当局同心同德，更未必对当局满意。从他一柱楼、笔炼阁、五色石主人等斋名和别号看，从他仅仅获得一个“拣选知县”的名号竟然还刻在棺材板上看，可知他有强烈的政治情结，但他从乾隆三年中举后就遇到挫折，无法进取，止步于举人。显然他是一直很不甘心的，牢骚满腹也在情理之中。其著述繁多，根据文献记载，有《学庸讲义》《论语摘要》《一柱楼编年诗》《一柱楼和陶诗》《一柱楼小题诗》《栟茶场志》《想诒琐笔》《蘧堂杂著》《五色石传奇》《八洞天传奇》《快士传》，以及未刻诗文若干，这显然有“发愤著书”的意思。这些著述有违碍内容，是不奇怪的。乾隆帝对徐述夔“明朝期振翮，一举去清都”的曲解固然显得牵强附会，但说徐述夔为两个弟子改名“首发”“成濯”是嘲讽清朝的剃头之礼制，还是合理的。至于“大明天子重相见，且把壶儿搁一边”，以“壶儿”谐音“胡儿”，指清统治者则尤其明显。即使起徐述夔于地下，他也没法曲为之辩。至于“莫教流下土，久矣混莸薰”“市朝虽乱山林治，江北久无干净土”“重明敢谓天无意”等“对现实不满”的诗句，更是事实，而“对现实不满”历来就是封建当局所忌讳的。这些违碍内容，很容易被引爆。第四，在封建社会中，政治力量是最为强大的，把其他性质的矛盾上升或者转换成政治问题，利用政治力量来解决，这样的事情在封建社会中是不少见的。蔡、徐两家的土地买卖诉讼是纯粹的经济纠纷，蔡家明显理亏，处于劣势，很难胜诉，蔡树嘉就以徐述夔遗著“悖逆”控告，以此打击徐家。很明显，徐述夔的遗著和蔡、徐两家的土地买卖纠纷完全风马牛不相及，但蔡树嘉以此打击徐家，效果出奇显著。有这样的土壤存在，徐家和别人发生任何纠纷，别人也很可能以这样的方式来打击徐家。此类斗争方式无疑是封建当局所乐见的，因为非常有利于他们的统治。第五，沈德潜经过朝廷的加持，成为文坛的大佬，官居侍郎，退休后还加尚书头衔，在文坛有很大的影响力，可是，即使生前他也是没有政治影响力的，他去世后就更谈不上什么政治影响了。此案发生的时候，他的一个孙子竟然在布店当学徒了。因此，乾隆帝要“杀鸡给猴看”，德潜最合适当那只“鸡”。

此外，包括王权在内的政治权力和文化权力之间的矛盾，在封建社会是存在的，也是微妙的。乾隆帝是皇帝，但是，他也企图在文化方面成为统治者。只要看看他就沈德潜校订其诗集时作的改动，给沈德潜的回复，就可以明白了。即使在写诗方面，他也未必承认沈德潜比他高明。沈德潜退休后，在家乡文坛影响巨大，请他写传记、序言的人很多，而他来者不拒，对此乾隆帝也是不满的。因此，乾隆帝把几册没有多少社会危害的诗集硬是打造成一个大案要案，其中隐隐然也有以政治力量解决其他性质的矛盾的意思。总之，徐家和沈德潜几乎都是在劫难逃。

那么，德潜为什么要为徐述夔写传呢？他在传中写了哪些话而导致身后被惩罚呢？

徐述夔和德潜是乾隆三年江南乡试的同年举人，彼此之间有年谊。可是，他们之间应该没有什么联系。乾隆四年，德潜就中进士，此后青云直上，退休后还“圣眷优渥”，富贵荣耀。徐述夔则止步不前，牢骚满腹，即使在文坛上也根本无法和德潜相比。他们尽管是同年，但不管是彼此诗文中，还是当时其他人的著述中，都没有关于他们交往的记载。徐述夔在乾隆二十八年去世后，其子怀祖请德潜为徐述夔写传，这样的可能是存在的。尽管德潜当时已经91岁高龄，但仍然写作诗文。徐家大富，有请德潜这样的名流写传的经济实力，更何况德潜和徐述夔之间还是举人同年，老人又容易怀旧。因此，为徐述夔写传，德潜应该是乐意的。

王先谦《东华续录》乾隆八十八记载，乾隆四十三年九月辛未乾隆帝上谕：

> 今沈德潜身故后，伊嗣子沈种松及伊孙恩赐举人沈维熙亦相继夭殁。此即其昧良负恩之报。至伊嗣子沈种松，除沈维熙外，是否另有他子，及沈维熙有无子嗣，年岁各若干，见习何业，并着传谕杨魁即速详悉查明，据实具奏。再，沈德潜既为徐述夔作传，则逆犯所作《一柱楼诗》等项刻本，其家必有收藏，并着杨魁即亲往伊家搜查，将所藏逆犯诗文各种尽数查出，封固解京，毋稍袒徇隐匿，自取重戾。①

杨魁于十月间督同两司暨局、县赴沈家检查，并提讯后上奏："查无留藏《一柱楼诗》。得旨：览折内称沈种松有子十四人，沈维熙并无子嗣。批：作孽不堪之物。"②不过，杨魁等也确实在沈家查到了违禁书籍，计有顾炎武《亭林集》8册、邢昉《石臼集》6册和侯方域《壮悔堂集》4册。当时，沈种松已经去世。其长子维熙，因德潜而获乾隆帝赐予举人，但未考取进士，也未为官，也已经去世。陈翔华《徐述夔及其〈一柱楼诗〉狱考略》注释云，据杨魁奏折，沈种松子14人，情况如下：长子维熙，已故，无子；二子维燕、三子维然，各19岁，俱读书，考试尚未进学；四子维㵘，16岁，在布铺学习经营；五子维杰、六子维煦、七子维鱼、八子维点，各14岁，俱读书未考；九子维默，年12岁；十子维照、十一子维焄，各11岁；其余三子为维罴、维蒸、维熟，各9岁，俱读书。③ 由此我们可以知道当时德潜后人的情况。德潜的这些孙子后来发展如何，甚至是否能够成人，都很难说。不管如何，文献中都没有他们后来情况的记载。

王先谦《东华续录》乾隆八十八记载乾隆四十三年十一月二十七日此案结案上谕云：

---

① 沈德潜著，潘务正、李言编辑点校：《沈德潜诗文集》，人民文学出版社2011年版，第2090页。
② 沈德潜著，潘务正、李言编辑点校：《沈德潜诗文集》，人民文学出版社2011年版，第2090页。
③《文献》，1985年7月版，第41页。

沈德潜所作传内称其《一柱楼编年诗》已付梓，并云“品行文章皆可法”，是沈德潜于徐述夔所作悖逆不法诗句，皆曾阅看，并不切齿痛恨，转欲为之记述流传。尚得谓稍有人心者乎？又伊传内称徐述夔之从弟“赓武妄罹大辟，阅十七月而冤雪”之语，因命萨载等查阅原案，则系乾隆元年，有泰州民缪照乘与缪又南之妻蒋氏通奸，商同勒死亲夫。蒋氏因曾被徐赓武刁奸怀恨，是以到案供指徐赓武同谋，后经审出实情，拟以枷杖完结。徐赓武刁奸妇女，本属有罪之人，沈德潜却为之论叙称冤，身为大臣，不应颠倒是非若此。沈德潜自中式进士及选入翰林时，朕因闻其平日学问尚好，格外施恩，又念其留心诗学，且怜其晚成，是以不数年间即擢为卿贰，又令在上书房行走。而伊自服官以来，不过旅进旅退，毫无建白，并未为国家丝毫出力，众所共知。及乞休后，复赏给尚书衔，晋阶太子太傅，并予在籍食俸，恩施至为优渥。沈德潜理宜饬躬安分，谨慎自持，乃竟敢视悖逆为泛常，为之揄扬颂美，实属昧良负恩。且伊为徐述夔作传，自系贪图润笔，为囊橐计，其卑污无耻，尤为玷辱搢绅。使其身尚在，虽不至与徐述夔同科，亦当重治其罪。今伊业已身故，不加深究，然竟置而不论，俾其身后仍得永受恩荣，则凡在籍朝绅，又将何所儆惕乎？着照所请，将沈德潜所有官爵及官衔谥典尽行革去，其乡贤祠牌位亦一并撤出，所赐祭葬碑文，见派阿弥达前往，会同杨魁查明扑毁，以昭炯戒，将此通谕中外知之。①

由此可知，乾隆帝所痛恨的是德潜在这传中赞扬徐述夔“品行文章皆可法”。在乾隆帝看来，这样的断语不仅大错特错，更为严重的是，这样的断语是德潜看过《一柱楼编年诗》后下的，这说明德潜对这诗集中“诋毁本朝”的那些诗句是赞扬的，且为之“记述流传”。德潜身受朝廷恩德如此重大，却如此伤害朝廷，乾隆帝难以容忍。德潜在传中为徐赓武“妄罹大辟”称冤，也是不应该的。其中的问题是显然的。“妄罹大辟”是被错误地执行死刑的意思，这与下文“以枷杖完结”相互矛盾。徐

① 沈德潜著，潘务正、李言编辑点校：《沈德潜诗文集》，人民文学出版社2011年版，第2092页。

赓武到底有没有被执行死刑？徐赓武到底有没有刁奸蒋氏？就常理推断，徐赓武是被执行死刑的，17个月之后获得昭雪，这应该是事实，否则，德潜所作《徐述夔传》中不会那样写，传记毕竟是严肃的文体，且会在当地流传，这样的大事没有必要造假。可是，徐赓武即使是被枉杀的，如果他刁奸蒋氏是事实，或者法律文书上有这样的记载，那么，就徐家而言，这是不应该张扬的，毕竟有损家声。那么，这样的事情怎么会出现在徐述夔的传中？是为了突出在徐赓武昭雪的过程中徐述夔的奔走之功吗？今天已难以找到真相了。但有一点是可以肯定的，德潜写此传，从材料到观点，都应该来自徐家。徐述夔僻处东台，和德潜几十年没有来往，德潜也没有去过东台，甚至没有那一带的朋友，因此，德潜对东台士林乡情，对徐述夔，都是没有什么了解的。

此案结案后，江苏巡抚杨魁等就率人到苏州葑门外姜家村沈德潜墓地，执行乾隆帝上谕，仆毁祭葬碑文等。

乾隆四十四年，乾隆帝写《怀旧诗》，《晚晴簃诗汇》卷二录之，其中有《故礼部尚书衔原侍郎沈德潜》，诗云：

> 东南称二老，曰钱沈则继。并以受恩眷，嘉话艺林志。而实有优劣，沈踌钱为粹。钱已见前咏，兹特言沈事。其选国朝诗，说项乖大义。制序正厥失，然亦无呵厉。仍予饰终恩，原无责备意。昨秋徐（述夔）案发，潜乃为传记。忘国庇逆臣，其罪实不细。用是追前恩，削夺从公议。彼岂魏徵比，仆碑复何日。盖因耄而荒，未免图小利。设曰有心为，吾知其未必。其子非已出，纨绔甘废弃。孙至十四人，而皆无书味。天网有明报，地下应深愧。可惜徒工诗，行阙信何济。①

方浚师《蕉轩随录》卷八载乾隆帝《御制诗注》云：

> 今作《怀旧诗》仍列（德潜）词臣之末，用示彰瘅之公，且知余不负德潜，而德潜实负余也。徐述夔家饶于赀，德潜为之作传，不过图其润笔，贪小利而谀大逆，不知有耻，并不知畏法矣。德潜无子，

① 徐世昌编：《晚晴簃诗汇》，中国书店1988年影印本，第16页。

> 其嗣子种松不知何所来，人甚不肖，狎邪作恶，曾命该抚就近约束之，幸而未致生事抵罪，而德潜末年所得谀墓财，皆被其荡费罄尽。娶妾至多，养子至十四人，其因德潜赐举人者，不久即夭，其余无一成材者。实德潜忘良负义之报也。[①]

沈德潜为徐述夔撰写传的原因，应该大致和乾隆帝分析的差不多。传世诗文集中，落款为德潜晚年所作的序言和碑传文不少，未必皆其亲自撰写，更加未必是精心撰写，大多是应酬之作。《徐述夔传》也应该是此类作品。《论语・季氏》中孔子说，"及其老也，戒之在得"。[②] "得"应该是老人容易患的病，故孔子有此语提醒老人。德潜这种少年时代有过贫困生活的人，即使官至侍郎、尚书，也仍然会热衷钱财，何况当时沈家的日常开销也是比较大的。别的不说，德潜去世之前，沈种松已经有 11 个儿子、6 个女儿，姬妾一定也不少，家庭成员数量如此庞大，再加上婢仆，人口就更加多了，而除了德潜自己退休后还有俸禄外，包括种松在内的其他人都没有正常的经济收入。即使德潜想不注重钱财，也不可能。按照常理，徐家请德潜为徐述夔撰写传文，如果《一柱楼诗》已经出版，会送给德潜一套。可是，作为 91 岁以上的文坛大佬，德潜不可能在写传之前精心研究徐述夔的诗集。最为可能的情况是，德潜在徐家准备的徐述夔行状的基础上略微点染而成传，甚至在徐家准备的文稿基础上签个名，这也是可能的。这个时候的德潜，诗文名声已经不再重要，所谓的年谊、朋友之谊之类，尽管不能全部否认，但肯定也不是主要的，他所看重的是银子而已。

尽管没有文献依据，还有一种可能也是存在的，这就是《徐述夔传》是徐家为了借德潜的名望伪托德潜所撰。理由很简单，徐述夔也是乾隆三年举人，也享高寿，也长于诗文，但是在包括《沈归愚自订年谱》在内的德潜的全部著作中，丝毫没有徐述夔乃至徐家人的痕迹。即使《徐述夔传》确实不是德潜所撰，当时的沈家完全不具备证伪的能力，沈家情况如此，政治形势如此，士林中即使有具备这样的能力的人也不可能

---

① 方濬师：《蕉轩随录》，《近代中国史料丛刊》第 375 种第二册，文海出版社 1966 年影印本，第378 页。

② 朱熹注：《四书章句集注》，中华书局 2012 年版，第 173 页。

站出来为沈家证伪。当然，这仅仅是推测而已。

德潜的众孙子中，有个才16岁，已经在布店当学徒了，因此，此案中对德潜的处罚都是虚的，对沈家基本没有影响。德潜在文坛和士林的声誉和影响，也是如此。乾隆帝自己在《怀旧诗》中仍然将德潜列于词臣之末，仍然称他为“故礼部尚书衔原侍郎”，这是对沈德潜一定程度的谅解，也是为他自己的“一贯正确”辩护，以维护自己的绝对权威。因此，文坛和士林仍然称德潜为“沈文悫公”“沈大宗伯”“沈尚书”。

德潜提倡“温柔敦厚”的格调以行诗教的诗歌理论，以及实践这样的诗歌理论的诗歌创作，仍然被视为“风雅正宗”而被人追捧，德潜之弟子王昶等打出“格调派”的大旗，将追随德潜开创的这一派诗风的诗人称为“格调派”。王昶《湖海诗传》卷十一周准部分《蒲褐山房诗话》中的一段话，为确定格调派成员提供了依据：“沈文悫门下承其指授者，以盛青嵝（锦）、周迂村（准）、顾禄百（诒禄）、陈邦经（魁）为最，其后则王凤喈（鸣盛）、钱晓徵（大昕）、曹来殷（仁虎）、褚左莪（廷璋）、赵损之（文哲）、张策时（纯熙）及予。后有考诗学源流为接武羽翼之说者，不可不知。若企晋（吴泰来），虽曾亲风旨，要未尝有瓣香之奉也。”[①]此所云后期七人中，除了褚廷璋（左莪）和张纯熙（策时）外，其余王鸣盛等5人，都在沈德潜所选《吴中七子诗选》之“七子”之列。此“七子”中的其余二人，则是吴泰来（企晋）和黄文莲。这一流派，实力雄厚，声势浩大，可以和袁枚的“性灵派”相抗衡。王昶自己则以德潜“风雅正宗”“诗坛领袖”的继承者自居。他官位最高，又享高寿，诗歌理论和诗歌创作成就也最大，所编诗歌总集《湖海诗传》，规模较大，且在编选中刻意突出其师门及“格调派”诗歌理论和创作，隐隐然上承《清诗别裁集》，故在诗坛上有较大且较为深远的影响。王玉媛《清代格调派研究》论沈德潜的影响比较充分。

总之，以“温柔敦厚”的格调行儒家的诗教，是沈德潜、王昶等“格调派”诗人的创作宗旨，他们的作品内容充实，立意堂皇正大，感情崇高端庄，完全以儒家思想为规范。儒家思想有积极的、进步的部分，也有消

① 王昶编，赵杏根、陆湘怀等整理：《湖海诗传》，凤凰出版社2018年版，第383页。

极的、落后的部分，与此相应，格调派诗人的作品中积极的、进步的部分，我们也是应该加以充分肯定的，如孝敬长辈、生活节俭等，几乎是人类永恒的美德。而其中消极的、迂腐的部分，例如提倡“忠君”“愚孝”和“节烈”之类，则应该否定。在艺术形式方面，格调派诗人之作，以取法汉魏盛唐为主，中不失元、白，下仅止于晚唐，取法宋诗者不多。他们所作诗歌，格高调响，语雅节和，自然安闲，婉转流畅，绝少粗豪叫嚣或者僻涩苦吟者。其缺点也是明显的，最大的缺点就是少鲜明的艺术个性。

第六章　诗歌理论的重构

德潜的诗歌理论，主要见之于其所作《说诗晬语》和一系列诗歌总集中的评点、诗文集序言、书信和诗歌等中，以这些形式来呈现，显示出一种散乱的状态，缺乏有系统的阐述和明显的构建，这也是包括清代在内的我国封建社会中大部分文学理论家理论创造的实况。

德潜为《说诗晬语》所作自序云：

> 辛亥春，读书小白阳山之僧舍。尘氛退避，日在云光岚翠中，几上有山，不必开门见山也。寺僧有叩作诗指者，时适坐古松乱石间，闻鸣鸟弄晴，流泉赴壑，天风送谡谡声，似唱似答，谓僧曰：此诗歌元声，尔我共得之乎！僧相视而笑。既复乞疏源流升降之故，重却其请。每钟残灯炧候，有触即书。或准古贤，或抽心绪，时日既积，纸墨遂多。命曰"晬语"，拟之试儿晬盘，遇物杂陈，略无诠次也。①

其中不少内容，和德潜后来所写序跋等文章中某些内容是相同的。鉴于这是德潜专门的论诗之作，又作于雍正九年（1731年），当时他还没有被荐举参加博学鸿词考试，故对相同或类似内容的取舍，笔者从《说诗晬语》而舍序跋。

写诗、论诗有宗旨，德潜倡导"诗教"。诗歌最为基本的功能是抒情，德潜有其"诗情观"。写诗要讲究方法，德潜有其"诗法论"。此所谓"诗

---

① 沈德潜著，潘务正、李言编辑点校：《沈德潜诗文集》，人民文学出版社2011年版，第1907页。

法”，是广义的作诗方法，包括表达策略、声韵调配、章法等关于结构方面的作诗方法、遣词造句等关于词汇选用的方法等。德潜《说诗晬语》卷上第八条云：“诗贵性情，亦须论法。乱杂而无章，非诗也。然所谓法者，行所不得不行，止所不得不止，而起伏照应，承接转换，自神明变化其中；若泥定此处应如何，彼处应如何（如碛沙僧解三体唐诗之类）。不以意运法，转以意从法，则死法矣。试看天地间水流云在，月到风来，何处著得死法！”①作诗之法，亦不能描摹古人。第十一条云：“诗不学古，谓之野体。然泥古而不能通变，犹学书者但讲临摹，分寸不失，而己之神理不存也。作者积久用力，不求助长，充养既久，变化自生，可以换却凡骨矣。”②这和袁枚关于诗法的论述没有什么不同。可是，他们关于诗法的具体论述还是有不同内容的，观点也有不同。写诗需要蓄养，德潜的相关论述，我们称之为“蓄养论”。以下就这些内容，分别展开论述。

第一节 “诗教说”

学术界常以“格调说”来称德潜的诗歌理论，以其与王士禛的“神韵说”、袁枚的“性灵说”、翁方纲的“肌理说”等诗歌理论并为清代重要的诗歌理论。可是，德潜并没有揭橥“格调”，他甚至极少提“格调”，且“格调”仅仅是他诗歌理论中偶尔涉及的一个并不重要的概念，根本无法用以统辖德潜诗歌理论这样一个丰富而完整的理论存在。因此，以“格调说”来指称德潜的诗歌理论并不科学。

能够用以统辖德潜诗歌理论的，是“诗教”。其诗歌理论的每一个部分，都是服从于“诗教”的。“诗教”是德潜诗歌理论的出发点和归宿。③ 前人论德潜诗学几乎都不会忽视“诗教”，但对“诗教”在其诗学中

---

① 沈德潜著，潘务正、李言编辑点校：《沈德潜诗文集》，人民文学出版社 2011 年版，第 1910 页。

② 沈德潜著，潘务正、李言编辑点校：《沈德潜诗文集》，人民文学出版社 2011 年版，第 1911 页。

③ 李世显《沈德潜诗学思想研究》摘要云：沈德潜总结了儒家诗学的以伦理价值为核心的理论……最终确立以人心教化为本、以性情为先，兼容格调与神韵的诗学思想体系（安徽师范大学 2007 年硕士论文，第 1 页）。孙玉清《回归与超越：沈德潜诗学及诗教思想研究》论沈德潜诗歌理论，亦从诗教入手（东北师范大学 2010 年硕士论文）。

的地位，大多没有予以必要的明确肯定。

儒家以“修身、齐家、治国、平天下”自任，但实际上，按照儒家的学说去实践，“修身”固然没有问题，“齐家”似乎也还可以，“治国、平天下”就不免显得捉襟见肘了。其实，孔子自己已经明白这一点，因此，在《论语》中他就再三告诫学生，“邦有道，不废；邦无道，免于刑戮”，“危邦不入，乱邦不居。天下有道则见，无道则隐”等等。[①] 儒家学说，长于教化，短于定乱。儒家人物如果在思想和能力的储备中，缺乏兵家、法家、纵横家、农家乃至阴阳家思想，遇到乱世，即使有其位、乘其势，也未必能成其功。儒家所长，在于教化。可是，教化需要强大的政治背景作为支撑，需要一个基本和平的社会环境，若是身在乱世，普世式的教化难以见功，儒家人物也只能隐居了，但小范围的社会教化还是可行的。再者，即使在太平社会，读书人可以通过科举考试进入经国济民者的行列，但是，更多的读书人是终身无缘进入这个行列的。他们如何为社会作贡献呢？如何避免成为韩非子斥为“蠹”的人呢？当时最为常见的选择就是参与行教化。因此，儒家人物实现自己的人生价值，承担社会使命，一在行道，即当官，二在传道，即行教化。当然，当官者，居高声远，如果传道，效果就更好了，例如《论语》中所写孔子的弟子子游就是如此，以礼乐教化百姓。即使其人没有机会参加社会治理，亦即不当官，传道还是可行的。

传道的方式很多，立身行事为社会表率是传道，讲学是传道，写作诗文等也是传道。和做官不同的是，传道的平台容易得到，而且各种官员乃至皇帝为政，不管是造福百姓还是祸害百姓，影响所及总是有时空限制的，但传道影响所及是超越时空的。即使刻意隐居者，其诗文持论等流传社会，也是对社会起教化作用。

我国封建社会中，读书人在传道方面最为努力的年代是明代中叶以后到明亡之前。清代，像明朝那样的讲学被禁止了，像明末东林党、复社那样学术性或政治性的社团被严厉禁止了。在野读书人讲学传道受到了限制，但只要不冒犯当局的利益，教书是可以的，写作诗文也是

① 朱熹注：《四书集注》，中华书局2012年版，第75、106、149、164页。

可以的。于是，诗文写作就成了当时读书人为社会作贡献的重要的途径。清代诗文之大盛，这也是一个重要的原因。至于如何以诗歌为社会做贡献，诗人们自觉的选择是不完全一样的。

德潜长期浸泡在儒家经典和程朱理学之中，对儒家学说的熟悉和执着是毋庸置疑的，因此他的选择是儒家的“诗教”。

诗教的概念，来自儒家经典。《礼记·经解》引孔子语云：“入其国，其教可知也。其为人也温柔敦厚，《诗》教也。”[①]《诗经》的社会功用，《论语》中孔子就有“兴观群怨”之说，这也是其教化之功。相传为孔子的弟子卜商亦即子夏所作《毛诗序》云：“正得失，动天地，感鬼神，莫近于诗。先王以是经夫妇，成孝敬，厚人伦，美教化，移风俗。”[②]这也是强调诗歌教化社会的功能。德潜把孔子所说的《诗经》教化社会的功用，作为诗歌的社会使命予以提倡。

德潜提倡“诗教”的言论不少，皆承接儒家之说而来。《说诗晬语》卷上第一条开宗明义云：“诗之为道，可以理性情，善伦物，感鬼神，设教邦国，应对诸侯，用如此其重也。秦、汉以来，乐府代兴；六代继之，流衍靡曼。至有唐而声律日工，托兴渐失，徒视为嘲风雪，弄花草，游历燕衎之具，而诗教远矣。”[③]这样的安排，显示了“诗教”在德潜诗论中的核心地位。此外，德潜还多次提倡“诗教”。《唐诗别裁集序》云：“人之作诗，将求诗教之本原也。”[④]《明诗别裁集序》云明末“诗教衰，而国祚亦为之移矣”。[⑤] 德潜有些关于“诗教”的论述，将在下文引述。有些论述尽管没有出现“诗教”二字，但有“诗教”之实的论述更多。如其《高文良公诗序》云：“惟夫笃于性情，高乎学识，而后写其中之所欲言，于以厚人伦，明得失，昭法戒，若一言出而实可措诸家国天下之间，则其言不虚立，而其人不得第以诗人目之。”[⑥]

德潜之提倡“诗教”，一般被认为是为统治者服务。通过接受“诗

① 阮元校刻：《十三经注疏》，中华书局1980年影印本，第1609页下。
② 阮元校刻：《十三经注疏》，中华书局1980年影印本，第270页。
③ 沈德潜著，潘务正、李言编辑点校：《沈德潜诗文集》，人民文学出版社2011年版，第1908页。
④ 沈德潜著，潘务正、李言编辑点校：《沈德潜诗文集》，人民文学出版社2011年版，第1301页。
⑤ 沈德潜著，潘务正、李言编辑点校：《沈德潜诗文集》，人民文学出版社2011年版，第1304页。
⑥ 沈德潜著，潘务正、李言编辑点校：《沈德潜诗文集》，人民文学出版社2011年版，第1515页。

教”，民众都变得“温柔敦厚”，自然就容易统治了。这个道理，很是浅显，无须多论，更加无须因此而责备德潜。“诗教”及其理论自然符合统治者的利益，不仅如此，整个儒家思想也总是符合统治者利益的，否则，为什么历代统治者几乎都是以儒家思想为统治思想呢？如果德潜提倡“诗教”应该被责备，那么，历代提倡儒家思想的人不是都应该被责备吗？

其实，德潜之提倡“诗教”，总的原因正如上文所言，就是书生以这样的方式为社会作贡献，这当然也有利于统治者。在论德潜诗歌的部分中，笔者从德潜的诗文中得出这样的结论：在被荐举参加博学鸿词之前，德潜对清廷当局的感情是谈不上深厚的。最为明显的证据是，康熙帝六次南巡都到过苏州，当时德潜也都在苏州，可是他的诗文没有一个字涉及这些对苏州百姓来说重大的事件，更不用说写歌功颂德的文字了。至于雍正皇帝去世后德潜写哀悼文字，加以颂扬，那是在他被荐举参加博学鸿词考试之后的事情了。在此之前，德潜也写了一些政治批判和社会批判的诗歌，只是数量不多，内容比较隐晦罢了。笔者甚至怀疑，康熙南巡时，德潜还写过某些对南巡耗费民脂民膏不满的诗歌，后来被删除了。至于德潜与乾隆帝关系密切，乾隆帝六次南巡，他都以一大把年纪鞍前马后侍从跪拜，那是他当官之后的事情了。由此可见，德潜的境界也是不高的，政治立场和政治态度随自己的利益关系而转移。不过，一个事实是不容忽视的，那就是德潜之提倡“诗教”，远在他被荐举参加博学鸿词考试之前。这显示了德潜之提倡“诗教”，其本意未必是刻意为统治者服务，而是为社会服务。当然，这是就其动机而言。

德潜之提倡“诗教”，还有历史的原因。明末，是我国封建社会中士风最为张扬的时期。前东林，后复社，朝野士人结合起来，裁量公卿，指摘执政，可谓意气风发，指点江山，激扬文字。他们爱憎分明，喜怒哀乐，奔腾激荡，战斗的激情、牺牲的决心，往往表现得淋漓尽致。德潜《明死节四文学传》等文章中就有所表现。这些当然是远离“温柔敦厚”的。可是，他们遭遇明朝廷、李自成和张献忠等的政权、南明诸政权和清廷的残酷虐杀，几乎没有抵抗的能力。幸运地逃过这些虐杀的读书人，国破家亡，一腔忠君爱国的悲愤哀伤，付诸反清行动，除了牺牲以外没有别的收获，付诸诗文则有可能招致文字狱。苏州及其附近地区，是东林、复社最为活跃的地区，也是东林、复社成员等读书人遭受统治者虐杀最为惨烈的地区。德潜的祖父沈钦圻，是这段历史的亲历者。德潜从其祖父等老辈那里知道了这段历史，这在他的诗文中有明确的体现。因此，“诗教”说的提出是因有历史的惨痛教训。

德潜所处的年代，社会基本安定。明清之际，沧桑变幻造成的种种伤痛，随着时间的推移和老辈人物的离去，也已经从淡化到基本消失。民众和下层读书人，生活尽管艰辛，但还不至于到“人道之穷”的地步。当局对读书人的高压政策仍然持续，江浙地区仍然是当局重点防范的对象，文字狱多发。别的不说，乾隆八年(1743)二月，杭世骏在考选御史的考场内借考试之机，答卷中批评朝政，祸几不测。德潜一生，历经三朝。康熙帝晚年，往往感情用事。雍正帝以残暴忌刻著称。乾隆帝自负天纵英明，最忌臣下逞能和不恭。在这样的大环境下，尽管社会政治方面不乏弊病，甚至有和民众、读书人利益密切相关的不公不义的事情，例如科场舞弊之类，保持中正和平、温柔敦厚之心，不在诗文中表达强烈的愤怒和谴责、哀伤和绝望，仍然是民众尤其是读书人的一种务实的选择。因此，“诗教”说的提出，也有当时社会现实方面的原因。

其实，除了“诗教”本身外，德潜之提倡“诗教”也是有儒家思想作为依据的。《论语·宪问》中孔子说：“邦有道，危言危行；邦无道，危行言孙。”[①]这种观点，《管子·宙合》发之在前：“贤人之处乱世也，知道之不可行，则沈抑以辟(避)罚，静默以侔免。辟(避)之也，犹夏之就清，冬之就温焉，可以无及于寒暑之灾矣，非为畏死而不忠也。夫强言以为僇，而功泽不加，进伤为人君严之义，退害为人臣者之生，其为不利弥甚。故退身不舍端，修业不息版，以待清明。”[②]《荀子·臣道》论之于后：“迫胁于乱时，穷居于暴国，而无所避之，则崇其美，扬其善，违其恶，隐其败，言其所长，不称其所短，以为成俗。”[③]管子、孔子和荀子所言，都是说身处无道之邦，其人发为言论，应该小心谨慎，避免招致伤害。德潜身

---

① 《四书集注》，第 149 页。

② 管仲著，颜昌峣校释：《管子校释》，岳麓书社 1996 年版，第 105 页。

③ 荀况：《荀子》，万卷出版公司 2009 年版，第 212 页。

处“盛世”，提倡以和平中正、温柔敦厚的诗歌行“诗教”，使得民众也温柔敦厚，其中不是明显有“言孙”的意味吗？那么，在他的感受中，当时的“盛世”和“邦无道”，究竟相差几何？呜呼！世之治乱盛衰，难言矣！

“诗教”之提倡，也和德潜个人的家庭、经历、思想和个性等有密切的关系。德潜《先祖行述》云，其祖父沈钦圻，明末诸生，“时值思陵殉社稷，福王南渡，见时事不可为，辄激愤，形诸诗”，但他晚年就完全是淡泊世事的形象了：“晚岁喜莳花，荒圃一区，乞四方名花殆遍。酷暑，抱瓮畦圃中，欣然自适，更号种花农云。”[①]沈钦圻外出坐馆，德潜随之读书，因此，德潜受其晚年祖父影响很大，个性平和。祖父阅历丰富，其所说明末清初史事，对德潜思想性格之形成影响尤大。德潜参加17次乡试才在过了花甲以后考中举人，那么多次的科场折腾，甚至因为科场舞弊而导致他落榜，在群情激奋中，他竟然能够保持和平中正、温柔敦厚的心情，诗文中没有明显的与科举相关的不满与怨愤，这是常人所不及的。他能在那个年代活到近百岁，这和他的个性肯定是有联系的。可是，创造这一奇迹的最为主要因素是什么？是诗歌的陶冶亦即“诗教”，还是惨痛的历史和现实之“事教”？

有人也许会说，德潜提倡“诗教”，有消解民众反抗黑暗的作用。在一定程度上，确实如此。德潜《施觉庵考功诗序》云：“先是，吴中称诗者，喜浮艳，尚排比，趋向凡近。先生(施觉庵)探讨古声，人多苦之。今几二十年，向之众口一谈者，不啻阴云解驳，而所谓纯古淡泊、优柔中平之音，隐然入人之深，而不自知其从之也。则云诗教不可复兴，然与？否与？”[②]人们即使生活在苦难之中，也“纯古淡泊、优柔中平”，或者生活在“纯古淡泊、优柔中平”的氛围中，自然就会少怨愤，多容忍，社会治理也就容易得多了。

可是，坐而论道是容易的，起而实践就困难了。德潜并没有否定对社会政治的批判，只是提倡在这样的批判中仍然要秉持温柔敦厚之风。德潜自己所写的诗歌中，不少是有政治批判内容的，当时能写此类诗歌

① 沈德潜著，潘务正、李言编辑点校：《沈德潜诗文集》，人民文学出版社2011年版，第1494页。
② 沈德潜著，潘务正、李言编辑点校：《沈德潜诗文集》，人民文学出版社2011年版，第1314页。

的诗人还真不多，只是德潜此类诗歌宗旨不是那么显豁而已。例如《使者》云："使者南来密网罗，楚囚严谴荷殳戈。健儿已入回中籍，少妇新成塞下歌。木叶山高人罕到，松花江远鸟难过。遥知乡陇关心处，目断吴天奈尔何？"[①]如果不经过仔细查考，今天的读者怎么会知道这首诗所写的是一件起码 47 人被枉杀、他们的家属被流放黑龙江甚至也被屠杀的政治错案！可见，德潜之提倡"诗教"，并非要诗人放弃社会政治批判。

教化大众，是我国传统士人的自觉使命，"诗教"仅仅是其中的一种方式。这是古今普遍的事实，所不同的仅仅是用以教化的内容和形式不同而已。

第二节 诗情观

《尚书·舜典》云："诗言志，歌永言。声依永，律和声，八音克谐，无相夺伦，神人以和。"[②]《毛诗序》云："诗者，志之所之也，在心为志，发言为诗，情动于中而形于言，言之不足，故嗟叹之，嗟叹之不足，故永歌之，永歌之不足，不知手之舞之，足之蹈之也。"[③]《荀子·儒效》云："诗言，是其志也。"[④]《左传》昭公二十五年《正义》云："在己为情，情动为志。情、志，一也。"[⑤]《文心雕龙》和中医书籍都有"情志"之说。"志"亦"情"也。可见，我国诗论家很早就揭示了抒情是诗歌的最基本的功能这一诗歌最为本质的特征。

德潜显然也充分认识到了"抒情"是诗歌的最基本的本质特征。《说诗晬语》卷上之八明确说："诗贵性情。"[⑥]同书卷下第八十五条云：

① 沈德潜著，潘务正、李言编辑点校：《沈德潜诗文集》，人民文学出版社 2011 年版，第 300 页。
② 阮元校刻：《十三经注疏》，中华书局 1980 年影印本，第 131 页。
③ 阮元校刻：《十三经注疏》，中华书局 1980 年影印本，第 269 页。
④ 荀况：《荀子》，万卷出版公司 2009 年版，第 98 页。
⑤ 阮元校刻：《十三经注疏》，中华书局 1980 年影印本，第 2108 页。
⑥ 沈德潜著，潘务正、李言编辑点校：《沈德潜诗文集》，人民文学出版社 2011 年版，第 1910 页。

性情面目，人人各具。读太白诗，如见其脱屣千乘；读少陵诗，如见其忧国伤时。其世不我容，爱才若渴者，昌黎之诗也；其嬉笑怒骂，风流儒雅者，东坡之诗也。即下而贾岛、李洞辈，拈其一章一句，无不有贾岛、李洞者存。倘词可馈贫，工同鞶帨，而性情面目，隐而不见，何以使尚友古人者读其书想见其为人乎？①

《归愚文钞》卷十三《东隅兄诗序》中也有类似的阐述。② 又德潜为谢道承《小兰陔诗集》所作序云："古梅谢先生未尝以诗自鸣，而其所成诗，皆情动于中，有不能自已于言者，而以言传之，随其篇翰之长短，辞句之难易，莫不有真精神流贯于其间，异于有辞无情、徒取古人声律字句而模仿之者也，洵乎为性灵之诗也已。"③德潜为宋宗元《网师吟草》所作序言云："自夫人性情不深，而发为有韵之语，取青妃白，句雕字琢，其言未必不工，而欲动人之性情，难矣！"④德潜所说的"性情"，"性"是个性，"情"是感情。感情本乎个性，个性也可以通过感情体现出来，在诗歌的创作、传播、接受和关于诗歌的理论中，尤其如此。因为诗歌的最本质的特征是抒情，诗人的个性也因此得到体现。所以，在诗歌话语中，"性情"之所侧重，在于情。

从关于人性的理论来讨论，也是如此。不管是孟子的"性善说"，还是荀子的"性恶说"，"性"都是天之所赋予的，是与生俱来的。荀子以人的动物性为人性，孟子以人的"仁义礼智"等美好的社会性为人性。孟子提倡努力"尽其才""尽其心"，认识天所赋予的这些美好人性，并且付之于实践，成就其人自己美好的个性。荀子提倡通过后天的努力学习"化性起伪"，获得社会规范（礼）等美好的社会性，并且以此改造并制约动物性，成就自己美好的个性。由于先天材质的差异、后天努力的不同、所处条件的不同，因此，人的个性千差万别。个性是一种性能，必须在外物触发后，在运动中得到体现，如水遇风，或呈波浪，或呈涟漪，展现水之性。外物触发"个性"而产生"情"，"情"如水之波浪或涟漪，人可

① 沈德潜著，潘务正、李言编辑点校：《沈德潜诗文集》，人民文学出版社 2011 年版，第 1979 页。
② 沈德潜著，潘务正、李言编辑点校：《沈德潜诗文集》，人民文学出版社 2011 年版，第 1337 页。
③ 谢道承：《小兰陔诗集》，《清代诗文集汇编》第 269 册，上海古籍出版社 2010 年影印本，第 265 页。
④ 宋宗元：《网师吟草》，《清代诗文集汇编》第 316 册，上海古籍出版社 2010 年影印本，第 631 页。

以通过它而知其“个性”。“性情”之体现，即是“情”，而诗歌的内容，就离不开“情”。

那么，除了抒情以外，诗歌能不能发议论呢？古今有很多人认为，诗歌是不宜发议论的，宋代很多表现哲理的诗歌就被人批评。德潜尽管在总体上对宋诗并不推崇，但在诗歌是否能够发议论这一问题上，他的见解则与此不同。《说诗晬语》卷下第六十一条云：“人谓诗主性情，不主议论。似也，而亦不尽然。试思二雅中何处无议论？杜老古诗中，《奉先咏怀》《北征》《八哀》诸作，近体中，《蜀相》咏怀诸葛诸作，纯乎议论。但议论须带情韵以行，勿近伧父面目耳。戎昱《和蕃》云：‘社稷依明主，安危旋妇人。’亦议论之佳者。”[①]所言甚确。古今中外以议论胜的诗歌不知多少，甚至有“哲理诗”这一类别。如果否定了诗歌发议论的功能，就无法解释这样的诗歌现象了。但是，诗歌中的议论确实应该和形象、情韵结合起来，诗歌才有美感。因此，无论如何，诗歌是不能脱离感情的。德潜对诗歌的这一最本质的特征，也是有很清醒的认识的。这和当时袁枚的“性灵说”等关于诗歌抒情功能的阐述没有不同。

诗歌的感情，直接来自诗人的性情。诗歌中应该抒发什么样的感情？诗人应该具有什么样的性情？对这些问题的理解，德潜就和袁枚等不完全一样了。

情有真伪。古代有强调诗歌性情之真者。唐代皎然《诗式》卷一《文章宗旨》云：“真于性情，尚于作用。”[②]袁枚《小仓山房诗集》卷六《寄程鱼门》之六云程鱼门诗“性情得其真”，[③]《小仓山房尺牍》卷六《与树斋尚书》云：“君子小人……但使一出其真，俱可以情相感。”[④]可见，袁枚非常注重诗歌中所表达的感情之真。王英志《清人诗论研究》中“袁枚性灵说新探”就有“性灵说的真情论”一个部分，专门予以论述。德潜提倡在诗歌中抒发真情实感，这和袁枚“性灵说”中的“真情论”是一致的。两者的“真情”区别在于，德潜所注重的真实感情是主流社会提倡的仁

---

① 沈德潜著，潘务正、李言编辑点校：《沈德潜诗文集》，人民文学出版社 2011 年版，第 1971 页。

② 释皎然著，周维德校注：《诗式校注》，浙江古籍出版社 1993 年版，第 17 页。

③ 袁枚：《小仓山房诗集》，《清代诗文集汇编》第 339 册，上海古籍出版社 2010 年影印本，第 367 页。

④ 袁枚：《小仓山房文集》，《清代诗文集汇编》第 340 册，上海古籍出版社 2010 年影印本，第 777 页。

义礼智、忠节孝友等人性中社会性感情的真实，而袁枚注重的真实感情则几乎是所有的感情，甚至包括人性中的动物性感情。德潜《说诗晬语》卷上第五条云："古人意中有不得不言之隐，值有韵语以传之。如屈原江潭，伯牙海上，李陵河梁，明妃远嫁，或慷慨吐臆，或沈结含凄，长言短歌，俱成绝调；若胸无感触，漫尔抒词，纵办风华，枵然无有。"[①]其《南园倡和诗序》云："诗之真者在性情，不在格律词句间也。"[②]但是，如何判别诗中所表达的感情的真伪呢？

"文如其人""诗如其人"之说，有太多相反的实例，足以证明其说不能成立。高尚正直的人，未必没有卑下的情操；卑劣阴险的人，也未必不知道高尚正直的真实含义，未必不崇尚高尚正直。德潜《性辨》云："小人见君子而厌然，盗跖见孝子不忍加害，是孰使然哉？夫贪者能言廉，乱者能言治。苟非性善，则奚知廉与治而言之？然而终为贪与乱者，则气质习俗移也。"[③]人性之善恶，此暂且不论，但不善者，未必不知善之可贵，未必不尊崇善，"贪者能言廉，乱者能言治"是确定的。

那么，如何分别其人在诗文中所言的真假呢？如果一个贪污狼藉的人在大讲清廉的重要性和必要性，竭力颂扬清廉、鼓动清廉，慷慨激昂、义正辞严、冠冕堂皇，甚至还引经据典，不过他没有涉及自己是否清廉的问题，那么，他如此尊崇清廉、颂扬清廉的感情是不是真的？我们只能根据他的讲话内容来判别。我们不能因为他后来被发现早就贪污狼藉，就得出他的这个发言所讲是假的，所表达的尊崇清廉、颂扬清廉的感情也是假的这个结论。"君子不以言举人，不以人废言"，[④]就是这个道理。当然，一个贪污狼藉的人在那里吹嘘他自己多么的清廉，这当然是假话了。因此，判别诗文中所言，包括诗歌中所抒发的感情是否真实，那就和事实或逻辑相对比，和事实或逻辑不符合的就是假的，否则，我们没有充分的理由判定是假的。德潜《说诗晬语》卷下第三十二条云："点染风花，何妨少为失实？若小小送别，而动欲沾巾；聊作旅人，而

① 沈德潜著，潘务正、李言编辑点校：《沈德潜诗文集》，人民文学出版社2011年版，第1909页。

② 沈德潜著，潘务正、李言编辑点校：《沈德潜诗文集》，人民文学出版社2011年版，第1352页。

③ 沈德潜著，潘务正、李言编辑点校：《沈德潜诗文集》，人民文学出版社2011年版，第1151页。

④ 朱熹：《四书集注》，中华书局2012年版，第167页。

便云万里。登陟培塿，比拟华、嵩；偶遇庸人，颂言良哲。以至本居泉石，更怀遁世之思；业处欢娱，忽作穷途之哭。准之立言，皆为失体。记曰：'志之所至，诗亦至焉。'本乎志以成诗，恶有数者之患？"[①]这里也将诗中所言和事实相对比作验证，得出了所言为假的结论。

性情除了真伪，还有善与恶、美与丑、高尚与卑下的区别。用于教化社会亦即"诗教"的诗歌，其所抒发的感情当然只能是善的、美的、高尚的，这样的教化才有积极的意义。德潜论诗，也讲"性灵"，也强调诗歌中抒发的感情必须是真切的。可是，在诗情性质的问题上，德潜的观点和袁枚的"性灵说"中相关的观点是不同的。袁枚及其"性灵派"诗人强调诗歌中性情之真切，但对性情的性质则不大注重。袁枚《随园诗话补遗》卷一："诗者，人之性情也。近取诸身而足矣。其言动心，其色夺目，其味适口，其音悦耳，便是佳诗。"[②]卷二云："诗能入人心脾，便是佳诗。"[③]近乎庸俗趣味的诗歌也很可能引起读者的兴味，我们能称这些诗为佳作吗？更主要的是，除了美感作用外，诗歌还应有其他的作用，例如，良好的社会作用。袁枚和性灵派诗歌理论中的这个不足，导致了"性灵派"不少诗歌作品存在一个严重的缺陷，即不少庸俗卑下的思想感情或情趣也在诗歌中体现出来。德潜为曹锡宝《古雪斋诗集》所作序言云："取态弄妍，初竞纤秾，渐归流荡，非不足以眩俗人之目，然去正轨也远矣。"[④]这段话就是针对诗坛上这样的现象而言的。

德潜为谢道承《小兰陔诗集》所作序云："诗不本性灵，虽五采涂泽，终如剪彩成花，索索无生气，弗善也。然亦既运以性灵矣，而或运之不衷于正，如徐陵之选《玉台》，韦縠之选《才调》，韩偓之成《香奁》，语非不极其工，而求之志洁行芳，温柔敦厚之旨，均未有合，则诗之可贵，又在乎能持其志者焉。"[⑤]在德潜看来，《玉台新咏》《才调集》《香奁集》中的诗歌不符合"志洁行芳，温柔敦厚之旨"，所以是不可取的。德潜在《唐诗

① 沈德潜著，潘务正、李言编辑点校：《沈德潜诗文集》，人民文学出版社 2011 年版，第 1961 页。
② 袁枚：《随园诗话》，人民文学出版社 1982 年版，第 565 页。
③ 袁枚：《随园诗话》，人民文学出版社 1982 年版，第 610 页。
④ 曹锡宝：《古雪斋诗集》，《清代诗文集汇编》第 344 册，上海古籍出版社 2010 年影印本，第 578 页。
⑤ 谢道承：《小兰陔诗集》，《清代诗文集汇编》第 269 册，上海古籍出版社 2010 年影印本，第 265 页。

别裁集序》中指出，那些“志微噍杀、流僻邪散”的诗歌内容，也是无法担任“诗教”使命的。

可是，善的、美的标准是什么？高尚的标准是什么？不同时代的人，不同立场、不同思想的人，所给出的答案就不会完全相同。德潜《小兰陔诗集序》云：“于今取上下二卷披读之：笃于事亲，循陔、采兰之遗也；纪恩述德，一饭不忘之意也；阐扬死难，表日星河岳以劝忠也；凭吊古今，登山临水，以写怀也。他如隐语以警贪残，纪实以悯风俗，考碑版以订史之缺略，咏花木以寓品之清幽。综其歌吟，辞必己出，意必和厚，求一言之绮靡燕溺而不可得，所谓操其心志而得乎诗之本原者欤！”[①]德潜的标准就是儒家的标准、理学家的标准。他赞赏的诗歌所表达的思想感情，就是体现儒家、理学家所提倡的伦理道德的那些思想感情。这是德潜“诗教”理论最为核心的内容，是决定“诗教”性质的部分。究其原因，这是德潜所处的时代、德潜的儒家思想和儒家立场所决定的。

《说诗晬语》卷上第十八条云：“州吁之乱，庄公致之，而《燕燕》一诗，犹念‘先君之思’。七子之母，不安其室，非七子之不令，而《凯风》之诗，犹云‘莫慰母心’。温柔敦厚，斯为极则。”[②]以儒家观念视之，此即是心存忠孝而发言温柔敦厚也。同上第二十七条云：“宣王，中兴主也，然其后或宴起，或料民，至废鲁嫡，杀杜伯，而君德荒矣。诗人于东都朝会时，终之以‘允矣君子，展也大成’，何识之远而讽之婉也？汉人《长杨》《羽猎》，那能有此？”[③]这也是如此。即使明显是社会批判或者政治批判之作，也要出于与人为善之心。同上第三十条云：“《巷伯》恶恶，至欲‘投畀有北’，何尝留一馀地？然想其用意，正欲激发其羞恶之本心，使之同归于善，则仍是温厚和平之旨也。《墙茨》《相鼠》诸诗，亦须本斯意读。”[④]以这样的标准来看，《十月之交》《硕鼠》等变风变雅之作，几乎都是如此了：即使其语非温柔敦厚，然其旨不能不出于与人为善，如此则其情尚不失为善，不失为正大、高尚。事实也正是如此，变风变雅的作

① 谢道承：《小兰陔诗集》，《清代诗文集汇编》第269册，上海古籍出版社2010年影印本，第265页。
② 沈德潜著，潘务正、李言编辑点校：《沈德潜诗文集》，人民文学出版社2011年版，第1914页。
③ 沈德潜著，潘务正、李言编辑点校：《沈德潜诗文集》，人民文学出版社2011年版，第1917页。
④ 沈德潜著，潘务正、李言编辑点校：《沈德潜诗文集》，人民文学出版社2011年版，第1918页。

者和传播者,他们之所以对这些社会现象或政治现象予以批评、讥刺乃至抨击,是因为他们还对当局心存希望,甚至还爱着当时的王朝。"王者之迹熄而诗亡",到人们对周王朝完全失去希望的时候,不要说歌功颂德的诗歌,连变风变雅之类批判社会政治的诗歌都没有了,那才是更加可怕的。

屈原的为人和诗歌、曹植的诗歌,都获得德潜的高度评价。《说诗晬语》卷上第三十七条云:"《离骚》者,《诗》之苗裔也。第《诗》分正变,而《离骚》所际独变,故有侘傺噫郁之音,无和平广大之响。读其词,审其音,如赤子婉恋于父母侧而不忍去。要其显忠斥佞,爱君忧国,足以持人道之穷矣。尊之为经,乌得为过?"①同卷第五十五条云:"苏、李以后,陈思继起,父兄多才,渠尤独步。使才而不矜才,用博而不逞博;邺下诸子,文翰鳞集,未许执金鼓而抗颜行也。故应为一大宗。"②可是,德潜并不提倡人们写诗学他们二人。德潜自己的诗歌,几乎找不到屈原诗歌的影子,受曹植诗歌影响处也很难找到。我们再看一例。《归愚文钞》卷十一《吴不官遗诗序》云吴不官之诗:"体虽不越乎变风,音不逾乎羽角,准之雅奏,故有殊于清庙之瑟,昭文氏之琴。然君子濡首之时,值焚巢之遇,触物而含凄,怀清而激响,怨而怒,哀而伤,故其宜也。"③德潜也认可吴不官诗歌的价值,也肯定其诗歌的合理性,但其不赞同是很明显的。屈原影响大,传统主流社会好评如潮,德潜不便像评价吴不官那样评价屈原罢了。这又是为什么呢?

"诗教"的使命,是通过诗歌的陶冶造就"温柔敦厚"的民众。屈原、曹植、吴不官的诗歌以及同类的诗歌,内容尽管是忠君爱国,真挚深厚,伦理正确,政治正确,用于"忠君爱国"的教育肯定是大好教材,但是,他们的这些诗歌能否对造就"温柔敦厚"的民众起到显著的积极作用?此类诗歌能否承担这样的"诗教"重任?答案显然是否定的。理由非常简单,因为此类诗歌本身就不是"温柔敦厚"的!《论语》第一篇第一章就

① 沈德潜著,潘务正、李言编辑点校:《沈德潜诗文集》,人民文学出版社 2011 年版,第 1920 页。
② 沈德潜著,潘务正、李言编辑点校:《沈德潜诗文集》,人民文学出版社 2011 年版,第 1926 页。
③ 沈德潜著,潘务正、李言编辑点校:《沈德潜诗文集》,人民文学出版社 2011 年版,第 1311 页。

说："人不知而不愠，不亦君子乎？"[①]"愠"是藏在心里的不高兴，还没有到"怒"的地步。儒家别史《国语·周语上》中说："夫事君者，险而不怼，怨而不怒。"[②]《论语·八佾》中孔子评《关雎》有"乐而不淫，哀而不伤"云云。[③] 屈原、曹植、吴不官他们一类人以及他们所作的这一类诗歌，有没有做到"人不知而不愠""怨而不怒""乐而不淫，哀而不伤"呢？显然没有做到。因此，《全后汉文》卷二十五班固《离骚序》中就批评屈原："露才扬己，竞乎危国群小之间，以离残贼，然责数怀王，怨恶椒兰，愁神苦思，非其人，愤怼不容，沉江而死。"[④]德潜对曹植、吴不官的诗歌，也是有微词的。

当然，德潜对屈原、曹植、吴不官等同类的诗人所作的这一类诗歌是肯定的。这些诗人是处于"人道之穷"，写出此类诗歌是合理的。但是，德潜不提倡这类诗歌，因为此类诗歌无法承担"诗教"使人"温柔敦厚"的使命。德潜《归愚文钞》卷十一《华尧巡遗集序》中就明确表示对"纵肆无节，及驳杂不可训"[⑤]的诗歌的否定态度。

在"诗教"的大旗下，诗歌中抒发的感情除了要善、高尚、真挚、深厚外，还必须是中正和平、温柔敦厚的，"怨而不怒""乐而不淫，哀而不伤"的。这就要求诗人自己的性情也是如此。德潜关于此类问题的论述较多。其《剑溪诗说序》中，云此书论诗："一归于性情之和平。"[⑥]其《施觉庵考功诗序》云：

> 夫言也者，肖其中之所欲出也。心躁者无和声，心平者无竞气。张平子，汉之恬退者也，然其《归田》一赋，感蔡泽之不遇，俟河清之几何，慷慨之色，时或流露。今先生际盛明之世，辞荣耽寂，含咀道腴，招朋旧，同觞酌，随所涵咏，发为歌诗，此中宁有几微不平者耶？宜其纯古淡泊，优柔平中，而合乎诗人之旨也。[⑦]

① 朱熹注：《四书章句集注》，中华书局2012年版，第47页。

② 左丘明著，韦昭注，胡文波校：《国语》，上海古籍出版社2015年版，第10页。

③ 朱熹注：《四书章句集注》，中华书局2012年版，第66页。

④ 严可均校辑：《全上古三代秦汉三国六朝文》，中华书局1958年版，第611页。

⑤ 沈德潜著，潘务正、李言编辑点校：《沈德潜诗文集》，人民文学出版社2011年版，第1312页。

⑥ 沈德潜著，潘务正、李言编辑点校：《沈德潜诗文集》，人民文学出版社2011年版，第1360页。

⑦ 沈德潜著，潘务正、李言编辑点校：《沈德潜诗文集》，人民文学出版社2011年版，第1314页。

其《恪勤陈公诗集序》云，陈鹏年宦海沉浮，“触忤大吏，颠跌顿踣，屡濒于危”，甚至有过牢狱之灾，几乎丢了性命，但是，他“平心抑志”，相关的诗歌中“无几微愤闷之辞”，“于此叹公之学问有独厚，而涵养有独深也”。[①] 其《七子诗选序》云：“七子者，秉心和平，砥砺志节，抱拔俗之才，而又亭经藉史，培乎根本，其性情，其气骨，其才思，三者具备，而归于自然。”[②]《金际和诗序》云：“尝闻作诗之道于先生长者矣，格调欲雄放，意思欲含蓄，神韵欲闲远，骨采欲坚苍，境界欲如层峦叠嶂，波澜欲如巨海渊泉，而一归于和平中正。”[③]《与陈耻庵书》云：“盖能根柢于学，则本原醇厚，因而出之以性情之和平，将卓尔树立，成一家言。”《方氏述古堂诗序》云，方家三代诗人因《南山集》案到辽左，艰难困苦之中他们发为诗歌，“一归于和平温厚，祖孙父子若合符节，由其涵养深而至性纯也”。[④] 诗人自己的性情、诗歌中所抒发的性情是否温柔敦厚，这和时代有关，上文所引德潜关于张衡及其《归田赋》就是例证。这也和境遇有关，和德潜同时的胡天游，高才不遇，因而其人其诗歌充满了牢骚，怨愤激烈，就是例证。这更和学问修养有关，以上所举陈鹏年、方家三代诗人，就是例证。德潜十六次乡试未中，而其诗中无怨愤，这也是一例。时代无法选择，境遇也难以把握，但是，学问道德修养，诗人是可以把握的。那么，不管时代如何，境遇如何，只要学问道德修养到家，就可以有足够的定力，保持温柔敦厚的心境，也就容易在诗歌中表达温柔敦厚的感情了。

总之，在“诗教”的大旗下，诗歌所表达的思想感情，一是要“正”，符合以儒家思想为核心的传统文化；二是要“温柔敦厚”，不能猛烈、激烈、强烈。德潜《曹剑亭诗序》中所论，可以作为对诗情要求的总结：“夫《诗》三百篇，为韵语之祖，而韩子云‘《诗》正而芭’，则知‘正’，其《诗》之旨也，‘葩’，其韵之流也，未有舍正而言葩者。是以汉魏至暨唐，递相沿述，其号称正宗者，必推苏、李、曹、阮、陶、谢、李、杜、王、韦诸家。此诸

① 沈德潜著，潘务正、李言编辑点校：《沈德潜诗文集》，人民文学出版社 2011 年版，第 1317 页。
② 沈德潜著，潘务正、李言编辑点校：《沈德潜诗文集》，人民文学出版社 2011 年版，第 1360 页。
③ 沈德潜著，潘务正、李言编辑点校：《沈德潜诗文集》，人民文学出版社 2011 年版，第 1570 页。
④ 沈德潜著，潘务正、李言编辑点校：《沈德潜诗文集》，人民文学出版社 2011 年版，第 1379 页。

家者，遇不必尽同，类皆随时随地寄兴写怀，可喜可愕，可泣可歌，言人之所难言，而总无戾于温柔敦厚之旨，故足尚也。”[①]这也是德潜提倡学习《诗经》、汉魏诗歌和唐诗的重要依据。

第三节　比兴观

德潜论诗，非常重视比兴的作用，对《诗经》用比兴推崇备至，对后来有些诗歌忽视比兴表示不满。《说诗晬语》卷上第一条云：“秦、汉以来，乐府代兴；六代继之，流衍靡曼。至有唐而声律日工，托兴渐失，徒视为嘲风雪，弄花草，游历燕衎之具，而诗教远矣。”[②]此所言“托兴”，也就是比兴的意思，指作者将要表达的思想感情，托于相关的形象表达。

《毛诗序》所说《诗》六义中，有赋、比、兴。郑玄注《周礼・大师》云：“赋之言铺，直铺陈今之政教善恶。比，见今之失，不敢斥言，取比类以言之。兴，见今之美，嫌于媚谀，取善事以喻劝之。……比者，比方于物也。兴者，托事于物。”[③]《艺文类聚》卷五十六引晋挚虞《文章流别论》云：“赋者，敷陈之称也。比者，喻类之言也。”[④]又引《释名》云：“赋，敷也。敷布其义，谓之赋也。”[⑤]朱熹《诗集传》云：“兴者，先言他物以引起所咏之词也。”[⑥]“赋者，敷陈其事而直言之者也”，[⑦]“比者，以彼物比此物也”。[⑧] 诸家论述如此。

“赋”的意思，比较明确，就是直接陈述的意思。这是一种表述的方法，可以表述不同的内容，远远不为“政教”等所限。“比”的意思也非常清楚，就是比喻，打比方。要注意的是，“比”包括现代修辞格中的比喻、

① 沈德潜著，潘务正、李言编辑点校：《沈德潜诗文集》，人民文学出版社 2011 年版，第 1566 页。曹锡宝《古雪斋诗》中德潜《容圃吟稿序》，即此文。

② 沈德潜著，潘务正、李言编辑点校：《沈德潜诗文集》，人民文学出版社 2011 年版，第 1908 页。

③ 阮元校刻：《十三经注疏》，中华书局 1980 年影印本，第 796 页。

④ 欧阳询编：《艺文类聚》，上海古籍出版社 1982 年版，第 1018 页。

⑤ 欧阳询编：《艺文类聚》，上海古籍出版社 1982 年版，第 1012 页。

⑥ 朱熹注：《诗集传》，上海古籍出版社 1980 年版，第 1 页。

⑦ 朱熹注：《诗集传》，上海古籍出版社 1980 年版，第 3 页。

⑧ 朱熹注：《诗集传》，上海古籍出版社 1980 年版，第 4 页。

拟人和拟物等。在《诗经》和后来的诗词乃至辞赋等文学作品中，甚至在散文中，这是被广泛使用的修辞方法。不过，和后世相比，《诗经》中的"比"，其"喻体"的独立性更强一些，可以单独发挥感染人的作用。就《诗经》中看，"兴"一般用在一首诗歌的开头。朱熹的解释，最为符合事实，因为"兴"的使用也就是以"他物"开个头，以引出要表达的内容。至于这个"他物"和要表达的内容之间有什么样的联系，都置之不论，都包括在其中。至于通过"兴"要表达什么样的内容，则没有限制，未必是"美"，也有可能是"刺"。赋、比、兴三者之间，往往是相兼的。朱熹注《诗经》，除了"赋也""比也""兴也"而外，还有"赋而比也""赋而兴也""比而兴也""兴而比也"等等，也是常见的。就具体的诗歌来看，也确实如此。

那么，写诗为什么要用比兴手法呢？主要有以下几个原因。首先，比兴所用的"他物""彼物"，飞禽走兽、花草果木、高山流水，繁星明月，无论是何物，都是形象。诗歌最为本质的特征是抒情，感情是抽象的，表达感情要借助于形象。诗歌当然也可以议论，议论是抽象的，在诗歌中，如果借助于形象来表达，效果更加好。以情动人，以理服人，在诗歌中都是要通过形象来实现的。诗歌最为主要的思维方式是形象思维，对创作者、接受者来说，都是如此。《说诗晬语》卷上第二条云："事难显陈，理难言罄，每托物连类以形之；郁情欲舒，天机随触，每借物引怀以抒之；比兴互陈，反覆唱叹，而中藏之欢愉惨戚，隐跃欲传，其言浅，其情深也。倘质直敷陈，绝无蕴蓄，以无情之语而欲动人之情，难矣。"[①]事实上，"倘质直敷陈，绝无蕴蓄"，即使有情之语言，亦难以动人之深，更难动人之久且远。

其次，诗歌是追求美的，美离不开感性，因此，也就离不开形象。诗歌用比兴，也是增加诗歌的形象性，增加诗歌的美。言而无文，行之不远，也是这样的道理。

再次，有助于追求"形象大于思想"的效果。作者在作品中，以形象表达思想感情，这很可能出现两种情况：形象小于思想，或者形象大于

---

① 沈德潜著，潘务正、李言编辑点校：《沈德潜诗文集》，人民文学出版社2011年版，第1908页。

思想。前者是，作品中的形象无法担当作者要表达的思想感情的任务，当然，这是作者和作品的失败；后者是，作品中的形象除了成功地表达了作者要表达的思想感情外，还能够表达相关的其他思想感情，具有超越作者想要表达的具体的思想感情的某些范围内的普适性。当然，作品中的形象不能表达作者要表达的思想感情，但能够表达其他的思想感情，这样的现象也是存在的。《说诗晬语》卷上第三条云："王子击好《晨风》，而慈父感悟；裴安祖讲《鹿鸣》，而兄弟同食；周盘诵《汝坟》，而为亲从征。此三诗别有旨也，而触发乃在君臣、父子、兄弟，唯其可以兴也。读前人诗而但求训诂，猎得词章记问之富而已，虽多奚为？"①韩婴《韩诗外传》卷八云，战国时魏文侯封长子击为中山君，而立次子诉为储君。击在中山，与父亲三年没有往来，其部下赵苍唐请出使魏文侯，击允之。赵苍唐见到魏文侯，魏文侯问击读何书，赵答云，击好诵《秦风·晨风》，魏文侯很感动，遂废太子诉，召中山君击，以为嗣，父子如初。《晨风》云："鴥彼晨风，郁彼北林。未见君子，忧心钦钦。如何如何，忘我实多！""山有苞栎，隰有六驳。未见君子，忧心靡乐。如何如何，忘我实多！""山有苞棣，隰有树檖。未见君子，忧心如醉。如何如何，忘我实多！"②关于《晨风》的主题，古今学术界有多种说法，但没有一种说法是关于父子关系主题。为何魏文侯知道长子好诵《晨风》而改善了父子关系呢？因为《晨风》表达了主人公思念"君子"之甚的感情，凡是"思念"都可以代入，儿子思念父亲的感情当然也可以代入了，所以，魏文侯知道儿子好诵《晨风》，被儿子对他的感情深深感动了。《鹿鸣》是写主人宴宾客，而三首诗分别以"呦呦鹿鸣，食野之苹""呦呦鹿鸣，食野之蒿""呦呦鹿鸣，食野之芩"为兴。③ 鹿且分享食物，何况人呢？因此，在"分享利益"的主题下，任何人际分享利益的感情或者事情都可以代入，当然包括宾主或者兄弟分享食物。东汉隐士周盘，因为贫穷，孝养母亲显得捉襟见肘，读《汝坟》就为了养好母亲，放弃隐士身份，接受荐举，做官去了。《周南·汝坟》三首之最后一首云："鲂鱼赪尾，王室如毁。虽则

① 沈德潜著，潘务正、李言编辑点校：《沈德潜诗文集》，人民文学出版社 2011 年版，第 1909 页。
② 朱熹注：《诗集传》，上海古籍出版社 1980 年版，第 78 页。
③ 朱熹注：《诗集传》，上海古籍出版社 1980 年版，第 99 页。

如毁,父母孔迩。”[①]此诗主题,众说纷纭,但都不是为了孝养父母而出仕的。最后两句也可以理解为“官家之事紧急,父母之事迫在眼前”,所以先要解决父母之事。解决父母之事,可以是在家孝养父母,结合全诗看,也是这样理解为好。但是,对周盘来说,解决孝养母亲之事,就是要多赚钱,那么他就只能出仕了。这些例证都是“形象大于思想”,读者根据自己的情况来理解诗歌形象和语言,而裴安祖对《鹿鸣》的理解正是建立在其起兴所用形象的基础之上的。

再次,诗歌用比兴手法,是加强诗歌表达和接受效果的策略。一方面,感情或者议论不是直白地说出来,而是用合适的形象表达出来,可以增加表达的含蓄性,加上美的形象,让读者在美的享受中体味这些形象表达的思想感情,由此尽可能地接受这些思想感情。另一方面,有些思想感情如果在诗歌中直截了当地表现出来,一览无余,不仅缺少了艺术的魅力,而且如果这些思想感情是哀怨、忧愁、批评乃至讥刺等等,刺激性强,会影响读者的接受,因此,比兴手法,以形象来含蓄地表现这些思想感情可以改善其刺激性,进而收到较好的艺术效果。这一点,也是德潜最为注重的。其《施觉庵考功诗序》云:“诗之为道也,以微言通讽喻。大要援此譬彼,优游婉顺,无放情竭论,而人徘徊自得于言意之余。《三百》以来,代有升降,旨归则一也。惟夫后之为诗者,哀必欲涕,喜必欲狂,豪则纵放,而戚若有亡。粗厉之气胜,而忠厚之道衰,其于诗教,日以偾矣。”[②]《王东溆柳南诗草序》中,德潜批评宗钱牧斋之说的诗人所作诗歌“肆而好尽”。[③]《虚白堂诗序》推崇“古人比兴互陈,反复唱叹”的诗歌。[④] 他的“诗教”使命,是把人们教育成“温柔敦厚”的人,但又不排斥在诗歌中表达哀怨、忧愁、批评乃至讥刺等内容,这些内容是社会所需要的,《诗经》中也是这样的。如果这些思想感情强烈,表达的方式又直白,那么,其刺激性就会强烈,这显然是和“温柔敦厚”背道而驰的。因此,表达此类内容,就更加要求讲究策略,以在一定程度内缓解其刺

---

① 朱熹注:《诗集传》,上海古籍出版社1980年版,第6页。

② 沈德潜著,潘务正、李言编辑点校:《沈德潜诗文集》,人民文学出版社2011年版,第1314页。

③ 沈德潜著,潘务正、李言编辑点校:《沈德潜诗文集》,人民文学出版社2011年版,第1330页。

④ 沈德潜著,潘务正、李言编辑点校:《沈德潜诗文集》,人民文学出版社2011年版,第1568页。

激性，而比兴正是一个有效的选项。

第四节　声韵论

德潜对诗歌之音乐性，多所论述。《说诗晬语》卷上第四十四条云：

> 诗三百篇，可以被诸管弦，皆古乐章也。汉时诗乐始分，乃立乐府，《安世房中歌》，系唐山夫人所制，而清调、平调、瑟调，皆其遗音，此《南》与《风》之变也。朝会道路所用，谓之鼓吹曲；军中马上所用，谓之横吹曲，此《雅》之变也。武帝以李延年为协律都尉，与司马相如诸人略定律吕，作十九章之歌，以正月上辛用事，此《颂》之变也。汉以后因之，而节奏渐失。①

同卷第三十四条云："美德之形容，故曰颂。其词浑浑尔，穆穆尔，不同雅音之切响也。《记》曰：'清庙之瑟，朱弦而疏越，一唱而三叹，有遗音者矣。'故可以感格鬼神。"②同卷第三十九条论屈原作品云："骚体有'少歌'，有'倡'，有'乱'。歌词未申发其意为'倡'，独'倡'无和，总篇终为'乱'。盖言之不足，故长言之；长言之不足，故反覆咏叹之也。汉人五言兴而音节渐亡；至唐人律体兴，第用意于对偶平仄间，而意言同尽矣。求其馀情动人，何有哉？"③同卷六十九云："梁时横吹曲，武人之词居多，北音竞奏，钲铙铿锵；《企喻歌》《折杨柳歌词》《木兰诗》等篇，犹汉魏人遗响也。北齐《敕勒歌》，亦复相似。"④《诗经》中的诗歌和《楚辞》中的一些诗歌、汉代的乐府诗，乃至后来几乎历代王朝为用于典礼的乐曲而谱写的诗歌，是可以用于歌唱的，事实上也是用于歌唱的，前人已经有很多论述，并不是德潜的发明。但是，德潜关注这样的现象，并且以此为依据论诗，是很有意义的。

---

① 沈德潜著，潘务正、李言编辑点校：《沈德潜诗文集》，人民文学出版社2011年版，第1922页。
② 沈德潜著，潘务正、李言编辑点校：《沈德潜诗文集》，人民文学出版社2011年版，第1919页。
③ 沈德潜著，潘务正、李言编辑点校：《沈德潜诗文集》，人民文学出版社2011年版，第1921页。
④ 沈德潜著，潘务正、李言编辑点校：《沈德潜诗文集》，人民文学出版社2011年版，第1931页。

德潜认为，诗乐之分，是在汉代。《说诗晬语》卷上第四十八条云："风骚既息，汉人代兴，五言为标准矣。就五言中较然两体：苏李赠答，无名氏《十九首》，是古诗体；《庐江小吏妻》《羽林郎》《陌上桑》之类，是乐府体。"[①]古诗体不用于歌唱，乐府体则仍然用于歌唱。同卷第十五条云："诗有不用浅深、不用变换，略易一二字，而其味油然自出者，妙于反复咏叹也。《芣苢》《殷其雷》后，张平子《四愁》得之。"[②]组诗之中，每一首诗歌之间"略易一二字"，有"反覆咏叹"而情韵盎然之妙的文人诗歌，后世确实不多。唐代元稹《何处生春早》组诗中，每一首诗都以"何处生春早"开头，其余部分都不同，连这样的现象在文人作品中也是非常少见的。相对而言，在乐府诗中稍多，这也可以证明后世乐府诗歌较之于其他体裁的诗歌与音乐的关系为近的特点。这样的现象在古代文人作品中尽管不多，但是，在历代甚至当代的民歌中还是很常见的，乃至在现当代的歌曲中同样常见。这可以证明，诗歌呈现这样的现象是和歌唱紧密结合在一起的。这样的现象在文人诗歌中消失和文人诗歌从总体上说不用于歌唱是一致的。

文人诗歌和歌唱分离，原因应该很多。窃以为，其中最为重要的原因是诗歌较多地表现自我，"诗"和"歌"之间遂分道扬镳。礼乐并称，但礼求其异，乐求其同。在礼仪中，几乎每一个角色都是不同的，即使两个花童也还有左右之分，上首、下首之分，乐曲就不同了，是大家欣赏的。在同一个礼仪上，乐队为主人和宾客演奏乐曲，但是，听这乐曲的是在场的所有人。歌曲也是这样，求其同。某一首歌曲，为什么广泛流行，人们百听不厌、百唱不厌，甚至长期流传、成为经典？为什么能够跨国界、跨族群、跨时空流传？最为根本的原因，是这首歌曲在一定程度上体现了人们的"共性"和"共情"。这正如《孟子·告子上》所说："口之于味也，有同耆焉；耳之于声也，有同听焉；目之于色也，有同美焉。至于心，独无所同然乎？心之所同然者何也？谓理也，义也。"[③]歌曲，正是建立在"同"的基础上的，人之所欲言、人之所欲听，才能得到大家的欢

① 沈德潜著，潘务正、李言编辑点校：《沈德潜诗文集》，人民文学出版社2011年版，第1924页。
② 沈德潜著，潘务正、李言编辑点校：《沈德潜诗文集》，人民文学出版社2011年版，第1913页。
③ 朱熹注：《四书章句集注》，中华书局2012年版，第336页。

迎。《诗经》和汉乐府中的诗歌是用于演唱的，因此，汉乐府诗歌中的内容，或是故事，或是人们都认可的思想感情，都有很强的“共性”和“共情”性质。民歌和现当代歌曲就更为鲜明地体现了这样的特点。如果一首诗歌的作者不是同一个人，那么，这样的“共性”和“共情”就更加容易建立。《诗经》和汉乐府中的诗歌，如果不是全部，至少应该是绝大部分如此，历代民歌也几乎都是如此。如果作者是确定的一个人或者几个人，那么，他或者他们，也就会向“共性”和“共情”这个方向尽可能地靠拢。后世文人诗歌，不管是否乐府，早已不再用于演唱，但是二者的区别还是存在的。和其他体裁的诗歌相比，乐府诗中的内容，其“共性”和“共情”的色彩更加明显，无论是乐府旧题之作，还是新乐府之作，都是如此。其他体裁的诗歌中，作者的个性化和私人化较之于新旧乐府之作也更为明显。将白居易的新乐府诗和闲适诗稍作比较，就不难看出其间的区别。

“诗”和“歌”总体上的分离，究其根本原因，还在社会的发展变化之中。士人队伍逐渐壮大，作为一个独立的阶层出现在社会、对社会起作用，他们不再是乡里社会的一员，也未必是统治者中的成员或者附庸。他们有自己的思想和个性，不再被笼罩在主流的政治教化之中，也不再被笼罩在乡里社会的道德教化之中，他们的思想感情有超越这两种教化的内容。就生存状态方面而言，贵族政治向官僚政治的转化等造就的适合于他们的发展契机增加，他们中的许多人脱离其原先生活的小农经济社会，走向广阔的社会，由此遇到新的问题，获得新的体验和感受，产生新的思想和感情，于是也就有了以诗的形式来表达这些内容的可能。德潜所云古诗和乐府分离，最早的古诗就是《古诗十九首》和伪托苏武、李陵之间分别赠答的诗，而这些诗的作者都是“游子”，也就是不在当时体制之内，又脱离了乡里社会的士人。士人以诗歌书写自我，其中“共性”和“共情”的内容自然就少了。《古诗十九首》中《西北有高楼》，就有“不惜歌者苦，但伤知音稀”之句。“知音稀”的诗歌，传唱者显然是不多的。

“诗”和“歌”的分离，五言、七言诗取代四言诗而成为诗坛最为常见的诗歌句式，其间也有一定的关系。《诗经》中的诗歌，以四言为主。如果一篇若干首诗歌都是四言诗，那么每一首诗歌之间“略易一二字”，而有“反覆咏叹”，这几乎是唯一的选择，或者说是弥补其声韵方面的不足。四言诗的音步非常简单，就是“二—二”而已，节奏不免单调，难以创造出情韵以动人，且单音节词和逐渐增多的双音节词之间的搭配也有明显的困难。因此，只能用略加改动后的若干首诗反复咏叹的方法来创造情韵以动人。《蒹葭》等诗歌，就是如此。

五言诗的诗句，尽管只有比四言诗的诗句多一个字，但是音步就有变化了。“二—二—一”，或者“二—一—二”“二—三”，都是五言诗最为常见的音步。结尾三个字，不仅使单音节词和双音节词的搭配变得容易，且声音也有了摇曳生姿、长袖善舞之美。至于七言诗的诗句，无论在音步的变化、结尾声音之美方面就都更加明显了。德潜至少已经初步认识到这一点。《说诗晬语》卷上第十三条中，德潜列举《诗经》中一言句到八言句，云“短以取劲，长以取妍，疏密错综，最是文章妙境”。[①]此之所谓“劲”和“妍”，显然是从声韵上说的，短句声韵变化少，宜于斩钉截铁，而难以体现声韵抑扬亢坠、悠扬婉转之妙，故云“短以取劲”，而长句多回旋余地，能体现声韵抑扬亢坠、悠扬婉转之妙，故云“长以取妍”。

“诗”“歌”的分离，还有诗歌“耳治”“目治”消长的因素。《诗经》中至少是“风”的部分是民歌，汉乐府中也有不少是民歌。民歌的传播与接受以口耳相传为主，是以“耳治”为主的。汉代及其后来的文人作品，则显然是以“目治”为主的。乐府为诗歌谱曲而传唱，乡里“劳者歌其事，饥者歌其食”，众人悦之而效之，这就为“耳治”创造了条件。士人所作未必有这样的待遇，也就成为“目治”为主的诗歌了。“不惜歌者苦，但伤知音稀”，即使士人自己不惜劳苦歌唱，知音稀少，也无法广泛流传。

“诗”“歌”既分，但其间的关系不是说断就可以完全断的。《说诗晬语》卷下第六十八条云：“何景明《明月篇》序，大意谓：子美七言诗，词固沈着，而调失流转，不如唐初四子者音节可歌。盖以子美为歌诗之变

---

① 沈德潜著，潘务正、李言编辑点校：《沈德潜诗文集》，人民文学出版社 2011 年版，第 1912 页。

体，而四子犹《三百》之遗风也。然子美诗每从《风》《雅》中出，未可执词调一节以议之。”①初唐“诗”“歌”早就分离，但四杰之七言歌行从声韵方面而言，还是流转可歌的，杜甫诗歌就不是这样了，是“歌诗之变体”了，当然这是从声韵方面而言的。

德潜对齐梁以下诗歌失去乐府诗的音乐传统很不满意。《说诗晬语》卷上第四十五条云：“乐府之妙，全在繁音促节，其来于于，其去徐徐，往往于回翔屈折处感人，是即依永和声之遗意也。齐、梁以来，多以对偶行之，而又限以八句，岂复有咏歌嗟叹之意耶?”②格律诗之格律，也是体现了一定的声韵之美的，否则格律就没有意义。德潜为何表示不满呢? 格律诗句就那么几个简单的形式，即使其间按照规则排列组合，也不过是几个固定的格式而已，即使把这几种格式比作乐曲，和乐府诗乐曲相比，不仅不及乐府诗丰富，且其音其情，未必相配。在德潜看来，诗歌之中，“情”“音”“词”之间，应该是相互配合的。同书卷上第二十四条云：“《鸱鸮》诗连下十‘予’字，《蓼莪》诗连下九‘我’字，《北山》诗连下十二‘或’字，情至不觉音之繁、词之复也。后昌黎《南山》用《北山》之体而张大之，下五十馀‘或’字。然情不深而侈其词，只是汉赋体段。”③由此可知，德潜之论诗歌的音乐是和诗歌的感情结合在一起的。

尽管“诗”“歌”分离，“诗”中的音乐成分，或云“声音”的成分减少了，但并没有消失。就德潜认为不再流转可歌而成为“歌诗之变体”的杜甫诗歌而言，也是如此。卷下第五十六条云：“杜诗云：‘新诗改罢自长吟。’改则弊病去，长吟则神味出。”④“吟”就体现了杜甫对其诗歌音乐性的要求和检验。这样的音乐性固然不是用于演唱，但至少也是符合诗歌的情韵和声韵的自然和美。卷上第四十六条云：“古乐府声律，唐人已失，试看李太白所拟，篇幅之短长，音节之高下，无一与古人合者，然自是乐府神理，非古诗也。明李于鳞句摹字仿，并其不可句读者追从

① 沈德潜著，潘务正、李言编辑点校：《沈德潜诗文集》，人民文学出版社 2011 年版，第 1973 页。
② 沈德潜著，潘务正、李言编辑点校：《沈德潜诗文集》，人民文学出版社 2011 年版，第 1923 页。
③ 沈德潜著，潘务正、李言编辑点校：《沈德潜诗文集》，人民文学出版社 2011 年版，第 1916 页。
④ 沈德潜著，潘务正、李言编辑点校：《沈德潜诗文集》，人民文学出版社 2011 年版，第 1969 页。

之,那得不受人讥弹?”[①]德潜所说“乐府神理”,亦即汉乐府诗歌那样,其声韵、音调、节奏等音乐元素和诗歌内容相切合。

“诗”“歌”既分,但是诗并未和声韵、音调、节奏等音乐元素分,这些元素和感情结合在一起,就能得古“诗”“歌”一体之佳。卷上第四条云:“诗以声为用者也,其微妙在抑扬抗坠之间。读者静气按节,密咏恬吟,觉前人声中难写、响外别传之妙,一齐俱出。朱子云:‘讽咏以昌之,涵濡以体之。’真得读诗趣味。”[②]德潜当教师好几十年,对朗读之体验应该非常丰富。此语深得诗歌及其朗诵的奥妙。

德潜认为,绝句,特别是李白一路的绝句,和“诗”“歌”未分离时的乐府最近。《说诗晬语》卷上第一百十六条云:“绝句,唐乐府也。篇止四语,而倚声为歌,能使听者低徊不倦;旗亭伎女,犹能赏之,非以扬音抗节有出于天籁者乎?著意求之,殊非宗旨。”[③]第一百十七条云:“五言绝句,右丞之自然,太白之高妙,苏州之古澹,并入化机;而三家中,太白近乐府,右丞、苏州近古诗,又各擅胜场也。他如崔颢《长干曲》、金昌绪《春怨》、王建《新嫁娘》、张祜《宫词》等篇,虽非专家,亦称绝调。”[④]第一百十八条云:“七言绝句,以语近情遥,含吐不露为主。只眼前景口头语,而有弦外音、味外味,使人神远,太白有焉。”[⑤]所谓“扬音抗节”“弦外音、味外味”者,都是从音调而言,这正是古代“诗”“歌”不分时的诗歌,特别是汉乐府诗歌在音调方面的神理。李白绝句和德潜所举崔颢《长干曲》等诗歌,正是如此。

“诗”“歌”既分,特别是格律诗流行后,本是“诗”“歌”一体的乐府诗和“歌”并非一体的古诗,如何与格律诗相处以维护诗歌良好的音调效果?《说诗晬语》卷上第九十一条云:“歌行转韵者,可以杂入律句,借转韵以运动之,纯绵裹针,软中自有力也。一韵到底者,必须铿金锵石,一片宫商,稍混律句,便成弱调也。不转韵者,李杜十之一二,李如《粉图

---

① 沈德潜著,潘务正、李言编辑点校:《沈德潜诗文集》,人民文学出版社 2011 年版,第 1923 页。
② 沈德潜著,潘务正、李言编辑点校:《沈德潜诗文集》,人民文学出版社 2011 年版,第 1909 页。
③ 沈德潜著,潘务正、李言编辑点校:《沈德潜诗文集》,人民文学出版社 2011 年版,第 1947 页。
④ 沈德潜著,潘务正、李言编辑点校:《沈德潜诗文集》,人民文学出版社 2011 年版,第 1947 页。
⑤ 沈德潜著,潘务正、李言编辑点校:《沈德潜诗文集》,人民文学出版社 2011 年版,第 1948 页。

山水歌》，杜如《哀王孙》《瘦马行》类。韩昌黎十之八九。后欧、苏诸公，皆以韩为宗。”[①]初唐卢照邻《长安古意》、骆宾王《帝京篇》，盛唐高适《燕歌行》，中唐元白的“长庆体”诗歌，清初吴伟业的“梅村体”诗歌，都转韵而杂入律句，“梅村体”更是大量使用律句。李杜韩苏的七言古诗，特别是一韵到底的，明显是有意不用律句，德潜也是如此。

同书卷下第四十条云：“乐府中不宜杂古诗体，恐散朴也，作古诗正须得乐府意。古诗中不宜杂律诗体，恐凝滞也，作律诗正须得古风格。与写篆、八分不得入楷法；写楷书宜入篆、八分法同意。”[②]乐府之可贵，在于古朴。古诗是文人作品，雕琢研炼，精心装点。因此，若以古诗中那种雕琢研炼、精心装点的诗句入乐府，就会破坏乐府的古朴，故“乐府中不宜杂古诗体”。乐府诗之“共性”“共情”强，古诗之个性化、私人化色彩强。古诗仿照乐府诗，增加“共性”“共情”的成分，当然更为适宜于承担“诗教”的使命，故德潜予以提倡。古诗之贵，在于流转而显得自然，因为不须用对仗，结构上可以是线状的，可以在一定程度上减缓因雕琢字句造成的不自然。若古诗中用律句，律句较之于古诗句子更加精致雕琢；若用对仗，那么就更加人工化，内部结构至少部分就呈现出平行结构，这就会影响流转，减弱自然的效果。格律诗之弊病在于雕琢，在于格式化的呆板，若杂入古诗化的诗句，利用古诗流转、朴素、自然的特点，就可以在一定程度上减缓格律诗本身的弊病。德潜这样的设想听起来不错，可是如何实行呢？格律诗中，如果出现了不遵守格律的古诗句子，还是格律诗吗？当然就不是了。格律诗中的每一句诗句都必须是律句，这是不能通融的。不过，诗句朴素一些、自然一些，还是可以的。对仗还是要用的，不过对仗的律句不都是平行结构的，也有线状结构的。如果用其中的线状结构的对仗，那么不也就流转起来了？流水对就是这样的对仗。

德潜论诗歌用韵脚较多。《说诗晬语》卷下第五十二条云：“诗中韵脚，如大厦之有柱石，此处不牢，倾折立见。故有看去极平，而断难更移

① 沈德潜著，潘务正、李言编辑点校：《沈德潜诗文集》，人民文学出版社2011年版，第1938页。
② 沈德潜著，潘务正、李言编辑点校：《沈德潜诗文集》，人民文学出版社2011年版，第1963页。

者，安稳故也。安稳者，牢之谓也。杜诗：‘悬崖置屋牢。’可悟韵脚之法。”[①]同卷第五十九条云：“毛稚黄云：‘诗必相题，猥琐尖新淫亵等题，可无作也；诗必相韵，故拈险俗生涩之韵，可无作也。’昏昏长夜，得此豁然。”险俗生涩之韵，限制太大，不易于诗人自由地表达思想感情，故用此等韵脚，就是“不牢”。[②]同卷第五十八条云：“古人同作一诗，不必同韵，即同韵亦在一韵中，不必句句次韵也。自元、白创始，而皮、陆倡和，又加甚焉。以韵为主，而以意相从，中有欲言，不能通达矣。近代专以此见长，名曰和韵，实则趁韵，宜血脉横亘，句联意断也。有志之士，当不囿于俗。”[③]此和袁枚的相关论述相通，袁枚也是不主张写步韵、和韵诗的，也是怕韵脚束缚性情。同卷第六十条云：“杂体有大言、小言、两头纤纤、五杂组、离合姓名、五平、五仄、十二辰、回文等项，近于戏弄，古人偶为之，然而大雅弗取。”[④]此类诗歌形式大致都是文字游戏，既不利于抒发思想感情，其声韵形式又远失自然和谐之美。同卷第五十四条云：“律诗起句，可不用韵，故宋人以来，有入别韵者。然必于通韵中借入……乱杂不可为训。”[⑤]这既维护了律诗的格律，最大限度地体现其声韵美，又不至于影响思想感情的表达。同卷第七十四条云：“曹子建《弃妇篇》，笔妙何减《长门》？然二十四语中，重二‘庭’韵，二‘灵’韵，二‘鸣’韵，二‘成’韵。古人虽有之，不得引为口实。”[⑥]尽管此非格律诗，但重复押同一个字做韵脚，明显会影响整体上的音调组合而影响音乐效果。

关于转韵。《说诗晬语》卷上第五十三条云：“汉五言一韵到底者多，而‘青青河畔草’一章，一路换韵联折而下，节拍甚急，而‘枯桑知天风’二语，忽用排偶承接，急者缓之，是神化不可到境界。”[⑦]卷上第八十四条云：“转韵初无定式，或二语一转，或四语一转，或连转几韵，或一韵

---

① 沈德潜著，潘务正、李言编辑点校：《沈德潜诗文集》，人民文学出版社 2011 年版，第 1968 页。
② 沈德潜著，潘务正、李言编辑点校：《沈德潜诗文集》，人民文学出版社 2011 年版，第 1970 页。
③ 沈德潜著，潘务正、李言编辑点校：《沈德潜诗文集》，人民文学出版社 2011 年版，第 1970 页。
④ 沈德潜著，潘务正、李言编辑点校：《沈德潜诗文集》，人民文学出版社 2011 年版，第 1970 页。
⑤ 沈德潜著，潘务正、李言编辑点校：《沈德潜诗文集》，人民文学出版社 2011 年版，第 1968 页。
⑥ 沈德潜著，潘务正、李言编辑点校：《沈德潜诗文集》，人民文学出版社 2011 年版，第 1975 页。
⑦ 沈德潜著，潘务正、李言编辑点校：《沈德潜诗文集》，人民文学出版社 2011 年版，第 1925 页。

叠下几语。大约前则舒徐，后则一滚而出，欲急其节拍以为乱也。此亦天机自到，人工不能勉强。”[1]卷上第九十条云：“三句一转，秦皇《峄山碑》文法也，元次山《中兴颂》用之，岑嘉州《走马川行》亦用之，而三句一转中，又句句用韵，与《峄山碑》又别。”[2]此皆云换韵可以调节诗歌的节奏，而抑扬顿挫、悠扬婉转因此得到突出。

第五节　从章法到字法

德潜《说诗晬语》卷下第五十条云：“一首有一首章法；一题数首，又合数首为章法。有起，有结，有结，有伦序，有照应；若阙一不得，增一不得，乃见体裁。陈思《赠白马王》、谢家兄弟酬答，子美《游何将军园》之类是也。又有随所兴触，一章一意，分观错杂，总述累累。射洪《感遇》、太白《古风》、子美《秦州杂诗》之类是也。后人一题至十数章，甚或二三十章。然意旨辞采，彼此互犯，虽构多篇，索其指归，一章可尽，不如割爱之为愈已。”[3]这是说组诗中各首诗的组合要讲究法。同书卷上第一百零八条云：“沈云卿《龙池乐章》，崔司勋《黄鹤楼》诗，意得象先，纵笔所到，遂擅古今之奇，所谓章法之妙，不见句法，句法之妙，不见字法者也。”[4]在作诗实践中，这几种法中章法最为重要。

章法之大者，为表达策略。在这方面，德潜相关的论述有“诗教说”的鲜明特征。

首先，重于正面，而轻于负面。此所谓“正面”者，指善的、高尚的、美好的等要被肯定的方面，而所谓“负面”者，指恶的、卑下的、丑陋的等要被否定的方面。

即使是主旨为批评、揭露、讥刺乃至抨击等否定指向的诗歌，也是如此，并且在章法上体现出来。《说诗晬语》卷上第十七条云：“讽刺之

① 沈德潜著，潘务正、李言编辑点校：《沈德潜诗文集》，人民文学出版社 2011 年版，第 1936 页。
② 沈德潜著，潘务正、李言编辑点校：《沈德潜诗文集》，人民文学出版社 2011 年版，第 1938 页。
③ 沈德潜著，潘务正、李言编辑点校：《沈德潜诗文集》，人民文学出版社 2011 年版，第 1967 页。
④ 沈德潜著，潘务正、李言编辑点校：《沈德潜诗文集》，人民文学出版社 2011 年版，第 1944 页。

词,直诘易尽,婉道无穷。卫宣姜无复人理,而《君子偕老》一诗,止道其容饰衣服之盛,而首章末以'子之不淑,云如之何'二语逗露之。鲁庄公不能为父复仇,防闲其母,失人子之道,而《猗嗟》一诗,止道其威仪技艺之美,而章首以'猗嗟'二字讥叹之。苏子所谓不可以言语求而得,而必深观其意者也,诗人往往如此。"[①]第二十条云:"《匏有苦叶》,刺淫乱也。中惟'济盈不濡轨'二句,隐跃其词以讽之。其馀皆说正理,使人得闻正言,其失自悟。"[②]此为"重正面"的一种形式,简而言之,批评一个人,主要篇幅写其好,而以一二语甚至是一个感叹词暗示其不好,使读者思而得之。批评一种现象,不必细细铺叙这种现象,而是从正面讲道理,或者写与之相反的现象、事件和人物,只是巧妙引到这种现象,读者明白了相关的道理,受到了相关的感染,也就知道该现象之误了。

同书卷上第二十一条云:"庄姜贤而不答,由公之惑于嬖妾也。乃《硕人》一诗,备形族类之贵,容貌之美,礼仪之盛,国俗之富,而无一言及庄公,使人言外思之,故曰'主文谲谏'。"[③]按照德潜的理解,此诗之旨,在批评卫国庄公惑于嬖妾而疏远庄姜,此诗仅以铺陈手法盛赞庄姜,而完全没有涉及庄公,庄公之昏聩不言而喻。此为"重正面"的另一种形式,即批评一个人待人不当,不明言此人的失误,而是仅仅赞扬他对面的人,而此人的失误,读者通过知人论世了解诗歌的背景,也就可以明白了。诗人要表达关于某人的思想感情,这样的写作意图通过对与此人相关的人或事物的正面描写来实现,这个"正面"仍然是和"负面"相对的意思,而不是与"侧面"相对的意思。这类似于谜语中的"徐妃格",谜面上只出现谜底的一半,还有一半让读者根据已经给出的一半去探求,然后把探求到的结果和谜面结合起来,得到谜底。

诗人明明已经"不堪其苦",也想表达苦,但还是要"重正面"。这似乎很难办,不过还是有办法的。这就是在诗歌中大写人家之"乐",然后表示"羡慕人家",那么,诗人自己的"不乐"不就含蓄曲折地体现出来了?还真有这样的表达策略,并且得到了德潜的肯定和宣扬。卷上第

① 沈德潜著,潘务正、李言编辑点校:《沈德潜诗文集》,人民文学出版社 2011 年版,第 1913 页。
② 沈德潜著,潘务正、李言编辑点校:《沈德潜诗文集》,人民文学出版社 2011 年版,第 1914 页。
③ 沈德潜著,潘务正、李言编辑点校:《沈德潜诗文集》,人民文学出版社 2011 年版,第 1915 页。

二十三条云："政繁赋重，民不堪其苦。而《苌楚》一诗，唯羡草木之乐，诗意不在文辞中也。至《苕之华》明明说出，要之并为亡国之音。"[①]

有了这样的策略，任何负面的内容几乎都可以用正面的内容来表达。在封建社会中，社会即使是充满了痛苦，诗人也确实要表达这些痛苦，但在他所作诗歌中，十之八九可以是快乐，甚至满篇是快乐；社会即使是充满了黑暗，诗人也确实要揭露、抨击这些黑暗，但在他所作诗歌中，十之八九可以是光明，甚至满篇是光明。德潜自己作诗，也正是如此。他大量意在表达"农家苦"的诗歌，往往以"农家乐"来成功地表达。在本书论述德潜诗歌的部分，笔者对此有较多的论述。

诗歌中正面的内容多了，对化解人们负面的情绪，引导人们精神的走向，应该是有帮助的，而这些不正是"诗教"的使命吗？

章法也表现在构思落想方面。卷上第二十二条云："《陟岵》，孝子之思亲也。三段中但念父母兄之思己，而不言己之思父母与兄。盖一说出，情便浅也。情到极深，每说不出。"[②]想念"父母兄之思己"，正是表现己思父母兄之深也，且还能体现双方对彼此的感情之深，不独己方也。如此，则所表达的内容更为丰富，表达自己之思亲也更为含蓄。

章法的起承转合方面，精熟八股文的德潜自然是行家，因此，在这方面的论述较多。卷上第六十条中，他赞赏汉、魏诗的"一气转旋"。[③]同书卷下第五条，言陆游不少七律的缺陷："八句中上下时不承接，应是先得佳句，续成首尾，故神远气厚之作，十不得其二三。"[④]其病因正是起承转合之间气脉不贯通。卷上第八十九条中，他列举了杜甫诗歌倒插法、反接法、透过一层法、突接法等笔法，认为这是杜甫"独开生面处"。[⑤]卷下第七十七条云："姜白石《诗说》谓'一篇之妙，全在结句。如截奔马，辞意俱尽；如临水送将归，辞尽意不尽。又有意尽辞不尽，剡溪归棹是也；辞意俱不尽，温伯雪子是也'。微妙语言，诸家未到。"[⑥]一篇之妙，

① 沈德潜著，潘务正、李言编辑点校：《沈德潜诗文集》，人民文学出版社 2011 年版，第 1915 页。
② 沈德潜著，潘务正、李言编辑点校：《沈德潜诗文集》，人民文学出版社 2011 年版，第 1915 页。
③ 沈德潜著，潘务正、李言编辑点校：《沈德潜诗文集》，人民文学出版社 2011 年版，第 1928 页。
④ 沈德潜著，潘务正、李言编辑点校：《沈德潜诗文集》，人民文学出版社 2011 年版，第 1951 页。
⑤ 沈德潜著，潘务正、李言编辑点校：《沈德潜诗文集》，人民文学出版社 2011 年版，第 1937 页。
⑥ 沈德潜著，潘务正、李言编辑点校：《沈德潜诗文集》，人民文学出版社 2011 年版，第 1976 页。

未必全在结句，但如果结句所致艺术效果好，能给人以“临去秋波”的感觉，加强全诗的艺术效果。

值得注意的是，德潜较为系统地从诗歌体裁的角度来讲结构艺术，这和德潜重视诗歌体裁特点的论诗角度是一致的。这些也都是德潜的经验之谈，都见之于《说诗晬语》卷上。这些内容，对诗歌创作有具体的指导作用，故笔者不避繁冗，将这些阐述，胪列如下。

> 五言古长篇，难于铺叙，铺叙中有峰峦起伏，则长而不漫；短篇难于收敛，收敛中能含蕴无穷，则短而不促。又长篇必伦次整齐，起结完备，方为合格；短篇超然而起，悠然而止，不必另缀起结，苟反其位，两者俱偾。（四十九）①
>
> 五言长篇，固须节次分明，一气连属。然有意本连属而转似不相连属者，叙事未了，忽然顿断，插入旁议，忽然联续，转接无象，莫测端倪，此运左、史法于韵语中，不以常格拘也。千古以来，且让少陵独步。（七十六）②
>
> 文以养气为归，诗亦如之。七言古或杂以两言、三言、四言、五六言，皆七言之短句也。或杂以八九言、十馀言，皆伸以长句，而故欲振荡其势，回旋其姿也。其间忽疾忽徐，忽翕忽张，忽渟潆，忽转掣，乍阴乍阳，屡迁光景，莫不有浩气鼓荡其机，如吹万之不穷，如江河之滔漭而奔放，斯长篇之能事极矣。四语一转，蝉联而下，特初唐人一法，所谓“王杨卢骆当时体”也。（八十二）③
>
> 歌行起步，宜高唱而入，有“黄河落天走东海”之势。以下随手波折，随步换形，苍苍莽莽中，自有灰线蛇踪，蛛丝马迹，使人眩其奇变，仍服其警严。至收结处，纡徐而来者，防其平衍，须作斗健语以止之；一往峭折者，防其气促，不妨作悠扬曳语以送之，不可以一格论。（八十三）④
>
> 诗篇结局为难，七言古尤难。前路层波叠浪而来，略无收应，

---

① 沈德潜著，潘务正、李言编辑点校：《沈德潜诗文集》，人民文学出版社 2011 年版，第 1924 页。
② 沈德潜著，潘务正、李言编辑点校：《沈德潜诗文集》，人民文学出版社 2011 年版，第 1933 页。
③ 沈德潜著，潘务正、李言编辑点校：《沈德潜诗文集》，人民文学出版社 2011 年版，第 1935 页。
④ 沈德潜著，潘务正、李言编辑点校：《沈德潜诗文集》，人民文学出版社 2011 年版，第 1935 页。

成何章法？支离其词，亦嫌烦碎。作手于两言或四言中，层层照管，而又能作神龙掉尾之势，神乎技矣。（八十五）①

高、岑、王、李（颀）四家，每段顿挫处，略作对偶，于局势散漫中求整饬也。李，杜风雨分飞，鱼龙百变，读者又爽然自失。（八十六）②

（五言律）起手贵突兀。王右丞“风劲角弓鸣”，杜工部“莽莽万重山”“带甲满天地”，岑嘉州“送客飞鸟外”等篇，直疑高山坠石，不知其来，令人惊绝。（九十八）

中联以虚实对、流水对为上，即徵实联，亦宜各换意境。略无变换，古人所轻。即如：“蝉噪林逾静，鸟鸣山更幽。”何尝不是佳句，然王元美以其写景一例少之。至“圆荷浮小叶，细麦落轻花”，宋人已议之矣。（九十九）③

三四语多流走，亦竟有散行者；然必有不得不散之势乃佳。苟艰于属对，率尔放笔，是借散势以文其陋也。又有通体俱散者，李太白《夜泊牛渚》、孟浩然《晚泊浔阳》、释皎然《寻陆鸿渐》等章，兴到成诗，人力无与，匪垂典则，偶存标格而已。外是八句平对，五六散行，前半扇对之式，皆极诗中变态。（一百）④

三四贵匀称，承上斗峭而来，宜缓脉赴之；五六必耸然挺拔，别开一境。上既和平，至此必须振起也。（一〇一）⑤

中二联不宜纯乎写景。如“明月松间照，清泉不上流。竹喧归浣女，蓬动下渔舟。”景象虽工，讵为模楷？至宋陆放翁，八句皆写景矣。（一〇二）⑥

收束或放开一步，或宕出远神，或本位收住。张燕公：“不作边城将，谁知恩遇深？”就夜饮收住也。王右丞：“君问穷通理，渔歌入浦深。”从解带弹琴宕出远神也。杜工部：“何当击凡鸟，毛血洒平

① 沈德潜著，潘务正、李言编辑点校：《沈德潜诗文集》，人民文学出版社2011年版，第1936页。
② 沈德潜著，潘务正、李言编辑点校：《沈德潜诗文集》，人民文学出版社2011年版，第1936页。
③ 沈德潜著，潘务正、李言编辑点校：《沈德潜诗文集》，人民文学出版社2011年版，第1941页。
④ 沈德潜著，潘务正、李言编辑点校：《沈德潜诗文集》，人民文学出版社2011年版，第1941页。
⑤ 沈德潜著，潘务正、李言编辑点校：《沈德潜诗文集》，人民文学出版社2011年版，第1942页。
⑥ 沈德潜著，潘务正、李言编辑点校：《沈德潜诗文集》，人民文学出版社2011年版，第1942页。

芜。”就画鹰说到真鹰，放开一步也。就上文体势行之。（一〇三）[①]

唐玄宗“剑阁横云峻”一篇，王右丞“风劲角弓鸣”一篇，神完气足，章法、句法、字法俱臻绝顶，此律诗正体。而太白：“五月天山雪，无花只有寒。笛中闻折柳，春色未曾看。”一气直下，不就羁缚。右丞：“万壑树参天，千山响杜鹃。山中一夜雨，树杪百重泉。”分顶上二语而一气赴之，尤为龙跳虎卧之笔。此皆天然入妙，未易追摹。（一〇四）[②]

七言律，平叙易于径遂，雕镂失之佻巧，比五言为尤难。贵属对稳，贵遣事切，贵捶字老，贵结响高，而总归于血脉动荡，首尾浑成。后人只于全篇中争一联警拔，取青妃白，有句无章，所以去古日远。（一〇七）[③]

长律所尚，在气局严整，属对工切，段落分明，而其要在开阖相生，不露铺叙转折过接之迹，使语排而忘其为排，斯能事矣。唐初应制、赠送诸篇，王、杨、卢、骆、陈、杜、沈、宋，燕、许、曲江，并皆佳妙。少陵出而瑰奇鸿丽，一变故方，后此无能为役。元、白滔滔百韵，俱能工稳，但流易有馀，镕裁未足，每为浅率家效颦。温、李以下，又无论已。七言长律，少陵开出，然《清明》等篇已不能佳，何况学步馀子？（一一五）[④]

就语法而言，德潜认为，诗句以自然为佳。《说诗晬语》卷上第五十一条云《古诗十九首》“初无奇辟之思，惊险之句，而西京古诗，皆在其下，是为《国风》之遗”。[⑤] 梁、陈、隋间某些诗人，专尚琢句，专求佳句，然这些佳句，“比之小谢‘天际识归舟，云中辨江树’，痕迹宛然矣。若渊明‘采菊东篱下，悠然见南山’‘平畴交远风，良苗亦怀新’，中有元化自在流出，乌可以道里计？”[⑥]（卷上，第六十八条）其原因就在谢朓和陶渊明

---

① 沈德潜著，潘务正、李言编辑点校：《沈德潜诗文集》，人民文学出版社 2011 年版，第 1943 页。
② 沈德潜著，潘务正、李言编辑点校：《沈德潜诗文集》，人民文学出版社 2011 年版，第 1943 页。
③ 沈德潜著，潘务正、李言编辑点校：《沈德潜诗文集》，人民文学出版社 2011 年版，第 1944 页。
④ 沈德潜著，潘务正、李言编辑点校：《沈德潜诗文集》，人民文学出版社 2011 年版，第 1947 页。
⑤ 沈德潜著，潘务正、李言编辑点校：《沈德潜诗文集》，人民文学出版社 2011 年版，第 1925 页。
⑥ 沈德潜著，潘务正、李言编辑点校：《沈德潜诗文集》，人民文学出版社 2011 年版，第 1930 页。

这些诗句自然。

但如何达到自然呢？德潜提出了两条途径。“陶诗合下自然，不可及处，在真在厚。谢诗经营而反于自然，不可及处，在新在俊。陶诗胜人在不排；谢诗胜人正在排。”谢灵运是苦心经营后达到自然，“匠心独造，少规往则，钩深极微，而渐近自然，流览闲适中，时时浃理趣。”[①]（第六十四条）陶渊明则以写实和感情真切丰富达到自然。《孔雀东南飞》之人物语言，也是以写实真切达到自然的。“《庐江小吏妻》诗共一千七百四十言，杂述十数人口中语，而各肖其声口性情，真化工笔也。”[②]（第五十二条）

德潜认为，推敲诗句也是必要的。同书卷下第五十一条云：“诗不可不造句。江中日早，残冬立春，亦寻常意思，而王湾云：‘海日生残夜，江春入旧年。’一经锤炼，便成警绝，宜张曲江悬以示人。”[③]同卷第二十六条赞扬谢茂秦“五言律句烹字炼，气逸调高”。[④]

在对仗和色彩美方面，德潜反对离开诗歌内容而片面地追求对仗和色彩。同书卷上第五十九条云：“士衡旧推大家，然通赡自足，而绚采无力，遂开出排偶一家。降自齐、梁，专工队仗，边幅复狭，令阅者白日欲卧，未必非陆氏为之滥觞也。所撰文赋云：‘诗缘情而绮靡。’言志章教，惟资涂泽，先失诗人之旨。”[⑤]第九十六条称李贺诗歌“语语求工，而波澜堂庑又窄，所以有‘山节藻棁’之诮”。[⑥] 又第六十三条言“诗至于宋，性情渐隐，声色大开”，[⑦]第一一三条认为“温、李擅长，固在属对精工，然或工而无意，譬之剪采为花，全无生韵，弗尚也”。[⑧] 但是，他并不是反对追求对仗和色彩之美。卷下第五十三条云：“对仗固须工整，而亦有一联中本句自为对偶者。”[⑨]第六十六条云《羽林郎》《陌上桑》《焦仲

① 沈德潜著，潘务正、李言编辑点校：《沈德潜诗文集》，人民文学出版社 2011 年版，第 1929 页。
② 沈德潜著，潘务正、李言编辑点校：《沈德潜诗文集》，人民文学出版社 2011 年版，第 1925 页。
③ 沈德潜著，潘务正、李言编辑点校：《沈德潜诗文集》，人民文学出版社 2011 年版，第 1967 页。
④ 沈德潜著，潘务正、李言编辑点校：《沈德潜诗文集》，人民文学出版社 2011 年版，第 1959 页。
⑤ 沈德潜著，潘务正、李言编辑点校：《沈德潜诗文集》，人民文学出版社 2011 年版，第 1927 页。
⑥ 沈德潜著，潘务正、李言编辑点校：《沈德潜诗文集》，人民文学出版社 2011 年版，第 1940 页。
⑦ 沈德潜著，潘务正、李言编辑点校：《沈德潜诗文集》，人民文学出版社 2011 年版，第 1929 页。
⑧ 沈德潜著，潘务正、李言编辑点校：《沈德潜诗文集》，人民文学出版社 2011 年版，第 1946 页。
⑨ 沈德潜著，潘务正、李言编辑点校：《沈德潜诗文集》，人民文学出版社 2011 年版，第 1968 页。

卿妻》对女子容貌服饰的描写："何工于赋美人也！而其原出于《硕人》之美庄姜。古人重其行，兼及其容，妇容不与德、言、工并列耶？"①

关于运用典故，德潜也有论述。他认为，运用典故，既要使得诗句自然，又要和所表达的内容相切合。卷上第七条云："以诗入诗，最是凡境。经史诸子，一经徵引，都入咏歌，方别于潢潦无源之学。但实事贵用之使活，熟语贵用之使新，语如己出，无斧凿痕，斯不受古人束缚。"②卷下第三十七条云："援引典故，诗家所尚。然亦有羌无故实而自高，胪陈卷轴而转卑者。假如作田家诗，只宜称情而言，乞灵古人，便乖本色。"③严羽"别才""别趣"之说，乃"谓神明妙悟，不专学问，非教人废学也"，然"专主渔猎"，④也是失误。（第三十八条）这样持论，显然是公允的。

德潜论字法，也有可观者。实际上，"字法"应该是"词法"，因为古代多单音节词，"字"多为"词"，故习惯上称为"字法"。卷下第三十一条云："古人不废炼字法，然以意胜而不以字胜，故能平字见奇，常字见险，陈字见新，朴字见色。近人挟以斗胜者，难字而已。"⑤此"近人"当指厉鹗等人。

除了使得诗句内容贴切、自然外，选词、炼词之法还有若干。例如，尽量避免相碍和犯复。卷下第五十五条云："写景写情，不宜相碍，前说晴，后说雨，则相碍矣。亦不可犯复，前说沅醴，后说衡湘，则犯复矣。即字面亦须避忌字同义异者，或偶见之，若字义俱同，必从更易。"⑥此外，尽量避免使用卑下、怪异、俚俗的词语。⑦（卷下第十一条）生硬词语、直白语，也在所避之列。⑧（卷下第八条）

总之，德潜对诗句的要求大致是贴切、自然、雅正，这当然是正确的。

---

① 沈德潜著，潘务正、李言编辑点校：《沈德潜诗文集》，人民文学出版社 2011 年版，第 1973 页。
② 沈德潜著，潘务正、李言编辑点校：《沈德潜诗文集》，人民文学出版社 2011 年版，第 1910 页。
③ 沈德潜著，潘务正、李言编辑点校：《沈德潜诗文集》，人民文学出版社 2011 年版，第 1962 页。
④ 沈德潜著，潘务正、李言编辑点校：《沈德潜诗文集》，人民文学出版社 2011 年版，第 1963 页。
⑤ 沈德潜著，潘务正、李言编辑点校：《沈德潜诗文集》，人民文学出版社 2011 年版，第 1960 页。
⑥ 沈德潜著，潘务正、李言编辑点校：《沈德潜诗文集》，人民文学出版社 2011 年版，第 1969 页。
⑦ 沈德潜著，潘务正、李言编辑点校：《沈德潜诗文集》，人民文学出版社 2011 年版，第 1953 页。
⑧ 沈德潜著，潘务正、李言编辑点校：《沈德潜诗文集》，人民文学出版社 2011 年版，第 1952 页。

第六节　蓄养论

德潜乾隆八年春暮为缪元礼《余园诗钞》所作序云："世之专以诗名者，谈格律，整队仗，较量字句，拟议声病，以求言语之工。言语亦既工矣，而么弦孤韵，终难当夫作者。唯先有不可磨灭之概，与挹注不尽之源蕴于胸中，即不必求工于诗，而纵心一往，浩浩洋洋，自有不得不工之势。无他，工夫在诗外也。"①一个诗人，应该具有什么样的蓄养，拥有什么样的"不可磨灭之概""挹注不尽之源"，才能成为一个能够出色履行"诗教"使命的诗人呢？他要在诗歌中表达的那些堂皇正大、丰富深厚的内容哪里来？他高超的写作技艺哪里来？相关的蓄养如何获得？对这些问题，德潜也有不少论述。

诗歌抒发感情，也可以表达议论，那么，诗人深厚的思想感情从哪里来？卓特的议论哪里来？《说诗晬语》卷上第六条云："有第一等襟抱，第一等学识，斯有第一等真诗。如太空之中，不著一点；如星宿之海，万源涌出；如土膏既厚，春雷一动，万物发生。古来可语此者，屈大夫以下数人而已。"②值得注意的是，德潜这里说的是"第一等襟抱，第一等学识"。襟抱和学识，和他主张的诗歌抒情、发议论相对应，因为善的、高尚的性情和不凡的议论，乃是直接从此等襟抱、学识而来，所以，以"诗教"为使命的诗歌，其作者必须具有此等襟抱和学识。此外，襟抱和学识，都是精神层面的范畴，和其人的为人没有对应的必然关系。这就避免了人品与诗品是否一致这样一个比较复杂的问题。德潜这些论述，实是本于叶燮《原诗》内篇上卷一："诗之基，其人之胸襟是也。有胸襟，然后能裁其性情智慧聪明才辩以出，随遇发生，随生即盛。""(杜)甫有其胸襟以为基，如星宿之海，万源从出；如钻燧之火，无出不发；如肥土沃壤，时雨一过，夭矫百物，随类而兴，生意各别，而无不具足。"③连语

① 缪元礼：《余园诗钞》，《清代诗文汇编》第227册，上海古籍出版社2010年影印本，第289页。
② 沈德潜著，潘务正、李言编辑点校：《沈德潜诗文集》，人民文学出版社2011年版，第1910页。
③ 王夫之等：《清诗话》，上海古籍出版社1978年版，第572页。

言也是差不多。

“第一等襟抱，第一等学识”的内涵是什么？诗人又如何去获得？这两个问题，其实是紧密结合在一起的。《说诗晬语》的主要内容是诗歌的源流升降、诗歌的评论和诗法的传授，关注的是诗歌本体，因此，对这些问题论述较少。德潜为人诗集等所作序言中，也没有直接的答案。不过，我们从他相关的论述中，可以作些探讨。我们先将相关的论述，胪列如下：

惟夫笃于性情，高乎学识，而后写其中之所欲言，于以厚人伦，明得失，昭法戒，若一言出而可措诸国家天下之间，则其言不虚立，而其人不得第以诗人目之。(《归愚文钞馀集》卷一《高文良公诗序》)[①]

先生为诸生时，学殖文章，即已包孕余子，贯穿古今。既而取高第，官侍从，乘史笔，柄文衡，佐秋官。人文国论，储峙胸中，未尝听听焉以诗自鸣，争短长于音韵藻采间也。而出其余绪，扬扢风雅，或浑沦磅礴，地负海涵；或铺陈终始，排比声律；或含吐蕴藉，风标俊上，而流连景光，刻画虫鱼者，亦间及焉。所谓“五岳起方寸”“读书破万卷”者，非先生不足以当之。则先生之诗，有盘蓄于辞华未吐之先者也。[②]（《归愚文钞》卷十二《缪少司寇诗序》）

先生为诸生时，困场屋，几于家无斗筲，而先生偃仰自得，若庙堂之上，海宇之大，无一非吾事者。故当日发为诗歌，声出金石，视东野食荠亦苦、强歌无欢之语，绝不类焉。此处穷而能任乎达者也。及乎入词馆，后典剧郡，陈臬事，任旬宣，国计民生，无一不关擘画，而先生于勤理公务外，毫不为身家子孙之计。继而入长光禄，僦屋以居，萧然故如诸生。其托之词章，时得茂叔窗前草不除、明道吟风弄月之意。此处达而仍复能穷者也。[③]（《归愚文钞》卷十三《家光禄敬亭诗序》）

读书多则理足，理足则识高，识高则气昌辞达，而神自生焉。

---

① 沈德潜著，潘务正、李言编辑点校：《沈德潜诗文集》，人民文学出版社2011年版，第1515页。
② 沈德潜著，潘务正、李言编辑点校：《沈德潜诗文集》，人民文学出版社2011年版，第1319页。
③ 沈德潜著，潘务正、李言编辑点校：《沈德潜诗文集》，人民文学出版社2011年版，第1339页。

譬犹观水于岷山、昆仑之源，汹涌演漾，一折千里，行所无事，而自入于海也。[1]（《文钞馀集》卷二《吴南勤诗序》）

从以上所引德潜的相关论述中，我们可以大致了解，所谓"第一等襟抱"，就是儒家"以仁为己任""以天下为己任""若庙堂之上，海宇之大，无一非吾事者"的襟抱，而不仅仅是自己身家私利。这样的襟抱，不以其人的穷达等环境变化而改变，而是无论环境如何改变，其人都能坚持这样的襟抱，并且有足够的定力。"第一等学识"是与"第一等襟抱"相匹配的学问和见识，能够当此大任的学问和见识，亦即上文所云"一言出而可措诸国家天下之间"，"人文国论，储峙胸中"，"处穷而能任乎达"，"国计民生，无一不关擘画"，等等。那么，如何获得这样的襟抱和学识呢？德潜的回答是读书和生活实践、社会实践。这是符合辩证唯物主义的原理的。对造就"第一等襟抱"作用最大的书籍，当然首先是儒家经典，修身齐家治国平天下，正是儒家思想的核心内容，儒家关于孝悌忠信、仁义礼智等等论述，都是围绕这样的核心内容展开的。德潜《李修子诗序》云："《诗》三百篇，与诸经皆贯通者也。论其体裁，《易》《书》《礼》中时多韵语，而要其大旨，《诗》取劝惩，《春秋》所以昭劝惩也；《诗》考盛衰，鉴得失，而盛衰得失莫专于《书》也。雅歌于朝，颂奏于庙，礼乐具备，而礼乐之精华，于三礼为总也。'天载'言天，'秉彝'言性，'有觉'言德，而言天、言性、言德，于《周易》尤详且悉也。由是言之，学者不能穷经耳。能穷经，诗学深矣。"[2]能穷经，方能宗经，宗经而其所表达的思想感情，就不容易违背儒家之道了。从德潜的诗文中，我们可以看出，德潜提倡阅读儒家经典和朱熹等理学家的著作是不遗余力的。"第一等学识"就不是读儒家著作就能够获得的。一个人要获得"第一等学识"，除了足够的社会实践和对儒家著作的熟悉外，还应该博览群书，广泛地吸收前人的知识财富，并且积极思考、验证、修正，将经验、知识和思想化为自己的学识。当然，这样的目标是没有止境的。一个具有"第一等襟抱，第一等学识"的人，以此蓄养，发而为诗歌，其诗歌的思

① 沈德潜著，潘务正、李言编辑点校：《沈德潜诗文集》，人民文学出版社 2011 年版，第 1547 页。

② 沈德潜著，潘务正、李言编辑点校：《沈德潜诗文集》，人民文学出版社 2011 年版，第 1527 页。

想感情当然也是第一等的，堂皇正大，无邪无僻，足以承担“诗教”的社会使命。

可是，襟抱、学识俱高的人，未必是出色的诗人，甚至未必能诗。道理很简单，诗歌写作，除了其人的道德修养、思想修养外，起码还有创作冲动、创作方法等问题，因而，一个诗人，诗才是不可或缺的。

诗才是一种感受能力，也是一种表达能力。在同样的环境下，有些人能够产生诗情，进而产生写诗的冲动，乃至于付诸写诗实践，有些人则不能够产生诗情。前者和后者的区别，就是前者有诗才，而后者没有。所谓“诗人气质”，往往就是指这样的诗才。关于感受能力的诗才，德潜没有什么论述，而关于表达能力的诗才，德潜有一段很有价值的阐述。《归愚文钞》卷十二《李玉洲太史诗序》云：“古来论诗家，主趣者有严沧浪，主法者有方虚谷，主气者有杨伯谦，主格者有高廷礼，而近代朱竹垞则主乎学。之五者，均不可废也。然不得才以运之，恐趣非天趣，法非活法，气非浩气，格非高格，即学亦徒见其汗漫丛杂，而无所归。盖诗之为道，人与天兼焉，而趣而法而气而格而学，从乎人者也，而才，则本乎天者也。人可强而天不可强，故从来以诗鸣者，随其所长，俱可自见，而诗人中之称才人者，古今来只数余人，相望于天地之间。”有了足够的诗才，才能够“陶冶万类，笼挫一切之余，水银朱砂，入其炉鞲，皆成丹也。么弦杂韵，经其和调，皆成乐也”。“求之趣，趣益以流；求之法，法益以合；求之气，气益以盛。求之格与学，格益以老，学益以化。而总由于才之益纵横自得，出天入渊，而不可控。”[①]德潜在乾隆三十三年为顾宗泰《月满楼诗集》所作序言云：“吾谓诗之旨趣，必有才与学以运之，斯乃为真趣，有以牢笼漱涤，而自进于古作者之林，然则才学兼而旨趣从之，不可缺一也。”[②]关于写诗过程中“才”和“学”的关系，钟嵘以下，前人多所论述，如严羽《沧浪诗话》之《诗辨》云：“诗有别才，非关书也；诗有别趣，非关理也。而古人未尝不读书、不穷理。所谓不涉理路，不落言诠者，上也。”[③]永瑢《四库全书总目》卷一百七十三论朱彝尊、王士禛：

---

① 沈德潜著，潘务正、李言编辑点校：《沈德潜诗文集》，人民文学出版社 2011 年版，第 1326 页。

② 顾宗泰：《月满楼诗集》，《清代诗文集汇编》第 425 册，上海古籍出版社 2010 年影印本，第 236 页。

③ 严羽著，郭绍虞校释：《沧浪诗话校释》，人民文学出版社 1983 年版，第 26 页。

"王之才高,而学足以副之。朱之学博,而才足以运之。"①德潜《汪茶圃诗序》云:"作诗谓可废学,持严仪卿'诗有别才'之说而误用之者也。而反其说者,又谓诗之为道,全在徵实,于是融洽贯穿之弗讲,而剿猎僻书,纂组繁缛以夸奥博,若人挟类书一部,即可以诗人自诩者。究之驳杂支离,锢其灵明,愈徵实而愈无所得。夫天下之物,以实为质,以虚为用。学其实也,才其虚也。以实运实则滞,以虚运实则灵。……学人之学,非才人之才,无以运之。"②此论和前人所云,一脉相承。德潜此所云之才,乃诗歌写作中的表达能力,包括根据诗歌内容采取策略、确定旋律基调、调节声韵、选取词语、造就诗句、安排结构等一系列的组合能力和表达能力。因此,诗歌的趣、法、格、气、学等,全赖才的运用。诗才有先天的因素,但是,后天也是可以改善的。德潜提倡诗人多读书,还选了那么多诗歌选本,写了《说诗晬语》等诗论文字,这些举措就是建立在诗才可以通过后天努力得到改善的基础之上的。

获得"第一等襟抱,第一等学识"要读书、实践、思考,当一个能够承担"诗教"使命的诗人,除了要有"第一等襟抱,第一等学识"之外,其所读书,应该更加广泛,对圣贤之书,应该更加熟悉,不仅要熟悉其思想,也要熟悉其文章艺术,包括逻辑修辞、遣词造句等一切表现艺术。德潜《卓雅集序》云:

> 唐殷璠论诗,谓诗有野体、鄙体、俗体,唯文亦然。文之野体,横驰议论,不娴律令者也;文之鄙体,发言庸猥,邻于佞谀者也;文之俗体,荒弃经籍,略同里巷者也。三者虽殊,受弊则一,一言蔽之,曰伤于雅而已。……且夫雅与非雅,亦何难辨之有?同一论理,而搜择融浃,与道大适者,纯者也;虚无缪悠,贼害心性者,驳者也。驳者非雅,则纯者雅也。同一用法,而开阖操纵,行止自然者,真者也;首尾横决,血脉中艮者,伪者也。伪者非雅,则真者雅也。他如布格而有老成之格,即有破坏之格;使才而有中律之才,即有决闲之才;遣词而有典切之辞,即有不根之辞。其间雅与非雅判

① 永瑢等:《四库全书总目》,中华书局1965年版,第1523页。
② 沈德潜著,潘务正、李言编辑点校:《沈德潜诗文集》,人民文学出版社2011年版,第1328页。

焉。学者于圣贤之书，朝讨夕稽，而谓水火黑白之不相混者，不能别白之，以定厥指归乎？①

总之，对一个有志于"诗教"的诗人来说，尽量从广度、深度和细密度等方面把握圣贤之书是必要的。

诗歌艺术修养，是任何诗人所不能或缺的。即使是世界上第一首诗歌的作者，也不会没有对某些诗歌元素的自觉或不自觉的把握。简单的一首民歌，其作者也不可能没有任何民歌艺术方面的修养。当然，诗歌艺术修养精深的人，未必能够成为出色的诗人，但是，出色的诗人一定是有深厚的艺术修养的。诗人如何提高诗歌艺术修养呢？除了以上所言的"诗外功夫"外，"诗内功夫"也是重要的。

那么，如何加强"诗内功夫"呢？那就是向前人的优秀诗歌学习。德潜 95 岁时为袁景辂《小桐庐诗草》所作序言云：

每见人之作诗者，随意抒写，随口唱叹，不师古人，不分家数。当其兴到成吟，亦或时有一二佳句，供人把玩，及观其卷帙，大体枵然。由平日未尝养根俟实，加膏希光，可云涉猎，不可云专家也。……（袁）百城楼中，四库具备，因取有韵之语，溯朝代之升降，名流之正变，一一条分而缕析之。朝披夕吟，饥吟之以当食；寒吟之以当衣；寤寐吟之以当友朋；幽忧吟之以当花鸟琴瑟。而一切声色利禄不关于心。斯亦专之至已。②

这就是对诗歌本身下的功夫。

向前人哪些诗歌学习呢？特别是宋代以后，诗人和诗论家之间的分歧就大了。诗歌流派，往往是以学习某一朝代、某个或者某一类诗人的作品作为一个显著特色的，甚至以此为号召。和德潜为进士同年的袁枚，自称为诗不宗任何朝代、任何诗人。其《小仓山房诗集》卷三十三《遣兴三十四首》之六云："独来独往一枝藤，上下千年力不胜。若问随园诗学某，三唐两宋有谁应？"③有人言其诗学白居易，例如，蒋士铨《忠

① 沈德潜著，潘务正、李言编辑点校：《沈德潜诗文集》，人民文学出版社 2011 年版，第 1578 页。

② 袁景辂：《小桐庐诗草》，《清代诗文集汇编》第 353 册，上海古籍出版社 2010 年影印本，第 451 页。

③ 袁枚：《小仓山房诗集》，《清代诗文集汇编》第 339 册，上海古籍出版社 2010 年影印本，第 702 页。

雅堂诗集》卷二十六《论诗杂咏》云："随园法香山，善道意中语。"[①]洪亮吉《洪北江诗文集》之《更生斋诗》卷二《道中无事，偶作论诗绝句二十首》之十三云袁枚"游戏诗应归苦海，性灵句实逼香山"。[②] 对此，袁枚不以为然。《小仓山房诗集》卷三十《读白太傅诗三首》之小序云："人多称余诗学白傅，初自惭平时于公集殊未宣究。今年从岭南归，在香亭处借《长庆集》，舟中读之，始知阳货无心，貌类孔子。"[③]可是，事实上，他也仅仅是所学不专主一个朝代或某些诗人而已，师法的对象极为广泛，远远不限于白居易。他的《随园诗话》等就显示出他在古代诗歌方面极为深厚的艺术修养，这些修养在潜移默化中对他的诗歌创作产生很大的影响。

选择什么样的诗歌作为自己学习的对象，这很大程度上取决于诗人自己的眼界，以及对前人诗歌的熟悉程度、认识程度。德潜《张无夜诗序》云："置身高处，豁开正眼，于源流升降之故，瞭然胸中，斯无随波逐流之弊。若据守卑论，以为诗道在斯，无逾我说，犹鷦鷯斥鷃巢于枳棘，即以枳棘为山川，并即以枳棘为天地，其亦可嗤也已。"张无夜在了解诗歌源流升降的基础上，"其论诗，汉魏以下，以盛唐为宗，李、杜、高、岑、王、李诸公外，惟梦得、乐天、牧之、义山可称辅翊，而宋元之纤薄不许焉。明代诸家，独以大复、献吉、茂秦、元美为能窃攀盛唐，而诸家之入主出奴者，概进焉。诗中之纡曲方圆，既一一见之矣，故发而为诗，或慷慨吐臆，或沉结含悽，短韵长言，俱遵正轨。准之平日论诗，无弗吻合，盖得所宗而变化出之，所谓'惟其有之，是以似之'者也。"[④]张无夜这样的论诗和写诗，是和德潜高度一致的。

德潜在"诗教"的大旗下，按照"诗教"的要求，选了《唐诗别裁集》《杜诗偶评》《明诗别裁集》《清诗别裁集》等诗歌选本，除了用这些诗歌加强对社会的"诗教"外，就是给诗人们提供学习的范本，刻意引导人们以"诗教"为目标，按照这样的要求来进行诗歌创作。当然，这些选本中

---

① 蒋士铨著，邵海清笺校：《忠雅堂集笺校》，上海古籍出版社 1993 年版，第 1736 页。

② 洪亮吉：《更生斋诗》，《清代诗文集汇编》第 414 册，上海古籍出版社 2010 年影印本，第 132 页。

③ 袁枚：《小仓山房诗集》，《清代诗文集汇编》第 339 册，上海古籍出版社 2010 年影印本，第 655 页。

④ 沈德潜著，潘务正、李言编辑点校：《沈德潜诗文集》，人民文学出版社 2011 年版，第 1531 页。

的诗歌也有不符合“诗教”要求之处，艺术上也有不足之处，德潜都用加评语等方法予以解决了，这些评语对人们写诗，特别是按照“诗教”要求写诗，也是有切实的指导意义的。总之，德潜提倡人们向他选出的这些诗歌学习，写出能够行“诗教”的优秀诗歌。

写诗向优秀范本学习，这也有走向歧途的可能。德潜《与陈耻庵书》云明代李梦阳等“前七子”为诗，“古体取法八代，近体取法盛唐，虽未尽得古人之真，而风格遒上，彬彬大盛。后王李继述，亦称蔚然。而拟议太过，末学同声，冠裳剑珮，等于土偶。”①那么，诗人竞相学习德潜选出来的那些诗歌范本，写出来的诗歌就很有可能“冠裳剑珮，等于土偶”。事实上，也有人批评沈德潜是和“明七子”一路的。

可是，德潜毕竟是在“明七子”及其末流之后，并且早已认识到“明七子”及其末流的失误而加以防范。至少从理论上，德潜针对“明七子”等的失误作了防范。其《说诗晬语》卷上第十一条云：“诗不学古，谓之野体。然泥古而不能通变，犹学书者但讲临摹，分寸不失，而己之神理不存也。作者积久用力，不求助长，充养既久，变化自生，可以换却凡骨矣。”②“学古”是手段，是途径，不是目的，“换却凡骨”才是目的。《汪文升先生诗文集序》中，关于如何对待前人作品，特别是优秀的作品，德潜持论，更为全面、辩证，也更为符合创作实际：“潜尚观今日诗文之弊，一在求同古人，一在求异古人。求同者循途轨，傅声色，如优孟之拟孙叔、胡宽之营新丰；又其甚者，等于婴儿学语，惟惧弗类，而己之真性不存，此袭焉而失者也。求异者，征引拗僻，造作梗涩，句读不分，声律不谐，穷其伎俩，求为樊绍述、卢仝、马异、刘叉诸人而止。此矫焉而复失者也。”③于他人的诗歌，即使是优秀的诗歌，不能刻意求同，也不必为了超越他们而刻意求异。这种态度，无疑是正确的。明代的前后“七子”及其末流学汉魏、盛唐，德潜的前辈王士禛是“清秀李于鳞”，吴中诗坛，曾经是德潜屡次说的“家务观（陆游）而户致能（范成大）”，这些都是“求同古人”。明代的钟惺、谭元春等走僻涩一路，和德潜同时的胡天游等走

① 沈德潜著，潘务正、李言编辑点校：《沈德潜诗文集》，人民文学出版社 2011 年版，第 1378 页。
② 沈德潜著，潘务正、李言编辑点校：《沈德潜诗文集》，人民文学出版社 2011 年版，第 1911 页。
③ 沈德潜著，潘务正、李言编辑点校：《沈德潜诗文集》，人民文学出版社 2011 年版，第 1514 页。

怪异一路，这些都是“求异古人”。德潜这段议论，既提出了正确对待他人优秀作品的正确态度，也批评了明代以后到当时诗坛上对待前人优秀诗歌的两种偏颇的风气。

德潜以“诗教”为核心的诗歌理论，重视发挥诗歌教化世人这样的社会教育功能，对探讨诗歌为社会服务是有积极意义的。任何社会，确实应该有其思想文化的主旋律，也就是“正声”。德潜所提倡的“诗教”，正是当时社会的“正声”，连德潜的论诗对手袁枚，也是这样评价的，其《太子太师礼部尚书沈文悫公神道碑》云德潜“诗专主唐音，以温柔为教，如弦匏笙簧，皆正声也”。① 可是，这样的“正声”，社会效果究竟如何？价值究竟如何呢？

诗歌和教育可以交集，事实上，古往今来，诗歌教化社会的现象一直存在，甚至在某些阶段，其作用不可小觑。不过，社会教化和诗歌，毕竟更多的是不同。首先，行社会教化，仅仅是诗歌诸多功能中一种主要功能而已，并不是全部。专主“诗教”，有忽视诗歌的其他功能的弊病。例如，李商隐那些千百年来脍炙人口的爱情诗，德潜自己大量的官场应酬诗、应制诗，尽管这些诗可能也存在“诗教”的功能，但其主旨显然不在“诗教”。其次，用以进行社会教化的内容必须是统一的、相同的，必须是就主流社会或主流思想看来堂皇正大的思想文化，就封建社会而言，就是以儒家思想为核心的传统文化，有利于社会稳定、有利于王朝统治的思想文化，而绝不允许存在任何偏离儒家思想的内容。可是，诗歌创作却是个性化的，所表达的思想感情，以及表达方式本身，都应该是新颖的，不能是陈陈相因的，这才能显示出创造性，显示出诗人的文化个性和艺术个性。赵翼《瓯北集》卷二十八《论诗五首》之一云：“满眼生机转化钧，天工人巧日争新。预支五百年新意，到了千年又觉陈。”② 可是，这“预支”的“新意”就有可能和“诗教”所要求的思想文化不合，偏离甚至违背。即使在儒家思想和其间并无本质区别的封建王朝统治下，社会发展非常缓慢，但社会的发展不是任何人能够抗拒的，即使缓

① 袁枚：《小仓山房文集》，《清代诗文集汇编》第 340 册，上海古籍出版社 2010 年影印本，第 51 页。

② 赵翼：《瓯北集》，《清代诗文集汇编》第 362 册，上海古籍出版社 2010 年影印本，第 253 页。

慢,变化永远是存在的。社会在更新,思想文化也应该更新。体现在更新社会思想文化方面的探索,传播适应社会更新的思想文化,是包括诗歌在内的各种文体的任务。可是,“诗教”大旗下的诗歌否定了这样的探索和传播,这就不可避免地显示出它的保守性甚至落后性。

再次,如果按照德潜所提倡的“诗教”来创作诗歌,最为容易导致的弊病,就是诗歌内容的平庸乃至陈腐,因为其思想感情不能超越以儒家为核心的传统的思想文化,而传播这样的思想文化以教化社会,实际上就是维护原有的社会形态,尽管对某些基本的、普世的道德观念等的推广有积极的作用,但对社会的进步在很多方面起消极的作用。赵翼《论诗五首》之三云:“只眼须凭自主张,纷纷艺苑漫雌黄。矮人看戏何曾见,都是随人说短长。”即使是躲在孔孟程朱这样的文化伟人背后“随人说短长”,这样的诗人也还是“矮人”。“诗教”的目的之一是使人“温柔敦厚”,要求诗人自己和思想感情在诗歌中的表达也要“温柔敦厚”,这就否定了诗歌风格的多样化,也是和诗歌鲜明的个性化相违背的。在实践中,用“温柔敦厚”来对整个诗坛“格式化”,即使能够集中几乎所有的社会资源的社会力量也是难以做到的,因为这是和文艺创作、发展的规律相违背的。即使以“诗教”的要求来衡量德潜自己的诗歌创作,这些诗歌创作中,也有不少是不符合的。德潜“诗教说”弊病之大者,就有这些。

第七章　与政治相关诗歌发微

德潜给人的形象，从正面来说，是敦厚老实，从反面来说，是懦弱迂腐。当官以后的德潜，更是战战兢兢，如临深渊，如履薄冰，歌功颂德，唯恐不及。说起他反映现实政治的诗歌，前人乐道者，也只有《制府来》《汉将行》，即使此二诗也是"打死老虎"而已。其实，真实情况并非如此。德潜诗歌中，反映政治现象或者事件，甚至体现和朝廷不一致的立场或态度的诗歌还是不少的，只是读者很难发现而已。①

在封建社会中，不管如何，绝大多数士人是有最为基本的是非观念的，也是有底线的。对统治者的不公不义、官员的为非作歹，即使在政治高压下，他们没有公开抨击的"胆"，但是他们想作抨击的"心"还是存在的，即使是不存在直接的利益关系的时候，这样的"心"也难以消除。只要这样的"心"还在，就有可能付诸行动。"艺高人胆大"，"艺"之"高"，可以在一定程度上弥补"胆"之"小"。士人又往往难以避免对自己的诗文写作艺术有一种也许是夸张的自负，这样的自负又往往导致抨击不良政治的"胆"增大。若既有此"心"，此"胆"又被这种自负鼓动到一定程度的时候，抨击不良政治的诗文就产生了。德潜正是如此！

以下就将德潜反映当时政治、抨击不良政治的诗歌分别列出，但限于篇幅，仅仅作简单的阐述，以让读者明了为度，至于详细的考证和辨析，笔者另有著述为之。

---

① 潘务正：《作为讽喻的事件——沈德潜时事讽喻诗考论》（《苏州大学学报》2022 年 5 月），其中《使者》《漫与》前二首、《秋怀》《偶述》前一首、《闻诏》的本事，先我发之，然未能覆盖我所发者。

第一节　地方政治事件诗发微

一、江南海案诗

德潜《使者》诗云："使者南来密网罗，楚囚严谴荷殳戈。健儿已入回中籍，少妇新成塞下歌。木叶山高人罕到，松花江远鸟难过。遥知乡陇关心处，目断昊天奈尔何？"[①]此诗初见《竹啸轩诗集》卷五，编年在康熙四十七年(1708年)。从诗中看，使者从京师南下，审理大狱，严酷搜罗，涉案者无人逃脱。被流放者甚众，某些少妇也被流放到黑龙江地区。

太仓诗人唐孙华《东江诗钞》卷十有《徙边妇》长诗咏其事，其小序云："里中狂贼三十余人，以罪见法。妻子皆徙极边。株送之日，妇孺相携，恸哭过市。路人皆哀之。予为作诗。"[②]此诗编年也在康熙四十七年戊子。唐孙华(1634—1723)，字君实，江南太仓人，康熙二十七年进士，历官朝邑知县、吏部主事等，于康熙三十三年告归，悠游林下几三十年，著有《东江诗钞》十二卷。康熙四十七年，唐孙华就在太仓家居。此诗小序中"里中"，就是指太仓。据此，我们可以肯定，此案确实有之，就发生在太仓县。太仓一县，此案被杀30余人，他们的妻子流放。德潜"少妇新成塞下歌"中的"少妇"和唐孙华诗中的这些"徙边妇"是同一批人。

王昶所编《(嘉庆)直隶太仓州志》卷十《名宦上》云："商奕铨，字右衡，绍兴人。由监生考授州同知，三摄州印，有能声。……康熙四十六年，奸僧一念等克期倡乱，乡民煽动市猾钱保、陆申等约内应。知州李扬廷，闻变惶惧失措。奕铨令城中警备，亲率民壮，夜擒保，次擒申。一念逃匿，获其簿籍札付。次日，按簿擒四十八人，余悉不问，焚其籍。督抚以闻，保等皆伏诛。又明年，一念亦伏诛。"[③]许治《眉叟年谱》康熙四

---

① 沈德潜著，潘务正、李言编辑点校：《沈德潜诗文集》，人民文学出版社2011年版，第300页。

② 唐孙华：《东江诗钞》，《清代诗文集汇编》第136册，上海古籍出版社2010年影印本，第592页。

③ 王昶编：《(嘉庆)直隶太仓州志》，《续修四库全书》第697册，上海古籍出版社1995年影印本，第184页。

十六年部分云："海案事发，食海俸者如洞庭席文言，太仓王某，皆绅衿也。"次年康熙四十七年部分云："海案事上闻，命大臣穆旦至江浙会审。有伪号朱四太子者，馆汶上县李鹏来家，拿获，并奸僧一念，俱于京师正法。七月十六日，苏城剐四人，杀四十三人。有疡医王某，部文遗其名，得释放，人呼为剐剩。是役也，督粮厅张某署府，迎合于抚意，多所锻炼。"[①]许治是苏州人，此为他自编年谱所载，都是苏州地方发生的事情，因此可信度很高，可以和王昶所载相互参照。王昶云逮捕 48 人，"皆伏诛"，许治云剐 4 人、杀 43 人，再加侥幸漏网 1 人，正好 48 人。那么，唐孙华在《徙边妇》的序言中说"里中狂贼三十余人"，数目似乎与此不符合，这是因为唐说的 30 余人是他的家乡太仓的，而 48 人是此案中此际被杀者的总数，还包括太仓之外地方的人。许治所云"海俸"，是指传说中的海岛上的反清政权发给参与反清者的俸禄，此俸禄和反清政权颁发的官职相应。许治所云"席文言"，无考，但"太仓王某"，为王掞家族的王昭骏。

许治《眉叟年谱》康熙四十七年云："冬，废东宫。以索额图谋逆，处以极刑，子格尔芬、阿尔吉，俱正法。时海犯家口徙口外，上方盛怒未已，命骈斩于济宁。"[②]《清史稿》之《圣祖本纪三》，康熙四十七年九月，"丁酉，废皇太子胤礽，颁示天下"，[③]其时还是"秋"而非"冬"。京城之事，许治所知不那么确切，这容易理解。赵尔巽《清史稿》卷二六九《索额图传》云，索额图在康熙四十二年五月就被囚禁，后死于囚禁之中。"后数年，皇太子以狂疾废。上宣谕罪状，谓索额图助允礽潜谋大事，朕知其情，将索额图处死。今允礽欲为索额图报仇，令朕戒慎不宁。并按诛索额图二子格尔芬、阿尔吉善。"[④]此在康熙四十七年冬，康熙帝云索额图为其下令处死，故许治有"以索额图谋逆，处以极刑"的记载。那时的康熙帝，被儿子们为争夺皇帝继承权斗得疯狂且没有一个儿子能够令他满意折腾得身心俱疲，烦躁盛怒，重罚臣下，是常有的事，见《东华

① 顾公燮等著，甘兰经等校：《丹午笔记・吴城日记・五石脂》，江苏古籍出版社 1999 年版，第 258 页。
② 顾公燮等著，甘兰经等校：《丹午笔记・吴城日记・五石脂》，江苏古籍出版社 1999 年版，第 258 页。
③ 赵尔巽主编：《清史稿》第 2 册，中华书局 1977 年版，第 274 页。
④ 赵尔巽主编：《清史稿》第 33 册，中华书局 1977 年版，第 9991 页。

续录》等书。以这样的状态，他下令将还没有到流放地的“海案犯人”及其家属全部处死，这是有很大的可能的。苏州离太仓不远，如果确实有这样的事情，那么太仓那些“海案犯人”及其家属的宗族、亲族或乡里等不会不知道，且肯定会传到苏州。何况，我们没有发现这批人在黑龙江情况的记载。因此，尽管许洽所记没有旁证，但应该是事实。

如果这是事实，那么，沈德潜诗中所写“健儿已入回中籍，少妇新成塞下歌”等被流放者在流放地的不幸生活，唐孙华诗中所写“辽水杳茫茫，万里程途遥。雪花大如掌，寒风利于刀。骨向穷沙埋，胔为野火烧”云云，对那些被流放的男女来说，也不可得了。那么，他们这两首诗歌就都是写在这些人被流放之时，亦即该年冬天之前。这和两首诗歌中的内容是一致的。

二、《南山集》等文字狱诗歌

德潜《北风行》：“北风吹沙漠，万里白草折。海水十丈冰，蛟龙眼流血。”[①]据编年，此诗作于康熙五十年。其内容仅仅是渲染北方苦寒之地之艰危险怪，似乎莫名其妙，其实乃为“《南山集》案”而作。翰林院编修桐城戴名世，为诸生时，著有《南山集》，该文集有很多篇章写南明史事，而大量引用桐城前辈方孝标《滇黔纪闻》中的材料，其中多当时所禁忌的内容和话语。康熙二十二年，戴名世又在《与余生书》中表达了撰写《明史》特别是南明历史的志向。四十一年，《南山集偶钞》辑成，方苞、朱书作序，尤云锷、尤正玉出资刊行。康熙五十年十月十二日，左都御史赵申乔上疏揭发戴名世此书“肆口游谈，倒置是非，语多狂悖”。[②]康熙五十二年二月，此案得结，戴名世立斩，方孝标已死，其子方登峄并妻子充发黑龙江。德潜此诗，当作于康熙五十二年此案结案以后。他编在康熙五十年，有可能是他因为此案发生在康熙五十年，也有可能是为了避免此诗可能给他带来麻烦。结合此案看，此诗明显表达了对被遣戍者的同情。

---

① 沈德潜著，潘务正、李言编辑点校：《沈德潜诗文集》，人民文学出版社 2011 年版，第 13 页。

② 林铁钧、史松编：《清史编年》第三卷《康熙朝下》，中国人民大学出版社 1988 年版，第 376 页。

编年在康熙五十九年的《枯鱼过河泣》:“鲂鲤入肆,其目不闭。寄语河中鱼,市价方腾贵。”[①]似乎也是在警告士人提防文字狱。编年在雍正七年的《远别离》渲染行者将赴之地的恐怖,其中有云:“或传苍颉作字天雨粟,鬼夜哭。人生识字胎祸患,不如结绳之代忘宠辱。上有高山,下有浚谷,万丈一堕缘失足。伊人高卧岩之幽,师黄炎兮友商周。紫芝为粮兮猿狖与游,而胡舍此罹窜投!”[②]此显然是为隐居布衣热衷仕宦,出山而遭遣戍者而作。具体所指,待考。

三、《讹言行》诗

《讹言行》诗云:

> 乌哑哑,狗鯠鯠,狐狸跳踉坐高屋。讹言一夜传满城,城中居人半号哭。鸡声角角,鼓声断绝。扶男携女出城阙。县官来,太守来,榜示弹压不肯止。荒村深处依蒿莱,讹言煽惑犯王法。唐虞盛世何为哉!探丸恶少纷成群,带刀放火行劫人。平沙古岸荻芦渚,白日往往沉冤魂。告县官,县官谓言,唐虞盛世安有此?告太守,太守谓言,讹言煽惑当诛汝,汝曹奔窜自送死。愚民吞声泪如泚。[③]

按此诗见《竹啸轩诗钞》卷十八,编年在雍正元年(1723 年)。

许洽《眉叟年谱》雍正元年云:“四月初,谣言屠城。绅民迁徙如织。高府尊出示,因误书篡成字,收示不张。人益疑惧。以织造何折奏故也。数日乃定。”[④]《清史编年》第四卷雍正元年四月初五日云:“苏州织造胡凤翚奏地方情形,言苏州系五方杂处之地,福建人即有万余,多游手好闲之徒。又有染坊踹布工匠越二万余人,俱无家室。其中善良者少。应稽查防范。因此奏,苏州遂有‘屠城’之谣言。”[⑤]苏州织造姓胡,许洽误为“何”,乃苏州方言中,“胡”“何”发音相同之故。

---

① 沈德潜著,潘务正、李言编辑点校:《沈德潜诗文集》,人民文学出版社 2011 年版,第 14 页。
② 沈德潜著,潘务正、李言编辑点校:《沈德潜诗文集》,人民文学出版社 2011 年版,第 18 页。
③ 沈德潜著,潘务正、李言编辑点校:《沈德潜诗文集》,人民文学出版社 2011 年版,第 175 页。
④ 顾公燮等著,甘兰经等校:《丹午笔记·吴城日记·五石脂》,江苏古籍出版社 1999 年版,第 263 页。
⑤ 史松编:《清史编年》第四卷《雍正朝》,中国人民大学出版社 1991 年版,第 15 页。

四、苏州粮价风潮诗

德潜《哀愚民效白太傅体》诗云：

吾吴礼让俗，胡然逞凶虣。无食诉长官，面缚乞平粜。长官怒赫然，敲扑如贼盗。愚民忘分义，乌鸦乱叫噪。千百为一群，厥势同聚啸。大吏捕曹恶，草疏上陈告。若辈当诛夷，迅疾不待教。至今蚩蚩魂，昏寐永无觉。追溯无食由，此事足悲悼。吴民百万家，待食在商棹。转粟楚蜀间，屯积遍涯隩。商利权奇赢，民利实釜灶。彼此两相须，歉岁补雕耗。不知何人斯，建议与众拗。常平博虚名，商屯竟一扫。譬如水无源，立涸看流潦。三吴既纷争，两浙亦召闹。腹枵轻国法，燕雀化鹰鹞。谁非斯人徒，而忍刈蓬藋。方今筹东南，民食此最要。安民在通商，利倍商远到。粟多价自平，赈荒有成效。今皇见万里，威惠及夷獠。听言如转圆，因势利以导。起敝重救急，饮食先学校。霜雪回春温，下土阴雨膏。请看无知民，回心慕忠孝。①

此诗又见十四卷本《归愚诗钞》卷十四，编年在乾隆十三年(1748 年)。

就诗中来看，吴地百姓因为粮价高昂，缺乏粮食维持生活，集体向官府请求平抑市场粮价，遭到当局惩罚，甚至有人丢了性命。诗人认为，吴地粮价昂贵，造成如此后果是因为粮食商贩不到苏州之故。百姓乏食，所以轻国法。诗人建议发展商业，吸引粮食商人把粮食运到吴地贸易，保障粮食供应，如此则百姓自然“回心慕忠孝”了。诗人当时在朝廷做官，当然忘不了把乾隆帝歌颂一番。

此事件中，官方的主角是江苏巡抚安宁。安宁本是清王室的仆人，官苏州织造，乾隆五年七月由苏州织造官江苏布政使，十一年九月又升江苏巡抚。此事就发生在他当江苏巡抚任内。吴振棫《养吉斋丛录》之《余录》卷四云：“乾隆十三年，苏州奸民遏粜，聚众滋事。有顾尧年者，自缚以煽惑众心。街巷遍贴无名揭帖，有‘吉甫如来天有眼，禄山不去

① 沈德潜著，潘务正、李言编辑点校：《沈德潜诗文集》，人民文学出版社 2011 年版，第 120 页。

地无皮'之语。吉甫,指文端公继善;禄山,指巡抚安公宁也。安公奏闻,高宗遂命尹公至苏会办。"[①]冯桂芬《同治苏州府志》卷一百四十九载其事甚详:

> 乾隆十三年戊辰,春夏之交,米价忽隆隆起,升至十七文。有市井贩夫顾尧年者,倡言请平米价。自缚衔刀,哭吁抚辕。从而和者,纷如聚蚁。巡抚安公宁付长洲令郑侯时庆鞫治。令缩朒不任事,势愈汹涌。太守姜公顺蛟至,漫曰,尔等无草草,我将请于上台耳。众应曰唯,复随守至抚辕,呼号动天。巡抚怒,令兵弁持械驱格,遂擒三十九人置狱。时四月二十四日也。翌日,巡抚上其事于朝,劾姜守落职,以郑令摄府事。五月二十七日命下,毙顾尧年、陆文谟、华龙于杖。曹大(混名枣子阿大)、陆高、夏龙、陈留、计二、陈三、吴汉公等永远枷号,余俱杖释。[②]

其中"有市井贩夫顾尧年者,倡言请平米价。自缚衔刀,哭吁抚辕"云云,可以和沈德潜诗中"无食诉长官,面缚乞平粜"相互印证。安宁对百姓的抗议没有丝毫退让,态度极为强硬,对抗议百姓下手。沈德潜诗"长官怒赫然,敲扑如贼盗"云云,即是指此。

王先谦《东华续录》之《乾隆二十七》乾隆十三年五月部分记载乾隆帝就此事所作批语云:

> 吴中民情,素属浇漓浮动,性喜编造歌谣,诪张为幻,谤讟繁兴,即如米价腾贵,地方官既为之劝谕,为之筹画平粜,而匪犯顾尧年,仍复挺身而出,借端挟制。岂非光棍之尤?若不严行惩创,何以示儆?该督尹继善见赴常州办理秋审,着即赴苏,会该署抚,将此案彻底究明,务将主谋首恶,逐一确审,分别情罪,应正法者,一面具题,一面即行正法,以儆奸徒。此案起事之初,安宁即行拿犯发审,匪党立时四散,不过一时喧闹。……安宁并无办理不善之处。[③]

---

① 吴振棫:《养吉斋丛录》,新兴书局有限公司 1986 年版,第 327 页。

② 冯桂芬修:《同治苏州府志》,凤凰出版社 2008 年版,第二册,第 771 页。

③ 王先谦:《东华续录》,《续修四库全书》第 372 册,上海古籍出版社 2002 年版,第 231 页。

果然，乾隆帝是完全支持安宁的。他命两江总督尹继善会同安宁办理此案，实际上就是惩办参与其事的百姓，倾向是非常明显的，

这样残酷的镇压和上引《苏州府志》的记载，可以相互印证。沈德潜诗歌则云："愚民忘分义，乌鸦乱叫噪。千百为一群，厥势同聚啸。大吏捕曹恶，草疏上陈告。若辈当诛夷，迅疾不待教。至今蚩蚩魂，昏寐永无觉。"他把安宁对百姓的镇压及其程度写得比较隐晦，明明是人已经被杀了，还说"至今蚩蚩魂，昏寐永无觉"。从诗歌看，是百姓"厥势同聚啸""迅疾不待教"，才被"诛夷"的。这显然是为安宁辩护。身为高官的德潜，固然绝无可能写乾隆帝支持安宁镇压百姓，连如实描写安宁镇压百姓也是绝没有那样的胆量的。

到此年闰七月，安宁被乾隆帝以别的事情撤职，但实际上，安宁之被撤职与此事件肯定有直接的关系。沈德潜诗中，则是连安宁被撤职都没有写到。官场复杂，即使被撤职的高官，也是不能轻易得罪的，身在朝廷的沈德潜自然明白，他不能不遵守这样的官场法则。

这事件的起因是米价贵。苏州的米价为什么会贵到如此程度，以至于普通百姓有生存的危险？沈德潜认为，是粮食商人不到苏州贸易的原因。"不知何人斯，建议与众拗。常平博虚名，商屯竟一扫。譬如水无源，立涸看流潦。"他把责任推到"不知何人"身上，可是，不管是谁提出了这样的建议，安宁作为巡抚都是要对此负责的。

蔡显《闲渔闲闲录》卷五云："向年巡抚听米出洋，苏民顾尧年纠众吵闹。奸民正法，巡抚削职。时有'继善真能继善（谓尹制府），安宁实不安宁'之谣。"[①]安宁当江苏布政使、巡抚多年，没有调节好粮食市场，在米价腾贵的时候，还对粮食出洋不采取任何措施，使米价更加昂贵。这时，百姓要求官府采取控制粮食出洋等措施也没有错。王先谦《东华续录》之《乾隆二十八》乾隆十三年十月部分载乾隆帝上谕云："安宁本一苛刻之人，又遇吴中民风浇薄，怨谤易腾，是以声名决裂。"[②]可见安宁本性苛刻，他在苏州的官声也确实不好，这就使得冲突很容易发生并且

① 蔡显：《闲渔闲闲录》，民国《嘉业堂丛书》本，第3页A面。

② 王先谦：《东华续录》，《续修四库全书》之《史部》，第372册，上海古籍出版社2002年版，第270页。

升级。安宁以武力镇压，这符合他苛刻的本性，已经是错上加错。乾隆帝支持他的上谕，更是火上浇油，他对参与此事的百姓的镇压，变本加厉，百姓就愈加受其荼毒。

大概是尹继善吸取了安宁教训，采取措施调节了粮食价格，因此，民间就有了“继善真能继善”之谣。然吴熊光《伊江笔录》上编云：“江苏一带，米石往往私自出洋。虽从前办有顾尧年之案，而奸民渔利，关吏贿放，仍不免透漏。”①可见，由于苏州地方的米出洋难止，米价难以维持正常，这在当时是很难解决的问题。至于沈德潜诗中“霜雪回春温，下土阴雨膏。请看无知民，回心慕忠孝。霜雪回春温，下土阴雨膏。请看无知民，回心慕忠孝”云云，只能是儒者而高官的诗人的美好理想而已。

袁枚《子不语》卷二《顾尧年》写乾隆十五年袁枚居苏州友人江雨峰家期间所遇奇事，云“先以请平米价倡众殴官为苏抚安公所诛”的“苏市布衣”顾尧年，附在江雨峰之子宝臣身上，借宝臣之口索酒肉祭祀，而此鬼怕袁枚和名医薛雪。② 袁枚以游戏之笔，借说鬼之事，将这沉重的事件轻松简要地记录了一笔。

第二节　诸大臣案本事诗发微

一、己卯顺天科场案诗

德潜《鸡鸣曲》诗云：“鸡初鸣，霜满屋，征夫束装整长毂。别妇牵袂双泪垂，呜咽不敢高声悲。出门登车天欲旦，车声杳杳鸡声乱。愿郎到处闻鸡鸣，便忆此时离别情。”③此诗为《一一斋诗》卷二之第一首，编年在康熙三十九年庚辰。

此诗写夫妇离别。夫妇离别，尽管不是常态，但也不少见，德潜所

① 吴熊光：《伊江笔录》，《续修四库全书》之《子部》，第1177册，上海古籍出版社2002年版，第497页。
② 袁枚：《子不语》，《笔记小说大观》本，新兴书局1978年版，第5162页。
③ 沈德潜著，潘务正、李言编辑点校：《沈德潜诗文集》，人民文学出版社2011年版，第658页。

在的苏州城尤其如此。离别悲伤，乃是正常现象，何至于“呜咽不敢高声悲”呢？此诗当为李蟠被遣戍而作。

李蟠为江苏人，状元，翰林院修撰。康熙三十八年顺天乡试，李蟠为主考，翰林院编修姜宸英为副主考。榜发后，有落第士子在公共场合贴文，责考官“不念寒士之苦，白镪熏心，炎威眩目。中堂四五家，部院数十人，悉居高等”。大学士王熙以下多个达官贵人的子孙行贿中举情形，亦被贴出。“老姜全无辣气，小李大有甜头”之语，广为传播。十一月初三日，江南道御史鹿祐疏参李蟠和姜宸英。康熙帝乃命人彻查此事。[①] 次年正月二十八日，顺天科场复试，康熙帝亲自阅卷。二月初一日，康熙帝传谕大学士等：“朕初谓必有不能终卷者，及阅各卷，俱能成文，尚属可矜。至于落第者在外怨谤，势所必有，焉能杜绝。”试卷获三等及三等以上者，仍然具有举人资格，照常参加会试。获四等者，革去举人资格。姜宸英已经死于狱中，李蟠被遣戍。[②] 以上事实，乃据《清史编年》第三卷记载。

李蟠为江苏籍的状元，故德潜特别注目。李蟠闯了祸被遣戍，德潜乃作此诗，表示关注和同情。他后来编《竹啸轩诗钞》的时候，将此诗编到康熙四十二、四十三年的合卷中，欲模糊此诗的宗旨，以避免可能带来的麻烦。后来，德潜编定二十卷本《归愚诗钞》，就删除了此诗，这应该是出于同样的考虑。

二、《制府来》《闻诏》诗

德潜《制府来》诗，见德潜《竹啸轩诗钞》卷十四，编年在康熙五十八年。德潜晚年将此诗编入《归愚诗钞》卷二《新乐府》。此诗之本事，颇为复杂，且所关重大，前人所论远未尽其要。

《制府来》诗前有小序云：“客述制府始末甚详，因成乐府四解，志往事、儆后来也。”[③]诗写此制府威福自恣，贪污受贿，终于被逮捕处死。所以“儆后来”者，亦不过是作威作福会导致严重后果这样的老生常谈而

---

① 林铁钧、史松编：《清史编年》第三卷《康熙朝下》，中国人民大学出版社 1988 年版，第 161 页。
② 林铁钧、史松编：《清史编年》第三卷《康熙朝下》，中国人民大学出版社 1988 年版，第 166 页。
③ 沈德潜著，潘务正、李言编辑点校：《沈德潜诗文集》，人民文学出版社 2011 年版，第 26 页。

已。但是，如果对此诗本事作较为全面的研究，我们可以发现，此诗还有更为丰富、更为深刻的内容。此诗中的“制府”为康熙时两江总督噶礼，对此，学术界已经没有不同意见。噶礼，栋鄂氏，满洲正红旗人。以祖先军功，得荫生，以此起家，由吏部主事而渐至方面大员。康熙四十八年，迁户部侍郎，旋擢两江总督，五十一年被革职。五十三年，以欲谋杀母亲罪被赐死。其生平事迹，见《清史列传》本传、《清史稿》本传等。

沈德潜此诗的本事，或有未详；相关记载或有失实；某些事情的深层原因，或有未明者。结合此诗，以及历史记载，还有当时和后来的相关传闻，对此事作一番较为详细的考论，限于篇幅，笔者别有专文为之，此就简单叙述之。

沈德潜此诗第一解云：“制府来，势炎赫。上者罪监司，下者罪二千石，属吏驱使如牛羊。”①此言噶礼任两江总督后，威风赫赫，参纠下属，对下属毫无尊重可言。噶礼上任不足四个月，就参罢江苏巡抚于准和江苏布政使宜思恭；不到一年，在他参劾下，代理江苏布政使陈鹏年被革职，入狱，几乎被杀；康熙五十年十一月，上任才两年多一点的按察使焦映汉被他以“贪黩性成，蔑视民命，巧诈欺饰”的罪名参劾革职。焦被革职后，不到三个月，噶礼就和江苏巡抚张伯行互相参劾了。被噶礼参劾的这些官员，尽管是噶礼的属官，但毕竟都是方面大员。至于被他参劾的品级稍微低一些的官员，有督粮道贾朴，也是四品官员了，还捎带上苏州府同知张受采。噶礼上任两年半，就弹劾了这么多大官，看来他弹劾的频率也确实高了一点。

其实，康熙帝让德、才俱不足却“性喜生事”的噶礼当两江总督②是有深意的。康熙帝频繁南巡，不仅给江南等地百姓带来了灾难，也造成江南财政的巨额亏空。噶礼上任就大举参劾江苏高官，奥秘在于将这些高官“黑化”，让他们以“贪官污吏”的形象呈现在社会，承担江南财政亏空的责任，把百姓乃至社会的怨恨转移到他们身上。他这样做，很可能出于康熙帝的面授机宜。

① 沈德潜著，潘务正、李言编辑点校：《沈德潜诗文集》，人民文学出版社 2011 年版，第 26 页。

② 官修，王锺翰点校：《清史列传》第 3 册，中华书局 1987 年版，第 873 页。

沈德潜此诗的第二解云："扬旗旌，麾三军。制府航海清海氛，声名所到，步步生风云。居者阖户，行者侧足。但称制府来，小儿不敢哭。军中队队唱凯还，内实百货装楼船。文武郊迎，次且不得近前。制府之乐千万年。"①其中也有本事在，写噶礼在巡海过程中，获取巨额贿赂。记载此事的古籍较多，凡是涉及噶礼和张伯行"督抚互参"的记载，几乎都会记载此事。可是，如果仔细检点就可以发现，这些记载的源头都是张伯行的《沥陈被诬始末疏》(见张伯行《正谊堂文集》卷二)。这很可能是事实，但张伯行尽管是著名清官，但才能不足，他也无法拿出噶礼受贿的过硬证据。

沈德潜此诗的第四解亦即最后一解云："太阳照，冰山倾。黄纸收制府，片刻不得暂停。轺车一两，千里无人送迎。妇女戟手詈，童稚呼其名。爰书定在旦夕，求为厮养，厮养不可得。盘水加剑请室间，从前荣盛如云烟。制府之乐千万年。②"此写噶礼被逮，最后被赐死。可是，诗中并没有写噶礼垮台和被赐死的原因。

噶礼垮台的直接原因是和巡抚张伯行"督抚互参"。此案涉及的主要事件有二。一是关于督抚奉旨巡海。张伯行参噶礼受海盗贿赂，噶礼参张伯行畏葸不出海。张伯行没有噶礼受贿的证据，指控都是出于猜测和传闻。张伯行没有出海是真的，但他也有理由。二是关于康熙五十年江南科场案。张伯行告噶礼索贿受贿，噶礼告张伯行诬告。张伯行仍然没有证据。这场旷日持久的"督抚互参"，以张伯行革职留任、噶礼革职结束。

德潜得知这个结果，写了《闻诏》二首，其一云："忽传涣汗出深宫，妇孺欢娱四国同。明主自容王敬伯，何人不证魏元忠。已无雄虺吞灵魄，那许浮云障碧空。回斡化工应此日，东南万户待春风。"此诗显然为张伯行作。其二云："当年温旨罢桁杨，咏桧诗成更中伤。水面射工能伺影，天边丽日正重光。一钱久已知刘宠，满箧何妨谤乐羊，漫说湘潭归去好，君恩未许老耕桑。"③此诗则为被噶礼参罢的江苏布政使陈鹏年

① 沈德潜著，潘务正、李言编辑点校：《沈德潜诗文集》，人民文学出版社 2011 年版，第 26 页。
② 沈德潜著，潘务正、李言编辑点校：《沈德潜诗文集》，人民文学出版社 2011 年版，第 27 页。
③ 沈德潜著，潘务正、李言编辑点校：《沈德潜诗文集》，人民文学出版社 2011 年版，第 305 页。

而作。此二诗见《竹啸轩诗钞》卷七，编年就在康熙五十一年。冯桂芬《（同治）苏州府志》卷一百四十八引顾丹午《笔记》云："钦差研审虚实，两公对簿。出公门时，督抚争殴。噶躯雄壮，张亦魁梧。噶不能胜，被张公踢倒。亦异事也。"①此当为传闻之词而已。

噶礼和张伯行互参，如果被认为皆失大臣之体，而张伯行所参都是严重罪行而全虚，就有诬告之罪，噶礼所参虽不全实而不全虚，那么，张伯行所应受处罚，理当重于噶礼所受。可是，康熙帝的圣旨，却是张伯行革职留任，噶礼革职，正好颠倒了。这又是为什么呢？

噶礼之被杀在次年四月，原因竟然是欲谋害其母亲。王先谦《东华录》康熙九十三云：

> 庚寅，刑部奏：原任江南江西总督噶礼之母叩阍，内称"我亲生子噶礼，令厨下人下毒药，欲将我药死。此等凶恶，皆系我少子色尔奇与噶礼之子干都合谋而行。又噶礼以昌泰之子干太认为己子，令妻私自抚养。我丈夫普善在日，将噶礼之妻并干太逐出，昌泰聚集亲戚拆毁我房屋，几至殴打。又噶礼家巨富，将妻子及亲密人等俱住河西务，不知何意。噶礼奸诈凶恶已极，请正典刑"等语。审据，噶礼及噶礼之弟色尔奇、子干都并首服。噶礼身为大臣，任意贪婪，又谋杀亲母，不忠不孝已极，应凌迟处死，妻论绞。弟色尔奇、子干都立斩。昌泰之子干太，发黑龙江当苦差。家产并入官。得旨："噶礼着自尽。其妻亦令从死。色尔奇、干都俱改应斩监候秋后处决。余依议。"②

噶礼家庭的矛盾，由来已久。李光地《榕村语录续集》卷十八云："前上出都时，晋抚噶礼母叩阍，求杀其次子、次女子，又与礼不协。"③家庭矛盾再厉害，何至于母亲要杀子女，且两个儿子、一个孙子联手置母亲、祖母于死地？匪夷所思。李光地所记，还是噶礼当山西巡抚时候的事情，噶礼母亲要康熙帝杀的，还不是噶礼，而是噶礼的弟弟等。这位母亲何

① 冯桂芬编：《（同治）苏州府志》，凤凰出版社 2008 年版，第 4 册，第 763 页。

② 王先谦：《东华录》，《续修四库全书》第 370 册，上海古籍出版社 2002 年版，第 566 页。

③ 李光地：《榕村语录续集》，《四库未收书辑刊》第 4 辑第 21 册，第 156 页。

以先后两次要求朝廷杀她不同的亲生儿子？这非常不符合常理。噶礼之被杀，我们无法推断其中是否存在康熙帝的权谋，但是，噶礼之死是符合康熙帝的利益的，因为康熙帝利用噶礼罢免于准等江苏高官的奥秘就缺乏铁证了。

三、十三朝官被遣戍事诗

沈德潜《归愚诗钞》卷十六《兰台》云："兰台空署赴轮台，诏遣从军万里来。食禄自应持正论，至尊终是重良才。不教天远投魑魅，更许兵屯辟草莱。想象高秋望京国，一时回首白龙堆。"[①]此诗又见《竹啸轩诗钞》卷十六《秋怀五首》之第二首，编年在康熙六十年。王昶《湖海诗传》卷八选录的沈德潜诗歌中，就有此诗。从诗意看，此当为因"持正论"而被朝廷放到边远地区从军的朝臣而发。

沈德潜《清诗别裁集》卷十七选录陈璋《送高鹤洲范舒山家讱叔诸侍御西征》两首，其一云："日下闻天遣，荒寒万国西。非关驱獬豸，直欲掣鲸鲵。倍道旌麾远，先锋铠仗齐。书生能慷慨，临别不含凄。"沈德潜评语云："结意见诸臣忠爱，不作儿女态也。余前亦有句云：食禄自应持正论，至尊终是重良才。见主臣交得。"[②]由此可知，《兰台》诗和陈璋此诗，本事相同。由陈璋诗题中高鹤洲等人名，我们可以知道，此为康熙六十年十三朝官被遣戍事。沈德潜诗中之"兰台"，为御史台之美称。此十三朝官中，有十二人是御史，故沈德潜诗的题目和第一句诗开头为"兰台"。

康熙十四年，康熙帝仿照此前历代皇室立太子的传统，立嫡长子皇二子胤礽为太子。其他皇子中，图谋皇位者有数位，他们各自拥有集团。这些集团、胤礽集团、康熙本人的集团之间，矛盾重重，明争暗斗，不少人在这样的斗争中被杀。康熙四十一年，太子胤礽被废黜，但没有立新的太子。康熙四十八年三月，康熙帝又恢复了胤礽的太子地位，但到了五十一年九月，又再次废黜了太子胤礽，仍然没有立太子。随着康

---

① 沈德潜著，潘务正、李言编辑点校：《沈德潜诗文集》，人民文学出版社 2011 年版，第 319 页。

② 沈德潜编：《清诗别裁集》，上海古籍出版社 1984 年版，第704 页。

熙帝的不断衰老，各个集团之间围绕太子这个位置，角力越来越激烈，终于演变为十几个朝臣被遣戍的大事。

此事件中，文渊阁大学士王掞级别最高。康熙五十六年，王掞上关于立太子的密折。是年，御史陈嘉猷等八人也上奏，建议立太子。康熙帝怀疑陈嘉猷等上这样的奏折和王掞有联系，于是将王掞在五月间的密折公开，命内阁拟对王掞和八御史的处分。后来，康熙帝还是谅解了王掞和八御史。王掞和八御史有惊无险。王昶《春融堂集》之《文集》卷六十四《王掞传》和王先谦《东华录》之《康熙》亦载此事，可以相互印证。

康熙六十年二月十八日，王掞又上密折，建议立太子。随后，陶彝等十二御史也上了建议立太子的奏折。这一次，王掞他们就没有几年前那么幸运了。王先谦《东华录》之《康熙》一百七云："丙子，上手书谕旨谕诸王大臣等：六十年大庆，大学士王掞等不悦，以朕衰迈，谓宜建储，欲放出二阿哥。伊等借此邀荣，万一有事，其视清朝之安危休戚，必且谓与我汉人何涉。似此凶顽愚昧，一无所知，不顾身命宗族，干犯叛逆之罪，而行者亦不少。"康熙帝乃命贵戚和大臣等拟对王掞等的处分。贵戚和大臣认为："王掞忌我朝之太平，结成朋党，奸恶已极，万难姑容。请将王掞及陶彝等俱革职锁拿，俟过十八日大庆之后，臣等公同从重议处。"后来，康熙帝作出处分决定：

> 王掞及御史陶彝等妄行陈奏，俱云为国为君。见今西陲用兵之时，为人臣者，正宜灭此朝食。此系目前显然效力之处。满洲八旗文官俱以章京派往，惟在京汉官不与其内。向年总督姚启圣、李之芳，巡抚赵申乔等俱曾于军前披坚立功，伊等俱系汉官，有何不可？将伊等暂停议罪，着于此番军前照满洲文官例，委署额外章京遣往。王掞年老，着伊子王奕清代去。俟立功回日再奏。①

这样，陶彝等十二人和王奕清前往西北军中服务。

康熙帝 8 岁登基，康熙五十六年时他早已是六十几岁的老人了。

① 王先谦：《东华录》，《续修四库全书》第 370 册，上海古籍出版社 2002 年版，第 654 页。

如果康熙帝突然有什么三长两短，没有太子，朝政乃至天下很可能会陷入动乱，后果不堪设想。从历史上看，皇帝这把年纪而没有立太子的例证是极少的，教训也是不少的，更何况，康熙帝尚健在的时候，皇子们就已经争得难解难分了。精通历史、洞察现实且有丰富政治经验的王掞，既然当着大学士，既然对清王朝和康熙帝忠心耿耿，不管就职责而言，还是就忠诚而言，他都必须建议康熙帝尽快立太子。不管从任何方面看，他都没有错。当然，御史们也没有错。

康熙帝没有采纳王掞的建议恢复胤礽的太子地位，这可以理解，因为他已经对胤礽失望了，心里有了别的人选。那么，他为什么迟迟不立太子呢？也许，鉴于立太子之后，各皇子之间的纷争加剧，朝臣多谄附太子，故他早就想到了把立太子的诏书作为遗诏放在“正大光明”殿匾额后面的办法而不说明。但是，显然还有别的原因。王先谦《东华录》之《康熙》一百七载康熙帝上谕云：“王掞以伊祖王锡爵在明神宗时力奏建储之事为荣，常夸耀于人，不知羞耻。”康熙帝认为，“王锡爵极力奏请建立泰昌”，其后明朝厄运连连，直至亡国。“亡国之贼，王锡爵不能辞其罪也，应剖棺斩首，以祭神宗之陵。神宗有灵，必为首肯。王锡爵行事，同时之人，亦甚恶之，故作词曲极肆诋詈。至我朝，其孙又入叛党，受伪札付，称为总兵，不久被擒。朕宥其殄灭九族之罪，止戮其身，别无株连。乃王掞不思图报，妄行陈奏，其负恩可知矣。”他又将王掞之建议立太子和王锡爵之主导立泰昌帝相比附：“王锡爵已灭明朝，王掞以朕为神宗，意欲摇动清朝。”[①]从康熙帝这些话中，我们可以看到这位一代英主在生命最后阶段的精神状态，焦虑而虚弱，竟然会有如此忌讳，连基本的逻辑都不讲了。王锡爵主导立太子，即使导致了明王朝的灭亡，那么，这和他的曾孙王掞建议清朝立太子之间有必然的关系吗？

对王掞和御史们在这次事件中所表现出来的对朝廷的忠诚，德潜当然是认可的，也是赞颂的。可是，对康熙皇帝处罚他们，德潜当然也不敢批评，只能以“重良才”为解，康熙帝毕竟没有给他们更重的惩罚。

---

① 王先谦：《东华录》，《续修四库全书》第370册，上海古籍出版社2002年版，第654页。

四、年羹尧本事诗

德潜《汉将行》诗云：

> 汉京崇阀阅，汉代多高勋。鼓刀狗屠皆得势，何况卫霍天家亲。天家之亲本荣贵，叱咤风云众人畏。浑邪此日尚称王，诏遣立功向边地。追随不数执金吾，鞭挞常加骑都尉。归来献捷觐王都，剑履公然殿上趋。姓名已勒燕然石，方略还成充国图。请夺田园武安客，横行朝市霍家奴。宝器征求归邸第，通侯爵赏及童雏。誓辞真许天长久，雨露恩私无日无。祸福循环倚还伏，从来攲器常倾覆。井泉流溢鸱昼鸣，氂缨加剑全家哭。铁券丹书返内庭，柘林兔苑移他族。报恩之子倏操戈，珠履三千去何速。北邙抔土竟无存，万事豪华如转烛。前车之覆后车诫，后车不诫终当败。窦田骄横总沦亡，博陆功名空盖代。君不见波浪掀天舸舰危，使帆全在转帆时。功成早办藏弓意，只有浮家范蠡知。[①]

此诗见十四卷本《归愚诗钞》卷四，编年在雍正十年，又入二十卷本《归愚诗钞》卷十，两个版本词语稍有不同，兹据后者列出。按，此诗为年羹尧事作。

年羹尧，汉军镶黄旗人，康熙三十九年进士，历官川陕总督、抚远大将军，在平定青海等地的过程中，功勋卓著。《清史稿》卷二九五列传八五《年羹尧传》云："羹尧才气凌厉，恃上眷遇，师出屡有功，骄纵，行文诸督抚，书官斥姓名，请发，侍卫从军使为前后导引，执鞭坠镫。"雍正二年十月，"入觐，令总督李维钧、巡抚范时捷跪道送迎。至京师，行绝驰道，王大臣郊迎，不为礼。在边蒙古诸王公见，必跪。额驸阿宝入谒，亦如之。"在陛见时，年羹尧无人臣礼，尽管还获得了双眼孔雀翎等赏赐，但其态度引起了雍正帝的不满。年家仆人桑成鼎累官至直隶守道，另一仆人魏之耀官至副将。其亲信王景灏为四川巡抚、亲信胡期恒为甘肃巡抚。年羹尧如此威福自恣，雍正帝自然难容。雍正三年三月，天

① 沈德潜著，潘务正、李言编辑点校：《沈德潜诗文集》，人民文学出版社 2011 年版，第 186 页。

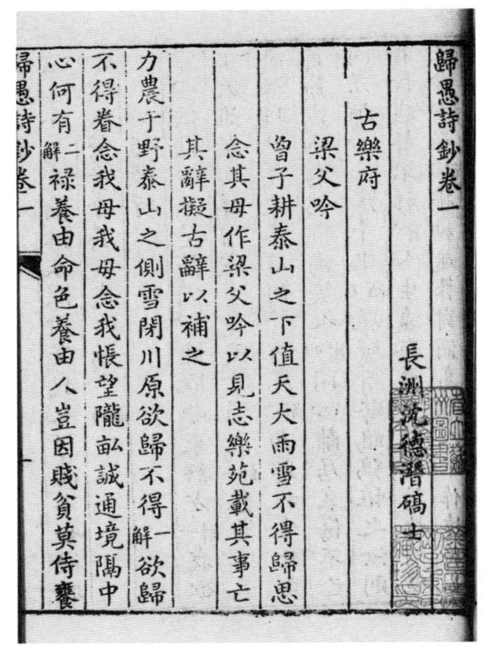
歸愚詩鈔卷一
長洲沈德潛碻士
古樂府
梁父吟
曾子耕泰山之下值天大雨雪不得歸思
念其母作梁父吟以見志樂苑載其事亡
其辭擬古辭以補之
力農于野泰山之側雪閉川原欲歸不得解一欲歸
不得眷念我母我母念我悵望隴畝誠通境隔中
心何有解二祿養由命色養由人豈因賤貧莫侍饔
歸愚詩鈔卷一

《沈归愚诗文全集》(清乾隆间教忠堂刻本)

象出现“日月合璧,五星连珠”,各地大员具本奏贺。年羹尧奏本字迹潦草,且将“朝乾夕惕”写成了“夕惕朝乾”,被雍正帝解读为“不敬”,“其谬误之处,断非无心”。四月,雍正帝以岳钟琪为川陕总督,调年羹尧为杭州将军,并且步步紧逼,令其交代罪行。十二月,有野虎入京城年羹尧家,被官兵扎死。相传年羹尧出生时,有白虎之兆。雍正帝闻之,杀年羹尧之意遂决。年羹尧被控以“大逆”等九十二条罪行,被雍正帝赐死。①

钱仲联《清诗纪事》第八册《乾隆朝卷》之沈德潜部分引钱仲联《梦苕庵诗话》云:

> 世宗登祚,羹尧拥戴之功为多。不特功高震主,且世宗夺位密谋,年特预闻。故世宗蓄意除之。雍正三年,年遂终于被杀矣。归愚此诗,题曰《汉将行》者,年为汉军镶黄旗人。诗中称“卫霍天家

① 赵尔巽主编:《清史稿》第34册,中华书局1977年版,第10355页。

亲”，年并非清帝椒房之亲，而诗语云尔者，意在霍而不在卫，更不在窦、田。霍又是意不在霍去病而在霍光。诗中一再言“霍家奴”，“博陆功名”，非泛言也。霍光以大将军废昌邑王，立汉宣帝，故借以暗指年羹尧拥立世宗。结尾“藏弓”之语，用鸟尽弓藏之典，矛头明明直指世宗。归愚冒大不韪为此诗，并刻入《归愚诗钞》，安得不为高宗所恶？死后获咎，徐述夔一传，恐不过为导火线耳。[①]

这样的分析，广为学术界所引用，影响很大。年羹尧参与雍正帝登位阴谋之说曾经广泛流传，这和参与争夺帝位而失败的人有直接的关系。这样的传说，很可能在雍正朝就流传。德潜将这样的传说写到诗歌中，当然也是可以的。可是，年羹尧确实是“天家亲”。《清史编年》第四卷雍正三年十一月十五日云：“贵妃年氏病重，进封为皇贵妃。二十二日，逝世。年氏，遐龄之女，年羹尧之妹，先为雍亲王侧福晋，雍正元年封贵妃。既逝，谕称其‘秉性柔嘉，持躬淑慎’。”[②]年贵妃去世后不到一个月，年羹尧就被赐死了。当然，霍光也是“天家亲”。《汉将行》中的“霍”，确实是霍光。霍光有拥立汉宣帝之功，而无军功。诗中以霍光暗指年羹尧，确实有影射年羹尧参与拥立雍正帝阴谋的意思。先师的分析，也是正确的，唯独说年羹尧不是“天家亲”未确，盖先师当时未知确有年妃其人也。

五、仲永檀案诗

德潜《偶述》之第一首云：“铁冠岳岳立朝端，毛羽俄看铩凤鸾。不密失身占易象，议能减辟问周官。桁杨不扰臣心定，手足全归国法宽。犹有门生守遗榇，西风古寺泪汍澜。”[③]此诗见十四卷本《归愚诗钞》卷九，编年在乾隆八年。

此为仲永檀事而作。兹据《清史编年》第五卷乾隆七年部分所载，叙述如下：先是左副都御史仲永檀将他自己上的密折中的内容透露给

① 钱仲联编：《清诗纪事》，江苏古籍出版社 1987 年版，第 5061 页。

② 史松编：《清史编年》第四卷《雍正朝》，中国人民大学出版社 1991 年版，第 162 册。

③ 沈德潜著，潘务正、李言编辑点校：《沈德潜诗文集》，人民文学出版社 2011 年版，第 929 页。

詹事府詹事鄂容安，事发，乾隆帝将仲永檀、鄂容安革职，交庄亲王允禄等亲王和大学士张廷玉等重臣会审。十二月十一日，乾隆帝认为仲永檀在上密折之前就和鄂容安商量，既上之后，又照会对方，显然是"结党营私，纠参不睦之人"。鄂容安的父亲鄂尔泰，为当朝重臣，也是仲永檀的老师。十八日，王大臣请将鄂尔泰革职。乾隆帝认为，鄂尔泰屡次荐举仲永檀，说他"端正率直"，显然是党庇门生，且未能教训好儿子，故"著交部议处"，以示薄惩。最后结果是仲永檀死于狱中，鄂容安免于遣戍，在上书房行走。①

关于仲永檀之死，也还有故事，录古籍相关记载于下。姚元之《竹叶亭杂记》卷七云："余闻前辈言，张尚书某，即张文敏照也，以药杀仲副宪永檀。张归，至仲家浅，见子路以椎击其首，亦以是死。"②昭梿《啸亭杂录》卷六云：

> 仲副宪永檀，山东济宁人，中乾隆丙辰进士，为鄂文端公得意门生。时步军统领鄂善受商人俞某之贿，公首发之，鄂遂伏法。又劾大学士赵国麟、侍郎许希孔等往工部胥役俞姓家吊丧，有失大臣之体，诸人为之降黜有差。纯皇帝嘉其敢言，由御史立擢副宪，以旌其直。时张尚书照以文学供奉内庭，尝预乐部之事。公劾之，有"张照以九卿之尊，亲操戏鼓"之语。张衔之次骨，乃谮公泄禁中语，下狱。上知其枉，立释之。张恐其报复，因用其私人计，携樽往贺，暗置毒酒中，因毙于狱。傅文忠时为户部侍郎，大不服张所为，欲明言于朝，以公尸如常，事无左验，乃已。逾年，张病噎，告假旋里，卒于济宁舟中，盖见公为祟也。③

张照派人毒死仲永檀，此事所冒风险太大，一旦败露，张照会付出生命和声誉的代价，以张照之智不至于此。郑虎文《吞松阁集》卷三十一《云南永北府知府袁君传》：

> 袁君近斋，乾隆辛酉举人，中壬戌金甡榜进士，试刑部，大司寇

① 郭成康编：《清史编年》第五卷《乾隆朝上》，中国人民大学出版社 1991 年版，第 148—149 页。

② 姚元之著，李解民校：《竹叶亭杂记》，中华书局 1982 年版，第 147 页。

③ 昭梿著，冬青校点：《啸亭杂录》，上海古籍出版社 2012 年版，第 132 页。

张文敏公材君，予提牢。提牢满岁，即真授主事，既免考察，君遽得之，疑为私人。时副都御史仲公永檀以言事下狱，病笃。君据例请文敏以仲病状上闻，俾出狱视疾。仲故君座主，文敏用以诮君。君曰："此刑部例也。以例请，是提牢职，非私仲。仲故当死，死亦可于狱，独刑部不可违例。死仲于狱，由提牢，提牢乱刑部法，刑部乱天子法。某何人，将恐有任其咎者。"文敏不应，乱以他语。同列皆引君衣，令退。君端立不动，争益力。文敏大发怒去。而仲竟死于狱。是时，君直声闻京师。①

郑虎文所云，当有所本，也符合情理。就这些未必确凿的记载看，有一点是肯定的，这就是就仲永檀事件来看，舆论是在仲永檀一边的。

据王先谦《东华录》等记载，仲永檀参劾了很多与鄂尔泰不睦的官员，因此，张照和鄂尔泰之间、和仲永檀之间积怨甚深则是事实。当时朝廷，分别以鄂尔泰和张廷玉为首的两大派系矛盾尖锐，仲永檀事件为一个爆发点。

这两大派系，树大根深。当时有"桐城张姚两姓，占却半部缙绅"之说。② 张氏登仕版者，有张廷璐等十九人。再加上他们的门生和故旧，还有联姻的姚家等亲戚，势力就更为庞大了。张廷璐于德潜，有知遇之恩，而张廷璐正是张廷玉的亲弟弟。从这样的关系而论，德潜应该属于张廷玉一派。当然，这个时候的德潜还是翰林院一个小小的七品编修，人家还看不上眼。不过，从感情上说，德潜应该偏向张廷玉一派。可是，从这首诗中来看，德潜对仲永檀弹劾官员是赞赏的，对他被审讯、入狱乃至去世有很明显的同情。结语不仅赞扬了仲永檀的弟子恪守师道，也暗示了他们那个派系并不示弱的意思。或许是因为此事所涉及的人际关系非常复杂，或许是为了避免有背叛张廷璐师门的嫌疑，德潜在编定其《归愚诗钞》的时候就把这首诗删除了。后来，张廷玉受到乾隆帝的屡屡欺辱，抑郁而终。德潜在处理和张廷玉一派关系的问题上，他作为乾隆帝的近臣，显然是很高明的。

① 郑虎文：《吞松阁集》，《四库未收书辑刊》本，第10辑第14册，北京出版社2000年版，第301页。

② 王先谦：《东华续录》，《续修四库全书》第372册，上海古籍出版社2002年版，第81页。

六、杭世骏革职事诗

《归愚诗钞》卷九《偶述》之二云："殿头磊落吐鸿辞，文采何尝惮作牺。王吉上书明圣主，刘蕡对策治平时。邻翁既雨谈墙筑，新妇初婚议灶炊。归去西湖理场圃，青青还艺向阳葵。"①此诗编年在乾隆八年。后德潜编定诗集，题作《送杭堇浦太史》。

按，此为杭世骏革职回乡事而作。当时题为《偶述》，也是以此事敏感度高，德潜纪之，怕因此招致麻烦，遂以此模糊之而已。事在乾隆八年二月初九日，《清史编年》第五卷乾隆八年部分云：

> (二月)初九日癸巳，翰林杭世骏在选考御史时所对事务策中对乾隆帝用人提出批评，他认为："满洲才贤虽多，较之汉人，仅十之三四。天下巡抚尚满汉参半，总督则汉人无一焉。"在汉人中，三江两浙的人才又受到歧视，"十年不调者，皆浙江之人"。乾隆帝针对杭世骏所称"意见不可先设，畛域不可太分"，大谈满汉一体，自己并无畛域之见，又痛责杭世骏怀挟私心，轻视满洲，命交部严议。寻议：杭世骏怀私妄奏，依溺职例革职。从之。②

龚自珍《杭大宗逸事状》云："乾隆癸未岁，杭州杭大宗以翰林保举御史，例试保和殿。大宗下笔为五千言。其一条云：我朝一统久矣，朝廷用人，宜泯满汉之见。是日有旨交刑部，部议拟死。上博询廷臣，侍郎观保奏曰：是狂生，当其为诸生时，放言高论久矣。上意解，赦归里。"③

杭世骏所说，确实是事实。其他人为什么不说呢？因为他们觉得这由他们来说不合适。从德潜诗歌中看，德潜对杭世骏所言是赞赏的，对他的勇气也是赞赏的，但也认为他说这些不合适，如同"新妇初婚议灶炊"，不得体。杭世骏所为和受罚，正如鲁迅所说，把当时统治者当成亲老子，亲亲热热去撒娇，不料被统治者打了。其他大量的朝野士人都

---

① 沈德潜著，潘务正、李言编辑点校：《沈德潜诗文集》，人民文学出版社 2011 年版，第 337 页。

② 郭成康编：《清史编年》第五卷《乾隆朝上》，中国人民大学出版社 1991 年版，第 152 页。

③ 龚自珍著，王佩诤编校：《龚自珍全集》第二辑，上海人民出版社 1975 版，第 161 页。案，当为癸亥岁，龚自珍误记"癸未"。

清醒地认识到，最高统治者不是他们的亲老子，或者，正如德潜所比喻的那样，他们是新媳妇，最高统治者是婆婆，新媳妇和婆婆之间是生分的。可见，当时士大夫，即使当了朝臣，和最高统治者之间也远非同心同德，从内心深处而言，甚至是离立的。抛开种族的因素，再以大尺度的视野看历史，在专制封建制度的政治框架下，这样的君臣关系也是常态。

七、张玉书之孙张适案诗

德潜《咏史》诗云："卢奕死寇难，舔血有鲁公。子杞几丧邦，阴狡称穷凶。李泌相三朝，深计抒孤忠。繁也乱彝常，地下愧而翁。如何凤麟种，产此枭与獞。眼中见若曹，斫丧前人功。愿君早回车，金刀韬其锋。不尔若敖馁，岂独颓门风。"[①]此诗仅见于十四卷本《归愚诗钞》卷十一，编年在乾隆十年。

此诗明显是写朝廷元老级重臣的后代某人，横行不法。从"愿君早回车，金刀韬其锋"来看，此诗非泛泛告诫累世仕宦家族的子弟，乃是为某一个人而发。其人的直系血亲中的长辈，应该是宰相级别的人物，否则，诗中不会以李泌等人物来作比喻。那么，此人是谁呢？

《清史编年》第五卷乾隆十一年十一月十三日下记载：常州知府董怡曾，徇情肆虐，收受革职直隶藩司张适贿赂，被两江总督尹继善、江苏巡抚安宁参奏而查办。张适以"结交劣守，仗势殃民，横行乡党"，同时交审，其家产被查禁。乾隆帝令军机大臣，在此案结案后，当另折请旨，给张适"派一大差"，以为贪暴者戒。[②] 德潜此诗，非作于乾隆十年，当作于乾隆十一年。若不是德潜编诗集时误记，则应该是德潜故意模糊此诗所指，因为德潜此诗正是为张适而作。

张适，江南丹徒人，是个"官四代"。张适的曾祖父张九徵，顺治九年进士，官至河南提学佥事。张适的祖父张玉书，顺治十八年进士，康熙间历任要职，为宰相二十年，康熙五十年因病去世，年七十。[③] 张玉书

---

① 沈德潜著，潘务正、李言编辑点校：《沈德潜诗文集》，人民文学出版社 2011 年版，第 950 页。

② 郭成康编：《清史编年》第五卷《乾隆朝上》，中国人民大学出版社 1991 年版，第 17 页。

③ 官修，王锺翰点校：《清史列传》第 3 册，中华书局 1987 年版，第 699—703 页。

的独子，亦即张适的父亲张逸少，字天门，康熙进士，官至翰林院侍读学士。张适，字叔度，其人弱冠能诗文，善书法，兼工绘事，监生。雍正帝即位，张适以大臣后裔的身份被召为顾问，先后任刑部员外郎、陕西粮盐道、甘肃按察使、直隶布政使。他曾经被卷入年羹尧案件，雍正帝宽恕了他，还让他升迁，且升迁的速度也是超常的。可是，张适和他小心谨慎的祖父完全不同，这也许和他"官四代"的身份有关。在直隶布政使任上，有老秀才窦可相上告知府曾逢圣"居官劣款"，张适审理这"民告官"的案子，其间对窦用刑而导致窦死亡。正在刻意整顿吏治的雍正帝大怒，张适免死，发回原籍，令地方官严加管束，不许出境生事。于是，雍正六年正月，张适就正式被罢免了。

回到原籍后的张适并不低调自保，还是不甘寂寞。要他待在原籍，在地方官的管束下度日，这是难以做到的。他举家迁移到常州他父亲购买的别墅青山庄，且将青山庄大规模扩建，竭尽奢华。张适的儿子张冕、女婿徐柱臣，喜欢艺术，多才好事，经常招四方官员和文人名流在青山庄举行豪华宴饮。张家如此奢华招摇，不仅在客观上促使张适横行霸道、谋取钱财，也招致当权者的嫉恨，终于以此而败。

不管是从《清史编年》还是从沈德潜此诗看，当时的张适还没有性命之虞。但是，张适的结局是在此案中被当局所杀，家产被籍没，其别墅青山庄被官卖。杨锺羲《雪桥诗话续集》卷五说张适："乾隆间，忤当事，以居乡不法入奏。身罹重辟，家产籍没，青山庄遂鞠为茂草。"[①]赵翼《瓯北集》第一卷《青山庄歌》云："平生枉使钱如水，此日人情薄于纸。有谁广柳路旁迎，并少绿珠楼下死。"[②]张适没有妻妾婢女之类为他自杀，这不奇怪，因为用绿珠事要求相关女子，明显不近人情。可是，张适太丘道广，对太多的人，例如王应奎、蒋汾功、储大文等，似乎不薄，而被杀之后，那些当年满座的高朋连敢去收尸的也没有，可见当时士风是何等的萎靡了。

那么，军机大臣们为什么没有按照乾隆帝的指示，给张适"派一大

---

① 《近代中国史料丛刊续集》第 23 辑影印本，文海出版社 1975 年版，第 807 页。

② 赵翼：《瓯北集》，《清代诗文集汇编》第 362 册，上海古籍出版社 2010 年影印本，第 15 页。

差”，而是把张适杀了，是在审理中发现了新的足以判处张适死刑的案情，还是在有超强大力者的干预下判了张适死刑，还是有人以足以致死的罪名陷害张适得逞？由于缺乏资料，我们暂时也无法知道了。至于张适为什么遭到这样的横祸，他为什么会向董怡曾行贿？又为什么会东窗事发？这些问题同样缺乏材料，我们暂时只能阙疑了。

第三节　朝廷军事、经济事务诗

一、边塞诗

德潜的边塞诗有一定的数量。德潜没有经历过战乱，也没有边塞经历。他写这些边塞诗，并非都是为诗造情，是为了学习唐代边塞诗而“处承平而言干戈”，至少有部分边塞诗确实有其反映现实政治、表明自己对边塞朝政的态度。从康熙中期到乾隆年间，朝廷对西北用兵，断断续续，延绵多年，甚至有些时段，战争还比较激烈。除了康熙亲征外，允禵、年羹尧、岳锺琪等，都是对西北用兵中著名的军事领导人。

德潜的边塞诗除了一首写台湾战事外，几乎都是为朝廷西北战事而作，但观察角度是多方面的。

作于康熙四十四年(1705 年)的《紫骝马》云：“匹马边州路，骅骝迥出群。此行须努力，壮士正从军。接战穿残垒，追奔蹑乱云。骁腾驰万里，仗尔策殊勋。”[①]其作于康熙五十六年的《归愚诗钞》卷一《战城南》云：“战城南，苦寒月。刀声过处红雨飞，一片黄沙堆白骨。战罢飞狐西，又战金河东。今日壮士死，他日将军功。军中夜宴挝鼍鼓，锦帐妖姬对歌舞。残兵僵卧风雪中，鬼马相随鬼妾语。鬼妾语，鬼马号。雄鸡剪梦天不高。羽书晓过阴山麓，十万髑髅作人哭！”[②]德潜此诗即为朝廷对西北用兵而发，其中渲染了战场的恐怖，突出了边塞将士之间根本利

① 沈德潜著，潘务正、李言编辑点校：《沈德潜诗文集》，人民文学出版社 2011 年版，第 15 页。
② 沈德潜著，潘务正、李言编辑点校：《沈德潜诗文集》，人民文学出版社 2011 年版，第 7 页。

益的对立。同一年所作《塞下曲》绝句五首，其四写将士之苦云："流尽征夫眼中血，谁人月下唱阳关。"①同一年所作《苦寒行》，突出边地士卒身受之苦和心灵之苦。同年所作《企喻歌》之三云："苍鹰摩高天，不为燕与雀；壮夫出塞行，不为珪与爵。"②这又是那么公而忘私。同年所作《西极》云："西极未归化，王师议取残。丁男征六郡，甲士重三韩。青海天将尽，阴山火亦寒。谁同傅介子，谈笑斩楼兰。"③此诗和次年所作《送人从军》，再次年所作《闻浙西兵过》，都是充满豪情，具有鼓舞人心的力量。

《竹啸轩诗钞》卷十六《秋怀五首》，编年在康熙六十年。第二首云："王师屯戍几经年，帝子临戎赴极边。稽颡虚传唐突厥，转输远过汉居延。庙堂赤芾忧劳外，郡邑牂羊涕泪前。闻道西安正氛祲，秋风万井少炊烟。"④"帝子"云云，指康熙帝帝十四子允禵为"抚远大将军"，统帅西北军事。此诗又见于《归愚诗钞》卷十六，题目为《禁军》，文字略有不同。第一首"破屋黄茅卷夕风"云云，第三首"秦川丰岁困租庸"云云，都是写绵延多年的战事对社会经济造成的损失，给朝野尤其是百姓带来的沉重负担。德潜编《归愚诗钞》的时候，把这几首都删除了，只留了第二首，还经过了改动。

其第五首云："天兵南下苦雷奔，直过澎湖气欲吞。重臣已复安平镇，设险还防鹿耳门。万里波涛昏日月，九秋风雨动鲸鲲。寄语八闽诸将士，岂容海岛有孙恩？"⑤按，此为台湾朱一贵事而作。朱一贵，福建漳州长泰人，康熙五十二年到台湾，任台厦道辕役，未久被撤，乃以养鸭为业，并秘密结盟。康熙六十年春，台湾凤山县知县空缺，台湾知府王珍代掌县印，委托其子行县政。其子征收钱粮苛刻，又未经核实逮捕违禁入山砍伐者百余人，以此激起民愤。四月十九日，朱一贵借此机会起事，一时势如破竹，几乎占领整个台湾。朱一贵自称"中兴王"，所部至

① 沈德潜著，潘务正、李言编辑点校：《沈德潜诗文集》，人民文学出版社 2011 年版，第 16 页。
② 沈德潜著，潘务正、李言编辑点校：《沈德潜诗文集》，人民文学出版社 2011 年版，第 18 页。
③ 沈德潜著，潘务正、李言编辑点校：《沈德潜诗文集》，人民文学出版社 2011 年版，第 240 页。
④ 沈德潜著，潘务正、李言编辑点校：《沈德潜诗文集》，人民文学出版社 2011 年版，第 842 页。
⑤ 沈德潜著，潘务正、李言编辑点校：《沈德潜诗文集》，人民文学出版社 2011 年版，第 842 页。

三十万。清廷派兵到台湾，进攻朱一贵所部。闰六月初五，朱一贵及其他主要首领全部被擒。

雍正二年（1724年）所作《拟边庭怨》写征人之思乡。同年所作《关山月》云："天风吹月度长城，照彻关山分外明。寒逼铁衣人万里，光连玉帐夜三更。边声尽唱从征乐，戍客能轻去国情。破镜刀环儿女意，莫教传语汉家营。"①这是保卫国家的豪情了。当时的德潜，尽管还没有中举，但屡屡受到官府青睐。

德潜作于乾隆十一年（1746年）的《饮马长城窟》也写久戍边塞的将士之苦，但结尾云："金创血，流今古。万里无家不言苦，此身分作边城土。"②这就是舍小家而为国家的献身精神了。作于同年的《塞上四时辞》之一云："排空归雁度金河，壮士春来喜荷戈。望里芊芊青草色，玉门关外总阳和。"③这就是"从军乐"了。这时候的德潜是朝廷高官了。因此，他观察边塞战争的立场和角度，也就和作为布衣的时候不同了，态度也不同了。

二、朝臣开矿之争诗

德潜《杂诗》之一云："商君霸秦国，言利窃高位。继以桑弘羊，盐铁佐武帝。车裂并族诛，枉自精心计。刘晏能富国，机智众人忌。终受杨炎谮，诏遣中使毙。而胡百世下，析利踵其弊。天产不容藏，山川少完地。苗顽易争夺，边疆恐凋瘁。吾闻盛明朝，盎然太和气。不亏唯正供，节俭足经费。彼哉惜牛毛，无事忽生事。《大学》垂训言，以义实为利。"④此诗见十四卷本《归愚诗钞》卷八，编年在乾隆七年。

按，此诗为当时朝廷就开矿事务展开的朝臣之间的不同意见冲突而作。从此诗可以看出，德潜是不主张发展开矿的。因此事持续时间较长，限于篇幅，笔者在这里不展开详细的考证和阐述。

① 沈德潜著，潘务正、李言编辑点校：《沈德潜诗文集》，人民文学出版社2011年版，第14页。
② 沈德潜著，潘务正、李言编辑点校：《沈德潜诗文集》，人民文学出版社2011年版，第11页。
③ 沈德潜著，潘务正、李言编辑点校：《沈德潜诗文集》，人民文学出版社2011年版，第17页。
④ 沈德潜著，潘务正、李言编辑点校：《沈德潜诗文集》，人民文学出版社2011年版，第924页。

三、江苏救灾事诗

《杂诗》之二云："上世有荒岁，天下无荒民。《周官》十二政，救荒如救焚。汲黯能矫节，发仓后奏闻。陆贽遣赈抚，天高恐难陈。书之在史册，后代当遵循。至人御六合，膏泽防其屯。赤子偶颠跻，父母加恩勤。谁何建异议，倡言勿赈贫。但防侵冒弊，罔顾哀鸿群。府库虽云充，沟壑填方堙。寄言牟利臣，毋伤天地仁。"[①]又有《救饥行为家椒园侍御作》七古长篇，以诗长不录。此二诗俱见十四卷本《归愚诗钞》卷八，编年在乾隆七年。

此二诗为当时江苏等地水旱灾难而作。据《清史编年》第五卷乾隆七年记载，是年三月，乾隆帝命军机大臣传谕，申饬两江总督那苏图未据实陈奏灾情，致使难民流离失所，并且警告他不得掣肘钦差查灾办赈大臣周学健之政务。可见，在此之前，那苏图是隐匿灾情、反对赈灾的。四月，那苏图与闽浙总督德沛对调。七月间，江苏北部淮、徐、扬、泰、盐和山东某些地方等地遭受严重水灾。[②] 德潜《救饥行为家椒园侍御作》云："传闻淮徐间，饥民日屯聚。草根食尽剥木皮，到处俱成白榆树。饥肠结涩喉出火，全家十人五颠仆。前年儿女随路鬻，今年儿女无鬻处。子弃死父，妻弃死夫，同行不顾妇与姑。道旁过者那敢视，乌鸢啄尸满路隅。"这是纪实。在这样的情况下，御史沈廷芳陈奏建议迅速采取得力措施，拯救饥民。皇帝采纳了这个建议，"宫中圣人广诹询，救焚拯溺切乃身。截漕振荒待麦熟，已遣大吏遍拊循。"[③]八月，朝廷豁免江苏、安徽、福建未完赋税漕粮等。十月初，朝廷下令，截留下江乾隆八年起运漕粮八十万石、山东漕运粟米二十万石，以备江苏灾区冬春赈济之需。另从河南拨粟米二十万石，以备安徽某些地区冬季赈灾。这就是德潜诗中所说"截漕振荒待麦熟，已遣大吏遍拊循"。[④]

德潜和沈廷芳关系密切，《救饥行为家椒园侍御作》是赞扬沈廷芳

① 沈德潜著，潘务正、李言编辑点校：《沈德潜诗文集》，人民文学出版社 2011 年版，第 924 页。
② 郭成康编：《清史编年》第五卷《乾隆朝上》，中国人民大学出版社 1991 年版，第 134、144 页。
③ 沈德潜著，潘务正、李言编辑点校：《沈德潜诗文集》，人民文学出版社 2011 年版，第 200 页。
④ 郭成康编：《清史编年》第五卷《乾隆朝上》，中国人民大学出版社 1991 年版，第 144 页。

的，此次行动也是沈廷芳最为自负的政治作为，因此，德潜编二十卷本《归愚诗钞》时将此诗编了进去。苏那图尽管在乾隆十四年去世，但他久居高位，门生故吏甚多，更为重要的是他和王室关系密切。因此，德潜怕引起麻烦，没有把《杂诗》之二编入二十卷本《归愚诗钞》。

德潜早年为文字狱、江南海案写诗歌，这确实需要很大的勇气的，何况，其中也明显有对当局残暴的谴责。此类诗歌，在德潜的作品中最为可贵，可惜不多。关于朝官非其罪而遭祸患的诗歌，德潜也是站在正义的立场上为之，在复杂的政治环境中，这也是不容易做到的。至于《哀愚民》，德潜确实是站在当局的立场上否定百姓的抗争，但对百姓也有明显的同情。总之，德潜此类诗歌，在内容方面有较高的价值，对我们全面认识德潜其人至关重要。

第八章　社会生态的诗歌纪录

德潜现存诗歌，从康熙三十八年己卯(1699年)开始，到乾隆三十四年己丑(1769年)年止，历时70年。这在清代诗人乃至在我国古代诗人中，是绝无仅有的。德潜的诗歌中，有很大的部分是当时社会生态的真实纪录。其中两大部分最为重要，一是纪录当时灾异及灾异应对的部分，二是纪录当时社会众生相，特别是底层社会众生相的部分。

我国自古就是农业社会，而农业科技发展缓慢。德潜所处的年代和中古时期相比，除了在引进和推广外来农作物方面外，其他方面的进步是不显著的。江南农作物以稻麦为主，收成受气候的影响很大，水稻尤其容易遭受旱涝灾害。在当时的工业水平和小农经济的生产格局下，水利事业落后。因此，农业灾害频发，而水旱灾害又容易导致蝗虫等虫灾的发生，甚至导致传染病的流行。其时，社会比较安定，百姓所遭受的苦难主要来自自然灾害。作为一个关注社会民生的诗人，德潜对这些灾害非常关切，有很多诗歌写此题材。德潜早年家住苏州市郊，后来搬到城内居住，但还是离城外很近，何况苏州城当时规模不大。因此，他对城市、乡村各色人等及其构成的社会生态是非常熟悉的。这些人的喜怒哀乐，他更为关注，因为诗歌具有“泄导人情”的功用，他要以诗歌行“诗教”，当然社会生态和各色人等的喜怒哀乐等思想感情也就成了其诗歌的重要内容。

第一节　灾异中社会生态的立体展示

这里所说的"灾异",包括社会性的灾难和被认为是负面的奇异自然现象。德潜写水旱风虫等自然灾害的诗歌不少。笔者以《沈归愚自订年谱》、许洽《眉叟年谱》、张慧剑《江苏文人年表》和多卷本的《清史编年》等纪年类史料,以及《苏州府志》等方志,还有和德潜同时代的作家的诗文集等比对,除了极少数之外,德潜这些诗歌都有很强的纪实性。

记录灾异的情景以及所造成的苦难是此类诗歌题中应有之义。例如,《忧旱》云:"春秋特书六月雨,六月不雨真天灾。况今五月至六月,千里赤地人民哀。版田确确苗不活,租牛戽水牛蹄脱。沟渠熯干河底裂,农夫尽叫人力竭。"[①]《后愁霖叹》云:"前年赤地千余里,去年三吴逢大水。今年淫雨仍不休,波涛滚滚通平畴,鱼鳖出没蛟龙游。田家有麦刈不得,对此嗷嗷叹无食。"[②]《沴疫》云:"沴疫遍孤村,人家半掩门。鸪鸣欺白昼,鬼语聚黄昏。巫祝频祈禳,亲朋少慰存。病多闻脉理,方药许同论。"[③]《霜灾》云:"时维八月中,高空降玄霜。丰年遭此成歉岁,而况大风以后加摧戕。妇竖腰镰刈归,弃掷以喂鹅鸭。鹅鸭不食。告荒向官吏,扑挟臀无肤。愚民剥树皮,到处成白榆。我慰愚民尔无苦,圣人仁覆天同溥,即看赈恤周我土。"[④]据德潜自编年谱记载,乾隆二十年七月下旬,虫灾严重。继以风灾、霜灾,间有刈获,虽鹅鸭亦不食。民情惶惶。既闻乾隆帝有折漕之旨,又闻乾隆帝怜悯江浙荒歉,暂停南巡。民情始安。这些记载对研究灾荒史、气象史、农业史、经济史、瘟疫史等,有重要的价值。

面对具有广泛社会性的灾难,有效地集中社会资源,形成尽可能强大的社会力量,战胜灾难,其意义是不言而喻的。可是,在封建社会中,这一点难以做到。在灾难中,富人仍然过着富人的生活,而穷人甚至难

① 沈德潜著,潘务正、李言编辑点校:《沈德潜诗文集》,人民文学出版社 2011 年版,第 146 页。
② 沈德潜著,潘务正、李言编辑点校:《沈德潜诗文集》,人民文学出版社 2011 年版,第 162 页。
③ 沈德潜著,潘务正、李言编辑点校:《沈德潜诗文集》,人民文学出版社 2011 年版,第 230 页。
④ 沈德潜著,潘务正、李言编辑点校:《沈德潜诗文集》,人民文学出版社 2011 年版,第 437 页。

以生存。于是，贫富之间的社会矛盾会得到凸显。这在德潜诗歌中也有反映。如《愁霖叹》："富家米贵渐遏籴，穷檐瘦男多菜色，湿云压甑断朝食。"①《后愁霖叹》："比岁柴荒贾无比，况今菜麦淹欲死，百斤三百青铜钱，乡村日高无爨烟。穷民忍饥伐林木，带雨担向豪家鬻，鬻之豪家烂鱼肉。"②《热》："朱门正娱客，乘月引清商。"③《夏日述感七首》六："多金高甲第，无食贱丁男。"④灾难甚至有可能成为富人进一步致富的商机，也就是在所谓的"灾难经济"中抓住机会的人也可以获利。如《忧旱》："富家遏籴闭仓囷，愚民不靖声喧呼。"⑤《夏日述感七首》之四："豪家闭仓廪，米价日频加。"⑥《夏日杂咏十章》之四云："谁令私室拥，自触长官嗔。"⑦对这样的现象，官府应该予以打击。

文化如果没有足够的物质支撑，其维持社会和谐等的功能就会被削弱。在灾难之中，人们为了生存，对维持生存的物质生活资料的欲望就容易导致对包括道德、法律、公序良俗在内的文化规范的突破，社会矛盾由此变得更加尖锐，灾难所造成的危机会进一步加深。政府官员的举措失当，富人的为富不仁，会把这些矛盾和危机推向一个新的高度。德潜这些诗歌中也体现了这样的现象。《复旱》云："去年荒旱苦乏食，县令喈血鞭耕农。蜂喧蚁屯不肯靖，九死那惜罹凶终。愚民可惩亦可闵，仁者终愿全哀鸿。"⑧《淫潦》二首之二云："穷民稀作市，俭岁早关门。为语龚黄辈，探丸今尚存。"⑨《夏日述感七首》之五："三尺森然在，无良尚有徒，探丸分黑白，劫客隐萑苻。圣主时蠲赋，贤臣欲绘图。尔曹须向善，回首免刑诛。"⑩《旱》四首之四："苍赤唯存骨，强良不畏天。安民先禁暴，专望大臣贤。"⑪《夏日苦雨用东坡黄州寒食韵》云："吴中礼

---

① 沈德潜著，潘务正、李言编辑点校：《沈德潜诗文集》，人民文学出版社 2011 年版，第 148 页。
② 沈德潜著，潘务正、李言编辑点校：《沈德潜诗文集》，人民文学出版社 2011 年版，第 162 页。
③ 沈德潜著，潘务正、李言编辑点校：《沈德潜诗文集》，人民文学出版社 2011 年版，第 233 页。
④ 沈德潜著，潘务正、李言编辑点校：《沈德潜诗文集》，人民文学出版社 2011 年版，第 226 页。
⑤ 沈德潜著，潘务正、李言编辑点校：《沈德潜诗文集》，人民文学出版社 2011 年版，第 146 页。
⑥ 沈德潜著，潘务正、李言编辑点校：《沈德潜诗文集》，人民文学出版社 2011 年版，第 226 页。
⑦ 沈德潜著，潘务正、李言编辑点校：《沈德潜诗文集》，人民文学出版社 2011 年版，第 442 页。
⑧ 沈德潜著，潘务正、李言编辑点校：《沈德潜诗文集》，人民文学出版社 2011 年版，第 173 页。
⑨ 沈德潜著，潘务正、李言编辑点校：《沈德潜诗文集》，人民文学出版社 2011 年版，第 235 页。
⑩ 沈德潜著，潘务正、李言编辑点校：《沈德潜诗文集》，人民文学出版社 2011 年版，第 226 页。
⑪ 沈德潜著，潘务正、李言编辑点校：《沈德潜诗文集》，人民文学出版社 2011 年版，第 247 页。

让俗，年来薄于纸。水患更迫之，纷争遍闾里。忧端如野云，随触时时起。"[①]从历史上看，灾难引发的社会矛盾，这样的"次生灾害"有可能比原生的灾害大很多，甚至导致一个王朝的灭亡。明朝末年，不正是这样吗？因此，诗人对此的关注以及由此引发的忧愁是有根据的，不仅仅是出于自身安全的考虑。

德潜此类诗歌，最值得注意的是关于灾害应对的部分。从政府角度应对灾害发展成一类政务，叫"荒政"。"荒政"又成为一种学问，叫"荒政学"。在历史上，官方和民间应对灾害的常规措施，德潜此类诗歌中几乎都有之。例如，利用市场的力量向灾区输送粮食。《夏日述感七首》之四："但冀泛舟役，湘潭到客艖。"[②]《夏日杂咏》之六："惟期川广熟，大舸泛江波。"[③]《又风灾》："渐成凫雁食，专仰湘潭艖。"[④]当然，这只能应对一些比较轻的灾情，或者稍微减缓灾情。又如，官方减免灾区的赋税。《秋雨叹》："天家恩诏减浮粮，不向牵牛怨服箱。"[⑤]当然，这仅仅适用于灾情较轻的地区。官方向灾区输送官家的粮食，在危急之际甚至截留漕粮，或用于平抑灾区粮食价格，或直接用于赈济灾民。《雨不止》："发仓闻减价，稍喜补沉灾。"[⑥]《亢阳》第二章："帝命地官，振贷发粟。首自邦畿，远连山谷。胥吏毋中饱，充民之腹。"[⑦]《救饥行为家椒园侍御作》："宫中圣人广诹询，救焚拯溺切乃身。截漕振荒待麦熟，已遣大吏遍拊循。更因此言叠散振，总欲活此七十余万之穷民。"[⑧]但是，在赈济的过程中，官吏或者其他经办人乘机侵占的现象在封建社会中也是常见的。德潜诗歌中，亦有反映。《复旱》："往者湛恩下南国，截漕十万防灾凶。出陈易新有良法，要令江左无疲癃。黠吏饱死穷檐饿，官长何必皆喑聋。养鹯驱爵岂天意，转瞬赫怒回宸衷。"[⑨]《夏日述感七首》之

① 沈德潜著，潘务正、李言编辑点校：《沈德潜诗文集》，人民文学出版社 2011 年版，第 495 页。
② 沈德潜著，潘务正、李言编辑点校：《沈德潜诗文集》，人民文学出版社 2011 年版，第 226 页。
③ 沈德潜著，潘务正、李言编辑点校：《沈德潜诗文集》，人民文学出版社 2011 年版，第 442 页。
④ 沈德潜著，潘务正、李言编辑点校：《沈德潜诗文集》，人民文学出版社 2011 年版，第 469 页。
⑤ 沈德潜著，潘务正、李言编辑点校：《沈德潜诗文集》，人民文学出版社 2011 年版，第 179 页。
⑥ 沈德潜著，潘务正、李言编辑点校：《沈德潜诗文集》，人民文学出版社 2011 年版，第 236 页。
⑦ 沈德潜著，潘务正、李言编辑点校：《沈德潜诗文集》，人民文学出版社 2011 年版，第 33 页。
⑧ 沈德潜著，潘务正、李言编辑点校：《沈德潜诗文集》，人民文学出版社 2011 年版，第 200 页。
⑨ 沈德潜著，潘务正、李言编辑点校：《沈德潜诗文集》，人民文学出版社 2011 年版，第 173 页。

二:"糠粃聊充腹,迁延及草根。长官齐设粥,黎庶最衔恩。奔走谁家子,哀鸣到处村。吏胥休蠹食,国法至公存。"[①]《夏日杂咏十章》之四云:"入告缘开府,营私误吏胥。假公填壑谷,随意肆侵渔。幻妄云千叠,阴幽鬼一车。淫人今已富,天道竟何如?"[②]他不仅抨击这样的现象,也提醒官员们防止这样的现象发生。《过粥厂口号》:"设粥郊原为疗饥,残黎频触长官威。谁云不食嗟来食,得食何妨扑挟归。"[③]此则是希望官吏们对可怜到只求保全性命、毫无人格尊严的灾民存些仁人情怀,对他们保持起码的尊重。

民间赈灾,也是灾害应对的一种常见形式,当然,这只能是大户人家才有这种力量。在灾害应对中,官府保护、开发、利用此类资源也是荒政的一个重要部分。《夏日杂咏十章》之四云:"救荒先保富,富户贵施仁。保富源常足,施仁惠可均。"[④]富户在地方的经济活动中起着重要的作用。比德潜年辈少长的唐甄在其《潜书》下篇之上《富民》中云:"里有千金之家,嫁女娶妇,死丧生庆,疾病医祷,燕饮赍馈,鱼肉果蔬椒桂之物,与之为市者众矣。缗钱镏银,市贩贷之;石麦斛米,佃农贷之;匹布尺帛,邻里党戚贷之。所赖之者众矣。此藉一室之富可为百室养者也。"[⑤]在灾害应对中,富户如果能够赈济灾民,分担官府的责任,对地方的贡献就更大了。更加重要的是,在灾荒之年,救贫即保富!

灾害应对,特别是灾荒应对,那是关系到多少人生命的大事,相关的官员当然应该全力以赴。可是,有些官员并非如此。对此类官员,德潜写诗嘲讽。《夏日杂咏》之七云:"能员才力大,政外有余情。已擅卢医术,旋调傅说羹。驱魈喧爆竹,禳疹击铜钲。(近日事)曲误还能顾,时闻奏乐声。"[⑥]此诗当作于乾隆二十年,德潜家居,尽管已经退休,但乾隆帝恩眷正隆,故他敢于如此大胆地批评地方当局。

德潜诗歌中写得比较多的灾害应对的另外一个部分,是属于玄幻

---

① 沈德潜著,潘务正、李言编辑点校:《沈德潜诗文集》,人民文学出版社 2011 年版,第 226 页。
② 沈德潜著,潘务正、李言编辑点校:《沈德潜诗文集》,人民文学出版社 2011 年版,第 442 页。
③ 沈德潜著,潘务正、李言编辑点校:《沈德潜诗文集》,人民文学出版社 2011 年版,第 438 页。
④ 沈德潜著,潘务正、李言编辑点校:《沈德潜诗文集》,人民文学出版社 2011 年版,第 442 页。
⑤ 唐甄:《潜书》,上海古籍出版社 1955 年版,第 105 页。
⑥ 沈德潜著,潘务正、李言编辑点校:《沈德潜诗文集》,人民文学出版社 2011 年版,第 442 页。

的部分。这个部分，又可以分为两个小部分，一是祷禳，二是修省。

所谓祷禳，包括祈祷和禳除。前者是向包括上天在内的神灵祈求，如求雨、求晴等，后者是用巫术、祭祀等方法消除种种灾害。祷禳者或者祷禳的组织者，可以是民间人物或组织，也可以是朝廷或者官府，前者体现地方利益的担当，后者是对国家或地方负完全责任。德潜此类诗歌的灾害应对中，属于祷禳的部分，笔者略举例证。《亢阳》第二章云："帝命礼官，乃行大雩。郊宫山川，奠瘗斯周。"第四章云："恭维圣母，忧心怲怲。步祷斋宫，为民请命。人有弗诚，天无弗听。惟大父母，胡忍子病。愿回仁慈，以救而万姓。"[1]《忧旱》："有司祈祷心劳攘，火焚蜥蜴同暴尪。谁能精诚格昊苍，甘霖大沛歌时康。"[2]《复旱》："黄衣道士穷法术，讹言天意当乾封。"[3]《祈雨谣》："铁冶禁，南门阖，祈雨一依《繁露》法。……长官督道流，作乐心诚求。洗涤衢路通渠沟，道流窘迫心繁忧。夜来星汉亘天宇，广川术不灵，转思卜式语：烹弘羊，天乃雨。"[4]《久旱仿白傅体》："祈雨师江都，城门阖南方。江都术不效，建议将暴尪。咸指魃为雪，此鬼殊披猖。目在顶之上，身材三尺强。僵尸久而化，厥性同贪狼。横行疾于风，千尺能飞抢。所指云翳散，丰隆亦收藏。同类多狻魖，相助疑蜩螗。道流并进言，且任田畴荒。不则降祲疫，有生遍罹殃。我心大不然，万类毋张皇。昊天本仁爱，肯使民胥戕。"[5]这些都是古老的求雨方法。天子或地方官员向天求雨，古代称为"雩"，先秦典籍中常见。击"旱魃"求雨的风俗，和古代神话有密切的关系。"魃"是传说中能劫去雨水造成干旱的精灵，故名"旱魃"。古人认为，击毙或者成功驱赶旱魃，雨水就可以降临了。"驱魃"的风俗，一般在民间行之。至于请道士求雨，官方和民间都可能行之，这和道教符箓派声称可以通过符箓、祈求等方式求雨有直接的关系。德潜诗歌中，还不止一次地写到以"《繁露》法""江都法"求雨，实际上就是按照汉代当过江都

① 沈德潜著，潘务正、李言编辑点校：《沈德潜诗文集》，人民文学出版社2011年版，第33页。
② 沈德潜著，潘务正、李言编辑点校：《沈德潜诗文集》，人民文学出版社2011年版，第146页。
③ 沈德潜著，潘务正、李言编辑点校：《沈德潜诗文集》，人民文学出版社2011年版，第173页。
④ 沈德潜著，潘务正、李言编辑点校：《沈德潜诗文集》，人民文学出版社2011年版，第441页。
⑤ 沈德潜著，潘务正、李言编辑点校：《沈德潜诗文集》，人民文学出版社2011年版，第628页。

王太傅的董仲舒在其《春秋繁露》中所写求雨方法求雨。董仲舒在前人相关理论的基础上创立“天人感应”学说。这种学说认为“同气相求”，因此，天地之间，金木水火土五行中的各个部分以及各部分之间，会发生相互作用。例如，天旱，那就是阳气旺盛所致。五行之中，火当然是极阳之物。在五行和五方位相对应的关系中，火和南方相对应，南方属火。根据“天人感应”的学说，如果人间多火气，同气相求，那么，天地之间的阳气就愈加旺盛，天就愈加不会下雨，干旱就会愈加严重。因此，德潜诗歌中说，求雨要“铁冶禁，南门阖”。人们认为，金属冶炼，当然要产生巨大的热量，南方属火，南门一开，就会产生大量的阳气，如此就会加重旱情。禁止了金属冶炼等，关闭了南门，世间的阳气就减少了，阴气就增加了，天受到感应，就下雨了。很明显，以上这些应对灾难的祷禳类方式，都是没有科学依据的。德潜本人，除了对皇帝、太后的求雨活动只能赞颂其灵验外，对其他的方式，例如道士求雨、依照董仲舒的方法求雨和驱逐旱魃等，都是不信的。《久旱仿白傅体》中，对种种求雨方法，他说：“我心大不然，万类毋张皇。”①

再说修省。所谓修省，指天子和大臣检讨自己的言行，特别是政治行为，及时弥补其中的缺失。《吕氏春秋》认为，灾异亦即灾害和被认为是不良的异常自然现象，是社会政治缺失的反映，也是对统治者的警告，因此，消除这些灾害或自然现象，统治者特别是天子就要检讨自己的言行，特别是政治作为，进而采取措施，予以补救。补救到位，灾异也就消除了。这些理论见于《吕氏春秋》卷六《明理》《制乐》、卷十三《应同》等。董仲舒由此发展为“天人感应”的学说。灾异降临，统治者检讨现实政治，尽管对灾异本身的应对未必有直接的作用，但是，对改善社会政治肯定是有好处的。德潜此类诗歌中也多这方面的内容。如《亢阳》第三章：“帝命秋官，并清岸狱。诛殛放流以下，脱乃桎梏，弛乃抶扑。庶邀天和，上天其从欲。”②《地震行》：“野人不识造物意，叩首直欲排天扃。伯宗有问绛人对，乘缦撤乐非无凭。况闻秦陇岁不登，炖煌郡

① 沈德潜著，潘务正、李言编辑点校：《沈德潜诗文集》，人民文学出版社 2011 年版，第 628 页。

② 沈德潜著，潘务正、李言编辑点校：《沈德潜诗文集》，人民文学出版社 2011 年版，第 33 页。

外方屯兵。”[①]《星陨行》：“今皇涵育遍八极，要使万类如提孩。何为垂象示修省，祥桑雉雊同妖灾。天官之书理难测，回斡彼苍君相职。”[②]《救饥行为家椒园侍御作》：“即今三辅歌云汉，惟惧灾荒继淮甸。应天以实不以文，九重下诏求直谏。回斡有方能指陈，愿尔更奏金华殿。”[③]《夏日述感七首》之七：“忧时劳丙吉，占策问京房。玉烛资调燮，还期格昊苍。”[④]《旱四首》之二：“祷夸繁露术，忧切望云情。孝妇疑遭戮，弘羊或待烹。”[⑤]《祈雨谣》：“长官督道流，作乐心诚求。洗涤衢路通渠沟，道流窘迫心繁忧。夜来星汉亘天宇，广川术不灵，转思卜式语：烹弘羊，天乃雨。”[⑥]《久旱仿白傅体》：“昊天本仁爱，肯使民胥戕。九重更同天，宵旰怀如伤。德盛沴自消，妖魃旋逋亡。翘望甘雨降，犹及供神仓。亢旱虽有忧，终许歌时康。”[⑦]这些诗歌中，德潜赞颂或者提醒以天子为首的统治者检讨现实政治，显然是有积极意义的。至于提到检讨刑法方面的作为，对当时的现实政治而言，特别是对多发而残酷的文字狱而言，现实意义更为明显。

应对频发的水旱灾害，最为有效且根本的方法是兴修水利。康熙年间，朝廷和地方在这方面已经做了很多工作。德潜《清诗别裁集》中就选了一些这方面内容的诗歌，但德潜自己所写灾异题材诗歌中却没有这方面的内容。至于应对疾疫，最好的方法是改善人们的生活环境和生活习惯，研发和推广防治知识和方法。在封建社会中，前者还没有被人们普遍地认识到，更没有被各级官员列为行政的内容，后者则已经被某些官员所采用。例如，许洽《眉叟年谱》康熙四十八年云：“夏，江浙大疫，陈府尊复合辟瘟丹施送，且以方遍劝富民有同志者。疫系去年海疠气也。”[⑧]此“陈府尊”就是苏州知府陈鹏年。“海疠”，此指上一年海案，上文已论之。此案是督粮厅张某代理苏州知府期间，为了迎合巡抚

① 沈德潜著，潘务正、李言编辑点校：《沈德潜诗文集》，人民文学出版社 2011 年版，第 168 页。
② 沈德潜著，潘务正、李言编辑点校：《沈德潜诗文集》，人民文学出版社 2011 年版，第 174 页。
③ 沈德潜著，潘务正、李言编辑点校：《沈德潜诗文集》，人民文学出版社 2011 年版，第 200 页。
④ 沈德潜著，潘务正、李言编辑点校：《沈德潜诗文集》，人民文学出版社 2011 年版，第 226 页。
⑤ 沈德潜著，潘务正、李言编辑点校：《沈德潜诗文集》，人民文学出版社 2011 年版，第 247 页。
⑥ 沈德潜著，潘务正、李言编辑点校：《沈德潜诗文集》，人民文学出版社 2011 年版，第 441 页。
⑦ 沈德潜著，潘务正、李言编辑点校：《沈德潜诗文集》，人民文学出版社 2011 年版，第 628 页。
⑧ 顾公燮等著，甘兰经等校：《丹午笔记·吴城日记·五石脂》，江苏古籍出版社 1999 年版，第 259 页。

于准而刻意罗织、从重处罚而造成，故其“恶气”化为灾异，以瘟疫体现出来。这也是“天人感应”学说的思维。对这次瘟疫，德潜也有诗歌描写。《夏日述感七首》之三云：“疠疫连三月，灾荒历二年。空村多鬼语，茅屋少炊烟。乞命祟淫祀，招魂赴野田。四方俱掩胔，感此意茫然。”①可惜陈鹏年下令推广辟瘟丹之事，德潜没有写到。

总之，德潜写灾异之诗，内容充实，有一定的历史价值，然其内容没有超越传统的灾异理解和应对。不过他在此类诗歌中根据董仲舒“天人感应”的理论，反复提倡统治者检讨现实政治，特别是刑法方面的政务，在当时还是有一定的现实意义的。

第二节　社会众生相的描绘

德潜诗歌记录当时社会生态，很大程度是通过对社会众生相的精准描绘来实现的。当然，这些众生相主要是在苏州及其附近地区的下层社会。

苏州及其整个江南地区，只要社会大致稳定，经济正常运转，百姓维持基本的生活还不是很难的。可是，在德潜诗歌中并非如此。

德潜的《百一诗》，编年在康熙六十一年，是当时苏州地区社会的概貌，呈现了许多重要的社会矛盾。明代初年以后，苏州没有过大规模的战乱，人多地少。苏州及其附近地区，很多农田是原来的沼泽地改造成的，容易受涝灾，但也容易受旱灾。这似乎难以理解，但却是事实。其根本原因是，这些田地低洼，秋季无法种植小麦等夏熟粮食作物，只好荒着，而夏季粮食作物只能种水稻，而在需要水的时节却没有足够的水，水稻就会歉收。雨势稍大，那些田又很容易被淹。于是，正如德潜诗歌中所说：“吴民下下田，况处繁华境。年来旱潦余，十室九悬罄。”苏州商业发达，许多不法商人勾结海盗，兴风作浪，操纵苏州粮食市场，并且利用爪牙牟利：“而何奸牙徒，手握贵贱柄。一石一两奇，贾直市中平。出洋四倍之，囤户互相竞。海洋纷寇贼，毒恶类枭獍。有天无地处，劫掠逞剽轻。金多阙粮

① 沈德潜著，潘务正、李言编辑点校：《沈德潜诗文集》，人民文学出版社 2011 年版，第 226 页。

粒，蘖芽未敢横。一朝通内地，种类交手庆。奸牙尔何心，豢寇夺民命。”赋税繁重，这又是一个严重影响民生的因素。江苏、浙江、福建、广东，在封建社会中历来就是朝廷财源。明代初年，朱元璋因苏州、松江等地区百姓依附张士诚，又加重了对这些地区的赋税。此后，清廷承袭这样的财税政策。各级地方官吏为了邀宠，也为了中饱私囊，以“火耗”等名目，加收赋税，使百姓负担雪上加霜。《百一诗》之三云：

丁粮盛苏松，难与他郡较。供赋民力疲，况复增火耗。每两五六分，七八渐稍稍。近者加一余，官长任所好。捉轻兼捉青，官夺吏乃勦。争先植其私，百私并尤效。赢余囊橐充，正供逋欠告。缅昔康熙初，大臣秉钧要。政简民力肥，黍苗阴雨膏。云何四十年，万室困凌暴。充腹尚不给，焉能顾庸调？天家阙财赋，浚削竟何效？官司惧失职，加耗议欢噪。救焚用膏脂，炎炎看原燎。善政利渐复，积弊期迅扫。

生存艰难，有些人就铤而走险，以劫夺为生。苏州附近太湖中的“湖匪”，几乎是封建社会中难以解决的一个毒瘤。加上城乡的不法之徒，社会的不安定因素又大大增加了。朝廷失策，官府无能，百姓遭殃。《百一诗》之四云：

南方多暴客，杀夺为耕耘。靴刀裹红帕，行劫无昏晨。事主诉县官，县官不欲闻。朱符遣悍吏，按户拘四邻。保甲及里正，锒铛入公门。鞫谳恣挞辱，需索空鸡豚。盗贼实远扬，株累连众人。纵虺虐虾鲍，主者何不仁？前年中丞公，志欲穷其根。峻法缉湖寇，远虑防海氛。一从弹劾归，若辈弥纷纶。遂令湖海间，屯聚如飞蚊。吾思牧民术，先威而后恩。治弊用重典，古人之所云。霜雪既已加，相济在春温。锄诛岂常用，盗贼亦平民。①

在这样的社会环境下，尤其是中下层的社会成员，生存状态会好到哪里去呢？

封建社会中，有“士农工商”“四民”之说。德潜为官之后，其诗歌酬

① 沈德潜著，潘务正、李言编辑点校：《沈德潜诗文集》，人民文学出版社 2011 年版，第 85—86 页。

唱所及绝大部分是官员，他们的生存状态当然和社会下层的士人有本质的不同。德潜为官之前，其诗文中的“士”大多是苏州及其附近地区的，是不得志的，生存状态并不理想，其中不少为衣食而奔忙。在当时的社会，大量的士人即使成了秀才，未必能够得到尊重，甚至未必能够得到足够的安全感。《百一诗》之五云：

> 芳兰锄其根，贱于水中蒲。士人虐其类，轻于市中屠。炎炎当路人，金多崇体躯。遇士故无礼，弃之等泥涂。士流亦戆直，敢非其大夫。所以士与官，凿枘两相殊。近闻穷庐子，冠裳而累俘。官长大嫚骂，虎吏伤肌肤。李树代桃僵，绝命于非辜。林间一鸟死，百鸟声喧呼。同类为举幡，苍黄走街衢。官长赫然怒，谓此梗化徒，誓将一网尽，哪复分龙鱼。王制选造士，允为邦国储。儒行贵自重，文章砥廉隅。两者均失之，厥咎归谁欤？江河日东趋，颓阳日西徂。摧折已自今，后日将何如？缅怀申屠蟠，搔首空踌躇。

“近闻穷庐子，冠裳而累俘”云云，[①]为当时某个家庭贫困的读书人被当局逮捕、刑讯致死的事件，本事暂失考。江南读书人和官府之间的矛盾，明代那些规模宏大、斗争激烈乃至惨烈的事件不论，进入清代后，涉及民族矛盾的也不论，在顺治、康熙间的“抗粮哭庙案”以后，则屡屡发生。例如，许治《眉叟年谱》康熙三十九年记载：“秋，苏郡五生保等事发，文宗震怒，命提调严审，欲置之死。五生皆富家子，费以万计。族弟乾始与焉。皆革顶置狱过付，人皆夹伤。”[②]五十六年云：“提调杨朝麟擒潘英下狱，枷号怀夹士子六人。”[③]到嘉庆年间，还有影响更大的“吴县诸生案”，德潜当然没有见到，但其弟子王昶站在诸生一边，有致当局的长篇书信表明他的态度。因此，德潜诗中所写，应该是真实事件。“林间一鸟死，百鸟声喧呼”，这就是《百一诗》这个篇名的解释，德潜因为某一个同类遭殃，就和其他的同类一起，发出自己的声音，揭示这些严重的社会矛盾，希望得到统治者的重视，进而解决这些矛盾，让人民有个安

---

① 沈德潜著，潘务正、李言编辑点校：《沈德潜诗文集》，人民文学出版社 2011 年版，第 86 页。
② 顾公燮等著，甘兰经等校：《丹午笔记·吴城日记·五石脂》，江苏古籍出版社 1999 年版，第 256 页。
③ 顾公燮等著，甘兰经等校：《丹午笔记·吴城日记·五石脂》，江苏古籍出版社 1999 年版，第 261 页。

定的社会环境。

德潜《一一斋诗》之《草玄客》云："草玄客，撑肠拄腹千卷书。不向公卿作长揖，可怜寒不能衣，饥不能食，穷年矻矻头欲白。"[①]《竹啸轩诗钞》卷三《贫士》云："空山一贫士，子立何所归？励节三十年，量力守布衣。朝饮涧中水，莫采山上薇。天寒水成冻，岁晚薇亦稀。行吟山泽中，浩歌声已希。世无带索翁，斯意谁人知？"[②]这"草玄客"和"贫士"，都是当时社会下层读书人的典型形象。他们坚守传统读书人的品格，追求真理，忧国忧民，保持人格尊严，不走捷径，但在贫困中老去。对这样的士人，德潜是非常熟悉的。他写文章的启蒙老师施灿就是这样的读书人，在长期的贫病中去世。

德潜写农村和农民的诗歌比较多。德潜家世代居住在苏州城葑门外的沈家竹墩，那里是苏州城的郊区，尽管进城并不远，但属于农村。沈家世代以教书为生，但有一些田地出租，德潜也会到自家田地所在的地方，和租户交流，了解收成等。因此，他对农村和农事，尽管缺乏切身的体验，但还是比较了解的。再者，儒家和我国传统思想中是重农的，德潜也是如此。他写这么多关于农村和农民的诗歌，也就在情理之中了。

前人写田园诗，有"农家乐"一类，以陶渊明和王维为代表，有"农家苦"一类，以白居易新乐府、张籍和王建等的小乐府为代表。当然，还有一类，以写农家风俗为主，以范成大的《腊月村田乐府》为代表，后来大量的题《耕织图》之类的诗歌，即从这一路而来。德潜写农村和农民的诗歌，不刻意地写农家各种风俗，也许是范成大的诗歌他很难超越。那么，德潜此类诗歌，其主题主要是"农家苦"还是"农家乐"呢？

尽管"苦"和"乐"是相对的，例如，相对于以草根充饥的人来说，以苜蓿和糠饼充饥的人，会感到幸运，可能会有些"乐"，但是，对正常人来说，谁会乐于以苜蓿和糠饼充饥的生活？那么，客观来说，当时农民的生活是"苦"还是"乐"？我们先从农业生产方面来看。在普遍实行农业

① 沈德潜著，潘务正、李言编辑点校：《沈德潜诗文集》，人民文学出版社 2011 年版，第 659 页。
② 沈德潜著，潘务正、李言编辑点校：《沈德潜诗文集》，人民文学出版社 2011 年版，第 764 页。

机械化之前，莫说耕牛不是每个农家都有的，即使有耕牛，农民的体力劳动量也是很大的，若非亲身参与其间者，很难体会这样的劳动量究竟有多大，究竟有多苦。农业机械化之普遍实行，是晚近几十年的事，德潜生活的时代谁都还不曾梦见。再从农民生活看。说生活的其他方面也许太奢侈，我们仅仅从最为基本的粮食来看。农民解决温饱的问题，其实也就是晚近几十年的事。若非亲身参与其间者，很难体会饥饿之苦，很难明白农民所受饥饿之严重。如果再加上不断的灾荒、沉重的赋税、繁多的徭役，甚至地主的地租，当时农民的生活能不苦吗？

德潜有不少直接写农民苦难的诗歌。例如，《挽船夫》云："县符纷然下，役夫出民田。十亩雇一夫，十夫挽一船。挽船劳力声邪许，赶船船户猛如虎。例钱缓送即嗔喝，似役牛羊肆鞭楚。昨宵闻说江之滨，役夫中有横死人。里正点查收藁葬，同行掩泪伤心魂。即今水深泥滑行不得，身遭挞辱潜悲辛。不知谁人归吾骨，拼将躯命随埃尘。茫茫前路从此去，泊船今夜在何处？"[①]《民船运》写干旱之年，农民被征用，运粮往京城。"口粮半中饱，枵腹难支撑。黠者盗粮粒，愚者时呼庚。太仓急转输，王事有期程。运官肆榜笞，牛羊役穷氓。夜月照黄芦，白浪闻哭声。"[②]此二诗歌都是写徭役之苦。没有类似经历的人很难明白其苦。《凿冰行》云："大声苍崖崩巨石，小声戈矛互舂击。水深没髁衣露肘，手足皴裂无人色。"[③]《后凿冰行》云："五更号令鸠穷民，赤脚层冰立难定。冲寒捂击裂十指，入水支撑割双胫。"[④]《踏车谣》云："朝踏车，暮踏车，力疲财竭声咨嗟。田中黄秧半枯瘁，千里赤日无云遮。晚炊缺食儿童哗，明朝斗米何处赊？踏车归来正欲睡，虎吏银铛锁教去。使君夜饮酣有余，堂上笑听肉鼓吹。"[⑤]《织妇叹》云："促织复促织，织妇闻之重太息。当窗晓织到日黑，千缕万缕织成匹。公家催新租，私家责旧逋。公家私家两交迫，惭无尺寸奉老姑。妾身无衣不足悯，老姑无衣哪御冷？君不

① 沈德潜著，潘务正、李言编辑点校：《沈德潜诗文集》，人民文学出版社 2011 年版，第 735 页。
② 沈德潜著，潘务正、李言编辑点校：《沈德潜诗文集》，人民文学出版社 2011 年版，第 27 页。
③ 沈德潜著，潘务正、李言编辑点校：《沈德潜诗文集》，人民文学出版社 2011 年版，第 153 页。
④ 沈德潜著，潘务正、李言编辑点校：《沈德潜诗文集》，人民文学出版社 2011 年版，第 675 页。
⑤ 沈德潜著，潘务正、李言编辑点校：《沈德潜诗文集》，人民文学出版社 2011 年版，第 659 页。

见，优伶今日拟王公，遍身尽服穿云龙。”①《麦枯》写灾荒之年被催租之苦：“麦枯麦枯，十日九雨烂麦须，收归上场化麦奴。化麦奴，剩麦稃，悍吏下乡催麦租。”《采茶辞》写农民忙于采茶、制茶，“公家榷茶问茶户，上品缄封奉官府。今年叶卷芽柄焦，恰值三春断雷雨。莽园辛苦偿茶租，田间菜麦还干枯。”②《田家苦》云：“朱陈村，吏打门，往时喧扰连鸡豚，况今村落艰饔飧。旱年逢妖魃，租牛车水牛蹄裂。潦年雨不休，湖波吞岸淹禾头。冬天无米偿田主，吏瞋官责谁怜汝？田家之苦无与同，嫁女仍事田家翁。”③这是德潜晚年的作品，这时的他和当官时候相比，顾忌要少得多，所以就写得明确，题目就是“田家苦”，灾害、官家、地主，明明白白，就是“田家苦”的原因。

当然，德潜也有少量写“农家乐”的诗歌，但是这些诗歌另有奥妙。德潜《田家杂兴》之三：“村墟起暝色，牛羊各来归。田家晚炊罢，犹自关柴扉。邻里夜相过，团坐情依依。共夸麦苗盛，共忧桑叶稀。儿女齐长大，所需食与衣。地远人俗淳，言语心无机。只谈农家事，焉知谁是非。”④这是以田家生活的简单、淳朴和真诚反衬当时灾祸时起，特别是文字狱频繁而酷烈的文化界。其意在后者而非前者，此诗最后两句就是奥妙所在。德潜《田家四时辞》之冬季云：“无烦邻女夜舂寒，户户盘匜劝饱餐。社鼓散余田父醉，扶归更饮合家欢。”这是“农家乐”，但仅仅是大年夜的情景，这样片刻的“乐”是建立在此前之“苦”的基础之上的。春季云：“杏花着雨半村开，陇畔声声布谷催。父老连年输税早，料无县隶打门来。”“声声布谷催”下的劳动，是何等的艰辛！如果不是“输税早”，或者没有粮食交税，“县隶打门来”，是何等的恐怖？夏季云：“炎天耘耨困耆童，田水如汤急赴工。七月诗篇无此景，故应写出补《豳风》。”前面两句，亲身经历其事者应该深知其苦。秋季云：“蟊贼盲风两不伤，四郊共送稻花香。偿租还可藏余粒，转忆前年餍秕糠。”⑤在没有自然灾

① 沈德潜著，潘务正、李言编辑点校：《沈德潜诗文集》，人民文学出版社 2011 年版，第 659 页。
② 沈德潜著，潘务正、李言编辑点校：《沈德潜诗文集》，人民文学出版社 2011 年版，第 177 页。
③ 沈德潜著，潘务正、李言编辑点校：《沈德潜诗文集》，人民文学出版社 2011 年版，第 591 页。
④ 沈德潜著，潘务正、李言编辑点校：《沈德潜诗文集》，人民文学出版社 2011 年版，第 60 页。
⑤ 沈德潜著，潘务正、李言编辑点校：《沈德潜诗文集》，人民文学出版社 2011 年版，第 556 页。

害的情况下，他们才能够在完成赋税、田租的情况下有余粮，至于这些余粮能否支持一家人的温饱则很悬了。知道了这些，我们就可以体会大年夜农家的“乐”究竟是什么样的一种味道！《田家女》中，诗人似乎赞赏田家女“春蚕夏饷秋纺织，白头相看足衣食”的生活，但这是为了突出“颜色灼灼如桃花”，“豪家女”嫁给“情恶薄”的“京华贵人”，以致“昨日花开今日落”的不幸。①

德潜最大的本事，是以“农家乐”写“农家苦”。“乐”的背后是“苦”，“乐”的外表中包含的内容是“苦”，“乐”是暂时的，而常态是“苦”，因为农家生活的底色是“苦”，德潜深知这一点。《竹啸轩诗钞》卷二《观刈稻了有述》云：

> 饱饭行郊原，村民刈稻了。男妇嬉场圃，岁功谅已好。解颜问老农，计亩收几许？今年大有秋，非旱复非水。老农开言答，粮粒不多有。上者二石奇，次者石五斗。半输公家租，半偿私家责。瓮盎仍虚无，谁云此丰岁？我谓老农言，尔何不自知。隐食天地德，乃敢生怨咨？今夏江北旱，千里成焦土。蒹稗不结实，村落虚烟火。天都遭大水，裂土腾长蛟。井邑半漂没，云何应徵徭？尔曹刈获余，饱食息忧虑。不念糟糠苦，焉识饘粥味。吾生营衣食，而要贵知足。苟免馁与寒，过此奚所欲。老农闻我言，自贺福有余。岁岁愿复然，老死安耕畲。②

“大有秋”之年，亦即丰收之年，“男妇嬉场圃”，其“乐”可知。可是，赋税、地租和旧债完成，“瓮盎仍虚无”。农民的“怨咨”，竟然要依赖别的地方的严重灾难来暂时消释。这样的“乐”，究竟是什么样的一种味道？《刈麦行》云：“前年麦田三尺水，去年麦田半枯死。今年二麦俱有秋，高下黄云遍千里。磨镰霍霍割上场，妇子打晒田家忙。纷纷落硙白于雪，瓦甑时闻饼饵香。老农食罢吞声哭，三年乍见今年熟。”③且不说连年灾荒之苦，就是丰收之年，这点粮食扣除灾荒之年未缴纳的赋税和地租，

① 沈德潜著，潘务正、李言编辑点校：《沈德潜诗文集》，人民文学出版社2011年版，第659页。
② 沈德潜著，潘务正、李言编辑点校：《沈德潜诗文集》，人民文学出版社2011年版，第759页。
③ 沈德潜著，潘务正、李言编辑点校：《沈德潜诗文集》，人民文学出版社2011年版，第151页。

还有其他的债务等等，又能所剩几何？何况，这样的“乐”，还得之如此艰难，这到底是什么样的一种生活？能不令人辛酸吗？

德潜此种“以乐寓苦”的诗歌不少。例如《田家杂兴》之一：“贫贱寡所欲，饱腹仰藜苋。但须风雨时，满望在岁晏。丰歉邻里知，勤苦一家惯。”之三云：“闲行看陇头，油油好禾黍。中情忽多感，归向儿孙语。有年勿好奢，须忆无年苦。”[①]《观插莳》云：“连年五行乖，穷民遘癫旱。况复官长峻，填置亦宜犴。今当旸雨若，虎吏兼远窜。顿忘身家累，但适种艺愿。阡陌满生机，油然在转盼。何处起歌声，前村绿杨岸。”[②]《夏日田居杂兴》之一：“老幼急农作，馌饷连妇女。饥劬知甘味，憔悴多好语。新苗扇凉风，生意满村墅。筋力勿中惰，有秋天或许。”之五：“农谈当清夜，并坐傍井陌。暂谢泥涂劳，聊得肢体适。欢此禾苗好，应彼官税急。但恐子孙愚，莫识丈与尺。天运谅有由，忖量亦何益？河转星已稀，露下萤欲息。明发事田作，遑惜骄阳炙。”[③]《田家杂兴》之二：“雨旸虽不定，造物殊分明。四体勿偷惰，努力观西成。”其四：“农父绿蓑衣，农妇白苧裙。冒暑事田作，日午天无云。汗流不暇挥，禾盛多虻蚊。唱歌慰劳苦，酬答皆同群。夕阳未归山，且与穷余曛。”[④]这些诗歌成功地以“乐”表达“苦”，这样的效果未必是德潜掌握了艺术辩证法后达到的，实在是写实而已！几千年中，江南农民就是这样一年年、一代代走过来的！

在当时的苏州及其附近地区有一类百姓，他们没有徭役、赋税、地租，水旱虫等自然灾害对他们的影响，比之对农民的影响，也要小得多。这就是船民。德潜诗歌中也写到了他们。例如《船娘曲》云：“二更侬晚眠，四更侬先起。残月乱鸡声，侬行三十里。”“上水侬撑篙，下水侬把橹。尽日风波中，不识风波苦。”[⑤]这样的生活，无疑也是辛苦的。德潜也有诗歌，以赞赏乃至羡慕的笔调写他们似乎轻松自在、比起农民来甚

① 沈德潜著，潘务正、李言编辑点校：《沈德潜诗文集》，人民文学出版社 2011 年版，第 60 页。
② 沈德潜著，潘务正、李言编辑点校：《沈德潜诗文集》，人民文学出版社 2011 年版，第 87 页。
③ 沈德潜著，潘务正、李言编辑点校：《沈德潜诗文集》，人民文学出版社 2011 年版，第 88 页。
④ 沈德潜著，潘务正、李言编辑点校：《沈德潜诗文集》，人民文学出版社 2011 年版，第 702 页。
⑤ 沈德潜著，潘务正、李言编辑点校：《沈德潜诗文集》，人民文学出版社 2011 年版，第 862 页。

至有些优越感的生活。例如,《渔歌五章题渔乐图》云:

娶妇生儿总在船,开筵杂坐五湖烟。浊酒瓦盆同一醉,凭渠高卧夕阳天。

我侬家计问烟波,醉后何妨便唱歌。不种官田办租赋,哪知世上有催科。

捉船运漕走淮流,商船民船日夜愁。独有渔船无用处,鸬鹚闲放蓼花洲。

渔家女儿双髻丫,鬓边斜插芜菁花。不怕江湖相欺得,白头浪里响鱼叉。

独木桥边榆柳村,橛头船傍旧柴门。看罢老牛闲舐犊,也含饼饵饲儿孙。[①]

可是,在当时的江南地区,船民属于另类,甚至是"贱民"。他们没有土地和房屋,家产就是那一叶扁舟,小得连装载货物都不行,正因为穷得如此彻底,力量薄弱得被社会抛弃一旁,才没有赋税,没有地租,没有徭役,因而也就没有农民被催税、逼租、抓劳役的压力,看起来生活得自由自在、无忧无虑。可是,到底有多少人真的希望过这样的"渔家乐"生活?他们一家老小,就生活在那条船上,甚至婚丧喜庆都只能在船上进行,连停泊靠岸的地方都没有。实际上,作为无产者的他们,生活比农民更苦,且风波之中,危机四伏,缺乏安全感和稳定感,更不用说社会不稳定随时可能导致的伤害了。这些船民在陆地有稳定的居住地,生活得到保障,也是晚近的事了。其实,德潜写这些"渔家乐"正是为了突出赋税、地租、徭役的"农家苦"而已!

德潜笔下有苏州特色的众生还有演员一类。对此,德潜诗歌中也有反映。《王侯伶》:"先王分四民,术业各有常。吴侬贪利重声伎,生儿少小登排场。一朝艺成邻里贺,父母挟之走四方。近闻王侯门,此辈日接迹。一剧千金等闲掷,千金一掷真可惜。优伶得计竟何益,不救荒郊饿死骨。"[②]这是在当时成功的演员。不过,即使是成功的演员,也还是

---

① 沈德潜著,潘务正、李言编辑点校:《沈德潜诗文集》,人民文学出版社2011年版,第393页。

② 沈德潜著,潘务正、李言编辑点校:《沈德潜诗文集》,人民文学出版社2011年版,第736页。

被排斥在“四民”之外的“贱民”，根本没有什么社会地位可言。在演艺业中，走红的演员毕竟是极少数，绝大多数没有走红的演员，他们的生活苦不堪言。

当时，苏州的工商业发展迅速，已经具有可观的规模，文献不乏记载。可惜的是，德潜诗歌对这些工商业存在和发展的情况极少反映。其《草玄客》中，有一半篇幅写到商人的形象，用以作为“草玄客”这个贫士的反衬形象：“谁家男儿气高张，有眼不识汉与唐。连云甲第遥相望，夜光明珠动斗量。房中金钗十二行，秦筝羌笛奏两旁，朝朝暮暮乐未央。君不见，南濠商。”①商业上的成功，未必和文化有密切的关系，德潜写的这种现象，在任何朝代都是不鲜见的。南濠街即现在苏州的南浩街，是明清时期著名的商业街，富商很多。满招损，谦受益，“连云甲第”云云，也埋下了此类商人垮台的因素。

人生无常，富贵更是无常。内在和外在的原因，很可能使得那个时代的富豪难以长保其富。德潜《卖花翁》云：“卖花翁，春来卖花到城中。城中豪家爱秾艳，金钱换取金碧丛。卖花更得种花诀，能使造化无全功。主人招客花正秾，座中红袖拈金钟，朝弦暮管醉春风。年来山花更多态，山翁担到城中卖。往来不见买花人，怪杀豪家竟何在？不如瓦盆浊酒村农家，年年陇头看菜花。”②德潜借助卖花翁的视角，写富贵无常的社会现实。封建社会本质上是弱肉强食的社会，在官府面前，商人和士人都是不堪一击的，而官员在皇帝面前也是一样的。

① 沈德潜著，潘务正、李言编辑点校：《沈德潜诗文集》，人民文学出版社 2011 年版，第 659 页。

② 沈德潜著，潘务正、李言编辑点校：《沈德潜诗文集》，人民文学出版社 2011 年版，第 658 页。

第九章　诗歌艺术研究

诗歌艺术和别的技术一样，可以分为两个部分：技法的部分和技巧的部分。技法可以通过语言授受，技巧则无法通过语言授受，必须由其人通过练习亦即实践获得，并且在实践中得到提升。德潜长期教人写文章、写诗，还选录、评点了大量的诗歌，对诗歌艺术中"技法"的部分应该是很注重的，也应该是比较熟悉的。因此，在他的诗歌创作中，较为明显地体现出这些"技法"。

第一节　古体诗艺术

德潜的所谓"古乐府诗"，都是用古乐府的题目写的诗歌，如《梁甫吟》《短歌行》《战城南》《将进酒》等。德潜以古乐府为题目的诗歌，很多是写时事的。其中又可以分为两类。一类泛写时事。例如，当时朝廷对西北用兵，德潜《陇头流水》《战城南》《苦寒行》《饮马长城窟》《关山月》《紫骝马》《塞下曲》《拟边庭怨》《塞上四时辞》《企喻歌》等，都是为此而作。正如唐人写边塞诗，我们只能知道大多是为边地战争而作，而未必为某次战斗而作。另一类比较少，明确为某件事情而作，例如《苦哉远征人》，题下小注明确此乃为友人被谪戍边地而作。《远别离》为因遭受文字狱而被流放的人而作。

这些古乐府题目原来是曲调的名称，在古代，有各自的适用对象，例如郊庙歌辞、恺乐歌辞、横吹曲辞、宾礼嘉礼等的宴飨歌辞、琴曲歌辞、相和歌辞、清商曲辞等等。嵇康所持“声无哀乐论”，正确与否暂且不论，但音乐之低昂抑扬和感情之起伏波动，其间肯定是有直接的联系的。从古人诗歌实例看，某个古乐府题目，即使是不同作者、不同年代的作品，其诗歌的题材、章法、词语乃至思想、感情都具有明显的相似性或类别性，作者只能在比较狭窄的空间内选择题材、章法、词语乃至思想感情，甚至起伏低昂等。这既给写作此类诗歌带来了方便，又为超越前人、写出自己的特色增加了困难。正因为如此，尽管德潜写的是时事，是自己的思想感情，也还是难以凸显自己的艺术个性，从精神到面目，还是和古人的古乐府诗歌没有明显的分别。

即使是最为基本的诗歌语言，仍然选择该古乐府题最为常见的风格。例如，德潜此类诗歌中，其他的诗歌，语言几乎都没有奇幻的色彩，较少超越现实的描写，但《远别离》是例外：“远别离，乃在蛮烟瘴雨之穷乡，闻者心惊而魄栗，而况行子浮湘度岭，千里万里之炎荒？飞蛊妖狐，玄蜂赤蚁；两头有蛇，四足有鲤，猩猩见客而啼，禺禺见客而喜。”[①]这是因为前人《远别离》都有此类语言，渲染离人将去之地的恐怖。《董娇娆》历来都是用华美的语言写女子之美。德潜之《董娇娆》也是如此：

> 当垆酒家女，仿佛董娇娆。问年三五余，春柳同风标。玉指削葱根，丹唇破樱桃。足下朱丝履，头上翠云翘。清槽压清酒，唤客尝春醪。使君东方来，轩盖何扬扬。一见当垆女，愿赠明月珰。许以千金值，载归郁金堂。试看红襟燕，双栖瑇瑁梁；试看紫鸳鸯，交颈宿池塘。女言告使君：君有千黄金，君重千黄金，妾重千载心。鸳鸯自有偶，梁燕难分襟。使君闺中妇，烂兮咏锦衾。勿令兰蕙质，时诵白头吟。[②]

这样的语言风格，在德潜其他的以古乐府为题的诗歌中也是少见的，其原因也是此古乐府题目需要此类华美的语言。同类的例证，例如《采菱曲》《采莲曲》《西洲曲》，都以词语清丽为语言特色，也是按照古人这些题目的诗歌而来。

① 沈德潜著，潘务正、李言编辑点校：《沈德潜诗文集》，人民文学出版社 2011 年版，第 18 页。

② 沈德潜著，潘务正、李言编辑点校：《沈德潜诗文集》，人民文学出版社 2011 年版，第 20 页。

古人的此类诗歌，会在其中点缀一些具有哲理性的诗句。这也是包括乐府诗在内的汉魏诗歌的一个特点。写哲理性的诗句，是最应该也最容易有创新之处的。德潜显然也在这方面用功。他的此类诗歌中，也有一些诗句包容丰富，适应面广，具有哲理。如《梁父吟》："禄养由命，色养由人。"①《短歌行》："同心离居，哀伤不已；同居离心，一席千里。"②《塘上行》："自咎蛾眉长，不怨众女妒。"③《种瓜篇》："自惟多愆尤，恃爱不能知。"④《美女篇》："失时只自惜，失身贱无方。"⑤《猛虎行》："君子在下位，虽有蕴蓄，何从施行？"⑥《行路难》："成名须当少年时，毋令秋霜镜中满。"⑦《王明君》："毳帐琵琶曲，休弹怨恨声。无金偿画手，妾自误平生。""天赋殊尤质，翻为异域人。君王不好色，遣妾去和亲。"⑧《作蚕丝》："外有缠绵意，中心哪得知？"⑨《悲歌行》："莫以瑚琏器，持问田家叟。"⑩《企喻歌》："男儿相结伴，不必在同乡。"⑪《长别离》："旧与同岁寒，不与同春温。"⑫《野田黄雀行》："明年食粟长肥肉，入君庖馔方甘鲜。"⑬这些诗句，或未必新颖，仅仅是把前人相关的句子换个方式表达；或看上去不仅新颖，甚至颠覆了前人的记载，如以上所举《王明君》第二首的后面两句就是，但其背后的观念却是陈腐的。不过，这些诗句，毕竟是德潜此类诗歌和此前同题诗歌的明显不同之处，德潜此类诗歌"温柔敦厚"的色调浓重，这些诗句起到了不小的作用。

德潜的新乐府诗不多，主要分杂言体和四言体两大类。前者主要是讽世之作。由政治事件而作者为《制府来》，写两江总督噶礼威福自

---

① 沈德潜著，潘务正、李言编辑点校：《沈德潜诗文集》，人民文学出版社 2011 年版，第 5 页。
② 沈德潜著，潘务正、李言编辑点校：《沈德潜诗文集》，人民文学出版社 2011 年版，第 6 页。
③ 沈德潜著，潘务正、李言编辑点校：《沈德潜诗文集》，人民文学出版社 2011 年版，第 8 页。
④ 沈德潜著，潘务正、李言编辑点校：《沈德潜诗文集》，人民文学出版社 2011 年版，第 8 页。
⑤ 沈德潜著，潘务正、李言编辑点校：《沈德潜诗文集》，人民文学出版社 2011 年版，第 9 页。
⑥ 沈德潜著，潘务正、李言编辑点校：《沈德潜诗文集》，人民文学出版社 2011 年版，第 9 页。
⑦ 沈德潜著，潘务正、李言编辑点校：《沈德潜诗文集》，人民文学出版社 2011 年版，第 10 页。
⑧ 沈德潜著，潘务正、李言编辑点校：《沈德潜诗文集》，人民文学出版社 2011 年版，第 12 页。
⑨ 沈德潜著，潘务正、李言编辑点校：《沈德潜诗文集》，人民文学出版社 2011 年版，第 12 页。
⑩ 沈德潜著，潘务正、李言编辑点校：《沈德潜诗文集》，人民文学出版社 2011 年版，第 13 页。
⑪ 沈德潜著，潘务正、李言编辑点校：《沈德潜诗文集》，人民文学出版社 2011 年版，第 17 页。
⑫ 沈德潜著，潘务正、李言编辑点校：《沈德潜诗文集》，人民文学出版社 2011 年版，第 19 页。
⑬ 沈德潜著，潘务正、李言编辑点校：《沈德潜诗文集》，人民文学出版社 2011 年版，第 19 页。

恣，巧取豪夺，搜刮民脂民膏，被撤职逮捕，最后被赐死。由社会事件而作者为《旃檀林》，为太仓周氏女出家为尼后被淫尼陷害致死而作，既表彰其贞节，又以此警世："人生有伦理，空用朝法王。寄言世间女，终身只合守闺房。"[①]根据《直隶太仓州志》记载，周女事件发生在明代，德潜有意隐去其时代信息来加强其社会效果。这也是有道理的，因为在德潜生活的时代，此事件的社会背景和明代相比，几乎没有发生变化，类似的事件仍然完全可能发生。《民船运》写因为天旱导致运河水浅，航运能力下降，官府为了完成漕运任务，征调民船和民夫运粮，民夫深受饥饿、暑热、强体力劳动和官吏等的折磨。这几首诗歌，名为新乐府，但和白居易等的新乐府不同，不是典型的"纪事"之作，而是"感事"之作，以描写或议论胜。至于《禽言》《补禽言》等，乃承古歌谣而来，更非纪事之作，是为社会现象而发的感慨，三言两语，亦以讽世为主。

德潜新乐府中的四言体诗，或杂以三字句，多为政治事件而作者，艺术上乃承《雅》《颂》和汉魏晋朝朝廷祭礼、军礼等典礼乐歌，而最为直接的则师承韩愈《元和圣德诗》和柳宗元《平淮夷雅》，词语典雅古奥，风格庄严典重。如《圣驾谒陵礼成恭赋乐府十章》《亢阳》《奉敕恭撰平定金川铙歌八章》等，是典型的庙堂文学。德潜非新乐府中的四言体诗，语汇风格和新乐府中的四言体诗相仿，亦以颂美为主，如《三贤诗》《题查敬诚相国西征图》《题塞晓亭阁学翰林院侍宴恩荣图》《奉敕恭题御书无逸篇后》《颂韩文懿公》《乾隆圣德诗》等，都是如此。

五言古诗。五言诗句短，故诗句之内，不宜复杂深奥，不宜包孕宏富，诗句之间联系当紧密，呈现一种单线的连接，故不宜平行式地涂抹堆砌。《文心雕龙·明诗》所云"五言流调，清丽居宗"，[②]曾枣庄、刘琳主编《全宋文》卷一九三六苏轼八八《书黄子思诗集后》云韦应物、柳宗元"发秾丽于简古，寄至味于淡泊"，[③]就是为五言古诗而发。《古诗十九首》和陶渊明、陈子昂、张九龄、李白等的五古，就是传统五古诗歌的典范，都显示着这样的标准。杜甫和白居易等的五古，纪事、感事是五古

① 沈德潜著，潘务正、李言编辑点校：《沈德潜诗文集》，人民文学出版社 2011 年版，第 28 页。

② 刘勰：《文心雕龙》，上海古籍出版社 2010 年版，第 12 页。

③ 曾枣庄、刘琳主编：《全宋文》，第 89 册，上海辞书出版社、安徽教育出版社 2006 年版，第 286 页。

的发展。

德潜的五言古诗，以题材的不同分为数种，各取法不同的对象。其《古风》《咏史》《拟古》等，选取古今自然现象或社会现象，作艺术的呈现，并且表达诗人对这些现象的感受，内容庞杂，从政治到艺术，从道德情操到万物之理，自由抒写。在写法上，或以形象、意境、情节的描绘出之，或以议论纵横出之，或两者兼而有之等等，亦显得多样而自由，类同散文中的随笔。例如，《归愚诗钞》卷四《古风》有云：

文章本天成，所贵在自然。奈何矜小智，而日穷雕镌。言语非不工，性情何有焉？著述逾百家，纷然散云烟。何如务朴学，努力探真诠。

鸾鹤翔九天，燕雀贺广厦。蝼蚁营一穴，神龙泽天下。品类万相殊，局量不相假。彼诚足矜怜，卑鄙何为者？

前有车马客，呵殿道途中。车前列旗旐，马后随刀弓。行人不敢视，望尘趋下风。途间有耕农，容貌如庞公。相遇不回首，行歌曲未终。

尺地能生草，寸烛能照人。丈夫既富贵，奈何利一身！良田连万顷，甲第通青云。骨肉等行路，谁念病与贫？所亲尚如此，功名焉足论？①

在艺术师承上，此类五言古诗主要得之于《古诗十九首》和陈子昂《感遇》、张九龄《感遇》和李白《古风五十九首》等。当然，《古诗十九首》等的艺术水准是很难超越的，德潜此类诗歌在艺术上也看不出有明显的超越。

德潜的此类诗歌所表达的思想内容，几乎都是“正论”，其中绝大部分内容即使在今天还是有积极意义的，有些几乎永远也不会过时，但几乎没有超越儒家思想等传统思想之处。袁枚《随园诗话》卷二第六二条云：“读史诗无新义，便成《廿一史弹词》；虽着议论，无隽永之味，又似史赞一派：俱非诗也。”②德潜此类诗中的咏史诗，有议论，也有隽永之味，

---

① 沈德潜著，潘务正、李言编辑点校：《沈德潜诗文集》，人民文学出版社 2011 年版，第 52—53 页。
② 袁枚：《随园诗话》，人民文学出版社 1982 年版，第 58 页。

但这些议论多为平常的道理。例如《归愚诗钞》卷四《咏史》中，咏白起、王翦等战功赫赫者后果严重，“积凶有余殃，古圣秉良规。杀人实自杀，推刃复何悲！”论汉代的吏治，贬酷吏而赞循吏，“盗贼化良善，千古颂深仁。”论束皙之致仕，云：“君思饮醇酒，半醉有欢趣；君思游名山，半路有余慕。”论陆机、陆云，言其“累叶将家子，甘受仇邦恩。乱世不自戢，用兵慕高勋”之非。[①] 同书卷六《咏史》言东汉陈蕃、唐代郑注谋诛宦官失败，“尤豫固败国，躁妄亦罹患。”[②]当然，也有一些似乎很新颖的观点，例如，张良请大力士以椎击秦王而误中副车，不要责怪这大力士，这是天要亡秦，因为如果秦王被刺杀，公子扶苏当了秦王，灭秦就困难了。但是，以如此假设论史，有多少意义呢？论东汉清流评说时政，裁量公卿，是“危言操褒贬，夫岂国家福”，这就耐人寻味了。《论语·季氏》中，孔子说：“天下有道，庶人不议政。”[③]这是就庶人说的，但士人不是庶人。《论语·宪问》中，孔子还说：“天下有道，危言危行；天下无道，危行言孙。”[④]“莫谈国事”，不是有道社会所应有。明末东林党、复社评说时政、裁量公卿，和明朝灭亡之间确实有联系，但这是当局没有正确对待士人言论所致，并非士人不该评论时政、裁量公卿。论者往往把士人评说时政、裁量公卿作为明朝灭亡的主要原因之一，这是不公正的。当然，清朝统治者，也是不希望士人评说时政、裁量公卿的，德潜这样的言论符合他们的需要。此诗作于乾隆初年，当时德潜还没有中进士，但是早已荣膺博学鸿词的荐举了，其政治立场就很明显了。

德潜感事、纪事类五言古诗，主要取法杜甫《北征》《自京赴奉先县咏怀五百字》、三吏三别和元稹、白居易新乐府诗而变化之。此类诗歌尽管不多，但代表了他五言古诗创作的最高成就。这些诗歌，都是为事而作。《归愚诗钞》卷四《事鬼》写乡民迷信鬼神的荒谬和危害，云：

愚民好事鬼，性命托女巫。女巫昏夜至，披发当筵趋。神弦奏神鼓，吞刀复吐火。纸钱窸窣鸣，旋风入窗户。巫言神君来，绛纛

① 沈德潜著，潘务正、李言编辑点校：《沈德潜诗文集》，人民文学出版社2011年版，第66页。

② 沈德潜著，潘务正、李言编辑点校：《沈德潜诗文集》，人民文学出版社2011年版，第101页。

③ 朱熹注：《四书章句集注》，中华书局2012年版，第172页。

④ 朱熹注：《四书章句集注》，中华书局2012年版，第150页。

> 骖赤狸；巫言将军来，髑髅悬累累；巫言夫人来，冠帔纷陆离。山魈寒狐辈，鱵鱵轩车随。浇酒荐血肉，满案堆如山。遥见云雾中，隐隐歆杯盘。巫传众神命，帝君大欢喜。报汝肴俎丰，福汝而佑汝。岂独疾病消，吉庆更无比。女巫餍钱帛，笑语乍出门。女巫乍出门，剪纸歌招魂。①

此诗和古乐府部分的《神君曲》，都是写封建社会中神权统治下百姓的生存状态。为政治事件或现象而作者，思想价值、历史价值和艺术价值则更高。《百一诗》五首，对苏州乃至江南地区社会政治的主要矛盾作了揭示和阐述，展现了诗人忧国忧民的胸怀，和杜甫、元稹、白居易等现实主义诗风是完全一致的，篇幅恢张，议论纵横，波澜翻腾，是德潜五言古诗中最为出色的作品。此外，德潜晚年所作《哀愚民效白傅体》也是政治题材的作品，尽管因为作于德潜任朝廷高官期间，其政治立场不免在乾隆帝一边，但毕竟也揭示了苏州粮价高、百姓生活艰难的真相和原因，亦有堪称道处。

德潜写与农村相关题材的五言古诗，如《田家杂兴》《夏日田居杂兴》《初夏三首》《山中杂兴》等，艺术上取法陶渊明和王维的五言山水田园诗，但有超越。其最为明显也最为成功的超越，就是将农民劳动和生活沉重的哀痛，甚至他们自己没有感觉到的哀痛、没有表现出来的哀痛，以“农家乐”的形式表现出来，没有呼天抢地，没有撕心裂肺，也没有残酷惨烈，但在对平淡甚至“快乐”的生活的描写中，展现了沉重、绵长的哀痛的生活底色。《观刈稻了有述》《观插莳》等，就是如此。此在上文已经作了较多的论述，此从略。德潜对农村题材作这样的处理，既尊重了社会现实和他自己对这些现实的了解，也借鉴了陶渊明、王维等山水田园题材诗歌的艺术成就，又体现了自己的艺术创造，较为成功地达成了写实诗歌“怨而不怒”“温柔敦厚”的效果。

德潜山水题材的五言古诗很多。就总体而言，其中篇幅比较短的，例如写灵岩山山水古迹等苏州及其附近地区山水风光的诗歌，艺术上得之于唐代王孟韦柳的山水田园诗歌较多。《琴台》云：“月出断崖口，

① 沈德潜著，潘务正、李言编辑点校：《沈德潜诗文集》，人民文学出版社2011年版，第70页。

人寂山苍然。独坐盘石顶，调琴忆当年。寒松响萧飒，涧水流潺湲。仿佛哀弦声，栖乌惊不眠。”①《游积翠》：“涧奔夹道流，峰沓两崖束。万竹纷崇冈，小庵隐深谷。此间变昏旦，明晦或难卜。几忘长林秾，但觉庭阴沃。地夷无局步，缘断有清福。蒲团此晏坐，相顾须眉绿。观空了形器，自照同土木。鸟兽不相惊，知余淡无欲。”②德潜晚年游黄山时写黄山的五言古诗，则得之于谢灵运山水诗者为多，使用刻画手段较多。如《天都峰》云：“黄山天下奇，天都峰之特。绝地九百仞，陡下如斧劈。势疑塞高空，体许镇地脉。四面总换形，不改性正直。无心拔众上，众自莫敢敌。通体断寸肤，万石怒分坼。虬枝蟠千年，苍藓积五色。石室开旷朗，甘泉流罅隙。或云仙人都，轩辕此游息。浮丘与容成，飞行无留迹。斯理果不诬，长生归有德。胡为学仙人，空闻炼金石。”③诗本抒情，寡情而为山水诗，只能刻画山水了。当然，刻画山水也是要有技术的，德潜当然具备这样的技术。

《分赋古鼎诗三十韵》是德潜五言古诗中的别调，遣词古奥奇僻，效法韩孟诗派中奇奇怪怪、力避平易的一路。此外，德潜还有一系列的《拟古》诗，大约 20 首，从曹植的《赠友》拟到柳宗元的《溪游》，这一段时期内五古诗名家大多在其中了。于此可见德潜于五古一体所下功夫之深。

七言古诗。七言古诗没有诗句长短、押韵方式和换韵次数、篇幅长短等的限制，是旧体诗中最为自由的诗歌体裁。因此，诗句不必如五言古诗那样简练和细密。一般来说，七言古诗篇幅较长，因此适用于表达比较丰富的内容，诗人有了足够广阔的空间施展其才华，宜于纵横驰骋，腾挪跳跃，开阖变幻，冲荡融合，奔腾激越，波澜翻滚，以格高调响、实大声宏、激荡奔腾、雄深雅健者为正格，此为阳刚之美者也。清浅平和、缠绵温婉、悠扬婉转、轻柔杳渺乃至哀婉深切者为变格，此为阴柔之美者也。正格或变格，语言都以自然畅达、声舒字纵为上，而不尚精雕细刻、佶屈聱牙。

① 沈德潜著，潘务正、李言编辑点校：《沈德潜诗文集》，人民文学出版社 2011 年版，第 62 页。
② 沈德潜著，潘务正、李言编辑点校：《沈德潜诗文集》，人民文学出版社 2011 年版，第 94 页。
③ 沈德潜著，潘务正、李言编辑点校：《沈德潜诗文集》，人民文学出版社 2011 年版，第 133 页。

七古诗的语言，有通篇纯粹是七字句者，也有掺杂杂言者，至于掺杂杂言的比例，或多或少，也没有规定。德潜七言古诗，通篇七字句者固然有之，但掺杂杂言者也有不少。德潜的诗歌语言是“自然的诗歌语言”，七古语言以自然畅达、声舒字纵为上，而和通篇七字句的诗歌相比，掺杂杂言的七言古诗，其语言显然自然性更加强，因此，诗歌语言方面的艺术效果显然也要好。

从和近体诗诗句的关系看，七言古诗的语言也可以分为两类。一类是大量地使用符合律诗规则的诗句，包括平仄和押韵，这一类七言古诗后来被称为“歌行体”，初唐骆宾王《帝京篇》、卢照邻《长安古意》和中唐元白的“长庆体”、清初的“梅村体”都是此类作品。此类作品按照上文七言古诗“正格”和“变格”之说，一般属于“变格”。另一类是完全排斥律诗句子，保持古体诗的纯粹性，李白、杜甫、韩愈、苏轼的七言古诗几乎都是如此。按照上文七言古诗“正格”和“变格”之说，这类作品一般属于“正格”。德潜的所有七言古诗都是属于这一类的作品，而没有属于前面一类的作品。

七言古诗，起源于骚体和乐府，就构思和语言而论，前者为“奇”，亦即超现实的内容较多，后者为“正”，亦即主要是现实的内容。因此，七言古诗，也有“奇”“正”两路。“奇”的一路，李白的七言古诗就是代表，常常会把神话等幻想世界和现实、诗人自我融合在一起。“正”的一路，杜甫的七言古诗就是代表，常常通篇都是写实，没有超现实的内容，例如《兵车行》《茅屋为秋风所破歌》等就是如此。德潜的七言古诗，有“奇”的内容，但不多。德潜七言古诗中的绝大多数是“正”而偏于“奇”。达成这样的效果，其策略有二。第一，所写对象较为“奇”，此“奇”是“不经见”的意思，尽管不是超现实的，但日常现实中却是少见的。第二，使用的语言以种种修辞方法渲染现实中存在的事物，而使用这些修辞方法所用的语言材料往往是超现实的，是“奇”的。例如，德潜《平云阁观朱壁画天神像歌》云：

> 尝从杰阁画神像，墨黦粉黕穷雕锼。森罗布散满墙壁，长廊黯惨风飕飕。衣裳肃穆拱玉简，冠冕秀发垂珠旒。或挟长矢挽铜努，或披重铠操蛇矛。或穿旁胁撑六臂，或裂手掌开双眸。驱使罔象，

鞭策虎彪，左骖文狸，右骑青蚪。飞龙蹉踞，肥遗同游。风马隆隆，云旗悠悠。觵觵鬣鬣，扶轮挟辆。别队簇拥千貔貅，考录鬼魅声喧啾。腰间累累悬髑髅，变态什伯从冥搜。①

这些奇幻景象是对图上画面的描写，非德潜所设想。《鸡树歌为顾嗣宗赋》写此树云："托根相传炎宋代，屡遭兵燹神㧑诃。直枝参天接云雾，樛干俯地缘烟萝。童童青盖荫数亩，空际不见行义娥。耳边时闻雷雨作，树外仍觉天晴和。花开远近透香气，恍疑天畔飞曼陀。累累结实供采摘，手洁乍喜新揉搓。孙枝于今亦拔地，茏葱密叶荣前坡。"②这些描写就全靠修辞手段渲染奇幻之气。这些例证，德潜七言古诗中不少。

诗歌最为本质的特点是抒情性。感情是抽象的，感情的抒发和传播、接受，必定有所附丽，因此，诗歌抒发感情主要通过事件或者物品、景象等来实现。七言古诗篇幅宏大，所写事件、物品和景象必须具有足够的丰富性，否则不足以和宏大的篇幅相称。那么，德潜七言古诗所写对象是哪些事件、物品和景象呢？

德潜七言古诗中，纪事之作较多。如《观打鱼行》《凿冰行》《后凿冰行》《鬼车》《客谈烧山事甚详，诗以纪之》《蔡将军歌》《华阳令沈公殉节诗》《大风行》《地震行》《讹言行》《汉将行》《洗象行》《观盂兰盆会作歌》《海灾行》等，都是其中可观者。因为这些事件本身，或情节不是很曲折，或情节尽管曲折，但是德潜不知其详，或难以写其详，因此，这些诗歌主要还是铺叙相关的景象，这些景象中的很多部分明显是德潜虚构的。再者，在对事件的选择方面，德潜七古所写事件明显属于那些奇特的、不寻常的事件。

艺术题材诗歌占了不小的比重。《琵琶引赠仇青苍》写音乐表演，写乐声之美及其变化，云："兴酣振袖拨檀槽，一曲清音动人耳。枨枨忽奏陈隋声，声声脆滑春莺鸣。乍如十三女儿调俊舌，又疑明珠万颗迸出玻璨瓶。急弦幽咽音迫促，缓弦掩抑更相续。宫中恍奏后庭花，马上疑弹夜游曲。停声转轴调忽高，弦危语切何嘈嘈。将军临阵骢马骄，鏦铮

① 沈德潜著，潘务正、李言编辑点校：《沈德潜诗文集》，人民文学出版社2011年版，第147页。
② 沈德潜著，潘务正、李言编辑点校：《沈德潜诗文集》，人民文学出版社2011年版，第152页。

铁骑挥短刀。途穷矢尽鼓声死，啾啾新鬼啼荒郊。划然一响收捍拨，豪情十丈胸中发。”[①]和白居易等诗歌中对琵琶音乐的描写相比，有明显的超越。以七言古诗写音乐的诗歌，德潜就这一首。但是，其七古题画诗有很多。如《题黄宣画鱼障子》《平云阁观朱璧画天神像歌》《张铁桥画鹰》《墨驴行赠朱玉田》《魏傅岩画墨竹歌》《集黄尊古草堂观山水图作歌，时黄将游武夷》《边颐公泼墨图》《宋徽宗鸲鹆图》《伏生授经图》等，这些诗都写画面内容，把画面作为景物来铺陈是其最为基本的策略。

德潜山水风景题材的七言古诗也不少。写盆景的《黄山松歌》，展开想象，写黄山峰上的松树到此的过程和人们欣赏此盆景的想象。《游焦山作歌》《登阳山绝顶》《钱塘江观潮》等，都是佳作。德潜晚年所作游览黄山、天台山之作，如《登文殊台作歌》《黄山看云海歌》《华顶观日月同度》《天台万年藤杖歌》等，写实之中却奇幻纷呈，最为适合以七言古诗的体裁来书写。《登光明顶放歌》诗云：

> 陟万仞兮层巅，忽空明兮景无边。千峰万岭兮俱在下，天都莲华只许齐其肩。我遗世兮陋蚁壤，坐平台兮睇莽苍。俯一气兮无垠，收万象于盈掌。揽全歙兮玲珑，跨宛陵兮西东。池阳兮堆阜之形，似庐江兮衣带之混蒙。指匡山于天末兮，疑有五老隐见于云中。呜呼！人生恩浊兮苦羁束，百年一睫兮如短烛。浮云变幻兮忽有无，安得日扰扰兮随蛮触。何如扫除一切兮心与天游，升高望远兮身世俱浮。置身黟山之绝顶兮，便如凤麟海外之神洲。于时青鸾兮迎客，白凤兮翔留。似闻浮丘阮仙向我笑，谓我三千年前居此为同俦。何当载美酒兮清夜，坐明月兮中秋。此山此月兮足千古，讵必更寻玉京深处开琼楼。[②]

此与李白七古最近。《登华顶》等，也是如此。

写名胜或文物的诗歌也有一些。这些名胜和文物是和某些事件联系在一起的，因而具有历史的内容，这些诗歌实际上是写这些历史内容。如《钱武肃王铁券歌》《焦山古鼎歌》《古铜章歌》《赵忠毅铁如意歌》

---

① 沈德潜著，潘务正、李言编辑点校：《沈德潜诗文集》，人民文学出版社 2011 年版，第 142 页。
② 沈德潜著，潘务正、李言编辑点校：《沈德潜诗文集》，人民文学出版社 2011 年版，第 212 页。

《玉瓮歌应制》《觉生寺大钟歌》《唐明皇泰山封禅碑》《未央宫瓦歌为何子未赋》等，都是如此。

至于朋友赠答之诗，也有不少是以七言古诗来写的。如《送范一元秀才从军甘肃》《送魏昭士还宁都》《赠王耘渠丈兼道别》《诗社诸友渐此沦没，不胜盛衰聚散之感，作歌一章，柬旧同好》《送马力畚归维扬》等，这些诗歌，往往以写朋友其人、彼此的交往、送别背景等。当然，如果是送别之作，还有相应的祝愿等。

总之，德潜的七言古诗，其题材大多奇伟壮观，具有阳刚之美，在艺术上继承李白七古较多，兼师杜甫，格高调响，浑厚雄健，语言奇正相生，舒卷畅达，以阳刚取胜，体现了较高的艺术水平。

第二节　近体诗艺术

一、五言律诗

和四言诗的诗句相比，五言诗的诗句仅仅只多了一个字，但是，其结尾的三个字，可以自己成为一个音步，也可以分为“一—二”或者“二—一”两个音步，变化就比四言诗句子多了。不仅如此，这也给单音节词和双音节词的搭配带来了方便，在汉语中双音节词不断增多的情况下，尤其显得重要。

和五言古诗相比，五言律诗在一首诗中的句数、平仄、押韵、对仗等方面有严格的规定。要表达思想感情的一段语言，经过这番周折，离开自然，当然就在五言古诗的基础上走得更远了。五言诗句较七言诗句为短，故相对而言，也更容易琢磨锤炼。因此，五言律诗的“格”，也就是传统上人们对这样一种诗歌体裁的感性定位，就是“精工雅致，简约凝练，含蓄蕴藉”。题材、思想、感情、意象、词汇等，都要远离粗野、鄙俚、庸俗、丑陋、卑下、朴拙。要达到这样的标准，当然就要琢磨锤炼，而琢磨锤炼的最高境界就是“巧夺天工”，返回到自然，亦即“天成”的境界。

唐代初年，诗人较多地创作格律诗。宫廷或达官贵人上层社会的活动中所产生的诗歌多五律，且在那样的环境中，产生这样的诗歌具有一定的必然性。南朝社会的“宫体诗”，从形式、内容到其出现的机制，都和初唐的五律之间有某些相类之处，当然也有很大的不同。例如，当时的五律作品，即使是产生于上层社会活动者，也未必是享乐的产物，可能有其社会意义。应制诗大多是五言律诗或者五言排律，后代仍然如此。杜甫用五律组诗写现实社会政治，实际上和应制诗五律也是有关系的，都离不开朝政。盛唐王孟诗派兴，此后五律写山水是极为常见的。

德潜五律之用于应制和与贵族、朝官赠答者，数量甚多，多承唐初沈宋等宫廷文人之作而来，除了歌功颂德以及点缀一些“爱民”“忌奢靡”等“正确的废话”之外，思想内容方面可观者不多。艺术方面，精雕细刻的锤炼功夫，例如用典贴切、遣词准确、对仗精工之类，还是有令人钦佩之处。

德潜五律，写社会政治者和登临怀古、咏古者，还有咏物、咏怀者，以得之于杜甫五律为多，“精工雅致，简约凝练，含蓄蕴藉”而外，境界阔大，感情郁勃，正大堂皇。以下展开阐述。

写社会政治者。在封建社会中，士人和社会政治之间的联系几乎是天然的。在不得不言但客观环境又不能明言的情况下，以诗歌言之，是常见的选择，因为诗歌本身，其情节可以是“不自足”的，而诗歌之中，格律诗尤其如此。德潜写社会政治的五律，除了和乾隆帝以及其他官员唱和者外，主要还有三类。一类以《夏日述感》等为代表，泛论当时的社会政治，多负面和悲观的内容。如《夏日述感七首》之一：“旱潦频仍后，三吴风景殊。民贫轻揖让，力尽畏征输。瘠土农皆散，平田麦已芜。吾生惭俯仰，触目总艰虞。”[①]《热》《旱》《淫潦二首》《旱四首》《晚秋杂兴》等关于民生疾苦的诗歌，都是如此。另一类是为当时社会政治事件而作，德潜对这些事件所采取的立场于当道没有违碍之处，甚至有利于当道。如《西极》云：“西极未归化，王师议取残。丁男征六郡，甲士重三

① 沈德潜著，潘务正、李言编辑点校：《沈德潜诗文集》，人民文学出版社2011年版，第226页。

韩。青海天将尽,阴山火亦寒。谁同傅介子,谈笑斩楼兰?”①此为康熙五十六年为朝廷对西北用兵而作。《送人从军》《闻浙西兵过》等,也是此类作品。还有一类为当时某些特定的政治事件而作,但这些事件多为当道所讳言,故语多晦涩,如果不是通过仔细的考证,难以明白其本事。此类诗歌甚少,但很有价值,如《漫兴》《有感》即是。

其登临怀古、咏古之作很多,佳作不少。《望岳》云:“大造爱奇崛,产兹东海间。五方群长岱,九宇总无山。青帝灵难接,天门路可攀。何须凌绝顶,胸已隘尘寰。”②《太白酒楼》云:“宾主一尊酒,高楼千古传。斯人不可作,胜事空当年。荡胸纳河济,举手攀云烟。谁为后来者?倚槛心茫然。”③尽管前者明显受杜甫同题诗的影响,后者明显受何景明同题诗的影响,但其佳处自不可没。《岳鄂王墓》云:“今古含冤地,孤臣旧死忠。已成三字狱,竟废十年功。匡复凭诸将,沉沦念故宫。六陵残毁后,泉壤泣英雄。”④尽管此诗咏古而没有新意,但忠而被枉杀,功亏一篑,致社稷灭亡,山河沦丧,这种遗恨在当时还是普遍存在的,德潜敢于抒发出来也是需要勇气的。《过锺山》《韩忠武王墓》《谒文信国祠》《钱塘咏怀古迹八首》《史阁部墓》等,都属于这一类风格。

咏物、述怀等的诗歌,佳作亦多。袁枚《随园诗话》卷二云,咏物类诗歌如果没有寄托,就如同儿童猜谜。当然,所寄托者,大有高下之别。德潜的咏物诗,都有寄托。佳作如《牡丹》云:“顿觉春光丽,平台放几丛。众芳齐让品,国色岂求工。烟重含朝露,枝低受晚风。家园殊得地,不独上林中。”⑤此诗作于康熙四十二年,当时的德潜还是个三十出头的秀才,能有这样的意识非常难得,因为在我国的传统文化中,关于平等的思想资源是非常匮乏的。大概作于乾隆十三年的《秋蝶》等一系列咏秋景、秋物之作,非常切合德潜其人当时的心境。《燕》《春雪》《咏蝶》《七十咏怀》等,也是此类作品。

① 沈德潜著,潘务正、李言编辑点校:《沈德潜诗文集》,人民文学出版社 2011 年版,第 240 页。
② 沈德潜著,潘务正、李言编辑点校:《沈德潜诗文集》,人民文学出版社 2011 年版,第 265 页。
③ 沈德潜著,潘务正、李言编辑点校:《沈德潜诗文集》,人民文学出版社 2011 年版,第 261 页。
④ 沈德潜著,潘务正、李言编辑点校:《沈德潜诗文集》,人民文学出版社 2011 年版,第 228 页。
⑤ 沈德潜著,潘务正、李言编辑点校:《沈德潜诗文集》,人民文学出版社 2011 年版,第 223 页。

德潜写山水田园以及闲适情趣的五律，得之于王孟韦柳为多，“精工雅致，简约凝练，含蓄蕴藉”外，总的基调是平和温厚、清丽拔俗。如《春日村行》《吴江道中》《秋日过浴凫泾》《冷泉亭》《生田王氏幽居》《山居杂诗》等，都是如此。

至于德潜的五言长律，几乎都是试帖诗和应制诗，内容不外歌功颂德、润饰升平，几无可取者。五言长律和五律最大的不同，除了因为接受者的特殊性而必须充分注意，在立意、用典、选词等方面应吉祥、雅正、典重、祥和、喜庆等外，还有就是章法的处理。此类诗歌，因为篇幅比五律长，所以必须使用铺叙乃至铺排的手法，平铺直叙就不免显得呆板笨拙、转换角度等不当，又不免显得头绪混乱。不过，德潜长期写作诗文，并且长期教学生写诗文，这些技巧是精熟的。《归愚诗钞》第十九卷中所收录的五言长律，就艺术上来说几乎都是佳作。在科举时代，这些诗歌都是值得准备参加考试的考生学习的。

二、七言律诗

七律的诗句较之于五律，尽管每句仅仅多两个字，但变化多了，容量大了。较之于七古，七律在篇幅、诗句、押韵、对仗等方面有严格的限制。若混同于五律，七律难免纤弱，失却浑然之象；若混同于七古，七律容易粗豪，失却蕴藉之致。深厚充盈，格调高朗，气象雄浑，而又富有含蓄蕴藉之致，此为七律之“正格”，杜甫等盛唐七律就是如此。韩愈得其阳刚，增其劲建，而蕴藉之致大减，其调近粗；李商隐得其阴柔，增其密丽，而气势为弱，其音多沉。白居易《钱塘湖春行》等闲适之作，以七律出之，清浅明丽，故为“变格”。

德潜七律中，登临怀古、咏古以及感慨时政之作，大多为杜甫七律气脉。《春兴》等诗仿照杜甫之《秋兴》，泛咏当时社会政治，国计民生，忧社稷、忧黎元也。《使者》《闻诏二首》《兰台》《禁军》《偶述》等，为具体政治事件而作，有不便明言者，故恍惚迷离，虽无李商隐《无题》等的缠绵风华，但若无郑笺，读者很难明其所云。《北固山怀古》《张中丞庙》《金陵怀古》《观音阁》《灵岩》《干将墩》《润州》《吴山怀古》《秦皇》《汉武》《姑苏怀古》《殷少师比干墓》《鹦鹉洲吊祢处士》等，这些诗歌思想感情较之前人，几乎没有超越之处。《汤阴谒岳侯祠》似乎有所超越："巍峨祠宇荡阴城，故里人钦英武名。草木至今还共惜，忠奸自昔竟谁明？狱成三字臣何怨，代隔千秋众不平。此日庭前双古柏，风来犹作战场声。"①"狱成三字臣何怨"，历史上的岳飞肯定不是如此，明知被皇帝冤枉而无怨无悔，那是旧小说中的岳飞，是理学家及其后学把君臣关系中君的权威绝对化、泛化后塑造的理想的臣下形象。这样的超越，似乎太陈腐，即使当局赞赏，至少是绝大多数士人，包括德潜自己在内，内心也未必认可。德潜屡次参加举人考试不中，并非完全没有怨气，这有诗为证。康熙帝六次南巡，都到苏州，每次都是何等轰动的大事，但德潜竟然没有一个字涉及。德潜之开始歌颂皇帝，是在获荐博学鸿词之后。"此日庭前双古柏，风来犹作战场声"，则耐人寻味。这两句，言岳飞精神不仅尚存，而且还在起着鼓动作用。这里的岳飞精神不是"忠君"，是爱国精神，那么，在这为爱国而战的战场上，另外一方是谁呢？这是德潜的无意疏忽，还是内心深处的声音？要知道，这个时候的他，正在朝廷任职，乾隆帝恩眷正隆，他的官职在以超常到非理性的速度升迁。难道是得意忘形后瞬间流露出的真情？《旧边诗九首》咏明末边事，政治立场在清廷一边，我们难以苛求德潜。

至于德潜中进士以后所作应制之类七律，如《胪唱恭纪》《赐给文绮坊仪恭纪》《钦点庶常恭纪》《早朝》等七律，以及和乾隆帝、显贵赠答的七律，则很自然地仿效盛唐贾至《大明宫早朝诗》以及王维、岑参、杜甫等的以和作为主的庙堂七律，正大堂皇，雅音高唱，气势非凡，宏富博大，努力显示超迈汉唐的盛世气象和君臣相得的郁郁之盛。其七言长律，也是如此。

德潜的咏物七律，其中不少明显仿效王士禛《秋柳》诗的格调。如《咏鹤》《咏尘》《秋怀》《晚蝉》《夹竹桃》等，而其《柳》最近渔洋风调："马尾青丝蘸绿波，深闺相对蹙双蛾。娉婷市上烟初重，宛转桥边态自多。汴水昔年人在否，金城往事感如何？可堪飞絮鹅毛句，肠断江南庾信

① 沈德潜著，潘务正、李言编辑点校：《沈德潜诗文集》，人民文学出版社 2011 年版，第 342 页。

歌!"[①]或云,诗以神韵胜,但可作绝句。绝句固宜于神韵,神韵也宜于绝句,但神韵亦可用于其他的诗歌体裁,起码是七律。渔洋《秋柳》等已证明在前,德潜此诗亦可以作为证明。

德潜一些不入以上类别的七律,往往有佳作。他有白居易清浅明丽一类的闲适之作,但不多。相较于其他七律难以摆脱"重大题材""重大主题"和"常规感情"之类难免显得陈腐的内容,属于此类风格的《白堤春兴》确实令人耳目一新:"破楚门西更向西,画船双桨白公堤。人家临水花为市,僧舍沿山石作梯。弱柳似随歌扇拂,好莺偏傍舞筵啼。讨春年少情难尽,不许亭亭日色低。"[②]不论是内容还是语言,其中的自然之趣更为难得。《梅花》等诗,也是如此。其《偶成》云:"缫就文章斗色丝,朱弦疏越是吾师。争夸丹雘涂施日,正值风骚歇绝时。帝子婵娟怀杜若,美人迟暮咏江蓠。剧怜韶濩云山曲,却被巴人漫点嗤。"[③]此诗风格,明显受李商隐的影响。可见,德潜也是读李商隐此类风格的诗歌的。

三、绝句艺术

绝句分为律绝和古绝。律绝即近体诗,也就是格律诗中的绝句,有人称之为"截句",意谓一首律诗,无论七言还是五言,截取其前面四句、后面四句、中间四句,截取其前面两句和最后两句再加起来,都可以成为一首绝句,截的是七律,得七言绝句,截的是五律,就得五言绝句。纯粹从诗歌格律上说,这是对的。就对仗而言,绝句可以两联都用对仗,也可以其中的一联用对仗,还可以两联都不用对仗。这也是和"截句"的说法相符合的。但是,绝句和律诗是两种不同的诗歌体裁,它们之间还是有体裁方面的区别的。

所谓古绝,就是古诗中的绝句,也是四句,但诗句不按照律诗的平仄格式。不过,古绝也没有古体诗那样自由。首先,其每句诗句的字数都应该是相同的,或五言,或七言,也有六言的,但不能是杂言。以五言

① 沈德潜著,潘务正、李言编辑点校:《沈德潜诗文集》,人民文学出版社 2011 年版,第 321 页。

② 沈德潜著,潘务正、李言编辑点校:《沈德潜诗文集》,人民文学出版社 2011 年版,第 295 页。

③ 沈德潜著,潘务正、李言编辑点校:《沈德潜诗文集》,人民文学出版社 2011 年版,第 300 页。

为多，七言大大少于五言，六言较少见。其次，第一句以押韵为多，第二和第四句必押韵，韵为仄声，第三句结尾用平声字。

最早的五绝是南朝乐府民歌中的《子夜歌》《读曲歌》等，歌唱爱情，缠绵悱恻。唐代初年，虞世南、王勃、卢照邻、张承庆等按照格律写五绝，往往前面一联用对仗。这样的绝句，其语言的自然性当然是不如《子夜歌》等的。

不管是民歌式的五绝，还是文人作品式的五绝，即使是古绝，都以含蓄蕴藉为胜。唐代李白和王孟韦柳等的五绝，是五绝的典范之作。德潜在《唐诗别裁集》的凡例中，就讲得很清楚。

德潜所作五绝，其中很多是古绝。其五绝之作，能够成功地呈现一段景色、一种体验、一个现象、一种想象、一幅速写，但是，有含蓄蕴藉之致的很少。如《樵》："矫捷类猿公，峭壁斫枯树。黄叶身上秋，白云山下路。"①《舟晓》："推篷霭蒙蒙，涯岸哪能辨？烟际棹声来，两船不相见。"②《歌风台》："登台歌大风，亭长作天子。韩彭安在哉？徒劳思猛士。"③这些诗歌都是以硬笔为之，和杜甫的五绝如出一辙。这是有意向杜甫五绝学习，还是不自觉地用写五言律诗的硬笔来写五绝呢？当然，德潜还是有含蓄蕴藉的五绝的。例如《松杉径》："爱此松杉径，天寒晚行药。四顾寂无言，空林残雪落。"④《问渡》："斜日晚悠悠，寒江古渡头。隔溪人不见，独立蓼花洲。"⑤这是德潜有意为之还是"偶合于道"？

七绝尽管只是诗句比五绝多两个字，但是多这两个字，就是多了一个音步，这意味着声韵就多了一段宛转，情韵就多了一段曲折，正如袖长一尺，但舞姿仪态就会多出许多变幻一般。因此，七绝当以软笔为之，要声情合一、悠长宛转、逸韵远扬，一唱三叹而有余音。关于七绝这样的体裁特点，德潜是把握了的，在《唐诗别裁集》的凡例之中他也作了阐述，还列举了唐代七绝的一系列名家。

① 沈德潜著，潘务正、李言编辑点校：《沈德潜诗文集》，人民文学出版社 2011 年版，第 376 页。
② 沈德潜著，潘务正、李言编辑点校：《沈德潜诗文集》，人民文学出版社 2011 年版，第 385 页。
③ 沈德潜著，潘务正、李言编辑点校：《沈德潜诗文集》，人民文学出版社 2011 年版，第 380 页。
④ 沈德潜著，潘务正、李言编辑点校：《沈德潜诗文集》，人民文学出版社 2011 年版，第 376 页。
⑤ 沈德潜著，潘务正、李言编辑点校：《沈德潜诗文集》，人民文学出版社 2011 年版，第 378 页。

德潜七绝中佳者，一类是学民歌的，例如《西湖杂句》之三：“女伴闲行过净慈，金钱暗掷卜归期。鹫峰尚有飞来日，不信狂夫爱别离。”①《吴中棹歌》：“湖上春风太作颠，湖边女儿试春船。十三娇小能摇橹，一声划破水中天。”“鸦黄杨柳罩渔矶，鸭嘴船从港口归。与郎莺脰湖边宿，共看鸳鸯对对飞。”“浪暖桃花三尺强，五湖烟雨泛苍茫。自是吴乡生计稳，凭他三月下瞿唐。”“官船峨峨来往过，看侬打桨听侬歌。尽日风波共摇荡，不知人世有风波。”②还有就是有意仿效王士禛神韵诗的。例如《西湖嬉春绝句》云：“问水亭边上小船，青山白塔故依然。旗亭买醉三生梦，重到西湖廿四年。”“堤边女儿试春衣，三三五五映芳菲。钱王遗事人能说，犹唱花开缓缓归。”“十里长堤遍种花，花间摇漾酒帘斜。大苏风流人不识，偏问西泠苏小家。”③《过许州》：“到处陂塘决决流，垂杨百里罨平畴。行人便觉须眉绿，一路蝉声过许州。”④《秦淮杂咏》中，也有几首这样的诗歌。这些诗歌，意境清空淡远，声韵悠扬婉转，情感平和绵长，选词明丽雅洁，这些正是渔洋神韵绝句的特色。

可是，德潜七绝有这样的艺术效果的不多。可以看出，他也向这样的目标努力，但效果平平。《一朵牡丹为蒋绣谷赋》：“名花是处委芳尘。一朵腥红照暮春。应是馆娃香散后，五湖留得泛舟人。”⑤《花朝饮王千里寓楼同云间陆圃玉》：“高楼纵酒合歌呼，相对苍茫感鬓须。三十年前谈往事，轻尘短梦两模糊。”⑥此类诗歌，还勉强符合七绝的风调。《秋暮》：“磽碌闲眠秋莫时，寒风斜日冷茅茨。几家田里余秔稻，只有南来鸿雁知。”⑦《钟吾驿》：“钟吾古驿黄河滨，粘天白浪无昏晨。相逢津吏为予说，看尽南还北往人。”⑧此类七绝，完全是杜甫、韩愈式的以硬笔为绝句了。

在明确七绝标准的情况下，德潜自己也以这样的标准来评价别人

---

① 沈德潜著，潘务正、李言编辑点校：《沈德潜诗文集》，人民文学出版社 2011 年版，第 387 页。
② 沈德潜著，潘务正、李言编辑点校：《沈德潜诗文集》，人民文学出版社 2011 年版，第 391 页。
③ 沈德潜著，潘务正、李言编辑点校：《沈德潜诗文集》，人民文学出版社 2011 年版，第 398 页。
④ 沈德潜著，潘务正、李言编辑点校：《沈德潜诗文集》，人民文学出版社 2011 年版，第 412 页。
⑤ 沈德潜著，潘务正、李言编辑点校：《沈德潜诗文集》，人民文学出版社 2011 年版，第 398 页。
⑥ 沈德潜著，潘务正、李言编辑点校：《沈德潜诗文集》，人民文学出版社 2011 年版，第 397 页。
⑦ 沈德潜著，潘务正、李言编辑点校：《沈德潜诗文集》，人民文学出版社 2011 年版，第 397 页。
⑧ 沈德潜著，潘务正、李言编辑点校：《沈德潜诗文集》，人民文学出版社 2011 年版，第 401 页。

的作品，说杜甫的绝句“少唱叹之音”，说韩愈“不专近体”。可是，他自己所作七绝，还是离他自己理解的标准有比较大的差距。那么，这可能是才性所限了。

德潜所作绝句，数量相对而言明显较少。也许，他早已意识到自己不擅长作绝句了。

第三节 章法艺术

德潜的诗歌，无论篇幅长短，内容简单或者复杂，结构的各个主要部分篇幅大致相当或者非常悬殊，其章法都是井然的，都有其自身的义法。这方面的例证不胜枚举，因为他的每一首诗歌，都可以用来作为例证。这和德潜自身的职业和历练有直接的关系。袁枚《随园诗话》卷三第二十七条云：“近今士人，先攻时文，通籍后始学为诗，大概从宋、元入手，俗所称‘半路上出家’是也，源流不清。”①德潜也是先攻时文，中秀才后始正式学为诗歌的。可是，八股文写作和诗歌写作之间也是有密切关系的，这尤其体现在诗歌的章法安排上。《随园诗话》第六卷第八十二条云：

> 时文之学，有害于诗；而暗中消息，又有一贯之理。余案头置某公诗一册，其人负重名。郭运青侍讲来，读之，引手横截于五七字之间，曰：“诗虽工，气脉不贯。其人殆不能时文者耶？”余曰：“是也。”郭甚喜，自夸眼力之高。后与程鱼门论及之，程亦韪其言。余曰：“古韩、柳、欧、苏，俱非为时文者，何以诗皆流贯？”程曰：“韩、柳、欧、苏所为策论应试之文，即今之时文也。不曾从事于此，则心不细，而脉不清。”余曰：“然则今之工于时文而不能诗者，何故？”程曰：“庄子有言：仁义者，先王之蘧庐也；可以一宿，而不可以久处也。今之时文之谓也。”②

① 袁枚：《随园诗话》，人民文学出版社 1982 年版，第 79 页。
② 沈德潜著，潘务正、李言编辑点校：《沈德潜诗文集》，人民文学出版社 2011 年版，第 197 页。

那么，时文和诗歌在章法方面为什么有这样的密切关系呢？

寻常文章，当然也要讲究章法。但是，时文之讲究章法和寻常文章之讲究章法是不同的。寻常文章讲究章法，可以使章法设置巧妙玄妙以显示作者的文章艺术，即使有读者暂时读不明白其非凡的内容、其精妙的章法也没有关系，只要世界上有高明的读者能够明白就行了。时文不一样，其预设的读者是固定的，就是阅卷者。阅卷者阅读某份时文的时间很短，正如鲁迅说的，那些阅卷者的头脑大多是阴沉木做的，那就更有讲究了。《儒林外史》第三回云：

> 那时天色尚早，并无童生交卷，周学道将范进卷子用心用意看了一遍。心里不喜道："这样的文字，都说的是些甚么话！怪不得不进学。"丢过一边不看了。又坐了一会，还不见一个人来交卷，心里想道："何不把范进的卷子再看一遍？倘有一线之明，也可怜他苦志。"从头至尾，又看了一遍，觉得有些意思。到读完第三遍，周进才不觉叹息道："这样文字，连我看一两遍也不能解，直到三遍之后，才晓得是天地间之至文，真乃一字一珠！可见世上糊涂试官，不知屈煞了多少英才！"①

他忙取笔细细圈点，卷面上加了三圈，即填了第一名。范进的文章，如果遇到寻常的阅卷官，范进就铁定落第了。因此，时文作者必须应对这样的情况来训练时文写作。时文必须让阅卷官在很短的时间内就被文章吸引住，并且把握其精华。要达到这样的目标，文章起承转合之间，气脉不仅不能断，而且还要非常明显，甚至刻意强化，否则不足以达到这样的目的。除了应试的诗歌外，寻常诗歌未必有吸引读者的必要，为什么也要讲求诗歌的起承转合等结构之间的气脉连贯呢？这就和诗歌的基本特质有直接的关系。诗歌最为基本的特质是以形象抒发感情，即使是叙事、明理也必须和形象、感情结合在一起。感情是和气紧密结合在一起的，情随气行，气止则情止，气行则情行。如果气脉停顿，或者接续不当，不能浑成，感情的表达和接受就会受到严重的影响，阅读效

① 吴敬梓：《儒林外史》，北京华文出版社2018年版，第23页。

果就不能称佳了。何况，若诗歌以“歌”的方式传播，或者以朗诵的方式传播，起承转合、气脉连贯就更加重要了。

德潜浸淫时文的时间和功夫，即使在明清两代，有超过他的人，数量也不会多。他对时文的精通程度是毋庸置疑的。这体现到他的诗歌创作中，好的效果，就是诗歌章法井然、气脉通达，不良的效果，就是诗歌内容受到时文内容的影响、学习诗歌的范式受到学习时文的影响都比较明显。正如上文《随园诗话》中程晋芳所引《庄子》中的话，“仁义者，先王之蘧庐也；可以一宿，而不可以久处也”。在当时，作诗有必要借鉴做时文的方法，但不能把时文中不应当带到诗歌中的东西带到诗歌中。关于德潜诗歌受时文写作负面影响的问题，笔者还会在本书其他部分展开讨论。

除了时文的影响外，德潜诗歌之讲究章法还显然和他对唐诗、明诗和清诗的评点之间有密切的关系，其相互作用是不言而喻的，因为这些评点之中很多是章法方面的。德潜《唐诗别裁集》的凡例中，关于诗歌的“法”的一段文字非常精彩：“诗不可无法，乱杂而无章，非诗也。然所谓法者，行所不得不行，止所不得不止，而起伏照应，承接转换，自神明变化于其中。若泥定此处应如何，彼处应如何，则死法矣。”①其所说的“法”，主要就是诗歌的章法。

第四节　语言艺术

语言是任何体裁的文学作品最为基本的元素。不同体裁的文学语言是不同的。德潜诗歌的语言，从总体上说，是在古典诗歌范围内的“自然的诗歌语言”。

要明白这一点，我们先从《明诗别裁集》卷五所载何景明《明月篇》小序说起：

仆始读杜子七言诗，爱其陈事切实，布词沉著。鄙心窃效之，

① 沈德潜编：《唐诗别裁集》，中华书局 1975 年影印本，第 4 页。

以为长篇圣于子美矣。既而读汉魏以来歌诗及唐初四子者之所为而反复之，则知汉魏固承《三百篇》之后，流风犹可征焉。而四子者，虽工富丽，去古远甚。至其音节，往往可歌。乃知子美词固沉著，而调失流转。虽成一家语，实则歌诗之变体也。夫诗本性情而发者也，其切而易见者，莫如夫妇之间。是以《三百篇》首乎《关雎》，六义始乎《风》。而汉魏作者，义关君臣朋友，辞必托诸夫妇，以宣郁而达情焉，其旨远矣。由是言之，子美之诗，博涉世故，而出于夫妇者常少；致兼《雅》《颂》，而风人之意或缺。此其调或反在四子下与！暇日为此篇，意调若仿佛四子，而才质猥弱，思致庸陋，故摛词芜紊，无复统饬。姑录之以俟审音者裁割焉。

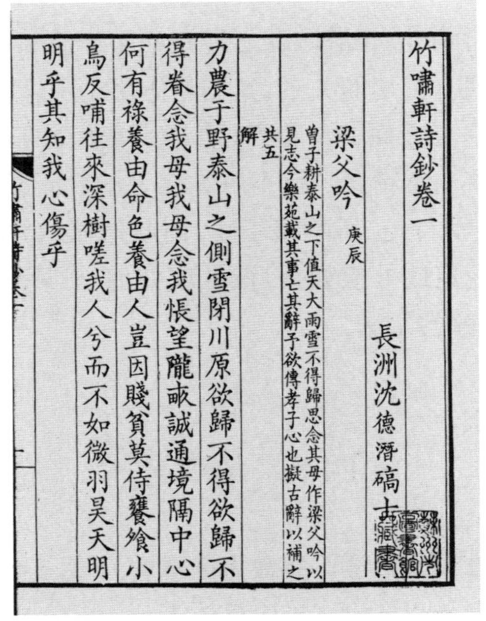
竹嘯軒詩鈔卷一

長洲沈德潛碻士

梁父吟 庚辰

曾子耕泰山之下值天大雨雪不得歸思念其母作梁父吟以見志今樂苑載其事亡其辭予欲傳孝子心也擬古辭以補之

共五解

力農于野泰山之側雪閉川原欲歸不得欲歸不得眷念我母我母念我悵望隴畝誠通境隔中心何有祿養由命色養由人豈因賤貧莫侍饔飧小烏反哺往來深樹嗟我人兮而不如微羽昊天明明乎其知我心傷乎

《竹啸轩诗抄》(清雍正间刻本)

德潜评云："不可不知此论。新城王阮亭论诗云：'接迹风人《明月篇》，何郎妙悟本从天。王杨卢骆当时体，莫逐刀圭误后贤。'真不被前人瞒过。"[①]《诗经》中的《国风》为民歌，作者是大众而非精英，传播者和

① 沈德潜、周准编：《明诗别裁集》，中华书局1975年影印本，第53页。

受众也是大众而非精英，其中的爱情诗，语言更加切近生活，易于在大众中以口耳相传的方式传播和接受。《雅》《颂》则是当时文人雅士之作，其传播和接受也是在文人雅士群体之中，其应用场合更是上层社会的宴饮和祭祀，其语言不仅是古雅甚至古奥的，也是经过文人加工的，甚至是精雕细刻的，因此是精细雅致的。《国风》和《雅》《颂》在语言方面的最大的共同之处是，它们都是诗歌语言，而最大的不同是，前者比后者拥有更多的自然性。王士禛"何郎妙悟本从天"中的"天"，就是指语言的自然性，尤其是诗歌语言的自然性。

汉魏诗歌，特别是汉魏乐府民歌和深受其影响的文人作品，在诗歌语言方面所受《国风》的影响超过了所受《雅》《颂》的影响，其语言保留的"自然性"比较多，也是"自然的诗歌语言"，初唐四杰即如此。但诗圣杜甫的诗歌，其诗歌语言继承《雅》《颂》为主，并且"语不惊人死不休"，减弱了诗歌语言的自然性，因此，何景明云云。

那么，什么是"诗歌语言的自然性"或者"自然的诗歌语言"呢？是不是没有经过任何加工的口语才是"自然的诗歌语言"呢？不是的。

笔者窃以为，"诗歌语言的自然性"至少应该包含这样几个因素。

第一，这是诗歌的语言，而不是散文等其他文体的语言。例如"学而时习之，不亦说乎""孝弟也者，其为仁之本与"不是诗歌语言，"巧言令色鲜矣仁""为人谋而不忠乎"也不是诗歌语言，尽管都是七个字的句子。当然，这样的句子或许也可以偶尔出现在诗歌中，但总的来说，是不宜的，因为诗歌最为重要的本质是以形象抒发感情，这样的句子无法较好地承担这样的任务。当然，还有别的原因。

第二，必须符合诗歌语言的语法和逻辑。散文的语法和诗歌的语法以及必须遵守的逻辑，当然有相同的部分，但也是有所不同的，不能相互代替，也不能错位。对诗歌语言的雕镂和对创新的追求，往往会以破坏语法和逻辑为代价。这方面的典型就是宋代的江西诗派和清代宋诗派中学习江西诗派诗风的诗人所作某些诗歌，举不胜举。其实，这样的趋向在杜甫的诗歌中就有所表现，韩愈又朝这个方向进一步发展，他那些以创新出名的诗句就是如此。

其三,和口语、俗语、散文语言相比,诗歌语言的音乐性更为鲜明。诗歌语言的音乐性主要体现在这样几个方面:押韵、平仄、音步以及词语之间、诗句之间、段落之间声、韵、调的和谐搭配。律诗在这方面有严格的规定,即使是自由的古体诗,其音乐性也是有一定规律的,在这方面王士禛就作了研究并且有所发现,这还引起了赵执信和他就此事的一些争论。翁方纲《王文简公古诗平仄论》对此有进一步的研究。由于篇幅和笔者学力的限制,这里无法展开全面的论述,只能仅仅从音步的角度来略作说明。四言、五言、七言,古典诗歌中这几种最为通用的诗句,其音步都是有约定俗成的规定的,因为这些规定能够体现出诗句的音乐性,且显得比较自然。可是,所谓的"硬句",突破了这样的规定,就在一定程度上破坏了诗句音乐性的自然性,在音乐上,显得不自然。例如,就七言诗句而言,常规的音步是"二二二一""二二一二""四三",这样的音步,其音乐性就显得比较自然。可是,黄庭坚的诗句"管城子无食肉相,孔方兄有绝交书",其音步是"三一三",打破了常规的音步,也就破坏了七言诗句音乐性的自然性。这样的现象,在江西诗派尤其是黄庭坚的诗歌中是不少的,而在杜甫、韩愈的诗歌中,也能找到这样的样本。

其四,一定的语汇空间。《诗经》中的诗歌本来是用于歌唱的,汉魏乐府诗也是如此。既然是歌唱,那么不仅要具有音乐性,可以用于歌唱,而且词语空间也是有一定的限制的。原因很简单,既然是歌唱,那么,就应该是可以让人听懂的,词语就不能过于古奥、偏僻,否则,人们如何能够听懂?听《雅》《颂》的人文化水平高,《雅》《颂》中那些古奥、典雅乃至偏僻的词语能够听懂,大众就没有这样强大的接受能力了。因此,诗歌的语汇空间必须限制在一定的范围内。《诗经》的《国风》和汉魏乐府诗中,现在看来是古奥、偏僻的一些语汇,在当时未必是古奥、偏僻的。在诗歌中较多地使用古奥、偏僻的语汇,也会一定程度上减弱诗歌语言的自然性。宋代和清代"以学问为诗"的诗歌不少,这些诗歌中,诗歌语言的自然性当然就被减弱很多了。

其实,即使在汉魏到唐代之前,大凡文人雅士,写诗的过程中,对诗歌语言多少都有一些锤炼乃至雕琢,甚至出于各种目的选用一些古奥、偏僻的、不经见的语汇，使得诗歌语言不免在一定程度上离开口语和俗语，也离开散文语言，和口语、俗语、散文语言相比，诗歌语言就在一定程度上减少了自然性。但是，这如果还是一定程度之内，人们还是可以接受的。也正因为如此，诗歌语言的自然性也是和口语、俗语、散文语言的自然性不同的。

德潜的诗歌语言基本上是符合古典诗歌中诗歌语言的自然性的，当然，各个部分是有所不同的。在和散文句子的区别方面，尽管德潜当官以后和乾隆帝的诗歌交往频繁，对方又有着政治上的绝对优势，但是，德潜对诗歌语言的选择和运用没有被乾隆帝带偏，他的诗歌中没有乾隆帝诗歌中常用的散文句子。在对语法和逻辑的超越方面，德潜诗歌还没有达到杜甫诗歌那样的程度，不会给读者的理解造成困扰，也不会给读者的阅读造成生硬的感觉而不失自然。在遵守诗句的音乐性方面，德潜做得非常好，他的格律诗中几乎没有不符合常规音步的现象，很少硬句。他的诗歌，几乎都能够做到音调和谐。这和他对何景明《明月篇》小序中对诗歌语言特别是音调的理解有直接的关系，更是其特别重视"调"所决定的。在语汇选择方面，德潜没有完全达到诗歌语言自然性的要求。他的诗歌语言比较雅致，这不会影响诗歌语言的自然性，但是，有时他也会在诗歌中用一些不经见的语汇，一些古奥乃至偏僻的词语，甚至古字，这对诗歌语言的自然性显然是有影响的。好在这种现象在德潜诗歌中不多，且控制在某些题材的诗歌中，因此，从总体上说，对德潜诗歌语言的自然性影响不是很大。

总的来看，德潜以唐诗为主要的学习对象，而参之以包括《诗》《骚》在内的先唐古诗，能够得其技法之精髓而融化之。其古体诗艺术成就最高，律诗次之，绝句又次之。德潜诗在诗歌章法的气脉贯通和诗歌语言的自然性方面造诣较高。其主要缺点是独创性不够，也缺乏风韵，绝句尤其如此。

德潜诗歌的价值在于以下几个方面。就内容而论，其写当时政治现象或政治事件的诗歌，价值最高；写当时社会生态的诗歌，价值次之；写他自己在漫长的科举生涯中心路历程的诗歌，记载当时相关朝野作家及其活动的诗歌，对认识当时士人的生存状态和心理状态有较高的价值。就艺术表现而言，在构思策略、篇章结构、描绘笔法、语言运用等方面，德潜诗歌达到了较高的水平，对诗歌乃至其他体裁的作品写作都有较为积极的借鉴作用。其中写他自己在漫长的科举生涯中心路历程的诗歌，记载当时朝野相关作家及其活动的诗歌，这两个部分本书已经在德潜生平的部分作了展示和论述。

第十章　文章研究

德潜不以文章著名。不过，其写作时间长，文章数量比较多，体裁多样，题材广泛。他又长期从事文章写作的教学，对文章之道及其教学都很有研究。因此，他的这些文章也是可观的文化存在，有不可忽视的价值。

第一节　碑传文研究

这里所说的"碑传文"，包括传记、墓碑、墓表、墓志、行状、行述等。方濬师《蕉轩随录》卷八引乾隆帝《御制诗注》云，德潜嗣子种松之不肖，"德潜末年所得谀墓财，皆被其荡费罄尽"，似乎德潜晚年为钱财而写了很多"谀墓"文。德潜寿命长，到他去世那一年还能写作。和他同时代的文坛、官场的名流相比，他交游尽管不能算广，但因为活动的时间长，接触的人自然就多。晚年的他，年高位尊，和他交往稍多的人去世较多，于情于理，他给他们写碑传文也是正常的。有人托他为亲近的人，例如配偶、长辈等撰写碑传文，这也是符合情理的。因此，德潜写的碑传文是比较多的，晚年尤其如此。

碑传文的第一要求，在于真实。不过，这一点对一般作家来说确实是难以达到的。作家受人之托写碑传文，称善而不录恶，自古而然，这也是符合情理的。若无其善而称之，即是谀墓。考虑到我国古代"重孝道""为亲者讳""为尊者讳""为死者讳"等社会传统与现实，以及碑传文产出和应用的实际情况，谀墓的现象，虽古代名家也难以避免。不过，就所写内容和利害关系来看，德潜所作碑传文，谀墓之处，尽管不可能没有，但即使有，还不至于到无中生有的地步，对相关重要事件的记录，尤其如此。

德潜所作碑传文最为重要的价值，就是多方面记录了历史的真实，为我们进行相关的研究提供了参考。这主要体现在以下几个方面。

可以为某些历史事件补充史料。例如《宋侍御传》所写崇祯十一年到十二年之间清兵攻陷济南，可以补史书之略。《李文襄公传》中所写李之芳以兵部左侍郎总督浙江军务，在平定三藩之乱过程中作出的贡献，可补《清史列传》中《李之芳传》之所缺或未详者。《黄太常传》中，详细记载了黄性震向福建总督姚启圣就平定台湾上《平海十便》，姚用其策，并与之密谋，如法施行而平台湾。这也可以补相关史书之缺或未详者。《刘先生墓志铭》中，记录了江西刘首昂在三藩之乱期间，领导民间力量抵抗叛军之事，这些也是史书记载中所缺略的。

德潜为地方官所作碑传文，有大量的地方史料。如《诰赠资政大夫江宁巡抚都察院右副都御使莪园王公墓志铭》，记录了王师从直隶远城县知县到江苏巡抚期间的政绩之大者。《分守登莱道东隅兄墓志铭》中，记载了沈元沧在广东琼州文昌县任知县时所进行的一系列风俗改革和社会建设。德潜所作碑传文中，传主当中下级地方官很多，因此，此类史料还是比较多的。

德潜为当时著名医学大家叶天士所写《叶香岩传》，对人们了解这位传奇人物以及其关于医学的论述，很有价值。为叶燮所写《叶先生传》，以及为李崧、翁照等其他诗文家所写碑传文，对研究他们的诗歌创作、诗歌理论乃至在当时的影响，至关重要。《王耕烟墓志铭》《黄尊古墓志铭》，对王翚、黄鼎这两位著名画家作品的欣赏和研究，有重要的价值。

德潜碑传文中，数量最多的传主是秀才甚至连秀才也没有考中的读书人，他们多半是德潜的熟人、学生、朋友乃至前辈，通过这些传文，我们可以知道当时民间普通读书人的生存状态，特别是在科场中的困顿。如《归愚文钞》卷十八中的《方上舍传》《徵士翁霁堂传》《张文学传》

《李芥轩墓志铭》《黄尊古墓志铭》《处士余江干墓志铭》,《归愚文钞余集》卷五中的《叶文学方宣传》《文学孙古愚传》《岁贡士郭君传》《家贡士东甫传》《贡士郭曙升传》《郭文学千里传》,卷六中的《袁贡士墓志铭》《袁太学漫恬墓志铭》《潘上舍墓志铭》《岁贡士张君讷庵目标》等,举不胜举。他们中,至少有三位,到六十几岁,还在科场中挣扎。如果不是在六十几岁中举人和进士,德潜也是他们中的一个。此外,还有很多碑传文的传主是所谓的“节妇”,这些碑传文真实地展示了封建社会这一类妇女的悲惨命运,有很高的认识价值。

此外,德潜所作这些碑传文中,还有一些传主的嘉言懿行也是有价值的。例如《翁霁堂传》云:“霁堂尝寓朱姓家,后其人逋赋,岁暮被縶,霁堂适经其地,出脩脯代偿。归,橐罄如儿,无以卒岁。告之配,欢如也。”[①]《文学孙古愚传》云:“雍正甲辰,岁大无,米价腾贵。大户多闭粜。文学有余粟,愿减值,并劝里中有力者平粜,曰一以行惠,一以保家。闻者叹为笃论。”[②]《彭惕斋先生墓志铭》引彭语云:“首立本行,次求学术。本行端,学术醇,则独善、兼济,随穷达而施之。”[③]《岁贡士郭君传》云:“乾隆庚申,岁大饥。君率先捐谷,设粥甘露寺,以待饥者。夜三鼓起,督役亲验火,候五鼓给筹,散粥至午方止。两阅月,受病几不起。鸠行鹄面者皆诵佛号顶祝,卒无恙。所活凡几千人。戊辰夏,米价昂贵,民有阖户饿死者。时君已卧病,闻之,涕泪交下,欲设局平粜,不能行。命次子率先转募,仍立厂于北固山下,部署有法,所活与前略同。”[④]这些,无疑在任何时代都是值得表彰的。

德潜的碑传文比较集中、刻意地宣扬了“忠君”“孝道”和“守节”三种思想,这里有必要展开研究。

体现“忠君”思想的,主要是德潜给明清之际人物写的碑传文。除了全祖望之外,德潜是当时写此类碑传文最多的作家之一。这些碑传文的传主,几乎都是苏州地区特别是德潜所在的当时长洲县的人,或者

① 沈德潜著,潘务正、李言编辑点校:《沈德潜诗文集》,人民文学出版社 2011 年版,第 1411 页。
② 沈德潜著,潘务正、李言编辑点校:《沈德潜诗文集》,人民文学出版社 2011 年版,第 1631 页。
③ 沈德潜著,潘务正、李言编辑点校:《沈德潜诗文集》,人民文学出版社 2011 年版,第 1446 页。
④ 沈德潜著,潘务正、李言编辑点校:《沈德潜诗文集》,人民文学出版社 2011 年版,第 1634 页。

是和苏州特别是长洲县关系比较密切的人。德潜写这些碑传文，并非受人之请托，也没有任何钱财方面的目的。其写作目的有二，一是保存乡邦文献，二是大力颂扬忠君思想。这些碑传文的材料来源，应该是德潜的祖父沈钦圻等老一辈人物，他们和这些碑传文的传主是同时代人，甚至是朋友，因此，这些碑传文所写事实可靠性是很强的。

这些碑传文所写传主在明清之际的选择，大致包括了当时不愿意和清政权合作的士人的主要类别。《宋侍御传》中，长洲宋学朱以御史巡按山东，正遇清兵南下，而济南没有军队防守，他主动留下参与领导守城。城破，他在格斗中被俘，不屈被杀。《蒋都督传》中，长洲县蒋若来，以和农民军作战，官至都督。清兵下金陵，部下欲胁迫其归顺清政权，若来乃自杀。他们是在当时双方战争中献身的现任官员。《明学博刘先生传》写明代长洲县最后一位教谕刘永锡，明亡后，坚持隐居在长洲县境内，一家以织席为生，不肯回河北魏县家乡，也不肯去别的地方，当然也不肯出来为清政权服务，拒绝见出仕清朝的人物，他的理由是“奉君命来此，义不可归”。[①]《李逸民墓志铭》中提到的明代最后一任长洲县令李如石，弃官后也侨居苏州，和明遗民来往。他们就以这样的方式来“坚持岗位”。《蒋徵君传》中的明总兵官李周祐，明亡后为僧，隐居苏州阳山。《海阳胡氏忠孝节烈传》中的传主之一胡来顺，为明世袭指挥佥事，明亡后欲自杀未遂，乃变姓名为僧人，浪迹天涯。《明死节四文学传》的传主为明末吴县秀才许琰、长洲秀才顾维寰、长洲秀才顾所受和苏州秀才许王家，明亡后，他们自杀以殉。此文结尾，德潜还列举了他所知道的自杀殉明王朝的其他诸生九人。《李逸民墓志铭》的传主李魁春、《蒋徵君传》的传主蒋铉、《徐元叹先生传》的传主徐波、《武进吴先生传》的传主吴思，都是明亡后放弃诸生资格、不参加清政权科举考试、不和清政权合作的前明诸生。在清初明遗民中，这一类人是最多的，德潜的祖父沈钦圻也是其中之一。他们中也有欲自杀而未成的，例如李魁春。

在这些碑传文中，德潜对这些传主颂扬有加。《明死节四文学传》

① 沈德潜著，潘务正、李言编辑点校：《沈德潜诗文集》，人民文学出版社2011年版，第1394页。

云："微夫之数人者，未为臣者也，顾皆得死所。而当时都显荣负大名者，晚节至不可问。"[①]颂扬的依据，就是他们实践了忠君的思想。这些碑传文要宣扬的，也是忠君思想。忠君，在政权更迭之际，表现为忠于某个政权。谁有资格或者有必要如此吗？从这些碑传文中可以看出，这些人有两类，一类是在"君"代表的政权中担任官职的人，另一类是虽然没有官职但是在该政权取得科名的人，因为即使是秀才科名，最起码也是为官的资格，所以，具有科名的人相当于后备官员了。此际忠君，又如何体现呢？最高的程度，就是献身。即使不是像宋学朱、蒋若来那样死在战争环境中，也要像"四文学"那样自杀，为灭亡的明政权殉葬。其次，是不和新政权合作，包括不在新政权当官、不参加新政权下的科举考试、不参加新政权的政治活动。

那么，他们为什么要忠君，并且用什么样的方式来实践他们忠君的理念呢？我们先看在明政权担任官职者。宋学朱当时是奉命巡按山东，没有守土之责，得到清兵南下的消息后，他本可以按照原计划离开山东，但他考虑到济南是"封藩重地"，明王朝德王的封地所在，守卫力量薄弱，于是就留下来领导守城，最后被杀。在他看来，明王室成员的利益是如此重要，值得他为之献身。蒋若来自杀前说："我以匹夫受天子厚恩，安能事两朝作再醮妇耶？"[②]世袭指挥佥事胡来顺知道崇祯帝自杀、明朝灭亡，云"世受国恩"，[③]故欲以自杀报之。刘永锡当长洲县学教谕，是明朝体制内品级最低的文官，明亡后坚持在长洲县境内，理由是"奉君命来此，义不可归"。[④] 在他看来，君命不可违。再看那些没有官职的秀才们。许琰认为"君父之仇，不共戴天"，[⑤]他无法给崇祯帝报仇，故一次次自杀，直到如愿。"四文学"中的其他三位，见解大致和许琰相同。或劝许王家，云其一诸生而已，"未食天禄，胡遽以身殉"？他说："君臣之义，岂论仕不仕邪？"[⑥]综合起来，原因有二。其一，朝廷和他们

---

① 沈德潜著，潘务正、李言编辑点校：《沈德潜诗文集》，人民文学出版社2011年版，第1391页。
② 沈德潜著，潘务正、李言编辑点校：《沈德潜诗文集》，人民文学出版社2011年版，第1389页。
③ 沈德潜著，潘务正、李言编辑点校：《沈德潜诗文集》，人民文学出版社2011年版，第1615页。
④ 沈德潜著，潘务正、李言编辑点校：《沈德潜诗文集》，人民文学出版社2011年版，第1389页。
⑤ 沈德潜著，潘务正、李言编辑点校：《沈德潜诗文集》，人民文学出版社2011年版，第1390页。
⑥ 沈德潜著，潘务正、李言编辑点校：《沈德潜诗文集》，人民文学出版社2011年版，第1391页。

之间的关系是君臣关系，因此，作为臣下，他们要维护朝廷的利益，正如《论语·学而》中孔子所说，“事君，能致其身”，[①]性命也可以不要。其二，他们受朝廷恩泽，故尽力相报，甚至可以为此牺牲自己的性命。这两个原因，也是联系在一起的，他们把朝廷给他们的官职和科名，也作为朝廷给他们的恩泽，作为君臣关系建立的实质性的存在。正因为如此，他们必须实践这样的君臣之义，以不和其他政权建立君臣之义为底线。

政权更迭之际，对方又是入侵的异族军队，如宋学朱、蒋若来那样死在战争环境中，他们的行为，不管是否出于忠君，无疑都是值得颂扬的。不过，即使在儒家的思想体系中讨论，以上这些传主言论中体现的忠君思想也是有问题的。君臣关系是一种政治关系，不是自然关系，也就是说，不是如父子关系那样自然形成的，而是人为构成的，因此，这样的关系不是唯一的，不是不能改变的，而是可以改变，可以解除或另外确立。构成君臣关系的基础，是君臣之间共同的政治理念。如果君臣之间的政治理念出现了巨大的不同，发生了严重的矛盾，那么，这样的基础改变了，或者不存在了，君臣关系也就解除了。孔子先是在鲁国当官，后来他辞职了，和鲁国君主之间的君臣关系也就解除了，他可以到其他诸侯国谋求建立新的君臣关系。孔门弟子子路等多人曾经在不止一个诸侯国当官，君臣关系屡次改变。孟子是邹人，但是到齐国、魏国当客卿。在儒家学说中，儒家人物应该秉持什么样的政治理念？就是“博施于民而能济众”，“泽加于民”“兼善天下”，为天下苍生谋利益。德潜这些碑传文所表彰的这些忠君的传主，他们和明政权之间是否存在共同的政治理念，如果存在，是什么样的一种理念？如果不存在，那么，明政权和他们之间的君臣关系是建立在什么样的基础之上的？看看明末天下苍生的生存状况，我们不难知道，他们所理解的君臣之义中是否有天下苍生的存在。和德潜祖父一个辈分的吕留良在其《吕晚村先生四书讲义》卷三十七中说：

① 朱熹注：《四书章句集注》，中华书局 2012 年版，第 49 页。

君臣以义合，合则为君臣，不合则可去，与朋友之伦同道，非父子兄弟比也。不合亦不必到嫌隙疾恶，但志不同，道不行，便可去。去即是君臣之礼，非君臣之变也。只为后世封建废为郡县，天下统于一君，遂但有进退而无去就。嬴秦无道，创为尊君卑臣之礼，上下相隔悬绝，并进退亦制于君，而无所逃，而千古君臣之义，为之一变，但以权法相制，而君子行义之道，几亡矣。……后世人臣，只多与十万缗，塞破屋子，便称身荷国恩矣。谏行言听，膏泽下民，与彼却无干涉。①

德潜刻意颂扬的不少传主，不正是这样吗？

把君主的“恩泽”和与之相应的君臣的名分，作为必须忠君的依据，这是将国家政治降格为江湖义气，将君主降格为山大王了。如果君臣和天下主流士人，如德潜笔下的那些传主和德潜本人，都是这样理解君臣之义，那么，官场也就成了江湖，君主也就成了山大王了。可叹的是，号称奉儒家思想为主流思想的封建社会，科举考试以儒家学说为内容的封建社会，人们对君臣之义的理解，却完全背弃了儒家学说。

明清易代之际，明士大夫通过自杀、隐居等实践他们所理解的“君臣之义”的行为，到了乾隆年间，就成为当局可以利用的文化资源了。德潜等主流社会的士人，用写碑传文等方式，宣扬此类传主的忠君思想和行为，意在以此教化社会，让臣民学习这样的思想，忠于清政权。这迎合了清政权的需要。当然，这种让臣民效法江湖社会忠于山大王来忠于所属政权的做法，效果是有限的。清政权还是江河日下，最后走向了灭亡。

德潜所作碑传文中，题目中标明传主是孝子的有 12 篇，孝女的有 1 篇。其他的碑传文中，也大多写到传主的孝行。盖孝为常德，常人几乎皆有，仅仅是程度不同而已。德潜所写碑传文，传主以下层士人为多，这些人物生平少奇特言行，而孝行则不难找到，且正大堂皇，德潜便取以充实碑传文了。

① 吕留良著，陈钺编，俞国林点校：《四书讲义》下册，中华书局 2017 年版，第 803—804 页。

德潜所写传主们的孝行，没有超出儒家孝道的范围，如于双亲身心兼养，父母有危则救之，父母有病则医之，父母之丧尽哀，父母之祭尽诚等等，甚至还没有《孝经》所宣扬的“显亲扬名”等内容，也极少将孝和忠联系起来的内容，但充分体现了孝作为常德的主要内容。不过，德潜此类碑传文，也有其内容方面的特色。一是记录了不少在特殊情况下的孝行。例如，《三孝子传》中，[①]明末，吴县黄孔昭在云南大姚县为官。入清，其子黄向坚到大姚寻找父母，终于找到父母和从弟而归。当时写其事之诗文不少。长洲顾绳诒为四川仁寿县知县，为张献忠部所杀。入清，其子顾廷琦徒步入蜀，经历四个寒暑，得父榇归。长洲刘龙光之父明末为益王长史，入清，龙光出寻父母，在闽粤交界处找到母亲和父亲的棺材，奉棺而归。当时交通落后，社会又不安定，很多地方盗贼出没，艰险程度难以想象，他们这样的孝行足以引起轰动。当然，这样的孝行，是特定的历史环境中发生的，亦古已有之。笔者祖先赵铉，在元末明初有相似的寻母经历，以此入《明史·孝友传》，杨维祯等名流亦为之作传。德潜《张孝子传》中，[②]有张孝子在火灾中救父亲和后母的情节。二是某些孝子的孝行，具有将儒家孝行极端化的色彩。例如《陈孝子禹烈暨配李孺人合葬墓志铭》云陈孝子服丧：“三年中，头疮不沐，盛暑不浴。免丧后，从馆舍归，必寝殡间地，以衽拭棺，以颡击地。每哭，邻人至不忍闻。就孝子一生计之，服三年丧者，前后十有二年，不饮酒茹荤者二十年。与相接者，欲见孝子笑容不可得。缘此得虚羸疾，疾发眩晕。然遇祭享，必强起，令其子扶掖跪拜。久之，渐不起。逾十年，竟死于孝。”[③]《论语·为政》中，孔子答孟懿子问孝，云“生，事之以礼；死，葬之以礼、祭之以礼”。[④] 陈孝子这样居丧，哀毁过礼，完全不符合儒家的相关规定，是对孝的极端化，这是不宜予以提倡的，但德潜显然有表彰的用意。礼的重要作用之一，就是限制各种感情的泛滥，这样的道理德潜竟然还不懂。

---

① 沈德潜著，潘务正、李言编辑点校：《沈德潜诗文集》，人民文学出版社 2011 年版，第 1392 页。

② 沈德潜著，潘务正、李言编辑点校：《沈德潜诗文集》，人民文学出版社 2011 年版，第 1779 页。

③ 沈德潜著，潘务正、李言编辑点校：《沈德潜诗文集》，人民文学出版社 2011 年版，第 1656 页。

④ 朱熹注：《四书章句集注》，中华书局 2012 年版，第 55 页。

我国孝文化之发达，世界上独一无二。英语中，就没有和“孝”相对应的单词，用英语翻译“孝”，至少要用两个单词还无法将“孝”的内涵全部、准确地翻译出来。因此，季羡林先生曾说，“孝”将是我国文化对世界文化的一大贡献。孝文化在我国之所以发展得如此蓬蓬勃勃，当然是数千年来我国人民的选择和智慧的结晶，也是中华民族生存发展的奥秘之一。个体遇到危机的时候，如何度过？自然形成的亲情，就是其首先能够借助的力量。“孝”是最为基础、最为重要的亲情，其他的亲情则由此而生。也正因为如此，“孝”就成了我国非常发达的宗族文化、亲族文化的核心，宗族成员之间的关系、亲族成员之间的关系，其最为重要、最为根本的基础，就是“孝”。个体遇到了危机，按照亲情，由近及远，其他成员予以帮助，危机就可能被战胜了，个体危机转化成社会危机的几率，也就大大降低了。古代统治者提倡“以孝治天下”，其奥妙就在于此。德潜所写颂扬孝道的碑传文中，屡屡有传主帮助兄弟姐妹和亲族、宗族成员的事迹。不少正史中有《孝友传》之类收录孝子和对兄弟姐妹非常好的人的事迹，很多地方志和包括德潜在内的大量文人的文集中，也有此类内容。

德潜所写碑传文中，传主为节妇者有十余人。这些碑传文，其主题当然是颂扬“妇节”。德潜此类文章，有两大特点。其一，表彰极端化的“妇节”。《海阳胡氏忠孝节烈传》中，[①]胡家媳妇李氏和王氏，先后自杀殉她们各自的夫君。《胡贞女传》《谢贞女传》，都是写“未婚守贞”的女子，亦即未婚夫去世，未婚妻行冥婚之礼，作为寡妇生活在男方家族，承担养育嗣子、赡养公婆等长辈的义务。这些都是“守节”的极端化，而德潜文章中，显然刻意表彰这些行为。其二，突出“苦节”。《王节母传》中，韩氏16岁成婚，丈夫游楚，病三年而卒于楚。韩氏长期服侍多病的祖婆婆和婆婆，给他们养老送终。其嗣子去楚地迎其嗣父之灵柩时，又死在楚地。“家久破，节母勤力作，至皲裂十指，犹艰于衣食。又叠经岁荒，藜苋代饭，又遭两世丧，经营丧葬，心力俱竭。”[②]德潜所作其他碑传

① 沈德潜著，潘务正、李言编辑点校：《沈德潜诗文集》，人民文学出版社2011年版，第1616页。

② 沈德潜著，潘务正、李言编辑点校：《沈德潜诗文集》，人民文学出版社2011年版，第1414页。

文中的节妇，也多苦节者。

关于中国文化中的"妇节"，前人研究已经很多，多从男女不平等的角度予以批判，这当然是正确的。传统文化中关于"妇节"的部分，确实是糟粕，应该坚决地予以否定。不过，从包括德潜这些碑传文在内的古籍中大量的关于节妇的资料看，女子守节，是个体战胜危机的一种方式，这种方式当然是无奈的选择。年轻的丈夫去世，他本该承担的家庭的责任，例如赡养老人、养育后代等等现实而迫切的问题，如何解决？在其他亲情的力量不足以支持的情况下，这些责任当然就落在守寡的妻子身上了。例如，《王节母传》中，韩氏的丈夫去世后，长期生病的祖婆婆和婆婆由谁来赡养和服侍？《海阳胡氏忠孝节烈传》中，宋氏丧夫时，"孤方五岁，姑老家贫"。[①]《王氏四节妇传》中，张氏丧夫时，儿子6岁，公婆老病而家极贫。其妯娌儿子4岁，亦丧夫。王氏和陈氏，也都是在不到30岁时丧夫，各有一女，公婆在堂。《张节妇传》中，张氏丧夫时，有三子一女，家又贫乏，正如她所说："谁奉翁姑？谁鞠子女？"[②]小姑四人，谁去张罗她们的婚事？《龚节妇传》中，[③]沈氏丧夫时，有一儿一女，翁姑在堂。兵荒马乱之中，沈氏携子女出生入死，乱定回乡，室庐俱焚。她辛勤劳动，养育子女，孝敬公婆。《胡贞女传》中，[④]吴县许懋德为河南原武县知县，无锡胡期颐为山西平顺知县，胡期颐之女胡韫玉许配给许懋德之子许大成。许大成卒，逾年而许懋德卒于任。胡期颐以守孝，率全家回无锡。许懋德夫人从河南回吴县，途中顺道访胡家。家门鼎盛的小姐胡韫玉知道未婚夫去世，许家几乎一无所有，还是不顾父母的劝说，跟许夫人到吴县许家，和捧许大成牌位的女仆拜堂成亲，取许家近支十月大男婴为嗣子。此后，胡韫玉辛勤劳作，养育嗣子，孝敬婆婆，安排一门四代九棺之葬事。《谢贞女传》中的谢贞女，到未婚夫家后，也是在艰苦中鞠育嗣子，孝养婆婆。

《王氏四节妇传》结尾，德潜云："盛世祥瑞，每称黄河清，麒麟见，凤

---

① 沈德潜著，潘务正、李言编辑点校：《沈德潜诗文集》，人民文学出版社2011年版，第1616页。

② 沈德潜著，潘务正、李言编辑点校：《沈德潜诗文集》，人民文学出版社2011年版，第1629页。

③ 沈德潜著，潘务正、李言编辑点校：《沈德潜诗文集》，人民文学出版社2011年版，第1849页。

④ 沈德潜著，潘务正、李言编辑点校：《沈德潜诗文集》，人民文学出版社2011年版，第1627页。

凰鸣，与夫嘉禾瑞芝之属，此亦祥瑞之显然者，非其本也。王氏一门四节，极人伦之不幸，卒之志节完，夫妇定，孝行备，可示子孙，可式邦俗。祥瑞之本，见于一家三世间，宜圣朝旌典，遍及穷檐，而于此尤庆德门之盛也。呜呼休哉！”[①]把王家的大不幸和这几个寡妇的至痛说成是“祥瑞”，简直是全无心肝之语！哪位女子希望成为“节妇”？谁希望自己的女性亲人成为“节妇”？德潜自己希望吗？鲁迅杂文集《坟》中，有《我之节烈观》云：“节烈很难很苦，既不利人，又不利己。说是本人愿意，实在不合情理。所以假如遇着少年女人，诚心祝赞他将来节烈，一定发怒，或者还要受他父兄丈夫的尊拳。”[②]诚然，社会上有强大的孝文化、强大的以孝为核心的家族文化、宗族文化和亲族文化，还有强大的“妇节”文化，个体战胜危机的能力会大大增强，个体危机转化为社会危机的几率会大大降低，由此大大降低社会治理的难度。在我国封建社会中，和竭力提倡孝道一样，统治者和主流社会竭力提倡“妇节”，其奥妙在此。

德潜碑传文在写作艺术方面，最大的特色就是比较忠于事实，因此很少艺术化的成分，这和同时代袁枚的碑传文可以形成鲜明的对比。就文章布局方面，顺叙、插叙、倒叙、补叙等等的应用，德潜作为一个长期写文章、教写文章的诗文作家，自然运用娴熟，但并无鲜明的特色。

不过，德潜碑传文中也偶尔有文艺性强的情节。例如《张孝子传》云：“年十三，与父同寝。父醉卧，有仇家预伏床下。孝子忽心动，起剔灯，仇露刃自床下出，孝子呼父，不应。遽以手当之，指欲堕。度不能免，乃涕泣延颈求代。仇感动，掷刀于地，呼其父醒，曰：尔有此子，吾不忍害尔也。父惶遽如梦中，良久始定。两人矢天日释怨，如平常时。”[③]此有明显的传奇色彩。《先祖行述》《先府君行述》《先妣事状》《亡妻俞淑人事略》等家人骨肉为传主者，在平淡的描写之中，声情毕现，自然感人。

德潜碑传文的语言，以平实为基调，偶尔也有明显经过修饰的语言。例如《三孝子传》中，写顾廷琦徒步跋涉到成都寻找其父灵柩并且

① 沈德潜著，潘务正、李言编辑点校：《沈德潜诗文集》，人民文学出版社2011年版，第1619页。

② 鲁迅：《坟》，《鲁迅全集》第一卷，人民文学出版社2005年版，第129页。

③ 沈德潜著，潘务正、李言编辑点校：《沈德潜诗文集》，人民文学出版社2011年版，第1779页。

护送归来，云："中间船水暴涨，几死；绝粒数日，几死；遇盗劫，几死；临高山险巘，坠深渊，几死。而卒不死。不死而卒扶榇以归，天相之也。"① 整齐简练的语句，概括了一路艰危。

总之，德潜所写碑传文，在内容方面价值最为突出者，在于以下几个方面：明清易代之际，苏州不少士人忠于明王朝的政治选择及其相应的表现；德潜同时代下层士人的生存状态；对"忠君""孝道"和"妇节"的诠释和颂扬。这些都有重要的历史价值和认识价值，当然，其对"忠君""孝道"和"妇节"的诠释和颂扬，是和当时的主流思想相一致的，是为当时的封建专制制度服务的，今天看来，显然是落后、腐朽的。和当时其他作家如袁枚等的碑传文相比，德潜所作碑传文，文学性明显逊色，但这是和碑传文的文体功能亦即纪实的要求相一致的。这些碑传文在结构布局艺术、语言技巧等方面比较讲究，这和德潜长期从事文章写作和教学实践的经历之间有着直接的关系。

第二节　序跋研究

德潜所作序跋，是比较多的。潘务正、李言编《沈德潜诗文集》中，收录了沈德潜的若干佚文，其中有不少是序跋。此外，笔者还收集到没有收录进该文集的德潜所作的几十篇序跋。德潜所作序跋多的原因，和其碑传文多的原因是相同的。又，袁枚《随园诗话》卷十第六条云："苏州顾禄百，张匠门先生外孙也。晚年不遇，为归愚先生权记室。凡先生酬应之作，皆顾捉刀。"②袁枚所陈述的事情，未必可靠。以情理揆之，特别是在德潜晚年，由他人捉刀的应酬文章肯定是有的，但这些文章全部由顾诒禄（禄百）或他人捉刀，这就未必是事实了。例如，顾诒禄去世后，他的墓志铭、诗文集的序，也都是德潜写的。何况，即使是由他人捉刀的文章，德潜也应该是同意的。现在，我们既然无法分辨出署名

---

① 沈德潜著，潘务正、李言编辑点校：《沈德潜诗文集》，人民文学出版社 2011 年版，第 1392 页。

② 袁枚：《随园诗话》，人民文学出版社 1982 年版，第 331 页。

德潜所作的文章，哪些确实是德潜本人所作，哪些则不是，那么，我们就只能认为，这些文章都是德潜的文章。

这里所说的"序"，是德潜为自己的或者别人的著述写的序言，至于赠序、寿序，不包括在其中。"跋"，也包括"书后"，为著述而作和为书画等而作者。

序是一种比较自由的文体，其功用主要是引导或帮助读者接受该著述，起到类似于"导游"的作用，可以但非一定要包括下面的内容：(1) 对序言作者资格的确定。这个部分，可以包括序言作者与著述作者之间的关系、序言作者对著述内容的熟悉程度等。(2) 该著述的写作或者编撰缘起、体例等。(3) 该著述作者所处的时代背景，以供读者读此著述时"论世"之用。(4) 该著述作者的家世等社会背景、生平行事、个性特点、学问才行等，特别是和该著述内容相关者，尤其有必要作介绍，以供读者读此著述时"知人"之用。(5) 对该著作的内容作介绍或评论，可以推崇荐举，可以钩玄提要，也可以尝鼎一脔，还可以拾遗补缺，甚至可以提出适度的批评。(6) 对关于该著述编撰、刊行等的信息作介绍。著述的跋或者书后，相当于"读后感"，内容可以比序言更加自由和广泛，但篇幅一般都比较短小。就写作程序而言，序言一般是应著述的作者、编撰者、刻印者邀请而作，故即使有负面的内容，也是轻微的，而跋或书后，则未必是该著述的作者、编撰者、刻印者邀请而作，故也可以有较多的、较重大的负面内容。至于书画的跋语，篇幅就更加短了，内容一般是对书画及其作者的评论，以及该书画流传过程的介绍和评论等。

德潜所作此类序跋，内容大致不会超出如上这些方面。就社会、政治、历史、学术等方面而言，这些序跋可谓"卑之无高论"，但是在陈述事实等部分，在阐述艺术的部分和写作方法上，还是有其显著的价值的。以下予以具体的阐述。

一、文献价值

著述序言的文献价值，最为常规的就是出版年月、出版人、编辑者等等信息，以及该著述的写作或编撰缘起和过程、体例、主要内容等。

德潜所作这些序言，也大多具有这些内容，这里就从略了。此外，还有其他的文献价值。

对该著述及相关著述特点的揭示。例如《归愚文钞》卷十《旧唐书考证后序》所云新旧《唐书》之异、《旧唐书》失传后明人闻人诠重新辑录之大致过程，以及德潜等力图进一步复原所做的工作等，对《旧唐书》及其使用有很高的价值。同书同卷《重修长洲县志序》中，对此前分别由祝培、李奕磐两人各自主持编纂的两种《长洲县志》长处和短处的分析，以及该版《长洲县志》较之于前两种《长洲县志》在内容和形式上的长处的介绍，这些对各版本《长洲县志》的使用，乃至地方志的编撰，都有重要的参考意义。《归愚文钞余集》卷二《春秋繁露笺注序》云："独是宋嘉定以迄前明，评点者真西山、刘辰翁、杨升庵、唐荆川、孙月峰、汤若是诸家，而笺注其义者未闻，于是篇帙粗完，而大旨未析。"[①]这为后人研究《春秋繁露》提供了线索。同书同卷《薛凡谷易经象指序》中，[②]也对前人研究《易》的著作作了简要的点评或总结，这对《易》的相关研究无疑是有意义的。

德潜所作书籍题跋中有正误的内容，文献价值较高。例如《归愚文钞》卷十九《书琐缀录后》中，德潜考证了该书中对吴与弼诬蔑的虚妄，以及该书作者尹直如此诬蔑吴与弼的原因。同书同卷《书三冈志略后》中，德潜为明末周锺辩诬，认为李自成发布的檄文、祝贺李自成登基的贺表，非周锺所作。弘光当局以此为周锺之罪，乃是因为周锺是复社中人，马士英、阮大铖等欲借此打击复社而为。《三冈志略》的作者董含不了解这些，故承周锺为李自成作檄文、作贺表之说而收录之。

书画题跋，其中关于书画流传的部分，文献价值是明显的。德潜所作，如《归愚文钞》卷十九《跋王氏定武兰亭》《跋怀仁集王圣教序》《跋褚河南同州圣教序》《跋怀素草书真迹》等等十余篇，几乎都是如此。

二、历史价值

序跋多"知人论世"的内容，因此，这些部分是有历史价值的。就德

---

① 沈德潜著，潘务正、李言编辑点校：《沈德潜诗文集》，人民文学出版社 2011 年版，第 1532 页。

② 沈德潜著，潘务正、李言编辑点校：《沈德潜诗文集》，人民文学出版社 2011 年版，第 1541 页。

潜所作序跋而言，其历史价值最为突出的有以下三个方面。

首先，是对某些较大的历史事件或较为重要的历史人物的记载。明末复社之出现、兴盛和衰亡，是历史上的大事。苏州及其附近地区正是复社的基地，许多重要的事件都发生在这里。德潜的祖父沈钦圻，尽管不是复社的重要成员，但也是复社始末的见证者，且旁观者清，有其独特的视角，虽其视角有限制，但主观倾向不明显，因此，其认知也就更为接近客观。沈钦圻到东家坐馆，德潜曾经跟随他在东家读书。沈钦圻去世时，德潜已经懂事。因此，德潜关于复社的知识，应该是从他的祖父和其他人那里来的，当然，其中也应该有他父亲转述的部分。德潜所作序言中，关于复社的内容屡见。例如《归愚文钞》卷十《复社纪事序》云：

> 按明季复社之兴，起于吴中顾麟士，杨维斗、子常，张天如、受先诸先生，而云间、贵池、金沙、皖城、浙西、江西诸社，佥会于吴，初名应社，后名复社。激扬名声，互相题拂，骎骎及天下焉。原复社之始，诸先生患神庙以后，士之业制义者争为稗贩之学，旁出于险陂诡异之途，以期苟得科名利禄而止，于是断断讲贯，以经史为根柢，以两汉唐宋之文为绳尺，而其要归于修行立名，无偭乎古先圣贤之训。其用心之公正，固无戾于天下者也。后结纳既广，声名太高，入主出奴，投间抵巇，不肖者亦或窜身正学之中，以营其私。而纷纭群小，遂因树其旗帜，而与为敌。其隙开于学士荐绅，其渐及于在上之柄枢轴者。至庙社既墟，而清流之祸，始得免焉。①

《归愚文钞》卷十一《朱云子偲闻斋遗集序》云：

> 犹记余初受书时，先大父为言先朝事，谓天启中，吴中名流结应社。应社者，继东林而起者也。时四方环应，文人云集。常熟杨子常、太仓顾麟士治《诗》，吴门杨维斗、嘉善钱彦林治《书》，金坛周仲驭治《春秋》，太仓张受先、吴门王惠常治《礼》，而治《易》者，则太仓张天如、常州朱云子也。五经应社之声，倾动朝野，然地望过高，

① 沈德潜著，潘务正、李言编辑点校：《沈德潜诗文集》，人民文学出版社 2011 年版，第 1292 页。

小人耻不预其列，侧目刺骨，已非一日。弘光主南渡，马阮柄国，借周仲驭兄弟为名，欲尽杀正人君子，以快其志。视阉祸焦灼之日，几更甚焉。而明社亦遂已屋矣。余时心识先大父言，诸先生学行节概，时时往来于心。①

《归愚文钞余集》卷二《薛凡谷易经象指序》中，也有关于五经应社之事，其中又有周仲驭兄弟向薛凡谷学《易》的记载。《归愚文钞》卷十九《跋阮大铖画》中，不仅提供了阮大铖也善于画画的实证，还提供了关于弘光朝南明史研究的史料："先曾大父时，有童石义逸去，后托身怀宁府中。南渡后，石亦揽权，埒于牛信、游七辈矣。招先叔祖往，欲予以微官，所云'都督满街走，职方贱如狗'时也。先叔祖托痴呆以免。石赠金及此画，遣归。"②阮大铖的仆人竟然也有给人小官职的权力，可见弘光朝朝政之糜烂了。

其次，某些著作的作者或者编者牵涉到某些案件中，这对他们自身有很大的影响。这些案件也有一定的社会影响，可是又可能是当局或者某些人忌讳的事情，因为大多是冤枉的，并非当事人的耻辱。德潜在序言中留下相关的蛛丝马迹，有意无意地引导人们追寻真相。例如《归愚文钞》卷十一《五经明辨录序》中，云此书作者"（沈）艮思观察之官西陲，辑军民，调兵食，远近利赖。缘有掎摭之者，遂下请室"。他在狱中的时间颇长，"岁月既多，遍探义蕴"，③遂写作了《五经明辨录》和《尚论编》。此序之下，就是《尚论编序》。《归愚文钞》卷十二《勤恪陈公诗集序》云："独是公棘棘不阿，触忤大吏，颠跌墩踣，屡濒于危。"④此即是云陈鹏年为噶礼所诬之事（详见本书论德潜诗歌《制府来》部分）。《归愚文钞》卷十二《姜自芸太史诗序》云："先生执法守官，得罪大吏。大吏加以横逆，祸几不测，赖天子神圣，察其非辜，而大吏以冰山倾倒，毙于诏狱。"⑤《归愚文钞》卷十二《方氏述古堂诗序》云："岁辛卯，以朋旧负罪，

---

① 沈德潜著，潘务正、李言编辑点校：《沈德潜诗文集》，人民文学出版社2011年版，第1310页。
② 沈德潜著，潘务正、李言编辑点校：《沈德潜诗文集》，人民文学出版社2011年版，第1480页。
③ 沈德潜著，潘务正、李言编辑点校：《沈德潜诗文集》，人民文学出版社2011年版，第1298页。
④ 沈德潜著，潘务正、李言编辑点校：《沈德潜诗文集》，人民文学出版社2011年版，第1316页。
⑤ 沈德潜著，潘务正、李言编辑点校：《沈德潜诗文集》，人民文学出版社2011年版，第1324页。

牵连及祸，水部谪戍穷边，中翰奉亲辽左，问亭省视绝塞，往来京畿、金陵、皖城间，人生境遇困穷，无逾于此。”[①]此指桐城方家遭受《南山集》案之难。《归愚文钞余集》卷一《李客山遗诗序》云：“大理李公罹祸，客多及难，客山超然。”[②]这些都为后人作深入的历史研究提供了线索。

三、文学价值

如果序跋是为文学作品集所作，那么，这整篇序跋都具有文学价值。然细分之，德潜所作序跋的文学价值主要体现在下列几个方面。笔者各举其隅而已，不一一尽也。

序跋的某些部分包含了文学理论。这些序跋中所体现的德潜的诗歌理论，本书已在研究德潜的诗歌理论部分予以集中论述，此处列举德潜在这些序跋中体现的文章理论，以及难以列入其诗歌理论相关部分的内容，或者德潜列举的其他人的文学理论。例如，德潜为祝维诰《绿溪诗集》所作序言云：

> 诗有志有品有格。何为志？温柔敦厚是也。何为品？和平中正是也。何为格？舒朗高畅是也。循是三者而本乎遭遇，运以心思，纬以学术，不求工而工自极焉。近代作诗者，舍志与品与格之不问，而辞必求奇，才必求诡，学必求僻，曰非是无以惊骇人之观听也。不知诗犹人之形体然，耳目口鼻手足躯干，古今皆同。圣贤之出类拔萃，瞿、聃之成仙作佛，未尝别具夫耳目口鼻手足躯干也。如以为了不异人，而五官倒置，上下易位，于形体何尝不奇，要适成为帝江刑天之属而已。[③]

很明显，其中对“志”“品”“格”的界定是狭隘的，排斥了诗歌中“志”“品”“格”客观存在的且应该有的多样性。至于对“近代作诗者”的批评，似乎是针对胡天游等在诗歌创作中好用怪怪奇奇的表达方法这一派而言的。否定这一类诗歌，也是不公正的。《归愚文钞》卷十一《唐宋八家文

① 沈德潜著，潘务正、李言编辑点校：《沈德潜诗文集》，人民文学出版社2011年版，第1333页。
② 沈德潜著，潘务正、李言编辑点校：《沈德潜诗文集》，人民文学出版社2011年版，第1517页。
③ 祝维诰：《绿溪诗集》，《清代诗文集汇编》第285册，上海古籍出版社2010年影印本，第258页。

序》中云，唐宋八家文是“春华”，宋五子书是“秋实”，“春华”“秋实”当兼得，[①]这就是说，为文当取唐宋文之形式、宋五子之思想，如此则华实并美。其实，不管是形式还是内容，都应该是随着时代发展的，否则就不可避免地显示出保守性甚至落后性。《归愚文钞》卷十三《李客山文稿序》中云，六经、马班诸史之类为“文之源”，唐宋以下诸家是“文之流”，[②]为文当由流讨源。《归愚文钞余集》卷三《紫阳书院课艺二集序》中关于时文的理论云：

> 天地古今唯有一理，凡支离惝恍，纵横谬戾，有乖于人伦日用者，非理也。明理之言，于绳墨规矩之中，自有神动天随之妙。若首尾横决，筋脉弛缓，又或先拘成格，束缚驰骤者，非法也。语必以经为醇，史可用意，而语防其杂，子集抉择尤严，若俚俗舛讹而入鄙倍，风云月露而入纤靡，辞之颣也。血脉流通，全在乎气，气盛则短长高下皆宜，若过求刻削，断而难续，以致昏昏索索，气之伤也。于此四者，讲其是而去其非。[③]

此虽云时文，但对其他的文章也是有参考意义的。

德潜为诗文集写序会引述该诗文集作者或者他人的诗文理论。兹举二例较为突出者。《徐龙友遗诗序》：“龙友论诗，以学问浩博，锋颖四出为上，谓王孟诗可假托，而昌黎诗不可假。故少岁放笔，备极瑰奇滂濞。年四十后，独宗义山。尝论义山为楚骚苗裔，中有难言之隐，每托之夫妇以申其悃款之情。盖宗臣同于灵均，而遭时遇变，亦复相似。诗中诡言男女，皆宓妃、有娀、二姚之义。世之学义山者，取其丽而忘其贞也。”[④]以“不可假托”与“可假托”定诗歌之优劣，显然是不妥的，因为诗歌之用在于以健康的感情动人，而非是否可以假托。再者，即使是“可假托者”，其本身的价值和是否有人假托，完全没有关系。世间仿效杜甫诗者比仿效李白诗者多得多，无法由此得出杜甫诗歌成就不及李白

---

① 沈德潜著，潘务正、李言编辑点校：《沈德潜诗文集》，人民文学出版社 2011 年版，第 1297 页。
② 沈德潜著，潘务正、李言编辑点校：《沈德潜诗文集》，人民文学出版社 2011 年版，第 1353 页。
③ 沈德潜著，潘务正、李言编辑点校：《沈德潜诗文集》，人民文学出版社 2011 年版，第 1576 页。
④ 沈德潜著，潘务正、李言编辑点校：《沈德潜诗文集》，人民文学出版社 2011 年版，第 1322 页。

的结论。王孟诗歌可以假托，韩愈诗歌不可以假托，无非是写王孟那样的诗歌不需要多少学问，而写韩愈那样的诗歌需要一定的学问，这也并不能证明韩愈诗歌比王孟诗歌好。至于徐夔关于李商隐诗歌的论述，明显受清初常熟人冯班的影响。冯班认为李商隐的爱情诗有政治寄托，徐夔在此基础上将李商隐诗歌和楚辞联系起来，这是他的发明，也符合情理。但是，说李商隐和屈原一样有“宗臣”意识，这未必符合事实，因为李商隐即使真的出于唐代宗室，血缘关系也已经很远了。据宋宁娜的详细考证，李商隐爱情诗确实就是爱情诗而已。不过，李商隐的爱情诗有政治寄托之说，从明末开始，到清代结束，此说持续地发生影响，并且因此产生了许多以爱情写政治的诗歌，其中不乏优秀的诗篇。因此，徐夔之说，还是很有意义的。《裒爽亭诗序》中，德潜也引述徐夔论诗主奥博变幻而厌平易枯淡之说。

此类序跋中，对相关文学活动的叙述有助于我们知人论世，更好地把握相关作家的作品。《徐龙友遗诗序》中对城南诗社活动的记载，《二弃草堂宴集序》中对叶燮弟子们集会的记载，《韩江雅集序》《松雪堂文宴序》《送李鹿山大中丞归里序》《后己卯送春文宴序》《尊德九老会序》等，都是如此。此外，还有对作家个体文学活动状态的记载，对把握其人的作品帮助尤其大。例如《归愚文钞》卷十二《张南华太史诗序》云张写诗：

> 兴到，每得三十四篇。尝偕众词臣试殿廷，未亭午，有投卷者，众曰：必南华也。视之果然。至尊微颔之。予偶于坐间见其咏雁字律体诗，不半日，上下平韵俱就，不即不离，兴寄微远。即生平诗可知矣。①

同卷《朱药亭遗诗序》写朱药亭，德潜“尝于其坐间见旁列二人，各执笔磨墨，操纸以待。药亭口授，一成四六序，一改友人长律，而已又誊写某孝子传，约千余言。中有得，令二人参错书之。顷之序成，多新语，长律亦完善，己所誊写，极工楷，无脱误。中又与予道别后相思语。以是知

① 沈德潜著，潘务正、李言编辑点校：《沈德潜诗文集》，人民文学出版社2011年版，第1325页。

五官并用，惊其才能。”[①]尽管这应该是刻意的表演，非其写作常态，但其多才则可知。

德潜不以文章著名，但是他的文章艺术用“圆熟”来评价，也不为过。尽管在文章的策略方面，为了避免挂一漏万，笔者不准备多说，但就其序跋而言，在文章布局或者策略方面，有一点是非常突出的，那就是“以宾显主”。著述的序言，对著述作评价是题中应有之义。如何评价，大有讲究。对著作内容作描述、定量、定性，揭示其内涵等等，都难免扁平化之弊病。“以宾显主”，不仅可以有效避免这样的扁平化，还有可能拔高“主”，亦即该著作及其作者，这和序言的常规宗旨，亦即赞颂该著述及其作者是一致的。因此，这一策略在德潜所作序言中是多见的。例如《归愚文钞》卷十二《恪勤陈公诗集序》中，以《诗经》中《烝民》等诗篇的作者、当时的贵族政治家兼诗人尹吉甫其人其诗，比陈鹏年其人其诗；同卷《使滇集序》中，以明代杨慎在云南所作诗歌，比彭芝庭在云南所作诗歌；同卷《姜自芸太史诗序》中，以韩愈、苏轼遭到贬谪后诗文之提升，比姜自芸“祸几不测”后诗文之提升；同书卷十三《尤在京诗序》中，以皮日休和陆龟蒙居地相近、相互唱和，比尤在京与周钦莱居地相近、相互唱和；同书卷十四《七子诗选序》，以明代前后七子，比当时德潜门下钱大昕、王鸣盛、王昶等“吴中七子”；《归愚文钞余集》卷一《薛一瓢诗序》中，以明代高士、名医王宾比薛雪；同卷《张畏庐诗序》中，以明代杭州寓贤、高士、诗人孙太初，比当时杭州寓贤、隐士、诗人张畏庐；同书卷二《朱念祖诗序》中，以明代吴中诗人徐祯卿，比当时吴中诗人朱念祖。此类例证还有不少。水遇风而成文，这样的策略，除了可以突出乃至拔高所评诗文及其作者外，还可以使文章在从容纡徐中，波澜翻滚，进退曲折，而作者想要表达的内容可以充分、全面地表达出来，尤其增加了文章的从容逶迤之美。

此类序跋的文学价值还体现在，其中有些文章本身具有强烈的文学性，是文学佳作。例如《归愚文序》卷七《拟顾越虎丘文会序》是骈体文，且非唐宋的四六体，而是六朝骈文的风格。有些序文之中，有些片

① 沈德潜著，潘务正、李言编辑点校：《沈德潜诗文集》，人民文学出版社 2011 年版，第 1331 页。

段，文学之美，尤其突出。例如《归愚文钞》卷十一《黄山志序》云：

> 江南之黄山，则以奇特闻。闻山之奇，一在石，一在松，一在云。石有昂者，欹者，骋者，踞者，中断者，夹峙如剪、独立如剑者，层叠侧生、数十里如涛浪者。松产石罅中，根不著土，突怒连蜷，每作蛟龙盘拏状，更千百年不长尺寸。云从一峰飞出，倏忽弥漫，六六尽没，弥望烟海，天风卷舒，峦岭隐见，神山恍惚，近在指顾。昔有登此山者，不能名言其状，题曰到此方知，又曰匪夷所思，如释氏所云言语道断、思维路绝者。他如泉之温，湫之深，洞之灵，奇葩异花之芳馨，列仙之乘风飘忽，猿狖鸾鹳之腾跃翱翔，以及隐人道流之偃伏，骚人文士之所吟咏而镌镵，无不备焉。①

此类描写，如读《水经注》等优秀的山水散文。

总之，德潜序跋文章中那些叙述事实的部分较多，这些事实是可信的，有重要的文献价值和历史价值。那些关于文学理论和文学批评的部分有较高的文学价值，当然，由于思想和时代的局限，其中有些部分显示了德潜文学思想的狭隘性和保守性。就文章艺术而言，在此类文章中，德潜好用"以宾衬主"等的表达策略，实施这些策略的效果是显著的。此外，某些篇章中的描写堪称美文，有较高的欣赏价值。

第三节　学术文研究

德潜所作学术文，内容驳杂，涉及经史子集四部。关于集部的部分，如序跋等，笔者在本书其他部分中作阐述。这里对其关于经史子研究的部分展开论述。

德潜此类文章的内容，可以分为考证和评论两大部分。以下分别言之。

考证部分，有些考证结论无疑是正确的。例如《归愚文钞》卷三《古

① 沈德潜著，潘务正、李言编辑点校：《沈德潜诗文集》，人民文学出版社 2011 年版，第 1308 页。

文易考》得出了"变古《易》者为王弼,而开其端者费直"的结论,纠正了《崇文总目序》将变《易》者归之于费直之非。[①] 同卷《周礼缺冬官考》中,德潜对后人从不同角度、不同书籍中辑录史料补作《周礼》中所缺的《冬官》,逐一作了简单评说,云皆未必符合《周礼》作者是意。同卷《新旧唐书考》对《新唐书》和《旧唐书》的某些缺陷作了准确的考证,并简要阐述了造成这些失误的某些重要原因。同卷《笙诗辨》《史汉异同得失辨析》《以班处宫辨》,卷五《书后汉书东夷传》《书南蛮传》《书西昌传》以及对《资治通鉴纲目》中相关问题的辨析,都能够得其实。不过,这些文章的结论尽管正确,但意义都是不大的,数量也不算多。例如《新唐书》和《旧唐书》,其中的缺陷很多,德潜所举不过是其中的若干条而已。《书南蛮传》中言槃瓠故事之妄,此实不必作,因为此故事之妄,不待言也。倒是《归愚文钞余集》卷七《书郑鄤狱始末》一文,未引任何书籍,简明地阐述了郑鄤被温体仁冤枉致死的始末,当是德潜得之于其祖父等老辈人物以及相关的记载,对纠正明末野史关于郑鄤的不实记载有重要的作用。

德潜更多的考证文章,例如《归愚文钞》卷三《八蜡考》《博学宏词考》《三江考》《娄江水利考》,卷四《先天后天图说》以及《乾卦四德说》等解经之文,尽管就文章本身而言,言之有据,但未必能得其实而尽其详。

《归愚文钞》卷三《尚书古文今文考》,《归愚诗文稿·文稿》所载《尚书古文今文辨》,其旨在否定人们对古文《尚书》真实性的怀疑,认为此书不可能是伪造的,乃至经书是不可以这样被怀疑的。其实,和德潜同时而年辈为早的阎若璩,已经得出了古文《尚书》是晋人伪造的可靠结论。

德潜的议论文章,数量和质量都明显超过其考证文章,但同样瑕瑜互见。

德潜有些议论确实也体现了一定的进步性,或者比较新颖。例如《归愚文钞》卷六《箕子论》中,针对箕子是否为圣人之说,德潜云:"不臣周,存万世君臣之大义;所以为仁人(周武王)陈九畴,明万世天人之大

---

① 沈德潜著,潘务正、李言编辑点校:《沈德潜诗文集》,人民文学出版社2011年版,第1139页。

法，所以为圣人。”[①]此主要否定了认为箕子不该为周武王提供社会治理的思想资源之说，这就为评价王朝更迭之际相关士人的言行提供了一个新的标准。当时原则性的标准是，前朝的官员到了新朝，就不应该出仕，否则就是“贰臣”。这已经是底线了。德潜对没有出仕前朝的人自杀为前朝殉葬、没有出仕前朝的人拒绝出仕新朝，都是持赞赏态度的，当然反对“身仕两朝”的行为，认为这是完全违背君臣之义的。这显示出德潜的保守性和落后性，但这和时代的思想水平是一致的。值得注意的是，德潜肯定了箕子向周武王提供统治思想的行为。箕子是商朝贵族，不出仕周朝，符合君臣之义，被德潜赞颂可以理解，他为周朝提供统治思想，也是应该被赞颂的。明清之际，也有这样的士人，以箕子为榜样：不出仕新朝，但刻意为新朝提供统治思想。例如，黄宗羲就是其中最为典型的人物。黄宗羲的父亲在明朝当官，并且有出色的表现，他自己也有明朝科名，入清后，他还参加过南明鲁王政权，特别是切切实实的抗清军事行动。社会安定后，他坚持不出仕清廷。其所写《明夷待访录》，阐述治国安邦的道理。“明夷”即用箕子的典故。很明显，黄宗羲以箕子自居，既然如此，那么周武王是谁？他待谁来访他，向他请教治国平天下之道？这些人，显然是包括清朝统治者的。实际上，黄宗羲正如箕子一样，在向新朝的统治者提供统治思想。这也是在那样的时代背景和文化背景下，前朝士人为社会作贡献的一种无奈选择。可是，以思想为新朝效力，和以身为新朝效力，差距几何？政治立场和思想立场确实可以分开，但是，其中的联系不是可以一刀两断的。不过，无论如何，德潜此论，还是有历史意义的。

《归愚文钞》卷六《秦始皇论》云，[②]秦始皇之失，在于举商鞅以来之法治天下，而以威劫之。此说甚好，德潜在无意中道出了封建专制政治的实质。历代封建王朝中，以威行政的皇帝和官员，不知凡几。以威行政，是封建政治最为明显的特质。《归愚文钞》卷三《性辨》中，德潜将《易经》、孔子、孟子和宋儒关于人性的论述联系起来研究，而统一于“性

① 沈德潜著，潘务正、李言编辑点校：《沈德潜诗文集》，人民文学出版社 2011 年版，第 1199 页。
② 沈德潜著，潘务正、李言编辑点校：《沈德潜诗文集》，人民文学出版社 2011 年版，第 1205 页。

善”之说。《归愚文钞》卷五《读荀子》中，德潜亦云荀子之《性恶篇》“背乎圣道”。[①] 按孟子之“性善说”和荀子之“性恶说”，乃至宋儒“天地之性”“气质之性”之说，实际上，内涵大致是相同的，区别在于对“性”内涵的理解不同而已。孟子所说之“性”，宋儒所说“天地之性”，是人仁义礼智等社会性，而荀子所说的“性”，宋儒所说“气质之性”，是人的动物性。笔者《孟子讲读》前言中，就有详细的阐述。不过，在这篇文章中，德潜所提出的“成质为形，而性宅焉”之说，和西方的存在主义有相通之处，因为存在主义认为，先有存在，再有性质，人生也是先有存在，然后再创造出意义。如此理解孟子的“性善说”，就更为容易了。《归愚文钞余集》卷七两篇《驳苏子正统论》中，德潜云“统以正重也，正不以统重也。以正得而统则分，君子亦许以正，如后汉是也；不以正得而统则合，君子必不许以正，如晋隋后梁诸君是也”。[②] 同卷《唐高祖论》中，德潜以此论抨击唐高祖。这里讨论的，其实是国家政权的合法性问题。然正与不正，以什么为标准？《归愚文钞余集》卷七《驳苏子正统论》云：“圣人以德与功得天下。”[③]同卷《唐高祖论》云：“隋之有天下也，杨坚以内戚篡周，逆子广又弑父自立，荒淫暴虐，从古所无，洵如李密檄文所云‘罄竹难书其罪，决波难流其恶’者。高祖时为晋阳诸侯，即明正其罪恶，布告天下，比于成汤之伐桀，武王之伐纣，天下孰不起而应之？”[④]可见所谓“正”者，为“德与功”，也就是古老的“吊民伐罪”。如此得天下，自然具有充分的合法性。可是，在封建社会中，只要历史给它书写历史的时间，哪个王朝不大力宣扬它赖以得天下、占有天下的“德与功”呢？“圣人以德与功得天下”，那么，拥有天下，是否也应该有足够的“德与功”呢？尽管这还是在“私天下”的框架之内，离开“公天下”甚远，甚至有为清王朝歌功颂德的意味，但是，其进步意义还是比较明显的。

有些议论确实是正确的，但比较浅显或简单。《归愚文钞》卷三《史汉异同得失辨》，所论《史记》《汉书》的异同得失都是正确的，当然也未

① 沈德潜著，潘务正、李言编辑点校：《沈德潜诗文集》，人民文学出版社 2011 年版，第 1192 页。
② 沈德潜著，潘务正、李言编辑点校：《沈德潜诗文集》，人民文学出版社 2011 年版，第 1668 页。
③ 沈德潜著，潘务正、李言编辑点校：《沈德潜诗文集》，人民文学出版社 2011 年版，第 1668 页。
④ 沈德潜著，潘务正、李言编辑点校：《沈德潜诗文集》，人民文学出版社 2011 年版，第 1684 页。

能尽其要，更未能尽其详。此为寻常题目，德潜前后，甚至现代和当代，都有人做过。《归愚文钞》卷六《皋陶论》驳斥了皋陶之后代未能有天下乃皋陶为刑官之故之谬论，逻辑严谨。同卷《秦誓论》认为《秦誓》乃秦穆公悔过之辞，《尚书》之收录此篇并非“知周之必为秦也”。这当然完全是正确的。[①] 同卷《长勺之战论》，驳宋儒“以战胜非王事而抑之”之说。[②] 同卷《六国论》云战国六国之失败，在于无主。六国之失，此为主要原因之一。然德潜云，六国当尊周烈王为主，此不免迂腐。同卷《陈平论》批评当吕后就王诸吕事征求陈平的意见时，陈平没有像王陵那样明确表示反对，而是以“无不可”对之，未能“持正论消逆乱之萌”。[③] 同卷《晁错论》云，晁错之被杀，不在于“使天子自将而已居守”，[④]而是以申、商之学称智囊，心计才名，有声于时，使人畏人忌，故招致杀身之祸。同卷《霍光论》云，霍光之失，在于自恃其功，而贪冒权宠。同卷《李东阳论》中，德潜针对关于在同宦官刘瑾的斗争中李东阳委蛇求全之说，列出证据，证明李东阳如此乃是因为东阳受明孝宗临终托付辅佐明武宗之重，为了“保全善类”而采取的策略。[⑤] 此外，《归愚文钞余集》卷七《李泌论》充分肯定了李泌的历史功绩，卷七《两汉外戚宦官论》写两汉外戚宦官这两种“国患”势力的消长，同书卷八《唐藩镇论》认为唐朝廷在藩镇问题上最大的失策是没有处理好安史之乱中投降朝廷的将领，仍然让他们割据原来的地方，使他们得以坐大。这些议论，尽管并不算高明，但都是正确的。

有些议论，德潜确实在前人的基础上有明显的推进，但还有继续挖掘的余地。例如《归愚文钞》卷六《裴行俭知人论》中，裴行俭所持“士先器识而后文艺”，此论不错。裴以此断言初唐四杰“浮躁浅露，非享爵禄之器”，后果然应验，故裴因此得“知人”之名。德潜认为，裴所荐举的王剧、苏味道，确实享爵禄寿考，而此二人身居高位而无所作为，但保富贵

① 沈德潜著，潘务正、李言编辑点校：《沈德潜诗文集》，人民文学出版社 2011 年版，第 1199 页。
② 沈德潜著，潘务正、李言编辑点校：《沈德潜诗文集》，人民文学出版社 2011 年版，第 1202 页。
③ 沈德潜著，潘务正、李言编辑点校：《沈德潜诗文集》，人民文学出版社 2011 年版，第 1206 页。
④ 沈德潜著，潘务正、李言编辑点校：《沈德潜诗文集》，人民文学出版社 2011 年版，第 1207 页。
⑤ 沈德潜著，潘务正、李言编辑点校：《沈德潜诗文集》，人民文学出版社 2011 年版，第 1212 页。

而已，人品亦低下，因此，裴行俭"不知人实甚"。[①] 窃以为，裴之荐举王剧、苏味道，此正好证明他知人，因为此二人掌权以后，裴"欲托以弱息"。他看准了此二人能享爵禄寿考，可托其"弱息"，才荐举他们。当时，官员来自荐举，"举贤才"是为政要务之一，官员各举所知，举贤才的动机，未必为社稷苍生。裴行俭以其"知人"之智，出于"托弱息"的动机而举贤才，当然要举王、苏这样的人了。苏洵《辨奸论》，不点名地抨击王安石，辨其"不近人情"之奸。《归愚文钞》卷四《王安石论》，云"辨不近人情之奸易，辨近人情之奸难"，在苏洵的基础上进一步深入，云王安石在没有掌权之时，以"近人情之奸"谋取重臣乃至皇帝的信任，获得大权，待到掌握大权以后，乃行其"不近人情之奸"。[②] 此论是否适合于王安石，这比较复杂，涉及立场问题，但是就文章而言，逻辑上是自洽的。更为重要的是，以"近人情之奸"或"不近人情之奸"谋取权力，这在中国封建社会中是多见的事情。德潜如果展开更深入、广泛的论述，就更好了。同卷《管仲论》云，[③]苏洵云管仲不能荐贤自代，仅建议齐桓公不能用竖刁等三人，德潜认为，此论当而未深，管仲即使荐举贤能，齐桓公也不能用，因为管仲平时没有引导齐桓公止欲清心而向道，故管仲卒而齐国之霸业衰亡。其实，德潜此论亦未为深刻。管仲平日没有引导齐桓公止欲清心而向道，是因为管仲自己亦未能止欲清心而向道。《论语·八佾》云："子曰：'管仲之器小哉！'或曰：'管仲俭乎？'曰：'管氏有三归，官事不摄，焉得俭？''然则管仲知礼乎？'曰：'邦君树塞门，管氏亦树塞门；邦君为两君之好，有反坫，管氏亦有反坫。管氏而知礼，孰不知礼？'"[④]管仲如此热衷享受，可谓止欲清心而向道吗？德潜精熟儒家经典，应该想到这一点的。

有些议论，能够建立在新的材料的基础上，或者从新的角度展开论述，但结论未必可靠。例如《归愚文钞余集》卷七《梁鸿论》云[⑤]，梁鸿身

---

① 沈德潜著，潘务正、李言编辑点校：《沈德潜诗文集》，人民文学出版社 2011 年版，第 1210 页。
② 沈德潜著，潘务正、李言编辑点校：《沈德潜诗文集》，人民文学出版社 2011 年版，第 1211 页。
③ 沈德潜著，潘务正、李言编辑点校：《沈德潜诗文集》，人民文学出版社 2011 年版，第 1201 页。
④ 朱熹注：《四书章句集注》，中华书局 2012 年版，第 67 页。
⑤ 沈德潜著，潘务正、李言编辑点校：《沈德潜诗文集》，人民文学出版社 2011 年版，第 1683 页。

处太平社会，而不愿出仕建功立业，隐居吴地，临终前遗命不要归葬故乡扶风，都是因为梁鸿的父亲梁让曾经出仕王莽政权，其有难言之隐。关于梁鸿的传说不少，但史料不多。德潜此论，仅是一种能够自圆其说的解读。

有些议论，由于德潜认知的不足，并不全面。如《归愚文钞》卷三《儒释辨》上下篇中，德潜认为，儒家和佛家最大的区别在于儒家倡导入世而为世，而佛家则倡导出世而为己。① 就小乘佛教而言，德潜这样的评价是不错的，但大乘佛教，“渡尽众生方成佛”“众生解脱我解脱”“我不入地狱谁入地狱”“地狱不空，誓不成佛”等等，德潜这样的评价就无法覆盖了。其实，就思想境界和宗旨而言，儒佛有相通之处。这两家最为本质的区别是，儒家的基本理论是科学，科学以实践来解决问题，且是可以验证的；佛教是宗教，尽管宗教也有实践，但是宗教实践的结果是超验的。

德潜在议论文中体现出来的某些观点，有必要在这里予以详细阐述和评论。《归愚文钞》卷三《子纠小白兄弟辨》中，德潜提出的观点落后性尤其明显。根据《左传》《管子》《史记》等的记载，齐国公子纠是兄，后来成为齐桓公的公子小白是弟。宋儒曲为管仲辩护，遂采用《汉书·淮南王传》之说，以小白为兄而公子纠为弟。德潜云：“人臣之死不死，系有君臣之分与否，而不以主之伦叙长幼为是非者也。”因此，孔子“非谓召忽之死为不义，而管仲之不死为无伤于义也”。② 德潜此论若得推广于世，其害有不可胜言者也！

根据德潜之说，不难得出推论：君臣之分一旦确立，那么，臣下对君主的绝对忠诚就应该至死不渝，甚至以身殉君。上文已经论及，德潜《四文学传》中就有“君臣之义，岂论仕不仕耶”之说，这就成了“四文学”听到明朝灭亡、皇帝已死的消息后自杀的依据。他们也因此成了德潜颂扬的对象。按照这样的理论，就一个国家而言，“普天之下莫非王土，率土之滨莫非王臣”，人一出生，和国君就自然地确立了君臣之义，终其

① 沈德潜著，潘务正、李言编辑点校：《沈德潜诗文集》，人民文学出版社 2011 年版，第 1155 页。
② 沈德潜著，潘务正、李言编辑点校：《沈德潜诗文集》，人民文学出版社 2011 年版，第 1157 页。

一生，都被这样的君臣之义所笼罩，无法逃于天地之间。将君对臣的绝对权威覆盖到如此严严实实的程度，如果实践德潜所说的君臣关系理论，那么，君主不管如何昏庸残暴，江山社稷仍然可以传之于千秋万代。这种赤裸裸地为封建君主制度服务的理论，固然可以支持德潜的《正统论》《唐高祖论》，支持他对魏晋梁隋等政权开国君主的谴责，但是，如何解释商汤伐夏桀、武王伐纣？商汤和武王，不也曾经分别是夏桀和商纣王的臣下？如果君臣之义确实要像德潜所说那样，那么，他们置君臣之义于何地？

德潜以这样的君臣之义论召忽、管仲，还包含了这样的倾向：把这样的君臣之义泛化到几乎种种社会组织。公子纠不是国君，仅仅是一个政治集团的头目而已，公子纠是“主”而非“君”，召忽、管仲是“从”而非“臣”，而德潜却以“君臣之义”来给他和部下召忽、管仲的关系定性。这显然就把这样的“君臣之义”泛化了。这样的泛化，也是很危险的。

随着社会的发展，人与人之间的各种合作成为常态。在合作中，主、从之间的分工也是常态。合作的形成与解体，合作者之间主、从关系的转化，也应该是常态。可是，按照德潜的理论，主从关系就变成了君臣关系，主从彼此要遵守“君臣之义”。如此则不仅强化了主者对从者的权威，强化了主从之间的关系，而且也把合作、主从关系固化、僵化和绝对化了。合作关系、主从关系一旦确立，无论如何，就至少要延续到当事者死亡。包括主从在内的合作者之间，彼此了解有一个过程，会发展变化，彼此的思想认识等等，在合作的过程中也会发展变化，外部环境更会发展变化。很明显，德潜的理论和这些发展变化是完全背道而驰的。

德潜的理论在逻辑上也存在着严重的缺陷。公子小白既然已经成为齐国的国君，召忽和管仲作为齐国人，当然就应该是小白的臣下，他们和小白之间存在君臣之分，就应该实践君臣之义。事实上，当时的他们不承认小白的君主地位，但他们的主人公子纠还不是君主。他们如果以臣下对君主之义对待公子纠，亦即在公子纠集团内部实践君臣之义而得到赞颂，那么，社会上种种反朝廷的组织中的“君臣之义”，包括当时某些以“反清复明”为旗号的地下组织中的“君臣之义”，是不是也应该受到赞颂？

总之，德潜的学术文章，文献考证的部分瑕瑜互见，但瑕非重瑕，瑜非美瑜。其议论性文章亦瑕瑜互见，但瑕是重瑕，如“人臣之死不死，系有君臣之分与否”等是也，瑜有美瑜，如“圣人以德与功得天下”等是也。

第四节　经世文研究

德潜之才，为词臣虽有余，任民社则不足。他自己也有这个自知之明。雍正七年（1729 年），学使邓钟岳招他到江阴，欲荐他为“大优”，云如此可得知县。德潜自忖无作地方官员的才能而推辞了，还是当他的私塾先生。

德潜缺乏经世才能，这并不是意味着他对经世事务知之甚少，更不是意味着他对经世事务漠不关心。当时的科举考试，经世事务也是内容之一。德潜参加了那么多的科举考试，在经世事务方面不可能没有下过功夫。因此，经世事务，德潜尽管远远谈不上精通，但还是懂得一些的，这在他的经世文章中有所体现。

德潜在考场上写的不少经世文章，如《归愚文钞》卷七等的《殿试对策》《保和殿试拟崇本抑末诏》等一系列拟诏书，《归愚文钞》卷七以及十二卷本《归愚文钞》卷五所载的《察吏》《积贮》《国计》《防海》《弭盗》等，尽管持论几乎都是正确的，也是可行的，但几乎都是老生常谈，没有什么新意。《恤刑》仅仅是大量引用经书中相关论述而阐述。至于《归愚文钞余集》卷七《节制》《审势》二篇论兵事，则仅仅是以某些粗浅的常识论之。当然，相比之下，尽管没有新意，但《防海》论解决海盗问题所提路径比较全面，且具有明显的综合治理的色彩，《弭盗》则提出了以加强保甲组织为主的一系列防盗措施。可见，德潜对这两个社会问题是有过比较认真的思考的。明代，苏州是倭寇的重灾区之一。苏州及其附近地区的社会治安曾经长期不好，德潜诗文和其他文献中就有体现，德潜家中就被盗窃过，损失还比较严重，德潜有《打更夫》一诗纪其事。因此，对这些问题德潜有所思考也在情理之中。

德潜在考场之外写的经世文章,《归愚文钞》卷八《应山何明府修路碑记》和《归愚文钞余集》卷四《重修安定城记》等,写地方官在其所治理的地方进行环境方面的基本建设,亦主要是纪其事而已,论其意义,前者不过是“以时除道,固合于王政者也”,“君之仁及于行旅”,[①]后者不过是“御暴保民,故王政重焉”。[②]《归愚文钞》卷八《西湖水利记》写地方官修浚西湖,与苏轼、杨孟瑛当年修浚西湖相比而论之,得出结论是,“今利导之功,既轶前人,而又以节省余金买地生息,俾官司稽掌,用备岁修补,子瞻、温甫所未及此。遭逢极盛,计虑极周者矣。”[③]德潜并未将这些基本建设上升到国计民生等高度。相比之下,《归愚文钞余集》卷七《元和水利议》和十二卷本《归愚文钞》卷二《浮粮食变通议》二文,论德潜非常熟悉的生存环境,且涉及苏州百姓包括德潜自己的重大切身利益,最为切实可行。前者根据扎实的事实依据,阐述水道和水域的种种利弊,以及相应的应对方法,若能按此施行,能够在很大程度上兴利除弊。后者就“苏、松之田占天下八十五分之一,而所出之赋,任天下一十三分之二”的事实,[④]论减轻苏、松地区赋税之法,在论其他方法难以为朝廷和其他地方接受且难以施行的前提下,提出了参照与苏、松接壤且地理等条件相同的嘉兴、湖州、常州、镇江四府田赋之重者,来定苏、松地区之田赋,这一设想,最为接近公平,又最为容易为朝廷和苏松百姓所接受,因而也最为务实。《归愚文钞余集》卷七《与上元令温生屏山书》与十二卷本《归愚文钞》卷九《与宜阳令温生德山书》,这两封书信内容完全相同,都是如何当好知县的十二条准则,略云:清廉;不可挪用钱粮正项;对上司要恭敬诚悫;慎重使用夹讯等重刑,切忌滥施刑讯;轻易不要传讯女子到官;驾驭好吏胥;慎重收录亲友所荐之人;慎重应对讼师;得当使用捕役;兴利除弊,养民教民。这些内容都是当行且切实可行的。可见,尽管德潜不擅长当知县,而对如何当知县,他也是有较多的思考的。明清两朝的进士中,第一份官职是知县的,是绝大多数。德潜在科场奋

① 沈德潜著,潘务正、李言编辑点校:《沈德潜诗文集》,人民文学出版社 2011 年版,第 1253 页。

② 沈德潜著,潘务正、李言编辑点校:《沈德潜诗文集》,人民文学出版社 2011 年版,第 1594 页。

③ 沈德潜著,潘务正、李言编辑点校:《沈德潜诗文集》,人民文学出版社 2011 年版,第 1252 页。

④ 沈德潜著,潘务正、李言编辑点校:《沈德潜诗文集》,人民文学出版社 2011 年版,第 1734 页。

斗那么多年，不可能不对当知县有所准备。可见，不管是否擅长某一方面的事务，只要去认真实践、研究、思考，总会有收获的。德潜经世文中，这三篇的内容最为出色，就证明了这一点。

德潜在这些经世文章中体现的思想和相关的措施，和前人相比没有什么新意。其经世思想，远远没有达到黄宗羲、顾炎武、唐甄、吕留良的高度，甚至没有达到和他同时代的刘大櫆的高度。这当然有许多原因。其中最为主要的原因是，德潜长期困于科场，所读的书和读书的宗旨、环境和氛围以及单一的塾师生涯，限制了他的思考。当然，社会发展缓慢，当时的社会和秦汉以后的社会相比，变化很少，几乎没有实质性的变化，这也是一个不可忽视的原因。

德潜的经世文章中，不仅几乎没有什么新意，且有些见解非常陈旧、保守和落后。例如十二卷本《归愚文钞》卷五《风俗》云：

> 古者有茅茨，今之庶人皆轮奂其室；古者臣无玉食，今之贱竖皆餍粱肉；古者后妃乃有殊饰，今之婢妾被带金绮；古者大夫乃不徒行，今之舆台贱隶乘坚策肥，而若以为分之固然。一人之家，自门堂以至壸奥，其人不僭越者少矣；一人之身，自首领以至下体，其不罹罪戾者少矣。昔贾生言风俗之弊，富人大贾以文绣被墙，而倡优下贱后服帝饰。今日之风俗更甚于此，使贾生见之，所为太息者，又当何如耶？

如何改变这样的风俗呢？德潜的意见是“莫如革其奢”“莫如禁其僭”“莫若示之一定之规”，①这就是从有文字记载以来主流社会提倡的以社会等级限制消费的思想。儒家、法家思想中，等级制度是最为重要的内容。以社会地位之等级来确定消费的等级，是封建社会中通行的社会政治设计，甚至有相应的法律法规。可是，即使是在汉代，这样的规定也很难在社会全面彻底地实行，后来就更难以实行了。德潜在他所处的时代，仍然以这样的设想来限制消费，其保守、落后、迂腐可知。

在德潜的经世文章中，社会教化的文章占了很高的比例。其中关

① 沈德潜著，潘务正、李言编辑点校：《沈德潜诗文集》，人民文学出版社2011年版，第1750页。

于学校建设的最多，例如《重修苏州郡学记》《高淳县修学碑记》《重建永丰县学碑记》《紫阳书院碑记》《紫阳书院题名记》《重修长元学记》《紫阳书院规条十则》等。这些文章主要内容是记述其事，并且阐述学校的功用，而经世思想就体现在其中。如《归愚文钞》卷八《重修苏州郡学记》云："其大旨所存，总欲使民明天理、正人心，笃于躬行，深于学术，化刚柔之偏，而进于大中而后止。故士之被于教者，自格致诚正修之实功，于齐治平之实效，蔑弗体用兼得，内外无遗。其时上者为圣贤，次者为国家有用之士，即野人武夫，亦与闻经术，而耻为苟且洟涊之行。"①这实际上就是儒家一贯的教化思想。

关于祠堂者，也有多篇。《归愚文钞》卷八《润州宗忠简公祠堂记》多论宗泽的历史功绩，近于史论。此外，这些文章除了纪念贤者之外，其旨多在教化。同卷《吴公祠记》表彰孔子的学生言偃即子游在吴地传播儒家学说的功劳。同卷《范文正公祠堂记》中，德潜所注目的重点不在范仲淹的"先忧后乐"，而是他善处穷困："人当穷居时，必有固穷之节，与兼善天下之志，而不以富贵贫贱、荣辱得丧一毫芥蒂于心。夫然后可以处，可以出，可以历颠跌顿踣之境，而建不世出之功。"②这明显有励志的意思在，盖当时的德潜还困于科场，而像德潜那样困于科场的读书人在当时的吴地是很多的，因此，范仲淹这样的精神比起先忧后乐来，对他们而言要切实得多。《归愚文钞》卷八《重建黄陶庵先生祠堂记》表彰黄淳耀"合文与行而为一，盖胥本道德之真，忠孝之大，而成为一代之文人，实为一代之完人也"。③《文待诏祠堂碑记》《重建吕荣公东莱先生合祠记》《广乡贤祠记》《张孝子祠记》《西山节烈祠记》等，都是用儒家思想来教化社会。

佛道寺观以及有些被儒家视为"淫祀"的民间宗教建筑，也是有教化社会的作用的，但是，这些教化和儒家的教化如忠孝之类是有差别的。就思想文化而言，儒家和佛道等是有冲突的，例如，韩愈就"攘斥佛老，不遗余力"。德潜也为这些建筑写过文章，他也重视这些宗教存在

---

① 沈德潜著，潘务正、李言编辑点校：《沈德潜诗文集》，人民文学出版社 2011 年版，第 1236 页。

② 沈德潜著，潘务正、李言编辑点校：《沈德潜诗文集》，人民文学出版社 2011 年版，第 1241 页。

③ 沈德潜著，潘务正、李言编辑点校：《沈德潜诗文集》，人民文学出版社 2011 年版，第 1245 页。

的社会教化作用，但他努力从中挖掘出儒家的内容来教化社会。例如，《归愚文钞余集》卷四《重兴建隆寺碑记》云，黄晓峰之母发愿重兴建隆寺，黄晓峰乃承母命，建造此寺。德潜云："尝思儒家之教，每与佛氏异趋。然当爱亲诚笃，仰佛庇佑，则又往往深信而无疑。……为亲祈福，信佛实信亲也。今晓峰体母氏矢欲鼎新之心事，母不啻事佛，即见佛一如见母。且又生逢盛世，重熙累洽，躬享太平，触念先代休兵建寺之心，与夫度死超生之意，有不忍使之鞠为茂草者，则晓峰之重建古寺，岂犹夫寻常佞佛，祈求一己之福田利益者哉！"[①]如此就把儒佛统一起来了。同卷《汲云庵碑记》中，德潜赞扬僧人指非在前人基础上扩建汲云庵，云世间不愿扩大父辈基业、背叛师说的人还不如这个和尚。如此，德潜就把此文主题引导到告诫人们坚持师说上来了。德潜说的师说，当然是儒家思想了。《归愚文续》卷六《潭山神祠碑记》云，吴县秀才赵成之去世后附在病人身体上，求为建祠立像，当地人乃如其言祭祀之，求之，屡屡灵验。德潜云赵成之生前孝友纯谨，事母尽力，周济守寡的弟媳妇，久困科场而无怨，去世后宜为神灵，这就把这神祠的主题引导到了劝孝劝悌劝无怨上来了。

德潜还有几篇关于慈善的经世文章。佚文部分《安济堂记》写常熟进士屈成霖在家乡创建安济堂，为屋一百零六间，收养远近鳏寡孤独，病与药，卒与棺葬，设有医生和管理人员。德潜赞此举为仁人志士之遗风，于"乾父坤母"之旨，深有合焉。[②]《归愚文钞余集》卷四《淮安普济堂记》云，淮安程锺乐建普济堂于淮安城，并且以田千亩之收入维持普济堂的运行，供养鳏寡孤独和疾病残废之人。德潜赞扬此举合张载"民胞物与"之旨。[③] 同卷《陶氏义田记》云，吴中秀才陶履仁带头捐钱捐田，陶卫扬、陶文英等响应，乃在陶氏宗族内设立义田。义田的收入，除了祭祀祠堂、修祖宗坟墓等公用外，主要用于帮助族中的贫弱者。德潜赞扬陶氏义田之设，符合程子关于"由始祖而下，其渐分渐远者，孰非祖宗之

① 沈德潜著，潘务正、李言编辑点校：《沈德潜诗文集》，人民文学出版社2011年版，第1609页。
② 沈德潜著，潘务正、李言编辑点校：《沈德潜诗文集》，人民文学出版社2011年版，第2023页。
③ 沈德潜著，潘务正、李言编辑点校：《沈德潜诗文集》，人民文学出版社2011年版，第1608页。

一气”之说[①]。这些民间慈善之举承担了政府在养老、扶贫等方面的部分职能，帮助社会个体度过危机，这也是避免个体危机转化成社会危机的有效方法。因此，这些善举，行之于乡，行之于城，行之于族，都是值得提倡的。

总之，德潜于经世虽有一定的研究，但显然还是外行，至于思想深度更谈不上。其经世文章都是平平而已，于社会政治缺乏足够的了解和思考，更没有卓特之见。稍微可观者为推行教化的文章。长于教化，短于经济，正是儒家学说的特点。浑身上下浸透了儒家文化的德潜，也是如此。

第五节　游记和园记研究

一、游记

德潜在考中进士之前，家境不算富裕，终年为了生计当塾师，除了到杭州编辑地方志之外，在到北京参加博学鸿词考试之前，几乎没有到过江苏以外的地方。他中了进士以后，除了奉命到湖北主持过一次乡试之外，也没有到除北京以外的地方担任过职务。他游览过的地方是不多的。再者，他也似乎不大写游记。例如，他晚年游览黄山，但他现存的文章中就没有写游览黄山的文章。因此，在他现存的文章中游记很少。可是，德潜的游记尽管数量不多，篇幅也都不长，但几乎都有可观之处，艺术水准大多不低。

我国游记类文章的基本内容为叙述游事，描写景观，考证订讹，这些都是以“实”为主，结尾部分由“实”而升华出“虚”，由以上所写内容生发出感悟，或为哲理，或为感叹，或为某种感情。德潜的这些游记，也是如此，但都有其佳。

首先，其基本特色是质实，言之有物，甚至有文献价值。其《归愚文

① 沈德潜著，潘务正、李言编辑点校：《沈德潜诗文集》，人民文学出版社 2011 年版，第 1606 页。

钞》卷九《游蒜山记》引用《晋史》《润州志》和刘祯、颜延之、苏轼等的诗文，采纳同游者、镇江人余京之说，考证出真正的古蒜山所在，订正了《润州志》之失。同卷《游焦山记》考证了焦山山名的变化，记录了山上焦隐士祠位置的变化。同卷《游渔洋山记》中，作者通过和此山上昙花庵“言幼即挂瓢于此，垂七十年”的老僧的问答，[①]证明王士禛尽管取渔洋山名为号，但他并没有到过昙花庵。渔洋山不大，无游览渔洋山而不到昙花庵之理，因此，王士禛没有亲身到渔洋山游览。这些内容，都是有文献价值的。

还有一些内容尽管没有涉及考证订讹，但如实叙述了当时的景观，而这些内容也是具有文献价值的。如《归愚文钞》卷九《西洞庭风土记》写太湖中西洞庭山上的民情风俗：

> 风俗淳朴，居民傍山，村落连缀，无堡坞廛市。耕稼外，杂植花果。人烟鸡犬，在花林中。四时果实成熟，倚具衣食。濒湖者业渔。民多聚族，家有宗祠。敬耇长，老者出，子弟追随扶掖。茕独者，众扶掖之。路无妇人，无舆马，无丐者，无奇衺，无勃溪色、诟谇声。秀者诵习，不专干禄，废诵习者服贾。子弟蔑弃先矩，虽富贵，众鄙之。婚嫁择对轻财。家饶裕者为媒氏，两姓或遭故愆嫁娶期，媒氏佽助之。人虽贫，无为仆妾者。办赋税早，经年无催租吏。岁时亲朋觞酌，物俭情厚。里有逸民故老畏荣耽寂者，尝津津道之，琐细莫详。[②]

西洞庭山省称西山，为太湖中一岛，土地肥沃，居民勤劳，物产丰富，但和外界的交通不便，故尽管和苏州相近，又多到外地经商者，但当地民风被商业文化浸染不多，还是如此淳朴。同卷《游牛头坞记》云，明人记载中其地的文殊院已经久废。作者描绘了那里山体被破坏的状况：“度岭，值工人凿山处。山骨残破，垤者洼，洼者陷，礫竖直下，深者二十余丈，浅亦数丈余。石龈逼侧，几不受趾。行者变色，蚁次相缀。”其上被前人称为“秀削奇诡，与天平埒的”金碧峰，“岁久锥凿，石髓俱竭，改易

① 沈德潜著，潘务正、李言编辑点校：《沈德潜诗文集》，人民文学出版社2011年版，第1260页。
② 沈德潜著，潘务正、李言编辑点校：《沈德潜诗文集》，人民文学出版社2011年版，第1257页。

旧观”，已经“归无何有之乡”了。[①] 这些也都有较高的文献价值。

这些游记中，作者描绘景物，语言精练古雅，把其地景观之美和作者对美的情感体验都准确地表达出来，有较高的美学价值。如《游焦山记》写作者登焦山之顶，在双峰阁所见：“凭阁而望，江流浩浩，山影层叠，飞鸟尽处，长空一气。吴楚山川，想象其下。烟雾变灭，顷刻万状。”[②]《游渔洋山记》：“于四村落中炊烟浮动，白云欲还。遥望梅花林，如残雪满山，而夕阳一抹，晃漾其际，倍觉冷艳可爱。”[③]《雨中游虞山记》写岩石：“断鳄摩天，崭绝中断。两崖相嵌，如关斯辟，如刃斯立。”[④]这些确实是诗人所写游记，其中的诗情画意是很明显的。

作者由游而发的感叹亦多具哲理。《游蒜山记》中，作者游《润州志》所载之蒜山，证之以古籍，不类。后游银山，方知银山即是古籍中的蒜山，证之以古籍，完全符合，于是作者感叹：“天下之大事之名实，淆混者何可胜道？众人之陋，知有货贿宝玉名，宜矣。而文学之士，秉笔作志者，亦不考诸古人之书，其贤于众人几何？”[⑤]和苏轼名作《石钟山记》中所发的感叹相类，而有不同在。《游渔洋山记》云：“因思阮亭为风雅总持，语妙天下，而手版匆忙，未及亲赴林壑，而领略其胜者，又无诗笔通灵，足以发挥湖山之胜。古今来如此者，可胜数耶？”[⑥]所言完全符合实际。湖山胜景，即使是今天，也是人们未知的要比熟知的多得多。自然风景如此，人才也是如此。沈德潜此语，大概也有关于人才不遇的感慨。《归愚文钞》卷九《游牛头坞记》记载明代尚有的“秀削奇诡”的金碧峰，到沈德潜游览的时候早已消失，作者不免感叹：“天下艮而寿者惟山，犹不能保护厥体，而况人年命之促，等于蓬科蜉蝣，电光鸟影者与？然是山之峰，已归泯灭，缘文人数语，得留其名于想象间。是艮而寿者，转藉人以留之，则人世之可以久者，或在此不在彼也。”[⑦]人们常以“寿比

① 沈德潜著，潘务正、李言编辑点校：《沈德潜诗文集》，人民文学出版社 2011 年版，第 1261 页。
② 沈德潜著，潘务正、李言编辑点校：《沈德潜诗文集》，人民文学出版社 2011 年版，第 1259 页。
③ 沈德潜著，潘务正、李言编辑点校：《沈德潜诗文集》，人民文学出版社 2011 年版，第 1261 页。
④ 沈德潜著，潘务正、李言编辑点校：《沈德潜诗文集》，人民文学出版社 2011 年版，第 1263 页。
⑤ 沈德潜著，潘务正、李言编辑点校：《沈德潜诗文集》，人民文学出版社 2011 年版，第 1259 页。
⑥ 沈德潜著，潘务正、李言编辑点校：《沈德潜诗文集》，人民文学出版社 2011 年版，第 1261 页。
⑦ 沈德潜著，潘务正、李言编辑点校：《沈德潜诗文集》，人民文学出版社 2011 年版，第 1262 页。

南山”来祝愿人长寿，但物质的形态总有消亡的一天，即使是山，也是如此，人的生命，就更加脆弱了。思想、文学等精神产品，则有可能借助于不同的物质形态，传世更长的时间，而其中记录的物质形态也凭借文字等形式得到保留。这也是很多人从事文化事业的动力。《雨中游虞山记》中，作者因下雨而未遍游虞山名胜，结尾云：“虞山近在百里，两经其下，未践游屐。今至其地矣，又稍识面目，而幽邃窈窕，俱未探历，心甚怏怏。然天下之境，涉而即得，得而辄尽者，始焉欣欣，继焉索索，欲求余味，而了不可得，而得之甚艰，且得半而止者，转使人有无穷之思也。噫嘻！岂独寻山也哉！”[①]此理亦自可通。然这些游记中作者所发挥的哲理也并不都是高明的。《游焦山记》云：“夫（焦）光之三诏不出，以东汉之末，时无可为，故有托而逃于空虚之地也。而山之名，待以增重如此，士君子生非明盛，而自审于进退间者，宜何如哉？”[②]这无非是儒家“邦有道则仕，邦无道则隐”之类的出处观而已。然孔孟所处，非明盛之时，而孔孟为何也汲汲于周游列国、谋求大用？况明盛之时，贤者出仕，高官厚禄，建功立业，固是当为，然非明盛之时，贤者皆归隐，则明盛从何而来？无道之世，何时才能结束？

二、园记

德潜诗文集中，园记的数量还是比较多的。这和地域、时代有密切的关系。江苏、浙江经济和文化发达，历史上园林很多，不仅富室豪门喜欢以园林附庸风雅，即使不那么富有但喜欢风雅的人，也会在力所能及的范围内打理自己的小园，并且为小园取一个风雅的名字来体现自己的人生理想、人格理想等思想感情。德潜生活的年代是清王朝鼎盛的时期，经济和文化都得到了较好的发展。因此，园林在人们生活中的作用更加突出，对知识分子来说尤其如此。园林之修建、对园林之重视，都远过于此前。尽管沈德潜在 67 岁才中进士，但此前他早已通过诗文创作、诗歌评选等成了苏州的文化名人，中进士后 30 多年他才去

① 沈德潜著，潘务正、李言编辑点校：《沈德潜诗文集》，人民文学出版社 2011 年版，第 1263 页。
② 沈德潜著，潘务正、李言编辑点校：《沈德潜诗文集》，人民文学出版社 2011 年版，第 1260 页。

世，福寿风雅，高官厚禄，兼而有之，所以请他写园记的人比较多，也就很容易理解了。

园林多为在野的知识分子所居住，游赏于其中者，也多为在野知识分子。《论语·公冶长》云："邦有道，不废；邦无道，免于刑戮。"[①]这是儒家的出处观，儒家其他著作中这样的表述不少。德潜所处的时代，是清王朝的"盛世"，何况，在封建社会中谁敢于说当时是"无道"的呢？既然当时不是无道之世，那么知识分子就应该出仕，为国家效力，怎么能耽于园林呢？如果是在清代初年，隐居者可能是出于对明王朝的忠诚，或者恪守"忠臣不仕二朝"的政治伦理，故坚持不出仕，无缘出仕者也很容易以此为正大堂皇的借口。可是，到德潜走上文坛的康熙三十年(1691年)左右，明遗民早已经寥若晨星，后来也就逐渐没有了。德潜所写园记的园主人都不是明遗民，都是生活在"盛世"的知识分子，那么，他们为什么不出仕呢？具体原因各有不同，但是，就大部分而言，他们是没有出仕的机会。当时，"士不遇"的现象已经很明显了。很多园林之修建，从名字上看，多多少少会和"士不遇"有关。德潜的这些园记在一定程度上曲折地反映了当时"不遇"的知识分子的生存状态和心理状态，当然，也直接反映了德潜对知识分子这样的生存状态和心理状态的态度。

这些园记之中弥漫着浓厚的儒家思想。《归愚文钞》卷八《四咏阁记》中，此阁主人戴二蕉是个隐士，似乎除了诗文之类的风雅之事，也没有别的值得称道的事业了，但在德潜阐述的"四咏"之中，有"坐秋月而自敞空明朗照之襟，经冬岭而并坚冰霜清澈之节"之句，[②]这不是孟子说的"得志，泽加于民；不得志，修身见于世"吗？《归愚文钞余集》卷四《槃隐草堂记》中，园主人毛逸槎身份和戴二蕉一样，也就是一个会写诗文的读书人，似乎也没有出仕的欲望或者可能，但此记中说："今逸槎处太平极盛之时，山林涧谷均被太和，因得以优游无事之身，嬰娱宴寝，歌咏唐尧，则其盘桓自得，觉草木泉石，无非乐意。斯殆无心高隐，而适符于

① 朱熹注：《四书章句集注》，中华书局2012年版，第75页。
② 沈德潜著，潘务正、李言编辑点校：《沈德潜诗文集》，人民文学出版社2011年版，第1255页。

隐者欤？”[①]不管是无奈还是有意选择，毛逸槎确确实实是隐居，怎么还说他“无心高隐”？“高隐”者与“适符于隐者”之间区别何在？当然是“歌咏唐尧”，赞美当时皇帝和朝廷的“仁德”“仁功”，虽隐居而仍然实践“君臣之义”。这是儒家一贯提倡的。《归愚文钞》卷九《春草园记》，云“园以‘春草’名，取谢氏《西堂得句》，见弟兄相师之义焉”，[②]正合儒家“悌”之道。沈德潜有个方外之交樾亭，是个和尚，其所居名“幻云阁”，因为就佛教观之，大地山河，整个世界，乃至宇宙，无非幻相。人是和尚，阁名又充分体现了佛家的思想，德潜写记还如何注入儒家思想呢？《归愚文钞》卷九《幻云阁记》云：“虽然，天下自有不幻者：富贵幻矣，能利济民物则不幻；文辞幻矣，能修明道德则不幻；此身幻矣，能实践伦物则不幻。且即以云言之，肤寸而合，雨泽天下，瘁者起，槁者润，不有其功，而功必归之。”[③]这不就是纯粹的儒家思想吗？佛寺传经院中，有墨雨堂，是德潜方外友人介庵和尚的居室。寺名“传经”，所传应该是佛教的经典，可是这介庵和尚是个外佛内儒的人物，传经院竟然成了传播儒家经典和中国文化的地方。《归愚文钞》卷九《墨雨堂记》中对此就更加津津乐道了：“堂在传经院中，为文人会文处。盖介庵虽出世，然酷嗜儒术，故北方之士之多闻而求友者，时集其庐，相与劘刃德业，讲明周、孔、孟、韩之指，君父子臣之道，礼乐刑政治忽之大端，而以其余闲及乎风雅之正变，骚、选、唐人之指归。”那么，既然如此，介庵为什么不还俗归儒归宗呢？德潜记录介庵之言：“吾非不知儒道之正，然既受师长教，即伦常矣，吾安忍违？且家有承先祀者，不妨出世。”[④]可见，在介庵和德潜的思想中，“伦常”高于信仰。可是，“伦常”不就是信仰的一部分吗？坚持“天地君亲师”之类的伦常，不就是儒家学说的重要内容吗？不愿还俗归儒归宗，原因是要坚持儒家的伦常，这不矛盾吗？介庵于儒家不能行五伦之大道，于佛家不能尽三乘之妙旨，岂不两失之乎？《归愚文钞余集》卷四《复园记》中，德潜把园名解释为复祖先之德，“奉世泽而述之，

① 沈德潜著，潘务正、李言编辑点校：《沈德潜诗文集》，人民文学出版社 2011 年版，第 1603 页。
② 沈德潜著，潘务正、李言编辑点校：《沈德潜诗文集》，人民文学出版社 2011 年版，第 1268 页。
③ 沈德潜著，潘务正、李言编辑点校：《沈德潜诗文集》，人民文学出版社 2011 年版，第 1272 页。
④ 沈德潜著，潘务正、李言编辑点校：《沈德潜诗文集》，人民文学出版社 2011 年版，第 1273 页。

味道风而涵泳之，以修身之不远，复进于中行之独”。[①] 同卷《小有天园记》云，杭州汪氏别墅壑庵，乃故孝子汪之萼庐墓之所，其子孙累世同居，敦睦好善，乾隆帝南巡过此，乃予以嘉奖，改此别墅名为“小有天园”，并且赐诗一首。德潜为作记，除了“纪君恩”外，主要就是在“孝友敦睦”上做文章。[②] 总之，细细阅读这些园记，就其思想而言，都是儒家的基本思想，完全没有超越之处。

赞美之意，是园记的重要内容，对园主人及其生活的赞美。《归愚文钞》卷九《远香亭记》云，远香之名，乃取荷花有远香之意。荷花之香，远而能清，故作者称颂园主人留少宰：“吾师历清华，握机务，审用舍，无赫赫之名，而仁风所到，覃被四方，其亦有远而能清者乎?”[③]此为赞美其为政者。《含清园记》云：“今一家之中，父慈子孝，长令少从，递衣公食，始终无间。每春秋佳日，先生率诸子童孙，往来闲园，杖履逍遥，品评今古，无非乐意。与之游者，觉温然似玉，暖然似春，即一泉一石间，自有天趣流行乎其中也。”[④]

祝颂之意。《归愚文钞余集》卷四《清华园记》云，此园名出自谢混“水木湛清华”句，主人和子孙读书园中，“水之清，予心空明；木之华，予文芬葩。鸢鱼飞跃，理趣洒落，读书之乐，有即窥园而遇之者。他日清华之选，应为观察之子孙俟之。”[⑤]同卷《大朴轩记》云，昆山书生刘曜生因庭中有古朴树一株，乃名其所居为“大朴轩”，作者由“朴”及相关词语不同的含义，勉励此轩少年主人“果能不忘先德，以殖其学，以励其行，而老其材，则辟王之待以用者，不能舍此而求他矣”。[⑥]

园记最为基本的内容是写园和写主人，由园而及人，重点大多不在园而在人，即使就篇幅而论，写园多于写人，但园之文化精神，乃至文章之归宿，仍在于人。体现于沈德潜园记中的，则有种种不同。

从园名入手，通过叙述、论述、考释等，揭示该园的文化精神，也就

---

① 沈德潜著，潘务正、李言编辑点校：《沈德潜诗文集》，人民文学出版社 2011 年版，第 1599 页。
② 沈德潜著，潘务正、李言编辑点校：《沈德潜诗文集》，人民文学出版社 2011 年版，第 1601 页。
③ 沈德潜著，潘务正、李言编辑点校：《沈德潜诗文集》，人民文学出版社 2011 年版，第 1265 页。
④ 沈德潜著，潘务正、李言编辑点校：《沈德潜诗文集》，人民文学出版社 2011 年版，第 1266 页。
⑤ 沈德潜著，潘务正、李言编辑点校：《沈德潜诗文集》，人民文学出版社 2011 年版，第 1600 页。
⑥ 沈德潜著，潘务正、李言编辑点校：《沈德潜诗文集》，人民文学出版社 2011 年版，第 1605 页。

是主人的文化精神，包括思想境界和精神品格等等，以此突出主人的形象。《四咏阁记》云，“四咏阁”之名，乃“取陶渊明‘春水满泗泽’四语，以四时佳景合而成咏也”，主人戴二蕉“襟抱夷旷，读书课子孙外，不慕荣禄，并不骛虚声。遇春水则赏其潆洄，看夏云则乐其奇幻，坐秋月而自敞空明朗照之襟，经冬岭而并坚冰霜清澈之节。中有真得，发为歌吟，夫岂寻常栖隐之士所能同其乐意者耶?”①《归愚文钞余集》卷四《即沧浪亭记》，先秦即有“沧浪之水清兮，可以濯吾缨；沧浪之水浊兮，可以濯吾足”之歌，嵇康有“澡身沧浪”之语，故作者将“沧浪”之名和“洗濯”相联系，云主人“以此洗心”，或“以此自鉴”，又与主人精于《易》相联系，“《易》之揲蓍求卦，不外乎洗心退藏”，②云此为主人为此园且如此命名此园之意，由此突出主人高洁谦退的隐者形象。《复园记》云，蒋棨修建被废弃的拙政园，改名为“复园”，固然是为“恐使前此之殚心规画者，因我而遽归乌有之乡”，体现主人“用心之厚”，但也是复祖先之德，顾以“复”名园，“即谢康乐述祖德意”。③

园内外美景，是园记的题中应有之内容。德潜尽管不以文章名，但毕竟是文章老手，其园记中描写景色出色者也多有之。例如《归愚文钞》卷九《远香亭记》：“凡花之香，不患其不凝，每患其易息。瑶芳葳蕤，氤氲菶菿，始而浓郁，渐而解散，远则无有矣。独芙蓉出水，在白萍红蓼间，凉飔所过，拂拂送香。陂塘徐回，余韵未歇，炎歊净息，清意盈襟，以风格高而及人者靡尽也。”④同卷《春草园记》：“山巅有楼，楼名隐几。主人嗒焉酣适，钩帘四望，吴山蜿蜒，西湖明丽，皋亭耸峙，江潮奔涌，尽入双睫，凭高眺望处也。其他为廊为榭，为轩为龛，为桥为汫，与夫竹木之苍翠，佳卉之芳馨，飞走之往来驯扰，无所不备。”⑤同卷《塔影园记》：“敞者堂皇，俯者楼阁，缭者曲廊，静轩闲龛，邃窝深房。峙乃亭台，环乃垣墙。向背适宜，燠寒协序。隙地植梧柳桧桃杏来禽。芍药满畦，寒梅成

① 沈德潜著，潘务正、李言编辑点校：《沈德潜诗文集》，人民文学出版社 2011 年版，第 1255 页。
② 沈德潜著，潘务正、李言编辑点校：《沈德潜诗文集》，人民文学出版社 2011 年版，第 1592 页。
③ 沈德潜著，潘务正、李言编辑点校：《沈德潜诗文集》，人民文学出版社 2011 年版，第 1598 页。
④ 沈德潜著，潘务正、李言编辑点校：《沈德潜诗文集》，人民文学出版社 2011 年版，第 1265 页。
⑤ 沈德潜著，潘务正、李言编辑点校：《沈德潜诗文集》，人民文学出版社 2011 年版，第 1267 页。

林，藤萝交络，桂树丛阴。馣馤蓊葧，葱茜深沉：此南岸之胜概也。池北通以虹桥，沿以莎堤，突以高冈。冈杂松杉、乌桕、银杏之属。石级萦绕，虎落连缀。洗葧有池，翻经有台，窈窕有墩。篠簜萧疏，连绵鹤涧。第三泉注白莲池，泻入涧中。乍舒乍咽，幽幽淙淙，云垂烟接，睇视涵空。浩然天成，匪由人工：此北岸之胜概也。”①此类富有美感的段落，在德潜的园记中不胜枚举。

总之，德潜的游记，义理、考证和辞章融合在一起，尽管三者都不够突出，但俱有可观者。后来，姚鼐提倡“义理、考订和文章”三者统一，而德潜的游记早就如此了。就年龄而论，姚鼐是德潜的孙辈。德潜的园记，儒家思想浓厚，这和德潜的其他著述乃至德潜的为人是完全一致的。不过，德潜园记的文学价值还是比较高的。

总体说来，德潜文章中写实的部分，记载或者考辨了人物或者事件、社会状况的真相，几乎都有独特的文献价值和历史价值。就这些文章中所体现的思想而言，儒家思想特别是当时日益僵化的理学思想非常浓重，体现在“忠孝节义”这些伦理道德方面的尤其严重，这些都是德潜思想中的落后乃至腐朽的部分。不过，德潜也有一些观点，在当时确实是有进步意义的，例如“圣人以功德得天下”等，可惜这样的思想观点不多。

顾诒禄《归愚文钞余集序》云：“归愚先生，今之熙甫先生之文，其理纯，其气盛，其辞达，不雕绘而新，不恢诡而奇，不襞积故实，而卷轴之气，油然不可遏抑。如布帛之可以御寒，无庸托火浣之贵也；如菽粟之可以疗饥，无庸羡八珍之美也。殆所云因文见道者耶?”②和归有光一样，德潜除了寝馈于儒家学说外，还长期浸淫于历代辞章，又有丰富的文章教学实践，因此，他的文章，内容比较充实，思想雅正，一归于儒家之道，题材几乎都是寻常实实在在之事，在表现策略、谋篇乃至遣词造句方面多独到之处。富有美感的部分也不少，其游记和园记尤其如此。

---

① 沈德潜著，潘务正、李言编辑点校：《沈德潜诗文集》，人民文学出版社 2011 年版，第 1268 页。
② 沈德潜著，潘务正、李言编辑点校：《沈德潜诗文集》，人民文学出版社 2011 年版，第 1505 页。

第十一章　《古诗源》研究

第一节　《古诗源》概观

德潜所编《古诗源》十四卷，选录《诗经》《楚辞》以外的先秦到隋朝的诗歌，共700余首，唐代以前优秀的、有名的诗歌作品基本在其中。

德潜在此书序言中说："予之成是编也，于古逸存其概，于汉京得其详，于魏晋猎其华，而亦不废乎宋、齐后之作者。"[①]从此书中看，汉代和汉代之前的诗歌是从先秦两汉古籍中辑录的，因此还带有诗歌辑录的性质，有较高的文献价值。可是，德潜在此书《例言》中说，先秦之诗"《诗纪》备详，兹择其尤雅者"。[②] 此《诗纪》，乃明代冯惟讷所编《古诗纪》，此书156卷，收录《诗经》《楚辞》以外的先秦到隋朝的诗歌，是德潜编选《古诗源》最为主要的资料来源。《古诗纪》中所收录的诗歌，在年代、作者和文本等方面存在很多错讹，清初冯舒《诗纪匡谬》一卷考证其失误。因为和《古诗纪》存在这样的关系，《古诗源》的文献价值显然就没有单独来看这样高了。

《诗经》《楚辞》以外先秦到隋朝诗歌的收集和整理，逯钦立所辑校的《先秦汉魏晋南北朝诗》堪称完备。以此来对照《古诗源》，我们可以发现，《古诗源》中在作品的年代、作者和文本方面有很多错误。不过，

---

① 沈德潜编：《古诗源》，中华书局1963年版，第2页。

② 沈德潜编：《古诗源》，中华书局1963年版，第1页。

作为一本相对通俗的诗歌选本,有德潜繁简适中的注释和点评,《古诗源》在传播《诗经》《楚辞》以外的先秦到隋朝的诗歌方面是起了很大的作用的。

那么,德潜为什么要编选《古诗源》呢?德潜论诗文,很注重“源”的探讨。他在为李果《在亭丛稿》所作序言中说:“近代以来,非无能为古文之人,要而论之,患在好沿其流而不思上探其源。何为源?六经马班诸史之类是也。何为流?唐宋以下诸家是也。”[①]至于诗歌方面,他在《古诗源》序言中说:

> 自李献吉以唐诗振天下,靡然从风,前后七子互相羽翼,彬彬称盛。然其敝也,株守太过,冠裳土偶,学者咎之。由守乎唐而不能上穷其源,故分门立户者,得从而为之辞。则唐诗者,宋、元之上流,而古诗又唐人之发源也。……既以编诗,亦以论世,使览者穷本知变,以渐窥风雅之遗意,犹观海者由逆河上之以溯昆仑之源,于诗教未必无少助也夫![②]

文艺创作是很复杂的创造,所谓“源”“流”,仅仅是比喻而已,事实上,就诗歌发展而言,“流”的组成,包括“源”,但不仅仅是“源”,还有“源”之外的很多内容。明七子之失误,主要在于以某些优秀作品为范本,加以模仿,其背后的主要原因是,他们没有充分认识到文学是发展变化的,继承和发展是紧密结合在一起的。如果他们开阔眼界,放大尺度,注目唐诗而外,尽量追溯诗歌的历史,直至其最早的部分,那么,就不难发现诗歌的发展变化,进而在诗歌创作中继承唐诗某些元素的同时,注重创新和发展,避免“株守太过,冠裳土偶”之弊。德潜编选《古诗源》,意欲“使览者穷本知变”,也正是如此。

“穷本知变”,还包含了更多的内容,例如“本”和“变”的种种形态。这些形态及其形成原因,也可以为后人进行诗歌创作提供正反两个方面的经验,这些经验对诗歌创作、诗歌评论和总结诗歌理论显然是有益的。这也大大扩大了可以借鉴的诗歌作品等的范围。长袖善舞,多金

① 李果:《在亭丛稿》,《清代诗文集汇编》第244册,上海古籍出版社2010年影印本,第388页。

② 沈德潜编:《古诗源》,中华书局1963年版,第1页。

善贾，这样的道理同样适合于诗歌创作。

后来，德潜把总体意义上的诗歌之源推进到诗歌的各种体裁。德潜为梦麟《梦喜堂诗集》所作序言云：

> 近人无诗，非无诗也，沿于末流而不能上穷其源，所以举目皆诗而其实无诗也。……乐府始于汉唐山夫人，有《房中歌》，李延年、司马相如作十九章歌，自后奇崛变幻，体制不一，是为乐府之源。《古诗十九首》之正则，苏李以降，陈思、嵇阮陶谢之徒，相继迭出，是为五言之源。近体昉于唐代景龙开宝诸公，亦律体、绝句之源。其较然也。窃怪近人以诗鸣者……昭明所编、郭茂倩所辑，陈杜沈宋暨开宝贞元诸大家之诗，如刺目焉，而不愿寓目，犹观水者置身沟浍之旁，傲然自睨，而谓江河在是，而立见其涸焉而已矣。[1]

这是针对好学南宋范成大、陆游诗歌者而言的。

《古诗源》不仅可以对诗人创作具有“诗教”作用的诗歌提供帮助，作为不同于《古诗纪》那样的大型的资料性诗歌选本，其篇幅和难易都适中，明显有普及读物的性质，因而其本身也被德潜寄予了行“诗教”的期待。“于诗教未必无少助也夫”，也包含了这样的内容。

因此，德潜编选此诗歌选本，旨在使读者开阔诗歌眼界，明了诗歌源流，增进诗歌修养，接受其“诗教”，乃至创作能够承担“诗教”这一社会使命的诗歌，对社会的稳定和发展起到积极的作用。

笔者将顺着德潜这样的编选宗旨，将此书放到《唐诗别裁集》等德潜的诗歌选本系列中阐述其主要特色。

在阐述其总体特色之前，先明确春秋到隋朝这一个历史时期内士人的生存状态。春秋时期，是我国贵族政治向官僚政治转化的时代，这样的转化到战国时期大体完成，秦朝开始从政治上得到了确立。官僚政治最为基本的特征是，官员是选拔的，而不是世袭的。这就给非贵族出身的士人提供了直接参与社会政治的机会。大量的士人突破了地域、宗族乃至其他人身束缚的限制，走向广阔的社会，获得空前的自由，

① 梦麟：《梦喜堂诗集》，《清代诗文集汇编》第361册，上海古籍出版社2010年影印本，第413页。

去寻找实现自身人生价值的机会,包括参与政治的机会。他们脱离了此前受到的宗族等的种种束缚,与此相应,也失去了此前拥有的来自宗族等的包括安全、经济、救助在内的许多支持,成为“游子”。春秋战国时期,天下是分裂的,秦汉之际、东汉末年到隋朝统一之前亦然,这样的分裂是和战争紧密结合在一起的,给天下带来了巨大的灾难,但也给士人参与政治提供了机会。除了两汉中期各有较长的社会基本稳定时期外,其他时期,特别是东汉末年到隋朝统一之前,除了分裂外,政权更迭频繁,主政者变换更加频繁,因此,主动或者被动卷入此类政治纷争的士人也就多了。科举考试,到隋朝才实行。隋朝之前,士人参与政治缺少有制度保证的途径规范,有巨大的不确定性。士人以天下为己任,拥有文化优势,坚守自己的道德品格,他们的生存状态以及相应的思想感情也会在诗歌中体现出来。换言之,这段历史中的诗歌和当时士人的生存状态之间有着密切、直接的关系。

第二节　铭辞歌谣谚语的诗学价值

在古代的诗歌选本中,特别是地方性的诗歌总集中,常收录铭辞歌谣谚语,但数量不会太多。通代性的诗歌总集中,所收铭辞歌谣谚语之多,除了《古诗源》所本的《古诗纪》外,就推《古诗源》了。

此类铭辞歌谣谚语,一般而言,篇幅短小,从严格意义说,除了少数外,还不算是成熟的诗歌,只能算诗歌的雏形,但其中诗歌元素鲜明,也昭示着诗歌的发生。

其中的“铭辞”显得比较特别,故我们先作单独的研究。铭辞本来是铸造或镌刻在器物上的字句,功用不一,有用以纪事的,有用以作标记的,等等。和器物上的花纹相比,铭辞的意蕴更加丰富和深刻。作为诗歌或者诗歌雏形的铭辞,其功用是作者或者器物的所有者自警自勉,且向他人展现自己的文化形象。就内容而言,此类铭辞,多为人生智慧,其中又以关于人格修养者为多,以与“自警自勉”相一致。就形式而言,此类铭辞篇幅短小,是韵文,往往也是美文,毕竟铸造和镌刻在当时是很不容易的事情。后来，铭辞未必要铸造或者镌刻在器物上，仅仅是题咏某器物的一种文体，其包括富有哲理、短小精悍、押韵、能给人美感等特点。例如《盥盘铭》："与其溺于人也，宁溺于渊。溺于渊，犹可游也；溺于人，不可救也。"[①]《带铭》："火灭修容，慎戒必恭。恭则寿。"[②]后来，仿照铭辞的书辞，其实也是此类作品。例如《书车》："自致者急，载人者缓。取欲无度，自致而反。"[③]《书户》："出畏之，入惧之。"[④]《书履》："行必履正，无怀侥幸。"《书锋》："忍之须臾，乃全汝躯。"[⑤]《书杖》："辅人无苟，扶人无咎。"[⑥]实际上，这些就是具有哲理的咏物诗的雏形了。

写器物可以表达哲理，那么写山水风云月露乃至各种动物植物等等当然也可以表达哲理了。东晋的玄言诗中，就有山水和哲理结合在一起的，例如谢灵运的山水诗中就有不少此类作品。可是，后人多肯定其中的山水描写，很少有人肯定其中的哲理表达；相反，对当时诗歌中包括山水诗歌中的哲理表达，往往都是视为"玄言"，加以否定。其实，东晋的玄言诗，或者其他题材，包括山水题材诗歌中的玄言亦即哲理的表达，其关键的错误在于没有和形象、情韵紧密结合在一起，而不是在诗歌中表达哲理亦即玄言。宋代诗人诗歌中，也有很多是表达哲理的。这要具体分析。"太极圈儿大"之类纯粹写哲理的韵文，当然不是好诗，但欧阳修《画眉鸟》、苏轼《题庐山东林寺壁》、杨万里《过松源晨炊漆公店》、朱熹《观书有感》、叶绍翁《游小园不值》等表达哲理的诗歌，何尝不是千古传诵的优秀名篇？其奥妙就是哲理和形象、情韵紧密结合在一起。

后世，铭辞一类的作品不算诗歌，德潜写有大量的铭辞，但都编在文集中了，没有编入诗歌。诗坛上这样的共识，和诗坛主流强调诗歌的抒情特质有直接的联系。不仅铭辞不入诗歌，而且，诗歌中的哲理表达也不多见，没有为诗坛所普遍接受。

---

① 沈德潜编：《古诗源》，中华书局 1963 年版，第 4 页。
② 沈德潜编：《古诗源》，中华书局 1963 年版，第 5 页。
③ 沈德潜编：《古诗源》，中华书局 1963 年版，第 6 页。
④ 沈德潜编：《古诗源》，中华书局 1963 年版，第 6 页。
⑤ 沈德潜编：《古诗源》，中华书局 1963 年版，第 7 页。
⑥ 沈德潜编：《古诗源》，中华书局 1963 年版，第 7 页。

德潜《说诗晬语》卷下第六十一条云："人谓诗主性情，不主议论，似也，而亦不尽然。试思二雅中何处无议论？杜老古诗中，《奉先》《咏怀》《北征》《八哀》诸作，近体中，《蜀相》《咏怀》《诸葛》诸作，纯乎议论。但议论须带情韵以行，勿近伧父面目耳。戎昱《和蕃》云：'社稷依明主，安危托妇人，'亦议论之佳者。"①可见，德潜也是主张诗歌可以表达哲理的，也认识到了"议论须带情韵以行"的奥妙。这无疑是正确的。他在《古诗源》中选录铭辞等一类富有哲理的作品，显然也和他这样的认识直接相关。

"歌"和乐府诗中的"歌"乃至文人所作的"歌"最为接近，《古诗源》中所收多为文献中人物——历史人物或者传说人物——所作，当然，真正的作者未必是其人，很可能是后人的假托。此类歌，多为文献所载事件的构成部分，不仅仅是"为事而作"而已。例如《采薇歌》乃伯夷叔齐采薇于首阳山，将要饿死时候所作；《饭牛歌》是百里奚饭牛时所作；《琴歌》是百里奚之妻斥责丈夫富贵而忘故妻而作；《宋城者讴》《役人又歌》是筑城者嘲笑华元所作；《骖乘答歌》为华元使骖乘答筑城者嘲笑之歌；《孔子诵二章》《去鲁歌》《蟪蛄歌》《临河叹》《楚聘歌》《获麟歌》《龟山操》等，都是孔子临事所作之歌。此类例子，《古诗源》中很多，不胜枚举。

此类诗歌，就情节或者内容而言，都是无法自足的，必须和相关的事件联系起来，读者才能得其全。其作者或者名义上的作者，是该事件的当事人之一。在我国古代诗歌中，此类诗歌也是比较常见的，例如项羽《垓下歌》、曹植《赠白马王彪》、刘禹锡《游玄都观》《再游玄都观》等。我国古代诗人，大多非专业诗人，有官职者，在诗人中占很高的比例，他们的诗歌往往和他们参与的社会政治实践相关，这也是此类诗歌比较常见的原因。

就形式而言，《古诗源》中所收秦汉此类歌，多《诗经》体者，如以上所举作品，以及《击壤歌》《帝载歌》《麦秀歌》《鸜鹆歌》《接舆歌》《偕隐歌》等。就诗歌而言，这些作品尽管长短不同，但都是完整的。

此书中所选歌，不少无明确作者，多对社会事件或公众人物作评

① 沈德潜著，潘务正、李言编辑点校：《沈德潜诗文集》，人民文学出版社2011年版，第1971页。

论，体现公众舆论。如，《淮南民歌》评汉文帝和淮南王亲兄弟之间的斗争，《郑白渠歌》赞赵中，大夫白公奏穿郑国渠引泾水灌溉农田，《鲍司隶歌》赞鲍氏三世官司隶，《牢石歌》写石氏权势之盛，《五鹿歌》赞朱云和朝廷权贵五鹿充宗辩论，《宋人歌》叹息檀道济之被杀，《李波小妹歌》抨击李氏家族之仗势不法。或者预言某些事件，如《颍川歌》预言灌氏家族的命运。或关于地形地貌，如《湘中渔歌》《绵州巴歌》等。

"歌"和"谣"常联系在一起，有"歌谣"之称。《古诗源》所选的谣，主要内容大体和此书中没有明确作者的歌相同。如预言事件者《楚人谣》《河图引蜀谣》，《成帝时童谣》预言赵飞燕害皇子，《成帝时歌谣》预言王莽篡汉，《蜀中童谣》预言公孙述僭号于蜀之败，《桓帝初小麦童谣》预言对异族的战争失败，《城上乌童谣》预言桓帝将卒、灵帝即位后的种种乱象，《灵帝末童谣》预言献帝初立时乱象，《孙皓天纪中童谣》预言王濬定金陵，《惠帝元康中京洛童谣》预言贾后与贾谧之乱，《惠帝时洛阳童谣》预言五胡乱华，《惠帝大安中童谣》预言五王南渡而一王成皇帝。评论事件或者人物者，如《投阁》评扬雄之投阁自杀，《灶下养》评当时官爵之滥，《城中谣》写"上之所好，下必甚焉"，《顺帝时童谣》评论朝廷正直之士被杀而邪枉之士得重用，《桓灵时童谣》批评门阀制度下望族垄断仕进之路，《吴谣》赞周瑜之精通音乐，《石城谣》哀袁粲而贬褚渊。此外，也有关于体现地形地貌者，如《三秦记民谣》《淫豫》《女儿子》《三峡谣》等。

相比较而言，评论人物、事件者，歌比谣稍微常见一些。后世诗歌，评论人物和事件者极多，所谓"为事而作"的作品中所占的比重最大。

就《古诗源》所选录者而言，预言事件者，谣明显比歌多得多。这些预言事件的谣，几乎都是来源于《汉书》《后汉书》等史书的《五行志》。当时，"天人感应"之说盛行。主流社会普遍认为，不仅天象、气象、地形地貌、动物植物等的异常预兆着社会或政治方面的事件发生，而且社会流行的事物也有这样的预兆功能，其中包括歌谣，特别是童谣。至于这些歌谣和后来发生的事件之间的关系，或是童谣的作者、修改者看到某些先兆后有意创作、改编，或是他们为达到某种目的而创作、改编，可能或牵强附会，或巧合，或事后补作，至于历史真实如何，现在都难以查考了。后来的所谓“诗谶”，就是由此发展而来的。

《古诗源》中所选谚语，内容大多是人生智慧，多格言。和此书所选铭辞一类作品相比，谚语的特点有二：第一，铭辞有题目，内容总是和题目联系在一起的，谚语则没有题目；第二，铭辞书面语言的色彩较为明显，而谚语则口语化比较明显。

铭辞歌谣谚语中，很多的“歌”和一些“谣”是纯粹的诗歌，这些作品的诗歌特点自然不必加以论述。那么，铭辞类和篇幅短小甚至只有两个短句的谣谚，形式方面有哪些诗歌元素对后来的诗歌是有影响的，并成为后来诗歌之“流”的“源”的呢？

在被写下来之前，歌谣谚语是一种“耳治的语言”，即使写下来之后，也不妨碍歌谣谚语以“耳治的语言”形式存在和传播。其生成，也总是先为“耳治的语言”，再被写下来而作为“目治的语言”。因此，歌谣谚语的特点之一就是，与口耳相传的存在和传播方式相比便于上口、便于记诵。《古诗源》中所选歌谣谚语，就有不少显示出这样的特点。这样的特点，具体表现为：

音步。在《古诗源》所选歌谣谚语中，从二言句到八言句都存在，不过最为常见的，还是四言句、五言句和七言句，其他诸言句是不多的，甚至是偶尔有之。四言句的音步，是二—二；五言句是二—三、二—二—一和二—一—二；七言句是四—三、二—二—三、二—二—二—一和二—二—一—二。这些例证，举不胜举。诗歌中，也是以四言句、五言句和七言句为最常见，其常规的音步也就是这样几种。此外，此书歌谣谚语中有三言句，其音步也和后世杂言诗中的三言句的音步完全相同。

押韵。此书所选歌谣谚语几乎都是押韵的，不押韵的仅仅是极少数，或者因为语音的变化，我们今天难以看出其押韵了。当然，押韵的形式各有不同。

是书卷一载《宋城者讴》：“睅其目，皤其腹，弃甲而复。于思于思，弃甲复来。”此前三句相押韵，后两句相押韵。同卷同页《骖乘答歌》：“牛则有皮，犀兕尚多，弃甲则那。”[1]则第一句不入韵，其余两句押韵。

---

[1] 沈德潜编：《古诗源》，中华书局1963年版，第11页。

同卷《答夫歌》:“其雨淫淫,河大水深,日出当心。”[①]此三句全部押韵。《巴谣歌》中四句全部押韵,《月令注引里语》《古谚古语》中“将飞者翼伏”亦然。这些押韵形式,在后来的古体诗歌中还是不少见的。

由四句句子组成的作品,其押韵规则尤其明显。有些歌谣谚语是第一句和逢双的句子押韵,其他逢单的句子不押韵,且结尾的字,其平仄和前后所押之韵相反。例如卷一载《尧戒》:“战战栗栗,日谨一日。人莫踬于山,而踬于垤。”[②]此诗第一、二、四句押仄声韵,第三句不押韵,而以平声字结尾。有些作品第一句不押韵,其他逢单的句子也不押韵,逢双的句子押韵,而逢单的、不押韵的句子以与所押韵的平仄相反的字结尾。如卷一载《河图引蜀谣》:“汶阜之山,江出其腹。帝以会昌,神以建福。”[③]卷四载《古歌》:“高田种小麦,终久不成穗。男儿在他乡,焉得不憔悴。”[④]《卷九载来罗》:“郁金黄花标,下有同心草。草生已日长,人生日就老。”[⑤]《作蚕丝》《青溪小姑歌》等也是如此。这种押韵规则,后来成为绝句——不管是律绝还是古绝——的押韵规则。

有些作品则四句之中,两两押韵。如卷一《列子》所载谚语:“人不婚宦,情欲失半。人不衣食,君臣道息。”[⑥]卷一《鲁连子》:“心诚怜,白发玄;情不怡,艳色媸。”[⑦]卷九《淫豫》:“淫豫大如马,瞿唐不可下。淫豫大如象,瞿唐不可上。”[⑧]《水经注引谚》和《古谚古语》中“将飞者伏”、《颍川歌》《鲍司隶歌》《顺帝时京都童谣》《三峡谣》亦然。亦有三对句子各自押韵者,如《灶下养》。这些押韵规则,尽管没有被后来的绝句所采纳,但是在古体诗中,这样的押韵结构还是不少见的。

也有第三句结尾不押韵而字之平仄与押韵字相同者,如卷一载《古谚古语》:“无乡之社,易为黍肉;无国之稷,易为求福。”[⑨]这样的押韵形

① 沈德潜编:《古诗源》,中华书局1963年版,第20页。
② 沈德潜编:《古诗源》,中华书局1963年版,第2页。
③ 沈德潜编:《古诗源》,中华书局1963年版,第23页。
④ 沈德潜编:《古诗源》,中华书局1963年版,第96页。
⑤ 沈德潜编:《古诗源》,中华书局1963年版,第218页。
⑥ 沈德潜编:《古诗源》,中华书局1963年版,第26页。
⑦ 沈德潜编:《古诗源》,中华书局1963年版,第27页。
⑧ 沈德潜编:《古诗源》,中华书局1963年版,第217页。
⑨ 沈德潜编:《古诗源》,中华书局1963年版,第31页。

式后世诗歌中是少见的，因为连续四句结尾字都是仄声显得缺乏变化。

即使只有两句的歌谣谚语，也押韵。例如卷一《禹玉蝶辞》："祝融司方发其英，沐日浴月百宝生。"[①]卷一《徐人歌》："延陵季子兮不忘故，脱千金之剑兮带丘墓。"[②]卷一《琴歌》："乐莫乐兮新相知，悲莫悲兮生别离。"[③]卷一《吴夫差时童谣》："梧宫秋，吴王愁。"[④]卷一《弹歌》："断竹续竹，飞土逐肉。"[⑤]全篇只有两句而押韵的，还有《渡易水歌》《楚人谣》，《左传》之"心苟无瑕，何恤乎无家""畏首畏尾，身其余几"，[⑥]《国语》之"兽恶其网，民怨其上"[⑦]"从善如登，从恶如崩"，[⑧]《孔子家语》之"相马以舆，相士以居"，[⑨]《韩非子》之："奔车之上无仲尼，覆舟之下无伯夷"，[⑩]《战国策》之"宁为鸡口，无为牛后"，[⑪]《史记》之"当断不断，反受其乱"[⑫]等。此类例证，不胜枚举。这样的押韵方式，在后世的诗歌中极为常见。

句子组合。在句子组合的结构方面，不少组合呈现出"关联性对称结构"，两个分句之间，在词语、结构方面存在同一性或者其他的关联性，且呈现对称结构。作品如《六韬》载谚语："天下攘攘，皆为利往；天下熙熙，皆为利来。"[⑬]《左传》载谚语："山有木，工则度之；宾有礼，主则择之。"[⑭]《慎子》所载谚语："不聪不明，不能为王；不瞽不聋，不为家翁。"[⑮]《颍川歌》："颍水清，灌氏宁；颍水浊，灌氏族。"[⑯]此为四句者，两

---

① 沈德潜编:《古诗源》，中华书局 1963 年版，第 3 页。
② 沈德潜编:《古诗源》，中华书局 1963 年版，第 18 页。
③ 沈德潜编:《古诗源》，中华书局 1963 年版，第 18 页。
④ 沈德潜编:《古诗源》，中华书局 1963 年版，第 19 页。
⑤ 沈德潜编:《古诗源》，中华书局 1963 年版，第 21 页。
⑥ 沈德潜编:《古诗源》，中华书局 1963 年版，第 25 页。
⑦ 沈德潜编:《古诗源》，中华书局 1963 年版，第 25 页。
⑧ 沈德潜编:《古诗源》，中华书局 1963 年版，第 26 页。
⑨ 沈德潜编:《古诗源》，中华书局 1963 年版，第 26 页。
⑩ 沈德潜编:《古诗源》，中华书局 1963 年版，第 26 页。
⑪ 沈德潜编:《古诗源》，中华书局 1963 年版，第 27 页。
⑫ 沈德潜编:《古诗源》，中华书局 1963 年版，第 27 页。
⑬ 沈德潜编:《古诗源》，中华书局 1963 年版，第 24 页。
⑭ 沈德潜编:《古诗源》，中华书局 1963 年版，第 25 页。
⑮ 沈德潜编:《古诗源》，中华书局 1963 年版，第 27 页。
⑯ 沈德潜编:《古诗源》，中华书局 1963 年版，第 96 页。

个分句与两个分句之间关联，且呈对称结构。有六句者，前后三句，各为一个结构，如《越谣歌》："君乘车，我戴笠，他日相逢下车揖；君担簦，我跨马，他日相逢为君下。"①三个分句之间相关联，且呈对称结构者，如《汉书》所载谚语："狡兔死，走狗烹；飞鸟尽，良弓藏；敌国破，谋臣亡。"②《灶下养》："灶下养，中郎将；烂羊胃，骑都尉；烂羊头，关内侯。"③有的作品就是两个这样的双重结构组成的。例如《桓灵时童谣》："举秀才，不知书；举孝廉，父别居。寒素清白浊如泥；高第良将怯如黾。"④

有两句者，前后句之间关联，且呈对称结构。如《国语》所载谚语："兽厄其网；民恶其上。"⑤"众心成城；众口烁金。"⑥"从善如登；从恶如崩。"⑦《孔子家语》所载谚语："相马以舆；相士以居。"⑧《列子》所载谚语："生相怜，死相捐。"⑨《韩非子》所载谚语："奔车之上无仲尼，覆舟之下无伯夷。"⑩有些作品中是包含了这样的结构的。例如《淮南民歌》："一尺布，尚可缝；一斗粟，尚可舂。"⑪这样的结构，在后世诗歌中是广泛存在的。

这种"关联性对称结构"，大多是字数相同、词素相对、结构相同，意义上相互关联。后世诗歌特别是律诗中大量存在的对仗，与这样的结构之间亲缘关系是非常明显的。

歌谣谚语的音步、押韵和"关联性对称结构"，使得作品朗朗上口，便于记诵，于是也就便于口耳之间的传播，这和当时此类作品的存在和传播方式是完全一致的，具有鲜明的原生态自然色彩。尽管后世诗歌传播的主要方式是文字，是目治的语言，诗歌也早就脱离了音乐，但是，诗歌的音乐性仍然是重要的。其音乐性，主要表现为音调，具体体现在

---

① 沈德潜编：《古诗源》，中华书局 1963 年版，第 18 页。
② 沈德潜编：《古诗源》，中华书局 1963 年版，第 28 页。
③ 沈德潜编：《古诗源》，中华书局 1963 年版，第 99 页。
④ 沈德潜编：《古诗源》，中华书局 1963 年版，第 101 页。
⑤ 沈德潜编：《古诗源》，中华书局 1963 年版，第 25 页。
⑥ 沈德潜编：《古诗源》，中华书局 1963 年版，第 25 页。
⑦ 沈德潜编：《古诗源》，中华书局 1963 年版，第 26 页。
⑧ 沈德潜编：《古诗源》，中华书局 1963 年版，第 26 页。
⑨ 沈德潜编：《古诗源》，中华书局 1963 年版，第 26 页。
⑩ 沈德潜编：《古诗源》，中华书局 1963 年版，第 26 页。
⑪ 沈德潜编：《古诗源》，中华书局 1963 年版，第 96 页。

音步、押韵和平仄方面。在音调方面，后世文人诗歌对此类歌谣谚语的继承还是有迹可循的。歌谣谚语在音调方面的自然性，正可以用来对治文人作品在音调方面的刻板呆滞。

以比兴为主的修辞方法。诗歌以形象抒发感情，诗歌的形象性除了直接用多种方法描绘形象外，主要靠使用比兴手法来达成。成熟的诗歌是如此，作为诗歌雏形的那些篇幅短小的铭辞歌谣谚语也是如此，甚至短至两句也有用比兴者。比兴之体现形式，在此书所载铭辞歌谣谚语中也有若干不同的类别。

《顺帝时京都童谣》："直如弦，死道边；曲如钩，反封侯。"①此为以形象喻抽象之明喻。《考城谚》："父母何在在我庭，化我鸱鸮哺所生。"②"鸱鸮"喻不孝者，此为暗喻。《尧戒》："人莫踬于山，而踬于垤。"③《左传》所载谚语："虽鞭之长，不及马腹。"④《国语》所载谚语："众心成城，众口烁金。"⑤《史记》所载谚语："长袖善舞，多钱善贾。"⑥《别录》所载谚语："唇亡而齿寒，河水崩其坏在山。"⑦《新序》所载谚语："蠹喙仆柱梁，蚊虻走牛羊。"⑧《易纬》引古诗："踬马破车，恶妇破家。"⑨这些是以理喻理的暗喻。喻体自成其理，而所喻本体，甚为广泛。《乌鹊歌》："乌鹊双飞，不乐凤凰；妾是庶人，不乐宋王。"⑩《左传》所载谚语："山有木，工则度之；宾有礼，主则择之。"⑪《国语》所载谚语："兽恶其网，民恶其上。"⑫《孔子家语》所载谚语："相马以舆，相士以居。"⑬《汉书》所载谚语："水至清则无鱼，人至察则无徒。"⑭《古歌》："高田种小麦，终久不成穗；男儿在

---

① 沈德潜编：《古诗源》，中华书局1963年版，第100页。
② 沈德潜编：《古诗源》，中华书局1963年版，第100页。
③ 沈德潜编：《古诗源》，中华书局1963年版，第2页。
④ 沈德潜编：《古诗源》，中华书局1963年版，第25页。
⑤ 沈德潜编：《古诗源》，中华书局1963年版，第25页。
⑥ 沈德潜编：《古诗源》，中华书局1963年版，第28页。
⑦ 沈德潜编：《古诗源》，中华书局1963年版，第29页。
⑧ 沈德潜编：《古诗源》，中华书局1963年版，第29页。
⑨ 沈德潜编：《古诗源》，中华书局1963年版，第30页。
⑩ 沈德潜编：《古诗源》，中华书局1963年版，第20页。
⑪ 沈德潜编：《古诗源》，中华书局1963年版，第25页。
⑫ 沈德潜编：《古诗源》，中华书局1963年版，第25页。
⑬ 沈德潜编：《古诗源》，中华书局1963年版，第26页。
⑭ 沈德潜编：《古诗源》，中华书局1963年版，第28页。

他乡，焉得不憔悴。”[①]这些都是以理喻理的明喻，前半部分为喻体，后半部分为本体，喻体和本体也是各成其理的，但喻体通俗，而本体深奥。《作蚕丝》“春蚕不应老”云云，[②]乃全首通体用比，以喻情深者，属于暗喻。

在这一类的作品中，兴用得不多。《陇头歌》二首之二：“陇头流水，鸣声幽咽。遥望秦川，肝肠断绝。”[③]《城上乌童谣》：“城上乌，尾毕逋。公为吏，子为徒。”[④]《来罗》：“郁金黄花标，下有同心草。草生日已长，人生日就老。”[⑤]这些诗歌中，前面两句都是兴。《女儿子》：“巴东三峡猿鸣悲，夜鸣三声泪沾衣。”[⑥]此前面一句是兴。兴是“兴起”“开头”的意思，因此也叫“起兴”。用于起兴的形象或者形象所蕴含的哲理、情感，大多和接下来要表达的内容有联系，可是，没有明显的联系甚至完全没有联系的也是存在的，例如以上所举《城上乌》就是其例。

第三节　伦理的规范与感情的波澜

伦理道德观念，是“诗教”的重要内容。相传为孔子的弟子卜商亦即子夏所作《毛诗序》云：“正得失，动天地，感鬼神，莫近于诗。先王以是经夫妇，成孝敬，厚人伦，美教化，移风俗。”[⑦]儒家的“五伦”，是传统伦理的主要内容。《古诗源》中，关于伦理教化的诗歌占了很大的比例。

此书中，关于君臣关系的诗歌，主要是汉武帝和群臣联句《柏梁诗》，显示君臣同心协力治理天下以及臣下所作用于郊庙祭祀的若干乐歌，内容是对帝王歌功颂德。如果把君臣范围扩大，汉代韦孟的《讽谏诗》亦是。韦孟为元王傅，又傅其子夷王及其孙王戊，戊荒淫不道，韦孟

① 沈德潜编：《古诗源》，中华书局1963年版，第96页。
② 沈德潜编：《古诗源》，中华书局1963年版，第219页。
③ 沈德潜编：《古诗源》，中华书局1963年版，第97页。
④ 沈德潜编：《古诗源》，中华书局1963年版，第101页。
⑤ 沈德潜编：《古诗源》，中华书局1963年版，第218页。
⑥ 沈德潜编：《古诗源》，中华书局1963年版，第217页。
⑦ 阮元校刻：《十三经注疏》，中华书局1980年影印本，第270页

乃写诗讽谏之。因此，此书中关于君臣伦理的诗歌，数量很少，更是显得简单。后世士林视为"大节"的"不仕二朝""君要臣死，臣不得不死去""殉君"之类的内容，此书所选诗歌中还没有出现。此类行为，在这段政权更迭数度频繁、割据政权数度繁多的历史中确实是存在的，例如嵇绍为保护晋惠帝而死等，但是相关的诗歌几乎没有。因此，并不是德潜不欲选此类诗歌以行君臣伦理关系方面的"诗教"，而是没有此类诗歌可以入选，更何况入选诗歌还有艺术标准这道门槛。

关于父子伦理的诗歌，此书中也不多。关于孝的诗歌，如此书卷二李陵《别歌》云："老母已死，虽欲报恩将安归？"[①]认为母亲已经被杀，报恩就失去了对象，显得没有意义，其实，如此对"孝"的理解是肤浅的。尽管父母已经离开了这个世界，但是作为子女，其行孝的任务并没有结束，因为父母的声誉尚在世间，子女的成就可以提高父母的声誉，这也是行孝。同卷王昭君《怨诗》："父兮母兮，道里悠长。"[②]卷三蔡琰《悲愤诗》："感时念父母，哀叹无终已。"[③]这些都是抒发对父母的思念，尽管确实是孝的体现，但显得很一般。卷四《考城谚》云："父母何在在我庭，化我鸱鸮哺所生。"[④]考城陈元之母，告陈元不孝。亭长仇览到陈家，向陈元说人伦孝道，论以祸福，陈元乃成孝子。此谚就是为此事而作。从"哺所生"看，陈元之孝，仇览所陈之孝，也就是"能养"而已。

此书所选诗歌中，也有关于"大孝"者。卷二唐山夫人《安世房中歌》云："大孝备矣，休德昭明。"[⑤]此为歌颂汉高祖刘邦者。《孟子·万章上》云："孝子之至，莫大乎尊亲；尊亲之至，莫大乎以天下养。为天子父，尊之至也；以天下养，养之至也。"[⑥]此为孟子赞颂舜者也，唐山夫人以其意，歌颂刘邦。如此程度的"大孝"，只有天子才能做到。不过，尽管此诗对刘邦的歌颂远远超过对社会的孝道"诗教"，但对臣民之"尊亲""养亲"，还是有正面的作用的。

---

① 沈德潜编：《古诗源》，中华书局 1963 年版，第 49 页。
② 沈德潜编：《古诗源》，中华书局 1963 年版，第 51 页。
③ 沈德潜编：《古诗源》，中华书局 1963 年版，第 64 页。
④ 沈德潜编：《古诗源》，中华书局 1963 年版，第 100 页。
⑤ 沈德潜编：《古诗源》，中华书局 1963 年版，第 35 页。
⑥ 朱熹注：《四书章句集注》，中华书局 2012 年版，第 312 页。

关于父母对子女的爱，此书所选，有两首诗歌写得很好。孔融《杂诗》之“远送新行客”写诗人远行归来，[①]知道爱子去世后的悲痛。卷三蔡琰《悲愤诗》写诗人从匈奴地区回汉地时，和儿子的痛苦离别：“邂逅邀时愿，骨肉来迎己。己得自解免，当复弃儿子。天属缀人心，念别无会期。存亡永乖隔，不忍与之辞。儿前抱我颈，问母欲何之。人言母当去，岂复有还时。阿母常仁恻，今何更不慈？我尚未成人，奈何不顾思？见此崩五内，恍惚生狂痴。呼号手抚摩，当发复回疑。”[②]此二诗都真切动人。

此书中关于兄弟姐妹伦理的诗歌，除了卷二李延年《歌一首》即“北方有佳人”向汉武帝推荐其妹，[③]使之成功入宫外，其他的诗歌都是写兄弟之间感情冷漠甚至相互伤害的。卷三无名氏《鸡鸣》写某豪门盛况：“兄弟四五人，皆为侍中郎。五日一时来，观者满路旁。黄金络马头，颎颎何煌煌。”可是，该诗结尾云：“桃生露井上，李树生桃旁。虫来啮桃根，李树代桃殭。树木身相代，兄弟还相忘。”[④]很明显，此诗批评此家高官兄弟们见有兄弟在官场上遭难，未能相互援手。同卷汉乐府名篇《孤儿行》以孤儿口吻，控诉兄嫂对他的压迫剥削。卷四《淮南民歌》云：“一尺布，尚可缝；一斗粟，尚可舂。兄弟二人不相容。”[⑤]淮南王刘长，刘邦的小儿子，有罪，汉文帝将他送往蜀地，刘长死在途中。此民歌，即为此而作。卷五曹植《七步诗》以萁豆相煎，“本是同根生，相煎何太急”，[⑥]控诉哥哥曹丕对他的迫害，这是千古传诵的名篇。

在小农经济格局下，环境和事务相对简单，主要是农事、家事，外加村落等区域之事，以及政府赋税、劳役之类的事务，兄弟之间相互帮助可以是常态，无非是出钱出力而已。可是，士人们走向广阔的社会后，情况就复杂多了。如果进入官场，参与朝政，甚至主导朝政，那就更复杂了，除了利益关系之外，还有很多因素，兄弟之间的血缘情谊仅仅是

① 沈德潜编：《古诗源》，中华书局 1963 年版，第 60 页。
② 沈德潜编：《古诗源》，中华书局 1963 年版，第 64 页。
③ 沈德潜编：《古诗源》，中华书局 1963 年版，第 49 页。
④ 沈德潜编：《古诗源》，中华书局 1963 年版，第 72 页。
⑤ 沈德潜编：《古诗源》，中华书局 1963 年版，第 96 页。
⑥ 沈德潜编：《古诗源》，中华书局 1963 年版，第 126 页。

其中的部分因素而已，所起的作用在小农经济格局下的环境中，明显就显得微弱了。相应的，体现兄弟之间相互关爱、帮助的诗歌就少了。关于兄弟伦理的诗歌，此书中的呈现也只能如此。

关于朋友伦理的诗歌，此书中也不多，且和关于兄弟伦理的诗歌一样都是批评负面现象的。卷四《古诗十九首》之《明月皎夜光》云："昔我同门友，高举振六翮。不念携手好，弃我如遗迹。"[①]卷七陆机《拟明月皎夜光》："畴昔同宴友，翰飞戾高冥。服美改声听，居愉遗旧情。"[②]这些都是抱怨发迹了的朋友不加援手。《古诗二首》之一云："结交莫羞贫，羞贫友不成。"[③]此乃强调交友之道，不要注重财富。

朋友关系，这是人们脱离了原生区域、走向广阔的社会以后形成的一种社会关系，并且由此产生了相应的伦理，其一开始就有实用的目的，以弥补人们脱离了原生环境后，包括必要时缺乏及时、有效的援助、规劝在内的种种不足。可是，因为缺乏先前的感情基础和地缘、血缘、亲缘等的诸种自然联系，所以，朋友关系往往是比较脆弱的。人们常以"情同手足"来形容朋友关系之亲密，可是，人们走向广阔的社会并且遇到了比原生环境复杂得多的环境时，"手足"亦即兄弟关系也往往显得力量不足，朋友关系的力量就更加微弱了。德潜所选诗歌数量如此，内容又如此，就不难理解了。

在儒家的"五伦"中，此书关于夫妇伦理的诗歌，数量之多、内容之广泛最为突出，几乎是其他伦理的十几倍乃至几十倍。不仅如此，和德潜《唐诗别裁集》等诗歌选本相比，此类诗歌的数量在全书中所占的比例都是遥遥领先的。这种现象和当时诗歌创作的实际情况是一致的，亦即在当时的诗歌创作中，此类诗歌的数量和在诗歌总数中所占的比例，都远远超过唐代等其他的朝代。

《论语·子罕》中孔子云："吾未见好德如好色者也。"[④]"德"是人的社会性，是后天养成的；"色"是人的动物性，是先天就具有的。就凡夫

① 沈德潜编：《古诗源》，中华书局 1963 年版，第 89 页。
② 沈德潜编：《古诗源》，中华书局 1963 年版，第 158 页。
③ 沈德潜编：《古诗源》，中华书局 1963 年版，第 98 页。
④ 朱熹注：《四书章句集注》，中华书局 2012 年版，第 114 页。

俗子的本性而言，对美好的德性的追求明显不如对“色”的追求。包括爱情在内的夫妇关系乃至两性关系，其中不可能没有“色”的成分。当时多爱情诗与此有密切的关系，也和当时大量的士人处于“游子”的状态这一现实状况紧密联系在一起。后世爱情诗数量少、在诗歌中所占比例小，不是人性的变化，主要是“修齐治平”主题的突出，挤压了士人以诗歌在公共空间表达爱情的空间。唐代和唐代以后城市的发展，包括秦楼楚馆在内的娱乐业的兴旺，也在一定程度上减弱了“游子”对远在家乡的妻子的感情和思念。词的出现，又使得士人有了比诗歌更加合适的表达爱情的文体。这些都是后世士人关于夫妇伦理的诗歌，在数量上、在同时代诗歌中的比例上都远不如这段历史时期的主要原因。

此书中，关于夫妇或两性诗歌中最多的是“思妇”类诗歌，这些诗歌中的抒情主人公是思妇，或者诗歌中写的形象是思妇。《古诗十九首》中就有不少是思妇诗。《古诗三首》中的“新树兰蕙葩”、曹丕《燕歌行》、甄后《塘上行》等也都是。

这些“思妇”诗歌，除了极少数之外，其实都是出于男性诗人之手，且就诗歌内容来看，这些诗人几乎都是游子，他们悬想在家乡的妻子是如何思念他们，这固然合乎当时的现实，但也是以此表达他们对家乡和妻子的思念。诗歌中的妻子思念他们，而这些诗歌正是他们对妻子的思念！这些诗歌，同质性很高，几乎都是以时序的迁流，写容颜老去、青春不再，表达对和丈夫团聚的渴望，其实也是表达诗人对和妻子团聚的渴望。宋词中的“以男子而作闺音”，其实这些诗歌早就如此了。

“寄内”等思念妻子的诗歌也有一些，但是数量远远不如“思妇”之诗。例如秦嘉《留郡赠妇诗》、张华《情诗》、陆机《为顾彦先赠妇》、陆云《为顾彦先赠妇》、刘绘《有所思》等。

此书所选关于夫妇或者两性伦理的诗歌，尤其值得注意者，有以下几类。

哀悼配偶的诗歌。战乱频繁，徭役繁重，大量男性青壮年在异乡死去。卷二华容夫人《歌》云：“发缤纷兮实渠，骨藉藉兮亡居。母求死子兮妻求死夫，徘徊两渠间兮，君子将安居？”[①]此歌所唱场景，令人毛骨悚然，但却是战乱之常态。卷一《琴歌》云：“乐莫乐兮兮新相知，悲莫悲兮生别离。”[②]题解引《列女传》云，齐人杞梁殖袭莒，战死。其妻哭于城下，七日而城崩。其妻援琴作歌云云。这是一个非常有名的故事，成为古代诗文中屡屡使用的典故，也是孟姜女故事的重要来源之一。此类诗歌尽管极少，但即此二首而论，都是“歌”，能够流传，肯定是有社会基础的。因此，这两首诗歌实际上就是女子为战争等毁灭生命而发的哀歌，有重要的意义。

男子哀悼配偶的诗歌，此书所选不多，有汉武帝《李夫人歌》《落叶哀蝉曲》和潘岳《悼亡诗》。后世“悼亡”，专指悼念配偶，即起源于潘岳此诗。

谏夫诗。此书仅选一首。此诗即卷三所载《东门行》，诗云：

> 东门行，不顾归。来入门，怅欲悲。盎中无斗储，还视桁上无悬衣。拔剑出门去，儿女牵衣啼。他家但愿富贵，贱妾与君共餔糜。共餔糜，上用沧浪天故，下为黄口小儿。今时清廉，难犯教言。君复自爱莫为非。今时清廉，难犯教言。君复自爱莫为非。行！吾去为迟！平慎行，望君归。[③]

此诗中，这一个家庭遇到了经济危机，又缺乏外界的有效救助，男主人公就选择了非法的暴力途径去获得度过危机的资源，“拔剑出门去”，准备实施。如果这样，家庭危机就会转化为社会危机，不仅这个家庭最终难以度过危机，且使得情况更加严重，而且还会危害社会，故其妻子苦言劝阻。在妻子的相劝下，丈夫放弃了他的选择。这妻子之所为，对家庭的安宁、社会的安定，都是有重要的积极意义的。这也是符合德潜“诗教”观念的。这样的诗歌，德潜选诗的时候是无论如何也不会遗漏的。

在传统观念中，妻子总是附属于丈夫，“三纲五常”曾大行其道。尽

① 沈德潜编：《古诗源》，中华书局1963年版，第50页。
② 沈德潜编：《古诗源》，中华书局1963年版，第19页。
③ 沈德潜编：《古诗源》，中华书局1963年版，第76页。

管如此，儒家认为，君有过，臣当谏，不谏不足以为忠臣；父有过，子当谏，不谏不足以为孝子。同理，夫有过，妻当谏，不谏不足以为贤妻。在古代诗文中，臣谏君的很多，但子谏父、妻谏夫的很少，而在古代白话小说和戏曲中，要多一些。究其原因，诗文是男性士人的天下，即使有女子介入，也要自觉维护男性的尊严和声誉。白话小说和戏曲这些通俗文学作品，其最为本质的特点是商品性，创作者、传播者要顾及经济利益，他们必须考虑到接受，而接受者中有大量的女性。因此，诗文和通俗文学作品之间有诸多不同，包括在思想等内容方面。也正因为这样的诗歌极少，所以此诗及其意义才显得弥足珍贵。

关于婚变或情变的诗歌。在小农经济的格局下，男耕女织，夫妇相守，年复一年，除了衰老疾病之外，生活没有多大变化。可是，游子时代，士人脱离原生环境，走向广阔的社会谋求自身发展后，情况就大不相同了。“游子”的沉浮固然在情理之中，且婚内出轨的可能也会大增，《陌上桑》中那个太守就是如此。守在家乡的妻子呢？《古诗十九首》中《青青河畔草》所云“荡子行不归，空床难独守”[①]也是可能存在的。即使“游子”没有把在家乡的妻子休弃，但他长期不回家乡，甚至长期不和家里联系，事实上也是把妻子抛弃了。因此，婚变或者情变的诗歌就是这样一种社会生态的反映。

此书卷一《琴歌》云：“百里奚，五羊皮。忆别时，烹伏雌，炊扊扅。今日富贵忘我为！”[②]百里奚为秦国宰相，堂上乐作，一专门负责洗刷的保姆自云知音，乃抚琴而歌云云。原来，她就是百里奚的妻子。卷二卓文君《白头吟》、班婕妤《怨歌行》，卷四《古诗》之“上山采蘼芜”、《孔雀东南飞》，卷五曹植《弃妇篇》，都是写婚变之作。《孔雀东南飞》婚变的原因是儿媳妇刘兰芝失欢于婆婆，焦仲卿奉母命休妻。《弃妇篇》中女主人公被抛弃，乃因为“无子”，而“无子”是构成男子休妻条件的“七出”之一。可是，这些关于婚变的诗歌都是否定这些婚变的，对造成婚变者予以批评，甚至抨击，而对被抛弃的女子都表示同情。德潜选录这些诗歌

① 沈德潜编：《古诗源》，中华书局 1963 年版，第 88 页。
② 沈德潜编：《古诗源》，中华书局 1963 年版，第 10 页。

行“诗教”，也是奉劝世人保持家庭稳定。

有的婚变是婚姻之外的力量造成的。此书所选，有两首诗写到此内容。一是卷三蔡琰的《悲愤诗》。蔡琰早年被掳掠到匈奴地区，被迫嫁给匈奴，并且生了儿子。后来，曹操派人到匈奴地区把蔡琰赎归汉地。蔡琰离开匈奴时，和儿子的感情难以割舍，但是诗中完全没有提到她的丈夫，字里行间也没有表露出对丈夫的任何感情。可见，她对丈夫是没有任何感情可言的。回到汉地后，她有了新的丈夫：“托命于新人，竭心自勉励。流离成鄙贱，常恐复捐废。”[①]二是卷十四冯淑妃《感琵琶弦》，诗云：“虽蒙今日宠，犹忆昔时怜。欲知心断绝，应看膝上弦。”题下德潜注云：“本齐主后，后为周师所获，以赐代王达。侍王弹琵琶，因弦断作诗。”[②]因为战争，冯氏失去了丈夫，被迫服侍新的丈夫。可是，她对前夫还是怀有感情的，因此其诗云云。德潜选录此诗，对冯氏也有同情，对她不畏权势、坚持且表达对前夫的感情显然是赞赏的。

蔡琰和冯氏，都改嫁过。当时，以改嫁为“失节”耻辱的观念并未在社会普及并且加强，因此，蔡琰诗中明确地写她从匈奴中回来后“托命于新人”云云。不过，在当时，她被匈奴掳掠并且为匈奴生孩子的经历是被视为耻辱的，因此，她于后夫，尽心服侍，且有被抛弃的忧惧。德潜评云：“使人忘其失节，而只觉可怜，由情真，亦由情深也。”[③]德潜以“失节”论蔡琰，显然是不公正的。蔡琰再婚，是出于自愿，也是正当的，没有错。“失节”之类，是德潜自己和当时主流社会歧视妇女的观念。德潜选此诗，不在于蔡琰再婚，而在于她的悲惨遭遇以及在此遭遇中真切而深厚的感情，当然还有高超的诗歌艺术。冯氏之改嫁，是被迫的，因此，德潜也并未以“失节”论之。

非婚姻中的爱情诗。此类诗歌的内容，不是已婚配偶之间的爱情。《诗经》中，以未婚者之间的爱情为内容的诗歌也有若干首，例如《将子仲兮》《野有死麕》等，语言和行动可谓粗放。德潜《唐诗别裁集》等三种诗歌选本中，爱情诗选得很少，且内容仅限于夫妇之间的爱情。《古诗

---

① 沈德潜编：《古诗源》，中华书局1963年版，第64页。

② 沈德潜编：《古诗源》，中华书局1963年版，第344页。

③ 沈德潜编：《古诗源》，中华书局1963年版，第64页。

源》中，却选录了多首内容为非婚姻中的爱情的诗歌。卷三汉乐府民歌中的《有所思》《上邪》，是爱情诗歌中的名篇。卷九东晋民歌《作蚕丝》、卷十七南朝宋民歌《青溪小姑歌》，此二首诗歌不是名篇。德潜评《作蚕丝》云："缠绵温厚，不同《子夜》《读曲》等歌。"[①]此二首诗歌，确实是温柔敦厚、含蓄不露的爱情诗歌。《子夜歌》等，有些诗句过于粗放，不符合温柔敦厚、含蓄不露，不适合用以行"诗教"。因此，以非婚姻内男女爱情为内容的诗歌，德潜并不排斥，但这些诗歌应该符合他的美学标准和"诗教"标准。

非婚姻内男女之间的爱情，只要双方都是处于非婚姻状态，也是正常的，甚至只要没有明确双方或者其中的一方处于婚姻状态，也是可以接受的。卷十四胡太后《杨白花》诗云："阳春二三月，杨柳齐作花。春风一夜入闺闼，杨花飘荡落南家。含情出户脚无力，拾得杨花泪沾臆。春去秋来双燕子，愿衔杨花入窠里。"德潜引《梁书》云："杨华少有勇力，容貌雄伟。魏太后逼通之。华惧及祸，乃率其部曲降梁。太后思之，为作《杨白花歌》，使宫人连臂踏足歌之。声甚凄婉。"[②]胡太后丧偶，杨华如果尚未婚配，胡太后对他的感情如此，表达如此，以今天的标准而言，也是可以接受的。但若以德潜之时主流社会的价值观视之，胡太后是一个寡妇，对男性的爱情泛滥到如此程度，几乎是大逆不道的。德潜为何还要选录此诗呢？德潜云："音韵缠绵，令读者忘其秽亵。"[③]德潜所赞赏的是其"音韵缠绵"，而其行为、内容，在他看来，还是"秽亵"的。他恐怕读者误读，故提醒如此。

总之，德潜选伦理题材的诗歌，原则上还是以儒家伦理为指导，但也考虑到作品的知名度和传统的评价，考虑到诗歌的艺术性，特别是"温柔敦厚""含蓄不露"等的美学标准。其取舍，和《唐诗别裁集》等并不完全相同。

① 沈德潜编：《古诗源》，中华书局1963年版，第219页。
② 沈德潜编：《古诗源》，中华书局1963年版，第340页。
③ 沈德潜编：《古诗源》，中华书局1963年版，第340页。

第四节 “入世”情结的调适与温柔敦厚的教化

《古诗源》所选作品，写“出世”和“入世”以及与之相关的情感焦虑的诗歌占绝大多数。这些诗歌，也对后世表达此类焦虑的诗歌产生了很大的影响，甚至对后世士人的心理路径选择乃至人生道路选择，也有不小的影响。

士人之“入世”，至少有两种形式。一是以身“入世”，亲自参与政府事务；二是以作品“入世”，以自己的作品干预社会生活，对社会起作用。不管是哪一种形式，士人都会受到他所感受的社会现实的激发，产生相应的思想感情。许多诗歌，正是表达这样的思想感情。

诗歌最为本质的特征，就是以形象抒发感情。就古代诗歌而言，其中所抒发的感情绝大部分是此类和社会相关的广义的情感焦虑，既包括不良的情绪，也包括种种难以排解的情绪。德潜所大力提倡的儒家“诗教”，最为明显的特征及其功效就是“温柔敦厚”。《礼记·经解》引孔子语云：“入其国，其教可知也。其为人也温柔敦厚，《诗》教也。”[①]能够教化出温柔敦厚的人，作为教化工具的诗当然也应该是温柔敦厚的。

情感焦虑和温柔敦厚，看起来是相悖的。舍弃情感焦虑，许多诗歌就无法写，或者不成功。例如，东晋年间诗坛风靡一时的玄言诗，有消释两晋之际战乱造成的种种哀痛、艰难的作用，但哀痛和艰难之情，没有得到有效、充分的表达，玄言之类的哲理成了主要的内容，这些诗歌就无法成为合格的诗歌作品了，因为丧失了诗歌最为基本的抒情特征。玄言诗最为根本的缺陷在此。可是，屈原《离骚》等作品中，深厚、强烈的感情通过铺张扬厉的比兴等手法，倾泻而出，酣畅淋漓，得到了充分的表达，尽管确实是罕与伦比的佳作，但并不符合“温柔敦厚”的儒家批评标准，受到了儒家思想浓厚的班固等人的批评（见班固《离骚经序》）。

那么，如何既能充分地表达由“入世”产生的种种情感焦虑，又达到“温柔敦厚”的效果呢？《古诗源》中所选很多诗歌确实就是如此，当然，

---

① 阮元校刻：《十三经注疏》，中华书局 1980 年影印本，第 1609 页。

其中有方法在。德潜选这些诗歌的目的之一，就是展示这样的方法。

铭辞歌谣谚语一类作品中，以铭辞为主的以表达哲理为主要内容的作品，尽管大多有形象，但情韵比较薄弱。因此，尽管这些作品有诗歌的元素，但最多只能是诗歌的雏形，列入诗歌的“源”是可以的，但其本身并不能算合格的或者常规的诗歌。除了编纂宗旨中有“全”“源”等相关因素的某些诗歌总集外，其他的诗歌总集和别集一般是将此类作品排斥在诗歌之外的。德潜本人，就是如此。因此，我们讨论情感焦虑的表达和温柔敦厚的教化这个问题时，就把此类作品排除在外。

汉代和汉代以前的作品中，无名氏的作品数量远远超过后代的无名氏诗歌。这些诗歌，尽管也是出自文人之手，至少是经过文人加工的，但是和后世文人署名的作品，还是有显著不同的。最大的不同是，这些作品中，作者的个性是不明显的，甚至是隐去的，至少是其中的社会性明显超越作者的个性。就思想感情而言，这些作品所抒发的是社会普遍的思想感情，体现的是社会普遍的认识，这些思想感情和认识，不仅仅是作者个人的，或者是某个人的。包括歌谣类作品、乐府类作品在内的，那些以事件为题材、“感于哀乐，为事而发”的作品都是如此，如《古诗源》中所选《战城南》《孤儿行》《陌上桑》《羽林郎》《古诗为焦仲卿妻作》等大量作品。这些作品的作者和传播者，都不是这些事件的当事人，都没有直接的利益关系，因此，他们对这些事件的感情和评价客观性就比较强。如果这些作品的原创中，思想感情和表达方式显示作者自己的个性，有偏激乃至不公之处，在此后的传播中，这些偏激乃至不公之处以及其他不符合社会共识之处，不利于教化社会之处，会逐渐淘汰，逐渐得到增删修正，乃至成为社会普遍的心声。至于署名的文人作品，尽管当时没有版权保护的规定，但在流传过程中别人一般是不能轻易修改的。因此，此书所选无名氏作品，尽管大多是抨击社会的丑陋现象，甚至是不公不义，但是，其思想感情还是在温柔敦厚的范围内的。

《古诗源》中所选的汉代那些写社会事件的叙事诗，如上所举的一些篇目，尽管都蕴含了深厚的思想感情，但是这些思想感情是在对人物、事件、场面的客观叙述中流露出来的，而不是作者以作者的身份直接表达的。在这些作品中，作者的身份甚至隐去了。这种表达的客观性和社会性，以及主观性的隐去，有利于将思想感情及其表达控制在温柔敦厚的程度。

人生道路上"出世"和"入世"的选择，在贵族政治逐渐被官僚政治取代的过程中，逐渐在士人中普及，相关的焦虑也是如此。贵族政治的表征之一，就是世袭；官僚政治的表征之一，就是选拔。春秋时代，官僚政治取代贵族政治的进程逐渐加速，到战国时期基本完成。在官僚政治元素进入体制后，从理论上说，普通士人就有了进入官场的机会。随着官僚政治体制的确立，普通士人进入官场的机会就更加多了。离开家乡寻求在官场等的发展机会，追求富贵，成为主流的选择。这样的选择最早体现在诗歌中的，就是《古诗源》中选的不少诗歌。《饭牛歌》题下引《淮南子》云："宁戚欲干齐桓公，困穷无以自达，于是为商旅，将任车以商于齐，暮宿于郭门外。桓公迎郊客，夜开门辟，任车爝火甚众。宁戚饭牛车下，击牛角而疾商歌。桓公闻之，曰：'异哉！非常人也！'命后车载之，因授之以政。"此歌有云，"生不逢尧与舜禅"，"长夜慢慢何时旦"，"黄犊上坂且休息，吾将舍汝相齐国"，"粗布衣兮缊缕，时不遇兮尧舜主。牛兮努力食细草，大臣在尔侧，吾当与汝适楚国"云云。[①] 同卷选录的孔子《孔子诵二章》《去鲁歌》《蟪蛄歌》《临河叹》《楚聘歌》《获麟歌》诸诗，应该不是孔子所作，但拟作者，也是设身处地而作，至少能够反映当时儒家人物在当时的社会环境中的选择、际遇和与"入世"建功立业相关的某些思想感情，特别是离开原生环境到别的诸侯国谋求发展的艰辛和失望。当时交通不发达，物质条件差，出游自然不是容易的事情，能像宁戚那样加入商队的，只能是少数幸运者。出游谋求发展机会而成功的士人，仅仅是极少数，即使是孔子、孟子，也都无所遇。从这些诗歌中，我们就可以约略地知道他们的生活和处境以及相应的心情。

"游士"之外，"处士"也是一种风景。即使是"处士"，也未必没有政治抱负或政治情结。即使是传说中的巢父、许由，商周之际的伯夷、叔齐，乃至春秋战国时期的"处士"、避世者也是如此，更何况他们的成名也大多是和政治联系在一起的。例如，《古诗源》卷一《偕隐歌》云："天

---

① 沈德潜编：《古诗源》，中华书局 1963 年版，第 9 页。

下有道，我黻子佩；天下无道，吾负子戴。”[①]《接舆歌》中，“凤兮凤兮，何如德之衰也”，“天下有道，圣人成焉；天下无道，圣人生焉。方今之时，仅免刑焉”，[②]这些诗中的抒情主人公岂是忘怀政治的人？

汉承秦制，官僚政治制度早就巩固，并建立了选拔官员的“举孝廉”等制度。政府对人才的需求不如战国时期那么迫切。相对而言，在选拔人才方面客观性最强的科举考试制度，到隋朝才开始实行。此前，主观性和偶然性这些不确定因素，在选拔人才的过程中所起的作用很大。和先秦的“游士”相仿，汉代以后的“游子”也是一大景观。这些“游子”，既包括被“举孝廉”的人选，也包括自行外出谋求富贵的士人。当然，除了在某些几个政权并存的历史时期外，汉代及其以后的“游子”无法像先秦“游士”那样朝秦暮楚。因此，在汉朝到隋朝之前，普通士人要进入官场难度还是比较大的。

就汉代而言，《古诗源》中所选《古诗十九首》几乎都是“游子”所作。托名苏武、李陵所作的五言诗，学术界已经有定论，并非苏武、李陵所作，但这些诗歌是地地道道的“游子”诗。《拟苏李诗》的抒情主人公，也是游子。这些诗歌，都是写游子的生存状态、精神状态和心理世界，特别是和出世、入世相关的种种焦虑。以《古诗十九首》为例，“人生寄一世，奄忽若飚尘。何不策高足，先据要路津”，这是实现人生价值的政治抱负；“行行重行行，与君生别离”，是离别相思的痛苦；“胡马依北风，越鸟巢南枝”，是对家乡的思念；“青青河畔草”“涉江采芙蓉”“冉冉孤生竹”“庭中有奇树”“迢迢牵牛星”“客从远方来”等，是对所爱之人的思念；“驱车策驽马，游戏宛与洛。洛中何郁郁，管带自相索”，是当时官场的生态；“不惜歌者苦，但伤知音稀”，是知音难遇的感慨；“昔我同门友，高举振六翮；不念携手好，弃我如遗迹”，是对身居高位的旧友不加提携的抱怨；“凉风率已厉，游子无寒衣”，是他们物质生活艰苦的写照；“人生天地间，忽如远行客”“所遇无故物，焉得不速老”“人生非金石，岂能长寿考”，这是感时光流逝、时不我待；“出户独彷徨，愁思当告谁？引领还入房，泪下沾裳衣”，这更是和游子相伴的孤独。这些情感焦虑，如何

① 沈德潜编：《古诗源》，中华书局 1963 年版，第 17 页。
② 沈德潜编：《古诗源》，中华书局 1963 年版，第 16 页。

消释？“弃置勿复道，努力加餐饭”，此为以保重身体为要；“奄忽随物化，荣名以为宝”，此为追求身后的声誉，生前成败可以置勿论；“荡涤放情志，何为自结束”“人生不满百，常怀千岁忧。昼短苦夜长，何不秉烛游”，此为放松自己，及时行乐，以减轻压力；“驱车上东门，遥望北郭墓”，此为以死亡一切归零消解情感焦虑；“古墓犁为田，松柏摧为薪”，[①]此以将焦虑置放在历史变迁中稀释。通过这样的消释，不仅缓解了种种情感焦虑，也使得这些情感焦虑的表达控制在“温柔敦厚”的范围之内，能够有效地承担“诗教”的使命。

魏晋六朝的“游子”和先秦的“游士”更为接近，如“建安七子之冠冕”王粲，就是先依刘表，再归曹氏政权的。《古诗源》卷六所选其《七哀诗》中的“西京乱无象”，就是写他离开家乡，一方面是躲避战乱，另一方面是前往荆州依刘表，以谋求建功立业的机会。当时自然也有“处士”，这些“处士”中，有心怀天下，有宏伟的政治抱负，甚至有非凡的经世才能的人。例如，诸葛亮就曾经是“躬耕南阳，苟全性命于乱世，不求闻达于诸侯”的隐士。《古诗源》卷三选诸葛亮诗《梁甫吟》有“田疆古冶子，力能排南山，文能绝地纪”之句，推崇之中，可隐约窥见其政治抱负。

身在官场，士人往往会发现，要建功立业，困难重重。困难既来自复杂的外部政治、军事形势，也来自内部的重重矛盾，例如官场的黑暗、上司或同僚的无能、朋党等利益集团的斗争等等。这些困难，也会成为触发士人情感焦虑的直接原因。可是，诗人大多会将这些情感焦虑予以调适，一方面将自己的心理状态维持在相对正常的状态，另一方面使得其诗歌中所表达出来的思想感情，既保持一定的感染力，又被控制在“温柔敦厚”的范围之内，不违背儒家的“诗教”。《古诗源》中所选诗歌，尤其如此。

总之，《古诗源》选诗突出了中国诗歌早期就以表达与“入世”相关的思想感情为大宗的特征，显示了调适此类思想感情可能导致的情感焦虑的若干途径，例如亲近田园、山水等，以及表达此类情感焦虑而使之不违背“温柔敦厚”的方法，例如游仙、咏史、爱情等。这些途径和方法，正是后人常见的选择。

---

① 沈德潜编：《古诗源》，中华书局1963年版，第88—92页。

第五节　从朴茂粗放到典丽精致

《古诗源》所选诗歌，大致反映了诗歌从先秦到隋朝的发展历程，包括诗歌艺术的流变。大致而言，这个阶段中，诗歌艺术是从朴茂粗放发展到典丽精致。

此书所选铭辞歌谣谚语，尽管其中确实有诗歌的元素，但除了不多的作品外，几乎都是诗歌的"断章"或者雏形，至多也是"短章"，还未必真的出于《古诗源》认定的作者之手。当然，这些作品即使是"断章"，也有充实的内容，几乎都是有为而作，并非"为文造情"的无聊之作，只是在艺术上显得朴茂粗放，押韵、造句、构思、篇章都有一定的随意性，并非精心营造之作。以上所举例证已经不少，此举例从略。

《古诗源》所选汉代诗歌大略有几类，以下分而述之。

《诗》《骚》遗声。此类作品，皆学《诗经》或《楚辞》，鲁迅《汉文学史纲要》所谓"《骚》《雅》遗声"者也，然其中亦有学《风》学《颂》者。学《诗经》者，如刘邦《鸿鹄歌》、唐山夫人《安世房歌》、东方朔《诫子诗》、韦孟《讽谏诗》、司马相如《封禅颂》、蔡邕《范惠渠歌》等，较之于《诗经》中作品，内容多歌功颂德，艺术上创新不多。学《楚辞》者，如项羽《垓下歌》、刘邦《大风歌》、汉武帝《秋风辞》《瓠子歌》、乌孙公主《悲愁歌》等，篇幅多不长，且多悲愁之音，合于"南风不竞，多死声"者。

张衡《四愁诗》，句法仿照骚体，而篇章学《诗经》，重章叠句，复沓回环，抒发拳拳之忱而路远莫致之苦，以爱情之不遂寄托君臣遇合之难，表达诗人在当时现实政治中的困苦与焦虑，情韵缭绕，恍惚缠绵，兼有《九歌》中《湘君》《湘夫人》与《诗经》中《蒹葭》之所长。汉代"《诗》《骚》遗声"类作品，以此为最佳。

乐府诗。鲁迅《汉文学史纲要》："诗之新制，亦复蔚起。骚雅遗声之外，遂有杂言，是为乐府。"[1]此对后世古体诗影响极大。其中纯为五

① 鲁迅：《汉文学史纲要》，北京联合出版社，2014 年版，第 39 页。

言之作，亦复不少，然以杂言为多。汉中央政府设乐府。乐府所掌之诗，谓之乐府诗，或云汉乐府。有二类焉：一是用于朝廷祭祀宴享之类礼仪者，性质略似《颂》及《雅》之一部分，属宫廷文学。《古诗源》中所选《练时日》《青阳》《朱明》《西颢》《玄冥》《惟泰元》《天马》等，就是此类作品，艺术上也与《颂》《雅》为近，价值不高。二是采自民间之俗乐，亦即民歌，经乐府整理、加工者。此类称"汉乐府民歌"，《古诗源》所选如《战城南》《有所思》《上邪》《陌上桑》《孤儿行》等，就是此类。汉乐府诗之成就，主要在此类作品。

就内容而论，汉乐府民歌所反映社会生活面广于《风》之处不少，思想亦有为《风》所不及者。大而言之，于社会弱势者多所反映，家庭伦理题材亦较集中。"感于哀乐，缘事而发"，此为论汉乐府之常语，然夷考其实，哀多乐少。批判现实之旨，甚为明显。《诗经》中之变风，数量不多，且以抒情为主，故所刺之事，含混而不明确。汉乐府中，叙事者多，如《陌上桑》《孤儿行》《东门行》等，故所叙之事大多明确而不含混。就叙事艺术而论，以第三人称叙事而常用人物对话，此乃由第一人称叙述至第三人称叙述之过渡。某些人物之性格，如秦罗敷等，堪称丰富，故事情节有较曲折者。叙事作品之比例，较于《国风》中远高。这些叙事诗和辛延年《羽林郎》、无名氏《古诗为焦仲卿妻作》等，代表了汉代叙事诗的最高水平，标志着我国叙事诗在艺术上的成熟。

次言文人五言诗。五言之兴，实始于民间。汉乐府民歌之中，五言诗不少，然难以确定创作年代，未足以作确证。《古诗源》所选卓文君《白头吟》、班婕妤《怨歌行》、苏武《诗四首》、李陵《与苏武诗三首》等，皆不可靠。《文心雕龙·明诗》："至成帝品录，三百余篇，朝章国采，亦云周备。而辞人遗翰，莫见五言。所以李陵、班婕妤见疑于后代也。"[①]然秦嘉《留郡赠妇诗》、蔡邕《翠鸟诗》、孔融《杂诗》等，都是可靠的。无名氏之《古诗十九首》艺术水平尤高，为五言抒情诗之成熟境界，代表了汉代五言抒情诗的最高水平。

三国时期，三曹七子和蔡文姬都对诗歌的发展作出了贡献，尤其是

① 刘勰：《文心雕龙》，上海古籍出版社 2010 年版，第 11 页。

推动了诗歌的文人化。陈祚明《采菽堂古诗选》卷五评曹丕诗歌云："子桓笔姿轻俊，能转能藏，是其所优。转则变宕不恒，藏则含蕴无尽。其源出于十九首。淡逸处弥佳。乐府雄壮之调，非其本长。"①沈德潜《古诗源》卷五："子桓诗有文士气，一变乃父悲壮之习。要其便娟婉约，能移人情。"②其所作富有阴柔之美，可知矣。其诗歌语言通俗自然，此为古诗本色，然细腻工致，以显其美，此乃文人诗之特征，而曹丕诗有焉。

曹植的作用，则尤为关键。钟嵘《诗品》上云曹植诗："骨气奇高，词采华茂，情兼雅怨，体被文质。粲益今古，卓尔不群。嗟乎，陈思于文章也，譬人伦之有周孔，鳞羽之有龙凤，音乐之有琴笙，女工之有黼黻。"③孔子之文质彬彬，亦此意也。曹植诗歌，情盛思正，堂皇无邪，故云骨气奇高、情兼雅怨，此乃就思想感情而言。曹植诗歌所师承而较为直接者，一为汉乐府民歌，二为汉末古诗，而就其美学追求而化之。其基本特征为富丽工致。词采华茂之外，尚有精工细致一面。汉乐府《陌上桑》《孔雀东南飞》等，词采华茂，亦已长足，然谋篇运笔、造句炼字之精工细致，尚远逊色于曹植诗歌，而此正是《古诗十九首》一路而来，曹植又变本加厉焉。语言之精工细致最为明显，而其中又有音韵美的追求。谢榛《四溟诗话》卷一："建安之作，率多平仄稳帖，此声律之渐，而后流于六朝，千变万化，至唐而极盛矣。"④沈德潜《古诗源》卷五："子建诗，五色相宜，八音朗畅。"⑤可知，曹植诗在艺术上富丽工致，超越时人。文人诗之成熟，从曹植始。

阮籍《咏怀》，《古诗源》选其多首，为五言诗开出了隐晦一路。托喻清远，多用隐蔽手法，婉曲沉郁，幽深玄奥，反映现实政治，抒发由社会政治而生之忧戚。《文心雕龙·明诗》云："正始明道，诗杂仙心。何晏之徒，率多浮浅。唯嵇志清峻，阮旨遥远，故能标焉。"⑥

西晋诗文，以傅玄、张华为先，而以三张二陆两潘一左为盛，刘琨、

① 陈祚明编，李金松点校：《采菽堂古诗选》卷五，上海古籍出版社 2019 年版，第 138 页。
② 沈德潜编：《古诗源》，中华书局 1963 年版，第 107 页。
③ 钟嵘著，陈延杰注：《诗品注》，人民文学出版社 1980 年版，第 20 页。
④ 谢榛：《四溟诗话》，商务印书馆 1936 年版，第 1 页。
⑤ 沈德潜编：《古诗源》，中华书局 1963 年版，第 111 页。
⑥ 刘勰：《文心雕龙》，上海古籍出版社 2010 年版，第 12 页。

郭璞为殿。傅玄崇儒，擅音律，诗以乐府叙事著称，新温婉丽，善言儿女。德潜选其《明月篇》《杂诗》等。张华早年孤贫而后至高位，终因拒绝篡位阴谋而被杀。其资望高，二陆一左，皆得其提携。钟嵘《诗品》卷中评其诗："其体华艳，兴托不奇，巧用文字，务为妍冶。""恨其儿女情多，风云气少。"①德潜选其《情诗》，最为典型。华善于言情，语言华艳，工巧精致，然失之卑弱，盖风云气少，自不能凌空夭矫。

三张为载、协、亢，而协成就最高。《诗品》卷上言协："文体省净，少病累，又巧构形似之言，雄于潘岳 ，靡于太冲，风流调达，实旷代之高手。词彩葱菁，音调铿锵，使人味之，娓娓不倦。"②天下乱而协隐居草泽，吟咏自娱。为人清简寡欲，其诗情感冲淡，写景生动，造语清拔，风格素淡，实为陶渊明之先驱。德潜选其《杂诗》六首，就是此类作品。

二陆为机、云。"二陆入洛，三张减价"。二陆成就，在三张之上。机文武全才，吴亡，与弟赴洛阳为官，死于宗室相争。陆机以东吴世臣而仕于多事之晋室，以功业之心而处，其心情复杂哀伤，可知矣，然格于形势地位，未可直言明诉，故其为诗，或深曲，或竟至于情淡意薄，颇为人诟病。其诗有如下特点：一是拟作特多；二是文辞繁缛；三是语言华美典雅，富赡精工，注重声律；四是多用排偶，且其排偶多与前此数者相结合。就大体而论，机诗情思平浅，而铺陈过度，修饰过甚，枝条本弱，而花叶过繁，复乏自然之致，如诗中之汉大赋。《诗品》卷上谓"其源出于陈思"，③当然陆诗内容不如陈思，而形式之铺陈修饰、华美繁缛、富赡精工，则远过之。可见，诗歌之愈加文人化、贵族化。此华丽雅致诗风，影响久远。然其佳作，情思并非平浅，建安风骨，多少有之，此亦承陈思之一也。德潜《古诗源》卷七："士衡诗亦推大家，然意欲逞博，而胸少慧珠，笔又不足以举之，遂开出排偶一家。西京以来，空灵矫健之气，不复存矣。降自梁陈，专攻队仗，边幅复狭，令阅者白日欲卧，未必非士衡之滥觞也。"又云："士衡以名将之后，破国亡家，称情而言，必多哀怨，乃词

① 钟嵘著，陈延杰注：《诗品注》，人民文学出版社 1980 年版，第 33 页。
② 钟嵘著，陈延杰注：《诗品注》，人民文学出版社 1980 年版，第 27 页。
③ 钟嵘著，陈延杰注：《诗品注》，人民文学出版社 1980 年版，第 24 页。

旨敷浅，但工涂泽，复何贵乎？”[1]《古诗源》选陆机诗十首，涂泽较轻，然华美精工，多所雕饰。陆云诗亦重藻饰。

两潘为潘岳及其侄尼。潘岳人品不高，好媚权贵，而仕途并不得意，后竟为赵王司马伦所杀。潘岳诗意大多不算堂皇正大，而深于情；唯笔多铺叙，辞求绮丽，略同陆机。然潘岳诗尚清浅，陆机诗则深芜奥博；潘岳诗法多任我，陆机诗则多拘泥古法：此皆潘岳胜于陆机之处。然其诗功不及陆机，精雕细琢，则逊陆机远矣。“潘江陆海”，乃前人之语。潘岳代表作有《悼亡诗》三首等，为悼亡第一名作，而德潜选其二而已，而未选录其他诗。

一左为思。其《咏史》自咏怀抱，此为太冲之创体，前已论之。就艺术表现而论，左诗不尚铺排藻饰，以简劲为尚，虽多对句，但出自然，无雕琢之患，与陆机等显然不同。

刘琨名作《扶风歌》《答卢谌》《重赠卢谌》皆作于其后期，德潜皆选入，亦不事铺张辞藻、雕镂语句，而自为佳诗。郭璞《游仙诗》，承阮籍而别为隐晦一路，然玄幻富赡过之。

長洲沈確士輯
古詩源
竹嘯軒藏板

《古诗源》(清康熙间竹啸轩刻本)

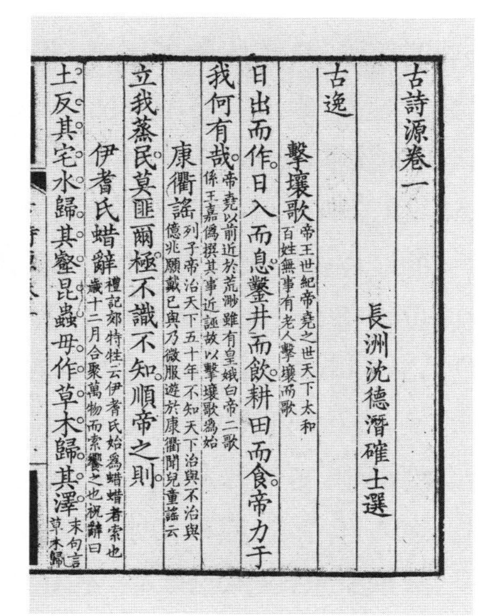
古詩源卷一
長洲沈德潛確士選
古逸
擊壤歌 帝王世紀帝堯之世天下太和百姓無事有老人擊壤而歌
日出而作。日入而息。鑿井而飲。耕田而食。帝力于我何有哉。帝堯以前近於荒渺雖有皇娥白帝二歌係王嘉僞撰其事近誣故以擊壤歌爲始
康衢謠 列子帝治天下五十年不知天下治與不治與億兆願戴己與乃微服遊於康衢聞兒童謠云
立我蒸民。莫匪爾極。不識不知。順帝之則。
伊耆氏蜡辭 禮記郊特牲云伊耆氏始爲蜡蜡者索也歲十二月合聚萬物而索饗之也祝辭曰
土反其宅。水歸其壑。昆蟲毋作。草木歸其澤。末句言草木歸

《古诗源》(清康熙间竹啸轩刻本)

[1] 沈德潜编：《古诗源》，中华书局 1963 年版，第 156 页。

东晋之初，玄言诗大盛。沈约《宋书·谢灵运传论》所谓"为学穷于柱下，博物止乎七篇"是也。[①] 钟嵘《诗品》之《总论》云："永嘉时贵黄老，稍尚虚谈，于时篇什，理过其辞，淡乎寡味。爰及江表，微波尚传。孙绰、许询、桓(温)、庾(亮)诸公诗，皆平典似《道德论》。"[②]所述玄理，除老庄而外，又有佛理。其时玄言诗，下者平典如《道德论》，与诗歌之本质相失。此类诗歌，几乎都没有入选《古诗源》，可见德潜对此类诗歌亦不认同。

《古诗源》于陶渊明诗歌所选最多，且几乎都是田园诗。陆机等太康诗人，工于涂泽，铺排堆砌，陶潜则一洗铅华，归于朴素平淡，省净畅达，自然贴切，而内涵沉厚丰富。盖以抒写情感为归，而非以骋博夸丽为能也。法不拘古而任我，故能创新，别开生面。东坡《与苏辙书》云陶诗"质而实绮，癯而实腴"，确为知者言也。寻其源，为《古诗十九首》也。这是五言诗艺术上的别一种文人化，和曹植以下到陆机等的富丽精工，别一途径。

刘宋诗文，以颜、谢、鲍为代表作家。谢灵运以山水诗著名，其山水诗色彩明丽强烈，其运笔多客观刻画，语言雕琢，精工典雅，铺排过甚，颇以繁富为累；为求工而用对仗，时或反显呆滞，而灵动不足；语言过于深奥，典故较多，流畅不足。《古诗源》选其诗歌不少，其中绝大多数是山水诗，由于所选诗歌几乎都是佳作，故其弊病尚轻，但其艺术倾向还是明显的。谢灵运模仿民歌作诗，至齐梁乃成风气，其导夫先路之功不可没。可惜德潜没有选其此类诗歌。灵运而外，谢家颇多才人。灵运与惠连，有大小谢之称。德潜选惠连《擣衣》《西陵遇风献康乐》等诗歌多首。又，灵运与朓，俱长于山水诗，亦有大小谢之称，此乃就山水诗言之耳。德潜于《古诗源》卷十二《齐诗》部分，选录谢朓诗歌很多，甚至多于谢灵运入选诗歌，亦以山水诗为多。玄晖山水诗，清丽明丽，柔美优美，一也；选象重构，颇见匠心，不似灵运之寓目即书、殆同纪程者，且少过度铺排，故省净简练，二也；语言既精练典雅，又流畅明白，其目标为

① 沈约：《宋书》，吉林人民出版社 2005 年版，第 1026 页。
② 钟嵘著，陈延杰注：《诗品注》，人民文学出版社 1980 年版，第 1 页。

"圆美流转如弹丸"是也,此三也;诗中主客观之融合,胜于大谢,此四也。其乐府诗,雅化南歌,语言浅近而精致,意蕴蕴藉婉转而不晦涩,开文人五绝一派,为德潜所选者,如《金谷聚》《玉阶怨》《王孙游》等是也。

颜延之现存诗作,以酬唱及拟古乐府为多。语言艰深,雅喜铺陈,亦重藻饰,且好用典故与对仗。风格繁密深重,华美典雅,鲍照讥之为"若铺列锦绣,亦雕绘满眼"。此乃由潘陆一路而来,而又变本加厉。德潜所选其《应诏宴曲水作诗八章》《郊祀歌》《赠王太常》,这些庙堂、官场应酬之作就有这些缺点。然亦有风格不同之作,如德潜所选其《北使洛还至梁城作》《五君咏》等,这些缺点就不明显。至于德潜所选其《秋胡诗九首》,明显取法《古诗十九首》,少铺陈雕镂,亦非华美典雅,倒是比较自然。

鲍照乐府体诗,感情充沛,色彩明丽。建安诗人所为乐府,已显然雅化,而潘陆颜谢加厉,明远则参汉魏乐府之劲健生动,以南朝乐府民歌之艳丽浅俗,文人诗之辞采烹炼,而与前异,乐府又现生气。德潜所选其乐府诗甚多,如《代东门行》《代放歌行》等。七言乐府诗,曹丕《燕歌行》即是,然此后作者寥寥。明远以七言为主,杂以他言,创为乐府歌行,后发展为杂言式七言歌行,为诗歌之大宗。明远五古,多为纪行赠答之作,主体风格近于康乐,典雅雕琢,工不及之,而生动雄健则过之,玄理绝少,此亦过康乐之处。德潜所选其此类诗歌,如《登黄鹤楼》《日落望江赠荀丞》等多首纪行赠答之诗。

萧齐、萧梁诗歌大盛。帝王、贵族、达官,为诗坛主流。文学史上著称者,有"永明体""宫体诗"。南朝齐武帝永明末,沈约、谢朓、王融、周颙等人为友。周颙善识声韵。沈约等为诗,遂皆讲究声韵,严格遵守"四声八病"之类声韵方面的规则,强调声韵格律,《宋书·谢灵运传论》云:"一简之内,音韵尽殊;两句之中,轻重悉异。"[①]世称此类诗为"永明体"。此类诗对近体诗之形成有重大影响。代表作家有沈约、谢朓、王融等。《古诗源》中所选沈、谢诗很多,可见德潜对他们的作品之重视。就德潜所选而言,都是五言古诗,但其中多律句和对句,这些正是近体

① 沈约:《宋书》,吉林人民出版社 2005 年版,第 1026 页。

诗的元素。

南朝民歌，多咏男女之情，语言华美，色彩浓艳，艳情成分多。金陵金粉地，南朝声色大开，传统道德淡化，如此世风士风之中，文人之作，遂有艳情一体。时至齐朝，谢朓、沈约诗中益甚。后梁朝之“宫体诗”，又变本加厉。梁简文帝萧纲，在东宫时，僚属多好文学者。部分诗作，多写男女之情，以及女子体貌情态、服饰用品，乃至生活环境等，描写细腻精巧，秾丽美艳，音节调谐。在艺术追求方面，于“永明体”踵事增华。此类诗，称为“宫体诗”，“宫”即东宫也。“转靡绮艳”，是其总体特点。至陈朝，“宫体诗”仍然盛行。其时一代文宗徐陵，就是“宫体诗”的重要作家。但“宫体诗”和儒家“诗教”严重不符，故德潜连一首也没有选录。

北朝诗歌名家乃庾信、王褒，皆南人而仕于北者。庾信前期在梁，所作诗赋以“宫体诗”为主。仕北朝后，诗文多怀念故国，自伤身世，苍劲悲凉，杜甫所谓“庾信文章老更成”者也。德潜所选其诗较多，皆其仕北朝后所作。王褒之历程，甚至诗风变化，与庾信相似，而王之边塞诗非庾所能及。德潜所选其《关山篇》《渡河北》，皆是也。

总之，《古诗源》所选诗歌，体现了从朴茂粗放到典丽精致的诗歌发展走向，与德潜选此书的宗旨是一致的。

第十二章　《唐诗别裁集》研究

第一节　编刻过程与此书性质

康熙五十五年(1716年)丙申,德潜44岁,批选了唐诗十卷,名《唐诗别裁集》。次年正月,德潜友人陈培脉(树滋)向德潜借去《唐诗别裁集》。康熙五十六年丁酉十月,德潜收到陈培脉在广南碧梧书屋所刻《唐诗别裁集》十卷,陈请德潜补作序言。德潜乃如其请,为此书作序言,落款为"康熙五十六年春正月二十有六日,长洲沈德潜题于黄叶夕阳村舍",其中有关此书之编选者云:"因偕树滋陈子,取向时所录五十余卷,删而存之,复于唐诗全帙中,网罗往什,补所未备,日月既久,卷帙遂定。"[①]观此,似乎陈培脉也参与了编选的工作,这是完全有可能的,但他的工作应该主要在刊刻方面,故此书历来都是沈德潜一个人署名的。至于落款的时间提前到正月,乃是因为此序言是补作的缘故。

乾隆二十八年(1763年),德潜91岁,七月,作《重订唐诗别裁集序》。八月,教忠堂增订《唐诗别裁集》刻成,共二十卷。所增入者,如初唐四杰之作、白居易之讽喻诗、张籍王建的乐府诗、李贺诗、五言试帖诗等。后来,此书的各种印本都按照此版本印行,如《万有文库》本、1935年商务印书馆《国学基本丛书本》、1975年中华书局影印教忠堂本、1979年上海古籍出版社校点本等。清俞汝昌撰《唐诗别裁集引典备

① 沈德潜编:《唐诗别裁集》,中华书局1975年影印本,第1页。

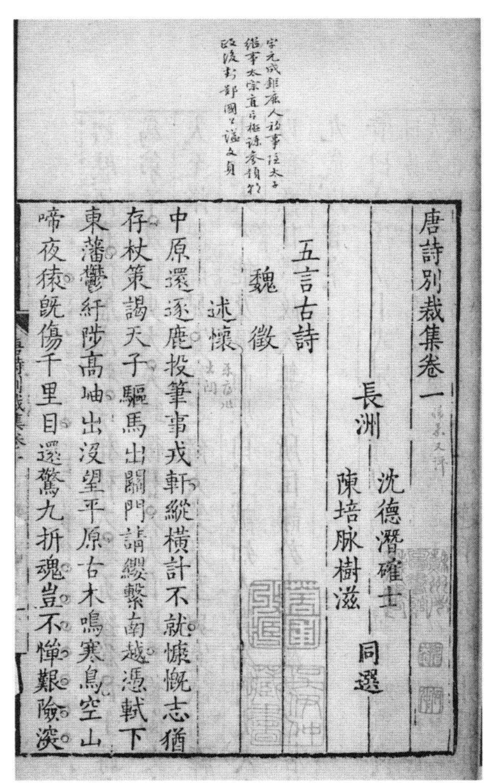
唐詩別裁集卷一

長洲　沈德潛確士

陳培脉樹滋　同選

五言古詩

魏徵

述懷

中原還逐鹿投筆事戎軒縱橫計不就慷慨志猶存杖策謁天子驅馬出關門請纓繫南越憑軾下東藩鬱紆陟高岫出沒望平原古木鳴寒鳥空山啼夜猿既傷千里目還驚九折魂豈不憚艱險深

《唐诗别裁集》(清康熙间碧梧书屋刻本)

注》二十卷，有道光十八年(1838年)刻本。

《唐诗别裁集》共收录唐代诗人270位，诗歌1900多首。按照诗歌体裁排列，五言古诗、七言古诗、五言律诗、七言律诗各四卷，五言长律二卷，五言绝句、七言绝句各一卷。同一体裁的诗歌，大致按照诗人年辈先后排列。入选诗人首次出现，德潜都介绍其生平和相关的轶事和评价等，以供读者知人论世之用。入选的诗歌，德潜也偶有评语和注释，或夹在诗歌行文中间，或写在诗歌的结尾之后。这些文字对读者阅读有引导作用，也体现了德潜自己对这些诗歌的理解和判断。

在此书康熙本的序言中，德潜阐述了编选宗旨：

> 备一代之诗，取其宏博，而学诗者沿流讨源，则必寻究其指归。何者？人之作诗，将求诗教之本原也。唐人之诗，有优柔平中顺成和动之音，亦有志微噍杀流僻邪散之响。由志微噍杀流僻邪散而

欲上溯乎诗教之本原，犹南辕而之幽蓟，北辕而之闽粤，不可得也。即或从事于声之正者矣，而仍泛泛焉嘈讃丛杂之纷逐，犹笙镛琴瑟与秦筝羌笛之类，并奏竞陈，而谓韶音之可闻，亦不得也。然则分别去取，使后人心目有所准则而不惑者，唯编诗者之责矣。……夫编诗者之责，能去郑存雅，而误用之者，转使人去雅而群趋乎郑，则分别去取之间，顾不重乎？尚安用意见自私，求新好异于一时，以自误而误人也？①

观此，《唐诗别裁集》的编选宗旨是"去郑存雅"。书名《别裁》，本于杜甫"别裁伪体亲风雅，转益多师是吾师"之句。那么，孰为郑？孰为雅？孰为"伪体"？孰为"风雅"？就德潜的序言来看，标准就是儒家的"诗教"。《礼记·经解》引孔子语云："入其国，其教可知也。其为人也温柔敦厚，《诗》教也。"②符合儒家"温柔敦厚""诗教"的，就是"雅"或"风雅"，就选入；不符合的，就是"郑"或"伪体"，舍去不取。

这看似简单，但落实到操作的层面还是复杂的。首先，如何理解"温柔敦厚"的儒家"诗教"？这就不能不带有其人的主观元素了，难以完全客观了。其次，在唐代诗歌中，什么样的诗歌才符合"温柔敦厚"的儒家"诗教"？

一般来说，"诗教"首先当然是儒家的说法，亦即利用诗歌对社会实行教化，所谓"上以风化下"是也。儒家是讲究仁义的，仁者爱人，因此，以诗歌教化社会，诗歌要"温柔敦厚"。当然，其内涵显然是远远不止这些的，且其内涵还有发展、丰富的过程，是历史的范畴，和儒家经典中所说有所不同。落实到《唐诗别裁集》这个选本，"诗教"还有另外的意思，这就是此选本也是学习写诗的一本教材。那么，"诗教"就是"诗歌教育"的意思了。在明代前后七子的复古之风中，在清初以下诗坛上唐诗派的观念中，唐代是诗歌的黄金时代，唐诗是诗歌的范本。因此，通过学习唐诗来学习写诗，提高诗歌写作的水平，提高对诗歌的鉴赏水平，以唐诗选本为教材是顺理成章的，也是务实的。此前的唐诗选本，或部

① 沈德潜编：《唐诗别裁集》，中华书局 1975 年影印本，第 1 页。

② 阮元校刻：《十三经注疏》，中华书局 1980 年影印本，第 1609 页下。

头太大，不利普及，或编选者取舍未当，难以获得社会认同。德潜选《唐诗别裁集》，也是应时代和社会的需求而为之。

既然是诗歌教材，那么，就应该又具有教材的要求了。例如，所选作品，不仅是优秀的、“雅”的，而且不能有这样那样的缺陷；思想感情不仅应该是绝对正确的，完全符合“标准答案”，不能稍有偏颇，甚至容不得新奇的内容，而且，应该是适度的，不能有“过”或者“不及”之患；在诗歌的题材、主题、风格、体裁和表达方法等方面，应该是多样的，尽量把唐代诗歌中符合标准的相关诗歌选录进去。正因为如此，《唐诗别裁集》也就更加集中地体现了德潜的诗学思想。

如果考虑到当时诗坛的情况，那么，此书之编选还有另外的意义。出于对明代诗坛宗唐诗风盛行的反拨，清初诗坛继明末出现了学习宋诗的风气，流行宗尚宋诗，作为清初前期诗坛领袖的钱谦益、后期诗坛领袖之一的朱彝尊以及浙江的若干著名或知名的诗人，在其中起到了积极的作用。吴中诗坛上，也一度盛行宗尚宋诗。德潜《陈耻庵诗序》云：“耻庵长予三岁，与予定交，年才二十余。时俗尚南宋人诗。”[①]《许竹素诗序》云：“时吴中诗学祖宋祧唐，几于家至能而户务观。予与二三同志欲挽时趋，苦无其力。”[②]《张无夜诗序》云：“前此四五十年，言诗者俱称范、陆，求工队仗，风格沦胥；继又稗贩韩、苏，恢廓蹶张，意言俱尽。更近猎取《卮言》《说铃》，一切僻涩丛杂之语，以矜新奇。若宋以前之书，不必更读者，滔滔日下也。”[③]因此，德潜编选《唐诗别裁集》，还有欲扭转诗坛宗宋风气的用意。

第二节　无论出处须忠君

就整个群体而言，古代士人的人生理想就是修齐治平。这在儒家经典中有这样那样的表述，这些都是大家所熟知的，限于篇幅，这里就

---

① 沈德潜著，潘务正、李言编辑点校：《沈德潜诗文集》，人民文学出版社2011年版，第1323页。
② 沈德潜著，潘务正、李言编辑点校：《沈德潜诗文集》，人民文学出版社2011年版，第1355页。
③ 沈德潜著，潘务正、李言编辑点校：《沈德潜诗文集》，人民文学出版社2011年版，第1531页。

不列举了。

那么，如何实现这样的人生理想呢？途径如何呢？对古代的知识分子来说，务实的途径选择是不多的。最为常见的选择是，行道，或者传道。所谓行道，实际上，就是做官，建功立业。所谓传道，就是以各种方式，在社会传播思想文化，例如教书、当诗人、当作家等等。当然，做官的人，也是可以传道的，只是他的职业是做官，传道只是他的副业。这样的士人在封建社会里也是很多的。

那么，在封建社会，对绝大多数士人来说，出将入相是他们的梦想。因此，他们的第一选择是当官。当了官，可以行道，可以把自己的政治理念付诸实践，可以为社稷苍生建功立业，实现治国平天下的梦想，也可以更好地传道，因为，在封建社会中，官位对加强其人思想文化的传播效果会起到明显的作用。高棅《唐诗品汇》卷三八载虞世南《蝉》诗，其中有这样两句："居高声自远，非是藉秋风。"[①]身居高位，声音当然传得远！这是物理现象，也是社会现象！当然，当官也是和富贵名利紧密结合在一起的，《论语·里仁》中也说"富与贵，是人之所欲也"，[②]君子也是肯定以道获取富贵的。

建功立业是唐代诗歌最为响亮的主旋律。建功立业需要平台，也就是官位。唐代社会士人获取官位的途径不一，除了最为常见的参加科举考试外，还有取得荐举、到边疆立功、到地方政府当幕僚等。诗人们大多并不掩饰自己对官位的渴望。

可是，在任何一个社会，官位的数量总是大大少于士人的数量。因此，绝大多数士人终身无法获得官位，只能当处士，也就是所谓的隐士、布衣。处士要实现自己的人生理想，实现自己的人生价值，那就只能传道了。在我们传统的话语系统中，做官是"出"，不做官是"处"。在封建社会中，每一个人无论"出"还是"处"，都必须忠君。

《论语·为政》中，孔子说："《诗》三百，一言以蔽之，曰，'思无邪'。"[③]"思无邪"，思想感情都是堂皇正大的，没有邪恶、邪僻、不正当的

① 高棅编：《唐诗品汇》，上海古籍出版社1988年版，第391页。
② 朱熹注：《四书章句集注》，中华书局2012年版，第70页。
③ 朱熹注：《四书章句集注》，中华书局2012年版，第53页。

内容。这是最早的文艺批评，对后来文艺批评和文艺创作的影响很大。文艺应当引人向上、导人向善，因此，不应该宣扬邪恶、邪僻等的思想感情。可是，“无邪”的标准呢？当然是儒家的标准。其中最为基本、最为重要的，就是“忠君”。儒家最重秩序，包括政治秩序和社会秩序，“君君臣臣、父父子子”就是如此。在先秦儒家思想中，“尊君”和“忠君”的思想已经非常丰富。以朱熹为代表的宋代理学家进一步从理论上和礼制上强化君权。“忠君”理论经过明代统治者和理学家们的进一步强化和普及，到德潜所处的时代，发展到登峰造极的地步。德潜以这样的理论来推行“诗教”，在《唐诗别裁集》的选编中体现“忠君”的思想。

首先，不管一个人是官员还是百姓，其任何建功立业、获取功名富贵的欲望和行动，必须处于忠于唐朝皇帝、忠于唐朝朝廷的条件下才能存在，符合这样条件的诗歌才可以被选入此选本。在此选本中，抒发建功立业、获取功名富贵欲望的诗歌很多，但都是和为皇帝、为朝廷服务结合在一起的。例如，写边地军营生活、军事活动的诗歌很多，但这些都符合朝廷的利益，都是朝廷的需要。士人不管应试也好，献书献策也好，从军也好，都是为国、为君、为朝廷。卷一岑参《送祁乐归河东》云：“祁乐后来秀，挺身出河东。往年诣骊山，献赋温泉宫。天子不召见，挥鞭遂从戎。”①祁乐一个人，就先后尝试了这两条途径。

该选本的第一首诗歌是魏徵的《述怀》：“中原还逐鹿，投笔事戎轩。纵横计不就，慷慨志犹存。策杖谒天子，驱马出关门。请缨羁南越，凭轼下东藩。郁纡陟高岫，出没望平原。古木吟寒鸟，空山啼夜猿。既伤千里目，还惊九折魂。岂不惮艰险，深怀国士恩。季布无二诺，侯嬴重一言。人生感意气，功名谁复论。”②唐高祖武德元年（618年），就是隋炀帝杨广大业十四年，隋朝灭亡，唐朝建立。是年五月，唐高祖李渊即皇帝位。十月，本来在瓦岗寨和李密一起建立政权的魏徵随李密归唐。十一月，魏徵奉李渊之命，出发前去劝说李密旧部等武装力量归唐。此诗就是作于此时。当时的魏徵刚归顺李渊，急于建功立业，报李渊的知

---

① 沈德潜编：《唐诗别裁集》，中华书局1975年影印本，第22页。
② 沈德潜编：《唐诗别裁集》，中华书局1975年影印本，第7页。

遇之恩。他建功立业的愿望，是在“忠君”的观念下形成并且付诸实施的，纳入君主李渊主导的军政行动。

那么，他的“忠君”观念是建立在什么基础上的呢？“岂不惮艰险，深怀国士恩”，君主以“国士”待他，他感激而以此相报。可见，他的“忠君”，不是机械地、教条地出于礼法，而是出于君臣之间的相知契合。这也是魏徵在出处方面最为值得人们推崇之处，但后来却受到了理学家们的批评。《四书章句集注》中《论语集注》第十四篇“管仲非仁者与”章，朱熹引程颐语云：

> 桓公，兄也；子纠，弟也。仲（管仲）私于所事，辅之以争国，非义也。桓公杀之虽过，而纠之死实当。仲始与之同谋，遂与之同死，可也。知辅之争为不义，将自免以图后功亦可也。故圣人不责其死而称其功。若使桓弟而纠兄，管仲所辅者正，桓夺其国而杀之，则管仲之于桓，不可同世之仇也。若计其后功而与其事桓，圣人之言，无乃害义之甚，启万世反覆不忠之乱乎？如唐之王珪、魏徵，不死建成之难，而从太宗，可谓害于义矣．后虽有功，何足赎哉！

朱熹自云：“愚谓管仲有功而无罪，故圣人独称其功。王、魏先有罪而后有功，则不以相掩可也。”[①]此乃理学家之言也。君子固不能以成败论英雄，然其所以成、所以败，不可不察也。管仲之所以归桓公而成其业、建其功，魏徵之所以归李唐政权而成其业、建其功，都是因为齐桓公和李渊、李世民为有道之君，君臣在政治理念乃至军政方略等方面有高度的一致性，故君臣相知相契合，勠力行动，而成就功业。如果严格按照理学家的君臣观念，那么，魏徵在隋朝当过小官，岂不应该忠于隋炀帝？德潜选魏徵诗歌入《唐诗别裁集》，有其方便在：即使按照“忠君”观念，魏徵也是合格的，因为他忠于唐高祖李渊、忠于唐太宗李世民，都是在他们成为天子之后，而建成则从来没有成为唐代的天子，尽管魏徵的“忠君”观念和后世理学家的“忠君”观念有本质的不同。

古代游侠式的行为往往受到推崇。唐代诗歌中，《侠客行》《游侠

① 朱熹注：《四书章句集注》，中华书局 2012 年版，第 154 页。

篇》之类以侠客为歌咏对象的诗歌不少，但是，这些诗歌中凡是只停留在民间层面上的快意恩仇为内容的，《唐诗别裁集》都是不收入的。但卷一崔颢《古游侠呈军中诸将》云："少年负胆气，好勇复知机。仗剑出门去，孤城逢合围。杀人辽水上，走马渔阳归。错落金锁甲，蒙茸貂鼠衣。还家行且猎，弓矢速如飞。地迥鹰犬疾，草深狐兔肥。腰间悬两绶，转眄生光辉。顾谓今日战，何如随建威。"[1]此"建威"，为耿弇，他曾被拜为建威大将军。此指朝廷所辖将领。即使是侠客，也应该向主流社会回归，纳入君权的管辖范围，忠于皇帝和朝廷，自觉地为皇帝和朝廷服务。唐人未必觉得应该如此，而德潜觉得应该如此，故选录诗歌，取舍如此。

至于为皇帝、朝廷歌功颂德的诗歌，在《唐诗别裁集》中所占的比例要比在《全唐诗》中所占的比例高很多。杜甫"一饭不忘君"固然不必说，德潜所选录韩愈诗有《元和圣德诗》、白居易诗有《贺雨》《七德舞》，连李白诗中也有《侍从宜春苑奉诏赋龙池柳色初青听新莺百啭歌》。至于此书中五律、五言长律、七律中那些应制、侍从和写贵族重臣社交活动的诗歌，几乎都是歌功颂德的。

那么，武则天是否在此书中体现"忠君"原则的"君"的范围呢？答案是肯定的。武则天也是有诗歌因缘的。某日，武则天游龙门，命群臣赋诗，云先成而善者，能获赐锦袍。东方虬诗先成，武则天读而善之，乃赐锦袍。东方虬拜赐毕，坐未安，宋之问诗成，武则天及其左右皆称善，乃夺彼锦袍，改赐宋之问。此书卷五宋之问此诗即《龙门应制》。此诗中的"先王"固然是唐高祖、唐太宗，而"天子乘奏幸凿龙"的"天子"、"吾君不事瑶池乐，时雨来观农扈春"的"吾君"，[2]亦即此诗歌颂的对象，明明白白是武则天，而不是李姓皇帝。尽管武则天曾另外取国号为"周"，她当皇帝期间，朝廷是"周"而不是"唐"了，但是，她是合法的皇帝，当时的臣民都是她的臣民，既然如此，她的臣民自然应该忠于她和她的朝廷。何况，她在去世之前，自愿取消了"周"国号，取消了自己的帝号，回

① 沈德潜编：《唐诗别裁集》，中华书局 1975 年影印本，第 11 页。
② 沈德潜编：《唐诗别裁集》，中华书局 1975 年影印本，第 72 页。

到李家当儿媳妇，国号恢复“唐”了。因此，《唐诗别裁集》中所体现的“忠君”之“君”，是唐朝的皇帝，包括武则天。

那么，失意之人乃至被皇帝或朝廷处罚或者错误处罚的人、受到不公正对待的人，还有没有必要对皇帝和朝廷忠心耿耿呢？答案当然是肯定的。卷九王维《被出济州》云：“微官易得罪，谪去济川阴。执政方持法，明君无此心。闾阎河润上，井邑海云深。纵有归来日，各愁年鬓侵。”[①]从诗歌中看，诗人情景不妙。可是他认为，惩罚他是“执政”所为，皇帝没有惩罚他的意图。《全唐诗》中，“明君无此心”一作“明君照此心”，而德潜定为“无”，诗人的忠君意识就更加明显了。韩愈因谏迎佛骨，被贬谪到广东潮州，以韩愈之智，肯定明确知道他没有错，错的是皇帝，但是，他在前往潮州的险恶路途中所作的《泷吏》中，还是表达了对皇帝的忠诚。这样的诗歌，德潜当然是不会舍弃的。更甚者，卷七德潜还选录了韩愈的《拘幽操》云：“目窈窈兮，其凝其盲；耳肃肃兮，听不闻声。朝不日出兮，夜不见月与星。有知无知兮，为死为生。呜呼，臣罪当诛兮，天王圣明。”德潜加评语云：“此为‘人臣止于敬’注脚也。程伊川先生云，道文王意中事，前后人道不到此。”[②]到这一步，忠君就被完全绝对化了。周文王被暴君商纣王逮捕，囚禁在羑里，吃那么大的苦头，韩愈诗歌中也写了。可是，这诗歌中的周文王还在说“臣罪当诛兮，天王圣明”！那么，君主暴虐纵使如商纣王，被处罚的人，纵使受的冤枉如周文王，吃的苦头如周文王，他也不应该对君主有丝毫不敬，仍然应该把君主作为圣明的天王来敬仰、来崇拜、来服从。如果真的如此，那么，君主纵使如商纣王那样无道，无恶不作，天下仍然会太平无事，王室江山无恙。至于天下臣民如何，从二程、朱熹到沈德潜，可曾考虑？作何等考虑？如果以这样的标准来要求臣下，那么，持这样的标准的人，置周武王于何地？置包括唐高祖、唐太宗、宋太祖、清世祖在内的所有开国之君于何地？他们岂不是都成了“不忠”乃至“弑君”的“乱臣贼子”？在各个朝代做官的人，包括韩愈、二程、朱熹和沈德潜等，又何以自处？

---

① 沈德潜编：《唐诗别裁集》，中华书局1975年影印本，第140页。

② 沈德潜编：《唐诗别裁集》，中华书局1975年影印本，第113页。

何以自解？

总之，不管诗歌抒发何种感情、记叙什么事件、和哪些人相关，如果其中有不符合唐朝皇帝、朝廷利益的内容，或者有些许这样的色彩，那么，就无法入选此选本了，不管诗人是什么样的人，是官员还是百姓，不管这诗歌有多么美妙。以下举几个例证。

首先是李白《李太白集》卷七《永王东巡歌十一首》。① 和杜甫相比，李白直接写安史之乱的诗歌不多，但特色鲜明。杜甫大多是从乱世百姓和朝廷闲官的身份来写安史之乱的，但李白这些诗歌是在平乱的军营中写的，他直接参与了平乱的军事行动。这样的经历和这样的作品，在唐代著名诗人中是不多的。从艺术上说，这些诗歌也是珍品。可是，这些诗歌，《唐诗别裁集》连一首也没有选入！原因何在？

原因还在政治上。安史之乱中，唐玄宗逃往四川，同时部署平乱。他命其第十子永王李璘领山南、江西、岭南、黔中四道节度使，为江陵大都督，自成一军，经营富饶的长江流域。这是饶有深意和远见的战略部署。天宝十五年(756年)十二月，李璘率领水师顺江东下，经过九江的时候多次派人请李白出庐山到军中任职，李白遂应邀入李璘幕府，随军东下，这十一首绝句就是次年正月作于途中。

从这些诗歌中，我们不仅看不到任何政治问题，而且还可以感觉到和李白的其他诗歌相比，乃至和唐代同时代的诗歌相比，这些诗歌明显突出了政治。例如，“永王正月东出师，天子遥分龙虎旗”“龙蟠虎踞帝王州，帝子金陵访古丘”“二帝巡游俱未回，五陵松柏使人哀”“诸侯不救河南地，更喜贤王远道来”“君看帝子浮江日，何似龙骧出峡来”“帝宠贤王入楚关，扫清江汉始应还”“南风一扫胡尘静，西入长安到日边”，这些都是在强调李璘的政治身份和此军事行动的合法性、正义性。

可是，细细推敲寻绎，吹毛求疵，还是能够找出其中不妥之处的。例如，“但用东山谢安石，为君谈笑静胡沙”，李白以谢安自比，那么，任用李白的“君”是谁呢？“秋毫不犯三吴悦，春日遥看五色光”，这有“五色光”的“春日”是谁呢？“祖龙浮海不成桥，汉武寻阳空射蛟。我王楼

---

① 李白著，张式铭标点：《李太白集》卷七，岳麓书社1989年版，第64页。

舰轻秦汉，却似文皇欲渡辽”，以秦皇汉武唐太宗和“我王”相比，那么，“我王”以后是不是也贵不可言呢？“帝宠贤王入楚关，扫清江汉始应还”，这是否意味着可以不听朝廷指挥？“南风一扫胡尘静，西入长安到日边”，扫胡尘静之后，不就是剑指长安吗？在封建社会中，这样的诗歌是容易予人口实的。

至德元年(757年)，刚当上皇帝的李亨以李璘擅自引兵东行，形同造反，派兵攻打。李璘兵败南逃，被捕杀。李白被捕入狱，虽经营救出狱，但因此长流夜郎。天无二日，国无二君。唐肃宗李亨才是国君，李璘及其部下，包括李白在内，都是国君的异己的力量。用“忠君”的标准来衡量，李白和他的《永王东巡歌》自然就不合格了。

其次是张籍《节妇吟，寄东平李司空师道》。此诗云：“君知妾有夫，赠妾双明珠。感君缠绵意，系在红罗襦。妾家高楼连苑起，良人执戟明光里。知君用心如日月，事夫誓拟同生死。还君明珠双泪垂，何不相逢未嫁时。”[①]这首诗非常有名，艺术水平高，写得也很美。民国年间著名通俗小说作家李寿民，其笔名“还珠楼主”的出典就是此诗。可是，这首诗却不见于《唐诗别裁集》。原因何在？

唐代中叶，最大的政治问题就是藩镇。平卢淄青节度使李师道就是典型且凶悍的藩镇之一。李家三世几十年经营其地，招降纳叛，不断扩充实力，开拓地盘，和朝廷对抗。所盘踞的地方，包括山东很多地区和今河北的部分地区，几乎都是富饶之地。唐宪宗时，朝廷派军队平蔡州藩镇吴元济，李师道竟然焚烧唐军的粮草。后来，他又派刺客刺杀了宰相武元衡，刺伤了裴度。唐肃宗元和十一年(816年)十月，朝廷为了笼络李师道，给他加了“检校司空”“同中书门下平章事”的官衔。三年后，他为部将所杀。张籍此诗写于此后，李师道被杀之前。

那么，张籍为什么会和李师道发生联系，以至于会写这首诗呢？藩镇为了扩大实力，提高声誉，就用多种手段招徕人才，甚至到朝廷在任官员中挖人才。张籍显然不是治国安邦、经国济民、运筹帷幄的军政大才，当时也就是个国子助教，后来最高也就是个国子监司业，但他毕竟

① 张籍著，李冬生注：《张籍集注》，黄山书社1989年版，第39页。

在作家中有较高的声誉，所以，李师道就邀请张籍到他部下任职。于是，张籍就写了这首诗加以婉拒。

这首诗全用比体，用男女之情爱婚姻来表达他的政治态度。任何比喻，总是有缺陷的，此诗也是如此。张籍是韩愈的弟子，和韩愈一样，他是坚决维护朝廷、忠于皇帝的，不管是从政治上、理性上，还是从感情上而言，在朝廷和李师道之间，他的选择是不会犹豫的。可是，用男女之情爱婚姻来比喻，问题就出现了。发乎情而止乎礼，这是常见的现象，男女之间，尤其如此。有对联云："百善孝为先，论心不论事，论事从来无孝子；万恶淫为首，论事不论心，论心自古少贞人。"这首诗中的女主人公，作为有夫之妇，面对别的男子的勾引确实动了心，产生了一定的感情，"感君缠绵意"，乃至将对方送的双明珠"系在红罗襦"。尽管最终还是拒绝了对方，但这是出于无奈，对对方的感情依然存在，"双泪垂"可证也，仅仅是迫于现实和礼法而没有跟着感情走而已。贺贻孙《诗筏》云："此诗情辞婉恋，可泣可歌。然既垂泪以还珠矣，而又恨不相逢于未嫁之时，柔情相牵，辗转不绝，节妇之节，危矣哉！"[①]用现代的话语说，这女子尽管没有"肉体出轨"，但"感情出轨"是肯定的。即使是"感情出轨"，社会也是不能允许的，配偶更是难以容忍。以此来比喻张籍的政治立场，那么，他对唐王朝的忠诚也就大打折扣了。无论是舆论，还是朝廷，对官员这样的政治道德也不会打高分。明乎此，也就能够理解德潜绝不会选录这样的诗歌。

再次是黄巢《题菊花》诗。宋人张端义《贵耳集》卷下载黄巢《题菊花》诗云："飒飒西风满院栽，蕊寒香冷蝶难来。他年我若为青帝，移共桃花一处开。"[②]此诗非常有名。黄巢的这首诗歌抒发了消除社会不平等现象的宏伟抱负。这样的抱负，不仅李白的"为君谈笑静胡沙"不能望其项背，更加不用说"不破楼兰终不还"之类了，就是杜甫的"致君尧舜上，再使风俗淳"，也是望尘莫及。那么，由谁来消除呢？如果由他辅佐皇帝，治理社会，达到这样的境界，在当时的政治语境下就没有问题

① 毛先舒等著，郭绍虞编：《清诗话续编》，上海古籍出版社 1983 年版，第 188 页。

② 张端义著，李保民校点：《贵耳集》，上海古籍出版社 2012 年版，第 133 页。

了。可是，他的愿望是他当主宰世界的“青帝”以后，来合理安排这一切。这就是公开挑战封建社会皇权专制统治的底线了。这样的宏伟抱负，就完全脱离了当时的皇帝和朝廷，当然难以被主流社会所认可。《唐诗别裁集》肯定不会入选这样的作品。

《唐诗别裁集》中，忠君观念的另外一种较常见的体现是，诗人无论穷达贫富都应该感恩当朝。

对达者而言，他们的富贵当然都是皇帝和朝廷给的，他们应该感恩，应该为皇帝、为朝廷歌功颂德，更何况他们中能诗文的人，“润色鸿业”“鼓吹兴盛”就是其责任。在《唐诗别裁集》中，官员的此类作品，连篇累牍，几乎到令人生厌的程度。

对布衣诗人、隐士诗人而言，他们没有得到朝廷或皇帝给的富贵，甚至他们就是追求富贵道路上的失败者。那么，他们是否应该对皇帝、对朝廷歌功颂德呢？答案是肯定的。因为他们所享受的平安生活，是皇帝、朝廷治理的结果，更何况江山是皇帝和朝廷的，布衣也好，隐士也好，食毛践土，无非是在这江山之上，“普天之下莫非王土，率土之滨莫非王臣”，怎么能不感浩荡皇恩呢？因此，《唐诗别裁集》中也收录了不少此类诗人歌功颂德的作品。当然，这些作品之歌功颂德不如官员那么直接和集中。

当然，并不是每个诗人都有歌功颂德的诗篇，《唐诗别裁集》中入选的诗人也是如此。可是，无论如何，从根本上反对皇帝和朝廷的诗歌，德潜肯定是不会选入的。例如明人郎瑛《七修类稿》卷三十七载黄巢《菊》诗云：“待到秋来九月八，我花开后百花杀。冲天香阵透长安，满城尽带黄金甲。”[①]此诗也非常有名，题目多作《不第后赋菊》，《全唐诗》也收录了此诗。《唐诗别裁集》没有选入。

就总体而言，表现“忠君”观念的诗歌在唐代诗歌中的比例要比在《唐诗别裁集》中的比例低得多。那么，这样的现象原因何在呢？在于德潜竭力提倡“忠君”，在选政中体现“忠君”，于是他就尽可能地发掘唐代诗歌中“忠君”的文化资源，来为当时的现实服务。他的科名和富贵

① 郎瑛著：《七修类稿》，上海书店出版社 2009 年版，第 404 页。

不都是君主给的吗？他能不以提倡“忠君”相报吗？至于天下苍生，他是难以思考到的。再说，批判封建专制制度的罪恶，乃至创造一个比“忠君”合理的、进步的社会政治概念，并且予以宣传，我们无论如何也不能对德潜作出这样的期望，更加不能作要求了。

第三节　诗歌“辅政”有宜忌

德潜选录的这些诗歌，其创作宗旨就是通过诗歌干预现实，来达到改善现实的目的。干预现实，就诗歌而言，主要功能就是“劝惩”，前者是表扬、提倡、正面引导，后者是批评、制止、反面教育，但目的是一致的。就唐代此类诗歌的数量而言，后者远远超过前者，《唐诗别裁集》中所收录的情况也是如此。

士人辅政正俗，在儒家经典中有充分的依据。在我国封建社会中，不管哪个朝代，批判现实的文学作品在数量和质量上都是远远超过润饰鸿业的作品的。尽管《唐诗别裁集》中润饰鸿业的诗歌数量和批判现实的诗歌数量的比例要远高于唐代诗歌中的实际情况，但即使是作为王权的铁杆拥护者的选家沈德潜，他也无法使这样的比例高到不适当的地步。

我们把此书中的此类诗歌分为两个部分来论述，即关于政治的部分和关于社会的部分，前者的创作内容都和政治直接相关，其创作意图是通过诗歌作用于政治，达到改善政治的目的。后者的内容和政治没有直接的关系，其创作意图是通过诗歌作用于世道人心，不必经过政治而达到改善社会的目的。前者是“辅政”，后者是“正俗”。为了使篇幅匀称，“辅政”与“正俗”各以一节展开论述。

与政治相关的又可以分为两大类，一是和政策和策略及其实施相关的，一类是和具体的政治事件相关的。

唐代上流社会以崇尚奢靡著称。从唐初开始，边境战争不断。盛唐安史之乱，中唐晚唐，藩镇割据、兵祸连结。因此，在唐代诗歌中，写农民在沉重的赋税负担下的艰辛生活、写战争给百姓造成苦难的诗歌是常见的。《唐诗别裁集》中，也是如此。

唐代的边境战争，有些是必要的，有些则是可以避免的，不是唯一的选择，即使是必要的，在进行的过程中也有更好的方式和方法来减少对将士的伤害。唐代的边塞诗歌中，固然有昂扬着建功立业斗志的嘹亮战歌，也有以歌唱将士种种艰辛的哀歌，更有边关将士家中妻子在家中的种种苦楚。

边关环境恶劣，生活艰辛，当时交通和通信条件落后，征人思念家乡和亲人、女子思念征人，是边塞诗歌最为常见的主题。此书卷二十李益《夜上受降城闻笛》、卷十九王昌龄《从军行》、卷十九岑参《赴北庭度陇思家》、卷十九沈如筠《闺怨》、卷二十张仲素《秋思》等，几乎都是为人传诵的名篇。

这些绝不是征人和家属最为不幸的遭遇。战争残酷，杀戮惨重，征人战死疆场，是最为普通的结局。此书卷一王昌龄《塞下曲》、卷三刘湾《出塞曲》、卷五王维《陇头吟》、卷六李白《战城南》、卷十九王翰《凉州词》等，就写这样的内容。征人即使侥幸留得性命，以老残之身回到家乡，结局也是悲惨的。卷三刘长卿《从军行二首》之一："黄沙一万里，白首无人怜。报国剑已折，归乡身幸全。单于古台下，边色寒苍然。"[①]卷三赵徵明《回军跛者》云："既老又不全，始得离边城。一枝假枯木，步步向南行。去时日一百，来时月一程。常恐道路旁，掩弃狐兔茔。所愿死乡里，到日不愿生。闻此哀怨词，念念不忍听。惜无异人术，倏忽具尔形。"[②]

他们的亲人还不得不承受如此惨痛的不幸。此书卷五张谓《代北州老翁答》、卷八张籍《征妇怨》、卷八戴叔伦《女耕田行》、卷十九许浑《塞下》等，就是写这些内容。

有些诗歌反映征人之苦，以含混出之，包孕就更加丰富。例如卷十九薛涛《高骈席上作》："闻说边城苦，如今到始知。羞将筵上曲，唱与陇头儿。"[③]卷十九岑参《酒泉太守席上醉后作》："酒泉太守能剑舞，高堂置

① 沈德潜编：《唐诗别裁集》，中华书局 1975 年影印本，第 44 页。
② 沈德潜编：《唐诗别裁集》，中华书局 1975 年影印本，第 43 页。
③ 沈德潜编：《唐诗别裁集》，中华书局 1975 年影印本，第 109 页。

酒夜击鼓。胡笳一曲断人肠，座上相看泪如雨。”[①]征人之苦，苦到何等程度？苦到薛涛都不好意思把在军官宴席上唱的歌曲唱给边关的士兵听。乾隆本改第三句“羞”为“好”，文气不畅。[②] 军官们听一曲胡笳就“泪如雨”。那么，士兵之苦，又苦到什么样的程度呢？此书卷五所选高适的名作《燕歌行》也包容了边塞诗中的很多常见内容：“男儿本自重横行，天子非常赐颜色”，为国建功立业也；“战士军前半死生，美人帐下犹歌舞”，牺牲惨重，而将军只顾享乐、不恤士卒也；“铁衣远戍辛勤久，玉箸应啼别离后。少妇城南欲断肠，征人蓟北空回首”，征人与家属相互思念也；“大漠穷秋塞草腓，孤城落日斗兵稀”“相看白刃血纷纷，死节从来岂顾勋”，战争惨烈也；“君不见沙场征战苦，至今犹忆李将军”，总括征人之苦，谴责军官也。[③]

诗人们创作这些诗歌，希望朝廷调整边关策略和政策，采取最为适当的手段解决边关问题。例如，尽量避免战争，如李白《战城南》结尾化用老子的话：“乃知兵者是凶器，圣人不得已而用之。”运用合适的外交手段解除边患是一个选择，例如卷十九常建《塞下曲》：“玉帛朝回望帝乡，乌孙归去不称王。天涯静处无征战，兵气销为日月光。”[④]运用得力的军事手段解除边患，也是一个选择，如张谓《代北州老翁答》所云：“近传天子尊武臣，强兵直欲静胡尘。安边自合有长策，何必流离中国人。”不管如何，朝廷也要对边关将士予以充分的关怀。卷十九王之涣《凉州词》所云“羌笛何须怨杨柳，春风不度玉门关”，[⑤]就是含蓄地讽刺朝廷对边关将士缺乏应有的关爱。

那么，唐代有些很有名的边塞诗，德潜为什么没有选入此书呢？如元稹《元氏长庆集》卷二十三《夫远征》：“赵卒四十万，尽为坑中鬼。赵王未信赵母言，犹点新兵更填死。填死之兵兵气索，秦强赵破括敌起。括虽专命起尚轻，何况牵肘之人牵不已。坑中之鬼妻在营，髽麻戴绖鹅

① 沈德潜编：《唐诗别裁集》，中华书局1975年影印本，第262页。
② 沈德潜编：《唐诗别裁集》，中华书局1975年影印本，第260页。
③ 沈德潜编：《唐诗别裁集》，中华书局1975年影印本，第74页。
④ 沈德潜编：《唐诗别裁集》，中华书局1975年影印本，第262页。
⑤ 沈德潜编：《唐诗别裁集》，中华书局1975年影印本，第261页。

雁鸣。送夫之妇又行哭，哭声送死非送行。夫远征，远征不必戍长城，出门便不知死生。”[①]此类诗歌残忍、残酷、凄厉，甚至惨痛、恐怖，刺激性强，与德潜“温柔敦厚”的标准相违背，所以他不会选入这样的诗歌。

古代写田园的诗歌中写“田园苦”的比写“田园乐”的明显要多得多，而写“田园苦”的又以反映赋税之重者为大宗。唐代诗歌中是如此，《唐诗别裁集》中也是如此。

那么，农民负担的赋税为什么如此繁重？首先，是战争等造成的国家对粮食等物资生产的刚性需求。卷八元稹《田家词》：“牛吒吒，田确确。旱块敲牛蹄趵趵，种得官仓珠颗谷。六十年来兵簇簇，月月食粮车辘辘。一日官军收海服，驱牛驾车食牛肉。归来攸得牛两角，重铸锄犁作斤劚。姑舂妇担去输官，输官不足归卖屋，愿官早胜雠早覆。农死有儿牛有犊，不遣官军粮不足。”[②]长期的战争，不仅大大加重了农民的赋税、运输之类劳役等负担，也对农业生产力造成了很大的破坏，如耕牛被宰杀、劳动力被征调或因此死亡等。

在有些时候、有些情况下，当局对赋税的需求甚至超越了百姓可以承受的程度。卷三元结《舂陵行》自序云，道州原来有四万余户，经安史之乱后仅剩下不到四千户，大半不胜赋税。唐代宗宝应二年（763 年），元结当道州刺史上任不到五十日，就接到征收赋税的文件两百余个，都说若失期限，罪至贬削。这置元结于两难的境地：若要完成收缴赋税，地方非破即乱，刺史自然当不成；若不完成，就要被贬职削职，刺史也当不成。更加严重的是，不仅元结如此，许多地方官都是如此。于是，他写此诗，向社会、当局乃至朝廷天子反映这样的严峻现实：

> 军国多所需，切责在有司。有司临郡县，刑法竞欲施。供给岂不忧，征敛又可悲。州小经乱亡，遗人实困疲。大乡无十家，大族命单羸。朝餐是草根，暮食仍木皮。出言气欲绝，意速行步迟。追呼尚不忍，况乃鞭扑之。邮亭传急符，来往迹相追。更无宽大恩，但有迫促期。欲令鬻儿女，言发恐乱随。悉使索其家，而又无生

① 元稹：《元氏长庆集》，上海古籍出版社 1994 年版，第 120 页。

② 沈德潜编：《唐诗别裁集》，中华书局 1975 年影印本，第 122 页。

> 资。听彼道路言,怨伤谁复知。去冬山贼来,杀夺几无遗。所愿见王官,抚养以惠慈。奈何重驱逐,不使存活为。安人天子命,符节我所持。州县忽乱亡,得罪复是谁。逋缓违诏令,蒙责固其宜。前贤重守分,恶以祸福移。亦云贵守官,不爱能适时。顾惟孱弱者,正直当不亏。何人采国风,吾欲献此辞。①

元结的应对之策是,宁可被贬官削职,也不愿意伤害百姓。道州百姓,因此得到喘息。就在此年,某支强盗入道州,烧杀抢掠,几尽而去。令人惊讶的是,次年那支强盗攻打与道州相邻的永州和邵地,但特意绕过道州。究其原因,实在令人沮丧,不是道州的军事力量或元结足以制敌,而是强盗哀怜道州百姓,觉得他们再也经不起剥夺了。可是,强盗尚且哀怜的道州百姓,当局却不放过,还要横征暴敛。卷三元结作《贼退示官吏》,有云:“城小贼不屠,人贫伤可怜。是以陷邻境,此州独见全。使臣将王命,岂不如贼焉?”②这是非常大胆的斥责,但完全符合事实,也符合逻辑。在这样似乎无解的两难境地中,正确的选择还是如元结所说的那样,呵护百姓,百姓安居乐业,国家收取赋税才成为可能,杀鸡取卵是饮鸩止渴之举,不足为取。

其次,诗人们认为赋税之繁重,责任在相关的官员,国家根本不需要收这么多的赋税,以至于百姓困苦之极。那么,官员为什么要多收赋税呢?卷三白居易《秦中吟十首》之《重赋》认为,本来朝廷定的赋税是合理的,但贪吏以增加赋税向天子“买恩”,百姓就难以承受了:

> 厚地植桑麻,所用济生民。生民理布帛,所求活一身。身外充征赋,上以奉君亲。国家定两税,本意在爱人。厥初防其淫,明敕内外臣。税外加一物,皆以枉法论。奈何岁月久,贪吏得因循。役我以求宠,敛索无冬春。织绢未成匹,缫丝未盈斤。里胥迫我纳,不许暂逡巡。岁暮天地闭,阴风生破村。夜深烟火尽,霰雪白纷纷。幼者形不蔽,老者体无温。悲喘与寒气,并入鼻中辛。昨日输残税,因窥官库门。缯帛如山积,丝絮如云屯。号为羡馀物,随月

① 沈德潜编:《唐诗别裁集》,中华书局1975年影印本,第40页。

② 沈德潜编:《唐诗别裁集》,中华书局1975年影印本,第41页。

献至尊。夺我身上暖，买尔眼前恩。进入琼林库，岁久化为尘。①

卷八张籍《野老歌》也认为，赋税繁重，农民谋食艰难，是官员财政管理、市场管理不善之故："老农家贫在山住，耕种山田三四亩。苗疏税多不得食，输入官仓化为土。岁暮锄犁傍空室，呼儿登山收橡实。西江贾客珠百斛，船中养犬长食肉。"②这样的现象在我国封建社会中也不鲜见，唐代之前，早就发生过。例如，成语"陈陈相因"，其出处就是形容国家仓库中一年年的陈粮积聚在那里，早就不可食用。

再次，是统治阶级、剥削阶级无度的贪婪和没有限制的权力相结合，造成了农民赋税的繁重。粮食是生活必需品，不可或缺，但是，丝绸及丝绸制品不是生活必需品，属于奢侈品。唐代，丝绸之路等对外贸易发达，丝绸成为具有多种功能、价值高昂的物品，受到人们的追捧。于是，丝绸及其制品也成了当局征收的对象。卷八王建《当窗织》："叹息复叹息，园中有枣行人食。贫家女为富家织，翁母隔墙不得力。水寒手涩丝脆断，续来续去心肠烂。草虫促促机下啼，两日催成一匹半。输官上头有零落，姑未得衣身不著。当窗却羡青楼倡，十指不动衣盈箱。"③王建《簇蚕辞》："蚕欲老，箔头作茧丝皓皓。场宽地高风日多，不向中庭晒蒿草。神蚕急作莫悠扬，年来为尔祭神桑。但得青天不下雨，上无苍蝇下无鼠。新妇拜簇愿茧稠，女洒桃浆男打鼓。三日开箔雪团团，先将新茧送县官。已闻乡里催织作，去与谁人身上著。"④这正如罗隐《蜂》诗所云："采得百花成蜜后，为谁辛苦为谁甜?"⑤这样不公正的社会现象，为什么得以存在且越发夸张？其背后是不公正的社会制度，在这样的社会制度下，包括帝王在内的拥有公共权力的人可以利用所掌握的公共权力，为满足自己包括贪婪在内的私欲服务，而他们权力之下的百姓就成了牺牲品。正是这样的社会制度造成了且保护着如此不公正的社会现象，反过来，这样不公正的社会现象还会随着当权者私欲的膨胀而

① 沈德潜编：《唐诗别裁集》，中华书局1975年影印本，第52页。
② 沈德潜编：《唐诗别裁集》，中华书局1975年影印本，第124页。
③ 沈德潜编：《唐诗别裁集》，中华书局1975年影印本，第125页。
④ 沈德潜编：《唐诗别裁集》，中华书局1975年影印本，第126页。
⑤ 罗隐著，李之亮笺注：《罗隐诗集笺注》卷八，岳麓书社2001年版，第267页。

愈演愈烈。

政策和策略的错误和在实施过程中所产生的弊病或不足，给百姓造成了巨大的灾难，征人所承受的包括生命在内的种种牺牲，农民所承受的繁重赋税，是其中的大者。可是，且不说战死者、饿死者、累死者等等政治的牺牲，即使是幸存者，就整体而言，他们既没有足够的话语能力，也没有社会层面上的话语权，即使有所表达，传播效果也实在有限。关注他们，代他们叙述所遭受的苦难，表达他们之所痛、所怨、所不平和所希望，这是士人的社会使命。尽管承担这样的社会使命的人，在封建社会中是不多的，但毕竟还是有的，这也是中国士人值得自我安慰之处。卷四聂夷中《田家》："父耕原上田，子劚山下荒。六月禾未秀，官家已修仓。二月卖新丝，五月粜新谷。医得眼前疮，剜却心头肉。我愿君王心，化作光明烛。不照绮罗筵，只照逃亡屋。" 此诗最后四句，就是此类诗歌的宗旨所在。德潜云："唐时尚有采诗之役，故诗家每陈下民苦情，如柳州《捕蛇者说》，亦其一也。此诗言简意足，可匹柳文。"[①]当时乃至历史上是否存在采诗的制度和这样的制度是否切实得到实施，证据是不充分的。至于实行到什么程度，就更加难说了。即使当时确实实行了这样的制度，此类诗歌能否上达天听，也是个问题，至于朝廷和各级政府因此而改弦易辙，那无异于与虎谋皮。最为根本的原因是，在封建社会中，统治者的根本利益和被统治者的根本利益从根本上而言是对立的。

那么，百姓凭什么只能忍受这样的苦难甚至欺压，乃至于付出自己的性命而无所挣扎？因为当局所采取的这些行为，政策和策略及其实施都是在国家的名义下进行的，就主流社会来看，不仅是合法的，而且是正义的。在有些情况下，或者从某种角度看，这样的正义性确实存在。因此，边塞诗歌中，那些斗志昂扬、建功立业的战歌也是不少的，《唐诗别裁集》中就收录了不少，例如"黄沙百战穿金甲，不破楼兰终不还"等等，边境安宁，毕竟事关国家利益。田园或者田家诗歌中，尽管写农民深受繁重赋税之苦，但卷八元稹《田家词》中还有这样的描写："姑

---

① 沈德潜编：《唐诗别裁集》，中华书局1975年影印本，第68页。

春妇担去输官，输官不足归卖屋，愿官早胜雠早覆。农死有儿牛有犊，誓不遣官军粮不足。”[①]解决军阀割据、实现国家统一，那是国家根本利益所在，具有充分的正义性。但是，很显然，绝不是所有的赋税都具有正义性。困难之处不仅在于百姓很难确认也无法确认赋税的正义性，而且在于正义的和非正义的都在国家的名义下进行，而都以正义的旗号出现。百姓所关注和面对的，不是正义与否，而是国家权力，且对他们而言，他们直接面对的地方政权及其官员就代表着国家，代表着旗号所标识的、主流意识形态所赋予的正义性和实际上所拥有的强大的物质力量。他们如果不按质按量按期上缴赋税，不仅违背了这样的正义性，而且会引起与这样强大的物质力量之间的冲突，而其间力量的悬殊是明显的，这样的冲突一旦发生，他们只会遭到更加严重的伤害。例如，卷八王建《田家行》云：“男声欣欣女颜悦，人家不怨言语别。五月虽热麦风清，檐头索索缫车鸣。野蚕作茧人不取，叶间扑扑秋蛾生。麦收上场绢在轴，的知输得官家足。不望入口复上身，且免向城卖黄犊。回家衣食无厚薄，不见县门身即乐。”“不见县门”竟然成了他们对生活的期望。德潜评论云：“守此语，便为良农。”[②]在封建社会中，这样的“良农”永远是“苦农”，因为封建统治者的贪婪是没有止境的，他们的权力也是没有止境的，两者结合起来，伊于胡底？事实上，在封建社会中，这是百姓的宿命，也是某些统治者及其他们的家人子孙遭受灭顶之灾的宿命，史书所载，鲜血淋漓，而能真正以史为鉴者，史书上是不多的。

这一类诗歌，写政策或者策略及其实施过程中给百姓造成的种种苦难，但唐诗中有些属于此类的优秀且有名的诗篇，德潜没有选入。例如，大家熟悉的白居易《卖炭翁》即是。当时的宫市，实际上就是宫廷向民间掠夺物质生活资料，白居易此诗就是抨击宫廷这样的无耻行为的。此类诗歌，多泛泛言“官府”“官家”，但此诗却言“宫中”，矛头直指宫廷，冲击性和敏感性就大为不同了，在王权至上的当时，很容易上升为政治问题。结合德潜当时的情况看，这样的诗歌就更加犯忌讳了。清代的

① 沈德潜编：《唐诗别裁集》，中华书局1975年影印本，第122页。

② 沈德潜编：《唐诗别裁集》，中华书局1975年影印本，第125页。

宫廷是和民族问题紧密联系在一起的，地方向宫廷进贡的贡品，名义上取消了，但实际上还存在着，且康熙帝屡次南巡，向民间掠夺物质生活资料实在不少，沿途尤其是江南等地百姓不堪重负（参见本书关于《制府来》诗歌的考证）。在那样的政治、社会环境中，德潜不选《卖炭翁》也就可以理解了。后来，乾隆帝南巡，较之于康熙帝，可谓有过之而无不及，以至于在乾隆十六年，有人为了制止乾隆帝南巡，伪造所谓“孙嘉淦奏稿”加以谏止，成为轰动一时的文字狱。因此，德潜不选《卖炭翁》，理由就更加充分了。

《唐诗别裁集》中，另外一类较多的干预现实政治的诗歌较之以上所论者更为直接和明确，就某一项政策乃至某一次军政行动提出意见和建议，或对官场乃至朝廷某一种现象提出劝勉或批评。例如，杜甫《前出塞九首》和《后出塞》，德潜引朱鹤龄评语云：“明皇季年，哥舒翰贪功于吐蕃，安禄山构祸于契丹，于是徵调半天下。《前出塞》为哥舒翰发，《后出塞》为安禄山发。”德潜自云：“诗前九章多从军愁苦之词，后五章防强臣跋扈之渐。”[①]《唐诗别裁集》中所录杜甫在安史之乱期间所作诗歌如“三吏三别”和《兵车行》《哀江头》《哀王孙》等，尽管是以写实之笔反映时事，但在客观上也有给决策者和执行者参考的用意，对思考安史之乱这样巨大的社会政治悲剧及其产生的原因更有促进的意义，袁枚“石壕村里夫妻别，泪比长生殿上多”，就是据此立论的。至于《悲陈陶》《有感五首》《诸将五首》等，都是就具体的军政行动发表意见。

卷七韩愈《汴州乱二首》写汴州军士作乱，烧杀抢掠，杀朝廷命官总留守事陆长源，对邻近拥兵自重的藩镇表示不满：“诸侯咫尺不能救，孤士何者自兴哀。”也对朝廷的软弱姑息表示失望：“庙堂不肯用干戈，呜呼奈汝母子何。”[②]卷四张籍《西州》云：“羌胡据西州，近甸无边城。山东收税租，养我防塞兵。胡骑来无时，居人常震惊。嗟我五陵间，农者罢耘耕。边头多杀伤，士卒难全形。郡县发丁役，丈夫各征行。生男不能养，惧身有姓名。良马不念秣，烈士不苟营。所愿除国难，再逢天下

---

① 沈德潜编：《唐诗别裁集》，中华书局 1975 年影印本，第 30—31 页。
② 沈德潜编：《唐诗别裁集》，中华书局 1975 年影印本，第 108 页。

平。”德潜评语云：“西州属陇古道，天宝末陷于吐蕃。此愿中朝恢复，于烈士有厚望焉。”[①]卷二十张仲素《凉州词》云：“凤林关里水东流，白草黄榆六十秋。边将皆承主恩泽，无人解道取凉州。”[②]这是对边将在凉州问题上无所作为的批评。李白《远别离》《蜀道难》等，也都寄托了当时的政治内容。刘禹锡《平蔡州三首》、李商隐《韩碑》，都是赞颂朝廷裴度、李愬等平定藩镇的功业，都和当时的朝政有关。白居易《上阳白发人》写当时宫中宫女众多；《百炼镜》建议皇帝以人为鉴、以古为鉴；《青石》表彰段太尉和颜真卿的忠烈；《八骏图》建议皇帝戒奇物、惩佚游；《秦吉了》以众鸟比喻多种朝臣，如作恶者、同恶相济者、饱食不搏者、装聋作哑者、缄口不鸣者等等。

李商隐《有感》《重有感》《曲江》《哭刘蕡》等，都是表明自己对“甘露事变”的政治立场，对朝政的批评和对军阀、宦官的抨击。如卷十五《重有感》云：“玉帐牙旗得上游，安危须共主君忧。窦融表已来关右，陶侃军宜次石头。岂有蛟龙愁失水，更无鹰隼击高秋。昼号夜哭兼幽显，早晚星关雪涕收。”德潜云：“如申包胥秦廷之哭。李训事变，宦官族诛大臣时，王茂元为泾原节度使，故曰‘上游’，当与君分忧也。昭义节度使刘从谏上疏问王涯等何罪，仇士良惧，故云窦融表已来关右也。茂元在泾原，宜出兵相助，故云‘陶侃军宜次石头’也。至尊制于中人，是犹蛟龙失水。节度不能仗义，谁为鹰隼当秋？昼号夜哭，神人共愤，仍有望于拥兵上游者耳。茂元，义山妻父，以大义责之，见作者之持正。”[③]此类诗歌，后代诗人的诗歌中也是有的，但是，所谓“寄托遥深”的多，也就是晦涩难懂的多而显而易见的少，内容明确的程度很少有超过李商隐的。其政治意蕴，除了在比兴之中外，还常常以“咏古”“读史”“游仙”之类包裹起来。这是政治环境变得严酷了，还是诗人们的胆子变得小了？

唐代的此类诗歌中有些著名的作品，也没有被德潜选入《唐诗别裁集》。刘禹锡的两首游长安玄都观的诗歌，就是如此。永贞元年（805年），也就是贞元二十一年，刘禹锡游玄都观，那时观中还没有桃花。此

① 沈德潜编：《唐诗别裁集》，中华书局1975年影印本，第66页。
② 沈德潜编：《唐诗别裁集》，中华书局1975年影印本，第273页。
③ 沈德潜编：《唐诗别裁集》，中华书局1975年影印本，第211页。

年二月，大臣王叔文、王伾带领刘禹锡、柳宗元等进行“永贞革新”，不久失败，九月间，王叔文、王伾等被贬官。柳宗元被贬为永州司马，刘禹锡被贬为朗州司马，朗州即今湖南常德等地。此即“二王八司马”事件，他们都到边远地区任职，远离政治中心。十年后，元和十一年(815 年)，朝廷有人有意提拔刘禹锡，也改善他的生活环境，就让他回到长安。在等待分配工作期间，正好在桃花盛开的季节，本来没有桃花的玄都观，这时竟然成了观赏桃花的胜地，到那里去看桃花成为时髦，说是这道观的道士，手植仙桃满观，壮观如红霞。刘禹锡和许多人一样，也去玄都观桃花，并且写下《元和十一年自朗州召至京，戏赠看花诸君子》诗：“紫陌红尘拂面来，无人不道看花回。玄都观里桃千树，尽是刘郎去后栽。”①此诗语含讥刺，以桃花比喻那些新贵，寓意很明显：这些当朝新贵，都是当初参与打压我们的人，我们这些人被打压出去以后，他们才被提拔起来，现在权势熏天，得意非凡，声名赫赫，多少人趋炎附势！他被贬为朗州司马的时候也就 33 岁，确实是“刘郎”。那些反对派也有懂诗歌的，看出了其中的讥刺，觉得此人还那么狂，就任命他为连州刺史。连州，故地在今广东连县。刺史是主官，官职和品级比司马大不少，但离开政治中心更加远了。此后，他一直在地方任职。唐文宗大和二年(828 年)正月，刘禹锡奉命回到长安，担任主客郎中。三月，他又往玄都观游览，发现那里竟然连一棵桃树也没有了，只有一些兔葵、燕麦等摇荡在春风之中。他就又写了一首诗，即《再游玄都观》：“百亩庭中半是苔，桃花净尽菜花开。种桃道士归何处，前度刘郎今又来。”②寓意也是明显的，还是以当年的桃花比喻当年的朝廷新贵：那些当年权势显赫的新贵都不在朝廷了，扶植那些新贵的，或去世，或退休，或失势，都不知道到哪里去了，而当年被他们打压的“刘郎”却回来了。当时，刘禹锡已经 57 岁，早已不是“刘郎”了，但确实是“前度刘郎”啊！一种桀骜不驯、傲骨森森、坚定顽强的精神，千载而下，我们仍然能够清楚地感受到。

---

① 刘禹锡：《刘禹锡集》卷二十四，上海人民出版社 1975 年版，第 218 页。

② 刘禹锡：《刘禹锡集》卷二十四，上海人民出版社 1975 年版，第 218 页。

那么，德潜为什么不选这两首诗呢？原因主要有二：一是在传统的和清代的历史叙述和评价中，“永贞革新”是被否定的；二是这两首诗都不符合“温柔敦厚”的诗教观念。

由此可见，以诗歌批评乃至抨击当局的军政举措，给当局提军政建议，这也是可以的，但是，不能有悖于主流社会的价值观，最为重要的是，必须维护天子的利益和权威，决不能存在有损于天子利益和权威的任何内容；此外，必须符合“温柔敦厚”的诗教观念。

第四节　诗歌“正俗”有宜忌

此类诗歌和政治没有直接的关系，乃就社会风气，发为劝惩。就内容而言，主要分为以下几个部分。

一、批评奢靡的社会生活风尚

唐代社会生活，特别在长安等城市，以奢靡为尚。这有很多原因，例如，对外高度开放，大量新鲜物品流入中国；安史之乱之前，社会长期安定，经济繁荣，有了这样的惯性，即使在中晚唐社会经济衰弱的状况下，统治阶层仍然会利用自己掌握的权力，尽量保证奢靡的生活；可以用于享乐的文学和艺术高度发达；佛教兴盛，佛教经典中关于享乐的叙述，尽管其初衷是“以色明空”，但客观上对“色”的渲染也会推进享乐风气的发展。有社会责任感的诗人对此作出反应，于是就有了很多诗歌揭露、批评这样的生活方式。

《唐诗别裁集》中，德潜也选录了一些，数量还是比较多的。例如，卢照邻《长安古意》、骆宾王《帝京篇》、王维《洛阳女儿行》等，都以铺陈的手法写长安达官贵人骄奢淫逸的生活，并对这些作了否定。卷三白居易《轻肥》铺陈富贵者宴席之豪华，结尾云：“是岁江南旱，衢州人食人！”[1]《歌舞》《买花》写富贵者的奢侈生活，而根本不会想到还有人在受

① 沈德潜编：《唐诗别裁集》，中华书局 1975 年影印本，第 53 页。

苦受难。

在普遍的享乐氛围中，对富贵的崇拜也就兴盛了。德潜选录了一些抨击崇尚富贵的社会现象。白居易《议婚》批评在选择婚姻对象时重家庭富贵而轻个人修养的社会风气。卷三《合致仕》抨击贪恋富贵不肯退休的现象，写那些老年官员的丑态："可怜八九十，齿堕双眸昏。朝露贪名利，夕阳忧子孙。挂冠顾翠緌，悬车惜朱轮。金章腰不胜，伛偻入君门。"[①]以古人为劝："贤哉汉二疏，彼独是何人。寂寞东门路，无人继去尘。"《论语·里仁》中孔子说："富与贵，是人之所欲也，不以其道得之，不处也。"[②]白居易在诗中抨击的就是"不以其道"谋取富贵，为了得到富贵、占据富贵而抛弃道义。

当然，德潜选录的有些诗歌写高层达官贵人的奢靡生活，但这些诗歌的倾向是颂扬、赞赏，而没有批判。例如，大量的应制类诗歌和在上层社交活动中所作诗歌，就是如此。在德潜的认知中，皇家在政治上是凌驾一切的，在享乐方面，当然也是如此。荀子就为统治者包括物质享受方面的特权作了理论上的论证，认为这些特权有助于维护他们的统治权威。这对后世统治者拥有特权起到了推波助澜、为虎作伥的作用，至今未见揭示，而德潜显然是认同荀子这样的理论的。

关于父子关系。一般认为，儒家思想的核心是仁。可是，孝又是仁的出发点或基础，所谓"孝悌也者，其为仁之本与"就是这样的思想。儒家思想的核心，就是孝。孝也是宗族文化的核心，儒家文化正是在宗族文化基础之上发展起来的。宗族文化的基础则是宗族社会，而宗族社会是父系血缘和小农经济生产方式的结合体，这样的结合体在我国封建社会中是普遍的存在。因此，孝道方面的劝惩从来就是我国士人的自觉使命，许多诗人也是如此。

可是，在唐代和唐代以前的诗歌中，关于孝道的诗歌数量是不多的。究其原因，不是唐代社会不实行孝道，而是当时还没有刻意地提倡孝道。《韩非子·解老》云："父子之间，其礼朴而不明，故曰'礼薄'也。"

---

① 沈德潜编：《唐诗别裁集》，中华书局1975年影印本，第53页。
② 朱熹注：《四书章句集注》，中华书局2012年版，第70页。

"实厚者貌薄,父子之礼是也。"[①]父子之间的感情,天然自然,真挚深厚。《庄子·达生》第十九云:"忘足,屦之适也;忘要,带之适也;忘是非,心之适也。不内变,不外从,事会之适也。始乎适而未尝不适者,忘适之适也。"[②]唐代社会不刻意提倡孝道,乃是因为当时就总体而言父子关系和谐,故适而忘其孝也。德潜作为儒家诗学的代表人物,选教材式的《唐诗别裁集》,当然不可能不选入这些作品。因为,说到底,此书是德潜为清代读者选的,为儒家选的,为当时统治者选的,也是为他自己选的,而不是为唐代人选的。

此书卷三白居易《慈乌夜啼》:"慈乌失其母,哑哑吐哀音。昼夜不飞去,经年守故林。夜夜夜半啼,闻者为沾襟。声中如告诉,未尽反哺心。百鸟岂无母,尔独哀怨深。应是母慈重,使尔悲不任。昔有吴起者,母殁丧不临。嗟哉斯徒辈,其心不如禽。慈乌复慈乌,鸟中之曾参。"[③]相传乌鸦反哺,故人们常用以劝孝,此诗亦是如此。至于诗中的吴起和曾参,前者是"不孝",用以"惩",后者是孔门的两大孝子之一,用以"劝"。卷四孟郊《游子吟》则是最为著名的颂慈劝孝的诗篇。

唐代,"孝"早已覆盖儿媳妇这样的社会角色。婆媳之间没有血缘关系,没有从媳妇幼年就开始养成的感情基础,又存在着感情上、物质上的利害关系,因此,在中国传统的家庭里婆媳往往是"天敌"。唐代有写儿媳妇孝敬婆婆的诗歌,德潜自然会当作连城璧选取了。卷十九王建《新嫁娘词》云:"三日入厨下,洗手作羹汤。未谙姑食性,先遣小姑尝。"[④]语言朴素平淡,但新娘对婆婆的敬畏、取悦婆婆之心切、心细,都表达得非常到位。若将此解读为对婆婆的爱,显然缺乏充分的依据。不过,新娘能对婆婆做到这样的程度也不容易了,如果能够坚持到底,那么,也就是孝妇一个了。

其实,在我国古代作品中,关于孝的数量远远胜过关于慈的。抨击不孝的作品不少,但抨击不慈的作品不多。但唐代有之,德潜也选录

① 韩非著,王先慎集解,姜俊俊校点:《韩非子》,上海古籍出版社 2015 年版,第 157 页。

② 庄周著,萧无陂注:《庄子》,岳麓书社 2018 年版,第 237 页。

③ 沈德潜编:《唐诗别裁集》,中华书局 1975 年影印本,第 54 页。

④ 沈德潜编:《唐诗别裁集》,中华书局 1975 年影印本,第 257 页。

了。卷八顾况《囝》："囝生闽方，闽吏得之，乃绝其阳。为臧为获，致金满屋。为髡为钳，如视草木。天道无知，我罹其毒。神道无知。彼受其福。郎罢别囝，吾悔生汝。及汝既生，人劝不举。不从人言，果获是苦，囝别郎罢，心摧血下。隔地绝天，乃至黄泉，不得在郎罢前。"①"囝"是"儿子"的意思，"郎罢"即父亲。此诗还有改变僻远地方陋俗等的意思，不仅是劝慈而已。

关于兄弟关系。和"孝"密切联系在一起的是"悌"。"悌"的本义是服从兄长，但实际上就是爱兄弟姐妹的意思。"孝悌"常常并提，如上文所引，孝悌是仁的基础，仁这棵大树是从孝悌的根上长出来的。儒家的理想逻辑是，每个人爱兄弟姐妹，把这样的爱推广开去，社会就太平了。因此，我国文学作品中，在兄弟姐妹关系方面发为劝惩的不少，但在唐代诗歌中数量还是不多的，其原因和唐代关于孝道的诗歌不多是同样的道理。儒家诗学，最重社会效果，最重伦理，因此，在他们的理论中，这样的主题，其正义性和重要性仅次于孝道，德潜选《唐诗别裁集》当然要选一些这一类主题的诗篇。

例如卷六李白《上留田》：

> 行至上留田，孤坟何峥嵘。积此万古恨，春草不复生。悲风四边来，肠断白杨声。借问谁家地，埋没蒿里茔。古老向余言，言是上留田，蓬科马鬣今已平。昔之弟死兄不葬，他人于此举铭旌。一鸟死，百鸟鸣；一兽死，百兽惊。桓山之禽别离苦，欲去回翔不能征。田氏仓卒骨肉分，青天白日摧紫荆。交柯之木本同形，东枝憔悴西枝荣。无心之物尚如此，参商胡乃寻天兵。孤竹延陵，让国扬名；高风缅邈，颓波激清。尺布之谣，塞耳不能听。②

"上留田"为地名，相传其地有人，其父母死亡，尚有弱弟，他竟然不管不顾。时人为弟作歌，以讽其兄，故名《上留田》，也是古乐府。李白此诗，从传说、历史、动物、植物等方面反反复复来宣传兄弟姐妹之间相互友爱。卷三白居易《伤宅》，写达官贵人营造美轮美奂的别墅："主人此中

---

① 沈德潜编：《唐诗别裁集》，中华书局1975年影印本，第115页。
② 沈德潜编：《唐诗别裁集》，中华书局1975年影印本，第86页。

坐，十载为大官。厨有臭败肉，库有贯朽钱。谁能将我语，问尔骨肉间，岂无穷贱者，忍不救饥寒。如何奉一身，直欲保千年。不见马家宅，今作奉诚园。”[①]尽管此诗中没有孝悌的字样，但劝富贵者救助“骨肉”，也就是血缘关系亲近的人，孝悌的思想就在其中了。卷三沈千运《感怀弟妹》从节序变迁、岁月流逝，发为对弟妹之思：“兄弟可存半，空为亡者惜。冥冥无再期，哀哀望松柏。骨肉能几人，年大自疏隔。性情谁免此，与我不相易。唯念得尔辈，时看慰朝夕。”[②]卷三韦应物《新秋夜寄诸弟》云“两地俱秋夕，相望共星河”，[③]卷一宋之问《别之望后独宿蓝田山庄》云“《鹡鸰》有旧曲，调苦不成歌。自叹兄弟少，常嗟离别多”，[④]这些也都是咏兄弟姐妹之间深情的。

关于夫妇关系。夫妇关系，儒家也把它作为“五伦”之一。夫妇伦理和两性、感情、生育、谋生、养老、财富积累、社会责任等直接相关，所以有丰富而复杂的内涵。唐代诗歌中，关于婚姻、两性、爱情的诗歌很多，数量远远超过了关于孝悌的诗歌。《唐诗别裁集》中，也有不少关于夫妇关系的诗篇。当然，德潜的取舍，自然有其义法在。

德潜也选关于未婚男女之间爱情的诗歌，但就一首。卷六李白《杨叛儿》：“君歌《杨叛儿》，妾劝新丰酒。何许最关人，乌啼白门柳。乌啼隐杨花，君醉留妾家。博山炉中沉香火，双烟一气凌紫霞。”德潜云：“即《子夜》《读曲》意，而语不媟亵，故知君子言有则也。”[⑤]这是酒家女和酒客之间的情愫表达。齐胡太后宠杨旻，故当时童谣唱其事，而讹为《杨叛儿》。故诗中的酒客所唱以及酒家女所唱，都具有明显的暧昧内容。此女未婚，按照当时的礼法，无论酒客是否成家，这都是允许的，且“语不媟亵”，故德潜选录之，以存一种主题，亦以此承《诗经》中大量的关于未婚男女之间歌唱爱情的诗篇。卷二李白《长干行》中“妾发初覆额，折花门前剧。郎骑竹马来，绕床弄青梅。同居长干里，两小无嫌猜”，[⑥]是

① 沈德潜编：《唐诗别裁集》，中华书局1975年影印本，第53页。
② 沈德潜编：《唐诗别裁集》，中华书局1975年影印本，第42页。
③ 沈德潜编：《唐诗别裁集》，中华书局1975年影印本，第47页。
④ 沈德潜编：《唐诗别裁集》，中华书局1975年影印本，第9页。
⑤ 沈德潜编：《唐诗别裁集》，中华书局1975年影印本，第87页。
⑥ 沈德潜编：《唐诗别裁集》，中华书局1975年影印本，第26页。

写男女之间纯真爱情的名段，“青梅竹马”“两小无猜”也就成了形容男女爱情纯真美好的成语。

在选择结婚对象的条件方面，也有入选者。卷三白居易《议婚》：

> 天下无正声，悦耳即为娱。人间无正色，悦目即为姝。颜色非相远，贫富则有殊。贫为时所弃，富为时所趋。红楼富家女，金缕绣罗襦。见人不敛手，娇痴二八初。母兄未开口，已嫁不须臾。绿窗贫家女，寂寞二十馀。荆钗不直钱，衣上无真珠。几回人欲聘，临日又踟蹰。主人会良媒，置酒满玉壶。四座且勿饮，听我歌两途。富家女易嫁，嫁早轻其夫。贫家女难嫁，嫁晚孝于姑。闻君欲娶妇，娶妇意何如。①

诗人认为，选择女子的标准不应该是财富，而应该是有礼法修养、能敬丈夫、能孝公婆。卷四孟郊《静女吟》：“艳女皆妒色，静女独检踪。任礼耻任妆，嫁德不嫁容。君子易求聘，小人难自从。此志谁与谅，琴弦幽韵重。”②诗人认为，女儿应该遵守礼法，而不必注重妆容，选择丈夫的标准不是对方的容貌，而是对方的品德。其实，“任礼耻任妆，嫁德不嫁容”也完全适用于现代的女子，当然“德”的具体内涵是完全不同的。

妻子对丈夫深厚的感情，是唐代诗歌中很常见的内容。所谓“思妇”诗歌，几乎都是如此。唐代社会，一是外出追求功名的人多，特别是到边地参加军事行动或公干的人比较多；二是商业发达，外出经商的人比较多。诗人往往会把自己对妻子的思念曲折地通过“思妇”诗歌表达出来。《唐诗别裁集》中，此类诗歌就不少。卷五王昌龄《乌栖曲》：“白马逐朱车，黄昏入狭邪。柳树乌争宿，争枝未得飞上屋。东房少妇婿从军，每听乌啼知夜分。”③卷九崔湜《折杨柳》：“二月风光半，三边戍不还。年华妾自惜，杨柳为君攀。落絮缘衫袖，垂条拂髻鬟。那堪音信断，流

① 沈德潜编：《唐诗别裁集》，中华书局 1975 年影印本，第 52 页。
② 沈德潜编：《唐诗别裁集》，中华书局 1975 年影印本，第 64 页。
③ 沈德潜编：《唐诗别裁集》，中华书局 1975 年影印本，第 83 页。

涕望阳关。”①李白《长干行》、李益《长干行》、王建《镜听词》《望夫石》、裴羽仙《寄夫征衣》，韦应物《拟古》、张籍《离怨》，都是写思妇的名篇。当然，这些诗歌都是男性诗人写的，发后来某些词“男子而作闺音”的先声。《唐诗别裁集》中，也有女性诗人写的思妇之诗。如卷二十陈玉兰《寄夫》：“夫戍边关妾在吴，西风吹妾妾忧夫。一行书信千行泪，寒到君边衣到无。”②又如卷二十葛亚儿《怀良人》：“蓬鬓荆钗世所稀，布裙犹是嫁时衣。胡麻好种无人种，正是归时不见归。”③后面一首，更加真切。

表现丈夫对妻子深情的诗歌在唐代不多，但有很著名的，例如卷十五元稹的悼亡之作《遣悲怀》。《唐诗别裁集》选其第一首：“谢公最小偏怜女，嫁与黔娄百事乖。顾我无衣搜画箧，泥他沽酒拔金钗。野蔬充膳甘长藿，落叶添薪仰古槐。今日俸钱过十万，与君营奠复营斋。”④当然，在不少唐人所作征人游子思乡的诗歌中，也会表达对妻子的感情，但专门抒发对妻子深情的诗歌确实不多，《唐诗别裁集》中就更加少了。

“弃妇”题材诗歌，《唐诗别裁集》也收录了一些，且同情几乎都在被抛弃的妇女一边，对抛弃者是谴责的。可见，不管是这些唐代诗人，还是德潜，对男权社会男子利用优势抛弃妻子是持反对态度的。卷六李白《白头吟》有云，“相如作赋得黄金，丈夫好新多异心。一朝将聘茂陵女，文君因赠白头吟。”“覆水再收岂满杯，弃妾已去难重回。”⑤卷二杜甫《佳人》：“夫婿轻薄儿，新人美如玉。合昏尚知时，鸳鸯不独宿。但见新人笑，那闻旧人哭。”⑥卷二李白《妾薄命》：“雨落不上天，水覆难再收。君情与妾意，各自东西流。昔日芙蓉花，今成断根草。以色事他人，能得几时好。”⑦卷四刘驾《弃妇》：“回车在门前，欲上心更悲。路傍见花发，似妾初嫁时。养蚕已成茧，织素犹在机。新人应笑此，何如画蛾眉。”⑧卷四陆龟蒙《美人》：“美人抱瑶瑟，哀怨弹别鹤。雌雄南北飞，一

① 沈德潜编：《唐诗别裁集》，中华书局1975年影印本，第135页。
② 沈德潜编：《唐诗别裁集》，中华书局1975年影印本，第278页。
③ 沈德潜编：《唐诗别裁集》，中华书局1975年影印本，第278页。
④ 沈德潜编：《唐诗别裁集》，中华书局1975年影印本，第207页。
⑤ 沈德潜编：《唐诗别裁集》，中华书局1975年影印本，第87页。
⑥ 沈德潜编：《唐诗别裁集》，中华书局1975年影印本，第36页。
⑦ 沈德潜编：《唐诗别裁集》，中华书局1975年影印本，第26页。
⑧ 沈德潜编：《唐诗别裁集》，中华书局1975年影印本，第68页。

旦异栖托。谅非金石性，安得宛如昨。生为并蒂花，亦有先后落。秋林对斜日，光景自相薄。犹欲悟君心，朝朝佩兰若。”[①]值得注意的是，这些弃妇仍然深爱着抛弃她们的丈夫，这更加深了她们被抛弃的悲剧性，因此也更加动人。不过，其中是不是也传达了这样的观念：女子即使被抛弃，仍然应该坚持对丈夫的感情、从一而终、坚守“妇节”？

烈女诗和贞女诗。颂扬烈女的诗歌，如卷五乔知之《绿珠篇》：“石家金谷重新声，明珠十斛买娉婷。此日可怜君自许，此时可喜得人情。君家闺阁不曾难，常将歌舞借人看。意气雄豪非分理，骄矜势力横相干。辞君去君终不忍，徒劳掩袂伤铅粉。百年离别在高楼，一代红颜为君尽。”德潜云：“知之有婢窈娘，美丽善歌舞，为武承嗣夺去。知之作《绿珠篇》以寄。窈娘缝诗衣带中，投井死。承嗣见诗，大恨，讽酷吏罗织，死之。”[②]颂扬贞女的诗歌，卷四孟郊《列女操》：“梧桐相待老，鸳鸯会双死。贞女贵徇夫，舍生亦如此。波澜誓不起，妾心井中水。”[③]在唐代社会，守节的女子尽管会受到赞扬，但改嫁的女子也不会受到批评，更加不会受到社会的歧视。在唐代，宣扬女子节烈的人和诗歌是不多的。可是，写诗的人在唐代，选诗的德潜生活在清代，当然要体现他的价值观。在清代，特别是在德潜那里，被丈夫抛弃也好，被迫离开丈夫也好，丈夫去世也好，女子就只能从一而终！而男子，在婚姻方面，只要不虐待妻子，不是在没有正当理由的情况下抛弃妻子，就不会受到谴责。即使妻子健在，他也可以堂而皇之地娶妾，甚至可以娶不止一个妾。德潜自己，就是如此。这些都体现了德潜婚姻观、妇女观的保守性、狭隘性和自私性。

唐代诗歌中，也有关于妓女情爱的。《唐诗别裁集》尽管也采录了名妓薛涛的诗歌，也有内容涉及妓女的诗歌，但这些诗歌的内容和男女爱情完全无关。此选集中，仅有一首是写妓女并且涉及其婚姻的。卷二十罗隐《赠妓云英》：“钟陵醉别十馀春，重见云英掌上身。我未成名

---

① 沈德潜编：《唐诗别裁集》，中华书局 1975 年影印本，第 68 页。

② 沈德潜编：《唐诗别裁集》，中华书局 1975 年影印本，第 71 页。

③ 沈德潜编：《唐诗别裁集》，中华书局 1975 年影印本，第 64 页。

君未嫁，可能俱是不如人”[1]罗隐和妓女云英分别十余年后重逢，云英叹息罗隐依然科场失意，罗隐以此诗反唇相讥。当然，此诗还可以理解为他们“同是天涯沦落人”的相互慰藉。那么，以“诗教”自任的德潜，怎么会选择这一首诗呢？当然不是取此诗的反唇相讥，也不是取其在落魄中的相互慰藉，而是取其价值取向：读书人应该争取功名，妓女应该从良，拥有正常的婚姻和家庭。这样看，此诗就有“正能量”，可以用来行“诗教”了。

《唐诗别裁集》中关于婚姻、爱情的诗歌都在礼法的范围之内。包括士人和青楼女子爱情在内的所有不合礼法的爱情的诗歌，艺术水平再高，传诵再广，受到的关注再多，德潜也是不选的。例如，李商隐《无题》诗等，不管其所写爱情是否有寄托，但所写爱情本身是不合礼法的，因此，德潜是不选的。不仅如此，即使是“还君明珠双泪垂，何不相逢未嫁时”的《节妇吟》，仅仅是“发乎情、止乎礼仪”的“感情动摇”或“感情出轨”也是不被容忍的，《唐诗别裁集》也都没有选录。

即使是完全符合礼法的爱情，也未必够得上选入此书的条件。高棅《唐诗品汇》卷五十二载朱庆馀《闺意上张水部》：“洞房昨夜停红烛，待晓堂前拜舅姑。妆罢低声问夫婿，画眉深浅入时无。”[2]这首诗很有名，后两句常为人所引用。诗中显然有寄托，而以“闺意”出之。新娘如此问夫婿，这不是不可以，但这是夫妇间的事情，具有高度的私密性，不应该让别人知道，更加不应该写在诗歌中。如果在作为诗歌教材的选本中选此类诗歌，大家仿效，会出现什么样的情况？这应该是德潜舍弃此诗的原因。

关于邻里关系。邻里同属于一个较为紧密的地缘生活共同体，出入相望，危难相助，喜庆相贺，情感相依，是这个共同体的常态。在小农经济的格局下，这样的生活共同体就是村落。村落往往和家族或宗族结合起来。但随着社会的发展，异姓村落逐渐多了起来。异姓村落缺乏宗族文化的制约，邻里关系也缺乏由血缘或亲缘产生的感情基础，所

① 沈德潜编：《唐诗别裁集》，中华书局 1975 年影印本，第 277 页。
② 高棅编：《唐诗品汇》，上海古籍出版社 1988 年版，第 480 页。

以就显得更加复杂。这自然也引起了具有社会责任感的诗人们的注意。唐代诗歌中，关于邻里关系的内容也是不少的。德潜选录了三首主题比较集中的，卷三两首是元结的诗。《与瀼溪邻里》："昔年苦逆乱，举族来南奔。日行几十里，爱君此山村。峰谷呀回映，谁家无泉源。修竹多夹路，扁舟皆到门。瀼溪中曲滨，其阳有闲园。邻里昔赠我，许之及子孙。我尝有匮乏，邻里能相分。我尝有不安，邻里能相存。斯人转贫弱，力役非无冤。终以瀼滨讼，无令天下论。"[①]《喻瀼溪乡旧游》："往年在瀼滨，瀼人皆忘情。今来游瀼乡，瀼人见我惊。我心与瀼人，岂有辱与荣。瀼人异其心，应为我冠缨。昔贤恶如此，所以辞公卿。贫穷老乡里，自休还力耕。况曾经逆乱，日夜闻战争。尤爱一溪水，而能存让名。终当来其滨，饮啄全此生。"[②]元结家族为避乱初到瀼溪的时候，得到了那里居民的慷慨馈赠等帮助。后来，诗人以高官致仕还乡，邻里以其曾为高官而与之生分，诗人乃以诗释之。此二诗，对邻里之间相处，特别是新老居民之间的相处、官宦之家和寻常百姓家的相处有指导意义。卷十一于鹄《题邻居》："僻巷邻家少，茅檐喜并居。蒸梨常共灶，浇薤亦同渠。传屐朝寻药，分灯夜读书。虽然在城市，还得似樵渔。"[③]这应该是邻里关系的常态。

关于朋友关系。朋友关系，尽管在儒家"五伦"之末，但其在社会生活中的重要性却不断地凸显出来。朋友关系是超越宗族、亲族和地缘的一种社会关系。在小农经济的格局下，朋友关系不是必须的。如上所言，个体遇到危机，宗族、亲族援手就可能解决了。可是，随着社会的发展，越来越多的人离开家乡谋求生存和发展，他们脱离了原来的宗族和亲族，既摆脱了宗族文化和亲族文化的控制，也没有了在遇到危机的情况下向宗族和亲族谋求援手的可能。在有效的社会公共救助系统建立之前，他们如何度过个体危机？朋友的援手应该是重要的途径。因此，在朋友之道方面的劝惩也是诗歌创作的重要内容。

表现对朋友深情的诗歌在唐代很多，数量远远超过关于父子之间、

---

① 沈德潜编：《唐诗别裁集》，中华书局 1975 年影印本，第 41 页。
② 沈德潜编：《唐诗别裁集》，中华书局 1975 年影印本，第 41 页。
③ 沈德潜编：《唐诗别裁集》，中华书局 1975 年影印本，第 167 页。

兄弟姐妹之间关系的诗歌，这和当时绝大部分诗人的生活圈子大多超越家族、宗族和亲族、村落等自然组织这样的社会现实有直接的关系。《唐诗别裁集》中，德潜也选了大量的表达友情的诗歌，这里就不一一列举了。这里举若干抨击友道衰微的诗。卷六杜甫《贫交行》云："翻手作云覆手雨，纷纷轻薄何须数。君不见管鲍贫时交，此道今人弃如土。"[①]这是抨击友道衰微的名篇。卷五李颀《古行路难》写"汉家名臣杨德祖"家族，"四代五公享茅土"，富贵如烈火烹油，但"一朝谢病还乡里，穷巷苍茫绝知己。秋风落叶闭重门，昨日论交竟谁是"。[②] 此抨击以权势结交。卷五高适《邯郸少年行》："邯郸城南游侠子，自矜生长邯郸里。千场纵博家仍富，几度报仇身不死。宅中歌笑日纷纷，门外车马常如云。未知肝胆向谁是，令人却忆平原君。君不见今人交态薄，黄金用尽还疏索。以兹感叹辞旧游，更于时事无所求。且与少年饮美酒，往来射猎西山头。"[③]此抨击以金钱结交，而全然与义气、感情和观念等无关，这样的结交，"黄金用尽还疏索"是必然的结果。卷三白居易《伤友》抨击富贵而忘记贫贱之交者。"近日多如此"云云，说明当时风气如此。卷一王维《西施咏》诗与白居易《伤友》诗之旨略同，而增加了骤然富贵者的娇贵丑态，诗歌中的西施当然是有所寄托的，指那些骤然富贵者。可见，这样的现象，王维生活的盛唐就已经存在了。

关于士风。《唐诗别裁集》中，德潜还选了不少士风劝惩的诗歌。不管从社会使命上说，还是就实际的社会效果说，士人是引领社会风气的力量，因此，古有"士大夫无耻是国耻"之说。唐代士人的社会责任感很强，作有不少关于士风的诗歌。德潜也选录了一些。这些诗歌，在不同的方面对当时的士风多有劝惩。

白居易《感鹤》写士人具有洁身自好的坚贞品格，但一入官场等名利场，就为利欲所牵，与卑下的世风同流合污。卷三元结《贱士吟》抨击士人为谋取富贵而蝇营狗苟的勾当，诗人为此深表忧虑。卷四孟郊《长

① 沈德潜编：《唐诗别裁集》，中华书局 1975 年影印本，第 94 页。
② 沈德潜编：《唐诗别裁集》，中华书局 1975 年影印本，第 79 页。
③ 沈德潜编：《唐诗别裁集》，中华书局 1975 年影印本，第 74 页。

安羁旅行》云："始知喧竞场，莫处君子身。"[①]尽管是失意之言，但也可以看出当时名利场上的丑态了。

碑文是留给后人的重要的史料，但当时的碑文也有很不可靠的，且几乎成了一种风气。卷三白居易《立碑》写为去世的富贵者立碑，夸张地歌功颂德的恶俗："铭勋悉太公，叙德皆仲尼。复以多为贵，千言直万赀。为文彼何人，想见下笔时。但欲愚者悦，不思贤者嗤。岂独贤者嗤，仍传后代疑。古石苍苔字，安知是愧词。"作者认为，真正值得珍贵的是百姓的口碑。诗人以贤者为劝："我闻望江县，曲令抚茕嫠。在官有仁政，名不闻京师。身殁欲归葬，百姓遮路岐。攀辕不得归，留葬此江湄。至今道其名，男女涕皆垂。无人立碑碣，唯有邑人知。"[②]可惜，"谀墓"的恶俗及其变种至今仍然存在。乾隆帝曾经斥责德潜为了银子写谀墓文，德潜的文集中也确实有谀墓文。纪昀《阅微草堂笔记》中，也有猛烈抨击谀墓恶俗的故事。

《唐诗别裁集》中，其他方面的劝惩诗歌还有一些。例如，抨击迷信的诗歌。唐代道教和佛教兴盛，相关的神棍女巫招摇撞骗，在唐代小说中就有之。韩愈"攘斥佛老，不遗余力"，其著名的《华山女》《谢自然》就是写此类女巫的。德潜只选了《华山女》，而没有选《谢自然》，原因有二：第一，此二诗的主题重复，选一即可，不必选二；第二，德潜认为，《谢自然》是明明白白地斥责，而《华山女》是"微刺之"，他是主张"温柔敦厚"的。卷三白居易《凶宅》写一凶宅："连延四五主，殃祸继相重。自从十年来，不利主人翁。风雨坏檐隙，蛇鼠穿墙墉。人疑不敢买，日毁土木功。"诗人认为，此宅主人遭难或者去世，和此宅无关。"我今题此诗，欲悟迷者胸。凡为大官人，年禄多高崇。权重持难久，位高势易穷。骄者物之盈，老者数之终。四者如寇盗，日夜来相攻。假使居吉土，孰能保其躬。"[③]并且认为，不独住宅，国家也是如此："因小以明大，借家可喻邦。周秦宅殽函，其宅非不同。一兴八百年，一死望夷宫。寄语家与国，人凶非宅凶。"因小见大，议论正大堂皇。

① 沈德潜编：《唐诗别裁集》，中华书局1975年影印本，第64页。
② 沈德潜编：《唐诗别裁集》，中华书局1975年影印本，第53页。
③ 沈德潜编：《唐诗别裁集》，中华书局1975年影印本，第55页。

《唐诗别裁集》中所选录的在社会的层面上干预现实的诗歌，其内容完全符合清代主流社会所奉行的礼法，其表达完全符合“温柔敦厚”的诗教。除此之外，德潜选诗还有一些别的标准，因此，有些非常优秀的诗歌也很有名，但没有被德潜选录。现举白居易的两首示例。白居易《井底引银瓶》：

井底引银瓶，银瓶欲上丝绳绝。石上磨玉簪，玉簪欲成中央折。瓶沉簪折知奈何，似妾今朝与君别。忆昔在家为女时，人言举动有殊姿。婵娟两鬓秋蝉翼，宛转双蛾远山色。笑随戏伴后园中，此时与君未相识。妾弄青梅凭短墙，君骑白马傍垂杨。墙头马上遥相顾，一见知君即断肠。知君断肠共君语，君指南山松柏树。感君松柏化为心，暗合双鬟逐君去。到君家舍五六年，君家大人频有言。聘则为妻奔是妾，不堪主祀奉蘋蘩。终知君家不可住，其奈出门无去处。岂无父母在高堂，亦有亲情满故乡。潜来更不通消息，今日悲羞归不得。为君一日恩，误妾百年身。寄言痴小人家女，慎勿将身轻许人。

白居易在题下标明此诗的主题是“止淫奔也”。[①] 诗中女子为了爱情私奔，没有“父母之命、媒妁之言”和婚约、婚礼等就结婚了，但他们的婚姻不被男方父母承认，不被社会认可，女主人公在经济上和人格上就处于非常尴尬甚至悲惨的境地。诗人以此告诫未婚女子，“慎勿将身轻许人”！“六礼”之类婚礼的仪式，最大的功用就是向社会展示婚礼的进呈，以得到社会的承认，也因此得到社会的监督和保护。没有这些仪式，就意味着婚姻得不到社会的承认、监督和保护，这样的婚姻是脆弱的，经不起内部的动摇和外部的冲击，诗中所写就是如此。因此，诗人告诫未婚女子，婚姻应该符合礼法，这也是正确的。可是，诗歌的效果还可能会让人想到：社会和家长为什么不能对这样自愿结合但没有经过礼仪程序的婚姻予以宽容呢？这不是笔者的妄测，元朝剧作家的《墙头马上》就是根据这首诗写的，而其主题就是笔者所推测的效果。因

① 白居易著，朱金城笺注：《白居易集笺校》卷四，上海古籍出版社 1988 年版，第 229 页。

此，诗歌的艺术效果如何也在德潜的考虑范围内。艺术效果有可能会引发和正大的主题不一致乃至有矛盾的思考的诗歌，德潜也是不会选录的。

白居易《母别子》云：

> 母别子，子别母，白日无光哭声苦。关西骠骑大将军，去年破虏新策勋。敕赐金钱二百万，洛阳迎得如花人。新人迎来旧人弃，掌上莲花眼中刺。迎新弃旧未足悲，悲在君家留两儿。一始扶行一初坐，坐啼行哭牵人衣。以汝夫妇新燕婉，使我母子生别离。不如林中乌与鹊，母不失雏雄伴雌。应似园中桃李树，花落随风子在枝。新人新人听我语，洛阳无限红楼女。但愿将军重立功，更有新人胜于汝。

诗人在题下注明此诗主题："刺新间旧也。"这样母子生别离的人伦惨剧是如何造成的呢？是"去年破虏新策勋""敕赐金钱二百万"的"关西骠骑大将军"另娶"如花人"而抛弃妻子造成的。在大将军的逻辑下，新娶的"如花人"也是没有安全感的。很明显，诗人对大将军的行为是抨击的。大将军这样的行为，在任何社会也是应该被抨击的。可是，德潜为什么不选录此诗呢？

我国古代，抨击社会不良现象或事件的诗歌很多，可是，这些不良现象或事件的事主大多为泛指，或者为曲折体现，乃至为影射，或者是其在政治上没有地位，至少是失势的，而极少明确指向某位确定的在任高官。白居易此诗中的这位大将军，尽管诗中没有明确交代他的姓名，但是确指的，不仅是在任的，还是新立功、新承宠的，是功高位尊权重的，白居易写此诗说大将军您不能这样做，在当时没有被追究，那是幸运。幸运不会是常态。如果是在清代，诗人就肯定没有那么幸运了。德潜没有选这首诗，首先，从他的诗教观出发，他不能提倡大家仿效白居易，尽管这样的诗歌确实是社会非常需要的；其次，他也没有这个胆量。

因此，德潜选干预社会现实的诗歌，抨击不良社会现象，除了内容符合主流社会要求、符合诗教观念外，还要避免世人仿效而引起社会方面的甚至是政治方面的矛盾。这在封建社会中也是可以理解的。

第五节　泄导人情之示范

百姓普遍的怨愤哀伤，应该予以泄导。在古代社会，百姓最为普遍的怨愤哀伤其原因有二：一是沉重的赋税，二是兵役。唐代许多诗歌以此两项为题材。《唐诗别裁集》中此类诗歌也选录了不少，上文已经作了阐述。诗人写这些诗歌旨在“愿得天子知”，在为政方面作出相应的调整。仅仅如此，还是不够的。如果出于种种原因，朝廷无法减轻百姓的负担，或者短期内无法作出改善，那么，百姓的状态只能继续下去。但是，由政府的政治行为造成的百姓普遍的怨愤哀伤，对社会、对政府而言，都是危险的因素。对以君主为首的政府而言，百姓是政府的“本”，亦即基础，当然也是君主的基础，这个基础一旦动摇，君主和政府就会处于危险之中，社会也会付出相应的代价。中国古代思想特别是儒家思想中的“人本”或者“民本”思想，翻来覆去，阐述的就是这个最为基本的道理。如果百姓普遍的怨愤哀伤被有野心的人利用，百姓的力量化为政府的异己力量，就很可能导致严重的后果。因此，政府需要尽可能地泄导乃至化解百姓的怨愤哀伤。可是，政府官员明显是能力不足的。且不说如孔子的学生子游那样以礼乐儒道教化百姓，就是如元结那样以诗歌诉说百姓负担之重、生活之苦以尽可能地缓解百姓情绪的地方官，也是不多的。于是，不在地方政府任职的诗人，就承担起了这样的社会责任。

那么，他们是如何来泄导百姓由重赋和兵役造成的怨愤哀伤的呢？《唐诗别裁集》中，有些诗歌就给后世的诗人作出示范。例如卷三白居易的《重赋》云：“国家定两税，本意在爱人。厥初防其淫，明敕内外臣。税外加一物，皆以枉法论。”后来，官吏为了求宠，就擅自加税：“奈何岁月久，贪吏得因循。役我以求宠，敛索无冬春。织绢未成匹，缫丝未盈斤。里胥迫我纳，不许暂逡巡。”由此给百姓造成了苦难：“夜深烟火尽，霰雪白纷纷。幼者形不蔽，老者体无温。悲喘与寒气，并入鼻中辛。”可是，政府根本用不了那么多赋税，造成了财产的严重浪费："昨日输残税，因窥官库门。缯帛如山积，丝絮如云屯。号为羡馀物，随月献至尊。夺我身上暖，买尔眼前恩。进入琼林库，岁久化为尘。"①朝廷和君主是"爱人"的，给百姓造成苦难的是擅自增加赋税求宠的官吏，而不是君主或朝廷。那么，百姓痛恨的对象应该是那些官吏，而不是朝廷。如此，诗人就将百姓的怨愤转变了方向，引到相关的官吏身上。这是一种非常巧妙的泄导乃至化解百姓对君主或者朝廷的不满的方法，既达到了泄导或化解的目的，又维护了朝廷的形象和权威。与此诗策略类似的是卷八白居易的《新丰折臂翁》，在描写百姓深受朝廷"开边"政策之苦后云："君不闻开元宰相宋开府，不赏边功防黩武。又不闻天宝宰相杨国忠，欲求恩幸立边功。边功未立生人怨，请问新丰折臂翁。"②好的宰相如宋璟，是"不赏边功"的，"开边"是杨国忠那样的奸邪丞相制定、推行的，当然不是君主的责任啊！不少写赋税重、兵役苦的诗歌有吏胥、官员的形象，客观上也有这样的效果。如果可以让百姓相信这样的逻辑，那么百姓的任何怨愤都可以引导到官员的身上，尽可能地避免朝廷和天子被百姓怨恨。后来，文学作品中大量"只反贪官，不反皇帝"的内容，就是如此。这是皇权被绝对化、神化后人们抒发怨愤的一种策略，在客观上也维护了皇权。其实，官员固然有责任，主要责任在皇帝。如果皇帝收敛私欲，仁爱百姓，官员如何敢以剥夺百姓取媚皇帝？观陆贽《奉天请罢琼林大盈二库状》可知矣。

劝百姓知足，也是一种有效的策略。"知足"之"足"，有绝对的"足"和相对的"足"。对当时艰难度日的百姓而言，物质生活资料的绝对充足是不可能的，因此，诗人只能以"知"相对的"足"来行劝。卷八王建《田家行》云："麦收上场绢在轴，的知输得官家足。不望入口复上身，且免向城卖黄犊。回家衣食无厚薄，不见县门身即乐。"德潜云："守此语，便是良农。"③尽管新收的麦子和新织的绢只够得上交赋税，没有自家享用的份，但是，比起为交赋税卖牛、交不出赋税而被抓到县衙门去的，还

① 沈德潜编：《唐诗别裁集》，中华书局1975年影印本，第52页。
② 沈德潜编：《唐诗别裁集》，中华书局1975年影印本，第116页。
③ 沈德潜编：《唐诗别裁集》，中华书局1975年影印本，第125页。

是幸运的，应该为此而快乐。尽管生活依然非常艰辛，但怨愤就很可能得到一定程度的缓解。

个体的负面情绪是不是也有必要予以“泄导”呢？当然也是有必要的。不过，个体因生老病死、聚散离合而生的负面情绪各有其原因，诗人由此而写的相关诗歌就可能缺乏社会意义。可是，诗人为泄导因政治失意而产生的负面情绪所作诗歌则有所不同，就有了一定的社会意义。

从春秋时代开始，贵族对政治的垄断逐渐被打破，中国的社会政治从贵族政治向官僚政治转化，不少平民出身的士人通过各种形式的选拔加入政府担任职务。事实上，不管用什么方法选拔人才，都不可能把人才都选拔出来，更加不可能都得到合适的使用。在古代的封建社会里，体制外的优秀人才无论在什么时候，总是要比体制内的优秀人才多得多。如果体制外的优秀人才成为体制的异己力量，对体制是危险的。因此，如何安顿体制外的人才，特别是那些很希望进入体制而没有能够进入体制的人才，以及没有得到重用的人才，是朝廷和社会一个非常重要的战略任务。科举制度的第一大功能，就是承担这样的战略任务。

落实到诗歌方面，泄导由政治失意产生的负面情绪也是诗歌应该承担的任务，服从于朝廷和社会的这一战略任务。就古代而言，政治失意主要包括以科举失利在内的入仕努力失败、仕途坎坷两大类。泄导、缓解乃至消解这两种情况的诗歌，唐诗中不少。德潜也选了一些。那么，就德潜所选的这些诗歌来看，作者们采用了哪些策略呢？以下列举一些例证。

首先，最为常见的方法是鼓励失意者为进入官场作进一步努力，或者再加上良好的祝愿。其实，这是在加强科举制度把人才吸引在体制控制之中这一战略功能，帮助朝廷把天下人才汇集其“彀中”即“射程之内”，在体制的控制之中。卷五李颀《送刘十》云：“三十不官亦不娶，时人焉识道高下。房中唯有老氏经，枥上空馀少游马。往来嵩华与函秦，放歌一曲前山春。西林独鹤引闲步，南涧飞泉清角巾。前年上书不得意，归卧东窗兀然醉。诸兄相继掌青史，第五之名齐骠骑。烹葵摘果告我行，落日夏云纵复横。闻道谢安掩口笑，知君不免为苍生。”[①]此诗中之刘十，尽管好风雅，且好老子之学，曾上书求仕，没有成功而只好继续隐居。“闻道”云云，诗人乃以谢安为勉。卷五李颀《别梁锽》写有宏伟抱负的梁锽从军边关，参与决策，但因与主帅意见不合而归，“四十无禄位”。作者勉励他：“莫言贫贱长可欺，覆篑成山当有时。莫言富贵长可托，木槿朝看暮还落。不见古时塞上翁，倚伏由来任天作。”[②]祸福相依，时来运转，梁锽也是会如愿的。此类劝勉者见之于《唐诗别裁集》者，尚有卷五高适《赠别晋三处士》：“爱君且欲君先达，今上求贤早上书。”[③]这是勉励。卷十高适《送郑侍御谪闽中》：“自当逢雨露，行矣慎风波。”[④]这“雨露”就是皇恩。卷九王维《送严秀才还蜀》：“献赋何时至，明君忆长卿。”[⑤]卷十岑参《送杜佐下第归陆浑别业》：“夫子且归去，明时方爱才。还须及秋赋，莫即隐嵩莱。”[⑥]岑参《送张子东归》：“封侯应不远，燕颔岂徒然。”[⑦]卷二李白《送裴十八图南归嵩山》：“谢公终一起，相与济苍生。”[⑧]卷十一韦应物《送别覃孝廉》云：“思亲自当去，不第未蹉跎。”“州举年年事，还期复几何。”[⑨]卷十一皇甫冉《逢庄纳因赠》：“《甘泉》须早献，且莫叹飘蓬。”[⑩]这些诗都是以继续努力进入体制为勉。

其次，政治上失意不是因其本人，而是因社会黑暗，失意即意味着没有同黑暗势力同流合污，保持了人格的清白，值得理解他的人推崇，这也是一种成功。卷五张谓《赠乔林》云：“去年上策不见收，今年寄食仍淹留。羡君有酒能便醉，羡君无钱能不忧。如今五侯不爱客，羡君不问五侯宅。如今七贵方自尊，羡君不过七贵门。丈夫会应有知己，世上悠悠何足论。”[⑪]

---

① 沈德潜编：《唐诗别裁集》，中华书局1975年影印本，第80页。
② 沈德潜编：《唐诗别裁集》，中华书局1975年影印本，第80页。
③ 沈德潜编：《唐诗别裁集》，中华书局1975年影印本，第75页。
④ 沈德潜编：《唐诗别裁集》，中华书局1975年影印本，第146页。
⑤ 沈德潜编：《唐诗别裁集》，中华书局1975年影印本，第139页。
⑥ 沈德潜编：《唐诗别裁集》，中华书局1975年影印本，第144页。
⑦ 沈德潜编：《唐诗别裁集》，中华书局1975年影印本，第144页。
⑧ 沈德潜编：《唐诗别裁集》，中华书局1975年影印本，第28页。
⑨ 沈德潜编：《唐诗别裁集》，中华书局1975年影印本，第160页。
⑩ 沈德潜编：《唐诗别裁集》，中华书局1975年影印本，第162页。
⑪ 沈德潜编：《唐诗别裁集》，中华书局1975年影印本，第83页。

第三，政治失意，故能在家尽孝慈之道、享天伦之乐，这也是一种成功。卷七韩愈《嗟哉董生行》云：

> 淮水出桐柏山，东驰遥遥千里不能休；淝水出其侧，不能千里百里入淮流。寿州属县有安丰，唐贞元时，县人董生召南，隐居行义于其中。刺史不能荐，天子不闻名声。爵禄不及门，门外惟有吏，日来征租更索钱。嗟哉董生朝出耕夜归读古人书，尽日不得息。或山而樵，或水而渔。入厨具甘旨，上堂问起居。父母不戚戚，妻子不咨咨。嗟哉董生孝且慈，人不识，惟有天翁知，生祥下瑞无时期。[①]

卷十殷遥《送友人下第归省》："君此卜行日，高堂应梦归。莫将和氏泪，滴著老莱衣。岳雨连河细，田禽出麦飞。到家调膳后，吟好送斜晖。"[②]《论语》之《为政篇》中，或问孔子奚不为政，子曰："《书》云孝乎，'惟孝，友于兄弟，施于有政'。是亦为政，奚其为为政？"[③]有社会责任的士人没有做官的机会，就在家把孝、友等伦理观念实行好，成为社会取法的榜样，由此改善社会风气，改造好社会，造福百姓，这和为政的目标是一致的。我国历史上，许多士人尽管没有做过官，但是，他们以自己的形象教化乡里。他们所行，就是实践了孔子所持的观点。

其他消解负面情绪的万应灵药还有若干。例如，以老庄等虚无思想为劝慰。庄子常阐述"无穷"这一概念。人生的一切是有限的，包括成功与失败。在"无穷"的大背景下，任何成功和任何失败有什么区别呢？这样的劝慰，可以适用于消解几乎一切失意，远不限于政治方面的失意。如卷一陈子昂《感遇》中"翡翠巢南海"等诗、[④]卷二李白《古风》之"庄周梦蝴蝶"等诗，[⑤]就是以老庄思想消解自己政治上的失意。卷九王勃《别薛华》："送送多穷路，遑遑独问津。悲凉千里道，凄断百年身。心

---

① 沈德潜编：《唐诗别裁集》，中华书局 1975 年影印本，第 110 页。
② 沈德潜编：《唐诗别裁集》，中华书局 1975 年影印本，第 146 页。
③ 朱熹注：《四书章句集注》，中华书局 2012 年版，第 59 页。
④ 沈德潜编：《唐诗别裁集》，中华书局 1975 年影印本，第 8 页。
⑤ 沈德潜编：《唐诗别裁集》，中华书局 1975 年影印本，第 24 页。

事同漂泊，生涯共苦辛。无论去与住，俱是梦中人。”[①]卷八张籍《北邙行》云：“洛阳北门北邙道，丧车辚辚入秋草。车前齐唱《薤露歌》，高坟新起白峨峨。朝朝暮暮人送葬，洛阳城中人更多。千金立碑高百尺，终作谁家柱下石。山头松柏半无主，地下白骨多于土。寒食家家送纸钱，乌鸢作窠衔上树。人居朝市未解愁，请君暂向北邙游。”[②]即使是北邙山上的坟墓巨碑，也是无法长在的，何况功名利禄呢？

在不幸中找出幸运，也是最为常用的劝慰方法之一。如卷十岑参《送张子尉南海》云：“此乡多宝玉，慎莫厌清贫。”[③]对当时居住在中原的人来说，南海是个遥远、落后、荒凉、奇幻乃至野蛮的地方，到那里去做一个小官，不是一件幸运的事情，但诗人以此为勉。卷四柳宗元《溪居》：“久为簪组累，幸此南夷谪。闲依农圃邻，偶似山林客。晓耕翻露草，夜榜响溪石。来往不逢人，长歌楚天碧。”[④]这是柳宗元自己被贬湖南后的自我劝慰。

“知足常乐”也是一种，当然这样的“足”只能是相对的“足”。韩愈因为谏迎佛骨，被贬谪到广东潮州去当官。且不说在当时中原人的认知中，那里的环境是何等的恶劣，就是路途也是那么危险。卷四载其赴潮州途中所作《泷吏》，在经历了“南行逾六旬”“险恶不可状”的旅途后，向泷吏打听前面旅途的情况，泷吏对前面旅途的险恶作了夸张、渲染的铺陈。面对九死一生的前途，韩愈这样劝慰自己：“历官二十余，国恩并未酬。凡吏之所诃，嗟实颇有之。不即金木诛，敢不识恩私。潮州虽云远，虽恶不可过。于身实已多，敢不持自贺。”[⑤]如此这般，面对这样的惩罚竟然是以“自贺”结束。

命运又是另外一种。不是每个人都相信命运的，但是，即使不相信命运的人，在失意的时候也有可能用命运来解释自己的失意，产生相信命运的倾向。因此，在有些情况下，命运就不失为一种劝慰的依据。卷

① 沈德潜编：《唐诗别裁集》，中华书局 1975 年影印本，第 130 页。
② 沈德潜编：《唐诗别裁集》，中华书局 1975 年影印本，第 124 页。
③ 沈德潜编：《唐诗别裁集》，中华书局 1975 年影印本，第 144 页。
④ 沈德潜编：《唐诗别裁集》，中华书局 1975 年影印本，第 62 页。
⑤ 沈德潜编：《唐诗别裁集》，中华书局 1975 年影印本，第 58 页。

十李白《送友人入蜀》:"升沉应已定,不必问君平。"[①]这是说一切都是命中注定的,就是算命问卜,也没什么必要。卷三沈千运《赠史修文》:"曩游尽骞翥,与君仍布衣。岂曰无其才,命理应有时。"[②]这是同病相怜、相互劝慰。

《唐诗别裁集》中,不少咏古题材的诗歌也具有劝慰失意者的功用。卷九李隆基《经邹鲁祭孔子而叹之》云:"夫子何为者,栖栖一代中。地犹鄹氏邑,宅即鲁王宫。叹凤嗟身否,伤麟怨道穷。今看两楹奠,当与梦时同。"[③]在政治上,孔子也是一个失意者,但是,他确实是伟大的成功者。德潜选咏严光诗多首,都是推崇他轻富贵名利。例如,卷二李白的《古风》中有"君平既弃世",云严君平不为世用,才得以"观变穷太易,探玄化群生",[④]探究这个世界的奥秘。卷三张谓《读后汉逸人传》云严光:"尝闻汉皇帝,曾是旷周旋。名位苟无心,对君犹可眠。"[⑤]权德舆《严子陵钓台下作》也是如此。

唐代有大量的山水田园诗,《唐诗别裁集》中也选录了很多,占了很高的比例。那么,这些诗歌是否有"泄导人情"的功能呢?当然是有的。此类诗歌,能够消解人们的负面情绪,特别是对政治失意或政治情结效果更加显著。如果说,那些鼓动人们建功立业的诗歌是大补药,那么,山水田园类诗歌就是清凉剂了。因为政治上不得意而隐居田园的王维,卷二有诗《偶然作二首》之二云:"得意苟为乐,野田安足鄙。"[⑥]卷四权德舆《严陵钓台下作》云:"绝顶耸苍翠,清湍石磷磷。先生晦其中,天子不得臣。心灵栖颢气,缨冕犹缁尘。不乐禁中卧,却归江上春。潜驱东汉风,日使薄者醇。焉用佐天子,特此报故人。人知大贤心,不独私其身。弛张有深致,耕钓陶天真。"[⑦]如此,则不尚名利富贵,生活在山水田园之中,竟然也是为君主、为朝廷乃至为社会作贡献的一种方式,那

① 沈德潜编:《唐诗别裁集》,中华书局1975年影印本,第149页。
② 沈德潜编:《唐诗别裁集》,中华书局1975年影印本,第42页。
③ 沈德潜编:《唐诗别裁集》,中华书局1975年影印本,第129页。
④ 沈德潜编:《唐诗别裁集》,中华书局1975年影印本,第24页。
⑤ 沈德潜编:《唐诗别裁集》,中华书局1975年影印本,第40页。
⑥ 沈德潜编:《唐诗别裁集》,中华书局1975年影印本,第14页。
⑦ 沈德潜编:《唐诗别裁集》,中华书局1975年影印本,第66页。

么，欣赏山水田园风光的诗歌也都有了积极的社会意义。于是，德潜的“诗教”在山水田园诗歌中也就得到了落实，且不止是“美的陶冶”“美的享受”“在审美体验中提高审美能力”之类的功用，而是具有社会政治方面的功能。这并不是有意拔高，不是泛政治化，而是客观存在，也是德潜选录那么多山水田园诗歌的用意。毕竟，尽可能地避免没有能够进入体制的力量成为体制的异己力量，这是我国封建社会中历代统治者的战略任务，科举是完成这一战略任务的策略，推崇隐逸、推崇文化成就也都是策略。这样的策略，总比朱元璋取消士人隐逸的权利要高明吧。

第六节　题材与感情之取舍

诗歌最为本质的特点就是抒情，所谓“诗言志，歌缘情”是也。感情必有所凭借或附丽，才能表达、传递乃至超越时空传播，因此，诗歌表达感情要借助于形象，以形象来表达感情。形象不是孤立的存在，是和相关的事物或其他形象联系在一起的，这样的组合可以是多维的。构成诗歌表达感情的材料，也就是题材。题材和感情之间，在一般的情况下有比较紧密的联系。例如，田园题材诗歌中，大多表达隐逸之趣；送别题材的诗歌，大多抒发离情别绪；哀悼题材的诗歌，大多抒发对死者的悼念；如此等等。这也是所谓“题材决定论”的事实依据，有太多的事实支持这样的理论。

初学写诗的人知道了这一点，就容易入门，因为容易操作：若为诗造情，可以根据当时场景所提供的题材，表达与该题材常常联系在一起的感情；若为情造诗，可以选取与这样的感情常联系在一起的题材来抒发感情。写其他题材的作品，道理也与此相同。

在所选文体仍然在社会流行的情况下，成功的作品选本应该有指导人们写作，至少是帮助人们写作的功用。《昭明文选》的编排体例，一级目录按照作品的体裁排列，例如赋、诗、骚、诏、册、表等，二级目录即同一体裁的作品，则按照题材类别排列。诗歌中，按照题材排列的，例如献诗、公宴、祖饯、咏史、游仙、游览、咏怀、赠答、行旅、军戎等。这样的排列，当然是为了便于查找阅读，但阅读不是目的，写作才是。人们写作同类题材的作品时，以此书中相应的作品为参考就比较方便了。这和后来出现的类书有相类的功用。

选编一本适合人们学习诗歌写作时作模板或示范的诗歌选集，所选诗歌所覆盖的题材应该是宽广的，至少应该覆盖人们需要写作诗歌时常用的题材。诗歌的功用甚广，以其中之一社交的功用而论，对象的覆盖面也很广，从皇帝到布衣，从前辈到晚辈，从密友到不得不敷衍的人等等，从这个标准来看，《唐诗别裁集》是合格的。

此书所选录的诗歌，题材的覆盖面很广，除了以上详细论述的政治、边塞、社会题材外，山水田园题材也是大宗，此外包括赠答、唱和、宴饮、田猎、应制、时序、伦理、爱情、闺怨、宫怨、咏物、音乐、图画、建筑、行役、游览、哀悼、感事、述怀、咏古、怀古、神话等等，德潜所处时代人们所作诗歌、所覆盖题材，肯定有超越此书的，但也不多了。因此，这就给当时写作诗歌的人，特别是学习写作诗歌的人，提供了一个非常实用的范本。

在宗唐诗风大行的情况下，唐诗被奉为诗歌典范，成了人们写诗学习的榜样。《唐诗别裁集》正逢其时。例如，某人送别朋友，需要写一首送别诗歌，不管他是否有丰富的、强烈的感情，他都可以从《唐诗别裁集》中了解送别诗歌所表达的感情和相应的表达方式，结合自己送别朋友的场景或事件中的若干景象等元素，较为容易地写出能够拿得出手的送别诗歌。需要写其他题材的诗歌时，诗人也可以这样操作。

《唐诗别裁集》有没有覆盖唐代所有诗歌的题材呢？没有。有的题材，也许是因为作品极少而被德潜所忽视。有些题材，诗歌不少，特色鲜明，不可能被德潜忽视，而《唐诗别裁集》中没有，那么，只有一种可能：被德潜有意舍弃了。对题材的选择，德潜是有标准的。例如，艳情题材就是如此。艳情和爱情，尽管同属于男女两性之间和性相关的感情，但是完全不同的。就性质而言，前者是不被主流社会接受的，后者是被主流社会赞赏的，就评判的标准而言，就是当时社会通行的礼法；就侧重而言，前者所体现的人性中动物性的比重较大，后者所体现的人性中正面的社会性的比重较大。因此，社会认为，前者是卑下的，后者则是值得推崇的。用这样的标准来衡量，温庭筠、李商隐、杜牧、韦庄、韩偓的一些诗歌就是艳情诗，其中不少还是非常有名的。例如，李商隐的《无题》等诗歌，杜牧写妓女、他和妓女交往的诗歌，韩偓的香奁体诗歌等，德潜都没有选录。在德潜看来，这些诗歌都是违背诗教的，诗人们不该创作，人们没有必要阅读，更加不能学习。

当然，某一种题材可以表达不同的甚至是相反的感情，这样的现象也是不少见的。就《唐诗别裁集》所选言之，同样是宴饮题材的诗歌，不少诗歌是欢乐的，赞颂宴饮场面；而有些诗歌，如白居易的《轻肥》等，对诗歌中所写宴饮是严厉抨击的。同样是咏蝉，虞世南、骆宾王、李商隐所写诗歌中的思想感情是不同的，好在都能符合德潜的标准而都入选了。在咏古题材诗歌中，即使是对同一个历史人物、同一件历史事件，不同的诗歌表达的思想感情也未必一致。这也是“题材决定论”不能成立的理由，因为有足够的文学作品能够证明其不成立。

因此，即使是德潜并不否认、并不回避的题材，也并不是这个题材表达的思想感情都认可，都可以入选。咏物题材的诗，《唐诗别裁集》中屡见，关于花的诗歌也有多首，可是，黄巢咏菊花的诗歌尽管很有名，但他在诗歌中表达的思想感情，是德潜无法认同的，甚至不敢读到、不敢听到的，他当然不会选了。再如，宗教题材的诗歌，《唐诗别裁集》中也有一些。例如，写佛道寺观、佛道人物、佛道修行的环境之类，甚至也有一些佛道词语。可是，宣扬佛道思想的诗歌，德潜是不会选的。王梵志那些宣扬佛教义理的诗歌，德潜很可能还无法系统地读到，但是，寒山、拾得那些宣扬佛教思想的诗歌，白居易那些宣扬佛教思想的诗歌，乃至于王维那首有“一生几许伤心事，不入空门何处销”名句的诗歌，德潜是可以看到的，但是，《唐诗别裁集》中没有这些诗歌。很显然，在他看来，这些诗歌是不符合儒家和“诗教”的。

违背儒家“诗教”的诗歌，即使是名篇，德潜也未必选录，且并不是篇幅限制的原因。例如，写秋天的诗歌，《唐诗别裁集》选录了不少，可是刘禹锡的《秋词二首》之一就没有被选入，此诗云：“自古逢秋悲寂寥，我言秋日胜春朝。晴空一鹤排云上，便引诗情到碧霄。”[1]从宋玉《九辩》“悲哉秋之为气也”以后，悲秋就成为文学作品中常见的主题。文学作品中写到秋天，不管是叹息时光易逝，还是思念亲人、准备寒衣之类，感情总是不脱悲愁一类。此诗写秋天，把此前与此题材密切结合在一起的悲愁之类的情绪，一扫而空，使人耳目一新，且具有很强的感染力，具有使人振奋精神的作用，最能体现刘禹锡“诗豪”的特色。《唐诗别裁集》卷二十所选刘禹锡七绝六首，其中《石头城》《乌衣巷》和写“炀帝行宫汴水滨”的《杨柳枝词》三首，都是怀古诗，都是渲染“现在何等荒凉”，都是表达“当年繁华皆归乌有”这样的虚无思想，而这种思想，前人早已有太多的作品反复表达了，没有多少新意。至于《听旧宫人穆氏唱歌》《与歌者何戡》，都是听以前的歌者唱歌而怀念当年，无限沧桑感自在其中。二诗非不佳，但不能称新，且具有高度的同质性，作为一本诗歌选，将同一个作者所作如此同质性的两首诗歌都选入，显然是不高明的。但德潜即使如此，也不选刘禹锡的《秋词》。这显然不是选本容量的限制，是有原因的。儒家诗教重视诗歌的教化作用。刘禹锡这首诗歌，用儒家诗教来看，显然是合格的。可是，此诗未必符合德潜的诗学观和诗教观。

德潜的诗学观和诗教观守旧而拒绝创新，守正而反对出奇。试想，如果在诗教范本中选录了此类对传统具有颠覆性的诗歌，那么，这不仅给后人提供了一种颠覆的范本，而且会开启一条创新的思维通道，培养出创新的思维习惯，以突破传统来实现进步，这也是德潜等竭力反对袁枚诗歌理论和诗风的重要原因。

如果所表现的感情的性质被德潜认可，诗歌在表现形式上也没有缺陷，甚至有亮点，效果也显著，诗歌本身也有名，也未必能够被德潜选中，因为感情不仅有性质的问题，还有强度的问题。某些被认为正确的感情，强度失当，德潜也是不认可的。例如，白居易的《杜陵叟》抨击贪官污吏横征暴敛，这样的主题德潜应该是认可的，因为《唐诗别裁集》中也选录了此类主题的诗歌，尽管比较少，但还是有的，如白居易的《重

① 刘禹锡:《刘禹锡集》卷二十六，上海人民出版社 1975 年版，第 234 页。

赋》。但《杜陵叟》没有被选入，究其原因，大致有二：第一，此类揭露社会黑暗面的诗歌，尽管是唐代诗歌，揭露的是唐代社会的阴暗面，这些阴暗面及其揭露和清代社会没有关系，但是，清代统治者也是忌讳这些的，略选几首，仅仅示例而已。第二，此诗感情比较激烈："剥我身上帛，夺我口中粟。虐人害物即豺狼，何必钩爪锯牙食人肉！"[①]窃以为，还是以第二个原因为主。

《唐诗别裁集》是诗歌范本，因此，入选诗歌都要中规中矩，守中而舍偏，宁可没有特色，也不能有导致不良效果的可能。

第七节　各种体裁各种"格"之展现

这里说的"格"，是指对某些人或事物的一种通行的定位，这样的定位可能是理性的，也可能是感性的。文学作品也是如此，诗词、骈文、散文、小说、戏曲、散曲，各有其"格"，不能混淆。进一步细细分辨，同样是韵文，诗词曲，也各有其"格"。苏东坡以诗为词，辛弃疾以文为词，李清照就不同意，提出"词别是一家"，这实际上就是从"格"的角度立论的，词有词的"格"，诗和文都各有其"格"。再进一步分辨，词之中，小令、中调、长调都有各自的"格"，乃至于有些词牌也有自己的"格"。

诗歌当然也是这样。每一种诗歌体裁都有各自的"格"，当然，其"格"也不止一种。因此，从体裁入手来写诗，特别是学习诗歌创作，不失为一种比较有效的途径。清代甚至有诗人一年之中，专门写某一种体裁的诗歌来提高自己诗歌写作的水平。不少诗歌总集和别集，其中的诗歌是按照体裁排列的，这明显具有突出诗歌体裁特点的用意。《唐诗别裁集》按照体裁编排，实际上就是欲让读者根据体裁掌握唐代诗歌的特色和写作方法，为了更好地强化这样的功能，德潜在《凡例》中逐一举例阐释了唐代诗歌每一种体裁的特点、流变及其代表诗人。以下，笔者就结合《唐诗别裁集》中所选相关诗人和相关诗歌，对德潜关于唐代

---

① 白居易著，朱金城笺注：《白居易集笺校》卷四，上海古籍出版社 1988 年版，第 223 页。

诗歌体裁的阐述作分析、评论和补充。

关于五言古诗。德潜云："五言古体，发源于西京，流行于魏晋，颓靡于梁陈，至唐显庆龙朔间，不振极矣。陈伯玉力扫俳优，直追曩哲，读《感遇》等章，何啻在黄初间也。张曲江、李供奉继起，风格各异，原本阮公，唐体中能复古者，以三家为最。"又云："过江以后，渊明诗胸次浩然，天真绝俗，当于言语意象外求之。唐人祖述者，王右丞得其清腴，孟山人得其闲远，储太祝得其真朴，韦苏州得其冲和，柳柳州得其峻洁，气体风神，翛然埃壒之外。"又云："苏李十九首以后，五言所贵，大率优柔善入，婉而多讽。少陵才力标举，篇幅恢张，纵横挥霍，诗品又一变矣。要其为国爱君，感时伤乱，忧黎元，希稷禹，生平种种抱负，无不流露于纸墨中。诗之变，情之正者也。"[①]所言能得其要，而有未尽者。

唐代之前，五言古诗，成就非凡，其格大致有这样几种：(1) 作于汉末的《古诗十九首》被刘勰称为"五言之冠冕"，大率为游子思妇感怀时序之迁流、世事之艰难之作，情景交融如水乳，语言精致而自然，艺术水平很高。曹植、阮籍、陶渊明等的五言古诗，无不受其影响。(2) 汉乐府中的五言古诗，长于叙事，语言工丽而不失自然。(3) 曹植的诗，工丽雅致的语言和"建安风骨"相结合，气格高华。(4) 阮籍的诗，以《咏怀》为代表，感时伤怀，而不敢显言，寄托遥深。(5) 陶渊明的诗，以田园诗为代表，质而实绮，似癯实腴，语言和内容于朴素平淡之中，蕴含了深厚悠长的感情。

唐诗中的五言古诗当然是继承此前五言古诗的艺术传统的，但其总体成就，即使是艺术成就，也是超越前人的。德潜云陈子昂、张九龄和李白的五言古诗，乃"原本阮公"而为"唐体中能复古者"。其实，陈子昂的《感遇》、张九龄的《感遇》，还是得之于《古诗十九首》为多，至于李白《古风》等五言古诗，则上下古今，议论纵横，自由驰骋，万象踊跃，奇思妙想迭出，实以创获为多，且化而无迹，非此前五言古诗的任何"格"可以笼罩。王孟韦柳和储光羲等的山水田园诗中的五言古诗，当然得之于陶渊明为多，但也各有超越，远非限于德潜所言者。杜甫的五言古

① 沈德潜编：《唐诗别裁集》，中华书局 1975 年影印本，第 3 页。

诗，常常描绘、议论和抒情结合为一体，这方面和曹植五言古诗有相似之处，如《自京赴奉先县咏怀五百字》《北征》等，长篇巨制，则是杜甫的独创。韩愈的不少五言古诗得之于杜甫者颇多。杜甫纪事诸作，如三吏三别等，则得之于汉乐府为多，而自觉的实录精神和诗人的自我意识，乃至布局、描写艺术，都远远超越汉乐府中的叙事诗。元结、王建、白居易等的新乐府诗中的五言古诗，承这一路而来，而多以平易出之。唐代五言古诗这一体裁的“格”，大致如此。

关于七言古诗。德潜云：

> 《大风》《伯梁》，七言权舆也。自时厥后，魏宋之间，时多杰作。唐人出而变态极焉。初唐风调可歌，气格未上，至王李高岑四家，驰骋有余，安详合度，为一体；李供奉鞭打海岳，驱走风霆，非人力可及，为一体；杜工部沉雄激壮，奔放险幻，如万宝杂陈，千车竞逐，天地浑奥之气，至此尽泄，为一体；钱刘以降，渐趋薄弱，韩文公拔出于贞元、元和间，踔厉风发，又别为一体。七言楷式，稍大备云。①

德潜所云，大致准确，而未尽其要。唐人在七言古诗方面的创新，比之五言古诗方面的创新还要大得多。

此下从另外的一些角度言之。先从奇正的角度言之。七言古诗，其源有二，一是楚辞，二是汉乐府。前者多用于抒情，色彩多神幻，为奇；后者多用于叙事，笔法多写实，为正。相互交融，有奇中有正、正中有奇者，然一般都有所偏。就《唐诗别裁集》中所选录的七言古诗而言，李白、李贺所作大多属于“奇”，李白的《梦游天姥吟留别》、李贺《将进酒》等，尤其如此。杜甫、白居易等的七言古诗大多属于“正”。岑参、韩愈等的七言古诗，则奇正兼而有之，而以正为主。

再从和律诗句式的关系言之。唐代初年，律诗逐渐登上诗坛。卢照邻《长安古意》、骆宾王《帝京篇》，在七言古诗中大量使用律诗句式。盛唐高适的《燕歌行》，中唐白居易的《长恨歌》《琵琶行》、元稹的

---

① 沈德潜编：《唐诗别裁集》，中华书局1975年影印本，第3—4页。

《连昌宫词》等，也是如此。其艺术效果是，给以阳刚取胜的七言古诗增加了一些阴柔美。这些诗歌，《唐诗别裁集》都选录了。王维、岑参、李白、杜甫、韩愈、李贺等的七言古诗，以及白居易等的乐府诗或新乐府诗，排斥律诗句式，保持七言古诗的纯粹性。《唐诗别裁集》中所选录的七言古诗，除了以上所列举的大量使用律诗句式者外，几乎都是如此。

唐代的某一类七言歌行，有必要多作一些阐述。卢照邻《长安古意》、骆宾王《帝京篇》、高适《燕歌行》、白居易《长恨歌》《琵琶行》、元稹《连昌宫词》，这一类七言歌行，唐代就这么几首，德潜都收录在《唐诗别裁集》中了，可见他也是喜爱并且重视此类诗歌的。《长安古意》和《帝京篇》都是写长安的繁华，是汉代以下都城赋的诗歌书写。《燕歌行》则是以这样的体裁写当时盛行的边塞题材。《长恨歌》《琵琶行》《连昌宫词》有"长庆体"之称，是用这样的体裁来叙事，为长篇七言歌行叙事诗。

此类七言歌行，除了《帝京篇》杂有不少五言，不典型之外，其他篇章在艺术表现方面体现诸特征：多用铺叙，语言华美、富赡、典雅，用典故较多。押韵方面，押平声韵，也押仄声韵。多每四句是一个押韵结构，同时这个结构也是内容的单位，此下往往会转到新的角度或者方面来描绘、叙事、抒情或者议论。加上多用律句，那么这个结构就如同一首七言绝句了。整首七言歌行，就如同许多首七言绝句的累积，四句结构和四句结构之间会有割裂之患，因此，为了弥补这样的不足，此类七言歌行就好用顶真的修辞手法。卷五卢照邻《长安古意》最为典型："借问吹箫向紫烟，曾经学舞度芳年。得成比目何辞死，愿作鸳鸯不羡仙。比目鸳鸯真可羡，双去双来君不见。生憎帐额绣孤鸾，好取门帘帖双燕。双燕双飞绕画梁，罗纬翠被郁金香。片片行云著蝉鬓，纤纤初月上鸦黄。鸦黄粉白车中出，含娇含态情非一。妖童宝马铁连钱，娼妇盘龙金屈膝。"[①]卷五高适《燕歌行》亦有这样的特征："摐金伐鼓下榆关，旌旆逶迤碣石间。校尉羽书飞瀚海，单于猎火照狼山。山川萧条极边土，胡

① 沈德潜编：《唐诗别裁集》，中华书局 1975 年影印本，第 69 页。

骑凭陵杂风雨。战士军前半死生，美人帐下犹歌舞。大漠穷秋塞草腓，孤城落日斗兵稀。身当恩遇恒轻敌，力尽关山未解围。”①至于白居易和元稹的此类七言歌行，押韵和“四句结构”还没有如此严格，顶针也几乎不用。此类七言歌行其实唐代还有，这就是韦庄的《秦妇吟》。但是，《秦妇吟》只是保留在《永乐大典》中，德潜无缘看到。

关于五言律诗。德潜云：“五言律，阴铿、何逊、庾信、徐陵已开其体，唐初人研揣声音，稳顺体势，其体大备。神龙之世，陈杜沈宋，如浑金璞玉，不须追琢，自饶名贵。开宝以来，李太白之秾丽，王摩诘、孟浩然之自得，分道扬镳，并推极胜。杜少陵独开生面，寓纵横颠倒于整密中，故应超然拔萃。终唐之世，变态虽多，无有越诸家范围者矣。以此求之，有余师焉。”②所言大体如此，但犹有未尽者。

五言律诗在初唐用得比较多的是朝廷和上层社会，因此，其最为基本的特点是典重，此即其“正格”。就《唐诗别裁集》所选录者而言，此类诗有杜审言《蓬莱三殿侍宴奉敕咏终南山》、沈佺期《送金城公主适西番应制》、宋之问《夏日仙萼亭应制》《扈从登封途中作》《送沙门弘景道俊玄奘还荆州应制》《奉和立春日侍宴内出剪彩花应制》等。即使和朝廷、上层社会无关的大量五言律诗也多以典重为基本特征，例如岑参、杜甫、李商隐等的五律就是如此。以五言律诗写山水田园风光的诗也很多，王孟韦柳等山水田园诗派的诗人尤其多此类作品。此类作品，尽管大多不再典重，但仍然雅致，很少轻利俗艳者，此为五言律诗的“变格”。正变之间的痕迹，宛然可见。

关于七言律诗。德潜云：

> 七言律平叙易于径直，雕镂失之佻巧，比五言更难。初唐英华乍启，门户未开，不用意而自胜。后此，摩诘、东川，春容大雅，时崔司勋、高散骑、岑补阙诸公，实为同调，而大历十子及刘宾客、柳柳州，其绍述也。少陵胸次宏阔，议论开辟，一时尽掩诸家。而义山

① 沈德潜编:《唐诗别裁集》,中华书局 1975 年影印本,第 74 页。

② 沈德潜编:《唐诗别裁集》,中华书局 1975 年影印本,第 4 页。

《咏史》，其余响也。外是而曲径旁门，雅非正轨，虽有搜罗，概从其略。①

他叙述源流较为简明扼要，但持论犹有未尽善者。七律之要，在于厚重。杜甫沉郁顿挫，于七律最为相宜。韩愈得其阳刚，以硬语为之，少蕴藉之致，而劲健有加。李商隐得其阴柔，厚重而婉曲，亦自成大家。此"厚重"一路，当为七律"正格"。白居易七律，多用于其闲适一类诗歌，以平易清浅取胜，《唐诗别裁集》所选，如《钱塘湖春行》之类是也，此当为七律之"变格"。德潜既然选入此类诗歌，当认可此类诗歌亦可以作诗歌之范本。盖当时为"乾隆盛世"，当有此一体点缀升平，作休闲之具也。

关于五言长律。德潜云："五言长律贵严整，贵匀称，贵属对工切，贵血脉动荡。唐初应制赠送诸篇，王杨卢骆，陈杜燕许曲江，并皆佳妙。少陵出而瑰奇宏丽，变动开阖，后此无能为役。元白长律，滔滔百韵，使事亦复工稳，但流易有余，变化不足，故宁舍旃。"②一般的诗歌选本较少选录五言长律，即使有一些，也远远不及《唐诗别裁集》中此类诗歌所占比例之大，也不会专门列出一类。德潜这样做原因何在？其《重订唐诗别裁集序》云："五言试帖，前选略见，今为制科所需，检择佳篇，垂示准则，为入春秋闱者，导夫先路也。"③关于五言长律的特点，作为一个久经科场的"个中人"，德潜说得很准确。

不过，还有一些当时尽人皆知，故德潜没有说的，笔者还要作些强调。五言律诗最为基本的特征是典重，而五言长律则更为要求典重，容不得一点点有失庄重的色彩。例如，德潜的同年袁枚就因为这一点差点不合格。袁枚《随园诗话》卷一第十条云：

己未朝考，题是《赋得因风想玉珂》。余欲刻画"想"字，有句云："声疑来禁院，人似隔天河。"诸总裁以为语涉不庄，将置之孙山。大司寇尹公，与诸公力争曰："此人肯用心思，必年少有才者，

① 沈德潜编：《唐诗别裁集》，中华书局 1975 年影印本，第 4 页。
② 沈德潜编：《唐诗别裁集》，中华书局 1975 年影印本，第 4 页。
③ 沈德潜编：《唐诗别裁集》，中华书局 1975 年影印本，第 2 页。

尚未解应制体裁耳。此庶吉士之所以需教习也。倘进呈时，上有驳问，我当独奏。”群议始息。余之得与馆选，受尹公知，从此始。未几，上命公教习庶吉士。余献诗云：“琴爨已成焦尾断，风高重转落花红。”①

德潜是和袁枚一起参加这次朝考的，这件事情他肯定知道。“声疑来禁院”二句，有暧昧和轻薄，而这些如何能够出现在如此重要的考试中呢？任何应制诗中，乃至在上层社会的社交诗歌中，在和朝政相关的诗歌中，这样的内容甚至这样的色彩都是禁止的。当时，袁枚23岁，年少高才，风流倜傥，轻狂无知，竟然犯了这样的失误，幸亏尹尚书救助，才得以过关。此外，五言长律的语言除了对仗工整外，还要典雅，显示出作者深厚的学问和浓厚的书卷气，对辞藻要尽量选用吉祥、明丽的词汇和形象，构成明净开朗的意境，适当点缀一些色彩，但不能浓妆艳抹。总之，诗中要显示忠君爱国、歌功颂德，诗人自己又俊朗阳光、福泽深厚，必定能够忠诚地为天子服务，协助天子治理天下。

科举考试要考五言八韵的试帖诗，德潜选录这么多五言长律，他公开说就是为了应试教育的需要。不仅如此，在五律的部分选择那么多应制、侍宴之类的诗歌，其用意也是如此。五言律诗和五言长律尽管长度不同，但试帖诗和应制一类诗歌在遣词造句、篇章结构、立意抒情方面是完全相通的。其实，德潜选录这些诗歌还不仅仅是应试教育的需要，还有更加深远的考虑。其《归愚文钞余集》卷七《紫阳书院条规十则》云：“诸君于制义之余，兼攻古文，余事并及韵语。他日内列词臣，可以任史职，备顾问，登高作赋，不愧卿大夫。”②内列词臣后，就需要润饰鸿业、鼓吹升平的本事，而唐代的这些五言律诗和五言长律就是这一类诗歌的范本。

关于五言绝句。德潜云：“五言绝句，右丞之自然，太白之高妙，苏州之古淡，纯是化机，不关人力。他如崔颢《长干曲》，金昌绪《春怨》，王

① 袁枚：《随园诗话》，人民文学出版社1982年版，第5页。

② 沈德潜著，潘务正、李言编辑点校：《沈德潜诗文集》，人民文学出版社2011年版，第1891页。

建《新嫁娘》，张祜《宫词》等篇，虽非专家，亦称绝调。后人当于此问津。”①所言是，然犹未及关键之处。在诗歌的各种体裁中，除了五言长律之外，五言绝句属于“小体裁”，就总体而言，诗人写得不多，至少在唐代没有多少人仅仅靠写五言绝句出名。

五言绝句，其实有近体和古体之分。近体诗的五言绝句遵守近体诗的格律，所押韵是平声韵，此外，就是古绝了。所谓古绝，不必遵守近体诗的格律，所押韵大多是仄声韵。《唐诗别裁集》中，近体的五绝和古绝两种都有。前者如卷十九王之涣《登鹳雀楼》：“白日依山尽，黄河入海流。欲穷千里目，更上一层楼。”②后者如卷十九王维《竹里馆》：“独坐幽篁里，弹琴复长啸。深林人不知，明月来相照。”③可见，不管是前者还是后者，德潜都是作为五言绝句统一对待的。

唐代五言绝句的直接源头，是南朝乐府《子夜歌》《读曲歌》一类的民歌，因此，其基本特色是朴素自然。被德潜称为“绝调”的那几首五绝都是如此，仍然有民歌的风味。这是五绝的一种“格”。五绝的另外一种“格”，则明显具有文人化的色彩，不仅感情是文人的，语言也有了明显的变化，即使用词和形象仍然平淡，但明显有加工的痕迹。例如卷十九孟浩然《宿建德江》：“移舟泊烟渚，日暮客愁新。野旷天低树，江清月近人。”④这是五言绝句的另外一种“格”。当然，一般来说，五言绝句以保持朴素自然、浑成一体的风格者为佳，而切忌雕镂。

关于七言绝句。德潜云：“七言绝句，贵言微旨远，语浅情深，如清庙之瑟，一倡而三叹，有余音者矣。开元之时，龙标、供奉，允称神品。此外，高岑起激壮之音，右丞作凄婉之调，以至‘葡桃美酒’之词，‘黄河远上’之曲，皆擅长也。后李庶子、刘宾客、杜司勋、李樊南、郑都官诸家，托兴幽微，克称嗣响。”⑤所言甚是。

七言绝句，发端于民歌。其“格”大致有二，一是以软笔为之，一是

① 沈德潜编：《唐诗别裁集》，中华书局 1975 年影印本，第 4 页。
② 沈德潜编：《唐诗别裁集》，中华书局 1975 年影印本，第 252 页。
③ 沈德潜编：《唐诗别裁集》，中华书局 1975 年影印本，第 251 页。
④ 沈德潜编：《唐诗别裁集》，中华书局 1975 年影印本，第 252 页。
⑤ 沈德潜编：《唐诗别裁集》，中华书局 1975 年影印本，第 4 页。

以硬笔为之。以软笔为之者，情致深厚悠长，表达含蓄蕴藉，音调悠扬婉转，所谓言有尽而意无穷是也。有意效法民歌而有民歌风味者，如《竹枝词》之类也是如此。此为七言绝句之“正格”。以硬笔为之者，写景则所写之景清晰可见，抒情则喜怒哀乐尽见，议论则断语明确，叙事则确定平实。其语言硬实而非蕴藉空灵，无宛转之调，而有质实之感。此为七言绝句之“变格”。

德潜此书所选七言绝句，几乎都是以软笔为之者，德潜以上列举的诸家，他们的绝句也几乎都是如此，其中以李白、王昌龄、李商隐的七绝为代表。杜甫七言绝句，以软笔为之者，除了《唐诗别裁集》卷二十所选录的《赠花卿》《江南逢李龟年》外，也就是“黄四娘家花满蹊”等极少的几首了。杜甫写七绝，几乎都是以他写七律的硬笔为之，正如笔者设的比喻，以演楚霸王出名的老生客串出演虞姬，举手投足，念白唱腔，都是楚霸王的底色，当然他演的虞姬就“不入正格”了。《唐诗别裁集》卷二十所选录其《书堂饮既，夜复邀李尚书下马，月下赋绝句》云：“湖月林风相与清，残尊下马复同倾。久拚野鹤如霜鬓，遮莫邻鸡下五更。”此诗就是以硬笔为之，但还不够典型。杜甫典型的以硬笔为之的绝句是其《承闻河北诸道节度入朝欢喜口号绝句十二首》等，如此题第一首云：“禄山作逆降天诛，更有思明亦已无。汹汹人寰犹不定，时时斗战欲何须。”① 于此可见以硬笔为之的七绝和以软笔为之的七绝之间的区别了。唐代好以硬笔为七绝的名家诗人，除了杜甫外，还有韩愈。《唐诗别裁集》卷二十所选韩愈七绝，只有一首，也是以硬笔为之，为《次潼关先寄张十二阁老》：“荆山已去华山来，日照潼关四扇开。刺史莫辞迎候远，相公亲破蔡州回。”德潜加评语云：“没石饮羽之技，不必以寻常绝句法求之。”② 德潜到底是诗歌方面的大家，他也看出韩愈此诗不是“寻常绝句法”，但强硬有力，旗帜鲜明，虽非七绝正格，也予以破“格”选录了。就清代而言，比德潜年辈后一些的钱载也有一些以硬笔为之的七绝，再后来的宋湘，此类绝句就更多了。从理论上肯定此类绝句的，除了宋湘

---

① 杜甫著，杨伦笺注：《杜诗镜诠》卷十五，上海古籍出版社 1981 年版，第 754 页。
② 沈德潜编：《唐诗别裁集》，中华书局 1975 年影印本，第 270 页。

外，就是同光体诗派的理论家陈衍了，见其《石遗室诗话》卷三。但就总体而言，此类绝句在古代诗歌中也是少数而已，不是主流。笔者《乾嘉代表诗人研究》论软笔、硬笔所为绝句，已详言之。[①] 德潜论诗，是坚守主流的。

第八节　诗歌表达策略之示例

《归愚文钞余集》卷七《紫阳书院规条十则》云："文无定态，纯古淡泊，明白俊伟，与夫寓绳尺于纵横之中，取神韵于意旨之外者，各自成家。唯肤庸堆垛，令阅者昏昏索索，此冠裳土偶之失也。矫之者又复变为纵目厉角，荒幻诡僻，以不可解、无文理为高。无识者一倡百和，从风奔趋，胥飘鬼国矣。"[②]此为论文章者，然也适用于论诗歌。以此核《唐诗别裁集》所选诗歌，也体现了德潜这样的观点。

在诗歌的表达策略方面，《唐诗别裁集》亦有示范意义。以下举若干个方面。

比兴的表达。从《诗经》开始，比兴手法就是诗歌常用的表达方法，但是《唐诗别裁集》中所选诗歌对比兴手法之运用，还是可以给人一些启示的。例如，就咏物诗歌而言，此选本中有这样三首咏蝉的诗歌：

垂緌饮清露，流响出疏桐。居高声自远，非是藉秋风。（虞世南《咏蝉》，卷十九）[③]

西陆蝉声唱，南冠客思侵。那堪玄鬓影，来对白头吟。露重飞难进，风多响易沉。无人信高洁，谁为表予心。（骆宾王《在狱咏蝉》，卷九）[④]

本以高难饱，徒劳恨费声。五更疏欲断，一树碧无情。薄宦梗

① 赵杏根：《乾嘉代表诗人研究》，（韩国）新星出版社 2001 年版，第 129—130 页。
② 沈德潜著，潘务正、李言编辑点校：《沈德潜诗文集》，人民文学出版社 2011 年版，第 1691 页。
③ 沈德潜编：《唐诗别裁集》，中华书局 1975 年影印本，第 249 页。
④ 沈德潜编：《唐诗别裁集》，中华书局 1975 年影印本，第 130 页。

犹泛，故园芜已平。烦君最相警，我亦举家清。（李商隐《蝉》，卷十二）①

唐诗中，全篇咏蝉的诗歌是不多的。在一本篇幅不算大的唐诗选本中，选录了这三首咏蝉的诗歌，德潜应该是有深意的。同一种用来作为比兴的事物，可以寄托不同的思想感情。扩而言之，同样的题材可以表达不同的主题。施补华《岘佣说诗》不分卷云："三百篇比兴为多，唐人犹得此意。同一咏蝉，虞世南'居高声自远，端不藉秋风'，是清华人语；骆宾王'露重飞难进，风多响易沉'，是患难人语；李商隐'本以高难饱，徒劳恨费声'，是牢骚人语。比兴不同如此。"②那么，人们要表达自己的思想感情，可以用比兴的方法，选择一种事物，根据该事物的种种属性，不管是其本身具有的属性，还是人们赋予它的属性，设为生动的形象，而将自己要表达的思想感情融汇其中，表达出来，这就是诗歌表达的要义。

这三首诗歌中，虞世南这一首是通体用比兴，没有写人的痕迹，作者是隐去的，因而诗人和蝉也是一体的，难以分明是人是蝉，何者为蝉，何者为人，因而更加含蓄蕴藉。骆宾王这一首有"南冠客"，与题目"在狱"相应，明显有诗人在，最后一联，人蝉合一。李商隐这一首，"薄宦""故园"云云，诗人也是出现的，最后一联，人蝉合一。《唐诗别裁集》中，德潜还收录了一些通体用比兴的诗歌，如章怀太子《黄台瓜辞》、杜甫《佳人》、白居易《感鹤》《慈乌夜啼》《和大嘴乌》《秦吉了》、元稹《有鸟》、韩愈《驽骥》、柳宗元《放鹧鸪词》《聚蚊谣》等。当然，张籍的《节妇吟》也是如此，但德潜没有收录。

就以上所列举的诗歌来看，全篇用比兴手法的这些诗歌，除了虞世南的《咏蝉》外，都是表达负面情绪的。张籍的《节妇吟》也是对对方"君知妾有夫，赠妾双明珠"的示爱的否定，也就是对实力雄厚的军阀拉拢的拒绝。白居易的几首写禽类的诗歌、元稹《有鸟》中的鹤，几乎都是对官场乃至朝堂风气的抨击，而章怀太子的《黄台瓜辞》则是针对残酷无

---

① 沈德潜编：《唐诗别裁集》，中华书局 1975 年影印本，第 171 页。

② 施补华：《岘佣说诗》，无锡丁氏校刊本，1916 年版，第 2 页 A 面。

情的铁腕帝王武则天的。那么，这些诗人表达感情为什么选择通篇比兴的方法呢？很明显，通篇比兴的方法能够减缓批判的冲击力释放的速度，如此则在一定程度上隐藏否定的锋芒，减少否定可能给对方造成的刺激，向德潜赞赏的“和而婉、和而庄”的境界靠拢，而否定的力量却不会因此而减弱，反而会更加深沉、更加绵长，再加上生动的形象乃至戏剧化的情节，大大增强了传播的力量，将作品的力量传递到更加阔大的时空，收到更好的社会效果。这就是比兴的魅力。

至于虞世南的《咏蝉》，其实也未必没有否定的意蕴。“居高声自远，非是藉秋风”，同样可以解读为对“居高”者的嘲讽或身居高位的诗人的自我嘲讽：并非其声音嘹亮清脆而远播，不过是其居高位而已！

至于在诗句中运用比兴手法则是诗歌的常态，成功之处，不胜枚举。总体说来，其功用就是使得诗歌含蓄蕴藉、形象生动，增强诗歌的感染力和传播力。当然，这方面唐代诗歌无疑是做得很好的。

关于章法。德潜在《唐诗别裁集》凡例中云：“诗不可无法，乱杂而无章，非诗也。然所谓法者，行所不得不行，止所不得不止，而起伏照应、承接转换，自神明变化于其中，若泥定此处应如何，彼处应如何，则死法矣。兹于评释中偶示纪律，要不以一定之法绳之。试看天地间水流自行，云生自起，何处更著得死法？”[①]此言甚当。在八股文选本盛行了几百年的时代，文章评点早已从八股文发展到白话小说了，诗歌评点当然也早就大行了。应该说，很多评点对读者尤其是初学者是必要的。德潜在《唐诗别裁集》中对诗歌解读、妙处领悟、章法利弊等的评点，大多是高明的、有价值的。唐诗中，章法方面值得称道的实在太多，德潜也指点出了很多，今人的论述就更加多了。笔者也就不多举例，细细阐述了。

然歌行一体，尽管数量不多，但对后人的影响很大，今人也研究较多，但其章法特色除了上文笔者已经阐述的如四句一韵为一个结构之类外，还有一个明显的特点似乎还有未作充分阐述者，这就是“先色后空”。

① 沈德潜编：《唐诗别裁集》，中华书局 1975 年影印本，第 4 页。

卢照邻《长安古意》、骆宾王《帝京篇》、李峤《汾阴篇》、白居易《长恨歌》、元稹《连昌宫词》，都是先用渲染乃至夸张的手法，尽情铺叙繁华，然后盛极必衰，以萧条惨淡结束，盛衰相互映衬，形成强烈的对比，来彰显其艺术效果，发为沧桑感慨。《长安古意》等非常有名，人们也许都很熟悉，而此书卷五李峤《汾阴篇》较少被提到，故列于下：

> 君不见昔日西京全盛时，汾阴后土亲祭祠。斋宫宿寝设储供，撞钟鸣鼓树羽旂。汉家五叶才且雄，宾延万灵朝九戎。柏梁赋诗高宴罢，诏书法驾幸河东。河东太守亲扫除，奉迎至尊导銮舆。五营夹道列容卫，三河纵观空里闾。回旌驻跸降灵场，焚香奠醑邀百祥。金鼎发色正焜煌，灵祇炜烨摅景光。埋玉陈牲礼神毕，举麾上马乘舆出。彼汾之曲嘉可游，木兰为楫桂为舟。棹歌微吟彩鹢浮，箫鼓哀鸣白云秋。欢娱宴洽赐群后，家家复除户牛酒。声名动天乐无有，千秋万岁南山寿。自从天子向秦关，玉辇金车不复还。珠帘羽扇长寂寞，鼎湖龙髯安可攀。千龄人事一朝空，四海为家此路穷。豪雄意气今何在，坛场宫馆尽蒿蓬。路逢故老长叹息，世事回环不可测。昔时青楼对歌舞，今日黄埃聚荆棘。山川满目泪沾衣，富贵荣华能几时。不见只今汾水上，唯有年年秋雁飞。①

"千秋万岁南山寿"之前写繁盛，"自从天子向秦关"以后就写萧条了。后世诗人以七言歌行叙事，著名作品如明代李昌祺的《至正妓人行》，清代初年吴伟业的《田家铁狮子歌》《鸳湖曲》《听女道士下玉京弹琴歌》等大量"梅村体"诗歌，清代中叶袁枚、赵翼、李燧、杨芳灿、陈文述等诗人的"梅村体"诗歌，晚清王闿运、王国维等人的"梅村体"诗歌，直到钱仲联分别在民国年间和当代作的《胡蝶曲》和《后胡蝶曲》，都是这样的"先色后空"的结构。更何况，其他题材的诗歌中，乃至其他体裁的文学作品中、现当代的一些小说中，这样的结构也是常见的。因此，笔者觉得很有必要对这样的结构作些探讨。

这样的章法结构直接源头有二。一是汉大赋及其追随者。司马相

① 沈德潜编:《唐诗别裁集》，中华书局 1975 年影印本，第 71 页。

如《子虚赋》《上林赋》、扬雄《羽猎赋》《长杨赋》、潘岳《射雉赋》、班固《两都赋》、张衡《二京赋》，这些写田猎、都城的赋，莫不先铺张扬厉，美轮美奂，丰亨豫大，穷奢极欲，然后予以否定：不是归于仁义道德，就是归于老子之告诫，归结为以奢靡游乐等为戒。这样的两段结构，以前一段结构为主，后一段结构篇幅较少，所以人们谓之“曲终奏雅”，而实际上，“雅”的效果往往被前面的部分所淹没。司马相如的《大人赋》主题是戒迷信神仙之事的，也是用这样的两段结构，先写神仙之神奇、之乐，再行否定。相传汉武帝读后，觉飘飘有凌云之气。故人们谓此类作品为“劝百讽一”，效果完全和作者初衷或作品中所标榜的相反。就作者的注意力、所用力气而论，也主要在前面的部分。上文已经说过，在诗歌题材等内容方面，《长安古意》《帝京篇》都是直接继承以都城为描写对象的赋，而在结构上也是承袭这些赋的，是此类题材的诗歌表达。

另外一个更为直接的源头是佛教文化。佛教理论及其表达方式最为基本的思维方式，就是否定。例如，“无”必须借助于“有”来表达，“静”必须借助于“动”来表达，涅槃解释为“不生”“无生”，“不”和“无”都是否定的。佛教的全部理论最为终极的宗旨，就是以“彼岸世界”来否定“此岸世界”。为了加强否定的力量，佛经中描写此岸世界，往往竭尽渲染夸张之能事，铺陈居室豪华、财富珍宝、香花宝树之类，而以主人出家为结束。《悉达太子成道经》中写释迦摩尼出家前为王子的时候所住的宫殿，以及其中的珍宝、女子等等，远远超过汉赋等赋中对城市、宫殿等的渲染铺陈。佛教《波罗密多心经》云：“空即是色，色即是空。”然非“色”不足以明“空”，“色”愈盛而“空”愈明。包括唐代这些七言歌行在内的许多文学作品，选择“以色明空”的表达策略，对种种繁华、奢靡这样的“色”的渲染，正是为了突出对“空”的表达。除了以上所举诗歌外，《唐诗别裁集》中所选录的还有王勃《滕王阁诗》、刘希夷《公子行》等。《红楼梦》、《家》《春》《秋》“激流三部曲”、《京华春梦》等小说，也是如此。如果把“色空”转换成“盛衰”，那么包容的范围就更加广了，《水浒传》等也可以包括进去。

对意象的选择。诗歌最为基本的特质就是以形象抒发感情。那么，如何选择形象呢？除了和要抒发的感情相契合之外，对形象的选择还有没有其他的标准呢？有的。例如，最好是美的形象。丑的形象在诗歌中也是有的，例如，上文举到的白居易诗歌中的大嘴乌之类。但是，就总体而言，诗歌中还是以美的形象为多，这和诗歌对美的追求有关，也和诗歌抨击丑恶的方式有关。诗歌不排斥丑的形象，但是，丑的形象不能太多，要控制好丑的程度，更要注意对丑的形象的处理方法和态度。因此，德潜也选录了白居易《大嘴乌》等诗歌。宋人写诗，一些很丑陋的形象也入其中，就破坏了诗歌应有的美感，这是写诗应该避免的。钱锺书在《宋诗选注》的前言中有相关的阐述，可以参见。

那么，病态的形象是否可以入诗呢？可以的，但也要把握好程度，和全诗的内容相统一，为表达正面的感情服务。卷十六曹唐的七律《病马》，出身高贵，因病而被人舍弃，但仍然怀有强烈的被重用的希望，其二云："阶前莫怪垂双泪，不遇孙阳不敢嘶。"[①]"沉舟侧畔千帆过，病树前头万木春"，[②]这是卷十五刘禹锡《酬乐天扬州初逢席上见赠》七律中的名句，《唐诗别裁集》中也选录了此诗。贾岛《病蝉》云："病蝉飞不得，向我掌中行。拆翼犹能薄，酸吟尚极清。露华凝在腹，尘点误侵睛。黄雀并鸢鸟，俱怀害尔情。"[③]这诗中的病蝉无疑是贾岛的自身写照，自叹自怜、消极低沉，不仅缺乏社会内容，也没有积极意义，且语言雕琢纤弱，因而德潜没有选录。

那些妖魔鬼怪、牛鬼蛇神之类的超现实形象，以及奇奇怪怪、幽气拂拂的景象，在德潜看来，也是不适宜出现在诗歌中的。在唐代诗人中，韩愈、卢仝、李贺都是以写此类诗歌出名的。韩愈《月蚀诗效玉川子作》、卢仝《月蚀诗》等，就是代表，以诗长不录。李贺《秋来》云："桐风惊心壮士苦，衰灯络纬啼寒素。谁看青简一编书，不遣花虫粉空蠹。思牵今夜肠应直，雨冷香魂吊书客。秋坟鬼唱鲍家诗，恨血千年土中碧。"[④]这就是"秋坟鬼唱"或"鬼唱秋坟"的出处，可谓鬼气拂拂矣。这些诗给人恐怖的刺激，远远大于美的享受，当然不能提倡。《唐诗别裁集》不选

---

① 沈德潜编：《唐诗别裁集》，中华书局 1975 年影印本，第 222 页。

② 沈德潜编：《唐诗别裁集》，中华书局 1975 年影印本，第 204 页。

③ 贾岛著，李嘉言新校：《长江集新校》卷六，上海古籍出版社 1983 年版，第 70 页。

④ 李贺著，徐传武校点：《李贺诗集》卷一，上海古籍出版社 2015 年版，第 32 页。

此类诗歌，是正确的。

关于语言的选择。诗歌本来是用来唱的，因此，自然流畅应该是诗歌语言最为基本的要求。对诗歌语言的锤炼是必要的，追求工巧也是值得肯定的，至于追求创新当然是值得鼓励的，但是，最为基本的要求是不能破坏语言的自然性，亦即语言自身的法度，质言之，也就是语法。雕章琢句之风，德潜是否定的，《唐诗别裁集》中德潜对诗歌的评点等就可以看出这一点。在诗歌语言创新方面，就唐代而言，韩孟诗派和李贺做得最为突出。清代洪亮吉《北江诗话》卷一云："学昌黎、昌谷两家诗，不可更过。"[①]为什么？他们诗歌语言方面的创新，在某种程度上往往是以牺牲语言的自然性为代价的。与他们的诗一样，已是损害了语言的自然性，何况过之？因此，《唐诗别裁集》中所选录的韩愈等的诗歌中，基本保持了语言的自然性，那些牺牲语言自然性的诗歌几乎没有选录。学李白、杜甫、高适、岑参的诗歌语言，他们的诗歌语言以健举畅达、自然俊朗为尚，故他们的诗歌，德潜所选比较多。

语言还有雅俗的问题。德潜的取向是偏重于雅，这于诗歌是正确的。《唐诗别裁集》中所选诗歌，其语言当然以雅为多，俗者较少。德潜尽管也能够接受比较俗的语言，但是有条件的：第一，俗的程度必须把握好，不能太俗；第二，俗应该是通俗，而不是低俗。"元轻白俗"，那是通俗，所以，沈德潜也在《唐诗别裁集》中选了元白等人不少通俗的诗歌。韩偓的"香奁体"诗歌很多内容和语言是低俗，因此，此类诗歌德潜是排斥的，没有选录。

德潜对诗歌语言还有一个最为基本的要求，那就是表达要清楚。诗歌抒发感情确实不宜于直说，直说往往会导致"标语口号式"，应该含蓄蕴藉，甚至"言有尽而意无穷"，甚至"如羚羊挂角，无迹可求"，但这决非意味着不可把握、不可感受、不可解读。在《紫阳书院规条十则》中，德潜就对那些"荒幻诡僻，以不可解、无文理为高"的文风作了抨击。这样的批评标准也适用于诗歌。唐代诗人中，所作诗歌最为难以解读的诗人，一是李商隐，致元好问有"诗家总爱西昆好，只是无人作郑笺"之

① 洪亮吉著，陈迩冬校点：《北江诗话》，人民文学出版社 1983 年版，第 10 页。

叹;二是李贺。杜甫的某些诗歌也是如此。正因为这些诗歌难以解读,这就给解读者留下了很多解读的余地,以至于他们喜欢把这些诗歌和政治联系起来,从政治的角度去解读,结果是牵强附会、似是而非的解读纷呈。因此,德潜在《凡例》中说:"少陵固多忠爱之词,义山间作讽刺之语,然必动辄牵入,即小小赋物,对境咏怀,亦必云某诗指某事,某诗刺某人,水月镜花,多成粘皮带骨,亦何取耶?钞中概为删却。"[①]表面上是不满那些过度解读的现象,其实也是对这些诗歌的委婉批评,"概为删却"就体现了他对这些诗歌的态度。

① 沈德潜编:《唐诗别裁集》,中华书局1975年影印本,第3页。

第十三章 《明诗别裁集》研究

第一节 体例与编选宗旨

雍正三年(1725 年),德潜开始选《明诗别裁集》,至雍正十二年而成,德潜友人周准也参加了编选工作。前有序言三篇:一署为“乾隆三年(1738 年)秋七月望日,长洲沈德潜题于灵岩山居”;一署为“乾隆戊午仲秋长洲周准题”,此戊午即乾隆三年;一署为“乾隆己未秋七月望日,古吴蒋重光题于赋琴楼”,[①]此己未为乾隆四年。此书出版,即乾隆四年。本书用中华书局 1975 年出版缩印乾隆四年本。

《明诗别裁集》共 12 卷,收录诗人 340 人,诗歌 1010 余首,大致按照诗人年辈先后排列。每位诗人后有对该诗人字号、籍贯、科名、仕历等的介绍,对其诗歌、诗歌观点和诗歌活动等的介绍。同一位诗人的多首诗歌,按照五古、七古、五律、七律、五绝、七绝的次序排列。诗题、诗文本中间或诗歌结尾,或有德潜的注释和点评。

此书之编选是建立在德潜对明代诗歌及其发展情况之认知,以及对当时既有的明诗选本的评价的基础之上的。其序言云:

> 宋诗近腐,元诗近纤,明诗其复古也。二百七十余年中,又有升降盛衰之别。尝取有明一代诗论之:洪武之初,刘伯温之高格,并以高季迪、袁景文诸人,各逞才情,连镳并轸,然犹存元季之余

---

① 沈德潜、周准编:《明诗别裁集》,中华书局 1975 年影印本,第 1、2 页。

风，未及隆时之正轨。永乐以还，体崇台阁，骫骳不振。弘正之间，献吉、仲默，力追雅音；庭实、昌谷，左右骖靳，古风未坠，余如杨用修之才华，薛君采之雅正，高子业之冲淡，俱称斐然。于鳞、元美，益以茂秦，接踵曩哲，虽其间规格有余，未能变化。识者咎其鲜自得之趣焉。然取其菁英，彬彬乎大雅之章也。自是而后，正声渐远，繁响竞作。公安袁氏，竟陵锺氏、谭氏，比之自郐无讥。盖诗教衰而国祚亦为之移矣。此升降盛衰之大略也。

在他看来，当时的明诗选本：陈子龙、李雯等的《皇明诗选》，“正德以前殊能持择，嘉靖以下形体徒存”；钱谦益的《列朝诗集》评价严重不公、选录严重不当；朱彝尊的《明诗综》，“所收三千四百余家，泯门户之见，存是非之公，比之牧斋，用心判别，然备一代之掌故，匪示六义之指归，良楛正闰，杂出错陈，学者将问道以亲风雅，其何道之由”？所以，德潜他们“合群公选本，暨前贤名稿，别而裁之”，[①]编选了此书。杜甫诗云：“别裁伪体亲风雅”，德潜他们将明代诗歌“别而裁之”去掉“伪体”，择其“风雅”，编为此书，以便人们“亲风雅”。

德潜他们如何裁伪体而择风雅呢？“于洪永之诗，删其轻靡；于弘正嘉隆之诗，汰其形似；万历天启以下，遂寥寥焉；而胜国遗老，广为搜罗，比宋逸民《谷音》之选。……皆深造浑厚，和平渊雅，合于言志永言之旨，而类同沿袭，浮艳淫靡，凡无当于美刺者屏焉。有明之诗，诚见其陵宋跞元而上追前古也。”[②]蒋重光序云：“始端宗旨，继审规格，终流神韵，三长具备，乃登卷帙。”有当刺美，宗旨端也；深造浑厚，规格高也；和平渊雅，神韵流也。浮艳淫靡，类同沿袭者，当然就是“伪体”，在“裁”的范围。编选成此书，蒋重光云“可续唐音”，周准说“以是书之选，上续唐人，不敢不从其严也”。[③] 很明显，《明诗别裁集》是上承《唐诗别裁集》的。《唐诗别裁集》中所选，为诗歌的典范；《明诗别裁集》中所选，是学习诗歌典范的优秀作品。这些优秀作品之所以是优秀作品，因为它们

---

① 沈德潜、周准编：《明诗别裁集》，中华书局 1975 年影印本，第 1 页。
② 沈德潜、周准编：《明诗别裁集》，中华书局 1975 年影印本，第 1 页。
③ 沈德潜、周准编：《明诗别裁集》，中华书局 1975 年影印本，第 2 页。

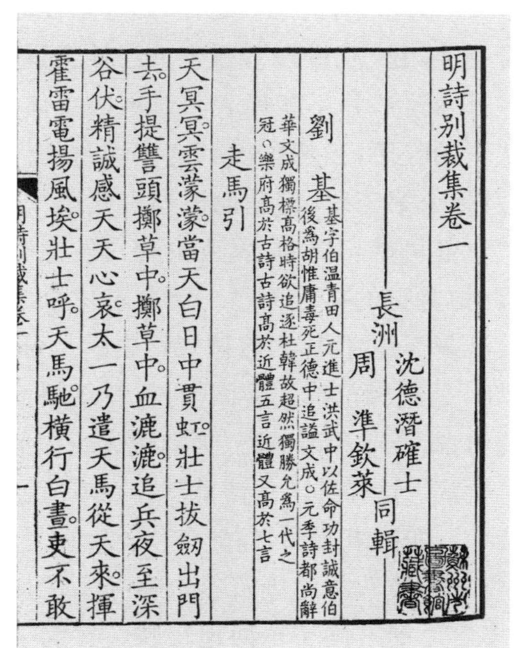

明詩別裁集卷一

長洲　沈德潛確士
　　　周　準欽萊　同輯

劉　基　基字伯温青田人元進士洪武中以佐命功封誠意伯後爲胡惟庸毒死正德中追謚文成。元季詩都尚辭華文成獨標高格時欲追逐杜韓故超然獨勝允爲一代之冠。樂府高於古詩古詩高於近體五言近體又高於七言

走馬引

天冥冥雲濛濛當天白日中貫虹。壯士拔劍出門去手提讐頭擲草中擲草中血漉漉追兵夜至深谷伏精誠感天天心哀太一乃遺天馬從天來揮霍雷電揚風埃壯士呼天馬馳橫行白晝吏不敢

《明诗别裁集》[清乾隆四十年(1775年)刻本]

取法的对象就是唐代特别是盛唐诗歌，且学得成功，和典范最为接近。

既然如此，对明诗的取舍就只能以诗歌本身为唯一的依据，而不考虑其他的种种因素了。因此，诗人的身份不在考虑范围，从朝廷到山林，甚至和尚、道士、无名氏都有。其取舍原则是“因诗存人，不因人存诗”，这和钱谦益《列朝诗选》之“因人存诗”完全不同，也和朱彝尊《明诗综》的备一代诗歌掌故有很大的区别。很多知名度不高的诗人的作品被入选了。平均每位诗人入选的诗不到三首，这个数字和其他的诗歌选本相比是比较低的。

按照这样的标准，此书所选诗歌是否体现诗人自身的生活实践、学问修养和思想品格等，是否体现诗人所作诗歌的主体风格，是否和诗人或者其所属诗歌流派的诗歌理论一致，这些都不在考虑的范围内，而只考虑诗歌本身是否符合德潜他们的取舍标准。此书所选沈周《从军行》云：“马上黄沙拂面行，汉家何日不劳兵。匈奴久自忘甥舅，仆射今谁托父兄。云暗旌旗婆勒渡，月中刁斗受降城。左贤早待长绳缚，莫遣论功

白发生。"德潜评云:"忘世人有此悲壮之作,诸选本往往遗之。"[①]德潜也知道,沈周是一介书生,是"忘世人",很少关注社会现实、朝廷政治,此诗是他诗集中的一个特例,并不能代表其诗歌的总体风格。再进一步深究,沈周并无从军的经历,当然也没有这些切身的体验。"马上黄沙拂面行"云云,以及整个第三联,都是他根据古代边塞诗中的描写想象点染而成。结语"左贤早待长绳缚,莫遣论功白发生",看似悲壮激昂,也是古代此类诗歌中常见的口号而已。结合古代众多的类似作品看,此诗确实是"类同沿袭",是"伪体",应该"裁"去的。可是,单独来看,此诗就思想感情而论,是绝对正确的爱国情操,就规格而言,是高浑深厚的高规格,就神韵而言,音节和谐响亮、神韵致远。因此,德潜选录了此诗,还特别表示了欣赏。这样选出的诗歌就存在着"伪"和"空"的危险。

朱彝尊《明诗综》,如德潜所说,"泯门户之见,存是非之公",如此则评价公允;"备一代之掌故",如此则资料丰富扎实;"良楛正闰,杂出错陈",如此则全面多容。此书确实全面地反映了有明一代诗歌的风貌。其按照诗人年辈排列的体例,又使明代诗歌发展的大致过程寓乎其间。可是,《明诗别裁集》不是属于这样的诗歌选本,而只是明代诗歌中符合德潜他们"宗唐诗风"标准的诗歌选本,展现的是符合这种诗风的诗歌的发展过程,这就大大地把明代诗歌及其价值片面化、扁平化了。

那么,德潜他们为什么要如此来选明诗呢?这就要谈到德潜诗学的核心"诗教"了。周准的序言中说,他们编选《明诗别裁集》是"以辅翼诗教"。德潜的"诗教"落实到诗歌选本上,就有相关的两重意思:第一,以诗歌为教化社会的工具,这就是儒家"诗教"本来的含义;第二,以这些诗歌,为人们学习诗歌写作提供参照,进而也写出能够教化社会的诗歌,其目的还在第一重意思。诗歌要具有教化社会的功能,必须符合两个条件:第一,能够正确地体现导向,这要通过正确的"美刺"来实现的,这也是德潜要把"凡无当于美刺"的诗歌"裁"掉的原因;第二,诗歌对"美刺"的表达也必须是美的、具有感染力的,能够给人心灵的陶冶,使人富有修养而变得文质彬彬,成为儒家所赞赏的"君子"。

---

① 沈德潜、周准编:《明诗别裁集》,中华书局1975年影印本,第39页。

那么,《明诗别裁集》是如何来体现"诗教"的呢？从逻辑上而言,效果会如何呢?

第二节　对忠孝节义等伦理观念的强化

儒家最重政治伦理与社会伦理,所谓"君君、臣臣、父父、子子"是也,所谓"君臣、父子、兄弟、夫妇、朋友"即"五伦"是也。这些政治伦理和社会伦理观念,对维护政治和社会的稳定有至关重要的作用,因此,历代统治者奉儒家思想为主流思想是必然的选择。儒家"诗教"最为主要的内容就是这些政治伦理和社会伦理观念。随着君权至上的秦制被确立为封建社会的政治体制,君主益尊而臣民亦卑,后儒又对这些观念作了发展,将君臣一伦奉为"大伦",其他诸伦乃至其他的一切都是为"君"服务的,以此维护至上的君权和政治、社会的稳定。于是,"忠君"就成了最高的政治道德。这样的理论通过宋代理学家的努力已经完成,而其推广、实践、落实,在明代和清代达到了极致。德潜的"诗教"就是具体的体现,且在《明诗别裁集》中体现得最为突出。

春秋时代,以世袭为表征的贵族政治向以选拔为表征的官僚政治转化,君臣关系的建立和解除都是常态,君臣之间,双向选择,士人不妨朝秦暮楚。后来,尽管天下定于一尊,但君臣关系之建立和解除还是常态。天无二日,国无二君,这是从三维空间而言,若加上时间的维度考虑,就不是这样了,朝代更迭,也是常态。因此,唐代和唐代以前,一个人即使身仕不止一个王朝,人们也不以为非,因为他并没有在同一个时间为两个君主服务,没有违背当时"忠君"的政治道德。就《唐诗别裁集》所收录的诗人言之,虞世南,其父兄和他本人都身仕陈、隋二朝,而虞世南为唐名臣。魏徵在隋朝也当过小官。韦庄为晚唐官员,但后来又当了后蜀政权的宰相。罗隐在科场长期失意,后在吴越王钱镠政权当司勋郎。除了对身仕后唐、后晋、后汉三个政权的王仁裕,有"长乐老人之亚也"一语外,德潜对此类身仕不止一个王朝的诗人,以及他们的诗歌,完全没有关于"臣节""忠君"做得不好之类的评价。更为重要的是，德潜也没有将韦庄等参加唐朝科举考试乃至出仕唐朝，后来又出仕别的政权的诗人，摒弃在《唐诗别裁集》之外。

《明诗别裁集》就不同了。我们先从其体例来讨论其对忠君观念的强化。

德潜所作序言，关于诗人的收录原则云："胜国遗老，广为搜罗，比宋逸民《谷音》之选。""杨廉夫、倪元镇诸公，归诸元人；钱牧斋、吴梅村诸公，归诸国朝人。编诗之中，微具国史之义。"①这样的体例，内涵很丰富。"朝代"有两个概念，一是政治实体，二是历史阶段，这两个概念是统一的。《明史》写的是"明"作为一个政治实体的发生到结束这样的过程，"明"的历史阶段，下限就是作为政治实体的"明"的结束。其他朝代，也是如此。德潜这样的编选原则完全超越了"朝代"的这样两个概念，亦即完全置这样两个概念于不顾。明王朝作为政治实体结束后，它代表的历史阶段就结束了，清王朝早就建立了，新的王朝开始了。那么，凡是从明朝走到清朝的人，不管是"贰臣"还是"胜国遗老"，在客观上他们就都是清王朝的子民了，他们在明朝时候所作的诗歌都是"明诗"，不能算是"清诗"，而入清以后所作诗歌都应该是"清诗"，而不是"明诗"，也就不该进入《明诗别裁集》了。这同样适用于其他朝代的更迭和诗歌的编选。如果这样，德潜的编选原则，《明诗别裁集》编选体例中的这一项就不能成立了。

那么，德潜这样的编选原则在什么情况下才能成立呢？第一，王朝成了一种政治概念，它可以超越其相应的政治实体和历史阶段，成为一种超越时空的存在。忠于某个王朝，可以是忠于这个作为政治实体的王朝，还可以是忠于这个作为政治概念的王朝。当然，两者是可以统一的，但是，概念可以超越实体，实体消亡了，概念仍然可以存在。某王朝作为政治概念，即使作为政治实体的该王朝已经消亡，曾经忠于作为政治实体的该王朝的臣民，仍然可以继续忠于这已经成为历史但仍然作为政治概念存在的王朝。德潜所列举的"胜国遗老"就是如此。明王朝作为政治实体，尽管早已灭亡，但是，作为政治概念的明王朝依然存在，

① 沈德潜、周准编：《明诗别裁集》，中华书局1975年影印本，第1页。

那些“胜国遗老”仍然忠于作为政治概念的明王朝。在德潜等看来，杨维祯、倪瓒也是如此。第二，对诗人及其诗歌的朝代划分不是按照其所在朝代的起讫，而是按照其所体现出来的关于朝代的政治立场，而其政治立场的判定则是以是否出仕新的王朝为依据。

德潜这样的编选原则的背后是君权不断推向绝对化和极端化的理论和实践，而这样的编选原则本身又何尝不是这样的理论和实践？这样的编选原则，“美刺”是很明显的：赞赏“胜国遗老”，而贬责“身仕两朝”的“贰臣”。在宋代以下，孔子“事君，能致其身”这个对臣下的最高要求，被推到了“身不仕两朝”且成为基本的要求，成为社会的共识，并且被普遍地用来作为评价古今人物的标准，也被很多人在王朝更迭时期在出处方面严格奉行为具有根本性的原则。明清易代之际，这样的原则被很多人演绎得轰轰烈烈，上演了种种悲剧和闹剧。

在某王朝做过官的人，该王朝灭亡后，其人不到新的王朝做官，这就是“不仕两朝”。不管是否在这个王朝做过官，只要是这个王朝的臣民，在这个王朝灭亡以后，不到新的王朝做官，这样的人就是“胜国遗老”。

那么，凭什么要奉行“不仕两朝”，要当“胜国遗老”？其说云，一个人如果出仕某王朝，就是受了该王朝的恩泽，叫“身受国恩”，如果父祖辈也曾经出仕该王朝，那么就是“世受国恩”。如何报答“国恩”？除了努力维护该王朝的利益外，还要从心里忠于该王朝，即使该王朝灭亡了，其人仍然要忠于作为政治概念的该王朝，当然不能出仕其他的王朝了。没有当过官的平民百姓呢？他们是某王朝的子民，普天之下莫非王土，率土之滨莫非王臣，他们也是生活在这个王朝的土地上，所谓“食毛践土”，也就受了这个王朝的恩德，也就同样应该维护这个王朝的利益，这个王朝灭亡了，他们也仍然应该忠于这个王朝，不能出仕其他王朝。明清之际，许多人就以这样的理由来要求自己，要求或评价别人的。这样的说法，其基本的逻辑仍然在于人与人之间的利益交换和感情交换，以个人的利益为出发点和思考依据，其狭隘性是不言而喻的。按照这样的逻辑，天下苍生的利益、各种政治理念，完全不在考虑的范围之内。

德潜编选《明诗别裁集》的取舍原则也开出了泛政治化的路径。某个王朝灭亡后，这个王朝的臣民不管是否做过这个王朝的官，都不应该出仕新的王朝，这就是坚持了“忠君”的政治道德。其实，出仕新朝者固然谈不上对前朝及其君主的“忠”了，但并未出仕新朝者之不仕新朝，也未必就是坚持对前朝及其君主的“忠”。例如，进入明朝后，倪瓒没有做官，但是在元朝，他也没有做过官，没有什么证据可以表明他没有出仕明朝是出于对元朝及其君主的“忠”。但就他和杨维祯被划入元朝看，德潜对他们是肯定的，并且上升到“忠君”这样的政治高度。《明诗别裁集》收录的那些“胜国遗老”，也未必是出于对明王朝及其君主的“忠”才没有出仕清朝的。德潜对他们作这样的处理，实际上就是把包括无心于政治的人在内的所有人都政治化了。于是，“忠君”就成了所有人都无法回避的问题，任何人都无处可逃。那些在易代之际没有机会和能力出仕新朝的人，也都可以忠于前朝来自我标榜或相互标榜了。

那么，在对诗歌的取舍中，德潜是如何体现“忠君”思想的呢？这要比在《唐诗别裁集》中复杂不少。

《明诗别裁集》中，不少咏古诗表达忠君的内容，例如卷一高启《吊岳王墓》，卷二张羽《题陶处士像》、袁凯《题李陵泣别图》，卷四莫止《昭君曲》、李梦阳《朱仙镇庙》，卷五边贡《谒文山祠》、何景明《昭烈庙》，卷八李攀龙《和聂仪部明妃曲》。这些诗歌尽管所表达的意思没有超越传统定论的范围，但德潜选录这些诗歌是有深意的。

《明诗别裁集》中，竟然有表达对元王朝深厚感情的若干诗歌，这不是明明白白地表示诗人忠于元王朝吗？刘基是明朝的开国功臣，但曾经在元朝做过官。德潜选了他在元朝时作的一些诗歌。例如，卷一《走马引》写元朝朝政，篇末德潜引钱谦益语云：“钱受之云：明宗被弑于晃忽，又庚申帝即位七年，乃以尚书之言，撤文宗主于太庙。而诏书但以私图传子为言，昧于《春秋》复仇之大义矣。此诗盖深讥之也。”①卷一《梁甫吟》篇末有德潜的评语云：“拉杂成文，极烦冤瞆乱之致，此《离骚》遗音也。”②此诗是《离骚》，则刘基是屈原，那么楚王是谁呢？当时刘基

---

① 沈德潜、周准编：《明诗别裁集》，中华书局1975年影印本，第3页。

② 沈德潜、周准编：《明诗别裁集》，中华书局1975年影印本，第1页。

还是元朝的官员，政治立场自然在元朝。德潜选的是《明诗别裁集》，竟然也选了这些诗歌。

卷一张昱《白翎雀歌》云："只今萧条河水边，宫庭毁尽沙依然。伤哉不闻《白翎雀》，但见落日生寒烟。"《感事》云："鸿雁信从天上过，山河影在月中看。"《如此江山清集同王仲玉、陆进之、吕世臣作》："不用登临生感慨，且凭谈笑慰飘零。古今何限英雄恨，付与江湖醉客听。"德潜评云："悲壮苍凉，不胜举目山河之异，新亭雪涕，前后同情。"[①]张昱这些诗作于明朝，显然是表达对前朝之深情。他在元末为行枢密院判官。明朝取代元朝后，张昱为明太祖所召。明太祖悯其老，曰："可闲矣。"遂予放归。张昱尽管没有做明朝的官，但应明太祖之召，在德潜看来就是"失节"了，丧失了对元王朝的忠诚，也就只能列入明朝的部分了。但他毕竟没有做过明朝的官，至少在他应明太祖之召之前，他还是元朝的遗老，写表达对元朝深情的诗歌，忠于作为政治概念的元王朝，是值得表彰的，故德潜也选了这些诗歌。元朝官员在元朝灭亡后在明朝当官的诗人，其所作表达对元朝深厚感情的诗歌，《明诗别裁集》所收录的还有宋讷《壬子秋过故宫》、鲁渊《重九》、滕毅《感事》等。此类诗歌，当作于他们还没有出仕明朝的时候，当时他们还是元朝的"胜国遗老"，当然是应该忠于已经作为政治概念的元王朝的。

表达忠于明王朝的深厚感情的诗自然要多得多。明朝皇帝，尽管几乎都有诗歌传世，但都不多，且他们对诗文之类明显没有什么兴趣。因此，明代"应制""奉和"之类的诗，专门润饰鸿业、歌功颂德的诗歌，远远没有唐代那样多。当然，这也和整个明代政治乏善可陈有密切的关系。《明诗别裁集》中采录此类诗歌极少。可是，有"忠君""颂君"之类内容的诗歌，此书中不少。如卷四邵宝《乞终养未许》："圣主恩深臣分浅，百年心事两蹉跎。"[②]卷四李梦阳《石将军战场歌》云："应追汉室嫖姚将，还忆唐家郭子仪。"德潜评云："石亨跋扈伏法，臣节有亏。要之战功不可埋没，此特表其战功也。上皇返国，实由尚书之守，将军之战，作者

① 沈德潜、周准编：《明诗别裁集》，中华书局1975年影印本，第6页。

② 沈德潜、周准编：《明诗别裁集》，中华书局1975年影印本，第39页。

特为表出。中云:‘还忆唐家郭子仪’,以不失臣节愧之也。此作者微意。”[①]卷五何景明《长安》:“白云望不尽,高楼空倚阑。中宵鸿雁过,来处是长安。”德潜评云:“忠爱。”[②]卷六徐祯卿《长陵西望泰陵》:“昔送宫车出,长悲西雍门。今来寒食节,独望霸陵园。杳杳仙城闭,萋萋封树繁。当时侍从客,恸哭几人存。”德潜云:“忠爱之意,溢于言表。”[③]徐祯卿《送盛斯徵赴长沙》:“遥听岳阳楼上笛,可能回首忆京华。”德潜云:“送人每以忠爱勉之,此立言之体。”[④]卷六郑善夫《送苏侍御从仁使蜀》:“怀柔亦边略,要识圣恩宽。”[⑤]卷七高叔嗣《寒食定兴道中》:“忍看杨柳色,从此去王畿。”[⑥]卷七苏祐《予告归入倒马关作》:“圣主恩深何以报?车前部曲重徘徊。”[⑦]卷四戴缙《楚江旅怀》云:“客梦悬双阙,乡心逐五羊。”[⑧]忠孝二者,都照顾到了。卷四文森《九日》:“登临无限意,何处望京华!”[⑨]卷五边贡《重赠吴国宾》:“休把客衣轻浣濯,此中犹有帝京尘。”[⑩]明末少詹事徐汧在崇祯皇帝自杀一年后作《三月十九日》:“珍馔精镠赐讲筵,每逢令节主恩偏。十章书未陈《金鉴》,九逝魂犹恋细旃。社稷风云谁奏曲?园林霜露已经年。龙髯回睇桥山远,玉匣珠襦不忍传。”[⑪](见是书卷十)弘光朝覆亡,他就自杀殉忠了。

被朝廷处罚了,更是要表达“忠君”感情。郭登在英宗复辟后,被谪戍甘肃,其《甘州即事》云:“东望玉京将万里,云霄何处是蓬莱?”[⑫](见卷三)沈炼被严嵩陷害,遭到谪戍,在谪所作《得应职方书诗以答之》:“郎署飞符日,题书问谪居。自因乡使到,翻觉旧交疏。塞月尘沙里,边风

---

① 沈德潜、周准编:《明诗别裁集》,中华书局 1975 年影印本,第 45 页。
② 沈德潜、周准编:《明诗别裁集》,中华书局 1975 年影印本,第 58 页。
③ 沈德潜、周准编:《明诗别裁集》,中华书局 1975 年影印本,第 60 页。
④ 沈德潜、周准编:《明诗别裁集》,中华书局 1975 年影印本,第 61 页。
⑤ 沈德潜、周准编:《明诗别裁集》,中华书局 1975 年影印本,第 63 页。
⑥ 沈德潜、周准编:《明诗别裁集》,中华书局 1975 年影印本,第 72 页。
⑦ 沈德潜、周准编:《明诗别裁集》,中华书局 1975 年影印本,第 73 页。
⑧ 沈德潜、周准编:《明诗别裁集》,中华书局 1975 年影印本,第 37 页。
⑨ 沈德潜、周准编:《明诗别裁集》,中华书局 1975 年影印本,第 39 页。
⑩ 沈德潜、周准编:《明诗别裁集》,中华书局 1975 年影印本,第 50 页。
⑪ 沈德潜、周准编:《明诗别裁集》,中华书局 1975 年影印本,第 115 页。
⑫ 沈德潜、周准编:《明诗别裁集》,中华书局 1975 年影印本,第 33 页。

鼓角余。谁知迁客梦，夜夜绕鸾舆。”[①]（见卷七）其中可能有以此咸鱼翻身的功利目的，但也很可能确实是赤忱忠心的真诚表达。姜埰官礼科给事中，以言事廷杖，削籍戍宣城，而恰逢崇祯皇帝自杀，其《赴戍宣州卫》云：“垂死承恩谴，天威咫尺间。荷戈荒徼去，收骨瘴江还。衮职犹思补，龙髯竟绝攀。桥陵千滴泪，独在敬亭山。”（见卷十）如德潜所云，如此“泪痕血点垂胸臆”[②]的表忠诚中，现实的功利目的，几乎不会存在了。

古人忠君，元朝官员在没有出仕明朝之前忠君，明朝官员忠君，都在《明诗别裁集》中得到宣扬。于是，“忠君”的具体政治内容被抽掉了，“忠君”就成了一种抽象的道德观念，成了一种信仰，这种信仰的坚定与否是判定一个人政治道德高下的依据。封建社会中“家天下”的专制政治，以及德潜及其前辈们为强化“忠君”这一政治道德观念而推行的泛政治化，使得全社会所有的人都在“忠君”这一政治道德的笼罩之下而无所逃避。王朝更迭之际，即使完全无意于政治者，也会被贴上“遗民”“遗老”之类的政治标签。身处某个王朝，凡是“食毛践土”者，就都有忠于该王朝的义务。“忠君”观念的强化，有效配合了君权的强化。这正是统治者所期望的。

《明诗别裁集》中，宣扬孝道的诗歌数量不多，但有特色鲜明者。卷四周瑛《履霜操》：“父兮儿憎，母兮儿怒。天踏地，惨不知其故。父在高堂，儿在郊圻，晨兴履霜，踵血淋漓。荷衣不暖，稃食不饱，不即捐沟壑，念我父母，父本儿爱，母本儿怜，一朝放逐，实儿之愆。维鸟有鷇，维虫有羸，父兮母兮，其或归我！”韩愈的《拘幽操》中，商纣王把周文王拘禁起来，而周文王还是死心塌地地忠于商纣王，“臣罪当诛，天王圣明”。君主残暴无道如商纣王，圣贤仁慈如周文王，前者毫无道理地对后者横加迫害，以至于拘禁，后者还是要绝对忠于商纣王，还要认为暴君所做的一切都是正确的，自己没有被杀已经是皇恩浩荡了。这实际上就是把对君主的“忠”这一道德观念绝对化了。周瑛此首《履霜操》实际上就

① 沈德潜、周准编：《明诗别裁集》，中华书局 1975 年影印本，第 81 页。

② 沈德潜、周准编：《明诗别裁集》，中华书局 1975 年影印本，第 116 页。

是效法韩愈的《拘幽操》，把"孝"这个道德观念绝对化了。德潜云："与昌黎《拘幽操》一忠一孝。并有千古。"①两种道德观念，互相激荡，而更加深入人心。这也是德潜选录此诗的用意。

《唐诗别裁集》中还没有刻意强调"妇节"的诗歌。《明诗别裁集》中则有几首宣扬"妇节"的诗歌，且在这些诗歌中，"妇节"和"忠君"联系了起来。卷二张宣《感邻妇》："日月光八表，焉能照覆盆？可怜东家妇，哀声时一吞。将军岂不仁？养士亦有恩。失计缘数奇，车徒散云屯。宁知边头骨，尽是忠义魂？妾今止一身，又无子与孙。妇人不下堂，宁上他人门？死者已如此，何以慰生存？"②卷三刘绩《征夫词》："征夫语征妇：死生不可知。欲慰泉下魂，但视褓中儿。"《征妇词》："征妇语征夫：有身当殉国。君为塞下土，妾作山头石。"③卷四邵宝《孙翊妻》："夫死矣，妾何敢生？夫仇为重身为轻。贼尚生，妾何敢死？军中幸有报恩子，号召如风赴如水。断贼头，祭夫墓。白日下高天，何处黄泉路？"④卷十二商景兰《悼亡》："公自垂千古，吾犹恋一生。君臣原大节，儿女亦人情。折槛生前事，遗碑死后名。存亡虽异路，贞白本相成。"⑤商景兰是南明弘光朝重臣祁公彪的妻子。弘光朝覆灭，祁彪佳殉国，故商景兰作此诗悼之，且表达自己之贞节。这些诗歌中，"节"和"忠"相得益彰，甚至也是为"忠"服务的，统一于"忠"了。

卷十二方维仪《死别离》云："昔闻生别离，不言死别离，无论生与死，我身独当之。北风吹枯桑，日夜为我悲。上视沧浪天，下无黄口儿。人生不如死。父母泣相持。黄鸟各东西，秋草亦参差，予生何所为？死亦何所辞！白日有如此，我心徒自知。"⑥方维仪为桐城人，大理卿方大镇之女，被许配给姚孙棨，未嫁而未婚夫夭，维仪请大归守志，并且作此诗。为丈夫守节，已经强人所难，为未婚夫守节，则是变本加厉，把"节"极端化了。在明代和清代，"未婚守节"往往见之于文集中，得到顽劣文

① 沈德潜、周准编：《明诗别裁集》，中华书局 1975 年影印本，第 37 页。
② 沈德潜、周准编：《明诗别裁集》，中华书局 1975 年影印本，第 20 页。
③ 沈德潜、周准编：《明诗别裁集》，中华书局 1975 年影印本，第 32 页。
④ 沈德潜、周准编：《明诗别裁集》，中华书局 1975 年影印本，第 39 页。
⑤ 沈德潜、周准编：《明诗别裁集》，中华书局 1975 年影印本，第 142 页。
⑥ 沈德潜、周准编：《明诗别裁集》，中华书局 1975 年影印本，第 142 页。

人的表彰，而不少思想开明的士人则明确予以反对。德潜选录此诗，其取赞赏态度可知。

总之，从序言、体例到所选诗歌，《明诗别裁集》对“忠”“孝”“节”这些传统的道德观念作了强化和宣扬，而其中心还是在“忠”，这和德潜诗学为维护封建专制统治服务的根本宗旨是完全一致的。

第三节　与政治相关诗歌的编选策略

有明一代，政治方面的麻烦事情是很多的。边远地区大大小小的战事不断，东南富庶地区倭寇之患数度非常严重，皇帝与朝官的矛盾、朝官与太监的矛盾、派系之间的矛盾、朝官之间的矛盾，贯穿着整个明朝。叔侄之间的关系、嗣子如何对待生父、丈夫如何处理妻妾矛盾等等，这些在平民家庭的伦理琐事发生在皇家，就统统成了政治问题，甚至会使人丧命。

明代的士人大多具有很强的参政意识，甚至自觉或者不自觉地卷入种种政治斗争，不惜牺牲自己的个人利益，乃至生命。与此相应，明代诗歌中，与政治相关的诗歌很多。此类诗歌，其主要意义在于诗人的自我书写，以及自我感情的抒发和自我形象的塑造，传播场域也主要是在大小不同的朋友圈，未必都能够进入公共政治舆论的场域，至于进入皇帝或者重要决策者视野的那就更加难得了。不过，无论如何，这也给我们了解明代的政治和诗歌提供了可靠的证据。

德潜主张的“诗教”，本身就具有强烈的政治性。明代与政治相关的诗歌多，也为德潜选诗提供了方便。因此，《明诗别裁集》中，与政治相关的诗歌所占比例也是比较大的，也是《古诗源》《唐诗别裁集》等不能比的。

德潜在此书的序言中说，“凡无当于美刺者屏焉”。① “美刺”既有标准的维度，也有力度的维度，不管哪个维度失当，就有可能导致政治上

① 沈德潜、周准编：《明诗别裁集》，中华书局 1975 年影印本，第 1 页。

的“不正确”。当然，这两个维度的评判标准，只能是当时的标准和德潜自己的标准的统一。不管是整体意义上的明诗，还是此书所选明诗，从“美刺”的角度来考察，“美”的尽管不少，但大部分还是“刺”。《毛诗序》中说：“上以风化下，下以风刺上。”[①]在和政治相关的诗歌中，“刺”的诗绝大多数是“以下刺上”。“以下刺上”如果失当，或者失度，就更容易导致政治上的“不正确”。通过《明诗别裁集》，我们可以认识到德潜对这两个维度的掌握，认识到德潜编选明代与政治相关的诗歌的策略。这些策略，不管是从德潜“诗教”的编选动机，还是从实践效果而言，对封建社会中诗人写作与政治相关的诗歌都有示范的意义。

从《明诗别裁集》看，写两类诗歌要做到政治正确、把握美刺力度，难度是不大的。第一类，以朝廷已经有定论的政治人物和政治事件为题材的诗歌，不管是美是刺，都是按照朝廷的定论，如此可以保证至少是当时的政治正确。如卷四李梦阳《玄明宫行》写著名宦官刘瑾从权势赫赫、极尽奢华到垮台，《石将军战场歌》写石亨之战功，卷八王世贞《钦鸡行》写严嵩，《将军行》写仇鸾，卷九朱国祚《经宁庶人废苑》写宁王，卷九区大相《南行感怀》写宦官之危害国事，以及卷十一吴易《威宁伯王襄敏公越》《定襄侯郭忠武公登》《少保戚公继光》等。

第二类，是边塞题材诗歌。就唐代的边塞诗歌而论，或从国家利益的角度抒发建功立业的豪情，昂扬爱国的激情，或从战争残酷、给人民造成灾难的角度反对“开边”政策，或展现边塞战争的现实，只要不直接批评皇帝，这些都是能够被接受的，不会有政治上不正确的问题。如上文所言，有明一代边境战事不断，可是这些战事规模大的不多，就总的数量和体量而言，远远不能和唐代相比。但是，明人还是写了一些边塞诗，这既和上文所说的明代士人参与政治的热情直接相关，更与明代诗人学习唐代特别是盛唐诗歌的风气直接相关。德潜在此书序言中有“明诗其复古也”的判断，就明代诗歌的主流而言，这样的判断是正确的。明诗的复古，是以盛唐为主的唐代和唐代以前的诗歌为榜样的。盛唐的诗歌中，有为后人称誉的与“山水田园诗派”平分秋色的“边塞诗

---

① 阮元校刻：《十三经注疏》，中华书局1980年影印本，第271页。

派”，其边塞诗是盛唐诗歌的瑰宝，且以七言古诗和绝句为主。明代诗人写诗取法盛唐，那么，写边塞题材是一条直接的路径。

但是，就总体而言，明代诗人所写边塞诗在明代诗歌中所占的比例是很小的。毕竟，如高适、王维、岑参等那样有边塞经历或战争经历的著名诗人，在明代一个也没有，有这样经历的普通诗人也不多。但《明诗别裁集》中边塞类诗歌不少，竟然多达 40 多首，在全书诗歌中所占的比例是远远高于明代诗歌中此类诗歌所占比例的。原因在于德潜尊奉唐代特别是盛唐诗歌的诗学观点。他以唐代特别是盛唐诗歌为标准来对明代诗歌作取舍，而在盛唐边塞诗直接影响下产生的明代边塞题材诗歌，最容易符合德潜的法眼，最适合用来体现德潜宗法盛唐的诗学主张，实现此书“可续唐音”的编选宗旨。因此，在这个选本中边塞诗的比例自然就高了。举若干例，以见其概。

卷十一韩洽《关山月》：“晓角数声哀，边风卷地来。十年征戍客，不上望乡台。”[①]卷三赵珏《戍南书事》：“三年为客寄龙沙，望断南天不见家。惟有受降城上月，照人清泪落胡笳。”[②]德潜引陈子龙语云，有岑参边塞诗之风。卷四李梦阳《塞上》：“天设居庸百二关，祁连更隔万重山。不知谁放呼延入，昨夜杨河大战还。”[③]卷七苏祐《塞下曲》：“将军营外月轮高，猎猎西风吹战袍。觱篥无声河汉转，露华霜气满弓刀。”[④]卷八李攀龙《塞上曲送元美》：“白羽如霜出塞寒，胡烽不断接长安。城头一片西山月，多少征人马上看。”[⑤]卷八王世贞《从军行》：“蹋臂归来六博场，城中白羽募征羌。相逢试解吴钩看，已是金河万里霜。”[⑥]《饮欧阳镇朔即事有赠》：“旌旗春偃白龙堆，教客休停鹦鹉杯。歌舞未残飞骑出，月中生缚左贤来。”[⑦]卷九冯琦《题三娘子画像》：“红妆一队阴山下，乱点酡酥醉朔野。塞外争传娘子军，边头不牧乌孙马。”[⑧]

---

① 沈德潜、周准编：《明诗别裁集》，中华书局 1975 年影印本，第 131 页。
② 沈德潜、周准编：《明诗别裁集》，中华书局 1975 年影印本，第 27 页。
③ 沈德潜、周准编：《明诗别裁集》，中华书局 1975 年影印本，第 18 页。
④ 沈德潜、周准编：《明诗别裁集》，中华书局 1975 年影印本，第 72 页。
⑤ 沈德潜、周准编：《明诗别裁集》，中华书局 1975 年影印本，第 87 页。
⑥ 沈德潜、周准编：《明诗别裁集》，中华书局 1975 年影印本，第 93 页。
⑦ 沈德潜、周准编：《明诗别裁集》，中华书局 1975 年影印本，第 93 页。
⑧ 沈德潜、周准编：《明诗别裁集》，中华书局 1975 年影印本，第 103 页。

不过，其中过半边塞诗不是用唐人边塞诗中常见的七古和五七言绝句写成的，如卷一高启《塞下曲》是五古，卷二林鸿《出塞曲》、卷六敖英《塞上曲》是五律，卷三王清《塞上感怀》是七律。王清是军官，世袭济宁卫指挥，升广东都指挥，战死。因此，他的边塞诗不是向壁虚构的。卷四李梦阳《出塞》也是七律，这也可以认为是明人学习盛唐边塞诗的一种变化。

与政治相关的诗歌除了以上两类之外，还有不少，以下列举其要，可见德潜良苦用心。

表达哀怨的诗歌。诗歌表达哀怨，是儒家诗论所允许的。《论语》中孔子就有诗歌"可以怨"之说，"兴观群怨"于是就成了儒家最早的文学功用论。此类诗歌在《明诗别裁集》中不少。明代士人参政意识强，但政治向来复杂。有名言云，人生不如意事常八九，就政治事务而言，还要更加悲观一些。能够参与政治、在政治事务中达到自己的目的，就要得到大力者的支持。在政治事务中，谁的力量最大？当然是皇帝！政治上无法如愿，怨谁？皇帝也应该是其中一个最为重要的对象。可是，从理论上说，怨任何人都是有风险的，何况是君王？屈原就吃了这样的大亏，且明代皇帝之尊远不是屈原的楚王所能够达到的。再说，作为忠臣和贤者的屈原，也被儒家思想浓厚的班固批了一通。《全后汉文》卷二十五班固《离骚序》云："今若屈原，露才扬己，竞乎危国群小之间，以离谗贼，然责数怀王，怨恶椒兰，愁神苦思，非其人，忿怼不容。沈江而死，亦贬絜狂狷景行之士。"[①]诗歌固然"可以怨"，但"怨"和"忿"的表达都是有限度的。《礼记·经解》引孔子语云："入其国，其教可知也。其为人也温柔敦厚，《诗》教也。"[②]朱熹注释《论语·阳货》之"兴观群怨"之"怨"云："怨而不怒。"[③]儒家别史《国语·周语上》中说："夫事君者，险而不怼，怨而不怒。"[④]可见，诗教的重要内容就是"怨而不怒"。写表达哀怨的诗歌如何做到"怨而不怒"呢？明代诗人以诗歌表达对皇帝的哀

① 严可均校辑：《全上古三代秦汉三国六朝文》第一册，中华书局 1958 年版，第 611 页。

② 阮元校刻：《十三经注疏》，中华书局 1980 年影印本，第 1609 页下。

③ 朱熹注：《四书章句集注》，中华书局 2012 年版，第 179 页。

④ 左丘明著，韦昭注，胡文波校：《国语》，上海古籍出版社 2015 年版，第 10 页。

怨当然是有讲究的，何况是经过德潜选出来的诗歌呢？

如卷一刘基《长门怨》："白露下玉除，风清月如练。坐看池上萤，飞入昭阳殿。"德潜引宗臣语云："不作怨语，怨已自深。"[①]卷二王旬《宫词》："南风吹断《采菱歌》，夜雨新添太液波。水殿云房三十六，不知何处月明多。"[②]卷三王佐《宫怨》："芙蓉帐冷减容光，愁倚熏笼懒着床。寒气逼人眠不得，钟声催月下斜廊。"[③]卷五王廷相《宫怨》："夜辇昭阳月，春筵上苑花。不成供奉日，枉自学琵琶！"[④]卷六徐祯卿《古宫词》："兴庆池头漏未阑，梨园子弟曲将残。花前更奏凉州伎，无那西宫月色寒。"[⑤]卷九徐熥《长门怨》："芳草何进辇路通？长门花鸟自春风。只缘薄命难承宠，岂是相如赋未工？"[⑥]卷八王世贞《西宫怨》："点点莲花漏未央，乍寒如水浸罗裳。谁怜金井梧桐露，一夜鸳鸯瓦上霜。"[⑦]卷十谢肇淛《春怨》："长信多春草，愁中次第生。君王行不到，渐与玉阶平。"[⑧]又《秋怨》："明月怜团扇，西风怯绮罗。低垂云母帐，不忍见银河。"[⑨]卷六许宗鲁《班婕妤》："妾命由来薄，君恩岂异同？自怜团扇冷，不敢怨秋风。"[⑩]卷七张时彻《初秋》："一声渔唱海天秋，素练初飞白鹭洲。亦有芙蓉自开落，何人解识汉宫愁？"[⑪]

这些诗歌共同的特色很明显，都是以"宫怨"的策略来表达的。屈原表达对君王的哀怨，常用比兴手法，"以夫妇比君臣"是其中最为主要的方法，这为后世所重视且广泛仿效，诗歌中这样的例证很多。以"宫怨"表达诗人对君王的哀怨，是"以夫妇喻君臣"手法的变异形态。"宫怨"语境中，怨者是后宫之人，可以是后妃，也可以是寻常宫女，而被怨者为皇帝。因此，相较于传统的"以夫妇喻君臣"，其妙处至少有二。第

---

① 沈德潜、周准编：《明诗别裁集》，中华书局 1975 年影印本，第 3 页。
② 沈德潜、周准编：《明诗别裁集》，中华书局 1975 年影印本，第 18 页。
③ 沈德潜、周准编：《明诗别裁集》，中华书局 1975 年影印本，第 34 页。
④ 沈德潜、周准编：《明诗别裁集》，中华书局 1975 年影印本，第 59 页。
⑤ 沈德潜、周准编：《明诗别裁集》，中华书局 1975 年影印本，第 61 页。
⑥ 沈德潜、周准编：《明诗别裁集》，中华书局 1975 年影印本，第 104 页。
⑦ 沈德潜、周准编：《明诗别裁集》，中华书局 1975 年影印本，第 93 页。
⑧ 沈德潜、周准编：《明诗别裁集》，中华书局 1975 年影印本，第 108 页。
⑨ 沈德潜、周准编：《明诗别裁集》，中华书局 1975 年影印本，第 109 页。
⑩ 沈德潜、周准编：《明诗别裁集》，中华书局 1975 年影印本，第 68 页。
⑪ 沈德潜、周准编：《明诗别裁集》，中华书局 1975 年影印本，第 72 页。

一，怨者和被怨者之间的关系，怨者更卑，而被怨者更尊，非比一向被认为“敌体”的寻常夫妇关系，诗人如此自下，这就很可能收到老子所说的“守雌”的效果。果真如此，“怨”的刺激性和攻击力就大大缓和了。第二，“宫怨”诗，所怨明确是皇帝，如此则诗歌的指向就更加明确，诗歌的力量就可以引向皇帝了。这样的比兴形式相当于就成了中药方剂中“药引”的作用。

此类怨诗还有一个特点是，仅仅笼统地表达“怨”的情绪，至于具体的政治内容则不便表达了。比兴毕竟有比兴的限制。既然整首诗都在“宫怨”的语境中表达，那么，超越“宫怨”的内容也就难以表达了。也正因为如此，此类诗歌的含蓄性和包容性就更为丰富了。例如，从老童生的科场失意到台阁忠臣对皇帝疏远或支持不力、重视不够的不满，都可以用这样的形式来表达。

《明诗别裁集》中宫怨诗特别多还有另外一个原因。宫怨诗是盛唐诗歌中最富有特色的诗歌类别，由于诗歌中的抒情主人公和预设接受者之间的关系最能体现“怨而不怒”的“诗教”，加之抒情主人公为传统女性的身份，表情达意，“含蓄蕴藉”，最符合儒家“诗教”在艺术表现方面的要求。明人为诗，近体力宗盛唐，故亦多此类诗歌。德潜极重诗教，亦宗盛唐，要刻意突出明代诗歌中宗盛唐的成就，显示盛唐诗歌的优越性，故刻意突出明代诗歌对盛唐诗歌的继承关系。于是，明代诗歌中最能体现盛唐诗歌影响的一些诗歌就成了德潜的首选。宫怨诗正是如此。因此，宫怨诗就成了《明诗别裁集》中一个显著的特色。

当然，诗人们对时代、朝廷或皇帝的哀怨还可以通过宫怨诗以外的方式来表达。例如，卷三郭登《保定途中偶成》：“白璧何从摘旧瑕？才开罗网向天涯。寒窗儿女灯前泪，客路风霜梦里家。岂有鸩人羊叔子？可怜忧国贾长沙。独醒空和骚人咏，满耳斜阳噪晚鸦。”[①]郭登为功臣之后，自己也因战功获封定襄伯。英宗复辟后，他被追究政治错误，谪戍甘肃。此诗即作于赴甘肃途中，以屈原和贾谊等自比，来抒发对皇帝的哀怨。卷一汪广洋《送许时用归越》：“旧擢庚寅第，新题甲子篇。老来

① 沈德潜、周准编：《明诗别裁集》，中华书局1975年影印本，第33页。

诸事废，归去此身全。烟树藏溪馆，霜禾被石田。鉴湖求一曲，吾计尚茫然。”德潜云：“当时有归去而身未全者，宋潜溪是也。”[①]卷一宋濂《送许时用还剡》：“尊酒都门外，孤帆水驿飞。青云诸老尽，白发几人归？风雨鱼羹饭，烟霞鹤氅衣。因君动高兴，予亦梦柴扉。”[②]朱元璋将封建王权固有的负面因素以夸张的形式体现出来，专制、猜忌、寡恩和残忍，功臣难以善终。汪广洋和宋濂都是于明朝建立大功的人，且都身居高位，还年事已高，但还是从诗中流露出恐惧，以全身而归为幸。他们已经不可能用宫怨诗来表达对朱元璋的感情了，因为他们已经对朱元璋有了非常清醒的认识，看透了他的本质，不可能有任何哀怨了，这其实也是哀怨的极致，是绝望。他们不再求君主的恩宠，但求和君主再无关系。可叹的是，汪广洋还是被贬广东，继而被逼死。宋濂尽管得以归老家乡，但是终究没有能够全身。

讽谏类诗歌。此类诗歌，预设的接受者是皇帝。当然，甚至连诗人自己都知道，他们这些诗歌被皇帝看到的可能性很小，主要也就是诗人的自我书写和自我表现，小到在朋友圈内，大到在公共舆论场域得到肯定。

一是“陈君道”。此类诗歌，或是有针对性，或是旨在使皇帝能够获得相关的劝惩，或仅仅是作泛泛议论而已。卷一高启《明皇秉烛夜游图》云：“琵琶羯鼓相追逐，白日君心欢不足。此时何暇化光明，去照逃亡小家屋。姑苏台上长夜歌，江都宫里飞萤多。一般行乐未知极，烽火忽至将如何？”[③]此戒皇帝只顾享乐而忽略百姓。卷七申时行《大阅诗应制》铺叙阅兵盛况后云：“我祖犁庭烈，先皇保泰规。永言思继述，持以赞雍熙。”德潜云：“归本于文皇之犁庭、孝宗之保泰，寓规于颂，大臣进言之体。”[④]颂“先王”之大业，而规“今上”以继武“先王”也。卷四李梦阳《林良画两角鹰歌》云君王不可好猎，也不可好画，“今王恭默罢游宴，讲经日御文华殿。南海西湖驰道荒，猎师虞长皆分贱。吕纪白首金炉边，

① 沈德潜、周准编：《明诗别裁集》，中华书局1975年影印本，第5页。
② 沈德潜、周准编：《明诗别裁集》，中华书局1975年影印本，第6页。
③ 沈德潜、周准编：《明诗别裁集》，中华书局1975年影印本，第9页。
④ 沈德潜、周准编：《明诗别裁集》，中华书局1975年影印本，第83页。

日暮还家无酒钱。从来上智不贵物，淫巧岂敢陈王前？良乎良乎，宁使尔画不值钱，无令后世好画兼好畋。”[①]颂“罢游宴”，而以“好画”“好畋”为戒，主旨乃劝皇帝心无旁骛，治理好朝政。卷七皇甫汸《广寒宫登眺》：“宝阁凌霄建，珠窗映日开。月临疑桂宇，露洒即铜台。山悉图峤入，池犹象汉回。倚妆花屡发，窥舞鸟能来。倾国元因色，劳民岂但财？地随胡运改，栋与美人催。殷鉴良非远，秦宫亦可哀。圣朝留故迹，皇览日休哉！”德潜云：“以前朝为荒宴之戒，得杜老《咏九成宫》意。”[②]

二是就某一个举措提方略或者建议。具体的内容和对象都很明确，正因为如此，表达的策略就更为重要。例如，明初建都南京，这不是一个最佳的选择，有若干弊病，不少有识之士也看到了这一点。但是，如何以诗歌表达对这一重大政治选择的不同建议呢？卷一高启《登金陵雨花台望大江》云：“黄旗入洛竟何祥？铁锁横江未为固。前三国，后六朝，草生宫阙何萧萧？英雄来时务割据，几度战血流寒潮。我今幸逢圣人起南国，祸乱初平事休息。从今四海永为家，不用长江限南北。”[③]东吴和南朝政权建都南京，都是想借助长江天堑，更好地护卫南京，但都没有达到目的。明王朝一统天下，当然不用长江来卫护京城了。言下之意，点到为止，没有说出来，这就是不宜建都南京。卷二张羽《金川门》云：“两山夹沧江，拍浮若无根。利石侔剑戟，风涛相吐吞。维天设巨险，为今国东门。试将一卒守，坚若万马屯。”此言其地在军事上之重要，乃建议朝廷为设防务。德潜引李辰山语云：“诗作于洪武甲寅，未三十载而燕师从此入矣。读之可胜浩叹。”[④]卷七申时行《题清秋出塞图》，由此图“忆昔筹边赞庙谟，桓桓司马杰丈夫。帝授节钺临玄菟，高凭熊轼佩虎符”写到司马功成凯旋，但“自从司马归江湖，辽人茹苦若堇荼。荷戈不解甲，挽粟仍飞刍。羽檄征材官，络绎在道途。震邻之恐非剥肤，骚动根本何为乎？安得再起司马登戎枢，坐纡长策消隐虞，国威震叠边人苏！”德潜云：“安边之策，全在得人与转输，二者失而边事坏矣。

① 沈德潜、周准编：《明诗别裁集》，中华书局1975年影印本，第45页。
② 沈德潜、周准编：《明诗别裁集》，中华书局1975年影印本，第76页。
③ 沈德潜、周准编：《明诗别裁集》，中华书局1975年影印本，第10页。
④ 沈德潜、周准编：《明诗别裁集》，中华书局1975年影印本，第14页。

篇内具有识力。"[①]在辽事危急之际，申时行建议朝廷重新起用司马。这样的建议竟然通过题图来表达，可见当时朝政复杂，诗人也是委婉出之吧。

第三类是对皇帝提出批评。在古代的奏章中，此类内容也是不多的。对皇帝的批评少，根本原因在于王权至上的封建社会批评皇帝是有危险的。诗歌中批评当朝的皇帝，当然就更少了。即使在德潜他们奉为圭臬的唐代诗歌中，此类内容也是极少的。不过，相比较而言，在历代封建王朝中，批评当朝皇帝的诗歌数量还是要以明代为最。明代的皇帝，即使和我国历史上其他王朝相比，是比较差的。若不以他们为皇帝论而以为人论，也没有几个是及格的，但这不是明代较之于其他朝代多几首批评皇帝的诗歌的原因。这个原因应该是，在秦朝以后到清朝灭亡，明代的士风特别是在明中期以后最为张扬。不过，即便是最为张扬的士风，面对最为不堪的皇帝，产生出来的批评皇帝的诗歌，绝对数量也是不多的，在批评的力度上是微弱的，在批评的策略上是含蓄委婉、谨慎为上的。

此类诗歌，《明诗别裁集》中所选，几乎都是批评明武宗亦即正德皇帝流连荒亡而荒废国事的。如卷四李梦阳《送毛监察还朝，是时皇帝狩于杨河》："楚生临水送将归，黎子当筵赋《式微》。天下汝为真御史，百年吾是旧渔矶。沙寒白日蓬科转，风起黄河木叶稀。此去有书应力上，太平天子本垂衣。"[②]卷五顾璘《庚辰元日》："诸侯玉帛会长安，天子南巡历壮观。共想正元趋紫殿，翻劳边将从金鞍。沧江饮马波先静，《黄竹》回銮雪未干。北极巍巍天咫尺，五云长护凤楼寒。"德潜云："应是宁庶人已擒，而武宗犹巡游不返，故有此作。"[③]何景明《登楼凤县作》："近讯中原使，兼登万里楼。朝廷仍北极，行在且南州。峡断风云隔，江通日月流。如闻乘八骏，早晚向昆丘。"德潜云："此为武宗南幸而作。"[④]卷五何景明《关门》："虎卫关门迴，龙沙塞曲深。风云时有气，日月昼常阴。

① 沈德潜、周准编：《明诗别裁集》，中华书局 1975 年影印本，第 83 页。
② 沈德潜、周准编：《明诗别裁集》，中华书局 1975 年影印本，第 47 页。
③ 沈德潜、周准编：《明诗别裁集》，中华书局 1975 年影印本，第 50 页。
④ 沈德潜、周准编：《明诗别裁集》，中华书局 1975 年影印本，第 56 页。

中使西来讯，千官北望心。天寒汉宫阙，翠盖忆春临。”[①]卷六王宠《南都》：“锦缆牙樯万里游，天吴海若翼王舟。襄城七圣空迷辙，弱水三山未稳流。边塞风云连朔漠，重臣节钺自公侯。两京角立分形势，居重还须控九州。”德潜云：“羽檄时闻，江彬辈节钺自擅，而帝游幸无度，失居重驭轻之势。草莽臣惄然忧之。此诗史也。”[②]卷七袁袠《秋兴》：“仙仗行宫旧内居，花间往往驻鸾舆。徒闻汉帝《横汾曲》，不见长卿《谏猎书》。天子射蛟开水殿，奚官牧马遍郊墟。蒹葭苜蓿秋无限，怅望烟云万里余。”[③]

在明代的皇帝中，不管作为皇帝还是作为一个人，正德皇帝都不是最差的。好佚游，比起皇帝的其他恶政来，危害算是比较轻的。也正因为如此，诗人们才敢作这样的批评，而德潜才会选这些诗歌作为学习唐诗的“范文”，加以表彰。

有感于政治事件或现象而发的诗歌。有些诗歌是有感于某一件政治事件或某一种现象而发。如卷五何景明《武昌闻边报》：“传闻广骑近长安，北伐朝廷已命官。路绕居庸烽火暗，城高山海戍楼寒。一时边将当关少，六月王师出塞难。先帝恩深能养士，请缨谁为系楼兰？”[④]何景明《鲥鱼》：“五月鲥鱼已至燕，荔枝卢橘未能先。赐鲜遍及中珰第，荐熟应开寝庙筵。白日风尘驰驿骑，炎天冰雪护江船。银鳞细骨堪怜汝，玉箸金盘敢望传？”[⑤]卷六韩邦靖《关中》：“不得秦中信，今传关内兵。饥荒失抚御，盗贼遂纵横。渭北何由定，商南岂可行？不知今日将，谁是汉长城。”[⑥]卷八李攀龙《挽王中丞》：“司马台前列柏高，风云犹自夹旌旄。属镂不是君王意，莫作胥江万里涛。”[⑦]卷十公鼐《诸将》：“上谷渔阳拱帝京，相连河外受降城。一从塞马来南牧，遂使王师罢北征。绝徼尚传青海箭，中原新动绿林兵。主忧正值宵衣日，谁向天山答太平？”[⑧]李梦阳

① 沈德潜、周准编：《明诗别裁集》，中华书局1975年影印本，第56页。
② 沈德潜、周准编：《明诗别裁集》，中华书局1975年影印本，第70页。
③ 沈德潜、周准编：《明诗别裁集》，中华书局1975年影印本，第74页。
④ 沈德潜、周准编：《明诗别裁集》，中华书局1975年影印本，第57页。
⑤ 沈德潜、周准编：《明诗别裁集》，中华书局1975年影印本，第58页。
⑥ 沈德潜、周准编：《明诗别裁集》，中华书局1975年影印本，第63页。
⑦ 沈德潜、周准编：《明诗别裁集》，中华书局1975年影印本，第88页。
⑧ 沈德潜、周准编：《明诗别裁集》，中华书局1975年影印本，第110页。

《土兵行》《豆茎行》《去妇词》《胡马来再赠陈子》、高叔嗣《简袁永之狱中》、钱嵘《悯黎咏》、皇甫汸《从军行寄赠杨用修》、皇甫涍《雪山歌赠彭太保》等不少诗歌都是此类作品。

另有一些诗歌乃为同一个时期内的不同的政治事件或现象而发，带有综合的色彩。例如，李梦阳《杂诗》、何景明《秋兴》、尹耕《秋兴》《上谷歌》《上谷歌》、王世贞《书庚戌秋事》等都是此类作品。这些诗都为篇幅较长的五古或五古组诗，或者是七律组诗，前者学阮籍五古，寄托遥深，或者学杜甫五古，夹叙夹议，但略显模糊。后者学杜甫《秋兴》或《诸将》，内容丰富，包容深广，气势纵横，但不免隐晦。

关于民生疾苦。此类诗歌写传统内容，很难有多少特色。明代士人比较热衷于朝政，相对而言，对民间社会关注似乎不多。因此，这类诗歌在明代诗歌中所占比例不如在唐诗中大。《明诗别裁集》中此类诗歌不多，无法和《唐诗别裁集》相比。卷四庄孔旸《端午食赐粽有感》云："天恩敕赐下丹陛，琼筵侑以黄金觞。东南米价高如玉，江淮饿莩千家哭。官河戍卒十万艘，总向天厨挽飞粟。君门大嚼心岂安？谁能持此回凋残？小臣自愧悠悠者，无术救时真素餐。"[1]卷七翁大立《吴讴》："旧征未云已，府帖重征新。昨朝银花布，今日金花银。侵晨趋城府，薄暮遍乡邻。一身应重役，奔走无定晨。父母生我时，胡不百我身？残躯被棰楚，苦切难具陈。宁为乞市儿，莫作当官人。"德潜云："银花布，金花银，当日征税名目，唯吴地行之。"[2]此还有史料价值。边贡《运夫谣送方文玉督运》、陈子龙《小车行》也是这样的作品。

还有一类与政治相关的诗歌，见之于朋友之间的唱和赠答诗歌中。朋友有责善之义务，以立德、建功相互勉励乃是常态，而建功又和政治联系在一起，故朋友之间的唱和赠答有政治内容，亦是题中常有之义，不足为奇。然其中有些诗歌和具体的政治斗争有密切的关系，这也是明代唱和赠答诗歌中有特色的一类。例如，卷七皇甫汸《寄刘谏议畿》："欲将尺素远相贻，疏懒无如与性宜。北虏尘飞榆塞日，西京灰满柏梁

① 沈德潜、周准编：《明诗别裁集》，中华书局 1975 年影印本，第 37 页。
② 沈德潜、周准编：《明诗别裁集》，中华书局 1975 年影印本，第 81 页。

时。中朝望属阳司谏，左掖吟怜杜拾遗。定有封章回圣主，莫须焚草避人知。”[①]卷八李攀龙《春日闻明卿之京却寄》：“十载浮云傍逐臣，归来不改汉宫春。摩挲金马宫门外，谁识当时谏猎人？”[②]卷九嵇元夫《立秋日卢沟送新郑少师相公》：“单车去国路悠悠，绿树鸣蝉又早秋。燕市伤心供帐簿，凤城回首暮云浮。徒闻后骑宣乘传，不见群公疏请留。三载布衣门下客，送君垂泪过卢沟。”德潜云：“此江陵与司礼监冯保逐新郑相公事也。无位之士，为之垂泪，足征公论在人。”[③]此“新郑相公”，高拱也。高拱在隆庆五年升任内阁首辅。万历初，他以皇帝年幼，欲将司礼太监的权力归之于内阁，乃与张居正合谋。不料张居正与司礼太监冯保联手，向太后言高拱擅权，高拱乃被勒令致仕。高拱当年中进士，出嵇元夫之父嵇世臣门下。嵇元夫曾在家乡获罪坐死，高拱救之到京师，为其门下之客。明代多政治斗争，宦海沉浮事多，因此，与此类事情相关的诗歌大多有政治内容。《明诗别裁集》中，此类诗歌还有多首。

尽管明代士风之张扬为历代封建社会中少有，明代政治斗争之频繁，皇帝和重臣中负面人物之众多，诗歌中政治内容之多见，也都为历代封建社会中少有，但是，他们诗歌中的现实政治批判及其表现还没有达到杜甫和白居易的高度。特别是对皇帝的批评，显然避重就轻，且轻描淡写，和风细雨，我们读其诗，明显可以感觉到诗人胆怯所致的小心翼翼。究其原因，王权至上的理论早已具体化为实实在在的政治高压，士人既深受其理论的沉浸，又身在这样的高压之中，怎么能够毫无顾忌地以诗歌表达自己的政治观点？更何况，《明诗别裁集》中的诗歌又是经过德潜在其“诗教”的密筛中细细筛出来的？

第四节　对明诗多样性的不当舍弃

任何一个诗歌选本，于其选诗范围内的诗歌的多样性必有所舍弃。

① 沈德潜、周准编：《明诗别裁集》，中华书局 1975 年影印本，第 76 页。
② 沈德潜、周准编：《明诗别裁集》，中华书局 1975 年影印本，第 88 页。
③ 沈德潜、周准编：《明诗别裁集》，中华书局 1975 年影印本，第 101 页。

例如，《杜甫诗选》中所展现的杜甫诗歌的多样性肯定比不上杜甫诗歌的全集。《唐诗选》《唐诗三百首》之类的唐诗选本，所展现的唐诗的多样性肯定比不上《全唐诗》。合理的舍弃是必要的，可以理解，也可以接受。可是，不合理的舍弃则应否定，因为这些被舍弃的是很有价值的部分。《明诗别裁集》就在这方面存在着严重的问题。

选一个朝代的诗歌，选家应该超越自己的偏好，兼收并蓄，尽量保存一代诗歌的多样性。袁枚的观点，可以称为通达公允。他就德潜所选《明诗别裁集》给德潜写信，此信即《小仓山房集》之《文集》卷十七《再与沈大宗伯书》，其中关于编选原则云：

> 诗之奇平艳朴，皆可采取，亦不必尽庄语也。杜少陵，圣于诗者也，岂屑为王杨卢骆哉？然尊四子，以为万古江河矣。黄山谷，奥于诗者也，岂屑为杨刘哉？然尊西昆，以为一朝郛郭矣。宣尼至圣，而亦取沧浪童子之诗。所以然者，非古人心虚，往往舍已从人，亦非古人爱博，故意滥收之，盖实见夫诗之道大而远，如地之有八音，天之有万窍，择其善鸣者而赏其鸣，足矣，不必尊宫商而贱角羽，进金石而弃弦匏也。且夫古人成名，各就其诣之所极，原不必兼众体，而论诗者则不可不兼收之。以相题之所宜，即以唐论：庙堂典重，沈宋所宜也，使郊岛为之，则陋矣；山水闲适，王孟所宜也，使温李为之，则靡矣；边风塞云，名山古迹，李杜所宜也，使王孟为之，则薄矣；撞万石之钟，斗百韵之险，韩孟所宜也，使韦柳为之，则弱矣；伤往悼来，感时记事，张王元白所宜也，使钱刘为之，则仄矣；题香襟，当舞所，弦工吹师，低徊容与，温李冬郎所宜也，使韩孟为之，则亢矣。天地间不能一日无诸题，则古今来不可一日无诸诗。人学焉而各得其性之所近，要在用其所长而藏己之所短则可，护其所短而毁人之所长则不可。①

一代诗歌，其多样性是客观存在的，选家当尊重这样的多样性，以事实为判断准则，至于对这些诗歌作价值判断，那是在此基础上才能做的

① 袁枚：《小仓山房文集》，《清代诗文集汇编》第340册，上海古籍出版社2010年影印本，第216页。

事情。

即使从德潜所声称的“诗教”出发,《明诗别裁集》对明诗中某些部分的舍弃也是不当的。只要对明诗多样性有大致了解的人不难发现,此选本中某些部分是严重缺略的。兹略举若干个部分。

表达的思想和德潜的思想明显有矛盾的诗歌。莫说如不为主流社会相容的李贽那些在正统儒家或主流社会看起来离经叛道的诗歌,即使被主流社会奉为人臣榜样的方孝孺那些表达不同于德潜见解的诗歌,德潜也是舍弃的。方孝孺《逊志斋集》卷二十四《谈诗五首》云:

> 举世皆宗李杜诗,不知李杜更宗谁?能探风雅无穷意,始是乾坤绝妙词。
>
> 前宋文章配两周,盛时诗律亦无俦。今人未识昆仑派,却笑黄河是浊流。
>
> 发挥道德乃成文,枝叶何曾离本根?末俗竞工繁缛体,千秋精意与谁论?
>
> 天历诸公制作新,力排旧习祖唐人。粗豪未脱风沙气,难诋熙丰作后尘。
>
> 万古乾坤此道存,前无端绪后无垠。手操北斗调元气,散作桑麻雨露恩。①

就体制而论,以绝句论诗,元代有元好问的《论诗绝句》,德潜所尊的杜甫有《戏为六绝句》,也是有渊源的,不算标新立异。就内容而论,第一、第二首、第四首,正好和德潜宗唐排宋的诗歌主张尖锐对立,且见解是正确的,精准、形象地指出了宗唐排宋的诗歌主张的狭隘性,应该是后来“唐宋兼采”诗学理论和诗歌风尚的先声,在诗歌史和诗歌批评史上都有重要的地位。其中第三首、第五首,其实是和德潜的诗学观点中“宗经”“诗教”的思想相一致的。可惜,也许是担心读者由此二首诗而顺藤摸瓜,读到其余三首,德潜将此有重要价值的五首诗都舍弃了。

爱情诗。爱情是我国诗歌中最为古老的题材之一,《诗经》中就有

---

① 方孝孺著,徐光大校点:《逊志斋集》,宁波出版社2000年版,第858页。

大量的爱情诗。德潜所崇拜的唐诗中，也有不少以爱情为题材的名篇，倒是德潜所不喜欢的宋代诗歌中，除了陆游《沈园》以外，就没有什么有名的爱情诗了。一般来说，女诗人喜欢写爱情诗，但李清照就是没有爱情诗。有人说朱淑真是朱熹的侄女，钱锺书说，这查无实据的话更像是严肃的文学批评，因为朱淑真也没有爱情诗。《明诗别裁集》中关于夫妇之间的诗歌有不少，但是，几乎都不能算是爱情诗，因为这些都是关于伦理的，和爱情没有多少关系。再说，其中占大多数的宫怨诗是有寄托的，诗人所要表达的是对君王的哀怨，而非因男女爱情而起的哀怨。更有甚者，其中男性诗人所作都是“以男子而作闺音”，没有写男子对女子爱情的诗歌。是不是明代诗歌中如宋代诗歌一样缺乏爱情诗歌呢？显然不是。是不是德潜没有读到明代诗歌中的爱情诗呢？并非如此。这显然是德潜有意为之。

袁枚对德潜选《明诗别裁集》不收录王彦泓诗展开了大段论述，其《小仓山房集》之《文集》卷十七《再与沈大宗伯书》云：

> 闻别裁中独不选王次回诗，以为艳体不足垂教。仆又疑焉。夫《关雎》即艳诗也，以求淑女之故，至于展转反侧。使文王生于今，遇先生，危矣哉！《易》曰：“一阴一阳之谓道。”又曰：“有夫妇然后有父子阴阳。”夫妇，艳诗之祖也。傅鹑觚善言儿女之情而台阁生风，其人君子也。沈约事两朝，佞佛，有绮语之忏，其人小人也。次回才藻艳绝，阮亭集中，时时窃之。先生最尊阮亭，不容都不考也。……艳诗宫体自是诗家一格，孔子不删郑卫之诗，而先生独删次回之诗，不已过乎？至于卢同、李贺险怪一流，似亦不必摈斥。两家所祖，从《大招》《天问》来，与《易》之“龙战”，《诗》之“天妹”同波异澜，非臆撰也。一集中，不特艳体宜收，即险体亦宜收，然后诗之体备，而选之道全。[1]

袁枚认为，即使是艳体诗，诗歌选本也应该予以采录，因为也是“诗家一格”。当然，这里还有个“艳”的尺度问题、采录的数量问题等等。这些

① 袁枚：《小仓山房文集》，《清代诗文集汇编》第340册，上海古籍出版社2010年影印本，第216页。

问题，我们暂且搁置不论。爱情诗和艳体诗之间是有区别的。即使艳体诗不予选录，爱情诗是不能缺少的。王次回确实是以艳体诗著称的，但是，他的诗歌远远不为艳体诗所限，也有大量的爱情诗，且这些爱情诗是完全合乎礼法的爱情，是夫妇之爱。例如，王彦泓《疑雨集》卷一《别绪》云："忍泪尊前不敢弹，隔屏斜立见眉端。长途愿作云随梦，单枕难凭玉辟寒。自信功名关妾分，尽留颜色待君欢。归来会有红窗夜，免把离容再四看。"[①]同书卷二《病妇》云："十载同愁一笑稀，艰难典尽嫁时衣。秦嘉浪迹犹分饷，苏季空归也下机。辛苦不曾因病减，形模全觉隔年非。相看一刻心俱碎，悔杀从前几事违。"[②]贫贱夫妻百事哀，再加多病，就更加不容易了。在这样的境况下，爱情弥足珍贵。其哀悼妻子的很多诗歌，如《杂悲三首》《记永诀时语四首俱出亡者口中聊为谱叙成句耳》《重遣三首》《过妇家有感》等，俱情真意切，哀婉动人，读之使人伉俪之情弥笃。德潜把这样的诗歌作为"艳体诗"对待，特意予以摈弃，不仅有失公允，甚至和他的"诗教"宗旨也是背道而驰的，因为夫妇关系是社会最为基本的关系，儒家五伦中的其余四伦都是从夫妇一伦发展而来的，增强夫妇之间的感情也是社会教化最为基本、最为重要的内容，也应该是诗教的重要内容。以诗教增强夫妇之间的感情，像王次回这样的爱情诗是最为切实的选择，而德潜没有选录。

王次回的诗歌一直到清代还有较大的影响。袁枚《随园诗话》对此多所记述，如卷五第二十八条云，朱草衣《哭槎儿》"前日寄书书面上，红签犹写汝开封"，洪銮《赠徐小鹤》"正是开门逢去使，接君三月十三书"，严冬友《忆女》"料得此时依母坐，看封书礼寄长安"，此三诗为人传诵，以为天籁，而蓝本皆出于王次回《过妇家有感》之"空剩一行遗墨在，丙寅十月十三封"。[③] 同书卷八第五十一条云，王次回有句云"天台再许刘晨到，那惜千回度石梁"，著名诗人商盘反其意作《秋霞曲》云"天台已久休嫌暂，尚有终身未到人"。[④] 同书卷十四第五十一条云，王次回诗往往

① 王彦泓：《疑雨集》卷一，扫叶山房书局 1926 年版，第 19 页。
② 王彦泓：《疑雨集》卷二，扫叶山房书局 1926 年版，第 1 页。
③ 袁枚：《随园诗话》，人民文学出版社 1982 年版，第 144 页。
④ 袁枚：《随园诗话》，人民文学出版社 1982 年版，第 266 页。

入人心脾。袁枚年衰无子，宾朋来者动以此事相询，貌为关切，袁枚深厌之，后见次回句云“最是厌人当面问，凤凰何日却将雏”，深切袁枚之心。[①] 可是，这样一位有成就、有特色、有影响的诗人的诗歌，德潜都舍弃了。

抗击倭寇的诗。有明一代，倭寇侵扰德潜所在的东南沿海地区多年，百姓和地方政府深受其害。解决倭寇问题曾经是朝廷军政的重点，对朝政也有很大的影响。文学领域，以抗倭为题材的通俗小说有《金云翘传》等，戏曲和说唱、民间故事就更加多了。可是，关于抗倭的诗歌，《明诗别裁集》一首也没有。朱彝尊《明诗综》卷四十二载无锡王问《筑城谣，常熟县作》云：“筑城入荒草，白沙无烟莽浩浩。筑城上高山，崩崖错崿青冥间。我生不辰可奈何？昔日防边今备倭。冯冯一杵复一杵，丁夫如云汗如雨。星火出门露下归，野田苗稀黄雀飞。今年县官复征税，城下相逢只垂泪。”[②]《官军来》云：“白鹤铺前沙日黄，湖渚草长倭走藏。柘林旧贼骄不去，新舶正发南风狂。宝带桥西蛟起舞，白石山边逐虓虎。湖南六郡多旌旗，贼势西来疾风雨。城头戍鼓声如雷，十城九城门不开。刲羊宰牛具宿酒，日夜只望官军来。”[③]《团兵行》云：“销镵镢，铸刀兵，佃家丁男县有名。客兵贪悍不可制，纠集乡勇团结营。宁知县官不爱惜，疾首相看畏占籍。奔命疲劳期会繁，执戟操场有饥色。星火军符到里门，结束戎装蚤出村。将军令严人命贱，一身那论亡与存？保正同盟卫乡里，何期远戍吴淞水。极目沙壖白骨堆，向来尽是良家子。”[④]这些民间抗倭第一线的真实写照，具有社会学、历史学的重要意义，从精神到艺术都是和汉乐府、杜甫诗、白居易等新乐府一脉相承的，但是被德潜舍弃了。《明诗综》为德潜选《明诗别裁集》所本，德潜不可能没有看到这些诗歌。王问是无锡人，德潜选了他的《自山中泛湖归》和《赠吴之山》，前者写风景，后者写对方的乡思，内容上可谓平淡无奇。王问的这三首诗歌写的是常熟等地的抗倭情况，宝带桥更是离德潜家

---

① 袁枚：《随园诗话》，人民文学出版社 1982 年版，第 483 页。

② 朱彝尊编：《明诗综》卷四十二，清乾隆间刻本，第 29 页 A 面。

③ 朱彝尊编：《明诗综》卷四十二，清乾隆间刻本，第 29 页 B 面。

④ 朱彝尊编：《明诗综》卷四十二，清乾隆间刻本，第 29 页 B 面。

乡不远。德潜可以选吴地民间祭祀鬼神等的诗歌，以及其他具有吴地元素的诗歌，怎么就不选抗倭题材的诗歌呢？或许，这些种类的民间军事行动和力量会被清廷当道所忌讳吧？

关于开矿的诗歌。开矿未必始于明代，但比较广泛地为社会注意，在云南等地成为一种社会风气，乃至对当地的社会风气和生产生活方式发生显著影响，对朝廷的政治和财政发生显著的影响，确实是在明代。朱彝尊《明诗综》卷六十二载在云南当过通判的吴稼竳所作诗歌《矿山谣》云："朝采金，暮采金。草枯山根裂，居民泪沾襟。狺狺之犬，昔以吠夜，今以给传舍。喔喔之鸡，昔以司晨，今以饱游民。水衡积钱烂如土，何不诏取中官归御府。"[①]这是开矿对当地社会经济乃至生活方式造成的影响。陈田《明诗纪事》庚签卷二十八载吴稼竳另一首《矿山谣》云："矿商聚中野，各各不相下。珍宝馈中官，黄金馈主者。淘沙千金得银百，公私费用两无益。诏书来，诏书来，中官忽变置，主者颜色如死灰。山头血出金气死，谁作封章报天子？"[②]于此可见开矿的经营模式，以及相关的官场风气、对生态的影响等。这些诗歌具有重要的历史意义和社会意义，对自然资源的开发有永久的意义。就艺术而言，此二诗继承古乐府的精神和艺术传统，也应该符合德潜的诗学标准。可是，德潜没有选录此类诗歌。究其原因，或许是当时朝廷在云南等地大量开矿，弊病不少，德潜恐怕选此类诗歌会招致麻烦。

对明代诗歌艺术风格多样性的不当舍弃，《明诗别裁集》也是非常严重的。此书中所选明诗，就所宗法而论，以盛唐为大宗，次为初唐，兼及汉乐府诗歌，鲜有明显取法中唐及其以下诗歌者。

先以诗歌体裁而论。《明诗别裁集》中所选以前后七子为代表的宗法汉魏盛唐的复古派的七古，特别是李梦阳的七古，不少诗歌如《玄明宫行》《林良画角鹰歌》《石将军战场歌》等，宗杜甫而兼采李白，的确体现了明代复古派诗歌七古的最高成就，但明代七古还不止《明诗别裁集》所选七古的几个品种。

---

① 朱彝尊编：《明诗综》卷六十二，清乾隆间刻本，第14页B面。

② 陈田编：《明诗纪事》，上海古籍出版社1993年版，第2747页。

例如，白居易、元稹的七言歌行“长庆体”诗歌，明代诗歌中也是有的，如李祯《至正妓人行》。此诗通过元末一个以才貌隶教坊供奉的京师妓人之口，叙述其经历，以此反映元明之际的沧桑巨变。全诗凡一千两百多字，是我国古典诗歌中少见的长篇（见李昌祺《剪灯余话》卷四）。其中写该女子演奏管乐一段，最为精彩：

停觞起立态如痴，敛衽踌躇半饷时。疑俏徘徊倾厅久，微茫杳渺度腔迟。娇疑睍睆莺求友，嫩讶呢喃燕哺儿。巨壑潜蛟惊起蛰，危巢别鹄苦分离。分离或变成凄切，凄切愈加音愈咽。荡日江湖信息稀，疲兵关寒肌肤裂。似啼似诉复似泣，若慕若怨丛若诀。孤丹嫠妇旅魂消，异域累臣鬓毛折。参差角羽杂宫商，微韵纾余巧抑场。坠絮游丝争绕乱，辰蛩怨蚓互低昂。呦呦瑞鹿剔灵囿，哕哕和銮集建章。楚弄数声谐洗簇，一州一曲换伊凉。伊凉溜亮益闲暇，埙篪笛笙皆仕下。琚瑀鉴锵韵碧睿，机梭淅沥鸣玄夜。须臾众调多周遍，处席重论盛年话。①

此诗在当时影响很大，不少人予以很高的评价（俱见李昌祺《剪灯余话》卷四）。可是，德潜并没有选明显由元稹、白居易“长庆体”而来的这一种七言歌行诗歌。

唐代七古，还有韩愈、卢仝等为代表的奇奇怪怪的那一种，谓之“奇险”或“险怪”者，以卢仝《月蚀》诗和韩愈的和诗等诗歌为代表。这一路诗歌，明代有刘基的《二鬼》诗。可是，德潜完全排斥这一类诗歌，《明诗别裁集》没有此类诗歌。其他体裁的此类“险怪”或“奇险”的诗歌也全部没有。

乐府有五古，也有七古，汉魏就是如此。《明诗别裁集》中，继承汉魏乐府、杜甫即事名篇的诗歌那样写法的诗歌不少，可是继承元稹、白居易、张籍、王建那样的新乐府的诗歌，显得太少了，还不典型。

就七律而论，《明诗别裁集》中所选前后七子为代表的复古派诗人的七律，特别是李梦阳、尹耕等的很多七律，代表了明代复古派七律的

① 李昌祺著，周楞伽校注：《剪灯余话》，上海古籍出版社 1981 年版，第 258 页。

最高成就，佳作甚多，尤其是感怀时事的那些诗歌，直追杜甫在安史之乱期间所作七律。某些登临怀古类七律，高华健朗，沉郁顿挫，铿锵宏远，纵横开阖，堪称佳作。

唐代七律中还有一些其他风格。例如，白居易《钱塘湖春行》那样清浅、闲适的七律诗风，温庭筠、李商隐、韦庄、韩偓婉丽绵密、深沉朦胧的七律诗风。可是，《明诗别裁集》中排除了这些风格的诗歌。

对明代那些属于宋代诗歌风格的诗歌，《明诗别裁集》是完全排斥的。德潜在此书序言中第一句话就是“宋诗近腐”的判断。德潜排斥宋诗、否定向宋诗学习，都是基于这样的判断。可是，这样的判断不符合最为基本的事实。大家所熟悉的如欧阳修《画眉鸟》、王安石《泊船瓜州》、[①]苏轼《饮湖上初晴后雨》《题西林壁》、朱熹《观书有感》等，就是证明。和唐诗相比，从总体上说，宋诗好发议论。诚然，宋诗所发议论或有陈腐的，但并非都是陈腐的。以上所举这些诗歌，无不活泼泼地，何尝有半点“腐”的气味？即使是朱熹这样的让德潜顶礼膜拜的理学家，他的不少诗歌也和“腐”完全相反，鲜活生动。因此，《明诗别裁集》排斥学宋诗歌是完全没有道理的。

就明代有代表性的诗人、诗歌风格和诗歌流派而言，《明诗别裁集》所不当舍弃的也不少。例如，在明代前后七子之间，苏州唐寅、祝允明等书画艺术高超的诗人，他们的诗歌特色鲜明。可是，唐寅诗歌都没有入选，祝允明入选的诗歌也无法体现其诗歌的主要特色。“公安三袁”袁宏道、袁中道和袁宗道以及追随他们的诗文作家，号称“公安派”，他们反对写诗只学盛唐和盛唐之前的诗歌，主张兼学宋代苏轼等的诗歌，并且主张表达自己真实的思想感情，反对模仿古代诗歌而为写诗而杜撰感情，“心灵无涯，搜之愈出”。他们的创作成就也颇为可观。可是，德潜才选了袁宏道一首诗歌。至于袁中道和袁宗道等的诗歌，全被德潜舍弃了。

至于钟惺、谭元春的“竟陵派”诗歌，德潜也完全排斥于《明诗别裁集》之外。竟陵派也反对复古，提倡表达自己独到的思想和感受，谓之

① 王安石著，唐武标校：《王文公集》卷七十，上海人民出版社1974年版，第744页。

"幽情孤绪"。这样的理论尽管有不少缺陷,但从追求创新这一点上说,是值得肯定的。德潜对他们的排斥是不公允的,当然也是很不应该的。

《明诗别裁集》远远没有展现出明代诗歌应该被展现出来的多样性,其根本原因是德潜没有尊重明代诗歌的客观存在,没有认识到一代诗歌的选本,其最为主要的任务是展现该代诗歌客观存在的多样性,而不是作价值评判,这二者有本质的区别,不能用后者去取代前者。德潜误将选诗当成了作价值评判,因此使《明诗别裁集》成了明代复古派诗歌的一个选本,而不是明代诗歌的选本。

第十四章 《清诗别裁集》研究

根据德潜自订年谱记载，乾隆十九年(1754 年)，德潜 82 岁，五月，德潜开始评选《国朝诗别裁集》。此书卷三十周准条下云："与余同辑本朝诗。"[①]可见周准也参与了这项工作。二十二年冬月，批选工作完成，次年即行于世，为初刻本，凡三十六卷。此后，此书版本较多，翟惠等已经有论文对其版本源流予以清晰梳理和阐述，此不赘。特别是德潜去世后，有人为了应对当局可能的政治迫害，对该书进行了较大的增删后刻印行世。这已经不是此书的原貌了。诸版本中，以乾隆二十五年(1760 年)教忠堂本最为完备，凡三十二卷。书前有德潜自序和对初刻本的修改说明，共收录清代诗人 996 人，诗歌 3952 首。"教忠堂"为德潜书斋名，负责刻印事务者为德潜嗣子种松。上海古籍出版社 1981 年版即以此版本为底本，改名为《清诗别裁集》，本书从此书名。

第一节 体例及其缺陷

关于诗人的选录范围和入选标准，德潜《凡例》所言多可议之处。既然书名冠以"国朝"，那么，该选本选录诗人和诗歌的上线应该是清廷建都北京以后，亦即顺治元年。至于下线，德潜确定为当时已经去世的诗人。《凡例》云："人必论定于身后。盖其人已为古人，则品量与学殖

① 沈德潜编：《清诗别裁集》，上海古籍出版社 1984 年版，第 1283 页。

俱定。否则，或行或藏，或醇或驳，未能遽定也。集中采取，虽前后不同，均属已往之人。”[①]德潜的好友，也参加过此书评选的周准，在乾隆二十一年去世，就是进入了这个范围。《清诗别裁集》卷三十云周准“临终含笑谓所亲曰：我幸甚！我诗可入《别裁集》中矣”。[②] 教忠堂本德潜所作序言，有“兹复增入诸家”云云，当时是乾隆二十五年。因此，从理论上说，下线应该是乾隆二十五年去世的诗人。不选当时仍然在世的人的诗歌，这是明智的选择。因此，《凡例》中此条关于选录范围的规定没有什么问题。

可是，《凡例》又云：“前代遗老而为石隐之流，如林茂之、杜茶村诸公，其诗概不采入，准明代倪云林、席帽山人例也。亦有前明词人，而易代以来，食毛践土既久者，诗仍采入。编诗之中，微存史意。”[③]这就自乱体例了。首先，“石隐”如何界定？没有进入该选本的著名遗民诗人有不少，例如钱澄之、顾炎武、王夫之、黄宗羲、归庄、魏禧等，他们应该属于德潜所说“石隐”之列，那么，被选入该书的屈大均、冒襄等著名遗民诗人，还有德潜的祖父沈钦圻，为什么就不属于“石隐”之列？可惜德潜没有对“石隐”作出界定。又，“食毛践土既久者”收录，否则就不收录。这又是一个标准，且这个标准也不明确。问题至少有二：第一，“食毛践土”多久，才能入选？第二，“食毛践土”的时间和“石隐”与否之间的关系如何处理？同样是遗民，林古度（茂之）卒于 1666 年，徐波卒于 1663 年，前者在清朝“食毛践土”的时间要比后者久，可是，后者入选了，前者却没有。钱澄之卒于 1693 年，顾炎武 1682 年，王夫之 1692 年，余怀活到 1695 年以后，他们“食毛践土”要比徐波久得多，但都没有入选。

德潜作这样的处理，原因大致有二：一是突出他所竭力提倡的忠的概念，此就其积极方面而言。在宋代及其以后的理学家、信仰理学的人如德潜等看来，“忠”的主体，是受有官职、科名乃至仅仅是“食毛践土”的人，他们所“忠”的对象是给他们官职、科名，让他们“食毛践土”的作为王朝的政权，这对象是排他的，否则就谈不上“忠”，就是“失节”。构

① 沈德潜编：《清诗别裁集》，上海古籍出版社 1984 年版，第 2 页。
② 沈德潜编：《清诗别裁集》，上海古籍出版社 1984 年版，第 1283 页。
③ 沈德潜编：《清诗别裁集》，上海古籍出版社 1984 年版，第 3 页。

成"忠"的主体与对象这种关系的是官职、科名乃至"食毛践土",都是纯粹的利益,而与双方的政治理念、政治目标与主体于对象的政治纲领、政治措施及其实施的认识,事实上全无关系。或云,科举考试的内容就是政治理念等等,因此,朝廷给予某人科名或官职,亦即构成双方关系,这就是建立在朝廷与其人政治理念等的契合这个基础之上的,科举考试正是验证彼此契合度、检验这个思想理念基础的形式。可是,事实如何呢?朝廷或者官员有多少确实是按照科举考试中体现的思想来行政的?或者,作为科举考试思想的内容,在朝廷和官员的政治作为中体现了多少?朝廷和官员之间是按照这样的思想理念来要求彼此的吗?

这种"忠"的主体与对象的不同组合之间,除了利益轻重大小的不同之外,没有多少政治理念特别是为天下苍生谋福祉方面的本质区别。吕留良《四书讲义》卷三十七云:"后世人臣,只多与十万缗,塞破屋子,便称身荷国恩矣。谏行言听,膏泽下民,与彼却无干涉。""自晋人以后,读书人眼孔,只得如此。"①其实,不必"十万缗",一个秀才称号,甚至给其家族中人一个"节妇""烈女"之类的称号,也就足够使其人忠于该王朝了。

在"忠"的大旗下,一个王朝不仅仅是政治实体,也是一个概念。从某王朝得到过官职、科名,乃至"食毛践土"的人,即使作为政治实体的这个王朝消失了,他也还要忠于作为概念的这个王朝。这样的"忠",正是德潜他们所要提倡的,所谓"微存史意"是也。

二是德潜出于严峻的现实所作的务实的甚至是无奈的选择。"忠"无疑是德潜刻意要张扬的内容,该选本就是以"教忠堂"的名义刻印的。德潜刻意不选的那些明遗民诗人的诗歌中,关于"忠"的内容非常丰富。可是,他们对明王朝的"忠",是和对清王朝的敌对立场结合在一起的,因为清王朝和明王朝曾是敌对的两个政治实体。显然,任何反清内容,是清王朝所坚决不允许的。因此,尽管那些遗民诗人的诗歌中,"忠"是那样的坚贞、那样的纯粹、那样的丰富,德潜也只能如好龙的叶公那样,离这些遗民诗人及其诗歌远远的,唯恐沾上什么。后来,因为该选本选

---

① 吕留良著,陈钺编,俞国林点校:《四书讲义》,下册,中华书局 2017 年版,第 804 页。

录了钱谦益、钱名世等的诗歌，德潜遭到了乾隆帝的斥责。这时候德潜肯定庆幸，幸亏没有把林古度、顾炎武等“石隐”诗人的诗歌选到该选本中。再后来，乾隆帝亲自狠批屈大均及其诗歌，幸亏那时候此书最新的版本中已经将屈大均删除了。看来德潜决定不入选的“石隐”诗人，范围还是小了一些，不够保险。要忠于清朝这样的王朝，没有足够的谨慎是难以周全的。因此，对清初诗人的选择，在当时有困难和尴尬，甚至在清朝生活了几十年甚至近半个世纪的诗人也不予收录，这可以理解。毕竟，我们无法要求德潜为了选诗，置政治环境和身家性命于不顾。可是，这不能成为我们无视这个缺陷的理由。

《凡例》云：“闺阁诗，前人诸选中，多取风云月露之词，故青楼、失行妇女，每津津道之，非所以垂教也。选本所录，罔非贤媛。有贞静博洽，可上追班大家、韦逞母之遗风者，宜发言为诗，均可维名教伦常之大，而风格之高，又其余事也。以尊诗品，以端壶范，谁曰不宜。”[①]事实上，“可上追班大家、韦逞母之遗风”的女诗人，未必没有“风云月露之词”，而“青楼、失行妇女”所作，也未必都是“风云月露之词”，未必没有“可维名教伦常之大”的诗歌。莫不是“青楼、失行妇女”的姓名，在德潜看来，就会污染此书，所以不选她们的诗歌？可是，卓文君、赵飞燕、蔡文姬，用理学家“妇节”的观念来看，应该是“失行妇女”，至少肯定算不上“可上追班大家、韦逞母之遗风”的女诗人，但是德潜为什么在《古诗源》中也选录她们的诗歌呢？薛涛是青楼女子，这是千真万确的事实，但是《唐诗别裁集》选了薛涛的诗歌，他就不怕薛涛的姓名把《唐诗别裁集》给污染了？难道德潜不能用《唐诗别裁集》处理薛涛的方法来处理清代青楼出身的女诗人？

其实，德潜作这样的处理并不是真的出于道德洁癖而拒绝选出身青楼的女诗人，而是有另外的原因，故以这个看起来堂皇正大的理由为借口而已。真实的原因是，他要把柳如是排除在外。不管是从诗歌成就而言，还是就知名度而言，在清代初年的女诗人中，柳如是都是首屈一指的。可是在当时，从政治上来说柳如是是为当局所忌讳的人物，且

① 沈德潜编：《清诗别裁集》，上海古籍出版社1984年版，第3页。

她又是钱谦益的如夫人，无法不和钱谦益联系起来。德潜选入钱谦益，已经冒了很大的风险，如果再加一个柳如是，那风险就更大了。后来，德潜因为在此选本中选了钱谦益的诗歌而受到乾隆帝的斥责，这说明他不选柳如是入此选本是很明智的决定。柳如是出身青楼，后来才嫁给钱谦益作如夫人的，因此，德潜打着"诗教"大旗的诗歌选本要把她排除在外，用这样的理由是顺理成章的。

在关于僧道诗人的收录方面，《凡例》没有像关于女性诗人那样开出负面条件。可是，清初若干有成就、有影响的方外诗人，此书没有选入，如淡归和尚、黄檗禅师熊开元、苍雪大师等，其原因还是在政治方面。至于被顺治帝封为"弘觉禅师"的豪僧道忞竟然也没有入选，而道忞还曾经在苏州有过活动，在灵岩山打过黄檗禅师熊开元的耳光，德潜不应该不知道此人亦擅诗歌，更不会不知道他被顺治帝封为"弘觉禅师"之事。这就费解了。可能的解释是德潜看不起道忞之为人为僧。

关于诗歌的选录范围和入选标准，此书同样是有不足的。此书选录诗歌的范围当然应该是入选诗人的诗歌。对那些没有在明代写诗，或者在明代所写诗歌没有流传下来的诗人，这当然不是问题，但是，落实到那些在明代所写诗歌被保存下来的诗人身上，就有问题了。这就是，他们在明代写的诗歌是否可以选入此书？该选本名字冠以"国朝"，因此入选的诗歌应该是作于清朝的诗歌，否则怎么可以称为"国朝"诗呢？辨别清初诗人的诗歌，哪些作于明亡之前，哪些作于入清之后，当然未必容易。可是，有些诗歌到底作于明还是作于清，是不难辨别的。因此，对明显是作于明朝的诗歌就不应该收入该选本。例如，钱谦益的诗文集有两种，明亡之前所作为《初学集》，入清之后所作为《有学集》。此两种诗文集的序言中就讲得很明确，这在当时就是常识。《清诗别裁集》所选录的钱谦益诗歌中只有《丙戌南还赠别故侯家妓人冬哥》等9首七绝作于清代，此外，《陆宣公墓道行》《团扇篇》《题宋徽宗杏花村图》《玉堂双燕行送刘晋卿赵景之两太史谪官》《送福清公归里》《戊辰七月应诏赴阙车中言怀》《临城驿壁见方侍御亥未题诗》《召对文华殿旋奉严旨感恩述事》《潞河别刘咸仲吏部》《题淮阴侯庙》《己巳八月待放归田感怀述事奉寄南都诸君子》《奉谒少师高阳公于里第感旧述怀》《岁暮杂怀》《夏日宴新乐小侯于燕誉堂》《送吴兴公游下邳兼简李条侯》《简侯研德并示记原》《冬归漫兴》，以上这些诗歌，统统都作于崇祯十七年及其此前，见之于《初学集》。奇怪的是，此“戊辰”是崇祯元年（1628年），此“己巳”是崇祯二年，明明白白，即使把“清”推到爱新觉罗皇太极崇德元年，也已经是1636年了，德潜怎么不知道？这些明显是作于明朝的诗歌，《国朝诗别裁集》当然是不应该收录的。除了钱谦益，该选本所选录的其他人的诗歌中，此类现象肯定还有。造成这种混乱的原因，还在于所谓“微存史意”即对文学的政治化。

《凡例》云：“诗必原本性情，关乎人伦日用及古今成败兴坏之故者，方为可存，所谓其言有物也。若一无关系，徒办浮华，又或叫号撞搪以出之，非风人之指矣。尤有甚者，动作温柔乡语，如王次回《疑雨集》之类，最足害人心术，一概不存。”[①]此乃就诗歌内容而言。“言有物”的诗歌当然应该成为诗歌的主旋律，多选是完全应该的。可是，即使是和“人伦日用及古今成败兴坏”毫无关系的诗歌，如果能够给人美感，没有什么反面的作用，那么也是有其价值的，作为这样一部篇幅较大的诗歌选本，必须具有应有的多样性和丰富性，此类诗歌也是应该选录一些的，起码是不应该排斥的。所谓“诗教”，就其狭义而言，是儒家思想的教化，但就其广义而言，即诗歌的教育作用。“美育”也是一种教育。以狭义的“诗教”来排斥广义的“诗教”中的其他内容，是不明智的，也是不应该的。“艳体诗”当然不能选，但是爱情诗还是应该选录一些的。至于王次回《疑雨集》，其中的诗歌固然有不适宜选录的“艳体诗”，但其中写夫妇情深的爱情诗也有不少，选录何妨？即使是儒家的“诗教”也重视夫妇之间的关系和感情，毕竟“夫妇”也是“五伦”之一。

《凡例》云：“愚未尝贬斥宋诗，而趣向旧在唐音。故所选风调音节，俱近唐贤，从所尚也。若乐府及四言，有越唐人而窃攀六代、汉魏者，所云虽不能至，心向往之。”其好恶如此，而依据则是“唐诗蕴蓄，宋诗发露。蕴蓄则韵留言外，发露则意尽言中”，[②]这纯粹是从艺术取向而言。

① 沈德潜编：《清诗别裁集》，上海古籍出版社1984年版，第2页。

② 沈德潜编：《清诗别裁集》，上海古籍出版社1984年版，第2页。

事实上，就行“诗教”而言，“韵留言外”和“意尽言中”也是各有千秋的。千百年来，宋代许多诗歌脍炙人口，这就是最好的证明。

对任何一本作品选本而言，选录范围应该是确定的，且有其客观性，不仅其自身的逻辑应该是自洽的，而且和选本的名称之间、和实际选录的作家作品之间不应该存在矛盾。可是，《清诗别裁集》并不符合这些要求，这主要是当时严酷的政治环境的影响所导致的。当然，德潜作为编选者也是要负一定的责任的。任何一本选本都具有编选者的主观性，并通过所选作品体现出来。所选作品和这种主观性之间应该是一致的。至于这种主观性是否正确、是否合理，是可以讨论乃至可以批评的。《清诗别裁集》也是这样。

在诗歌的排列方面，此书和《唐诗别裁集》不同。《唐诗别裁集》按照诗歌体裁排列，同一体裁的诗歌中再按照作者生年先后排列，其作为学习诗歌的范本的意义比较突出。事实上，德潜选《唐诗别裁集》，正是给世人提供学写诗歌的范本。可是，《清诗别裁集》是以诗系于诗人，按照诗人生活年代的先后排列，同一个诗人的诗歌再按照五古、七古、五律、七律、五绝、七绝的体裁顺序排列，这样的排列方式适宜于展现从清代初年甚至更早的晚明到乾隆二十五年这段历史时期内诗歌风尚的演变，“诗歌史”的意义更加突出，“范本”的意义就大为淡化了。至于不少诗人排列顺序不当，那是当时文献资料和信息沟通方面的局限所致，德潜能够做到这样的程度，显然已经不错了。这一点，我们不能苛求。

此书序言中，德潜说：“然而不嫌其少者，以牧斋、竹垞所选，备一代之掌故，而予唯取诗品之高也。”①“备一代之掌故”与“取诗品之高”，在一定程度上是可以兼而有之的。《凡例》云：“诗人名下，未详其生平者，只载其表字、省份、郡邑与夫科目官位之有无。若传志可考，轶事可传、诗话可引，或详或略，辄缀评论，使读者得其诗品，并如遇其为人。”②德潜对入选诗人及其诗歌作这样的介绍，其实也是在“取诗品之高”的前提下，努力“备一代之掌故”。何况，德潜对其人其诗的评论，是可以和

① 沈德潜编：《清诗别裁集》，上海古籍出版社1984年版，第1页。

② 沈德潜编：《清诗别裁集》，上海古籍出版社1984年版，第3页。

所选诗歌没有关系的。事实上，德潜在诗人小传下所缀诗话，也确实是“备一代之掌故”的体现，这也是应该充分肯定的。德潜对所选诗歌的评论有导读的作用，对读者领会诗歌艺术也是有很大的帮助的，德潜在诗歌艺术方面的修养毕竟是深厚的。此外，这些评论不少也是为“备一代之掌故”而作。因此，这些评论大多是有很高的价值的。

还有很重要的一点，《凡例》中没有写出来，序言中也没有，但确实是在《清诗别裁集》的编选中实行的，那就是对原作的修改。该选本中入选的作品和诗人诗集中的原作相比，往往有这样那样的不同，有些不同，差别还是比较大的，甚至题目都会被改变。门下生翟惠仁棣的硕士论文《清诗别裁集研究》将《清诗别裁集》中选录的诗歌和当时所能够找到的诗人的诗集中的同一首诗歌作了仔细的比勘，结果发现，确实存在着大量的不同。翟惠将这些结果排列出来，并且加以研究。那么，这些不同是谁改动的呢？当然，从理论上说，这个问题有实在太多的可能的答案，例如德潜的某些朋友周准、翁照等，乃至德潜的某个小妾，还有其他的人等等，几乎谁也无法肯定或者否定，因为都完全没有文献依据。但是，这些文本上的不同又确实存在，谁也无法否认，《清诗别裁集》的编者又明明白白是德潜，主要的操作者也是他，周准等不过是参与其事而已，这些改动即使不是德潜提议，即使不是德潜执笔，但肯定是他所认同的，因此，这个“诗责”还是应该由德潜来负。翟惠把这些改动归到德潜头上，完全是合情合理的。再说，德潜所选《明诗别裁集》中的诗歌和诗人别集中这些诗歌文本相比，不同也是大量的，如李梦阳的《石将军战场歌》就是如此。学术界也有论文对《明诗别裁集》改动原作诗歌作了部分考证，证实了这样的改动。既然如此，德潜选《清诗别裁集》对原作进行改动也就不出情理之外的。

就诗歌的艺术效果而言，德潜对原作的这些改动绝大部分是高明的，有些则是为了适应其“诗教”宗旨而为。可是，不管这些改动高明与否，改动原作不仅是对原作者的不尊重，也是对历史事实的不尊重。德潜如果对原作有意见，认为改动效果会更好，这完全是可以的，但这些内容应该在评语中体现出来，而不是直接改动原作，并且不予说明，这样会造成许多文献方面的问题。《清诗别裁集》这一重大缺陷有必要予以明确指出，以便读者在使用此书的时候在这方面予以充分的注意。

第二节 文献价值与历史价值

在出版和传播还比较落后的封建时代，任何一本稍具规模的作品选本都有其文献价值，《清诗别裁集》亦然。

入选《清诗别裁集》的诗人中，有诗集传世的仅仅还是其中比较小的一部分，其他人的诗歌就只能主要靠《清诗别裁集》等选本流传下来。后来《江苏诗徵》《晚晴簃诗汇》等大型选本中入选诗人的入选作品和《清诗别裁集》中入选的同一位诗人的作品多完全相同者，这表明有很大的可能，《晚晴簃诗汇》《江苏诗徵》等从《清诗别裁集》中直接照录诗人和作品。《清诗别裁集》中，德潜为诗人写的介绍和评论、为入选诗歌写的点评也可以成为研究相关问题的文献。

此书尽管没有选熊开元、林古度、杜濬、顾炎武、黄宗羲、方以智、吴应箕、阎古古、钱澄之、魏禧等著名遗民的诗歌，但是，入选的诗歌中不乏和这些诗人相关的，这些诗歌可以成为研究这些诗人的文献或文献线索。

《清诗别裁集》的历史价值是和其文献价值紧密联系在一起的。此书中很多作品是"缘事而发"的，且这些事情是大事。德潜在《凡例》中明确说此书的选录标准："诗必原本性情，关乎人伦日用及古今成败兴坏之故者，方为可存，所谓其言有物也。"[①]从晚明到平定三藩之乱，再到德潜生活的时期，关于"成败兴坏"的大事非常丰富，和这些事件相关的乃至直接以这些事件为题材的诗歌，在这个历史时段的诗人的诗集中，几乎是普遍的存在。此书选录此类诗歌，也是不少的。

晚明到清初，时间不算长。对当时不少诗人而言，某些历史事件，他们自己就是亲身参与者，或者是亲身感受到那些事件的社会影响的人，或者是事后从包括亲历者在内的知情人那里了解了较为丰富的信

---

① 沈德潜编：《清诗别裁集》，上海古籍出版社 1984 年版，第 2 页。

息的人，他们发为诗歌，就很可能有反映这些历史事件的部分，这些部分可以和相关的文献相互印证，甚至于相关的历史记载有正讹、补阙的作用。此书中某些为某历史事件而作的诗歌，其作者年辈较晚，这些诗歌实际上是“咏古”性质的诗歌，但由于当时“去古未远”，又经历了恰到好处的历史沉淀，作者掌握的史料较之前人或许更可靠、丰富，再加没有了当事人或当时人的利益关系牵扯，因此，作者的认识就可能更加全面、客观，更加接近事件的真相，进而对其历史作用等有更加深刻的认识。所有这些，都是德潜此书所选此类诗歌的历史价值所在。

兹将此书所选关于晚明军政大事的诗歌而有显著历史价值者选列于下，可见此书在这方面内容之丰富、价值之高。

此书所选钱谦益诗歌中，多关明末朝政者。吴伟业《鸳湖曲》《永和宫词》都是写明末朝政。尤侗《明季咏史》七律组诗，从明神宗朝一直写到南明弘光朝，其中写到不少朝政大事。

《清诗别裁集》中的诗歌，关于东林党与魏忠贤之斗争者，如乔莱《过应山县吊杨忠烈公》、王吉武《重修六贤祠成展祭作》赞颂杨继盛、黄尊素、倪元璐等人之抗争，王顼龄《魏忠贤衣冠墓》、潘耒《碧云寺》、高其倬《碧云寺》、陈睿思《阅三朝要典》等写魏忠贤及其党羽之罪恶。关于明末农民战争者，如吴伟业《雁门尚书行》、魏象枢《甲申闯贼陷宁武周(遇吉)总兵战死》、李因笃《题世胄都指挥使崔公汝明像》、王紫绶《哭师》、沈廉《江口行》、邵岷《赵忠愍公得谥诗》等。吕履恒《关门行》写新安县令陈显元守城失败，为农民军所杀。章静宜《汴梁行》写黄河决口淹汴梁事，而将决口的责任归农民军。高其倬《蓟州新城》写农民军攻打蓟州城，王锡之梅村体长诗《长平庄歌》写崇祯帝长平公主的人生悲剧，无名氏《明怀宗御容歌》则写崇祯帝的悲剧。

至于明清之际和清军相关的战争或者朝政的诗歌，《清诗别裁集》中也不少。如宋徵舆《参军行》写贾庄之败，卢象升战死，且被杨嗣昌诬劾，杨廷麟为之辩白。咏南明弘光朝事者，有吴伟业《读史杂感》、彭孙遹《金陵怀古》、黄与坚《金陵杂感》、沈磐《金陵漫兴》和沈钦圻《童奴石义》《后咏史》等。梁佩兰《养马行》写耿精忠和尚可喜二人带清兵入广州事。吴伟业的《杂感》，德潜认为是《圆圆曲》的“缩本”。

尤为重要的是，在当时有些事件为当局所忌讳，正因为如此，德潜此书选录的诗歌，显然不能是此类事件详细而完整的纪录，但或明或暗地与此类事件相关，记载一些相关的蛛丝马迹还是可能的。这些诗歌的历史价值就更加难得，也更加重要了。

明清之际的"扬州十日""嘉定三屠""江阴屠城"，记录清兵在此期间的残暴行为的诗歌，德潜当然不敢选录。但他选了写当时相关战争的一些诗歌。由这些诗歌，读者就不难联想到当时发生的暴行，记住这些惨绝人寰的事件。例如彭定求《故阁部史公开幕维扬城溃殉难相传葬衣冠于梅花岭下过而哀之》写到扬州被清兵攻占事，许子逊《栖霞庵双忠祠》、汪洋《阎陈二公祠》等写江阴阎应元抗清事，这些诗都被德潜选入此书。

顺治十六年己亥郑成功入长江，占领镇江等地，此事件在当时以及后来很长时期内是禁忌的话题，所谓的"通海案"是也。德潜所选和此事件相关的诗歌，尽管只能从当局可以接受的角度来写此事件，但毕竟反映了很多信息，至少将此事件"立此存照"，使后人知道有此大事存在。例如严允肇《白下》、邵长蘅《守城行》、王焜《有客谈海上己亥之变诗以纪之》，都是写此战役的。

至于明确站在清王朝立场上写其武功的诗歌，当时诗坛上是很多的，《清诗别裁集》中也选录了不少。这些诗歌，在反映当时的某些历史事实方面，还是有不可替代的价值的。例如王士禛《秦中凯歌》、陈亭敬《平滇雅》、严允肇《诸将杂感》、周弘《己未二月午门听宣岳州大捷遇雪恭纪》、盛符升《南征》、庞垲《喜闻大军收复川中》、张尚瑗《仙霞关》、叶方蔼《关陇平》等写清军平定三藩之乱。叶方蔼《海氛清》写清廷平定台湾。至于清廷因平定郑成功之需要而长期实行海禁，这也给沿海等地人民的生活造成了困难，这在《清诗别裁集》所收入的诗歌中也有反映，例如汪琬《有客言黄鱼事诗以纪之》、钱芳标《击鲜行》等，就是如此。

至于写明末清初战乱给普通民众造成的巨大灾难的诗歌，则有施闰章《浮萍兔丝篇》《牵船夫行》和陶澂《当垂老别》等一系列仿杜甫"三吏三别"的诗歌。

有些事件尽管算不上军政大事，但朝廷乃至皇帝在处理这些事件的过程中，不仁不义不公，有意无意地制造冤假错案，扩大涉案面，迫害汉族士人，例如一系列包括不少大案在内的案件就是如此。在严酷的专制统治下，对此类案件的处理结果作公开谴责自然是不被允许的。可是，曲折地表达此类情绪的诗歌还是有的。此类诗歌也有被德潜选入此书的。这些诗歌可以将读者的注意力引导到这些事件上，进而了解朝廷乃至皇帝的不仁不义不公。

兹举若干例证。顺治十二年季开生(字天中)案：兵科右给事中季开生在闻知使者奉旨到江南，采买宫女，乃上奏谏止。顺治帝云并无此事，认为季开生“妄捏渎奏，肆诬沽直，甚属可恶”，[①]将他流放黑龙江。《清诗别裁集》不仅选了季开生在流放地所作相关诗歌，而且选了当时人所作与此事相关的诗歌，且数量不少。德潜的相关评语中也涉及此案。如卷一方拱乾《送季天中秋日东行》，德潜评云：“天中建言遭谪，故以诗送之。”[②]陈之遴被流放案：陈之遴因为参与党争等事，被流放黑龙江。《清诗别裁集》不仅选其诗歌，且还选录了吴伟业《咏拙政园山茶花》《赠辽左故人》，而此二诗正是写陈之遴宦海沉浮的。顺治十四年江南科场案：涉案者吴兆骞、孙旸入选《清诗别裁集》，他们所作多首和此案相关的诗歌亦入选。不仅如此，其他诗人所作诗歌中和此案相关的诗歌入选的就更加多了，如吴伟业的《悲歌赠吴季子》即是。康熙五十年前后陈鹏年被噶礼冤枉系狱事：此书所选陈鹏年诗歌，对此也有反映。康熙己卯北闱科场案：副主考姜宸英受主考李蟠牵连下狱死，德潜也收录其诗歌，又收录陈长《挽张西溟》诗，为之鸣冤叫屈，德潜又以评语表示赞同之。康熙六十年十二御史等被流放案：《清诗别裁集》中，也有诗歌为此而作，例如陈璋《送高鹤洲范舒山家切叔诸侍御西征》等。

有些事件没有明显相关的诗歌入选此书，但是，这些事件的当事人作为诗人被选入了此书。作为诗人，他们的成就和名气肯定不算出色，但是，他们之所以在当时和后来有那么大的知名度，原因正是在于他们是这些事件的当事人，这些事件知名度高，他们的知名度自然也就高

① 王先谦：《东华录》，《续修四库全书》第 369 册，上海古籍出版社 2002 年版，第 399 页。
② 沈德潜编：《清诗别裁集》，上海古籍出版社 1984 年版，第 16 页。

了。因此，此书尽管没有选和这些事件直接相关的诗歌，仅仅入选了他们的诗歌，但是，这可以引导人们关注此类事件，因为他们的姓名就和这些事件紧密联系在一起。如果德潜再在对他们的评论中点明他们与这些事件的关系，这种效果就更加明显了。

兹举若干例证。发生在顺治十八年的"《明史》案"，被株连者近千人，被杀 70 余人，被流放者数百人，可称恐怖。几乎同时发生的苏州"抗粮哭庙案"，金圣叹等 18 位士人被杀。《清诗别裁集》尽管没有选录与此二事相关的诗歌，也没有在任何部分提到此二大案，但是，德潜竟然选录了"《明史》案"中被杀的吴炎及其诗歌、"哭庙案"主角金人瑞及其诗歌，金人瑞者，即金圣叹也。现在看来，我们还不免为德潜捏一把汗。发生在顺治末和康熙初的"奏销案"，相关诗歌很少，《清诗别裁集》中也没有收录，但在此案中因拖欠钱粮一文而被革去功名的探花、致有"探花不值一文钱"之说的叶方蔼及其诗歌被选入此书。康熙二十七年，孙致弥和赵俞受家乡地方官之托，为减轻家乡百姓不合理的赋税事，向户部行贿，事发，嘉定大量绅士和徐乾学、王宏绪的亲属牵连其中，是为嘉定"部费案"。关于此案及相关诗文，笔者《清代诗文本事发微》中有比较详细的考证。《清诗别裁集》并没有收录和此案相关的诗歌，但是，此案重要角色孙致弥和赵俞都入选此书。德潜在关于赵俞的介绍中言其："以他人累，牵引对狱吏者再，后虽昭雪，然亦濒于危矣。"① 关于孙致弥云："馆选后与赵文饶(俞)同罹岸狱，几濒于危矣，卒以非辜得雪。"②尽管对他们二人的介绍都没有涉及任何案情，但都说到了涉及案件，因而都有引导人们进一步探索的作用。康熙五十年科场案，此书没有诗歌涉及，但是，和此案有关系的王式丹入选了此书卷十九，德潜说他"以同年友累，至于对簿。辨雪未几，遂成古人"，③就是说的此事。

《清诗别裁集》卷十三中选入戴梓及其《出狱口占》等诗歌，德潜云其"刚正不阿，受其挫者共掎摭之，诏徙沈阳"。④ 此亦未涉及案情而存

① 沈德潜编：《清诗别裁集》，上海古籍出版社 1984 年版，第 655 页。
② 沈德潜编：《清诗别裁集》，上海古籍出版社 1984 年版，第 667 页。
③ 沈德潜编：《清诗别裁集》，上海古籍出版社 1984 年版，第 769 页。
④ 沈德潜编：《清诗别裁集》，上海古籍出版社 1984 年版，第 541 页。

其人。周亮工、钱名世的案情,《清诗别裁集》中都没有涉及,甚至没有提到他们涉案,但他们都是入选的诗人,稍微熟悉清代文史的人看到他们的姓名,都会想到他们是主角的那些案件。至于此书所收录的戴移孝,其子孙因为其遗著遭到文字狱,那是德潜身故以后的事情了。李裀没有入选《清诗别裁集》,但是,他被流放的事实在此书中也是有线索的,例如卷一方拱乾《怀李龙衮》等诗歌就是。

此书的历史价值还体现在对当时地方政治的反映与评论。以这些内容为表达对象的诗歌,在当时的诗歌中是常见的,德潜选录了不少。

有些是对地方政治及其当政者的赞颂,例如严我斯《瞟水谣》写陆陇其任地方官的政绩,韩菼《赠江南巡抚汤潜庵先生》、许汝霖《赠汤宗伯潜庵先生》写汤斌在江苏巡抚任上等的政绩,许缵曾《睢阳行》纪江苏巡抚汤斌除五通淫祀事。

但更多的诗歌是写地方特别是基层的恶政。郁植《猛虎行》写地方官吏凶恶如虎。基层政治又和"大吏"等权势人物密切相关。田茂遇《孤儿行》写海南太守某甲居官清廉,但因为没有满足大吏的索贿而被罢官,客死异乡。卷二高珩《使君怒》写"巡鹾使者"向太守索贿。卷九颜光敏《送宋观察荔裳之蜀》写当时四川巡抚的恶政,"巴蜀年来成鬼国"。[①] 按,宋琬出任四川按察使在康熙十一年四月,当时四川巡抚是罗森,然罗森是康熙十年六月开始担任四川巡抚的。罗森的前任张德地在康熙二年就担任四川巡抚了。因此,此诗中谴责的四川巡抚,似乎应该是张德地。

《清诗别裁集》所选抨击地方黑暗政治的力度,以卷十所选叶燮在宝应知县任上所作《湖天霜》一诗为最,价值也最高。诗云:

> 湖天湛然清,盛夏飞严霜。霜严结阴惨,白日沈荒凉。厉鬼啾啾鸣,行路闻心伤。埋冤尔为何,毅魄非国殇。生为蚩蚩民,安分柔且良。真盗失伏辜,渔人罹祸殃。杀人不抵死,袖手反代偿。有耳非不闻,有眼讵失芒?一人爱功名,片语进斧戕。邈矣三宥仁,孰察五过章。一朝四百指,骈首堆荒冈。湖水自终古,流恨徒汤

① 沈德潜编:《清诗别裁集》,上海古籍出版社1984年版,第366页。

汤。寄语司牧者，杀人宜慎详！[①]

此诗后，德潜加按语云："杀四十人，以全一人官爵。古酷吏中，有此毒鸷乎？天道好还，必不使之保首领、留种类也。读至后半，炎月中恐亦肌肤起粟。"[②]此按语为张应昌《诗铎》卷十《刑狱门》载此诗后所照录，唯无"读至后半，炎月中恐亦肌肤起粟"之语。"必不使之保首领、留种类"之评语，其重可知，完全不是沈德潜所倡导的"温柔敦厚"了，可见其义愤之盛。那么，如此残酷的暴行是那个官员所为呢？叶燮《已畦集》卷十三《与吴汉槎书》中云："(孙)树百为令时，信其腹心蠹隶董祥，杀射阳湖无辜四十六人。弟出都时，树百谆谆以此隶为托。弟至邑，立责逐此凶。树百憾入骨。"[③]这个"树百"，正是叶燮的前任孙蕙。叶燮以46条人命案责逐董祥的时候，孙蕙刚离任，到京城担任给事中不久。叶燮写《与吴汉槎书》是在康熙二十二年，当时孙蕙仍然担任着给事中。46条人命，并非小事，且叶燮在此信中还揭露了孙蕙贪污等事情，如果这些不是事实，莫说是叶燮，即使普通人也是不敢写的，何况，孙蕙也没有出来应对。那么，德潜是否了解此诗写的是孙蕙？德潜是叶燮的学生，即使叶燮没有对德潜讲这些事情，叶燮的诗文集在康熙年间就出版了，德潜没有不读之理。此诗对叶燮、孙蕙两位诗坛前辈为人、为官的形象关系如此重大，德潜在选录此诗的时候不会不考虑而贸然选取。他对叶燮原作作了删改，减弱了原作的抨击力度和血腥色彩，可见他是慎重的。

《清诗别裁集》中所选诗歌对地方黑暗政治的抨击，在灾难题材诗歌中较多地体现出来。我国是农业社会，以灾荒为题材的诗歌几乎是历代有之。此类诗歌对气象、生态、农业、人口等的研究，都有重要的文献价值和历史价值，这是不言而喻的。此外，此类诗歌还有社会政治方面的价值，这主要体现在官府对灾难的应对方面。当时设计出的荒政措施，绝大部分应该是有效的，但是，在实施过程中会走样，不仅起不到

① 沈德潜编：《清诗别裁集》，上海古籍出版社1984年版，第386页。

② 沈德潜编：《清诗别裁集》，上海古籍出版社1984年版，第386页。

③ 叶燮：《已畦集》，《清代诗文集汇编》第104册，上海古籍出版社2010年影印本，第448页。

防灾救灾的作用，甚至还会给灾区民众造成更加深重的灾难。《清诗别裁集》所选诗歌中，也有反映。

灾难发生了，百姓生活悲惨，需要救助。可是，地方官为了自己的政绩和升迁，会匿灾不报，结果是赋税照旧。卷十六赵俞《踏车曲》写旱灾之严重，百姓乏食，无力车水，而“人无食，不足恤，努力踏车声太息。伍伯催租秋赋迫，连年未报灾伤册”。德潜评云：“圣朝恤民，不啻父母之于赤子，而连年水旱，犹有未报灾伤者。何知有官而不知有百姓耶？”[①]卷十七吕履恒《斫榆谣》云，旱灾之年，夏粮秋粮都荒歉，民众取榆树皮为食。地方官见之大怒，派人砍伐榆树，“将报上官，曰维丰年”。[②]有些地方官也为地方报灾，但上级为了征收尽可能多的钱粮，不同意按照灾荒减免钱粮，卷六孙蕙《安宜行》就写此类内容。有些地方，即使朝廷准予减免赋税，但是地方官还是不切实奉行，卷二十三沈树本《大水叹五首》之五就写此类内容。

荒政的常规内容是赈灾。赈灾分官赈和私赈两种。官赈应该是赈灾的主体，私赈只能起拾遗补缺的作用。要做好赈灾，官府就要在平时加强对地方上防灾粮食的储备和管理，如此才能在赈灾的时候，既有相对充足的粮食，又能够公平有效地赈济灾民。可是在这些方面，地方官员和吏胥之类做得是很不好的。卷二十三沈树本《大水叹五首》之三云：“水旱适洊至，何策苏元元？吾闻上古时，备患有本原。三年则余一，仓廪常高屯。纵遇天灾至，民力堪自存。救荒于既荒，所济何足论？而况并无策，蒿目空忧烦。”官府决定赈灾了，如何赈灾，官府还要勘灾，以便精准地救助，可是这个过程也可能成为吏胥鱼肉百姓的机会。德潜云：“近日行社仓，似救荒于未荒矣，然徒饱吏胥，日滋民害。遇荒岁不发一粟，殊不可解也。”[③]卷二十三杨士凝《饥民谣》云：“村村屋头鸦乱飞，尘封爨火炊烟微。邻人乞食县门去，羡杀鼠食官仓肥。江南今年星在罶，青钱二百米一斗。诏令减价更赈荒，里老奉行开户口。县令踏勘初入村，万户尽望天家恩。饥民无钱吏胥怒，有名不上官家簿。”德潜评

① 沈德潜编：《清诗别裁集》，上海古籍出版社 1984 年版，第 656 页。
② 沈德潜编：《清诗别裁集》，上海古籍出版社 1984 年版，第 696 页。
③ 沈德潜编：《清诗别裁集》，上海古籍出版社 1984 年版，第 911 页。

云："斗米二百钱，民已艰食，乾隆乙亥、丙子，又增二分之一矣。勘灾之弊，自昔已然。可胜慨叹？"①卷二十四郑世元《官赈谣》一云："黄须大吏骏马肥，朱旗前导来赈饥。饥民腹未饱，城中一月扰。饥民一箪粥，吏胥两石谷。我皇圣德仁苍生，官吏甚勿张虚声。"②二十八王苍璧《童谣》云："赈饥民，吏胥饱。饥民泣，吏胥恼。吏胥勿恼尔当喜，官府明朝粜官米。"③在这样的危机之中，地方基层政治的黑暗更加容易凸显出来。

即使是富户自发赈灾，官府也要引导好、管理好。官府利用行政优势和道德优势，甚至利用灾民的仇富心理和传统的追求平均的思想意识，强迫甚至胁迫富户倾囊赈灾，这是杀鸡取蛋的方式，而这样的方式往往会被短视的地方官所采用。卷五严允肇《哀淮人》云："官吏责富户，浚削如仇仇。财赋一以空，猗顿皆黔娄。两地总困厄，一死夫何尤。"④以这样的方式赈灾，后果更为严重。

采取有效措施，直接应对灾难，尽可能地减轻灾难的危害，也是荒政的内容。可是，官府利用行政力量实行的措施未必是科学、有效的。此书卷十所选叶燮在宝应知县任上写的《采柳谣》中，因为当时治水患，有将成捆的柳树枝条投入洪水以减缓洪水冲击力之法，官府征收柳条，遂致境内柳树一空，此揭露官府愚蠢的治水方法及其给百姓带来的严重困苦和对自然生态的严重破坏。卷九魏麐徵《捕蝗》云："复闻修德能弭灾，非止蝗生宜早扑。"⑤"修德能弭灾"是古老的"天人感应"的观念，完全不符合科学。陆师为地方官时，遇到大旱，有《祷雨自劾》诗，反省自己为官是否仁义清廉。为官确实要仁义清廉，但是，这对有效抗击旱灾没有直接的作用，用于求雨更是完全无效。

加强防灾设施的建设，是荒政中带有根本性质的部分。灾荒之中，水旱之灾是最为主要的部分，因此，兴修水利才是弭灾的根本所在。兴修水利应该完全按照科学行事。可是，主管水利事务的官员未必能够

① 沈德潜编：《清诗别裁集》，上海古籍出版社 1984 年版，第 945 页。
② 沈德潜编：《清诗别裁集》，上海古籍出版社 1984 年版，第 968 页。
③ 沈德潜编：《清诗别裁集》，上海古籍出版社 1984 年版，第 1165 页。
④ 沈德潜编：《清诗别裁集》，上海古籍出版社 1984 年版，第 203 页。
⑤ 沈德潜编：《清诗别裁集》，上海古籍出版社 1984 年版，第 360 页。

如此。这在《清诗别裁集》所选诗歌中也有反映。徐昂发《下田雨叹》斥责当局不兴修水利，致使其地涝灾频发。卷九乔莱《过高邮》写高邮水患严重，“哀哉此苍生，谁将奇祸嫁！”德潜评云：“谁司行水，能辞其咎耶？”①卷二十一李必恒《乙丑纪灾诗》即诗人被困于洪水之中所作，序言中对如何治理淮河提出了构想，批评水利官员在治理水患方面的失误。李是当地人，对当地水利事务有很好的见解。德潜评云：“一序中，河臣之失与治河方略，如烛照数计而龟卜，乃事外者知之，而任事者惟守增土保堤故辙。杞人之忧，何时可已耶？”②卷二十五先著《堰北水》，写水利工程质量差，导致常发生水灾：“修堤筑堰年复年，安得水势倒行还上天。决口乍塞塞口决，明年再请司农钱。”③从这些看，官员“修德”与否和灾难之间确实是有关系的。

《清诗别裁集》卷六孙蕙的《浚河行》一诗写在宝应县浚河治水。德潜选录此诗，并且加以相关的评论，大有深意。初看似乎也是泛泛地批评治水官员不通治水业务且作威作福，其实，乃是更加深层地抨击黑暗的社会政治。此诗在写历代治河的历史后云：“年来漕渠失故道，百万金钱任侵冒。督河使者妄庸人，不解河防气桀骜。鞭挞小吏严程期，岂知畚锸皆疮痍。县令陈情不得达，自矜白简吾能持。柳下何曾畏三黜，百姓喧呼趋事疾。一夜荒城走万人，两月之工六日毕。安宜水涝原苦辛，力役谁复嗟劳人。犹幸三代直道存吾民。”德潜评云：“此给谏为河员时作也。两月之工毕于六日，尚成浚筑耶？河防之坏，自昔已然。当日督河使者不知谁何，惜无由起而问之。”④德潜之评语，在批评治河工程“两月之工六日毕”之荒谬，如此工程如何能够起到本应该起到的应对洪水的作用？劳民伤财而已。

可是，孙蕙作此诗的目的不在此，此诗的主题也不在此，且当时的孙蕙不是河员而是宝应县知县。此诗见其《笠山诗选》卷四，下有王士禛的按语云：

① 沈德潜编：《清诗别裁集》，上海古籍出版社 1984 年版，第 369 页。
② 沈德潜编：《清诗别裁集》，上海古籍出版社 1984 年版，第 842 页。
③ 沈德潜编：《清诗别裁集》，上海古籍出版社 1984 年版，第 1047 页。
④ 沈德潜编：《清诗别裁集》，上海古籍出版社 1984 年版，第 229 页。

> 此事昔余目击，他日可入《循吏传》中。君领县宜安七年，水旱饮冰茹檗，抚字维劳。上官以苛令浚河，将中以非法。士民感愤，不呼而至者万余人。老少负畚，冬鼓河干。六日夕，遂告成事。上官不能□（按：原文漫漶，疑为“遂”或“乃”）荐具贤。士民为绘图歌诗以纪其事。觉昔人反风渡河诸异政，犹虚语耳。[①]

王士禛为孙蕙好友，且《笠山诗选》由其审读后付印，又有“此事昔余目击”云云，因此，此按语当不虚。对孙蕙由知县到中央政府机关给谏的升迁而言，此事是关键所在。王仲儒《西斋集》之《辛丑至丙辰诗》，有《顾瑟如浚河图歌为宝应孙树百使君作》。可见，王士禛所说“士民为绘图歌诗以纪其事”也是有根据的。

钱仪吉《碑传集》卷五十二载乔莱《孙给事蕙传》，记载更为具体：

> （治河筑堤进展缓慢）河道都御史罗多怒，将劾蕙。淮扬道副使张万春劝以贿营救，蕙不可。当是时，邑人德蕙甚，惧蕙遂被劾去也，环都御史邮署，号泣声彻天地。都御史出，呼号者几万人，所过巷陌填塞，马不得行。都御史心动，绐曰：工六日成，贷令。邑人信为然，争趋赴畚锸。一夕之内，城郭村落，远近至者计二万人，三昼夜工成。都御史惊喜，蕙因此誉望大著。[②]

这里，不是“两月之工六日毕”，“卫星”更大了，是“三昼夜工成”。德潜在《清诗别裁集》中也把此事写到对孙蕙的评语中，云：“给谏为令安宜时，抚字心劳。领河务，上官谓苛令浚河，将中以非法。士民感愤，不呼而至者万余人，负畚锸，筑堤堰，两月之工，六昼夜成之。上官无以难也。士民绘图纪其事，志石中云尔。据此，可入《循吏传》中。”[③]可见德潜是知道孙蕙《浚河行》一诗之本事的。这些记载，包括德潜自己根据王士禛等人的记载，在《清诗别裁集》中为孙蕙写的评语在内，其主题都是相同的，都是歌颂孙蕙，说他作为知县，深受宝应百姓爱戴到如此传奇的程度，可见他确实是“循吏”，可入《循吏传》。后来，孙蕙果然被列

---

① 孙蕙：《笠山诗选》，《清代诗文集汇编》第127册，上海古籍出版社2010年影印本，第311页。

② 钱仪吉等编：《碑传集》，《清代碑传全集》，上海古籍出版社1987年版，第279页。

③ 沈德潜编：《清诗别裁集》，上海古籍出版社1984年版，第227页。

入《清史列传》的《循吏传》，当然，其传中少不了这颗"两月之工六日毕"的"大卫星"。孙蕙《浚河行》诗的主题，其实也是如此，表面上是赞扬百姓，实际上当然是自我歌颂了。其中对"督河使者"的批评是有的："督河使者妄庸人，不解河防其桀奡。鞭挞小吏严程期，岂知畚锸皆疮痍。县令陈情不得达，自矜白简吾能持。"①

可是，孙蕙等所批评的是这位"督河使者"不恤百姓，而不是工程的质量。德潜对此诗的评语则从工程质量着手，将此诗解读为对"督河使者"胡作非为的抨击。德潜既然知道了此诗的本事，也知道这本事是颂扬孙蕙的，却对此诗作了这样的解读。粗看起来，就"两月之工六日毕"的事件，赞颂孙蕙和抨击使者并不矛盾："两月之工六日毕"是使者提出的荒唐要求，这使者当然应该被抨击；为救助孙蕙而完成"两月之工六日毕"是百姓，当然百姓值得赞扬，孙蕙更加值得赞扬。可是，孙蕙和百姓竟然都不知道"两月之工六日毕"的荒唐？不知道这种荒唐会造成的后果？对自己县级治理能力没有信心的德潜都知道，精明强干如孙蕙者，写过关于县级治理的著作，岂有不知道之理？既然知道，他为什么还要让百姓这样干？如果他无法阻拦百姓这样干，那么他为何还要大肆张扬此事，且不谈"两月之工六日毕"的荒唐，而只突出百姓对他的非凡爱戴，爱戴到明知如此庞大的工程不仅无益，且于他们的切身利益后患无穷也要如此干？这工程为什么要拖到这个时候，孙蕙早干什么去了？凭着"两月之工六日毕"的奇迹，孙蕙获得"卓异"的评价，高升京官，名垂青史。可是，受这个工程之害的，是当地百姓，还有孙蕙的继任者叶燮。

叶燮《河漕堤》云："天吴怒不止，呼苍乏前筹。维昔画经制，扞防非不周。岁糜司空钱，彼美仕则优。工采南山石，嶙嶙曾致不？后房买巧笑，前堂炫马裘。瞬息要津地，那念其鱼愁？"②由此省下来的筑堤费用呢？例如，石材费、人工费等等？肯定是被人贪污了。最有资格贪污这些钱的当然是孙蕙了。叶燮就是这样认为的。叶燮《己畦集》卷十三《与吴

① 沈德潜编：《清诗别裁集》，上海古籍出版社 1984 年版，第 229 页。

② 叶燮：《己畦集》，《清代诗文集汇编》第 104 册，上海古籍出版社 2010 年影印本，第 700 页。

汉槎书》中就指名道姓地揭露孙蕙。当时的孙蕙在朝廷做官，吴兆骞也在京城，如果叶燮所指控的不是事实，他为何敢于如此？孙蕙又为何不出来反击？德潜是叶燮的学生，叶燮的诗文集《已畦集》，德潜还做了许多增补的工作，叶燮和孙蕙之间的事情他肯定清楚。既然如此，德潜还要赞同孙蕙的"循吏"形象，还要把孙蕙的《浚河行》选在《清诗别裁集》中，并且作出和孙蕙写作此诗的宗旨不同的解读，这就具有深意了：他是以"诗教"为大旗，引导后人从这些记载和诗歌中暴露出来的矛盾着手，发掘后面的真相，乃至对孙蕙其人和当时的官场有深入的认识。

这些揭露、抨击黑暗政治的诗歌，在中国封建社会中，任何一个朝代都是不少的，稍具知名度的诗歌选本中都是不乏的。不过，在文网森严、君权至上的当时，在政治力量为各种社会力量中最为强大的力量的现实中，在往往以批评为"不忠厚"而乡愿充斥的年代，在对现实政治歌颂有加的时代，写作此类诗歌固然需要勇气，编选此类诗歌，特别是在"温柔敦厚"的"诗教"大旗下编选此类诗歌确实是需要勇气的。

总之，《清诗别裁集》有较高的文献价值，于清代诗歌的保存和传播起了很大的作用；其所收录的诗歌，以切实者为多，大量为军政大事、国计民生、社会教化、现实政治而作的诗歌有较高的历史价值。

第三节　思想价值和情感价值

抒情是诗歌最为本质的特质，但是，诗歌并不排斥思想，恰恰相反，具有思想的诗歌往往生命力更加旺盛，也更加具有深度，关键在于，在诗歌中思想和情韵应该紧密结合在一起。德潜也深知这一点。因此，《清诗别裁集》具有一定的思想价值和重要的情感价值。

在"诗教"的大旗下，德潜所选诗歌的思想价值应该是为推行"诗教"服务的。德潜所提倡的"诗教"，具有儒家的属性，德潜也反复明确这一点。儒家的思想核心是"仁"，具体化为以"五伦"为主的多种伦理观念，又以"礼"的具体形式体现出来。德潜选多种诗歌选本都是秉持这样的理念的。《清诗别裁集》也是如此，但又有其时代特点。

一、君臣伦理

德潜最为注重的，当然是“忠君”的思想观念。士人必须忠于他取得科名、当官的王朝，不得再去谋求其他政权的科名或者官职，这样的思想在《明诗别裁集》中也有充分的体现，《清诗别裁集》中也是如此。《清诗别裁集》中，对包括明代在内的忠臣，即使是政治上和清王朝对立，甚至就是为抗清而献身的人如史可法、阎应元等是颂扬的，对坚持忠于明朝的明遗民也是赞扬有加的，由明入清的一些下层人物对明王朝的感情甚至也得到了赞扬，而对钱谦益等出仕清廷的原明王朝的官员则往往有微词。这在上一节中已经有较多的论述，此举例从略。其评判标准当然是当时的“忠君”思想，这样的思想早就被提高到了道德的高度。

较之于《明诗别裁集》等体现的“忠君”思想，《清诗别裁集》还是有一些新的内容的。

首先，明确肯定了少数民族所建立的王朝的合法性。在多个政权割据并存的情况下，哪个政权是合法的呢？士人应该忠于哪个政权呢？还是身在哪个政权或者在哪个政权任职，就应该忠于那个政权吗？《清诗别裁集》卷七魏际瑞《诸葛公墓》云：“三尺孤坟犹汉土，一生心事毕秋风。孙曹未灭成何世，天地无知丧此公。”[①]三国并立，后世主流文化和民间文化大多是以蜀汉为正统的。孙、曹政权的官员而忠于孙、曹者，似乎极少因为忠君而被颂扬。明末清初，李自成、张献忠也都建立过政权，但他们的政权都是没有得到主流社会认可的，忠于他们政权的人，也是得不到主流社会的赞扬和肯定的。南明曾经若干政权并存，且与清王朝并存，情况也比较复杂。《清诗别裁集》中也有“夷夏”之说，如卷十五章静宜《拟刘太尉伤乱》开头云：“宗社覼厄运，夷夏乱皇纲。”[②]此指“五胡乱华”。刘琨在西晋王朝任职，他自然应该忠于晋朝廷。历史上，主流社会承认晋王朝的合法性而不承认同时存在的其他政权的合法

① 沈德潜编：《清诗别裁集》，上海古籍出版社 1984 年版，第 294 页。
② 沈德潜编：《清诗别裁集》，上海古籍出版社 1984 年版，第 601 页。

性，所谓“正朔”是也。《清诗别裁集》卷十七陈大章《瓮山拜耶律文正公墓》中有“元祖昔龙兴，戎马日旁午”云云，[①]这就明确承认了元王朝的合法性。这和清王朝以少数民族建立王朝的社会现实之间有直接的关系。既然元王朝的正统性得到承认，那么，当时的士人忠于清王朝，也就在心理上没有了“夷夏之辨”之类的障碍。他们不仅可以参加清王朝举行的科举考试、在政府任职，而且应该歌颂清王朝及其皇帝的功业恩德之类，《清诗别裁集》收录了不少此类诗歌。

其次，关于“君”的合法性。王朝等政权有合法性的问题，君主也有合法性的问题。《清诗别裁集》所选诗歌中还涉及这样的问题。此书卷七陆进《题宋高宗六字碑》云：“堪笑花宫称广孝，君亲当日几时还?”德潜评云：“一结讥笑之中，严于铁钺。”[②]宋高宗所题六字为“传忠广孝之寺”。高宗的合法性在当时没有问题，但在陆进、德潜看来，他应该北伐收复失地，迎还宋徽宗和宋钦宗，然后把皇帝之位让给徽宗或者钦宗。卷八屈绍隆《木末亭拜方正学先生像》云：“宗臣遗像在，对越孝陵云。周礼难为国，姬公竟负君。龙蛇迷旷野，日月在孤坟。莫问三杨事，忠良道各分。”德潜评云：“重臣之迂，叔父之篡，二语道尽结意。辞虽婉曲，意严斧钺，春秋之笔也。”[③]同卷吴炎《中丞舌》和卷七沈磐《陈清献公祠》都是谴责朱棣以战争手段抢夺明建文帝的皇位，颂扬方孝孺、练子宁、陈迪玄、铁铉等为忠于建文帝而不惜被杀的大臣。康熙帝晚年，皇子们勾心斗角争夺帝位，康熙帝也费尽心机，尽管看起来是他们的家事，但对社会政治造成的负面影响还是很明显的，甚至相关的诗歌也被选入了《清诗别裁集》，详见本书德潜写朝政诗之发微部分。德潜在选诗中刻意突出在同一王朝中“君”的合法性问题，很可能与此有关。

再次，尤其重要的是，德潜选的若干诗歌中突出了“以建言为忠”。如果仅仅按照获得科名、得到官位等好处，其人就要忠于该朝廷，以报“君恩”这样的标准来要求士人，士人忠于君主，也就和江湖上忠于寨主帮主等没有什么区别，甚至和犬类等动物忠于主人也没有什么区别了。

---

① 沈德潜编：《清诗别裁集》，上海古籍出版社 1984 年版，第 675 页。

② 沈德潜编：《清诗别裁集》，上海古籍出版社 1984 年版，第 291 页。

③ 沈德潜编：《清诗别裁集》，上海古籍出版社 1984 年版，第 300 页。

以“犬马依恋”之类表忠诚，古书中不少见。那么，他们的政治理念何在？道义何在？天下苍生的利益又何在？卷三沈荃《送张赓山先生归庐陵》云：“幞被萧萧出凤城，觚棱回首重含情。片言岂诩回天力，三宿仍辞去国名。圣德优容逾格外，臣心忠荩本生平。曲江风度应相忆，莫恋空山猿鹤盟。”德潜评语云：“三四语传出直臣去国心事。此风人之旨，悻悻小丈夫，未喻此也。”①此书中选录的送季开生被流放的诗歌、陈璋《送高鹤洲范舒山家讱叔诸侍御西征》等诗歌，都是赞赏向皇帝建言获罪或受过的官员。因建言获罪的诗人入选《清诗别裁集》者，除了季开生外，还有王掞、郝浴等多位。

在君臣关系中臣下如何尽臣道，先秦儒家多所论述。《论语·季氏》第一章云：“陈力就列，不可则止。”②建言是“陈力”的主要方式之一。所谓“官守”和“言责”，“言责”固然是建言之责，“官守”其实也包括建言在内的。在明清易代之际，士人出于对明王朝的感情，出于对清军残暴的敌视，也出于对理学家所宣扬的君臣之道的坚持，强调“忠臣不仕二朝”的“臣节”，作为“忠君”的主要内容予以宣扬和提倡，特别是表彰为反清复明献身、坚持反清复明的士人，抨击出仕清朝的士人。到了德潜生活的时代，由明入清的士人逐渐去世，社会长期稳定，士人的“忠”的对象几乎是一致了，就是清王朝。因此，提倡“不仕二朝”之类，在当时的社会意义已经不重要了。相比之下，在这样的状况下，对臣下而言，向君主或者朝廷“建言”就显得尤为重要，应该成为“忠君”的重要内容，或者重要的表现形式。因此，《清诗别裁集》中这些表彰建言或者建言者的内容应该与当时这样的社会政治现实有直接的关系。德潜自己的作品，尤其是应制之作，其中也不乏建言的内容，尽管这些建言的具体内容几乎都是大而无当、鸡毛蒜皮、故作姿态的。

二、父子伦理

《清诗别裁集》中关于父子伦理关系的诗歌都是宣扬父慈子孝。其

① 沈德潜编：《清诗别裁集》，上海古籍出版社1984年版，第106页。
② 朱熹注：《四书章句集注》，中华书局2012年版，第171页。

中以父亲身份作诗者，较之于《唐诗别裁集》和《明诗别裁集》明显为多。其中写女儿的有多首，例如吴伟业《课女》、吴麐《阿玉》、王文潜《娇女》、翁志琦《答女口号》，都是写女儿的可爱，表达父亲对女儿的爱。卷三十姚世钰《哭女》，写“十岁言诗有性灵，木兰爱说替耶征”的女儿夭折后的哀痛。[①] 可是，关于女儿的诗歌选得多，并不表明德潜的女性观是进步的。卷二十三翁志琦《答女口号》云：“不闻郝锺礼法重大义，妇德何尝在识字？”德潜云：“正论不磨，如李易安，转受识字之累。”[②]李清照对文学的贡献、在文学史上的地位，都是举世公认的。难道李清照不识字，他们才认可？潘高《忆幼子》，既写孩子天真可爱，也写父子深情。陈学洙《阅省试录见璋儿名喜而作此》写知道儿子中举后的喜悦，以及由回忆母亲和妻子当日对此儿的期望，想到她们已经去世，不及见此喜事而产生的悲痛，感情之演变，真实细致，哀切动人。卢元昌《哭箕儿》、邵长蘅《哭亡儿士騄》二首，都是抒发对儿子的悼念和失去儿子的哀痛。德潜选了这么多关于儿女的诗歌，其中四首竟然还是哭儿女的。乾隆十五年，德潜嫁给方家的女儿去世。德潜选这些诗，很有可能与失女有直接的关系。

《清诗别裁集》中所选关于孝的诗歌，明显多于关于慈的诗歌。和慈一样，孝是人类最为自然、最为深挚、最为纯粹的感情。女诗人倪瑞璿《忆母》、女诗人宋凌云《忆父》为想念母亲、父亲之作。陈祖范《述梦》写梦中所见父亲对自己的关爱。周淑媛《元日哭先大人》中，诗人夜间为父亲去世而哭泣，白天因怕母亲伤心而不敢哭。梦麟《哀歌行》中，思念已经去世的父母，抒发哀痛。这些诗歌所抒发的孝的感情，纯粹而深切动人。

此书所选表彰孝行的诗歌有多首。毛奇龄《打虎儿行》写一位 11 岁的男孩，打虎救父，纯然出于对父亲的爱，爱生勇而忘惧，值得表彰。此书卷二十所选诗人杨宾，曾到宁古塔迎被遣戍在那里的父亲，其诗《至宁古塔二首》亦入选，即为其寻父而作。当时诗人为杨宾寻父事而

---

① 沈德潜编：《清诗别裁集》，上海古籍出版社 1984 年版，第 1261 页。

② 沈德潜编：《清诗别裁集》，上海古籍出版社 1984 年版，第 948 页。

作的诗歌不少。缪沅《王孝子诗》写王孝子之父亲因逃避繁重的徭役到异乡，久久不归，王孝子历尽艰辛，终于找到流浪他乡的父亲。余京《毕孝子宁古塔负祖父骨归里》中毕孝子的祖父因事遣戍宁古塔，毕孝子的父亲到宁古塔陪伴，他们先后在宁古塔去世。毕孝子到京城，耗尽钱财，费了许多周折，才得到刑部的文书，以此文书，长途艰苦跋涉，终于将祖父和父亲的遗骨带回家乡。明清之际，战乱频繁，百姓遭受战火摧残，又受沉重徭役、赋税的压迫，为了生存离乡背井，此类事情并不少见。清代初年，当局为了巩固其统治，残酷迫害汉族士人，许多人被流放东北黑龙江等地。这样的大背景下，传统的孝文化就发挥其作用了，于是，孝子寻亲、孝子归父骨一类事情就多起来了，反映到文学作品中就有了这些诗歌。此类情节，《儒林外史》等白话小说中亦有之，文言小说中就更多了。

此书所选两首写孝行的诗歌是有问题的。一首是卷七李邺嗣的《绣州孝女》，写绣州一女子，为了孝养父母和祭祀父母，终身不嫁。[①] 另一首是卷二十三吴廷华《沈孝子行》，写置放沈孝子母亲棺材的房屋失火，沈孝子为了保护棺材被烧死。[②] 在封建社会中，孝被抬到了仅次于"忠君"的高度，除了"忠君"之外，几乎压倒一切。可是，孝之上，至少还有礼法。《论语·为政》中，孟懿子问孝，孔子给的答案是："生，事之以礼；死，葬之以礼，祭之以礼。"[③]为了行孝而不婚嫁，把夫妇伦理和父子伦理对立起来，这就不是"事之以礼"了。再说，父母知道女儿为了行孝而不婚嫁，牺牲了婚姻幸福和夫妇伦理以及作妻子、母亲、祖母等的机会，他们会幸福吗？为了保护母亲的棺材免遭焚毁而献出自己的生命，别的不说，如果他母亲地下有知，会作何感想？清代诗文中，割股、割肝等"孝行"不少，和诗文颂扬这些"愚孝"有直接的关系。其实，雍正帝就明确批评过此类"愚孝"行为。此类事情用来教育不孝者有一定作用，但是，不宜提倡，更不宜仿效。

《清诗别裁集》中所选关于孝的诗歌，其中思想价值最高的是将孝

① 沈德潜编：《清诗别裁集》，上海古籍出版社 1984 年版，第 260 页。
② 沈德潜编：《清诗别裁集》，上海古籍出版社 1984 年版，第 942 页。
③ 朱熹注：《四书章句集注》，中华书局 2012 年版，第 55 页。

和社会政治联系起来的部分。孝本来是家庭、家族和亲族范围内的道德观念，超越了这样的范围，到社会的层面，孝就不适用了。可是，孝还是和社会政治联系了起来。《礼记·祭义》中曾子云："孝有三，大孝尊亲，其次弗辱，其下能养。"[①]"尊亲"，可以理解为"尊敬父母亲"，但应该理解为"让父母得到更加高的、更加广泛和普遍的尊敬"，"尊亲"者，使亲"尊"也。在封建社会中，使亲"尊"的主要途径就是获得功名和官位。"弗辱"，指不给父母丢脸，这当然是涉及社会的层面了。即使是"能养"，如何获得足够的生活资料以养父母，对士人来说，"禄养"是最为有效的途径，而获得俸禄，当然要当官。因此，不管大孝、中孝和小孝都和社会政治相关。这也体现在诗歌中。

"养亲"要有充足的物质生活资料，要有陪伴父母的机会和时间，而"尊亲"要取得可观的成就和良好的声誉。此书卷二彭而述《庚寅八月六日忆母》云："遗恨行舟阻太行，难堪此日又潇湘。安东未遂怜温峤，党锢无名耻范滂。万里依人空作客，十年遇主尚为郎。萧骚短鬓经秋日，雁杳江城忆故乡。"德潜云："怜己之不能事母，而又耻未与党人，可以悲其志矣。"[②]诗人因为这两个方面都没有做到而惭愧。卷二宋琬《先大夫讳日》回忆往日诗人所受父亲关于为官的教诲："缅想夜台内，恻恻伤其怀。誓言守遗教，敢令官方乖。庶以清白风，稍酬罔极哀。"德潜云："叙述生平而誓守庭训，以肃官方，是能遗亲以令名者。知循吏即是孝子。"[③]方正瑗《述母训》一诗，也是如此，父训而变为母训而已，当然所训更加细致。汤斌《送李子德奉旨归养》中，李子德以自己的才华得到了官位，为双亲挣得了荣耀和足够的物质生活资料，又及时回乡孝养父母，可谓两全了。卷十六陈学洙《阅省试录见璋儿名喜而作此》云，陈璋幼小的时候，他的祖母和母亲就希望他"读书取青紫"。[④]

既要做官"尊亲"，并为"养亲"争取足够的物质资源，又要在家陪伴、服侍父母，能够像李子德那样都做好，那是很难的。再说，建功立业

---

① 阮元校刻：《十三经注疏》，中华书局 1980 年影印本，第 1598 页。
② 沈德潜编：《清诗别裁集》，上海古籍出版社 1984 年版，第 48 页。
③ 沈德潜编：《清诗别裁集》，上海古籍出版社 1984 年版，第 65 页。
④ 沈德潜编：《清诗别裁集》，上海古籍出版社 1984 年版，第 628 页。

成就盛名以“尊亲”，也是没有止境的。卷十王鸿绪《归来》写诗人谋官未成回到家里，母亲也很欣喜，于是诗人觉得：“《白华》堪志养，不必羡肥甘。”[①]卷二十四柯煜《述怀》中，诗人不擅长，也不喜欢为官，为了更好地孝养母亲，想外出谋官，但没有成功，回到家里，“长跪谢阿母，阿母屡点头。折腰非尔愿，饮水非吾忧。”[②]母子都不热衷功名富贵，也不在乎建功立业，人生价值的取向如此，儿子当然不妨在家陪伴、孝养母亲。可是，绝大多数士人的人生理想是治国平天下，而不是在家孝养父母，是不是期望儿孙能够“使亲尊”是父母长辈的事情，而努力“使亲尊”是儿孙的事情。再说，如何有足够的生活资料支撑养亲，对绝大多数人来说，也是个非常切实的问题。养亲确实不必“肥甘”，但是，稻粱还是应该有的。即使是王鸿绪本人，也还是继续谋官，做到户部尚书、工部尚书。《归来》是其未显贵时所作。因此，很多士人，在“养亲”和实现自己人生价值之间就不免陷入了矛盾，甚至陷入人生选择方面的困境。

德潜此书所选的诗歌中，就有反映这样的困境的。例如卷五严允肇《述哀》云，其母亲辛勤劳作，养育他们兄弟姐妹，战乱之中更是艰难困苦，终于将他们养大成人，并毕婚嫁。诗人得到官职，以为有禄可以养母，但母亲不久就去世了。诗有云：“当时奉檄心独喜，今我穷悴至于此。俯仰无因供菽水，衾影之间愧人子。”德潜云：“去官无禄，不能供母氏菽水，犹为抱惭，况有禄而无母可供者乎？此种诗，不忍作，亦不忍读。”[③]卷二十三杨士凝《不如归去》说得更加明确：“不如归去，省我坟墓。十年万里白头亲，肠断缝衣无寄处。归来五鼎列墓前，有泪不达重泉路。”德潜云：“警远游子，视东野《游子吟》，尤不忍读。”[④]那么，遇到这样的困境，士人应该如何解脱出来呢？通过以上二诗及其德潜的评语，似乎士人应该在家孝养父母，不必外出追求功名，不必离开家乡建功立业。此书卷十八德潜所选周士彬《营巢燕》云：“双燕衔泥葺巢垒，飞去飞来掠烟水。巢成抱卵意苦辛，忍饥终日伏巢里。哺养新雏四五子，冲

① 沈德潜编：《清诗别裁集》，上海古籍出版社 1984 年版，第 399 页。
② 沈德潜编：《清诗别裁集》，上海古籍出版社 1984 年版，第 898 页。
③ 沈德潜编：《清诗别裁集》，上海古籍出版社 1984 年版，第 204 页。
④ 沈德潜编：《清诗别裁集》，上海古籍出版社 1984 年版，第 946 页。

风冒雨寻鱼蚁。燕雏羽弱飞难起，母燕呢喃翔复止。一朝相引向天飞，子去母归谁顾视？独有前林慈乳乌，衔恩反哺情无已。”德潜云：“此等诗可以教孝。”[①]此诗及德潜的评语所表达的也是这样的意思。当代一个较为受人关注的社会现象“空巢”现象，康熙年间的周士彬就写到了，且用的比喻就是“空巢”。

可是，人生的价值难道仅仅就是成就“孝道”吗？而这个“孝道”还不是“尊亲”亦即“使亲尊”的“大孝”，仅仅是“能养”这个最为起码的孝！但是，或曰，你连“能养”也没有做到，还谈什么“大孝”呢？其实，这样的困境，孔子生活的时代就有了。《论语·里仁》中，孔子说：“父母在，不远游。”[②]可是，孔子及其弟子也未必能够做到。如何处理“大孝”亦即建功立业以“使亲尊”和“小孝”亦即在家养亲的矛盾？至今没有答案。

此书所选关于父子伦理之诗，还有两首值得注意。一是卷二十三顾陈垿《十阿父》，诗云：“为天子父，孰如其尊？阿父过多，难为儿孙。杀人于市，如屠犬豕。皋陶袖手，虞舜充耳。一父披猖，九父诪张。愿言筑宫，奉以上皇。脂车秣马，归之汴京。”德潜云：“后周太祖后柴氏无子，以后兄守礼之子为子，是为世宗。守礼杀人于市，有司以闻，不问。时王溥、汪晏、王彦超、赵令坤等同为将相，皆有父在洛阳，与守礼往来，惟意所为。洛人畏之，号‘十阿父’。”[③]贵为皇帝，“尊亲”已极，即使身为将相，“尊亲”也到极品了。但这些父亲以儿子之贵而肆意为非作歹，则不足尊了。一人得道，鸡犬升天，这是传统的以孝道为核心的家族文化、宗族文化和亲族文化中最为丑陋的部分，必须予以深刻的批判。德潜选录此诗，可谓具眼。卷三十一吴巽《癸丑秋陈妾得举一子时婿已四旬矣志喜》云：“穷薄还凭世泽存，朝来弧矢喜悬门。翻嗟姑舅先朝露，未得生前一弄孙。”德潜云：“志喜中转复增悲。微特不妒，弥见孝思。此妇德之纯者。”[④]这不仅关乎儿媳妇与公婆之间的伦理，而且关乎当时的夫妇伦理、嫡庶伦理。在这些伦理关系中，吴巽此诗都是合乎当时的

---

① 沈德潜编：《清诗别裁集》，上海古籍出版社 1984 年版，第 723 页。

② 朱熹注：《四书章句集注》，中华书局 2012 年版，第 73 页。

③ 沈德潜编：《清诗别裁集》，上海古籍出版社 1984 年版，第 938 页。

④ 沈德潜编：《清诗别裁集》，上海古籍出版社 1984 年版，第 1337 页。

道德规范的。德潜选录此诗，不仅是表彰，而且是“诗教”的体现。当然，以今天的伦理标准看，这些思想意识是落后的、腐朽的。

三、夫妇伦理

关于兄弟一伦的诗歌，《清诗别裁集》中不多，且除了相互亲爱之外，几乎没有超越前人的内容。

关于夫妇伦理的诗歌，《清诗别裁集》中有不少，诗人有男性，也有女性。我们先看男性诗人关于夫妇伦理的诗歌。

此书中男性诗人所写闺怨诗歌和以思妇为主角的诗歌不少。前者如李雯《横江词》、顾大申《西洲曲》、李天馥《美人曲》、毛会建《闺怨》、王鸿绪《闺思》、徐倬《采莲曲》《闻蛩》、史夔《长干曲》、周龙藻《妾薄命》等，都是写女子对身在远方的丈夫的思念和浓浓的爱。这些内容和表达方法，几乎没有超越传统的同类诗歌。后者如卷十五汪洪度《纪岁珠》，此诗有小序云：“乡邻某娶妇甫一月即行贾。妇刺绣易食，以其余积岁置一珠，用彩丝系焉，曰纪岁珠。夫归，妇没已三载。启箧得珠，已积二十余颗矣。”[①]卷二十三顾嗣立《望郎回》云：“望郎回，望郎回，朝朝望郎郎不回。孤儿三尺，形单影只。冬愁风酸，夏愁日赤。南山云连北山雨，一样人间两样土。望郎回，几时来？东海会有西归水，妾作石人甘烂死。”小序云：“在大安驿，有石形如妇人，携一稚子立山上，名望郎回。”德潜云：“为男子作诗，风其忠爱；为妇人作诗，风其贞烈。此立言体也，杜陵得《三百篇》之遗，作者犹得此意。”[②]至于卷七何嘉延《燕子楼》、卷十九刘岩《采桑秦氏女》、卷二十四鲁曾煜《商妇篇记汝阳事》，其主角则是思妇而进于贞妇者，甚至有为妇节而献身者。此类诗歌所写的内容，此前诗歌、小说和民间故事中早已有之，然如《纪岁珠》《商妇篇记汝阳事》之主角身份为商人妇者，白居易《琵琶行》后诗歌中尚不多见。

尽管这些诗歌中的抒情主人公或者主角都是女子，但都是出于男性诗人之手，体现了男性诗人对出于离居状态的妻子角色的体谅和同

① 沈德潜编：《清诗别裁集》，上海古籍出版社 1984 年版，第 608 页。

② 沈德潜编：《清诗别裁集》，上海古籍出版社 1984 年版，第 918 页。

情，以及对妻子角色的期望，即对丈夫的感情深厚且坚贞，至死不渝。

男性诗人所写表达对妻子的感情的诗歌，以“寄内”和“悼亡”为多，其实“悼亡”是另一种“寄内”。这两种形式对表达感情最为相宜。卷二沈用令《再次淮上对月》，诗人写自己和妻子相互思念，也是“寄内”诗歌。卷十徐倬《闻蛩》也是如此。卷七徐柯《欲雪限韵》德潜评语引徐寄小妇诗：“香能损肺熏宜少，露渐沾花摘莫频。”[①]卷十四张笃庆《悼亡》二首，以妻子去世后的空寂来表达对妻子的哀悼。卷十四吴麐《悼亡姬成去艳》：“从此针楼愁独上，去年同制鹊桥诗。”[②]卷十五陆次云《出门》云：“堂上有慈亲，身外无昆季。承欢赖妻贤，委之以为弟。”[③]卷十五毛师柱《舟中两梦亡妇诗以志感》云：“廿年旧事从头记，荆布相依最苦辛。”[④]卷十六陈学洙《悼内》之一云：“簇蝶金泥杳不存，空箱颠倒月黄昏。牛衣一挂浑无恙，犹有当年对泣痕。”其二云：“纱窗曾弄管斑斑，剩粉残脂次第删。略记红笺留片语，一钩新月照愁颜。”自注云：“内子幼好吟咏，继以非妇事，尽毁之。顷检废簏，于纸尾得此句，为之一恸。”[⑤]卷十七惠周惕《再用衣字韵悼亡妾赵氏》之一云：“春时初嫁秋来病，九月东游我未归。独拥寒衾压针线，辛勤还为寄冬衣。”之二云：“年来无梦到彤扉，卧听三商玉漏稀。记得去春风雪夜，添香唤我着朝衣。”[⑥]卷十七陈璋《七月己未恭接诰命》写诗人富贵后给已经去世的妻子获得朝廷诰命后对妻子的怀念，对她“少作贫家妇”的愧疚。[⑦] 卷十八高其倬《寄内》云：“无计怜贫病，衰亲赖汝贤。”[⑧]卷二十一李必恒《悼亡》二首，写妻子将要去世时的言行，以及去世后诗人的哀悼。德潜评云：“此则元相所云‘贫贱夫妻百事哀’也。越琐屑，越见真至，即他人读之，亦为感伤。”[⑨]卷二十二乔崇烈《悼亡》，以共同经历的伤心事悼亡，愈加哀伤。卷二十三尤秉

---

① 沈德潜编：《清诗别裁集》，上海古籍出版社 1984 年版，第 290 页。
② 沈德潜编：《清诗别裁集》，上海古籍出版社 1984 年版，第 578 页。
③ 沈德潜编：《清诗别裁集》，上海古籍出版社 1984 年版，第 598 页。
④ 沈德潜编：《清诗别裁集》，上海古籍出版社 1984 年版，第 623 页。
⑤ 沈德潜编：《清诗别裁集》，上海古籍出版社 1984 年版，第 631 页。
⑥ 沈德潜编：《清诗别裁集》，上海古籍出版社 1984 年版，第 686 页。
⑦ 沈德潜编：《清诗别裁集》，上海古籍出版社 1984 年版，第 703 页。
⑧ 沈德潜编：《清诗别裁集》，上海古籍出版社 1984 年版，第 712 页。
⑨ 沈德潜编：《清诗别裁集》，上海古籍出版社 1984 年版，第 837 页。

元《孤雁篇》以比兴手法悼念妻子。卷二十六钱良择《寄内》云："九陌莺花情绪少，十年夫妇别离多。"[①]卷二十八万夔辅《中秋狱中作寄老妻》云："泣忆牛衣心并瘁，坐当木榻膝俱穿。"[②]

从这些诗歌中我们可以看到，除了夫妇之间的感情和坚贞之外，男子对妻子的期盼还包括：能够和丈夫同甘共苦；能够分担家中事务，特别是丈夫不在家时，承担起补丈夫角色之位的责任，特别是赡养、照顾公婆等责任。卷二十五沈用济《妾受命辞》中，妻子上事公婆，中事丈夫，俯蓄子女，支撑门户、度过家难、送丈夫离家建功立业、以道德劝诫丈夫等，贤惠的妻子形象得到了很好的体现，这也是当时主流社会丈夫对妻子角色的期盼或要求。至于是否擅长文墨，则不一定，有的对妻子这样的能力赞赏有加，有的则对妻子放弃文墨赞赏有加。这些诗歌中有多首是诗人为姬妾所作。这表明男子对姬妾的爱情，也为主流文化所认可。德潜选这些诗歌，应该和他有多个姬妾有关。

此书所选男性诗人所写夫妇关系的诗歌最为出色的，是写夫妇平时生活的状态的两首诗歌。日常的生活总是平淡的，要写出夫妇之间深厚的感情很不容易，但唯其如此，才更加难得。卷六吴嘉纪《内人生日》云："潦倒丘园二十秋，亲炊葵藿慰余愁。绝无暇日临青镜，频过凶年到白头。海气荒凉门有燕，溪光摇荡屋如舟。不能沽酒持相祝，依旧归来向尔谋。"[③]卷二十八蒋梦兰《鹁鸠啼》云："晚来鹁鸠鸣不已，鸠妇含愁农妇喜。馌饷才归又出门，仰望乌云何处起。鹁鸠鹁鸠愿尔鸣，明朝可免车河水。儿夫肌肉日炙焦，鸠妇休伤雨濡尾。"[④]此二诗，没有深奥的典故，没有华美的辞藻，也没有刻意的渲染，但深沉浓厚的感情真切动人。

此书所选女诗人所作关于夫妇伦理的诗歌，除了表现妻子对丈夫的爱外，也体现了主流社会对妻子角色的期盼和要求。卷三十一张蘩《戏为外子拨闷》在丈夫失意之时，引用典故，以高隐、情趣为重，予以劝

① 沈德潜编：《清诗别裁集》，上海古籍出版社 1984 年版，第 1054 页。
② 沈德潜编：《清诗别裁集》，上海古籍出版社 1984 年版，第 1143 页。
③ 沈德潜编：《清诗别裁集》，上海古籍出版社 1984 年版，第 255 页。
④ 沈德潜编：《清诗别裁集》，上海古籍出版社 1984 年版，第 1170 页。

慰。同卷冯浩的母亲孔传莲《寄夫子宜川》云:“斯立只哦松,君今意气雄。官为七品佐,身落万山中。羽檄驰荒侥,徵求感大东。莫嫌劳瘁剧,黾勉救疲癃。”[①]对当地方官的丈夫以道相勉。同卷姚益敬《力疾作书寄外因题纸尾》云:“尺素题初罢,轻罗泪未干。离愁不堪寄,聊复报平安。”[②]已经“力疾”了,但还是“报平安”,不让丈夫牵挂。这些诗歌中的妻子都是在精神方面对丈夫起正面的作用,这就强调了夫妇伦理中精神方面的内容。至于沈蕙兰《自箴》四首,分别以在当好妻子角色过程中慎独、谨言、勤劳、和敬自箴,则使妻子的角色更加完美了。这些都明显地体现着“诗教”。

德潜对“未婚守贞”还是取肯定的态度的,此书选有表彰“未婚守贞”女子的诗歌。卷八陈恭尹《柏舟行为区母陈太君赋》表彰陈太君之未婚守贞。“夫人为妇头已白,眼中未识君光辉”,女主人公根本就没有见过未婚夫,15 岁那年未婚夫去世后,她就作为儿媳妇到未婚夫家,为未婚夫立嗣,养育嗣子,承担作为儿媳妇和嗣子母亲的所有责任,于 50 岁而有孙。支撑这一切的是她的理念:“父母有命儿有心,纵不言承心已许。”“素车白马入君门,由来为义非为恩。”有父母之命在,自己心里也已经答应这门亲事,这就是契约,就是“义”,因此,尽管未婚夫及其家族于她及其家庭没有“恩”可言,但她还是要遵守这个契约,做未婚夫的“未亡人”。用这样的标准来比照士人,那么,“乃知未仕报韩者,古今所以为丈夫”。[③] 士人为已经灭亡的王朝守节,不论该王朝是否对他有恩,而论该王朝是否对他有“义”,这个“义”如何确定?判断标准,就是他是否“心许”当该王朝的臣子,只要他曾经想当该王朝的臣子,不管他是否当成,他就应该为该王朝守节。科举考试是士人当官最为常见的途径,那么,士人只要参加科举考试就是“心许”该王朝了,就应该为该王朝守节,更不用说获得该王朝的科名了。陈恭尹是明遗民,他写此诗,不完全是为了表彰未婚守节的陈太君,明显还有抨击那些出仕清廷的前明官员、科名获得者的用意。以表彰节妇烈女来谴责变节投清廷者,是当

① 沈德潜编:《清诗别裁集》,上海古籍出版社 1984 年版,第 1333 页。
② 沈德潜编:《清诗别裁集》,上海古籍出版社 1984 年版,第 1336 页。
③ 沈德潜编:《清诗别裁集》,上海古籍出版社 1984 年版,第 305 页。

时诗文中常见的。此书卷三十一所选女诗人方维仪，自己就是“未婚守贞”的，其《死别离》一诗就是写其“未婚守贞”的果敢、坚定，“无论生与死，我独身当之”，以及其中的艰难，“上视沧浪天，下无黄口儿。人生不如死，父母泣相持”。[①] 对“未婚守贞”，德潜之前，就有不少很有影响的学者提出否定意见。陈恭尹诗歌中明确表示，当事女子是“为义不为恩”。“义”就是契约，落实到婚事，就是婚约。婚约的当事人，当然就是未婚夫妇。在婚约中，未婚夫妇都是无法代替的，他们结婚的权利和义务也是无法转让的，因此，如果其中一方去世了，这婚约自然也就失效了，另一方无需履行。因此，“未婚守贞”是荒唐的，提倡“未婚守贞”是不道德的。

德潜此书中所选关于夫妇伦理的诗歌，不管是男性诗人所作还是女性诗人所作，几乎都是对理想的妻子角色的期盼，除了深情外，几乎没有对理想的丈夫角色的期盼。表彰在夫妇关系中贞节的女子，甚至“未婚守贞”者，这样的诗歌屡见，而没有表彰丈夫在婚姻关系中忠贞者，更加没有丈夫“未婚守贞”的诗歌，而男性诗人写给姬妾的爱情诗，则堂而皇之地屡屡出现。德潜所选女性诗人的诗歌中，竟然还有将丈夫之妾生儿子作为喜事真诚张扬的。此书鲜明地体现出来的在夫妇伦理关系中性别上的不公平，归根到底，是当时的男权社会造成的。在这方面，此类诗歌的伦理价值自然是负面的。

四、朋友伦理

关于朋友一伦的诗歌，此书所选有两首值得注意。卷八董道权《雪中答李杲堂》云，诗人家贫，欲外出谋生以养家。其友人李业嗣知之，乃为饯行，且赠以路费。诗人回家，发现家中无米无柴，乃以李业嗣所赠之钱量米买柴，“且以救妻子”，但“买舟无钱行不得”。“他日仍登李子堂，李子为我作歌声苍凉。曳履依然守蓬荜，得酒且与倾壶觞。”德潜言诗人“绝无羞涩，犹见古人交道”。[②] 按照儒家所说，朋友有通财之义，此

---

① 沈德潜编：《清诗别裁集》，上海古籍出版社 1984 年版，第 1301 页。

② 沈德潜编：《清诗别裁集》，上海古籍出版社 1984 年版，第 308 页。

诗所行“诗教”正是如此。德潜生活的时代，社会基本安定，经济发展，特别是薯类、玉米等外来作物引进，人口激增。与此相应，受教育的人也大大增加，而科举考试录取之名额、官员之名额，即使或有增加，但肯定赶不上受教育人口的增长，因此，寒士也就多了。受到思想和技能的限制，寒士谋生不易，“百无一用是书生”，解决生活问题，往往是一大难题。在来自社会的其他救助严重缺乏的情况下，朋友之间相互帮助是解决这一难题的有效途径。德潜选此诗的意义在此。

卷十七孙致弥《感旧示魏禹平》云：“寒灯无焰醉瞢腾，独对遗编感慨增。复壁人曾藏北海，墓门剑许挂延陵。全家大节存忠孝，三世深交历废兴。郭隗台荒荆棘里，茫茫枨触恨难胜。”自注云：“魏忠节公被逮，子敬先生从行。先中丞独匿之邸舍。及忠节卒，先公尽斥衣物，佐其归装。延陵许剑，乃与子敬札中语也。”德潜云：“忠节公父子忠孝，中丞公孑身仗义。三世交情，合并写来，遂觉生气满纸。”[①]孙致弥的祖父孙元化在明末任登莱巡抚，故孙致弥称之为“先中丞公”。“魏忠节公”即魏大中，被魏忠贤等阉党迫害致死的著名朝臣之一，和周顺昌、李应升、左光斗、杨涟等齐名。“子敬”，即魏大中的长子魏学洢。诗题中的魏禹平，当为魏学洢之子。当年在和阉党的斗争中，东林党人及其许多正直的士大夫相互支持，竟然如此不计家身安危。入清以后，朝廷打压以东南士人为主的士人群体，屡屡制造血腥的大案，但朋友之间相互救助的事情却很少。孙致弥写此诗、德潜选此诗，也应该是有深意的。

除了“五伦”之外，还有诸多伦理关系。但在儒家的理论中，“五伦”中的任何一伦都不是最高的道德境界，最高的道德境界是“仁”。“仁”最为基本的内容，是“爱人”，亦即爱所有的人。此书中，也有不少诗歌是体现“爱人”的。卷一方拱乾《募僧收枯骨》云：“兵戈二十载，枯骨尚如麻。”[②]故诗人出钱募僧收这些枯骨。卷三施闰章《升天行》云：“小臣昧死顿首言：天阙清虚安用货财千万亿，愿丐下土小民作衣食。”又云：“小臣不愿富贵，愿假赤螭，游戏十洲。山无崩徙，河海安流。天子万年

① 沈德潜编：《清诗别裁集》，上海古籍出版社 1984 年版，第 669 页。
② 沈德潜编：《清诗别裁集》，上海古籍出版社 1984 年版，第 12 页。

兵革罢，小臣鲁钝，但当贫贱长优游。”[①]卷三程可则《送杨鄂州职方使安南》中写杨奉使安南，为安南不同政治势力排解纷争，是“只怜蹂躏忧苍生”。[②] 卷四曹申吉《楚南》哀处于三藩之乱期间战乱中的楚南百姓。卷五顾岱《奉委进江背洞驻军赤坎招安贼三万有奇》云：“匹马临江背，前旌近贼营。由来皆赤子，何忍作长平？”[③]陈锡嘏《赋得长安一片月》云：“清辉应万里，不独照长安。”[④]对婢女和仆人，也应该善待。卷六吴嘉纪《新仆》云：“语少身初贱，魂伤家骤离。饥寒今已免，力役竟忘疲。长者亲难浃，新名答尚疑。犹然是人子，过小莫轻笞。”[⑤]卷三十一陈珮《瘦菊为小婢作》云：“瘦菊依阶砌，檐深承露难。莫言根蒂弱，翻足奈秋寒。”[⑥]这些都体现了诗人和选者德潜的仁人之怀。

尤其值得注意的是，德潜在此书中还选了一些和动物伦理相关的诗歌。例如卷一方拱乾《放雉》云：“万物爱生还，凌霄刷羽翰。自经罗网苦，益觉地天宽。文采无夸耀，飞翔得便安。故山谐伴侣，不羡女床鸾。”[⑦]卷二李敬《雉子斑》反对捕捉鸟儿为玩物的行为。卷九颜光敏《斗鹌鹑》写斗鹌鹑之残酷，谴责这种残忍的游戏。卷三施闰章《悲野雀》云：“持此饮啄具，充君鼎俎烹。苦惭托体微，不足一杯羹。同类为啾啾，失侣长哀鸣。君辍筵上箸，请听檐外声。”[⑧]卷十八张远《开笼行》云：

> 鳌江之山削苍玉，鳌江之水浮深绿。石榴花发春茫茫，鹧鸪无数啼山麓。一声两声纷如泣，落日衔山声渐急。其中有客思江南，怪尔曾云行不得。罗入笼中寄远人，不伤其羽伤其神。深林丛草那可问，却看燕雀心酸辛。聪明文采古所戒，生人生物同至仁。开笼放入青霄去，还尔悠悠自在身。[⑨]

---

① 沈德潜编：《清诗别裁集》，上海古籍出版社 1984 年版，第 84 页。
② 沈德潜编：《清诗别裁集》，上海古籍出版社 1984 年版，第 110 页。
③ 沈德潜编：《清诗别裁集》，上海古籍出版社 1984 年版，第 206 页。
④ 沈德潜编：《清诗别裁集》，上海古籍出版社 1984 年版，第 416 页。
⑤ 沈德潜编：《清诗别裁集》，上海古籍出版社 1984 年版，第 254 页。
⑥ 沈德潜编：《清诗别裁集》，上海古籍出版社 1984 年版，第 1330 页。
⑦ 沈德潜编：《清诗别裁集》，上海古籍出版社 1984 年版，第 13 页。
⑧ 沈德潜编：《清诗别裁集》，上海古籍出版社 1984 年版，第 402 页。
⑨ 沈德潜编：《清诗别裁集》，上海古籍出版社 1984 年版，第 736 页。

卷十八魏坤《慈仁寺有粥孤雁者》写被人收养的孤雁。这些诗歌明显反对蓄养野生动物。卷二十查慎行《闸口观罾鱼者》云：

> 闸河一线才如沟，戢戢鱼聚针千头。其中巨者长二寸，领队已足称豪酋。尔生亦觉太局促，漂沤散沫沈复浮。不知世有海江阔，长养何异蒙拘囚。居民活计乃在此，劳不撒网逸不钩。竹竿绷罾密作眼，驾以一叶无篷舟。朝来暮去寻丈内，细细粘取银花稠。庖厨却缘琐碎弃，曝向风日干初收。微腥但供饲狸用，性命肯为纤毫留？吾闻王政虽无泽梁禁，鲲鲕尚有洿池游。人穷微物必尽取，此事隐系苍生忧。一钱亦征入市税，末世往往多穷搜。[①]

罾鱼者所为，是和先秦儒家于动物资源“取之有度，取之有时，取之有方”的思想相违背的，故诗人见此而产生了忧虑。卷十徐倬《骡车谣》写骡夫和骡子之辛苦，又云：“捶马勿伤面，捶骡勿伤背。伤背乌啄疮，后日难重载。八口安食骡奔波，骡若不行谁能那？为语役夫爱尔骡。”[②]这些诗歌所体现的动物伦理思想及相关的感情，古代诗歌中也早已有之，但当时社会上还有违背动物伦理的思想和行为存在，因此，这些诗歌仍然具有积极的伦理价值。

第四节　美学价值

诗歌的美学价值是多方面的，有声韵之美、辞藻之美、形象之美、意境之美、情操之美等等。这部分要探讨的是，除了诗歌一般的美学价值外，《清诗别裁集》中所选诗歌还具有哪些比较突出的美学价值。

一、充实之美

德潜在此书《凡例》中明确选录标准：“诗必原本性情，关乎人伦日用及古今成败兴坏之故者，方为可存，所谓其言有物也。若一无关系，

---

① 沈德潜编：《清诗别裁集》，上海古籍出版社1984年版，第785页。

② 沈德潜编：《清诗别裁集》，上海古籍出版社1984年版，第401页。

徒办浮华，又或叫号撞搪以出之，非风人之指矣。尤有甚者，动作温柔乡语，如王次回《疑雨集》之类，最足害人心术，一概不存。”[①]从总体上说，此书所选诗歌，“关乎人伦日用及古今成败兴坏之故者”极多，风云月露等纯粹写景之诗和以逞才逞奇为目的的咏物之诗极少，爱情诗是有的，但“温柔乡语”则无。因此，此选本有一种充实之美。

以上所论此选本的文献价值、历史价值和伦理价值，其实也是这种充实之美的体现。以下就最为流于空疏淡薄的神韵诗论之。

王士禛是德潜最为敬仰的诗坛前辈之一，他对德潜诗歌的赞扬更使德潜骄傲了好几十年，可知对德潜的鼓舞之大。王士禛以“神韵说”和“神韵诗”闻名诗坛，此二者在当时很长一段时间内影响很大。《清诗别裁集》中，德潜选了王士禛不少诗歌，这和德潜对王士禛的敬仰、王士禛的诗坛领袖地位、王士禛诗歌的实际成就是一致的。可是，德潜所选王士禛的诗歌中，典型的神韵诗却只有区区两首。卷四《再过露筋祠》云：“翠羽明珰尚俨然，湖云祠树碧于烟。行人系缆月初堕，门外野风开白莲。”德潜云：“阐扬贞烈，易入于腐，故以题外着意法行之。”《秦淮杂诗》十四首之一“新歌细字”云：“新歌细字写冰纨，小部君王带笑看。千载秦淮呜咽水，不应仍恨孔都官。”德潜云：“诸咏皆琐屑不甚关系，故独取此。”[②]这二诗的价值，德潜所看重的，前者是“阐扬贞烈”，后者是“关乎兴亡”，德潜选此二诗重点在此，而不在其“神韵”的诗歌美学价值，当然，其诗歌的神韵美学价值也是客观存在的，和“阐扬贞烈”“关乎兴亡”并不矛盾。

王士禛的“神韵说”和“神韵诗”风靡当时诗坛，其《秋柳》诗，大江南北，和者几千人，盛况空前，这是有原因的。当时的社会情绪是有国破家亡之感。可是，国破家亡之感深切的许多诗人，畏惧严酷的政治环境，不敢毫无顾忌地抒发他们的国破家亡之感；国破家亡之感淡薄的诗人，要得到诗坛的认可，也要写作抒发国破家亡之感的诗歌，多少有些无病呻吟。遗民诗人和贰臣诗人多属于前者，而王士禛等新朝新贵多

① 沈德潜编：《清诗别裁集》，上海古籍出版社 1984 年版，第 2 页。
② 沈德潜编：《清诗别裁集》，上海古籍出版社 1984 年版，第 137 页。

属于后者。“神韵说”提倡“含蓄空灵”，如宋代严沧浪所说“如羚羊挂角，无迹可求”，正好都符合这些诗人的需要：国破家亡之感深重的人，可以用“含蓄空灵”掩盖其“深重”，当“挂角”的“羚羊”，让“虎豹”“无迹可求”，以此避免因为诗歌而招致当局的加害；国破家亡之感淡薄的人，可以用“含蓄空灵”掩盖其“淡薄”，避免受到“无病呻吟”的批评。再者，“神韵诗”之“含蓄空灵”，还有消释国破家亡之感的作用，因为即使深重的国破家亡之感，进入“含蓄空灵”的艺术空间，也就得到了虚化。王士禛是顺治十五年进士，明朝灭亡的时候他年岁不大，他的国破家亡之感其实是淡薄的。由于其父辈、祖辈和明王朝的关系，再加上他到江苏做官后和钱谦益等江南诗坛前辈的关系，为了得到他们的承认，也在诗歌中抒发一些沧桑之感，限于主观上此类感觉不深重，客观上当时的政治环境和他的身份不允许明显地表现此类情感，因此，他只能以“神韵”的“含蓄空灵”来达到其目的。在他的诗集中，“神韵诗”仅仅是极少的一部分，且主要是七绝，例如《秦淮杂诗》《冶春绝句》《真州绝句》之类，七律也就《秋柳》等很少的一些诗歌。因此，从总体上说，王士禛的“神韵诗”当然很难做到内容充实，很难符合德潜“关乎人伦日用及古今成败兴坏之故者”的要求。即使按照很多人的解读，《秋柳》等诗歌蕴含了丰富的内容，但是，这些内容是当时的现实政治环境所不允许的，何况这些解读也未必符合王士禛诗歌的原意。因此，德潜用这样的标准来要求，加之当时政治环境方面的原因，王士禛的神韵诗就只有这区区两首绝句入选了。《秋柳》诗那么大的影响、那么典型地体现“神韵说”，都没有入选。

当然，德潜也选录了一些其他人的神韵风格的诗歌，这些诗歌是符合“关乎人伦日用及古今成败兴坏之故者”的要求的。例如卷一钱谦益《丙戌南还赠别故侯家妓人冬哥》云：“绣岭灰飞金谷残，内人红袖泪阑干。临歧莫怅青娥老，两见仙人泣露盘。”[①]卷一龚鼎孳《上巳将过金陵》云：“倚槛春愁玉树飘，空江铁锁野烟消。兴怀何限兰亭感，流水青山送

① 沈德潜编：《清诗别裁集》，上海古籍出版社 1984 年版，第 9 页。

六朝。”①钱谦益、龚鼎孳和吴伟业有“江左三大家”之称，都是著名的且受到当时知识界诟病的贰臣诗人，他们的国破家亡之感自然是深重的。钱谦益和龚鼎孳的这两首绝句，都是抒发这样的感情的，内容是充实的。

总之，《清诗别裁集》中所选诗歌内容是充实的，有一种充实之美，即使是其中的“神韵诗”也是如此。

二、中和之美

《礼记·经解》引孔子语云：“入其国，其教可知也。其为人也温柔敦厚，《诗》教也。”②能够把人熏陶得“温柔敦厚”的诗歌，除了内容上应该是“温柔敦厚”的，风格上也应该是“温柔敦厚”的。德潜既然高举“诗教”的大旗，以“诗教”为选诗的标准，就明确表示那些以“叫号撞搪以出之”的诗歌是“一概不存”的。当然，例外还是有的，例如吴伟业的《悲歌赠吴季子》，但这样的诗歌很少。因此，从总体上说，此书中的诗歌整体上呈现出一种中和之美，和“温柔敦厚”的“诗教”是完全一致的。

难以做到“温柔敦厚”呈现中和之美的，是那些内容为悲苦、愤怒、哀痛、鄙视等的诗歌，其所抒发的感情往往是负面的，且激烈到一定的程度，诗人难以控制。那么，从入选此书的诗歌看，抒发此类强烈感情的诗歌是如何在表达方面作处理，尽量缓解这些感情的冲击力，以符合“温柔敦厚”的要求而呈现出中和之美的呢？德潜选这些诗歌，既是用这些诗歌实行“诗教”，泄导负面的社会情绪，使人们在此类诗歌的熏陶下逐渐向“温柔敦厚”靠拢，也是将这些诗歌抒发强烈的负面感情而呈现中和之美的奥妙出示，为诗人们写“温柔敦厚”的诗歌提供榜样。以下笔者将这些奥妙归纳出来，并作简要阐述。

冷静叙述。反映社会不公不义等黑暗面、自然灾害、人生不幸的诗歌，采用冷静叙述事实为主、景物比兴等为辅的叙事策略，不是以尽情抒发诗人由该事件所产生的思想感情为主，相反，诗人尽可能地控制自

① 沈德潜编：《清诗别裁集》，上海古籍出版社1984年版，第37页。

② 阮元校刻：《十三经注疏》，中华书局1980年影印本，第1609页下。

己的思想感情，尽可能地减少直接抒发感情的色彩，旨在让读者从这些比较冷静的叙事中自发地产生相应的思想感情，因为这些事件本身已经完全能够唤起读者相应的思想感情了。因为诗歌中诗人强烈的思想感情是被控制的，甚至是隐去的，所以，此类诗歌显得客观冷静、温柔敦厚，有中和之美。

从体裁上而言，此类诗歌以乐府诗和新乐府一类的诗歌为主，此类诗歌本身就有“求同”的倾向，并不以抒发诗人个性化的思想感情为主，而是唤起尽可能普遍的社会各色人等的共同的关注，进而以最为基本的共同认知评判该事件，从而产生相应的、具有很大的共同性的思想感情。其哲学依据正是孟子“人心皆同”的理论。因此，此类诗歌，诗人不必怒发冲冠，不必放声哀号，只要客观冷静地把事实陈述出来，最多再辅之以景物的比兴就可以达到写作目的了，而诗歌本身并不违背“温柔敦厚”的“诗教”宗旨，具有中和之美。

此类诗歌，既符合“关乎人伦日用及古今成败兴坏之故”的标准，又不“叫号撞搪”，因此，《清诗别裁集》中是比较多的。例如卷三施闰章《牵船夫行》云：

> 十八滩头石齿齿，百丈青绳可怜子。赤脚短衣半在腰，裹饭寒吞掬江水。北来铁骑尽乘船，滩峻船从石窟穿。鸡猪牛酒不论数，连樯动索千夫牵。县官惧罪急如火，预点民夫向江坐。拘留古庙等羁囚，兵来不来饥杀我。沿江沙石多崩峭，引臂如猿争叫啸。秋冬水涩春涨湍，渚穴蛟龙岸虎豹。伐鼓鸣铙画舰飞，阳侯起立江娥笑。不辞辛苦为君行，梃促鞭驱半死生。君看死者仆江侧，伙伴何人敢哭声。自从伏波下南粤，蛮江多少人流血。绳牵不断肠断绝，流水无情亦呜咽。①

此诗写清廷对两广用兵时长江流域向两广地区船运粮草等，诗中的牵船夫过着艰辛、残酷、痛苦、屈辱的生活，如牲口一般，完全没有人的尊严，随时都有生命危险，除了篇末“流水无情亦呜咽”用移情手法写哀伤

① 沈德潜编：《清诗别裁集》，上海古籍出版社1984年版，第87页。

之情外，都是客观的叙述。可是，读者从这些叙述中能领会到朝廷用兵、押运粮草的官兵不讲人道给纤夫造成了深重灾难。卷五田茂遇《孤儿行》云：

> 孤儿啼声何凄然，问汝啼何为？长跪答言：父为南海太守，居官清廉，不枉取一钱。鸣驺吹角，大吏巡边，前导到部势喧然。晨报谒，不得前；夕报谒，不得前。急从贩缯者贳缣百联，献之幕府大不欢。曰此邦旧有百斛珍珠船。大吏朝去境，夕拜笺，守此海邦，另择名贤。乌白鹭黑，上下茫然。父羁南海不得旋，客死归黄泉。儿负嫠母，跋涉山川，乞食路间。望见大吏，鸣驺吹角仍巡边。猗嗟父骨归何年！①

除了前面三句引语外，其余都是孤儿的自述。即使是孤儿的自述中，其抒情部分也仅仅是“父骨归何年”的嗟叹，此外都是客观叙述。至于诗人自己，除了孤儿之啼哭使他“凄然”外，没有直接抒发感情。可是，读者由此诗不难产生对贪官污吏横行得意、清官受到无理打压含冤客死他乡的黑暗现象的痛恨。卷十叶燮《湖天霜》诗为诗人宝应知县任上的前任孙蕙冤杀射阳湖渔民146人而作，原作有直接抒发诗人悲愤、强烈抨击孙蕙的内容，而德潜将这些内容删除了不少，也体现了这样的策略。卷十六陈学洙《忧旱谣》、卷十六赵俞《踏车曲》、卷二十二刘青藜《稗子行》、郑任钥《春蚕词》、卷二十三杨士凝《饥民谣》、卷二十五严启煜《榆皮行》、邵曾训《蚕妇行》、卷二十八王苍璧《童谣》等，都采用这样的策略。

用比兴手法。比兴手法是我国诗歌最为常用的手法。关于赋比兴的含义前文已经说过，此不赘。赋、比、兴三者，往往不是纯粹的，而是相互兼而有之的，例如赋而兼比、比而兼兴、兴而兼比等。在《诗经》中，“兴”几乎都出现在一首诗的开头，叫作“起兴”。可是，在后世诗歌中，“兴”也有在诗篇之中的，且往往起有“比”的作用。《清诗别裁集》所选诗歌中，也有这样的现象。因此，在具体的论述中“比兴”往往连用。

---

① 沈德潜编：《清诗别裁集》，上海古籍出版社1984年版，第178页。

从《楚辞》中的《橘颂》开始，咏物诗大多有诗人的寄托，因此，这些有寄托的咏物诗，其表达思想感情的主要方法就是比兴。《清诗别裁集》中的咏物诗，几乎没有例外，都是如此。例如卷一方拱乾《旧鹤》通过写故鹤亲近旧主人，表达沧桑变幻中的世态炎凉之感。其《放雉》尽管写放生之事，但实际上也是咏物，通过写诗人将捕捉到的雉放生，表达曾经遭受拘捕监禁、当时又身在流放中的诗人对自由的渴望，“文采无夸耀，飞翔得便安”，[①]更有付出巨大代价后得出的在险恶政治环境中的人生经验。卷二缪慧远《雉子斑》和方拱乾《放雉》相似。卷八路鹤徵《笼中鹦鹉》，如德潜所评，也是写“文采累人”。[②] 卷七阮旻锡《咏薇》实是歌咏朝廷层面的政治节操，显示清初明朝遗民和清当局不合作的政治立场。卷十七焦袁熹《蒺藜》写蒺藜生中庭，人不锄去而反溉之，蒺藜凌嘉卉而伤人，人“于汝勿尤，但焉自思”。德潜云：“加惠小人，而小人反欲伤之，乃绝无怨尤而咎己无知人之明，究之过于仁，不失为君子之过也。此章比体。”[③]卷十八周士彬《营巢燕》、卷二十五徐善建《观鸟哺儿有感》，皆以动物教孝。卷十九徐昂发《观打鱼戏为鸬鹚歌》写鸬鹚尽残忍惨酷之力，搜捕鱼类，只为渔翁之利，而鸬鹚自己却没有得到什么。德潜云“此诗妙在全不说破”，[④]此说亦大妙！盖鸬鹚者，吏胥之类是也，贪酷之州县小官是也，而“渔翁”者，大官也，朝廷也。鱼类者，百姓也，被虐杀者也。卷二十五蒋深《蝇》则嘲笑好趋奉之人。同卷蒋廷鋐《落花诗和韵》以咏落花悼亡。同卷黄河澂《边马》，则为功成而遭到冷遇的功臣而作。此类诗歌书中尚多，不胜枚举。要之，如此运用比兴手法，含蓄蕴藉，既深化了诗歌的内涵，又缓解了诗歌的刺激性，使读者容易受到感染而更好地接受，且逐渐趋向“温柔敦厚”。

《楚辞》中以夫妇比君臣，此后效法此种方法的诗歌很多。此书卷十三赵执信《弃妇词》云：

两姓无端合，亦复无故分。昔时鸳鸯翼，今日东西云。浮云本

---

① 沈德潜编：《清诗别裁集》，上海古籍出版社 1984 年版，第 13 页。
② 沈德潜编：《清诗别裁集》，上海古籍出版社 1984 年版，第 323 页。
③ 沈德潜编：《清诗别裁集》，上海古籍出版社 1984 年版，第 717 页。
④ 沈德潜编：《清诗别裁集》，上海古籍出版社 1984 年版，第 756 页。

随风，妾心自不同。君心剧无定，见弃如枯蓬。出门拜姑嫜，十走一回顾。心伤双履迹，一一来时路。留妾明月珠，新人为耳珰。不恨夺妍宠，犹得依君旁。宝镜守故奁，上有君家尘。持将不忍拂，旧意托相亲。此生一以毕，中怀何日宣？愿得金光草，与君驻长年。

此为诗人康熙二十八年罢官离开京城时所作。此弃妇对夫君的感情，缠绵悱恻，又无可奈何，然贞心不改，对夫君赤忱的爱如故。德潜云："得贞臣去国心事，令人徘徊赏之。"[①]诗人以此表达罢官离开京城时的心情，特别是对皇帝、对朝廷的忠诚。赵执信，山东益都人，14 岁中秀才，17 岁中举人，18 岁中进士，为翰林院庶吉士，23 岁即主持山西乡试，累官右春坊右赞善。28 岁亦即康熙二十八年，赵执信因在康熙帝之佟皇后去世的国丧期间参加观看戏剧《长生殿》被罢官。[②] 在少年得志、春风得意、前程似锦之时，这一切突然断送，赵执信遭到这样的巨大打击，心情可想而知。此后，到 83 岁去世，赵执信再也没有入仕。他晚年有《感事》诗云："戟矜底事各纷纷，万事秋风卷乱云。谁信武安作黄土，人间无恙灌将军。"[③]（见其《饴山诗集》卷四）邓之诚《清诗纪事初编》卷六言此诗："感于徐元文之死而作，几于毒詈。知执信被劾罢官，殆为徐氏兄弟所陷也。"[④]赵执信被罢官，是否为徐氏兄弟所陷，此诗是否为徐元文之死而作，我们都不能肯定，但能够肯定的是，此诗是诗人为当年弹劾他、导致他被罢官的某个大臣之死而作，确实"几于毒詈"，事情过去几十年，赵执信的怨毒还是如此之深且浓，被罢官时他的怨愤之强烈，我们也就可以想见了。可是，这首《弃妇词》却如此温柔敦厚，除了诗人刻意抑制感情外，用比兴手法来表达，不能不说是个重要原因。

事理亦可用比兴手法出之。卷二十四王恕《牧牛词》云：

童儿长成何所求，农家职守惟牧牛。春风着物百草长，驱牛啮

① 沈德潜编：《清诗别裁集》，上海古籍出版社 1984 年版，第 501 页。

② 徐植农：《赵执信年谱》，苏州大学中文系明清诗文研究室编：《明清诗文研究丛刊》第二辑，第 211—212 页。

③ 邓之诚编：《清诗纪事初编》，上海古籍出版社，1984 年版，第 665 页。

④ 邓之诚编：《清诗纪事初编》，上海古籍出版社，1984 年版，第 665 页。

草来沙洲。童知牛性不择草，遇丰茸处俱堪留。乘闲好弄三孔笛，绿杨影里声悠悠。天上日车休辘轳，少待吾牛饱其腹。牛得饱兮安吾心，牛不饱兮愧吾牧。不施鞭朴牛驯扰，顺牛之性无机巧。牛蹄彳亍牛尾摇，背上闲闲立春鸟。高下陂陀任所之，牛日肥兮牛不知。呜呼司牧尽如此，人间那受饥寒死？

德潜云："通体说牧牛牧民之道，已曲折详尽，正意一点自足。"此用牧牛之道，论社会治理之道。德潜又云："牛肥必使牛知，此小补术也。不使之知，上下两忘气象。"①此《老子》"太上，不知有之"之意也，然封建社会中，几乎所有帝王最多也是行"小补术"耳。王恕《牧牛词》较之连篇累牍教统治者如何勤政爱民、如何进行社会管理，显然要"温柔敦厚"得多，统治者也容易接受这样的思想。

有些诗歌，以比兴起，以比兴终，如此书卷三施闰章《浮萍兔丝篇》开头云："浮萍寄洪波，飘飘东复西。兔丝附乔柯，袅袅复离披。兔丝断有日，浮萍合有时。浮萍语兔丝，离合安可知？"结尾云："黄雀从乌飞，比翼长参差。雄飞占新巢，雌伏思旧枝。两雄相顾诧，各自还其雌。雌雄一时合，双泪沾裳衣。"②中间叙述两对夫妇在战乱中的参差离合。如此安排开头部分的比兴，使得读者对诗人要叙述的内容有一定的思想情绪方面的准备，对接下去要叙述的悲剧不会感到过于突兀；结尾的部分有缓解读者情绪的作用，且也强化了夫妇伦理方面的教化。

以相反的内容缓解诗人要表达的负面情绪。这样的方法，《清诗别裁集》中的诗歌使用得更加广泛，具体操作手法也更加丰富，几乎到了"运用之妙，存乎一心"的程度。例如，卷三施闰章《季天中给事以直谏谪塞外追送不及》云："孤臣抗疏甘身死，万里投荒是主恩。"③季开生上了谏顺治帝在江南选秀女的奏折，即使朝廷并无其事，季开生此举也不算什么大罪，但他因此而被谪戍黑龙江。这明明是重罚，而诗歌中还说是"主恩"，总算没有受到更加沉重的惩罚，也算是大幸。如此，悲剧性

① 沈德潜编：《清诗别裁集》，上海古籍出版社 1984 年版，第 998 页。
② 沈德潜编：《清诗别裁集》，上海古籍出版社 1984 年版，第 85 页。
③ 沈德潜编：《清诗别裁集》，上海古籍出版社 1984 年版，第 93 页。

似乎就得到了缓解。卷三季开生《送左大来先生葬》云:“重关不禁旅魂过,梦里看君渡塞河。白日总悲生事少,黄泉翻羡故人多。荒台啼鸟围松柏,废苑寒云锁薜萝。未遂首丘须浅葬,好留枯骨待恩波。”[①]死在遣戍地,其悲伤可知。可是,诗人安慰死者,关卡是不禁止灵魂往来的,你的灵魂可以自由地回家乡了。此为“以不幸为幸”,尽管实际效果是悲伤的意味更加浓厚了,但是表面上还是缓解悲伤。再说,遗骸可以等待“恩波”,待皇上恩准后,就可以归故乡了。卷四严沆《怀季天中辽左》云:“柳条渐识阳和近,未必君恩雨露疏。”[②]这也是让对方等待“君恩”。卷四严沆《送吴谨侯同馆谪广文还里》云:“夺我凤凰池,未妨彭泽醉。兴来拄笏西山翠,自有哀吟动鬼神。长将诗卷留天地,不知璧水况金门,见说移官亦主恩。但看卧坦边韶腹,有日槎回博望源。”[③]从翰林院贬谪到家乡当教官,这落在谁的头上都是重大的打击。可是,诗人以陶渊明自由的生活和诗歌成就相勉励,以学问广博的边韶为教官而后来又当大官相勉励。卷四丁澎《慰李琳枝侍御诏狱》云:“草莽臣无状,朝廷法屡宽。”意思是说,朝廷对你够宽大的了,知足吧。“圣明知汝戆,频取谏书看”,这也是君恩啊!你值得了。德潜云:“慰臣直望主恩也。‘执政方持法,明君无此心’。一种立言之体。”[④]吴兆骞《同陈子长坐毡帐中话吴门旧游怆然作歌》云:“只今相对休悒快,人生苦乐犹回掌。陇西将军困醉尉,邯郸才人辱厮养。古来憔悴多名流,吾辈何悲弃榛莽!”[⑤]在逆境中以古人自况,调节悲伤情绪。卷十四周贺《七歌》写诗人的种种悲哀,而有“一沉一浮会有时”的理语以自我安慰。[⑥] 卷十八沈天宝《公无渡河歌》悼念一个渡河溺死者云:“君不见长安大道平如砥,朝入金门暮朱邸。一朝失足蹈危机,卵覆巢倾亦如此。吁嗟乎,宦海风波随处多,岂独人间公渡河!”[⑦]以致人于死的不幸更多的官场来安慰死

① 沈德潜编:《清诗别裁集》,上海古籍出版社 1984 年版,第 94 页。
② 沈德潜编:《清诗别裁集》,上海古籍出版社 1984 年版,第 142 页。
③ 沈德潜编:《清诗别裁集》,上海古籍出版社 1984 年版,第 141 页。
④ 沈德潜编:《清诗别裁集》,上海古籍出版社 1984 年版,第 156 页。
⑤ 沈德潜编:《清诗别裁集》,上海古籍出版社 1984 年版,第 171 页。
⑥ 沈德潜编:《清诗别裁集》,上海古籍出版社 1984 年版,第 544 页。
⑦ 沈德潜编:《清诗别裁集》,上海古籍出版社 1984 年版,第 741 页。

者。总之,缓解悲痛、忧伤之类的感情,诗人多用虚构、假设的情景,或者其他更加不幸的现象,以及理语来获得这样的效果。此乃从心理和情理角度宽慰或者自我宽慰。

以上这些,几乎都是策略或方法,属于“术”的层面。卷七郁植《悲歌》写诗人的种种困境,是当时下层士人普遍的生存状态,而最后一首云:“学仙学剑两无成,为贾为农安足道。中心不羡黑头公,贫贱何妨邓禹笑。有琴耻向贵主弹,有门耻为丞相扫。流行坎止随所如,入世那能量枘凿!邺侯架上皆吾师,吾将终焉从吾好。”①以坚持自己的人格理想,来排遣人生中的种种失意。如此排遣失意,其思想情操所达到的境界无疑是很高的,是一种“进于道”的境界。

诗歌的内容是抨击、讥刺而表现为“温柔敦厚”者,此书中亦有之。其中最为著名的是卷十二邓汉仪《题息夫人庙》:“楚宫慵扫黛眉新,只自无言对暮春。千古艰难惟一死,伤心岂独息夫人。”②此诗应当作于康熙十八年诗人参加清廷博学鸿儒考试且接受“正字”官职之前,否则,他也没有资格来嘲讽别人出仕清廷了。此诗以妇人以死守节之难来讽刺龚鼎孳等贰臣“失节”出仕清廷,尽管用的是比兴手法,但“岂独”二字,明显有别指。相传龚鼎孳读后,为之罢宴。可见此诗刺激性之强,而轻易看不出锋芒。

三、理趣之美

在古代诗歌中,理也是诗歌表达的内容之一。《老子》是说理的,但《老子》其实也是散文诗。《诗经》以下历代诗歌中,都有属于理的内容。在《说诗晬语》中,德潜明确指出,诗歌是可以表达理的,但是必须和情韵结合在一起。这确实是知道之言。理和形象、和情韵结合在一起,在诗歌中就可以形成理趣之美。

具有理趣的诗歌,和前面半部相比,《清诗别裁集》的后面半部中要多一些。究其原因,应该是清初时期社会多故,诗人多以此为诗歌内

---

① 沈德潜编:《清诗别裁集》,上海古籍出版社 1984 年版,第 287 页。

② 沈德潜编:《清诗别裁集》,上海古籍出版社 1984 年版,第 494 页。

容,“国家不幸诗家幸,赋到沧桑句便工”,无暇作哲理的思考。再者,当时诗坛上盛行宗法唐人,因此诗歌中的理趣较少。后来,社会渐趋安定,士人治学者多,痛定思痛,思考者多,宗宋诗风逐渐趋盛,因此,诗歌中的理趣也就增多了。《清诗别裁集》中,理趣诗歌的消长和清初到当时诗坛上理趣的消长是一致的。

以常见的现象设为比兴,表达理趣,这是诗歌中常用的方法。例如,此书卷一方拱乾《补窗》,从补窗中悟得“求全势所难,补罅情转适”的道理,“平生鄙弥缝,于兹悟损益”。[①] 这样的人生哲理,诗人当于患难中来,而以补窗琐事发之。卷二十六秦应阳《飞蛾》云:“飞蛾性趋炎,见火不见我。愤然自投掷,以我畀炎火。动静自有常,躁急适贾祸。明发天宇空,飞跃无不可。”德潜云:“惟趋炎,故躁急。茫茫六宇,见我者有几人哉? 一结天空海阔,无适不可。”[②]此诗要表达的道理,其实就是“动静自有常,躁急适贾祸”二句,但以飞蛾扑火的形象来表达,就更加具有感染力,有悲剧之美。卷二十九尤怡《杂感》之三,以驽马与骅骝、斥鷃与黄鹄的两组对比,表达“天分固有定,躁进非良谋”的道理。[③] 卷十七姚士陛《摄生》、卷二十六朱经《寡言》《责己》《惜日》也是用同样的方法,即用一种或者若干种现象或形象来说明一个道理。

写常见的现象,就这现象发为议论,得出结论,但字面上不超越这一现象,正因为如此,其寓意的适用面更广,有含蓄之美,而这一现象也是具有美感的。卷二十六计元坊《励志诗》之一云:“青青园中林,并望成嘉树。或者干云霄,或者苦颠仆。岂真托根殊,亦异灌溉故。人力不滋培,栋梁安得具? 而何蚩蚩氓,荣落委天数。”德潜云:“见大有为者,贵以经术培其本根也。通首比体。”[④]德潜发挥此诗之寓意,但仅仅就立身或治学而言,其实此诗之寓意,适用面远远不止于此。卷二十八丘迥《乌鲗行》云:“乌鲗吐沫如玄云,妄冀遮罩藏其身。渔师却认云生处,以网投之百无误。远害焉知适见招,纷纭小智空心劳。鲲鱼一举渺无极,

① 沈德潜编:《清诗别裁集》,上海古籍出版社 1984 年版,第 12 页。
② 沈德潜编:《清诗别裁集》,上海古籍出版社 1984 年版,第 1082 页。
③ 沈德潜编:《清诗别裁集》,上海古籍出版社 1984 年版,第 1217 页。
④ 沈德潜编:《清诗别裁集》,上海古籍出版社 1984 年版,第 1091 页。

浩荡江湖随所遭。"德潜评语"见任智不如任天也"[①],正是诗人要表达的道理,而适用面也很广。

纯粹写一件事或者一种现象,其中就包含了哲理。例如,此书卷二高珩《闻舟师相语》云:"天风争顺逆,人事有参差。昨我停舟处,知君得意时。"[②]但此类诗歌,书中不多见。卷七魏际瑞《金山》写长江险要处云:"谁道风波不可涉,风波危处却平安。"[③]此亦包含哲理。

以历史人物或者事件发为议论,这在咏古、怀古类诗歌中是常见的。这些议论如果有超越所咏历史事件或者历史人物的意义,那么,就具有理趣了。例如,卷六刘献廷《王昭君》二首之二云:"宫中多少如花女,不嫁单于君不知。"[④]这两句是就王昭君事得出的结论,但是,这样的结论有理趣,因为人或者物失去后才被认同,其价值才被认识,这是比较多见的现象。卷十二邓汉仪《题息夫人庙》云:"千古艰难唯一死,伤心岂独息夫人!"[⑤]选择死亡,这对一般人来说是艰难的事情,非独息夫人如此,于是就有了理趣。卷十三冯廷樾《荆卿故里》云:"纵然义气倾燕市,岂有功名到酒徒?"[⑥]此为荆轲事而发,但是,以侠客行刺而成大事,这本身就是荒唐的事情,亦即成大事不能靠酒徒之类的侠客,这是一般的道理。

以历史人物或者事件来论证观点,也是理趣诗歌中常见的。例如,卷二十六计元坊《励志诗》中之二、之三就是如此。前者以陈平宰肉、诸葛躬耕等论证"岂处贫贱中,抱负遂难见",后者以陶侃、刘琨论证人当"戒自适",以及不当贪图享受。[⑦] 其《述兴》以蔡邕受董卓笼络,论证士人在贫贱之中尤其应该立场坚定。卷十三周金然《咏史》,论汉武帝等求仙之非,云:"大钧布群物,修短一胚胎。至人独不朽,不朽非形骸。"[⑧]此犹言生死是自然规律,不朽的不是身体,而只能是精神。

---

① 沈德潜编:《清诗别裁集》,上海古籍出版社1984年版,第1144页。
② 沈德潜编:《清诗别裁集》,上海古籍出版社1984年版,第50页。
③ 沈德潜编:《清诗别裁集》,上海古籍出版社1984年版,第294页。
④ 沈德潜编:《清诗别裁集》,上海古籍出版社1984年版,第240页。
⑤ 沈德潜编:《清诗别裁集》,上海古籍出版社1984年版,第494页。
⑥ 沈德潜编:《清诗别裁集》,上海古籍出版社1984年版,第521页。
⑦ 沈德潜编:《清诗别裁集》,上海古籍出版社1984年版,第1091页。
⑧ 沈德潜编:《清诗别裁集》,上海古籍出版社1984年版,第522页。

此书所选也有说理而未与形象、情韵相结合者。例如，卷二十五先著《述怀》云："劳生百年内，患有人之形。一身归虚无，万念偏营营。虽有贤智人，惟与忧患并。不能弃人纪，焉得辞天刑。绝类废群生，造化难为情。已矣何所逃，安之以无争。"[1]如此质木无文，有理而无趣，给人的美感就很少了。

《清诗别裁集》中所选诗歌，明显还有"雅正"之美在，内容、构思和语言除了卷二十五徐兰《磷火》等极少数篇章外，几乎都是如此，因此，这里就不予以详细讨论了。

① 沈德潜编：《清诗别裁集》，上海古籍出版社1984年版，第1046页。

第十五章　《唐宋八家文读本》研究

唐宋八家地位之确立与合称之由来，《辽宁日报》2022年10月26日郭平《唐宋八大家称谓由此确立》言之略备，此从略。在德潜之前，选录八大家文章的选本，或失之于太繁，或失之于太简，或失之于太偏，评语水平也参差不齐。相比之下，德潜的《唐宋八家文读本》，繁简适中，所选文章和评语在当时有很强的实用性。

德潜《唐宋八家文读本凡例十则》之十云：

> 是编为少时所读，随手点定，共书二十四卷。雍正乙卯携至京师，又增八卷，评点略有更易。乾隆己未，复之京师，又删去二卷。己巳归吴，顾子禄百见之，谓是书简而明，可以问世。惜乎锓板多费，未能也。与陆太守闇亭商之，闇亭捐赀，力任其事，十阅月而告成。中间斟酌参订，两君为将伯之助云。[①]

又，德潜为此书所序云：

> 唐宋八家文，始于茅氏鹿门撰次，后储氏同人病其疏漏，因增益之，倍有加矣。予赋性谫陋，少时诵习，只十之三四。年既长，亦尝综览两家选本并八家全文，而精神贯注，仍在少时诵习者。既因门弟子请，出向时读本，粗加点定，裨读者视为入门轨途，志发轫也。[②]

---

① 沈德潜选评，[日]赖山阳增评，闵泽平点校：《增评唐宋八家文读本》，崇文书局2010年版，第10页。
② 沈德潜选评，[日]赖山阳增评，闵泽平点校：《增评唐宋八家文读本》，崇文书局2010年版，第7页。

此序落款，在乾隆十五年（1750 年）仲冬。于此两段话，可见此书编刻的过程，而此书最为直接的用途就是读书人做八股文之外文章的教材或者辅助教材。

此书的体例，也符合教材或辅佐教材之用。在选录标准上，凡例云："是编为初学者读本，故概从其简，且半属家塾中诵习者。第上书、表奏、札子，学者他日拜献之具，而碑版、墓表、墓志，特备作史者搜讨采择者，不可不讲求于平日，故韩欧王苏诸大篇，选择增入，志古者宜究心焉。"[①]赋体不入选。对入选的文章，德潜都有旁批和总评，或简明注释相关的人和事以及典故等，或指点文章中的种种妙处，也会就文章的思想等发为简明的议论。凡是采择前人的评语，德潜都予以注明。入选文章中的词语错误，都予以改正。初学者容易读错的字，亦予以注明。

如果用作教材，还可以甚至应该选择历史上其他作家的古文，如贾谊、晁错、陆贽、李翱、孙樵、司马光、陈亮、王十朋等的不少文章，不管从哪方面说，都不比入选的八大家的文章差，即使论实用性也是如此。德潜选八大家的文章，而不选其他人的文章，明显有利用八大家的知名度以增强此书的传播力度的用意。仔细的评点等，正是提供自学的方便。

和德潜所选的《唐诗别裁集》等诗歌选本相比，此书在国内的传播和接受度显然要差一些。可是，此书曾经在日本非常流行，版本和增评本不少，赖山阳《增评唐宋八家文读本》就是其中水平比较高的一种。此书由闵泽平点校，崇文书局 2020 年出版。闵泽平在此书《点校说明》中，对德潜此书在日本的流传作了翔实的介绍。

第一节 "体"的单薄和"用"的广博

根据德潜自编年谱记载，乾隆十六年，德潜已经 79 岁了，十月启程赴京城，参加皇太后六十寿诞庆祝活动。次年正月初十，乾隆帝召德潜

① 沈德潜选评，[日]赖山阳增评，闵泽平点校：《增评唐宋八家文读本》，崇文书局 2010 年版，第 9 页。

至圆明园，与论人臣体用。德潜云，体用兼备者，如姚、宋、韩、范诸公，可以维持庙社。有体无用，犹不失明理之人，但不可以寄以重任耳。若无体而妄谈作用，恐有狂躁偾事者。乾隆帝以为然。可见，德潜在"体"和"用"两者之间，更加注重"体"。这当然和主流社会传统的人才评价标准是完全一致的。

"体"大致相当于"思想品格"，以"宏深纯正"为上；"用"大致相当于"实践能力"，以"广博强大"为上。就为培养人才提供读物而言，培养人才的"体"，当选择以主流思想基本理论为内容的文字，而培养人才的"用"，当选择运用主流思想基本理论解释历史现象、解决社会现实中的种种实际问题的文字。在儒家思想为主流思想的古代社会，就有了"经学为体、史学为用"的说法。经学当然就是儒家经典和研究儒家经典的文字，而史学中，史论是解释和评价历史现象的，史实是解决社会现实中的实际问题记录，不管是成功还是失败，都是法戒昭然。

落实到文章，那么和"体"密切相关的，就是阐述儒家基本理论的文章，和"用"相关的，就是史论和体现社会中种种实践操作的文章。

《唐宋八家文读本》中，属于"体"的文章不多，大致只有韩愈的《原道》《原性》《原人》《原鬼》《原毁》等、苏洵的《礼论》《易论》《乐论》《诗论》《书论》《春秋论》、王安石的《原过》《性情》《礼论》等。

属于"用"的文章，是此书的主要部分。就"用"所涉及的范围而言，可谓广博，几乎包括当时读书人可能会涉及的方方面面。具体而言，这些文章大致有如下的若干类别。

属于"史"的部分。这又主要可以分为两大类。第一是"史论"的部分，例如韩愈的《伯夷颂》《获麟解》等、柳宗元的《桐叶封地辩》《箕子碑》《封建论》等、欧阳修的《朋党论》《伶官传叙论》《宦官传论》《周臣列传赞》《唐六臣传后论》等、曾巩的《书魏郑公传》等、王安石的《周公论》等，而三苏的史论独多，不胜枚举。史论，不管是以事实判断为主，还是以价值判断为主，几乎都是总结历史经验，对读者观察社会、立身行事具有指导的意义。

"史"的第二类是作者记录的当时的"当代史实"，碑传文、集中反映当时社会现实的文章，以及古代读书人常写的那些歌功颂德、润饰宏业的文章都包括在其中，如韩愈《张中丞传后序》《平淮西碑》等、柳宗元《献平淮夷雅表》《岭南节度飨堂记》《兴州江运记》《段太尉逸事状》《捕蛇者说》等、欧阳修《太尉文正王公神道碑》《资政殿学士户部侍郎文正范公神道碑铭》等、苏轼《司马温公神道碑》等、曾巩《越州赵公救灾记》《书魏郑公传》等。这些文章，不管是从史实、叙述角度而言，还是从价值评判而言，都有着补正史不足的意义，在“史学为用”的语境中，显然有其无法取代的“用”。

作者自己政治实践的方式或记录。这一类文章占了此书的大部分。其中又有很大的一部分就是作者政治实践的本身，因为作者正是通过这些文章来参与政治实践的。唐宋八家都曾经直接参与包括社会治理在内的政治实践，他们的很多文章就是参与这些政治实践的方式，或工具、或记录。唐宋文网较疏，即使当时不在官场或无其位者，也可以文章论政，这也是他们参与政治的方式。

这些文章涉及面甚广，从朝廷的战略到地方的具体行政，从朝廷重要的人事安排到地方推行教化。兹略为举例。朝政：韩愈《为裴相公让官表》、欧阳修《论选皇子疏》《论台谏官唐介等宜早牵复札子》《论杜衍范仲淹等罢政事状》、苏洵《审势》《任相》等、苏轼《上神宗皇帝书》《再上皇帝书》、苏辙《陈州为张安道论时事书》《为兄轼下狱上书》《自齐州回论时事书》《乞罢左右仆射蔡确韩缜状》《乞责降韩缜第七状》《乞窜吕惠卿状》《乞牵复英州别驾郑侠状》等、曾巩《福州上执政书》、王安石《上仁宗皇帝言事书》等。军事：韩愈《平淮西碑》等、柳宗元《献平淮夷雅表》、苏洵《御将》。经济：苏轼《谏买浙灯状》《论积欠状》。外交：苏洵《审敌》。水利：欧阳修《论修河第三状》。人才：韩愈《与汝州卢郎中论荐侯喜状》《论今年停举选状》、苏洵《养才》、苏轼《议学校贡举札子》。司法：韩愈《复仇状》、柳宗元《驳复仇议》。礼仪：韩愈《禘祫议》、欧阳修《论议濮安懿王典礼札子》、苏洵《上韩昭文论山陵书》。文化：韩愈《论佛骨表》、欧阳修《论澧州端木乞不宣示外廷札子》《论删去九经正义中谶纬札子》等。

明末陈子龙等编纂《皇明经世文编》，选明代作家关于经国济民的文章，以作者系文章。《皇明经世文编》在清代被禁，德潜活着的时候，陈子龙也还是个忌讳话题，因此，我们无法肯定德潜是否读过乃至知道此书。贺长龄编《皇朝经世文编》，选清代作家经国济民的文章，以政事类别系文章，后人屡屡续编，这已经是道光朝以后的事情了。可是，德潜选《唐宋八家文读本》，所选以这八家各自政治实践和以"当时的当代史"为内容的文章，数量如此之多，涉及面如此之广，隐然有这八家"经世文编"的状态，这也是和此书总的编纂意图一致的。

士林和官场的社交文章。就文体而论，主要有书信、赠序两大类，内容广泛，劝谏勉励、论道解惑、剖析心迹、安慰庆贺，大致覆盖了读书人之间普通的社交内容。此书中此类文章很多，举例从略。

学问和文学类文章。就文体而言，主要包括书序、游记、碑记等，当然也有其他的文体。内容包括探讨学问和文学思想、描绘艺术形象、进行美的欣赏、抒发感情等等。韩愈《送孟东野序》《荆潭唱和诗序》《祭十二郎文》、柳宗元和其他人的大量的山水游记等，就属于此类。

《唐宋八家文选读》中，关于"体"的文章远远少于关于"用"的文章，完全不成比例。这和当时主流社会包括德潜本人"体"重于"用"的认识显然是不一致的。那么原因何在呢？

第一，这八家关于"体"的文章少于关于"用"的文章，且他们关于"体"的文章未必都符合德潜选录的标准。这八家中，韩愈、柳宗元、王安石是思想家，可是后面两位，他们的思想显然超出了儒家的范围，超越儒家思想的文章，德潜当然不会选取。欧阳修学问很好，是史学家，但还算不上思想家。曾巩有浓厚的理学思想，但还称不上理学家。苏洵也不是纯粹的儒家人物，王霸相杂。他的《苏批孟子》，尽管很有名，但都从写作方面下笔，且是批语，不是文章。苏轼不是儒学家，思想兼容佛老。苏辙也不是儒学家，其《栾城后集》卷六有《孟子解二十四章》，是读书笔记，不是文章。

第二，培养读者的"体"不是此书的主要功能。培养读者"体"的读物，有儒家经典，有"宋五子"的书，有朱熹的著作，这些都是当时读书人的必读书，其主要任务就是培养读者的"体"。在这个功能方面，唐宋八家的著作是无论如何也无法和那些书相比的。

"经学为体，史学为用"，那么，既然有儒家经典和宋五子、朱熹的书，此书中为什么还要选《原道》等关于“体”的文章呢？因为就内容而言，儒家经典和宋代理学诸子的书没有覆盖《原道》等，更为重要的是，《原道》等所体现的文章作法更是儒家经典和宋代理学诸子著作所缺少的。同样，此书中关于种种“用”的文章，就内容而言，也是史书和史学著作所无法覆盖的，就学习写文章的实用性而言，更是史书和史学著作所远远不及的。

在当时官场或士林，人们写常见的各种体裁、题材、功用的文章，几乎都可以在德潜所编此书中找到范本，进而通过这些范本练习写作方法，甚至要写某文章的时候，从此书中找到类似文体、题材、功用的文章作为参考。至于如何参考，那就是“运用之妙，存乎一心”了。例如，读书人想当官，想扩大自己的见识和知名度，对官场大佬或名人有所求，此书中就有韩愈《上宰相书》等范本；获得了一定的官职，不管是晋升还是降级，都要向皇帝或上司表示感谢，此书中有苏轼《谢量移汝州表》等范本；当官的地方不理想，想换个地方，此书中有韩愈《潮州刺史上表》等范本；应对前来谋求推荐之类利益的人，有韩愈《答吕毉山人书》等范本；奉承上司或者其他有权势者，有韩愈《上襄阳于公书》等大量范本；当官时参与军政事务，有大量的表、状、疏、书、札子等范本；当官不如意，有失意要抒发，以调节心情，那么，此书中有柳宗元、苏轼这方面的大量范本。不管是否在官场，当时读书人都有可能写的文章，例如从论道、论学、论政、歌功颂德，到送往迎来、劝谏庆吊，以及各类碑版传状，还有种种文艺类文章，此书中都有足量的范本。

总之，此书的主要功用是为读书人提供写各类文章的范本，具有很强的实用性，帮助读书人训练可以自立于士林乃至官场的写作能力。这样的能力当然是非常重要的，在当时尤其如此。

第二节　文体规范的展示和表达策略的运用

《文心雕龙》和《文赋》之后，系统阐述文体及其特点的著作，较为流行者有徐师曾《文体明辨序说》、吴讷《文章辨体》。唐宋八家的文章，无疑是此二书研究文体的最为重要的依据，反过来，此二书的流行也促进了这八家文体的典范化。德潜所选此书，又强化了这样的典范化。看德潜在紫阳书院所教众弟子的文章，就可以明白这一点。

关于文体，德潜所选此书中有两种值得特别注意。

第一种是祭文。传统的祭文，正文都是四字一句的，例如此书中所选韩愈《祭马仆射文》《祭河南张员外文》都是如此。可是，此书中韩愈《祭十二郎文》，通篇用散文，不拘四字句。《祭鳄鱼文》也是如此。此书中王安石《祭范颍州文》采用传统的祭文写法，四字一句，而他的《祭欧阳文忠公文》则像《祭十二郎文》那样，以散文为之。此后的祭文，这两种写法都流行。

第二种是人物传。此书中韩愈《太学生何蕃传》、柳宗元《宋清传》《童区寄传》、苏轼《方山子传》都是写特点鲜明的人物，韩愈《圬者王承福传》、柳宗元《梓人传》《种树郭橐驼传》都别有寄托，未必实有其人其事。韩愈《毛颖传》用拟人笔法写毛笔，更是游戏笔墨。韩愈和柳宗元写的这几篇传，都为李时人《全唐小说》所收入。

后来在封建社会中比较流行的人物传，都是在其人去世后所作，一般要包括传主姓名、字号、里居、家世、科名、仕历、著作、婚配、后人、生卒等信息，以及能够体现其为人或代表其成就的若干典型事例等等。这种范式的人物传，德潜此书中一篇也没有。这八家文集中，大体符合这种范式的只有曾巩《洪渥传》一篇而已。德潜即使想选，也无从选取。

此书中最有价值的部分，显然是每篇文章上德潜的夹评、眉批和总评中为读者指点文章作法的部分，例如谋篇布局、提纲挈领、开阖动荡、抑扬设置、草蛇灰线、声韵调节、用词轻重等等。德潜自己的文章固然足以名家，但和方苞、刘大櫆、袁枚、姚鼐等的文章成就、声誉和影响相比，还是有明显的距离的。可是，德潜于文章技巧掌握之圆熟、研究之细密，特别是传授文章技巧经验之丰富，除了刘大櫆、姚鼐外，方苞、袁枚恐怕也有所不及，这是和他半个多世纪的文章揣摩、作文教学实践紧密联系在一起的。因为这些具体的文章作法显得琐碎，这里就不作具体的研究了。但是，若干表达策略还是有必要作些研究的。

一、负面现象的表达策略

在封建专制社会中，抨击社会负面现象的文字比起歌功颂德的文字显然要少得多，原因不难理解。有唐一代，尽管没有文字狱，但是中唐时期政治复杂、政治斗争残酷，韩愈和柳宗元都是身在其中的人物，对当时社会的负面现象自然是不敢毫无顾忌地纵笔来写，否则容易招致麻烦。可是，传统士人的社会责任感又促使他们在没有其他更好的选择的情况下，以笔抨击这些黑暗现象。为了既达到目的又尽量避免招致麻烦，策略就显得必要了。此书中，韩愈、柳宗元的文章都有这样的实例。赠序是古代常见的文体、常规的写法，也就是表达作者对对方的勉励、期盼等等，可是，韩愈《送李愿归盘谷序》的主要部分都是李愿的话，以李愿之言送李愿。有云：

> 愿之言曰：人之称大丈夫者，我知之矣。利泽施于人，名声昭于时，坐于庙朝，进退百官而佐天子出令。其在外，则树旗旄，罗弓矢，武夫前呵，从者塞途，供给之人，各执其物，夹道而疾驰。喜有赏，怒有刑。才畯满前，道古今而誉盛德，入耳而不烦。曲眉丰颊，清声而便体，秀外而惠中，飘轻裾，翳长袖，粉白黛绿者，列屋而闲居，妒宠而负恃，争妍而取怜。大丈夫之遇知于天子、用力于当世者之所为也，吾非恶此而逃之，是有命焉，不可幸而致也。……伺候于公卿之门，奔走于形势之途，足将进而趑趄，口将言而嗫嚅，处秽污而不羞，触刑辟而诛戮，徼幸于万一，老死而后止者，其于为人，贤不肖何如也？①

柳宗元《送娄图南秀才游淮南将入道》中，以娄图南的话抨击当时科举的不公。

> 今夫取科者，交贵势，倚亲戚，合则插羽翮，生风涛，沛焉而有余，吾无有也。不则，餍饮食，驰坚良，以欢于朋徒，相贸为资，相易为名，有不诺者，以气排之，吾无有也。不则，多筋力，善造请，朝夕

① 沈德潜选评，[日]赖山阳增评，闵泽平点校：《增评唐宋八家文读本》，崇文书局2010年版，第79页。

屈折于恒人之前，走高门，邀大车，矫笑而伪言，卑陬而姁媮，媮一旦之容，以售其伎，吾无有也。[①]

《捕蛇者说》通过捕蛇者之口，反映捕蛇之危险和当时赋税之重，体现“苛政毒于蛇”的主题。抨击这些负面现象，可谓淋漓尽致，但都是通过别人的话说出，意在以此减轻作者自己所冒的风险。

宋代，尽管有时也会出现文字狱，但是太祖明令不杀士大夫，因此，士风比较张扬，文风比较粗放，官员上书抨击政敌，动辄指名道姓，抨击社会负面现象而用韩、柳那样的策略的就不多。此书中所选宋代文章，就没有此类实例。

值得我们深思的是，德潜选了《送李愿归盘谷序》等文章，但他没有把这些文章中抨击社会黑暗面的策略作为提示写在评语中。作为谙熟文章作法的他，不可能看不到这些文章在写作方面最大的奥妙就在于此。此外，他对《送娄图南秀才游淮南将入道》中的抨击文字本身作了批评：“前写窃取科名情态，几如铸鼎象物，然未免伤于刻薄。”[②]当时，清当局对读书人采取严酷的高压政策，文字狱频发，江浙等东南地区又是朝廷关注的重点区域、文字狱的多发区域。德潜选此类文章而不揭示其抨击黑暗面的策略，又对抨击文字有批评，这些都反映了德潜在这样的境况中的复杂心态。

二、赞颂的表达策略

赞颂不大容易引起被赞颂者的反感。写赞颂的文章，例如各类润色宏业的文章，还有碑记传状等等，只要所根据的材料中其人其事有值得赞颂之实，在表达策略上作者不必耗费太多的精神，至于材料是否可靠、可靠的程度如何，那是另外一回事了。

问题在于，其人其事缺乏甚至完全没有值得赞颂之实，而作者不得不写赞颂的文章，这样的尴尬在写人际交往文章中是经常发生的。遇到这样的尴尬，就不得不讲究策略了。而且，这些策略一般会使得文章

① 沈德潜选评，[日]赖山阳增评，闵泽平点校：《增评唐宋八家文读本》，崇文书局2010年版，第182页。
② 沈德潜选评，[日]赖山阳增评，闵泽平点校：《增评唐宋八家文读本》，崇文书局2010年版，第183页。

显得不平板，有波澜。

最为普通的策略是夸张，甚至无中生有。其关键之处，是要把握好夸张的程度，切忌突破底线。此书中，韩愈《上襄阳于公书》就为我们提供了一个反面的例子。

> 阁下负超卓之奇材，蓄雄刚之俊德，浑然天成，无有畔岸，而又贵穷乎公相，威动乎区极，天子之毗，诸侯之师，故其文章，言语与事相侔，惮赫若雷霆，浩汗若河汉，正声谐韶濩，劲气沮金石，丰而不余一言，约而不失一辞，其事信，其理切。孔子之言曰，有德者必有言。信乎其有德且有言也。扬子云曰：《商书》灏灏尔，《周书》噩噩尔。信乎其能灏灏而且噩噩也。①

于頔是当时的一个军阀，《全唐诗》收其诗歌 2 首，《全唐文》收其 3 篇文章，其中一篇 56 字而已。当时和后来，除了韩愈，没有人提到过他的诗文成就和影响，何况赞扬。他的为官为人姑且不论，他的文章无论如何也没有达到韩愈所赞颂的程度。连德潜也说："称道于公，实为过情。"可是，韩愈还是觉得这样的赞扬分量不够，还要加上这样一段：

> 昔者齐君行而失道，管子请释老马而随之。樊迟请学稼，孔子使问之老农。夫马之智，不贤于夷吾，农之能，不圣于尼父，然且云尔者，非是圣贤之能多，农、马之知专故也。今愈虽愚且贱，其从事于文章专且久，则其赞王公之能，而称大君子之美，不为僭越也。②

韩愈似乎不觉得他赞扬于某文章是自我贬低身份，还担心对方觉得自己的分量够不上，又把对方文章以外的成就吹捧一番，同时进一步作自我贬低。在权贵面前五体投地的媚态，可恶可憎。

可是，德潜为什么要选这篇文章呢？德潜说："而论文语，非真有得于中者，不足以形也。"可见德潜选此文，看中的是韩愈的"论文语"本身，而不是对于某文章的评价，但客观上为我们提供了一个夸张的反面例子。

① 沈德潜选评，[日]赖山阳增评，闵泽平点校：《增评唐宋八家文读本》，崇文书局 2010 年版，第 56 页。
② 沈德潜选评，[日]赖山阳增评，闵泽平点校：《增评唐宋八家文读本》，崇文书局 2010 年版，第 56 页。

以惜为赞颂。河阳军节度御史大夫乌重胤，任职的第三个月，通过别人推荐，聘请了其地隐士石洪到他部下任职，石洪欣然同意。韩愈写了《送石处士序》，对石洪一番勉励。又过了几个月，乌重胤又通过别人推荐，聘请了其地另一个隐士温造到他部下任职，温造也欣然同意了。韩愈写了《送温处士赴河阳军序》。如果把几个月前送石洪的话改头换面重说一遍，就显得拙劣了。可是，韩愈写道：

> 东都虽信多才士，朝取一人焉，拔其尤；暮取一人焉，拔其尤。自居守河南尹以及百司之执事，与吾辈二县之大夫，政有所不通，事有所可疑，奚所咨而处焉？士大夫之去位而巷处者，谁与嬉游？小子后生于何考德而问业焉？搢绅之东西行过是都者，无所礼于其庐。……愈縻于兹，不能自引去，资二生以待老。今皆为有力者夺之，其何能无介然于怀耶？①

这就是使用了以惜为赞颂的策略，且使文章有了波澜，既赞颂了温造，也赞颂了石洪，对韩愈来说，更为重要的是，还赞颂了他的上司乌重胤。

一事多颂。写一件事而赞颂多个人或者多个方面，见上例。

构想理想未来以赞颂。郑权被任命为岭南节度使，韩愈《送郑尚书序》云：岭南地理情况特殊，气候条件恶劣，风潮等自然灾害频发，民众多少数民族，其地又与众多外国相近，多各色各样的外国人出没，因此，治理岭南，难度很大。但是，“若岭南帅得其人，则一边尽治，不相寇盗贼杀，无风鱼之灾，水旱疠毒之患，外国之货日至，珠香象犀玳瑁奇物，溢于中国，不可胜用。”②韩愈《送杨少尹序》设想杨回到家乡后的情景：“杨侯始冠，举于其乡，歌鹿鸣而来也。今之归，指其树曰：某树，吾先人之所种也。某水、某丘，吾童子时所钓游也。乡人莫不加敬，诫子孙，以杨侯不去其乡为法。古之所谓乡先生没而可祭于社者，其在斯人欤！其在斯人欤！”③这样的赞颂之中，有希望、勉励在，也有规劝在，所谓“寓规于颂”就是这样的笔法。许志雍即将出任郢州刺史，韩愈作《送许郢

① 沈德潜选评，[日]赖山阳增评，闵泽平点校：《增评唐宋八家文读本》，崇文书局2010年版，第77页。
② 沈德潜选评，[日]赖山阳增评，闵泽平点校：《增评唐宋八家文读本》，崇文书局2010年版，第69页。
③ 沈德潜选评，[日]赖山阳增评，闵泽平点校：《增评唐宋八家文读本》，崇文书局2010年版，第78页。

州序》云："诚使刺史不私于其民，观察使不急于其赋，刺史曰，吾州之民，天下之民也，惠不可以独厚；观察使亦曰，某州之民，天下之民也，敛不可以独急。如是而政不均、令不行者，未之有也……非使君之贤，其谁能信之？"①韩愈这些话，即使许志雍信而行之，在具体的政务实践中是否真的有效，尚未可知，何况许志雍是否信而行之，也还未知。其效果云云，完全是韩愈的设想而已。韩愈《赠崔复州序》云"丈夫官至刺史，亦荣矣"，然刺史难当。今"崔君为复州，其连帅则于公，崔君之仁足以苏复人，于公之贤足以庸崔君。有刺史之荣而无其难为者，将在于此乎"？② 这也是设想可赞颂者而赞颂之。可见，韩愈常用这样的写法。

穿针引线以赞颂。选择与对方有联系者赞颂之，然后联系到对方而赞颂之。王秀才来拜见韩愈，然后离开，韩愈作文送之。韩愈对王秀才显然不了解，只能就他外表等揣想，这文章如何写法？韩愈《送王秀才序》中，写王秀才祖先王绩的文字十行，直接写王秀才的文字只有"文与行不失其世守，浑然端且厚"而已，而以"吾既悲醉乡之文辞，而又嘉良臣之烈，思识其子孙"一语，把王绩和王秀才联系起来。

就文体、文章作法而言，此书对读书人训练自立于官场或士林的写作能力确实具有强烈的实用意义，并且具有德潜那个时代的特色。可是，对社会进步而言，这些文章究竟有多大意义？

第三节　儒家的独尊与专制的强化

我国传统思想除了一向被奉为主流思想的儒家外，还有法家、墨家、道家、兵家、阴阳家和佛家等。除了墨家在先秦以后默而不显外，其余几家都还是比较兴旺的。

就思想归属而言，在唐宋八家中，韩愈、欧阳修、曾巩的思想属于儒家，柳宗元和三苏的思想尽管也是以儒家为主，但显然没有韩愈等纯粹

① 沈德潜选评，[日]赖山阳增评，闵泽平点校：《增评唐宋八家文读本》，崇文书局 2010 年版，第 83 页。

② 沈德潜选评，[日]赖山阳增评，闵泽平点校：《增评唐宋八家文读本》，崇文书局 2010 年版，第 84 页。

了，苏轼尤其如此。至于王安石，尽管门面还是儒家，但实际上，其思想中某些最为重要的部分显然属于法家。这些都在他们各自的文章中有鲜明的体现。

佛经中，常有关于国君“以正法治国”的表述，《道德经》中也常有“圣人”如何治天下的内容，可是，佛道两家的思想是不适合作为统治思想的，这早就由漫长的历史中的政治实践验证过了。不过，在解决人们在种种社会实践中产生的心理问题方面，在调节社会情绪方面，佛道思想还是有很大作用的，这也是经过无数的实践证明的。

法家思想和佛道两家思想不同，就是应政治实践的直接需要、解决政治实践中的问题而产生的。在贵族政治的格局中，各级统治者几乎都是世袭的，若干代人都在同一区域或格局中生老病死，发挥各自的作用。他们之间存在着千丝万缕的联系，这些联系大多有深厚的历史渊源，由此产生相应的感情和信任，即使是仇敌，至少他们之间也是知根知底的。最为重要的是，无论如何，他们属于同一个共同体，所谓同舟共济是也。因此，他们之间的联系，包括信任、感情等等，可以在政治实践中发挥重要的作用，而儒家思想，例如其伦理观念等等，可以维系乃至强化这些联系，进而加强他们政治实践的效果。可是，当贵族政治逐渐被官僚政治取代后，在政治实践中，儒家思想就显得捉襟见肘了。官员来自四面八方，离合无常，彼此之间，君臣之间，萍水相逢，很难在短时间内建立信任，遑论感情！更让人不放心的是，他们的共同体并不是不变的，甚至不是稳定的。君臣关系、上下关系、同事关系，说解除就可以解除。在这样的格局中，要维系统治者之间的联系，维系统治者与被统治者之间的联系，维持社会的正常秩序，就不得不采用法家的思想和相应的政治工具。

因此，从春秋时期官僚政治逐步取代贵族政治起，在具体的政治实践中，法家思想实际上也是统治思想。苏轼《论商鞅》云：“自汉以来，学者耻言商鞅、弘羊，而世主独甘心焉，皆阳讳其名，而阴用其实，甚者则名实皆宗之，庶几成功。”①事实正是如此。

在封建社会中，儒家和法家都是统治思想，也就是主流思想。儒家

---

① 沈德潜选评，[日]赖山阳增评，闵泽平点校：《增评唐宋八家文读本》，崇文书局2010年版，第482页。

"修身齐家，治国平天下"是目标，但是，实现这个目标的过程中，就有必要用到法家思想。治国平天下不必说，即使修身，守法也是底线。在这个过程中，人们受到了挫折，产生了儒法两家的思想没有办法解决的负面心理问题，那么，佛家和道家思想就有可能解决此类问题。世俗的任何得失，大到天下，小到分文钱财，流芳百世或者遗臭万年，遇到道家的"无穷"、佛家的"色空"，就没有任何意义了。如果儒家思想和法家思想是饭，正常的人都要吃，那么，佛道两家的思想就是药，正常的人不必吃，但有毛病的人，如果吃饭无法解决问题，那么，就应该吃药了。任何健康的人，谁能保证自己的身体不出任何问题？因此，这些思想都是客观存在，都在社会发挥着作用。

不懂儒法思想的人当然不可能进入当时的士林和官场，但士林和官场中懂佛道学说的人也不少。例如，佛教总集《弘明集》《广弘明集》，还有关于德潜家乡苏州佛教传播的《吴都法乘》，其中绝大部分诗文出自士林或官场人物之手，出于高官之手的也不少。因此，作为旨在帮助读书人增强自立于士林或官场的写作能力的读本，排斥法家思想是完全不应该的，也没有必要排斥佛道思想，尤其从社会传播思想的角度来说，更是如此。

可是，德潜所选此书，不仅排斥佛道思想，连法家思想也是排斥的。此书中不仅没有体现法家、佛家、道家和道教思想的作品，有些作品，还对这些思想作了抨击。这固然突出了儒家学说，但造成了多元化的严重缺失。

子不语怪力乱神，此书不选体现佛教道教中超现实内容的文章而有批判这些内容的文章，是可以理解的。至于选录在学理上批判佛家、道家学说的文章，尽管未必正确，但也还是可以接受的。可是，选录抨击法家的文章，学理上难以成立，德潜评语又变本加厉，这就难以理解了。

苏轼《论商鞅》云："秦固天下之强国，而孝公亦有志之君也，脩其政刑十年，不为声色畋游之所败，虽微商鞅，有不富强乎！秦之所以富强者，孝公务本力穑之效，非鞅流血刻骨之功也。"德潜评云："以秦之富强，归本孝公，此论尤见本原。"秦孝公当然是秦国富强的关键人物，而任用商鞅正是秦孝公的关键举措，没有商鞅，秦孝公也会任用和商鞅相似的人物，至于“敦本力穑”，正是商鞅学说和举措中的一个重要内容。

此文又云：

> 至于桑弘羊，斗筲之才，穿窬之智，无足言者，而迁称之曰：不加赋而上用足。善乎司马光之言也，曰：天下安有此理？天地所生财货百物，止有此数，不在民则在官。譬如雨泽，夏涝则秋旱。不加赋而上用足，不过设法侵夺民利，其害甚于加赋也。……二子之术用于世者，灭国残民覆族亡躯者相踵也，而世主独甘心焉。何哉？乐其言之便已也。[①]

德潜云：“正论，亦快论。”可是，这实在是谬论。在社会生产成果总量确定的情况下，劳动成果的分配，官多一分，则民少一分。可是，社会生产成果不是常量，而是变量。组织民众生产，最大限度地提高生产效率，增加社会生产成果的总量，使社会生产成果总量逐年高速度地增长，这正是官方也就是政府最为重要的任务。“不加赋而上用足”，不仅是可以实现的，而且是应该实现的。司马光和苏轼等不明白这些道理，可见他们头脑僵化之严重，而600多年后的德潜还是这样的见识，令人浩叹。

苏轼《荀卿论》中，把李斯焚书、“大变古先圣王之法”，归罪于荀子之持“性恶”论、“历诋天下之贤人，自是其愚，以为古先圣王皆无足法者”。荀子的“性恶论”和孟子的“性善论”没有本质的区别，仅仅是他们对“性”内涵的理解不同：孟子以仁义礼智等人的社会性为人性，荀子以人的动物性为人性，但他们都认为仁义礼智等社会学是善的，而动物性是恶的，如此而已。我已经在拙著《孟子讲读》的前言中详论之。翻遍《荀子》一书，我们不难发现，荀子何尝全盘否定包括先王之道在内的前贤的所有学说？即使《非十二子》中，荀子逐一批判当时各学派的代表人物，也没有全盘否定其中的任何一个。再说，将李斯的行为归罪于荀子，也是不科学、不公正的，荀子毕竟没有教唆，何况李斯早已是成年

① 沈德潜选评，[日]赖山阳增评，闵泽平点校：《增评唐宋八家文读本》，崇文书局2010年版，第482页。

人？苏轼“其父杀人报仇，其子必且行劫”之语，既经不起事实的检验，更经不起逻辑的推敲，甚至和人们的经验也不相符合。令人奇怪的是，这些都得到了德潜的好评。

《韩非论》中，苏轼抨击韩非学说，又云：“仁义之道，起于夫妇父子兄弟相爱之间，而礼法刑政之原，出于君臣上下相忌之际。相爱则有所不忍，相忌则有所不敢。夫不敢与不忍之心合，而后圣人之道得存乎其中。”①在家庭范围内，家人之间有自然形成的爱在，故儒家学说，可行之于家，推而广之，可行之于宗族、亲族，然君臣上下之间，缺乏家人之间那样的感情，故儒家学说行之于社会政治范围必有不足，而韩非子等的法家学说正可以补其不足。苏轼此语，不足以否定韩非，而恰恰能够推导出法家学说用于社会政治的合理性。

维护专制统治是儒家学说的重要内容，法家在这方面则变本加厉。一部以儒家思想为独尊的选本，其中有维护专制统治的内容，显得顺理成章。德潜所选此书，就是如此，有若干强化封建专制统治的文章，其中又以韩愈的若干文章为最典型。

维护封建的“家天下”制度。孟子认为，谁当天子，这是天下人的选择，尧舜禅让，禹传位给儿子，都是天下人选择的结果。我在拙著《孟子教读》的长篇序言中，对此有比较充分的论述。韩愈《对禹问》中不同意孟子的观点，认为：

> 传之人则争，未前定也；传之子则不争，前定也。前定虽不当贤，犹可以守法；不前定而不遇贤，则争且乱。天之生大圣也不数，其生大恶也亦不数。传诸人，得大圣，然后人莫敢争；传诸子，得大恶，然后人受其祸。禹之后四百年，然后得桀；亦四百年，然后得汤与伊尹。汤与伊尹不可得而传也。与其传不得圣人而争且乱，孰若传之子，虽不得贤，犹可守法。②

在天子停止履行职责前，“前定”继任者，确实是必要的。关键是，选择什么样的继承者，这和是否“前定”没有关系。如果该王朝是为人

① 沈德潜选评，[日]赖山阳增评，闵泽平点校：《增评唐宋八家文读本》，崇文书局2010年版，第486页。
② 沈德潜选评，[日]赖山阳增评，闵泽平点校：《增评唐宋八家文读本》，崇文书局2010年版，第11页。

民的福祉，就应该在它管辖的范围内，选择“最贤”的人当继承者。如果这“最贤”在天子诸子之外，天子就不应该立其子为继承人。选择天子的接班人，不必待、实际上也无法待大圣大贤，且大圣大贤的标准是什么、如何发现、如何认定？所谓大贤大圣，也不可避免地有成长的过程。韩愈这样的观点，杜绝了政治实践中王室以外的人当天子的可能性。孟子认为，臣圣贤如汤武，君残暴如桀纣，同时符合这两个条件，臣才可以取君而代之。这实际上就在理论上杜绝了改朝换代的可能性。韩愈此文，尽管是针对孟子而发的，但实际上和孟子是同样的思维方式和政治立场，都是维护家天下的封建专制统治。世无扁鹊、华佗，病人就可以让他的儿子或家族中的其他人给他治病吗？

谄媚君主。谄媚君主，在古人的文章中很多，但韩愈《论今年停举选状》中，谄媚君主有其“文化创新”。是年大旱，韩愈此文有云：“君者阳也，臣者阴也。独阳为旱，独阴为水。今者陛下圣明在上，虽尧舜无以加之，而群臣之贤，不及于古，又不能尽心于国，与陛下同心，助陛下为理。有君无臣，是以久旱。”[①]在《吕氏春秋》和陆贾等相关理论的基础上，董仲舒创为“天人感应”的理论，认为不良的政治会导致灾异，良好的政治会产生祥瑞。他的主要企图是在以“灾异说”限制君主。可是，在政治实践中，他这样的企图落空了，而以“祥瑞”谄媚君主则流行不衰，而“灾异”成了君主打击臣下或者臣下相互攻击的工具。韩愈的“创新”，在于以“灾异”谄媚君主，而全然不顾当时的政治现实。当时的政治现实中，最大的问题是藩镇割据，朝廷无法有效控制那些藩镇！和韩愈说的，正好相反！

韩愈《伯夷颂》则从臣道的角度，宣扬维护君主的绝对权威和“不仕二朝”的绝对忠诚，云：

> 当殷之亡周之兴，微子贤也，抱祭器而去之；武王周公，圣人也，率天下之贤士与天下之诸侯而往攻之。未尝闻有非之者也。彼伯夷叔齐者，乃独以为不可。殷既灭矣，天下宗周，彼二子乃独耻食其粟，饿死而不顾。由是而言，夫岂有求而为哉？信道笃而自

---

① 沈德潜选评，[日]赖山阳增评，闵泽平点校：《增评唐宋八家文读本》，崇文书局2010年版，第27页。

知明者也。[①]

德潜评云："颂夷齐，为千古臣道立坊也。"绝对忠于君主，对君主的绝对服从和"不仕二朝"是"臣道"的重要内容。在韩愈、德潜看来，伯夷就是这样的臣道典范。王安石《王文公文集》卷二十六《伯夷》明确批判韩愈此文的观点，云："夫天下之道二，仁与不仁也。纣之为君，不仁也；武王之为君，仁也。伯夷固不事不仁之纣以待仁而后出，武王之仁焉，又不事之，则伯夷何处乎？"[②]所言甚是，且痛快淋漓，即使起韩愈于地下，他也应该无言以对。无盾不破的矛和无矛能陷的盾，无法并存。在伐纣事件上，武王和伯夷尖锐对立，不可能两是。可是，德潜没有选王安石此文。

儒家的长期独尊并且排斥多元化，封建专制政治的一步步走向极端，导致了统治思想和官僚体制的不断退化，不可避免地发展到无力解决越来越多、越来越严重的社会问题的程度，而被社会所抛弃。德潜编选此书，秉承"纯儒"的文化观念，体现儒家的独尊和对封建专制统治的维护，在这方面具有明显的保守性和落后性。

德潜所选《唐宋八家文读本》是当时读书人训练自立于官场或士林的写作能力的范文总集，不管从文体、题材、功用等而论，还是就结构布局、表达策略、详略设置、文理安排等具体的写作方法而论，此书都堪称丰富，覆盖面甚广，对当时的读书人而言，具有很高的实用价值，对今人提高写作水平也有切实的指导意义。至于此书中独尊儒家、维护封建专制制度等不足，在今天已经显得不那么重要了，因为儒家思想早就不是主流思想，封建专制制度也早就被扫进了历史的垃圾箱。

① 沈德潜选评，[日]赖山阳增评，闵泽平点校：《增评唐宋八家文读本》，崇文书局 2010 年版，第 12 页。
② 王安石：《王文公文集》，上海人民出版社 1974 年版，第 301 页。

参考文献

《白居易集笺校》,白居易著,朱金城笺注,上海:上海古籍出版社,1988

《白松草堂诗钞》,朱玉蛟著,《四库未收书辑刊》本,北京:北京出版社,2000

《北江诗话》,洪亮吉著,陈迩冬校点,北京:人民文学出版社,1983

《宾退录》,赵与时著,齐治平校点,上海:上海古籍出版社,1983

《补瓢存稿》,韩骐著,《清代诗文集汇编》第 275 册

《沧浪诗话校释》,严羽著,郭绍虞校释,北京:人民文学出版社,1983

《长江集新校》,贾岛著,李嘉言新校,上海古籍出版社,1983

《巢林笔谈》,龚炜著,《笔记小说大观》第 33 编第 5 册

《采菽堂古诗选》,陈祚明著,李金松点校,上海:上海古籍出版社,2019

《春融堂集》,王昶著,《清代诗文集汇编》第 358 册

《东华录》,蒋良骐著,鲍思陶、西原校,济南:齐鲁书社,2005

《东华录》,王先谦著,《续修四库全书》本

《东华续录》,王先谦著,《续修四库全书》本

《杜诗镜诠》,杜甫著,杨伦笺注,上海:上海古籍出版社,1981

《二林居集》,彭绍升著,《清代诗文集汇编》第 397 册

《更生斋诗》,洪亮吉著,《清代诗文集汇编》第 414 册

《龚自珍全集》,龚自珍著,王佩诤编校,上海:上海人民出版社,1975

《古诗评选》,王夫之等著,李中华等校点,上海:上海古籍出版社,2011

《古诗源》,沈德潜编,北京:中华书局,1963

《古雪斋诗集》,曹锡宝著,《清代诗文集汇编》第 344 册

《管子校释》，管仲著，颜昌峣校释，长沙：岳麓书社，1996
《光绪重修安徽通志》，何绍基等著，南京：凤凰出版社，2011
《贵耳集》，宋张端义著，李保民校点，上海：上海古籍出版社，2012
《国语》，左丘明著，胡文波校，上海：上海古籍出版社，2015
《海滨外史》，陈维安著，《丛书集成续编》本，上海：上海书店，1994
《韩非子》，韩非著，姜俊俊校点，上海：上海古籍出版社，2015
《汉文学史纲要》，鲁迅著，北京：北京联合出版社，2014
《红杏山房诗钞》，宋湘著，《清代诗文集汇编》第 450 册
《湖海诗传》，王昶编，赵杏根等整理，南京：凤凰出版社，2018
《槐厅载笔》，法式善著，清嘉庆间刊本，苏州大学图书馆藏
《已畦集》，叶燮著，《清代诗文集汇编》第 104 册
《(嘉庆)直隶太仓州志》，王昶编，《续修四库全书》本
《剪灯余话》，李昌祺著，周楞伽校注，上海：上海古籍出版社，1981
《东江诗钞》，唐孙华著，《清代诗文集汇编》第 136 册
《焦轩随录》，方濬师著，《近代中国史料丛刊》本
《浪迹丛谈》，梁章钜著，吴蒙校点，上海：上海古籍出版社，2012
《李贺诗集》，李贺著，徐传武校点，上海：上海古籍出版社，2015
《李太白集》，李白著，张式铭标点，长沙：岳麓书社，1989
《笠山诗选》，孙蕙著，《清代诗文集汇编》第 127 册
《刘禹锡集》，刘禹锡著，上海：上海人民出版社，1975
《鲁迅全集》，鲁迅著，北京：人民文学出版社，2005
《罗隐诗集笺注》，罗隐著，李之亮笺注，长沙：岳麓书社，2001
《绿溪诗集》，祝维诰著，《清代诗文集汇编》第 285 册
《履园丛话》，钱泳著，孟裴校点，上海：上海古籍出版社，2012
《梦喜堂诗集》，梦麟著，《清代诗文集汇编》第 361 册
《明诗别裁集》，沈德潜、周准编，北京：中华书局，1975 年版影印
《明诗纪事》，陈田编，上海：上海古籍出版社，1993
《明诗综》，朱彝尊编，清乾隆间刻本
《南齐书》，梁萧子显著，周国林校点，长沙：岳麓书社，1998

《瓯北集》,赵翼著,《清代诗文集汇编》第362册

《欧阳修诗文校笺》,欧阳修著,洪本健校笺,上海:上海古籍出版社,2009

《七修类稿》,郎瑛著,上海:书店出版社,2009

《清代碑传全集》,钱仪吉等编,上海:上海古籍出版社,1987

《清代日记汇抄》,上海人民出版社编,吴贵芳等校点,上海:上海人民出版社,1982

《清秘述闻》,法式善著,《笔记小说大观》本

《清诗别裁集》,沈德潜编,上海:上海古籍出版社,1984

《清诗话》,王夫之等著,上海:上海古籍出版社,1978

《清诗话续编》,毛先舒等著,郭绍虞编,上海:上海古籍出版社,1983

《清诗纪事初编》,邓之诚编,上海:上海古籍出版社,1984

《清诗纪事》,钱仲联编,南京:江苏古籍出版社 1987

《清史编年》第三卷《康熙朝下》,林铁钧,史松编,北京:中国人民大学出版社,1988

《清史编年》第四卷《雍正朝》,史松编,北京:中国人民大学出版社,1991

《清史编年》第五卷《乾隆朝上》,郭成康编,北京:中国人民大学出版社,1991

《清史稿》,赵尔巽主编,北京:中华书局版,1977

《清史列传》,官修,王钟翰点校,北京:中华书局版,1987

《潜书》,唐甄著,上海:上海古籍出版社,1955

《潜研堂集》,钱大昕著,《清代诗文集汇编》第364册

《全上古三代秦汉三国六朝文》,严可均校辑,北京:中华书局,1958

《全宋文》,曾枣庄、刘琳主编,上海辞书出版社、安徽教育出版社,2006

《榕村全集》,李光地著,《清代诗文集汇编》第160册

《榕村语录续集》,李光地著,《四库未收书辑刊》本

《儒林外史》,吴敬梓著,北京:北京华文出版社,2018

《山谷诗集注》,黄庭坚著,任渊等注释,上海:上海古籍出版社,2003

《沈德潜诗文集》,沈德潜著,潘务正等整理,北京:人民文学出版社,2011

《十笏斋诗集》,沈世枫著,《清代诗文集汇编》第308册

《十三经注疏》,阮元校刻,北京:中华书局,1980
《诗集传》,朱熹注,上海:上海古籍出版社,1980
《诗品注》,钟嵘著,陈延杰注,北京:人民文学出版社,1980
《诗式校注》,释皎然著,周维德校注,杭州:浙江古籍出版社,1993
《书隐丛说》,袁栋著,乾隆九年锄经楼版
《四库全书总目》,永瑢等著,北京:中华书局,1965
《四溟诗话》,谢榛著,商务印书馆,1936
《四书讲义》,吕留良著,陈鉯编,俞国林点校,北京:中华书局,2017
《四书章句集注》,朱熹注,北京:中华书局,2012
《宋书》,沈约著,长春:吉林人民出版社,2005
《苏轼全集》,苏轼著,傅成等标点,上海:上海古籍出版社,2000
《随园诗话》,袁枚著,北京:人民文学出版社,1982
《唐诗别裁集》,沈德潜编,北京:中华书局,1975
《唐诗品汇》,高棅编,上海:上海古籍出版社,1988
《藤阴杂记》,戴璐著,台北:新兴书局,1979
《(同治)苏州府志》,冯桂芬编,南京:凤凰出版社,2008
《退庵诗存》,梁章钜著,《清代诗文集汇编》第 515 册
《吞松阁集》,郑虎文著,《四库未收书辑刊》本,北京出版社,2000
《晚晴簃诗汇》,徐世昌编,北京:中国书店,1988
《王文公文集》,王安石著,唐武标校,上海:上海人民出版社,1974
《网师吟草》,宋宗元著,《清代诗文集汇编》第 316 册
《望溪先生全集》,方苞著,《清代诗文集汇编》第 222 册
《文心雕龙》,刘勰著,上海:上海古籍出版社,2010
《文选》,萧统编,李善等注,上海:上海古籍出版社,1986
《吴城日记》,佚名著,南京:江苏古籍出版社,1999
《西沚集》,王鸣盛著,《清代诗文集汇编》第 350 册
《西庄始存稿》,王鸣盛著,《续修四库全书》本
《岘佣说诗》,施补华著,无锡丁氏校刊本,1916
《闲渔闲闲录》,蔡显著,民国间《嘉业堂丛书》本

《香树斋诗文集》，钱陈群著，《清代诗文集汇编》第 261 册

《乡园忆旧录》，王培荀著，蒲泽校点，济南：齐鲁书社，1993

《小仓山房诗集》，袁枚著，《清代诗文集汇编》第 339 册

《小仓山房文集》，袁枚著，《清代诗文集汇编》第 340 册

《小兰陔诗集》，谢道承著，《清代诗文集汇编》第 269 册

《晓亭诗钞》，塞尔赫著，《清代诗文集汇编》第 238 册

《啸亭杂录》，昭梿著，冬青校点，上海：上海古籍出版社，2012

《小桐庐诗草》，袁景辂著，《清代诗文集汇编》第 353 册

《雪桥诗话续集》，杨锺羲著，台北：文海出版社，1975

《逊志斋集》，方孝孺著，徐光大校点，宁波：宁波出版社，2000

《荀子》，荀况著，沈阳：万卷出版公司，2009

《养吉斋丛录》，吴振棫著，台北：新兴书局有限公司，1986

《伊江笔录》，吴熊光著，清广雅书局刊本

《颐道堂集》，陈文述著，《清代诗文集汇编》第 504 册

《艺概》，刘熙载著，王国安标点，上海：上海古籍出版社，1978

《艺文类聚》，欧阳询编，上海：上海古籍出版社，1982

《疑雨集》，王彦泓著，扫叶山房书局，1926

《咏归亭诗钞》，李果著，《清代诗文集汇编》第 244 册

《元氏长庆集》，元稹著，上海：上海古籍出版社，1994

《余园诗钞》，缪元礼著，《清代诗文汇编》第 227 册

《沅湘耆旧集》，邓显鹤编，《续修四库全书》本

《月满楼诗集》，顾宗泰著，《清代诗文集汇编》第 425 册

《在亭丛稿》，李果著，《清代诗文集汇编》第 244 册

《增评唐宋八家文读本》，沈德潜选评，[日]赖山阳增评，闵泽平点校，武汉：崇文书局，2010

《张籍集注》，张籍著，李冬生注，合肥：黄山书社，1989

《张清恪公年谱》，张师栻、张载撰，乾隆四年正谊堂刻本

《正谊堂文集》，张伯行著，《清代诗文集汇编》第 182 册

《芝亭先生集》，彭启丰著，《清代诗文集汇编》第 296 册

《芝亭诗文稿》，彭启丰著，《四库未收书辑刊》本，北京：北京出版社，2000
《忠雅堂集笺校》，蒋士铨著，邵海清笺校，上海：上海古籍出版社，1993
《朱熹诗词编年笺注》，朱熹著，郭齐笺注，成都：巴蜀书社，2000
《竹叶亭杂记》，姚元之著，李解民校，北京：中华书局，1982
《庄子》，庄周著，萧无陂注译，长沙：岳麓书社，2018
《子不语》，袁枚著，杭州：浙江古籍出版社，2017

附录一　沈德潜研究文献综述

《上海师范大学学报》2003年第五期王顺贵《沈德潜研究的回顾与展望》、《人文丛刊》2008年卷王炜《沈德潜研究三十年》，以及本综述提到的各学位论文中的文献综述部分，综述当时沈德潜研究既有的研究成果，几乎都比较全面，堪称丰实。①

一、关于沈德潜生平的研究

关于沈德潜的生平，论文不多，其中又以考证为多，且多与其诗歌理论、诗歌创作等相联系。《苏州教育学院学报》2013年第1期胡媚媚《城南诗社考论》，对城南诗社的起止时间、主要成员、诗社的创作倾向、诗社成员和叶燮的关系等作了考论。扬州大学2017年6月范庆茹硕士论文《沈德潜交游考述》，比较全面地对沈德潜一生的交游作了比较细致的考述，在此基础上，论述了这些交游对他的诗歌理论的形成和传承的影响。《聊城大学学报》2020年第6期潘务正《沈德潜游杭考》，对《沈归愚自订年谱》中关于游杭的若干错误记载和遗漏作了考证，认为他在杭州的活动对他的宋诗观有影响。

颜子楠《沈德潜生平三事献疑》，对乾隆帝知道沈德潜能诗之因缘、乾隆帝夸沈德潜诗歌反映民瘼、《一柱楼诗》案三事情作了考证。作者

① 为节约篇幅，本综述出现的文献皆未列入参考文献。

认为《南邦黎献集》中没有收录沈德潜的诗歌，仅仅选录其两篇文章，乾隆帝知道沈德潜及其诗歌是通过当时在江苏做官的尹继善。沈德潜较多地写反映民瘼的诗歌，是在出仕之前和退休以后。《江苏地方志》载李嘉球《沈德潜八次编修地方志》，详细叙述了沈德潜参加《长洲县志》《元和县志》《浙江通志》《西湖志》等的情况，归纳了沈德潜关于方志修纂的若干见解。

二、关于沈德潜诗歌的研究

关于沈德潜诗歌内容的研究，较多地集中在某些写时事和民生疾苦、自然灾害的诗歌，如《送杭堇浦太史》《制府来》《哀愚民效白傅体》《食豆粥》《后愁霖叹》《晓经平江路》等，研究沈德潜诗歌内容的论文一般都对这些诗歌作了肯定。例如《文学遗产》1984 年 6 月版廖仲安《沈德潜诗述评》、《皖西学院学报》2022 年 2 月版祝福《“变调”与“正声”》等就是如此。《文艺理论研究》2021 年第 3 期张昊苏《论乾隆时期台阁文人的疏离心态》中，由沈德潜赠杭世骏的诗等作品认为沈德潜对清朝的文化政策有“隐微不满”。《苏州大学学报》1986 年第 1 期范建明《论沈德潜的诗》认为，沈德潜的诗歌有充实的现实内容。这是对沈德潜诗歌内容较早的且是较为充分的肯定。

《苏州大学学报》2022 年 5 月版潘务正《作为讽喻的事件——沈德潜时事讽喻诗考论》，考论了沈德潜《使者》《漫与三首》《秋怀五首》《偶然作》《有感》《偶述》（“铁冠”“殿头”）诗的本事。这些诗歌的本事，我在几年前就已经考证出来，潘先生此文先我发表，故着了先鞭。

《苏州大学学报》1986 年第 1 期范建明《论沈德潜的诗》认为，沈德潜论诗，少门户之见，并非专讲“格调”。其诗歌，风格多样，甚至兼具神韵、性灵、肌理各派者，“力求通过朴实无华的遣词造句，追求一种自然而无雕饰的艺术风格，以达到温柔敦厚中正和平的艺术境界。”[①]古体诗

① 第 46 页。

学汉魏，近体诗学盛唐，是其途径。这是对沈德潜诗歌风格较早的全面研究和充分肯定的论文。《合肥学院学报》2013 年 3 月版王玉媛《沈德潜诗歌创作简论》认为，沈德潜诗歌中除了反映现实的诗歌值得肯定外，其大量山水田园诗得陶渊明和盛唐诸公山水诗之神而能自开生面，怀古诗咏史诗能出新意，即使其歌功颂德的应制诗也不宜抹杀。

陆平有几篇论文，从体裁的角度研究沈德潜诗歌的艺术风格，可谓别具一格。如《乐府学》第十六辑陆平《沈德潜拟乐府诗论略》云，沈德潜的拟乐府诗有 200 余首，题材、风格多样，基本达到了他“宁朴毋巧，宁疏毋炼”的论诗主张。《北京大学学报》2010 年第 6 期陆平《论沈德潜的七言律诗》，认为沈德潜的七律以宗杜为主，而兼取韩苏，在题材、意境、章法、对仗方面，多所开拓，其七律以雄浑悲壮、声宏调畅为主而又丰富多样。《文学遗产》2009 年第 5 期陆平《沈德潜七言绝句刍议》云，沈德潜的七绝“既有金刚怒目之作，更多温柔敦厚之章；既有雄迈豪放之风，也不乏清丽含蓄之音”。①

对沈德潜诗歌的研究，还扩大到对诗歌副文本的研究。河北大学 2021 年 6 月硕士论文张飞超《沈德潜诗歌自注研究》认为，沈德潜诗歌的自注，其文学功能包括文学叙事、语义阐释、典故笺释、情感省释，其文学意义包括“指明文学发生的触媒”“作为情蕴表达的强化”“作为诗画融合的链接”和“诗学观念的印证”。其文献价值主要是“音义流变的见证”“政治民生的记录”“行迹交往的交代”和“民俗资料的保存”，其利主要体现为诗歌的辅助性，其弊则主要体现为干扰和琐碎。这拓宽了沈德潜诗歌研究的范围。

研究沈德潜散文的成果，学术界还很少。2006 年 1 月版《唐都学刊》载孟伟《沈德潜散文文论探析》认为，“文道合一”是沈德潜论文的理想标准，文章以“道”为根本，然后才讲究技巧，“才”“情”“养”“气”是文章写作的关键因素，作者只有加强学养，才能达到醇雅。其文章理论和叶燮的理论之间，有传承，也有变化。

---

① 第 145 页。

三、关于沈德潜诗歌选本的研究

人民出版社2010年版王宏林《沈德潜诗学思想研究》研究沈德潜除了《吴中七子诗选》以外的《古诗源》等5种诗选，对各选本的编纂过程、版本、和相关选本的关系、对入选诗歌风格、诗歌流派、诗人作品的评论，做了全面而又深入细致的具体研究，价值很高。

（一）《古诗源》研究

《江苏大学学报》2005年第3期冯保善《沈德潜与古诗源》、《南都学坛》2008年第3期张晓彭《沈德潜古诗源的价值》、《平顶山学院学报》2008年第3期周军《沈德潜"格调说"的范本——古诗源》等论文，认为《古诗源》体现沈德潜的"格调说"，具体主要表现为追求雅正、注重诗人的人品和怀抱、展示诗歌的源流正变，也汇集了唐代以前诗歌的精华。

还有两篇论文，颇能让人耳目一新。《中国韵文学刊》2013年第4期张伟《论古诗源对采菽堂古诗选诗学思想的承袭》，通过对古诗风貌的构建、对"温柔敦厚"的解读和对唐诗之源的探求这三方面的分析，认为《古诗源》乃杂糅、调和《古今诗删》与《采菽堂古诗选》而成。《苏州大学学报》2021年第1期王宏林《汉音、魏响与别调：沈德潜对魏诗的分期与定位》根据《古诗源》中沈德潜的评语和《说诗晬语》等，云沈德潜把魏诗定位为三个类型：曹操乐府诗为"汉音"，特点是合乐，且体现"以诗写史"的实录精神；曹丕、曹植一路的诗为"魏响"，特点是轻合乐而尚音韵，淡化叙事而侧重感情抒发，由慷慨激昂转向温婉轻靡；阮籍一路诗为"别调"，特点是随兴寓言、玄思意趣于一体。沈德潜的如此定位，"体现了其所代表的清代格调派取法更广大的诗学倾向，纠正了前代诗学以'建安风骨'代指魏诗的偏颇，更加准确地揭示了魏诗的总体特征、流变轨迹与艺术价值"。①

① 第149页。

（二）《唐诗别裁集》研究

关于《唐诗别裁集》的研究成果较多。文献方面的研究，有《文献季刊》2007年第3期王宏林《沈德潜的唐诗选本考辨》，对不分卷《唐诗宗》、十七卷本《唐诗宗》、十卷本《唐诗别裁集》和重订本《唐诗别裁集》考订其异同。

对《唐诗别裁集》进行理论研究的成果，主要有：《株洲师范高等专科学校学报》2006年第6期武菲《沈德潜唐诗别裁集的编选原因》；《成都大学学报》2007年第1期武菲《沈德潜唐诗别裁集的编选标准》；《山东大学学报》2009年第3期贺严、孔海文《唐诗别裁集立足儒家文学观的持守和突破》；暨南大学2011年6月于海安硕士论文《沈德潜唐诗别裁集之"别裁"研究》；《文艺评论》2016年第2期李成晴《唐诗别裁集——一个选集经典的确立》；《天水师范学院学报》2019年2月马路路《沈德潜唐诗别裁集的选本特色及价值》等。这些论文的大致内容为：其编选宗旨是提倡"温柔敦厚"的诗教，为初学诗者提供范本；其审美倾向主要是雄奇豪壮的唐诗主流美学特征，但也兼取包括清深淡远在内的阴柔风貌的诗歌；艺术手法方面，讲究章句法度，注重声韵音节；在语言方面，讲究醇厚雅正。

《黑龙江工业大学学报》2019年11月版米亚楠《沈德潜唐诗别裁集对王维诗歌的选录与艺术评论》以该选本选录并评论王维诗歌为例的研究，《东莞理工学院学报》2020年第4期张煜、孟庆丽《清中期岑参诗的接受与定位》，以《清诗别裁集》选录并评论岑参诗为例的研究，华中师范大学2014年5月田明珍硕士论文《沈德潜视野中的唐诗典范》，以入选《唐诗别裁集》的李白、杜甫、王维诗歌以及沈德潜的评语为中心展开的研究，结论也不出以上所云的范围。

《开封教育学院学报》2016年2月版陆平《视野开阔，周全精当——沈德潜唐诗别裁集绝句作者选录论略》，用数据统计的方法，证明晚唐绝句之入选者超过盛唐，打破了盛唐独尊的成见。这在研究《唐诗别裁集》的论文中，别具一格。

（三）《明诗别裁集》研究

关于《明诗别裁集》的研究，既有的成果不多。《海南大学学报》2017年第6期李程《明诗别裁集与沈德潜的复古诗学》，云沈德潜"构建起其复古诗学整体性的历史脉络，体现出'仰溯风雅'、向儒家诗教传统回归的思想"。①《北方论丛》2017年第3期潘林《明诗别裁集诗学审美论》认为，《明诗别裁集》中沈德潜的评论体现了沈德潜的诗学审美标准，其中包括对他人相关理论的吸收和批判，对格调说的阐发，具体包括雅、格、淡、化等诗学概念。《上饶师范学院学报》2020年第1期第丁雪《明诗别裁集删诗改诗例说》认为，沈德潜通过读原作的删改，体现温柔敦厚的诗教观和对"以意运法"等艺术观念的追求。

（四）《清诗别裁集》研究

《语文知识》2011年第4期刘静《近十年清诗别裁集研究综述》，内容比较全面。兹略其所详，而详其所略和此后发表成果中较为重要者。

关于《清诗别裁集》的版本，《文学遗产》2014年第1期邬国平《国朝诗别裁集与沈德潜诗学意识调整》通过对此书初刻本、重订本和钦定本的比较，认为初刻本的编校质量不如重订本，但选诗取径宽阔、评语宽宏；钦定本的政治色彩和重订本沈德潜所改方向一致而变本加厉，可见乾隆帝对沈德潜的修改仍然不满。

关于对《清诗别裁集》选编宗旨和编选标准的研究，如《山东师大学报》2007年5月版刘静渊《诗中有人，诗外有事》，就《清诗别裁集》中所选吴伟业《赠辽左故人》《悲歌赠吴季子》等4首诗，证明沈德潜早年选诗注重"诗中有人，诗外有事"。此论未确。《南阳师范学院学报》2009年第2期王宏林《清诗别裁集选诗宗旨与格调性灵之争》，认为此选本"表现出鲜明的推尊诗教、尊唐黜宋的论诗立场"，故招致袁枚非议，而沈、袁二人"求雅"和"求真"、"尊体"与"求新"之异，正是"格调""性灵"

① 第108页。

两派论诗宗旨的根本差别。①

2006年4月武汉大学王炜博士论文《清诗别裁集研究》是一部力作，其中亮点很多，其中价值尤高者如：(1) 从沈德潜塾师身份着眼，认为他为此书预设的读者群是“学诗者”，因此，所选诗歌必须“美善相兼”。《山阴学刊》2010年第5期李明军《诗教和政治之间的两难》，《北方论丛》2011年第3期梁琳、尹占华《沈德潜与乾隆诗学观的离合》，也都是从这样的角度来论述的。(2) 诗教强调善，也强调美，亦即诗歌赖以感动读者的艺术特质，但政教的目的是使人善，美是手段，如果有其他更加有效的手段，美可以被放弃。(3) 全书所选诗歌以高华雄浑者为多，但小家多选清真淡远者，评语亦以赞清真淡远者为多。(4) 沈德潜反对宗宋诗风，但也选录了一些宗宋元诗歌风格的诗歌，且也能予以较高的评价。(5) 由《清诗别裁集》所引发的袁枚的批评，所蕴含的内容是沈、袁两人所代表的“严肃文学”或“主流文学”观念与“娱情文学”或“非主流文学”观念之间的不同。前者不能过度地强调教化，沦为政治文学；后者不能过度地“表现私密生活，否则可能陷入市侩文学的泥潭”。②《中国韵文学刊》2020年第2期陈圣争《一场被文学史与文学批评史双重误读的诗学争论》认为，袁枚就《清诗别裁集》之编选写给沈德潜的两封论诗的信，沈德潜并无回应，此“论争”乃袁枚自导自演，以宣扬他的诗歌主张，有意识逆当时诗坛主流而动。

2011年4月苏州大学翟惠的硕士论文《清诗别裁集研究》，也有显著的亮点。首先，该论文中就《清诗别裁集》的入选诗歌和评语等，阐发沈德诗学思想中的“创新观”部分，改变了前人对沈德潜及其诗学思想迂腐保守乃至复古不化的认识。其次，作者根据入选诗人的诗集，对入选该选本的诗歌作了系统的校勘，发现沈德潜对诗歌作了很多改动，并从政治和艺术两个方面探讨其改这些诗歌的原因，客观评价这些改动的利弊。这项工作，有很高的文献价值和文学研究、文学批评方面的显著的意义。《广西社会科学》2017年第12期周乔木《意的重构与误读：

① 第67页。
② 第14页。

论沈德潜对东北流人诗的改写》，可以作为翟惠论文的补充。

（五）其他诗歌选本研究

《中华文化论丛》2009 年第 1 期王宏林《崇尚杜诗，推尊诗教》评论沈德潜的《宋金三家诗》，认为沈德潜评苏轼诗，重其体裁和内容之开拓；评陆游和元好问诗，重其社会政治内容之阐发。所体现的基本立场是以杜甫为典范，尊唐黜宋，与其早年相一贯。《湖南科技学院学报》2014 年第 2 期侯本塔《沈德潜宋金三家诗选探析》认为，沈德潜并非尊唐贱宋，其评选中体现出"诗教"观念，对宋金七言诗有偏好。

至于沈德潜所编《七子诗选》，乃是选录其学生的诗歌作品，有鼓励、宣传等用意。安徽师范大学 2011 年 5 月陈小凤硕士论文《沈德潜七子诗选研究》，对此书的版本等文献问题和所选诗歌作了研究。

（六）《唐宋八家文读本》研究

《山西师大学报》2014 年第 1 期孟伟《唐宋八家文读本与沈德潜的古文理论》云，该读本体现了沈德潜的古文理论，即以文道合一、复古与新变合一为原则，至于文章体裁的特点和写作方法的点评等则是其古文理论的体现。2015 年 5 月安徽师大叶雪竹硕士论文《沈德潜唐宋八家文读本研究》，认为所选文章"别具一格的体裁特征""醇驳相参的文体风格""含蓄蕴藉的审美标准"，体现沈德潜"文道合一"的古文理论和文法、才性方面的修养。2021 年华中师大周珍珍硕士论文《沈德潜唐宋八家文读本探究》的主要内容为：此书的编选背景与创制；此书的道统观念与对典雅的强调；新变与继承相结合的古文理论；对文章学的意义；在国内和日本的影响。《文化创新比较研究》2022 年 10 月版吴敏、潘务正《沈德潜评选韩愈古文发微》，认为《读本》关注韩文文体，有明显的文体辨析意识；《读本》体现了选录韩文的不同标准；德潜以此展示其古文观，实现了唐和清两朝古文的碰撞。

（七）沈德潜诗歌选本综合研究

纵论沈德潜一系列诗歌选本的论文不多。《厦门教育学院学报》

2007年第4期黄秀韬《沈德潜诗歌选本中的批评观》将这些选本中体现的批评观分解成“温柔敦厚的诗教宗旨;注重精神气脉贯通、反对形式割裂的诗体观念;追溯流变的时代观念、强烈的时代批判精神;鲜明的诗情观;不拘一格的诗人品评”。[①]《江苏财经大学学报》2007年第2期闵定庆《选本与文学权力意志的外化:试论沈德潜诗歌批评的“正典”意识》,认为沈德潜以一系列诗选构建了一部比较完整的“诗史”,此“诗史”以诗教立论,重视人品和诗品的合一,认可诗歌创作的多样性,包容“诗史”发展中产生的“正”与“变”的多种形态,降低了唐宋之争造成的负面影响。

《武汉大学学报》2011年第3期王炜《选本的定位及其价值生成》,认为沈德潜的这些选本选录经典作家的经典作品作为学诗者的范本。从这样的定位出发,他一方面坚持中国主流诗学的传统,亦即“温柔敦厚”的“诗教”;另一方面,弱化“诗教”的政治和道德内涵,强化诗歌的社会性和艺术性的统一,完善了传统的主流诗学。《求索》2016年第8期蒋寅《古典诗歌传统最后的整体重塑》,认为沈德潜编选一系列诗歌选本,是中国诗歌史上最后一次大规模的经典化,对古典诗歌传统做了整体重塑,重新确定经典序列,并且在此过程中完成了他自己的新格调诗学的构建。

四、关于沈德潜诗论的研究

(一)关于沈德潜诗学的总体研究

安徽师范大学2007年李世显硕士论文《沈德潜诗学思想研究》之摘要云,沈德潜“总结了儒家诗学的以伦理价值为核心的理论,在强调诗学与现实人生关系的基础上他又继承了七子派的格调说和王士祯的神韵说,而对叶燮和钱谦益的诗学也有所吸收,最终确立以人心教化为

① 第26页。

本、以性情为先，兼容格调与神韵的诗学思想体系。他的思想既是宋末以来诗学论争向诗学传统回归的总结，也是儒家诗学思想的最后一次大的回归”。[①] 此论很有见地。东北师范大学 2010 年孙玉清硕士论文《回归与超越：沈德潜诗学及诗教思想研究》论沈德潜诗歌理论，亦从诗教入手。人民出版社 2010 年版王宏林《沈德潜诗学思想研究》，在研究《古诗源》等 5 种诗选的基础上，结合《说诗晬语》，研究沈德潜的诗学思想。其重点在：论述沈德潜的儒家诗学立场，特别是后期对诗教的极端推崇；阐述格调论的内涵，尤其是考辨各种诗歌体裁源流而取法乎上，注重创格与审意；其诗学思想与清初经世思潮、王士禛和叶燮的诗学思想、乾隆考据诗风的关系。齐鲁书社 2011 年版陈岸峰《沈德潜诗学研究》，重在研究沈德潜对明清诗学的传承和突破，主要体现了神韵、格调和性灵的汇通。

安徽大学出版社 2022 年 8 月版王玉媛《清代格调派研究》，其中关于沈德潜诗论者，主要有这样一些亮点：沈德潜对明代复古诗风的修复：提倡言之有物、以才运格、法须活法、不废宋调；格调说的三个层次：人品、诗教和含蓄蕴藉；格调说的局限：易被统治者利用、易载道而妨缘情、影响艺术表现的多样性。

(二) 关于沈德潜诗学的渊源和发生研究

不少文章从清初名家诗论家那里寻找沈德潜诗学的渊源。叶燮是沈德潜亲炙的老师，因此，他当然首先是研究者们关注的对象。《文学遗产》1984 年第 6 期周秦、范建明《沈德潜与叶燮》云，沈德潜继承叶燮“变”的诗学思想，因流溯源，并且在“意”与“法”、“理”与“趣”、“才”与“学”等方面，继承和发展了叶燮的思想。《天水师范学院学报》2021 年第 3 期曾贤兆《从七子派格调论到沈德潜格调论的嬗变》认为，沈德潜论诗和明七子一脉相承，吸收了叶燮的许多观点，对明七子的格调理论作了大幅度的修正，从而成为古典诗学总结期格调论的集大成者。内蒙古师范大学 2012 年 5 月刘静硕士论文《沈德潜、薛雪对叶燮诗学思

① 第 1 页。

想的继承和发展》，从方法论、源流论、体用论、主体论、授受论5个方面，论述了沈德潜和薛雪对叶燮诗学思想的发展。

钱谦益尽管不和沈德潜同时，但两人的家乡非常近，钱谦益又是大家，因此，研究者也会关注他对沈德潜的影响。《西北大学学报》2012年第1期梁琳《沈德潜与钱谦益"伪体观"的异同》云，沈德潜认为钱谦益对明七子否定太过、对宋诗推崇太甚，但在其他的方面，沈德潜对钱谦益的观点多所吸收。

王士禛没有过面沈德潜，但读过沈德潜的诗歌，他给好友叶燮的信中，"横山门下，尚有诗人"，就是指沈德潜等，因此，沈德潜终身感激王士禛。《河南工程学院学报》2013年第1期王如《试论沈德潜和王士禛诗学主张之异同》认为，沈、王之同，是注重诗歌的意境，但沈侧重诗的雅正、温柔敦厚的教化功能、至性至情之美，王则侧重神韵之美。

赵执信晚年曾经居住苏州，和沈德潜有交往。因此，其诗歌理论也有可能为沈德潜所吸取。《泰山学院学报》2012年第4期陈汝洁《沈德潜与赵执信诗学关系初探》认为，尽管在王士禛和赵执信的争论中，沈德潜是站在王一边的，但赵执信尊李杜、重视诗歌的社会作用等观点，被沈德潜的诗歌理论所吸收。

也有研究者到经典和前代诗论中找沈德潜诗论的渊源。例如《孔子研究》2016年第3期郭明浩《诗经与沈德潜诗学体系构建》认为，沈德潜以《诗经》为核心来构建其诗学体系，把诗歌诸体裁和比兴手法的渊源都归结为《诗经》。《江苏社会科学》2009年第2期王玉媛、王英志《论沈德潜诗歌复古论对明七子复古论的修正与完善》认为，这些修正与完善，主要包括："首先，在作诗宗旨方面，重提儒家诗学传统，强调'善'与'真'的统一；其次，在学诗对象方面，提倡唐音，又不废宋调，树立了远比七子宽广的诗学方向；最后，在具体作诗方面，把'才'的因素提到新的高度，强调'才'与'学''法'的统一。"①《山东师范大学学报》2009年第2期刘静渊《沈德潜与"格调说"辨析》提出，沈德潜的诗歌理论与"格调说"有较大的差异。此说和沈德潜受叶燮、王士禛等的影响之说，并

① 第137页。

不矛盾。

沈德潜诗歌理论的生成，还有当时社会政治、文学和文化、学术等方面的原因。《河南师大学报》2001 年第 5 期李剑波《格调说的文化底蕴》，以“诗乐同源的传统文化意识”、汉宋调和的学术特质、趋雅归正的审美趣尚为构成沈德潜“格调说”的文化底蕴。《殷都学刊》2019 年刊吴蔚《从“神韵”到“格调”》云，清初到乾隆年间从“神韵”到“格调”的变化有政治和文学的双重因素。《合肥工业大学学报》2012 年第 3 期王玉媛《论清代格调派产生的历史背景》所云“历史背景”，包括康乾盛世、文化氛围和文人心态，以及清初宋诗热的流弊和王士禛神韵说的偏颇。《中国传统文化研究》2020 年 6 月版陈岸峰《沈德潜诗论中的“温柔敦厚”》，云“温柔敦厚”是为了应对当时严酷的政治环境。《牡丹江师范学院学报》2012 年第 3 期葛亚敏、徐曲星《沈德潜诗学思想研究》认为沈德潜构建其诗学思想，旨在恢复当时日渐衰落的诗歌正统。

有的研究者则探讨沈德潜构建其诗学体系的理路。《北京化工大学学报》2005 年第 4 期廖宏昌《沈德潜诗学体系建立的思维理路》认为，沈德潜“从反思明代诗坛流弊开始，而上溯影响明代诗坛流弊之灶因，扬长去短，然后有破有立，再融合个体之审美意识，而成一家之言”。①

《苏州大学学报》2016 年第 3 期蒋寅《沈德潜诗学的渊源、发展及命名》最为全面，该论文认为，沈德潜的生活际遇与其诗学的渊源、发展密切相关，当代以“格调派”命名其诗学，不当，而当以“新格调派”命名。

(三) 关于沈德潜诗论的内涵研究

有些论文是对沈德潜的诗歌理论作综合的研究。《江汉论坛》1992 年第 4 期王英志《清人诗学概念、命题发微》，其中有关沈德潜“格调说”者，有“有第一等襟抱、第一等学识，斯有第一等真诗”“诗贵性情，亦须论法”“诗贵寄意”“性情面目，人人各具”“穷本知变”等，作者都作了较为细致的阐述。《语文知识》2011 年第 1 期王玉媛《沈德潜“格调说”新论》云，“格调说”有体制声律、艺术风貌和品第水准三重内涵。诗教说

① 第 40 页。

在诗人人品、诗歌内容和艺术表现这三个层面规定着“格调说”。《湘潭大学社会科学学报》2007 年第 4 期章继光《沈德潜的“格调说”与对唐诗的评价问题》认为,“格调说”是评价唐诗的基石。

(四) 关于“温柔敦厚”的“诗教”研究

不少论文是研究沈德潜诗论的某些部分。例如,关于沈德潜提倡的“温柔敦厚”的诗教。《文史哲》1985 年第 1 期许总《沈德潜“温柔敦厚”说辨》云,“温柔敦厚”说“已经突破了诗歌讽喻美刺的内容的领域,而进入诗歌创作论的范畴,构成一种丰富的诗歌美学的思想”。[①]《文学遗产》1997 年第 4 期吴兆路《沈德潜“温柔敦厚”说新解》,云此说乃“人格精神的诗化体现”“关注现实人生的诗歌作品”“有悖传统的选录标准”,“很大程度上突破了‘哀而不伤’‘怨而不怒’”,[②]例如对钱谦益诗歌的选录与评价,即是其例。《文史哲》2007 年第 4 期贺严《沈德潜在诗教原则下对唐诗的历史定位》认为,“在诗歌的自然流变中,唐诗虽然处于诗歌发展之流,但又是诗歌之盛,在诗教传统中,它又传承了诗教之正。”[③]《滨州学院学报》2009 年第 2 期李兆禄《沈德潜诗经文学诠释》云,“沈德潜以格调说诠释《诗经》,强调‘温柔敦厚’的审美风格,评析体法,突出情感对艺术形式的决定作用。”[④]《常熟理工学院学报》2010 年第 7 期王玉媛《沈德潜“温柔敦厚”说的三个层次》认为,这三个层次是“人格为先”“内容有补于世道人心”和“表现方法含蓄蕴藉”。东北师范大学 2010 年 5 月孙玉清硕士论文《回归与超越:沈德潜诗学及诗教思想研究》认为,首先,从儒家诗教之中对于诗人性情的要求出发,沈德潜对诗人的性情胸襟,对诗人的品格修养和艺术修养都提出了要求,这就和明七子通过诗歌形式的模拟来达到诗歌理想的格调就完全不同了。其次,沈德潜重视比兴手法的运用,这就在一定程度上实现了“神韵说”和“格调说”的融通。齐齐哈尔大学 2015 年 4 月郎爽硕士论文《论沈德

---

① 第 79 页。

② 第 87 页。

③ 第 134 页。

④ 第 83 页。

潜“诗教观”》，认为性情是沈德潜“诗教”的基石，忠孝等儒家观念的理想人格为“诗教”的内容。《西华师范大学学报》2014 年第 2 期孙琴安《说诗晬语与沈德潜的诗选评点探微》则认为，沈德潜诗论的弊端就是儒家诗教观的局限。

（五）关于沈德潜唐宋诗观的研究

《苏州大学学报》2006 年第 4 期张丽华《论沈德潜的宗唐诗学观》认为，德潜宗唐黜宋，旨在矫正当时的宗宋之弊，他对唐宋诗歌的评价，理性、客观，有积极意义。《武汉大学学报》2009 年第 1 期王炜《论沈德潜的宋诗观》认为，在德潜看来，宋诗只能作为唐诗的一种补充存在，可以学，但学宋不能取代学唐而成为诗坛的主流。他给宋诗和学宋适度的生存空间，从而为唐诗和“格调”保留了更大的空间。《中南民族大学学报》2015 年第 4 期梁结玲《论沈德潜对宋诗的接受》云，德潜后期接受宋诗，一是担心自己身后遭到门户之见的诟病，二是受到当局文化政策的影响。《甘肃社会科学》2016 年第 1 期曾贤兆《论沈德潜的宋诗观及其对叶燮诗学的接受》云，叶燮构建了以“变”为核心的诗史发展观，解构了明七子宗唐抑宋的合理性。沈德潜继承叶燮之说，“将格调诗学的师承对象，扩展至包括宋诗在内的整个诗歌史，梳理宋诗之源，获得了对宋诗价值的正确认知，从而从根本上改造了七子派的宋诗观，使之成为清代中叶格调诗说的重要组成部分。”[①]南开大学 2018 年版吴戬《沈德潜宋诗观探微》认为，德潜以神韵和风骨评价宋诗，结论是北宋诗风骨有余而神韵不足，南宋诗风骨不足，流于软媚、纤仄、怪涩，他对北宋诗的评价超过南宋诗。

（六）沈德潜诗论的比较和影响研究

沈德潜诗论与其同辈诗论的比较和对后人的影响，也是学术界研究比较集中的部分。在这个部分，王顺贵先生的贡献比较突出。《河北师范大学学报》2010 年第 5 期王顺贵《沈德潜与其同调乔亿“格调论”诗

① 第 52 页。

学观的比较》、《西南交通大学学报》2011 年第 6 期王顺贵《沈德潜与其同调黄子云“格调论”诗学观辨析》二文，认为沈德潜代表了“格调论”诗学的集成性和普遍化，而黄子云、乔亿则代表了“格调论”诗学的独特化和个性化。《徐州师范大学学报》2009 年第 5 期王顺贵《沈德潜与薛雪“格调论”诗学观辨析》认为，在“格调”的具体界定上，沈德潜是隐性的，薛雪则是明确的。

《哈尔滨工业大学学报》2017 年第 3 期吴华峰《朝野离立背景下的诗学论争：沈德潜与厉鹗关系辨》云，“随着乾隆年间沈德潜地位的不断提高，他开始公开指责厉鹗偏于宋调的创作方式，并最终通过《国朝诗别裁集》的评选，将厉鹗诗歌纳入自己宗唐诗学体系。”①《甘肃社会科学》2017 年第 5 期梁琳《问题视域中的沈德潜与厉鹗唐宋之争》云，“沈德潜宗唐，以儒家伦理为旨归，弘扬诗教，匡扶政治；厉鹗祖宋，受浙东史学的影响，以诗写史，以诗备史。”②《学术界》2021 年第 12 期唐芸芸《清代唐宋诗之争中的“穷而后工”》云，沈德潜提出“心有所主，境不为累”，超越了“穷而后工”。③

《学术界》2014 年第 2 期史文哲、许总《论方东树对沈德潜诗论的继承与改造》认为，“在对待唐宋诗的态度、强调真性情的体现、注重格律声响及主张诗歌反映社会现实等方面”，方东树对沈德潜的诗论作了发展和改造。④《文学遗产》2021 年第 6 期汪孔丰《沈德潜与桐城派诗学》云，沈德潜点定《咏花轩诗集》，选订《麻溪姚氏诗荟约选》，在《清诗别裁集》中收录、评点桐城人士的诗歌。刘大櫆定自己的诗集时，吸取了沈德潜的意见。方东树的诗歌理论，也吸收了沈德潜的理论。安徽大学出版社 2022 年 8 月版王玉媛《清代格调派研究》，对该派成员的界定超越了王昶，研究沈德潜对当时和后来的格调派诗人的影响比较充分。

---

① 第 65 页。

② 第 64 页。

③ 第 177 页。

④ 第 151 页。

（七）对沈德潜诗学的性质、价值的评判

《淮北煤炭师范学院学报》2009 年第 4 期张兆勇、张慧《沈德潜“格调说”的实质及儒学原旨》认为，沈德潜诗学的精神实质是儒家思想为基质的“气象说”。2011 年第 6 期《湖北师范学院学报》所载胡光波《沈德潜格调论诗及影响》云，沈德潜强化了明代“格调说”的伦理道德因素，意味着儒学对诗学的统摄与控制。他们都着眼于沈德潜的诗歌理论与儒学之间的关系。

《厦门大学学报》2016 年第 6 期蒋寅《沈德潜的诗学贡献及其历史定位》云，沈德潜的诗学理论，“足以包括古典诗学的传统观念和一般倾向”，“有很多独到的理论命题和批评见解”。“沈德潜诗学，正是以唐诗为典范的古典诗歌美学体系及其所依托的诗学传统的最后完成及终结”。[①] 蒋寅又在《文学遗产》2018 年第 3 期发表《沈德潜诗学的文化品格及历史定位》，对前文作了扩展：“沈德潜借助于格调派的理论框架，融入王渔洋‘神韵说’的精髓，并通过一系列的选本，建构起一个具有包容性的诗歌思想及相应的经典序列，可称为‘新格调派’。它同时具有伦理品格之善和艺术趣味之正这两种古典主义的基本品格，相对于明代‘格调派’的古典主义，具有新古典主义的色彩。在重申其格调诗学观念的同时，沈德潜通过对诗教的重申和强调，将《毛诗序》所代表的政教观念纳入‘温柔敦厚’的诗教中，形成‘诗道’与‘诗教’的互文，实现了儒家传统诗学话语的整合，同时也不可避免地给他的诗学带来一定的保守色彩。”[②]

① 第 90、95 页。

② 第 139 页。

附录二　沈德潜年谱简编

按：此简谱以沈德潜《沈归愚自订年谱》为基础，参之以《沈德潜诗文集》、许治《眉叟年谱》、张慧剑《明清江苏文人年表》和史松等《清史编年》等。凡是出于以上诸书的材料，不予注明。

先生姓沈氏，名德潜，号归愚。

沈氏本浙江吴兴人，自讳寿四者于明洪武年间迁苏州，居葑门外杨枝塘旁之竹墩，为该支沈氏迁吴始祖。二传祖讳炽，字岑云，曾官黄州司马。三传祖讳官五，为孝子。四传祖讳天用。五传祖讳见原，庠生。六传祖为乾始。七传祖讳勋，字有虔，一字爱筠，明成化间选贡，官国子助教。里居时，曾散财赈灾，《长洲县志》中记其事迹。八传祖讳济，字怀竹，长洲县廪生。济子植，为先生高祖，字葑野，苏州府学廪贡生。先生曾祖讳世烈，字弘野，国学生，乡饮介宾。先生祖讳钦圻，字得舆，明长洲县生员，明亡，弃举子业，教授生徒。先生父讳锺彦，字美初，以教授生徒为生。先生母褚氏。

康熙十二年癸丑，1673　1岁

十一月十七日，先生出生。

康熙十三年甲寅，1674　2岁

周岁日，祖父购得图章二方，一为“沈潜之印”，一为“玉堂学士”，乃为先生取名“德潜”。

康熙十六年丁巳，1677　5 岁

是岁，初识字。祖父教以四声、六书，先生略能领会。

五月，患疟疾，至九月始愈寒热。继祖母蒋氏，抱先生置于身，虽暑热亦然。

康熙十七年戊午，1678　6 岁

初读书。祖父问以四声等声调之学，先生一一应对。祖父曰，此儿他日可成诗人，并赐五律一首。

康熙十八年己未，1679　7 岁

七月，苏州地区蝗虫灾害严重，禾殆尽。

八月，祖父至耆泽河宋氏为塾师，先生随行，在宋家读书。

康熙十九年庚申，1680　8 岁

继续在耆泽河宋家读书。

三月，祖父以病从宋家归，先生亦归。

四月，祖父去世，年六十四。苏州画家汤光启（字式九）资助沈家办丧事。

五六月，疫气盛行，民多死者。

七月，父亲至汤光启家为塾师，先生随行，在汤家读书。

是年，淫雨连绵，粮食大为歉收。

康熙二十年辛酉，1681　9 岁

清军占领云南，三藩之乱平。

重赋、灾荒之后，米价一石三两银子。家中童仆逃散，亲戚无依。母亲首饰等典卖殆尽。祖母和母亲每日制作蜡烛芯，换取食物，寒暑不休。米不足时，就购买豆麦屑杂合米中煮饭。

有风水师过竹墩附近，云此间水势环合，宜有人文之秀。先生母亲知之，窃喜，谓“其言果然，应在我家”。时先生已经读完《四书》

《尚书》。

康熙二十一年壬戌，1682　10岁

是年，仍随其父亲，在汤家读书。汤家喜宴客，先生得见吴中老辈文化名人，如褚篆、顾苓等。先生读《易经》《诗经》。冬月，先生父亲辞汤家馆归家，先生随归。

康熙二十二年癸亥，1683　11岁

父亲在家中教授生徒。有亲戚蒋氏委托先生父亲理家，先生因代其父亲教授生徒，以此减轻家庭负担。课徒之暇，日读《左传》、韩愈文章一二篇，略有领悟。夜读唐代近体诗数首。

康熙二十三年甲子，1684　12岁

仍代其父亲在家中教授生徒。读古文选本，至李陵《答苏武书》、魏徵《十思疏》、李华《吊古战场文》、胡铨《弹劾秦桧、王伦、孙近封事》等篇，若有所得，希望自己以后也能够撰写此类古文。

汤斌担任江苏巡抚，"正己正物"，又连年丰收，先生虽在童稚，也感到生活之美好。

康熙帝南巡，十月廿六日，到苏州城，廿八日离开。

康熙二十四年乙丑，1685　13岁

是年，仍代其父亲在家中教授生徒，读古文，然时作戏耍，不能如向日之专心，其父亲严加督促，甚至责打。

十月间，母亲患风寒之疾病，先生忧心。

康熙二十五年丙寅，1686　14岁

四月，母亲去世，年仅三十有一。六月，祖母去世。丧事毕，父亲继续至蒋家经理其家业，早出夜归。先生与幼妹二人，衣食不周，孤苦伶仃，家业依然不振。

康熙二十六年丁卯，1687　15岁

因生活困苦，无暇读书，唯取张居正《小通鉴》，时一浏览。

康熙二十七年戊辰，1688　16岁

读《孙子兵法》《吴起兵法》和《蔚缭子》三书，写《战守论》《乐毅论》。父亲见之，曰："我误此儿也。"遂与东邻俞曾在商，为先生请教师。俞曾在推荐其表兄施灿先生，父亲同意，遂聘定。施灿，字星羽，长洲县生员。

是年，与孙璜定交。孙长先生8岁，先生呼为兄。

康熙二十八年己巳，1689　17岁

正月，父亲给先生取字，为"确士"。二月，施灿师来教八股文，先教先生读清朝前辈八股文。先生读之，"若吾故物"。四月，作八股文，能成篇。施灿师私下谓俞曾在曰："沈生文易于遇合，不似吾辈之艰难。"先生闻之，窃喜。

是岁，与俞曾在之季妹缔姻。

康熙帝南巡，枫桥等地结彩，重整元宵。

康熙二十九年庚午，1690　18岁

是年，间读当时八大八股名家的八股文，又私下学作诗歌。曾作绝句四首，施灿师见之，谓先生曰："勿荒正业，俟时艺工，以博风雅之趣，可也。"冬月，施灿师知沈家贫，无力延请教师，遂主动辞馆归。

康熙三十年辛未，1691　19岁

是年，始受业于蒋济选。蒋字觉周，长洲县学生员。当时，蒋师正在济东道宋广业家坐馆。每逢开讲日期，听讲者甚多，馆舍几乎无法容纳。宋公子育民与先生交好，谓："唐有'沈宋'，我二人他日成名，亦当以'沈宋'称，但唐之沈、宋，人品庸劣，吾辈磊磊落落，有所树立，并称'沈宋'，是所愿也。"先生深表赞同。

是年，参加县试、府试，都被录取。

康熙三十一年壬申，1692　20岁

应长洲、吴县二县试。学政为学士许公汝霖，于录取29名外，批示备卷10余名，先生之卷在其中。学政批先生吴县试卷云："首篇合格，此析理未精。"首篇题目为《父作之合下二节》，第二篇题目为《知其性也句》。虽未被录取，但得此勉励，先生愈加自励。

好友宋育民去世。

冬，喧传点秀女信，民间嫁娶纷纷，错配甚多。苏松常尤其多，逾月乃息。

康熙三十二年癸酉，1693　21岁

正月二十五日，江苏学政于江阴君山宴请诸生，各投钱四十文。赴宴者两千余人。

江苏巡抚宋荦观风考试，先生被取为第二名。总河张鹏翮观风考试，先生被取为第二名。布政使张志栋观风考试，先生被取为第一名。

五月后，抄读《史记》《汉书》，读汉魏乐府，学作古文。六月酷暑，大旱。

康熙三十三年甲戌，1694　22岁

参加长洲县试，被取为第六名，参加府试，被取为第五名，参加院试，被取为第二十名，遂为长洲县博士弟子员。时学政邵嗣尧，为理学名臣。

七月，施灿师去世，设其灵位哭之。

康熙三十四年乙亥，1695　23岁

在句容周氏坐馆，学生张渭徵，尊先生为父辈。

参加科试，取为三等第六名。

十二月，与所聘未婚妻俞氏成婚。俞氏，即先生东邻俞曾在之季妹，亦即先生业师施灿师之表妹。俞氏吃长斋，亲操井臼。

是年，与徐夔（龙友）定交。

康熙三十五年丙子，1696　24岁

在句容周氏家坐馆。同朱恭季（奕恂）、陈师洛（世治）诗篇唱和。

七月，到句容县参加“录遗”考试，和孙璜同行。当地连旬大雨，引发山洪，应试人有溺死者。

八月，赴乡试，落第。此为首次参加乡试。是岁乡试，江南增加20个录取名额，共83名。从是年到雍正四年，考举人十二次，其间号舍所成之文，存三场对策一卷，存《明史》以下若干首，为十二卷本《归愚文钞》卷五。

康熙三十六年丁丑，1697　25岁

先生父亲葬祖父母、继祖母、母亲于元和县姜村（今苏州工业园区郭巷附近），又预修己墓。或云，此葬地不吉利，应丧子。众人劝迁葬。先生谓其家本无意于求福，葬亲不必吉利地，命赋于天，非地所能生死也。后亦无恙。

秋，参加岁试，为一等第二十一名。学政为礼部侍郎张榕端。

康熙三十七年戊寅，1698　26岁

在大姚张家坐馆。屡次和沈庄怀诗歌往还，沈熟悉明史。

四月，应张景崧之邀请，参加张家举行的诗文集会。张景崧友和先生一起，到吴江拜访诗文名家叶燮，正式拜叶燮为师。张景崧字岳未，后与先生关系密切。

冬，先生参加科试，取为二等第一名。

是年，先生于《才芳录》中，得镇江布衣余京诗歌二首。

康熙三十八年己卯，1699　27岁

在大姚张家坐馆。

三月十四日，康熙帝南巡至苏州。十七日至虎丘。十九日到浙江。四月初六日回銮。献诗者一路不绝。关于康熙南巡，先生无与此明显

相关之文章或诗作。

四月，参加蒋深在苏州绣谷举行的“后己卯送春宴”雅集。参加者尤侗、朱彝尊，张大受尚为举人，惠士奇、徐葆光并为诸生。画师则王翚、杨晋，还有瀞睿上人。先生亦与其盛会。众人赋诗作画，极一时之盛。

秋，参加乡试，落第。此年乡试，榜首为桐城方苞，其他考中者，亦多贤才。

顺天科场案发。次年结案，主考李蟠革职，奉天安插，后赦归。副主考姜宸英死于狱中。先生《鸡鸣曲》，或为李蟠作。

先生有编年之存诗，从此年起，见《一一斋诗》。此诗集前有叶燮、张景崧二序言。由叶燮序言可知，先生此前刻有诗集《留饭草》。

康熙三十九年庚辰，1700　28岁

在家中坐馆。

秋，先生抱病参加岁试，取为一等十三名。学政为张泰交。

苏州府五生保等案发，学政张泰交震怒，命提调严审。五生皆富家子，费以万金，皆革顶置狱过付，人皆夹伤。

《竹啸轩诗钞》卷一编年，从此年开始。此书宁都魏世傚序。与无锡李崧定交。

康熙四十年辛巳，1701　29岁

在尤鸣佩家坐馆，著名诗人尤侗为鸣佩世父，见先生诗，谓其子尤珍曰：“此生他日诗名，不在而辈下。”先生闻此，窃自喜且自惭也，遂与尤珍等多所酬唱。尤珍，康熙二十年进士，历官赞善。

叶燮以先生诗歌呈送大学士张玉书，张玉书向先生索近诗，先生赋《金山行》呈送。

三月，长女生。

参加科试，获二等。

是岁，朝廷减免江南来年田赋，绅士建谢恩亭于官塘。先生无相关诗文。

康熙四十一年壬午,1702　先生30岁

尤珍常以诗向先生索和。见先生《吴江道中》诗有"湖宽云做岸,邑小市侵桥"句,曰:"何减刘文房!"见先生《和亦园书兴》诗有"半壁夕阳山雨歇,一池新涨水禽来"句,曰:"何减许丁卯!"诗人张大受见先生《拟古乐府》一册,曰:"古调不弹,此伯牙琴弦也。"先生遂益致力于为诗。

秋,乡试不第。

此年,家中被盗。

康熙四十二年癸未,1703　31岁

二月,康熙帝南巡,苏州谢恩亭前,舟中排万民宴,沿路结彩。十二日,到虎丘。十三日,到浙江。二十日,回苏州。廿三日,离开苏州。先生无相关诗文。

秋,叶燮去世。先是,叶燮以所作诗古文并诸学生所作诗歌,寄给时任刑部尚书的王士禛,至是,王士禛回信至,极道叶燮诗文特立成家,绝无依傍。在叶门弟子中,以先生和张景崧、张锡祚不止得皮得骨,直已得髓。又云河汾之门,讵以将相为重?滔滔千言,惜叶燮不及见矣。

九月,岁试获二等。学政为刑部侍郎张廷枢。

十月,先生父亲五十寿辰。

康熙四十三年甲申,1704　32岁

继续在尤家坐馆。馆中无事,赋诗自娱。

先生参加科试,获一等。

冬月,江阴翁照访先生,与先生定交。

康熙四十四年乙酉,1705　33岁

三月十二日,康熙帝南巡至苏州,宿塔湾行宫。游览苏州、杭州等地,极尽奢华。十三日,回到苏州。十四日,府庠御试诗歌一首,命揆叙等取中49人,又写字14人,俱命给费,令入京效用。康熙帝欲览苏迈《斜川集》,巡抚以一百两银子购得以献。十八日,离开苏州。先生无相

关诗文。

彭定求招先生举行文会。首题《不逆诈》一节，次题《水由地中行》二句。评定合格卷三：徐达夫、刁载展和先生也。三卷之中，约略还以先生之卷居先。

秋，参加乡试，未中。是科参加乡试者15000余人，病者千余。徐达夫中式。

是年，先生有《紫骝马》等诗，写西北军事。

康熙四十五年丙戌，1706　34岁

继续在尤家坐馆。课徒之暇，讲求声律。先生诗成，尤珍必指瑕赏瑜。尤珍诗成，亦请先生评定，有一字未安，辄改正。可见其虚怀若谷。

岁试，在尤家所教之学生尤秉元入泮宫，为诸生。秉元，字昭嗣。

先生参加科试，得三等。学政为侍讲魏学诚。

康熙四十六年丁亥，1707　35岁

三月十六日，康熙帝南巡，献诗者甚众。廿一日，从虎丘回銮。先生《挽船夫》诗歌，当为康熙帝南巡发。

太仓等地海案事发。自五月不雨，至七月初雨。米价至二两。当局以粟济贫生。民呼巡抚于准为“海蛰”，以海案事且折本也。

先生与张景崧、徐夔、陈睿思、张锡祚等结城南诗社。每课五题：古体五言、七言各一，律诗五言、七言各一，绝句一，或五言，或七言，当堂成一诗，其余此后堂下完成。一月举行一次，社中按照年龄，轮流批阅。

冬月，先生参加科试，又被列于三等。

康熙四十七年戊子，1708　36岁

春月，始游览邓尉、铜井、西碛诸山，至于渔洋山，乃归。作《游渔洋山记》。

秋，应乡试，下第。

海事案结案。先生《使者》诗，为此案而作。

是年，江阴翁照拜谒先生于葑溪老屋，流连日夕，相互唱和。

康熙四十八年己丑，1709　37岁

春，知府陈鹏年发粮设厂，施粥赈灾。

夏，江浙大瘟疫，陈鹏年合辟瘟丹送百姓。公开配方，鼓励富家制作布施。民间认为瘟疫乃上一年海事案之戾气所致。

秋，参加岁试，获一等第七名。学政为宫允杨中讷。

是年，巡抚于准在知府陈鹏年的襄助下，重修苏州郡学，成，于准属先生为记，先生乃作《重修苏州郡学记》，注明“代”者，当是代于准也。《归愚文钞》卷八收录此文。

康熙四十九年庚寅，1710　38岁

同谢有煇、曾介福、樾亭上人游杭州西湖，同周永铨、周准定交。见《聊城大学学报》2020年第6期潘务正《沈德潜游杭考》。先生与周氏兄弟遂成诗友，其谊垂五十年。

妻子40岁生日，先生赠以诗，有句云：“顾我无才劳马磨，怜君有泪洒牛衣。”又云：“晓寒龟手亲提瓮，夜永篝灯伴著书。”又云：“出塞未须愁塞马，过河曾为泣枯鱼。”皆写实之语也。

秋月，患痢疾，几殆，昏去者三。先生父亲检方书，以服用人参疗之，两月始安。

康熙五十年辛卯，1711　39岁

二月，科试，入三等。学政为翰林院张元臣。

秋，参加江苏乡试，未中。先生文章本已经在录取范围，但主考赵晋作弊，故先生姓名将上草榜而被除去。房考沾化县知县李某为先生详细讲述此乡试闱中事，自云无力与争，愧甚，故赠先生金钱若干，云为膏火之资，以稍赎其愆云。

江苏乡试科场案发。

王士禛寄信给尤珍，赞扬沈德潜等。

李崧到苏州，以所定《芥轩诗》示先生。先生为作《李芥轩诗集序》。

至太仓拜谒沈起元（敬亭）之父沈受宏，后沈受宏也到先生之葑溪

老屋访先生，出其《白溇集》赠先生，并且为述诗学源流本末。沈受宏为先生叔伯辈人，则先生与起元，乃兄弟辈。先生较起元，晚入翰林院，而起元笃于宗谊，仍然与先生以昆弟相叙。

十月，戴名世《南山集》案发。

康熙五十一年壬辰，1712　40岁

更字"归愚"，有文章论之。

顾嗣宗因闻张大受之言，携其诗稿，来请先生校勘，先生悉心点定之，二人遂成至交。顾嗣宗为先生言，何焯重先生之律诗，曾亲与嗣宗言之。

十一月，学政胡润试士，先生列为二等。先生有《寓中遇母难日》云："真觉光阴如过客，可堪四十竟无闻。中宵孤馆听残雨，远道佳人合暮云。"第四句谓一州七邑名流也。此诗题目中所云"母难日"者，先生生日也。

两江总督噶礼、江苏巡抚张伯行"督抚互参案"定案，先生《闻诏》二首，乃为此而作。

是年，书《千字文》，后流传，97岁时加跋语。

康熙五十二年癸巳，1713　41岁

正月初二日，同朱恭季、陈师洛应学政胡润之邀，到江阴学政署中，编选《万寿作人诗》。既而随学政胡润到句容署中，阅通省遗才试卷、选诗。是年，以康熙帝60岁，故朝廷添加乡试恩科。

二月初一日，到南京参加乡试，不第。与孙璜同泊舟江干，同赋《江干夜月》，先生此诗未存。是科乡试，诸生穿棉袄羊裘风帽入场，不搜检。应试者17000余人。

归家后，到钱万策家坐馆。

是月，《南山集》案结案。安徽桐城方氏家族多人入案。先生《北风行》《闻雁》《有感》等诗，或以《南山集》案作。作于乾隆十九年春的《方氏述古堂诗序》也有相关内容。

四月，先生全家染疫，其父亲病尤其危重。先生让其父亲服用人参，乃转危为安。

六月，酷暑，大旱。

冬月，先生父亲六十寿辰，至先生家拜祝者甚多。

冬，就岁试于江阴，与学生张嘉起、陈右文寓涌塔庵。

康熙五十三年甲午，1714　42岁

正月，参加科试，获得一等第六名，遂为廪生。

六月，酷暑，大旱。城中水竭。秋天歉收。民有食树皮者。

秋，乡试不第，而先生之学生尤秉元中式。

冬，蒋师去世。

是年以后文章，抄存十二卷。

康熙五十四年戊乙未，1715　43岁

在方蕢朔（还）家坐馆。方蕢朔乃方殿元之子，以诗学世其家。方蕢朔之弟方东华（朝）好客，四方诗人来苏州者，多到方家广歌堂作客。先生因此而认识蜀中费厚蕃（西琮）与其弟费滋衡（锡璜）、广南梁孝稚、山阴杨可师（宾）、钱塘沈方舟（用济）、无锡杜紫纶（诏）等诗人。

四月，参加岁试，列于二等。学政为侍讲学士俞正健。

五月下旬到六月，大雨。水灾。

冬十一月，娶妾朱氏。

是年，长女与章树邛订婚。树邛为章有源次子，字次闻。

批选唐诗十卷，名《唐诗别裁集》。成《周易折中》，作《古文易考》。

康熙五十五年丙申，1716　44岁

正月，章家送树邛来先生家读书。

陈树滋向先生借《唐诗别裁集》。

八月初三日，生子，乳名攀。

十一月，参加科试，名列二等。学政为宫允林之濬，原任学政俞正健晋升京兆尹。

是年，开始刻印其诗稿，名《竹啸轩诗钞》，又刻印其时艺《归愚四书文》。

康熙五十六年丁酉,1717　45岁

三月,方还长子方夔与先生所抚养的侄女订婚。

六月,初一日,与吴县诸生陈又龙求古,相遇于虎丘。三日后,陈在镇江失足堕江去世,年仅25岁。

七月,前往南京参加乡试。在南京参加文会。与会者有储六雅(大文)、王耘渠(汝骧)、王罕皆(步青)、曹谔庭(一士)、顾天山(霭吉)、顾嗣宗等。文会为时艺、诗、古文各一场,聚会后补送,犹有前代《壬申文选》之遗风。

八月,参加方氏广歌堂雅集。

十月,收到陈培脉(树滋)在广南所刻《唐诗别裁集》,陈请先生补作序言。

是年,有《战城南》《塞下曲》《苦寒行》《企喻歌》《西极》等诗,写西北军事。

康熙五十七年戊戌,1718　46岁

到无锡,和樾亭上人同到杜诏家拜访。次日,同游惠山,至石林精舍、贯华阁、忍草庵,寻碧山吟社遗址,各系以诗。先生后作《樾亭上人传》。

三月,江镇道魏荔彤来苏州,见先生诗文,聘请先生为其家塾师,课其子。魏荔彤为清初名臣魏裔介之子。

四月初一,闻陈世治二月于楚地去世之消息,并撰写《陈师洛哀辞》。

五月,参加岁试,名列二等。学政为昆明谢履厚。

六月,到魏荔彤家坐馆。学生有二人:士敏和壮徵,一为国学生,一为诸生。课务甚为轻松,故先生得以肆力于诗古文,成文六十余篇,成诗百余篇。暇日游览镇江名胜,如金山、焦山、北固山等,往往写诗纪之。得交诗人余京。魏荔彤见余京诗,欲召见余京,先生劝止之,曰:“往役,义也;以诗为羔雁,非义也。”魏荔彤益重之。

七月,陕西、山西地震,五台山崩,人多压死。先生作《地震行》。

十一月，所抚养之侄女，嫁方家。

康熙五十八年己亥，1719　47岁

二月，往镇江魏荔彤处坐馆，女婿章树邛同往。接泰州知府宋生来书，云："当吾世与先生并生，余之幸也。与先生并生而牵于职守，不得见先生，余之不幸也。"翁照在宋生幕府，时向宋生推许先生，宋生乃请先生批阅其文章百篇，先生为批阅而归之，故宋生之推崇如此。宋生，字强斋，河南解元，为顺治、康熙间名家施闰章所取士。

选《古诗源》成，作《古诗源序》。

学政出古学案，先生为第一名。

七月，先生父亲病重，先生急归。归家，先生父亲已断饮食。本中暑未清，诸医误认虚症，以八味汤参术治之，病遂日甚，遂卒。

九月上、中旬，治父丧。

是年，写《制府来》诗，感前两江总督噶礼事而作。

康熙五十九年庚子，1720　48岁

仍在镇江魏荔彤家坐馆。

四月，所教魏家子弟士敏、壮徵回家乡柏乡应试，先生遂辞归。魏荔彤挽留，云："儿子虽去，我老友受切磋可也。"及见先生《南徐寓中作歌》六首，知先生归志已决，遂允辞。将别，魏荔彤题先生《万峰独立图》，云："峰峰卓立断跻攀，邛屐逍遥鸟道间。试问此翁登眺后，何人更上万重山？"又赠先生诗二首，结尾云："他时旌节临吾土，便合扫门迎故人。"

五月，到家，旋到施伟士家坐馆。

康熙六十年辛丑，1721　49岁

二月十八日，文渊阁大学士王掞又上密折，建议立太子。随后，陶彝等十二御史也上了建议立太子的奏折。康熙帝认为王掞和陶彝等结成朋党，联合行动。王掞被革职，其子侍读学士王奕清和陶彝等十二御史被遣送西北军营效力，是为"十三朝官被遣戍案"。先生作《兰台》诗纪其事。

康熙帝六十大寿，各处有庆祝活动，苏州等地亦然。先生无相关诗文。

六月，酷暑，大旱。米价腾贵。

魏荔彤以所注《庄子》，请先生逐篇加评语，先生如命报之，又成《读庄子》文章一篇。魏荔彤致书先生，谓对先生之评语，不改一字付印，然自题云："先生注《庄》，与余或同或异，相视而笑，莫逆于心可也。"

夏五日，应邀参加昆山王学舒松云堂文宴，作《松云堂文宴序》。

十一月，章树邛到先生家和先生女儿结婚。

十二月，刻先生时文稿成。

是岁，赵执信居住苏州。先生有《秋怀五首》等诗，写西北军事。

康熙六十一年壬寅，1722，先生 50 岁

是年，先生之诗稿刻成，开始刻古文稿。

三月，与同人联北郭诗社。

魏荔彤以所注释《老子》寄先生，请先生加评语，如其做注释之《庄子》，先生为之如前之于其所注释之《庄子》。

十月，至湖北，游览岘山道场、何山、弁山诸胜。

十一月，闻康熙帝去世。

雍正元年癸卯，1723　51 岁

春，米价颇贱。夏，大旱。

四月初，谣言屠城，绅民迁徙如织。数日乃定。先生有《讹言行》纪其事。

四月，乡试下第，游览南京及其附近名胜，如乌龙潭、清凉山、卞忠贞祠、鸡鸣山、台城、万石卧钟、明孝陵、灵谷、倒出泉等。先生教过的魏荔彤之子魏壮徵，在家乡乡试中中式。

七月，王耘渠（汝骧）到苏州，邀请先生到程涌虹家。酒半，耘渠谓先生曰："子诗我熟者几半，而无一言相赠，何也?"恐先生不信，耘渠即席朗诵若干。先生深知己之感，次日就作长歌一首赠之。

雍正二年甲辰，1724　52岁

二月，参加江苏乡试恩科。试日，先生感觉所作文极佳，踌躇满志，然以失写年号，未能终场。

三月，到王鹤书家坐馆。学生仅一人。宾主关系融洽。

七月，苏州同知温而逊见先生诗文，遂聘请先生教授其家子弟，先生遂向王家辞职，王家应允，先生遂携带王家子，到温家教书。

八月，学政法海来岁试。先生投卷。次日，法海命先生入学政院，批阅生童所作文章，凡九日。先生所批阅者，咸当学政意。先生自己所作，被取为一等第一名，评语为“理学到家”等。

冬月，浙江巡抚李馥去官，寓苏州，以诗稿请先生点评，信中语言，极为谦下。先生如实为之。李馥主动拜访先生，云：“余入仕后，始作诗，自知肤浅，见者俱极推许，余自疑。今先生去多取少，见直道在人也。”遂与先生定交。

是年，虫灾，霜灾，风灾。

雍正三年乙巳，1725　53岁

温而逊任太沧州知州，温家移家太仓，故先生遂到太仓温家坐馆。

七月，闻徐夔于广南惠士奇幕中去世。

八九两月，参与阅太仓、嘉定、崇明童生考试试卷。

十一月，学政俞兆晟到昆山主持科试，先生参加考试，被取为一等第一名。原卷评语为：“融化经言，佐以议论，董醇贾茂，两者兼之。”复卷评语为：“金石奏而蟋蟀之鸣自破。”先生晋见日，学政云：“子文寄浙中，到处抄誊矣。”相待有国士之目。

岁终，《古诗源》刻成。先生开始选《明诗别裁集》。

雍正四年丙午，1726　54岁

温而逊晋升苏州知府，先生遂到苏州知府衙门内坐馆。

二月，元和知县江之炜聘先生参与修《元和县志》。先生分得学校、水利、人物和艺文部分。先生为之，“矢公矢慎”。耗时两年，先生与同人共成此书，“后为俗子改坏，有俟重修，可惜也”。

八月，乡试下第。第一二场，先生之文，已经在录取范围。第三场首策，为徐姓收卷吏以水洗去印上一字，遂致堂贴。此徐某本为武童生，且为先生所保结者。骑射项目，徐某已经通过，而写文章考试，没有信心，遂请先生代考，先生力拒之。徐某由此怀恨，予以报复。先生房考金匮知县王乔林，深为先生惋惜。

是年夏秋，淫雨连绵，冬，严寒。大雪，至次年春天乃转为正常天气，故为荒年。

雍正五年丁未，1727　55岁

三月，同学彭启丰中会元。四月殿试，彭又中状元。彭家祖孙状元，海内荣之。先生作《与彭翰文殿撰书》。

府试，参加阅元和、吴江、常熟、昭文四县考卷。此四县之第一名考生，后皆中式，可见阅卷者之识才也。

七月，过兰雪堂王氏，看素兰。主人遴汝出定武《兰亭》、武冈《淳化帖》，宋徽宗御画，黄荃、郭熙、赵昌、范宽诸画本，及高、孝、宁三宗宫扇御书，最后看元人杂画，如游宝山而归矣。

八月，岁试二等一名。学政为邓锺岳。邓为状元出身，后和先生同官左右礼部侍郎，凡二年。

雍正六年戊申，1728　56岁

给儿子攀取名为种松，字樊成。种松，先生妾朱氏出。取“水生木”之义也。先生作《儿子种松字樊成说》。

四月初一日，妾朱氏，亦即种松之生母去世。先生云朱氏“瘵疾四年，劳苦倍尝，未尝一日欢娱也”。

十月，苏州知府温而逊晋升道台，离开苏州。先生亦离开温家塾师之职。

十一月，参加科试，获一等第一名。

雍正七年己酉，1729　57岁

正月，八日，与张少弋（鈋）、叶中理往至常熟游览虞山，作《雨中游虞山记》,黄遵古作图。王材任赠先生诗,和先生唱和数日。

四月,移居木渎山塘,爱其山水之秀、人物之朴。

八月,乡试下第。

九月,和张少弋、周钦莱(准)、黄若木(之隽)等,同游茶坞山、牛眠堰等地。归,作游记。三子共赋诗。

冬月,学政邓锺岳招先生至江阴,欲荐先生大优,云可得知县。先生自忖无作地方官员之才能,辞之。各省保举生员引见,有作县令、教官者。

雍正八年庚戌,1730　58 岁

正月,同盛锦游篁村、竹坞。过落木庵、古龙庵等名胜。归途,过北峰,得支遁葬衣冠塔,有"永和六年十一月初一日第一代传法僧"十六字,在王羲之写《兰亭》贴之前,字浑朴可爱。

二月,仍然到王鹤书家坐馆。

五月,学政张廷璐到苏州。在月课、岁试中,先生俱获第一名。张召见先生,许先生"文行并高"。

七月,妻子 60 岁,先生赠诗,有"长斋非佞佛,达理不关书"之句。

是年,专攻时文,得百篇。

雍正九年辛亥,1731　59 岁

正月,寓小白阳山古龙庵,成《说诗晬语》二卷,付鸣谦上人收藏。

吏部侍郎黄叔琳来游邓尉,和先生相遇于四宜堂。黄对先生说:"想慕数年,于游山相见,犹凤凰芝草也。"

三月,浙江总督李卫聘请先生参与修《浙江通志》之《西湖志》,先生乃到杭州,进入修志馆。此次修志总裁沈翼机、傅王露、陆奎勋让先生先修《西湖志》,分水利、名胜、祠墓、志余四个部分。先生遍览载籍,时率领儿子种松来往西湖之上,游览名胜。同人会合,时相唱和。和先生尤其契合者,有方文辀、张存中、陈葆林、诸襄七(锦)、厉樊榭(鹗)、周兰坡(长发)、王介眉(延年)、张铁珊(云锦)等。

八月十八日,出杭州正阳门观潮。

十月，所分得之部分完成，又得《通志图说》部分。

岁暮，种松聘先生表弟蒋天休之女。

雍正十年壬子，1732　60岁

二月初，赵谷林（昱）招同先生游览西溪及其诸名胜。

三月，所承担之《图说》城。先生即从杭州归苏州。

四月，参加科试，获第一名。科试考卷评语为“理境通明，从容合节，策亦原委了然”。试古学为《震泽赋》《诗学源流论》《范文正公祠堂碑记》《玉山晴望》《姑苏怀古》五题，先生又获第一。试卷评语为：“诸体并擅精能，鼓吹六籍，斧藻郡言。洵艺林巨手也。”

五月，张廷璐试士，先生于号中作赋一，论一，碑记一，诗歌三。张以先生冠两府州士，并且赏先生所作《范文正公祠堂记》端重有体。此后五年多，先生将此文编入文集。

闰五月，苏州织造海保，聘先生与修《通鉴》。

七月，女婿章树邛病卒，先生女正怀孕。

八月，乡试下第。先生门生中式者三人，为江苏谢于蕃、浙江金涛、北闱温葆经。中副榜者一，为江苏彭廷抡。

十月，种松与蒋家女成婚。

是年，先生作《汉将行》，写年羹尧事。

雍正十一年癸丑，1733　61岁

正月，女嫁章树邛者，生男，取名为日照。

是月，娶妾陈氏。

二月，海保阅兵镇江，先生同往。苏州惠士奇为广东学政任，因入朝奏对让雍正帝不满意，被罚修镇江城。当时，惠正在镇江修城，先生往访，惠绝口不谈困苦之事，而以有暇研究儒家经典为喜，如去官放废，适成其学者。

四月，学政张公月课，先生获第一名。先生试卷评语为：“虬枝铁干，苍翠摩空，盘盘元气生云烟，千年脂髓化灵珀。此物此志也。”

秋，明代朱云子先生之曾孙文嘉访先生，请先生为其曾祖父《偲闻斋诗文集》作序，先生从之。其中回忆先生小时候听祖父所讲明末吴中名流结社等事。

八月，岁试，获第一名。试卷评语为："古槎架险，体质苍坚，不屑与落蕊漂萍争妍斗媚。"学政召见先生，行宾主之礼，请先生点定学政诗稿，并为诗稿作序，易称"先生"。

九月，妻兄俞曾在去世。先生叹云："亲戚中失一谨慎助我之人。"

雍正十二年甲寅，1734　62 岁

三月，幼妹嫁罗家。

朝廷下诏，举博学鸿词，长洲知县沈光曾举先生。

五月，总督、巡抚、学政三次考试。考题系硃批上谕，为《颂时雨赋》《一实万分论》《三才万象共端倪》长律十二韵。参与考试者 31 人，录取 6 人，先生为第三名。第一名孙见龙，癸巳会元；第二孙天寅，举人；第四倪承茂；第五名吴龙见；第六名朱厚章。预期次年赴京师参加博学鸿词考试。

八月，所纂《通鉴》成，先生乃辞海保归家。

是月，所编选《明诗别裁集》成，作《明诗别裁集序》。

是年以后文章，编入《归愚文续钞》。

雍正十三年乙卯，1735　63 岁

朝廷下诏，发帑修历代忠臣贤士之祠墓。两江总督高其倬以前明南京工部右侍郎徐如珂未有明显业绩，拟不入名贤之列。先生晋见总督，力言徐如珂于苏州之功德之巨，获总督首肯。总督以先生之言告朝廷获准，徐如珂之祠墓并修。

四月，偕同苏州倪稼咸（承茂）、武进吴恂士（龙见）至京师。种松随行。在京师住下后，先生日课古学，不时参加四方名流之聚会。以诗作合，得交于田雯之孙田同之。许双渠（佩璜）也应博学鸿词到京城，和先生定交。沈廷芳拜先生为师。

夏天，翁照受相国嵇曾筠知荐，应博学鸿词之诏，也到京师参加考试，和先生在京师往来。

八月，受荐举诸生，被允许参加北闱举人考试。先生亦循例入场应试，不第。先生弟子于令仪，参加江苏乡试，获中。

二十三日，雍正帝去世。越日，乾隆帝即位，以次年为乾隆元年。未及一月，新政频行，如免雍正十二年之前积欠，召还朱轼、杨名时等著名大臣，禁止天下言祥瑞，解散僧人道流，减轻关政、盐政等。

十二月，移居彭启丰家，彭时任宫允。种松教彭家二子绍谦、绍观读书。

乾隆元年丙辰，1736　64岁

在京师，日课古学。暇日同翁照至程莼江寓，阅从安氏三房所借得宋元著名书画。钮用谦(让)自楚抵京师，和先生论诗。

八月，又应北闱乡试，不第。

九月，御试保和殿。考题为《五六天地之中合赋》《山鸡舞镜诗》七言长律十二韵、《黄钟万事根本论》。二场经解一、史论一。阅卷者为鄂尔泰、张廷玉、邵基。录取一等五人、二等十人。沈廷芳中二等。先生失写题中字，以不合格，不第。翁照因呕血，未能应保和殿考试。是科应选者193人。

同倪承茂、种松归苏州。临行，作《上大宗伯杨公书》，杨公，杨名时也。途中，舟中有附舟弃妾死，同舟人敛金以殓之，使此女之棺材可以归故乡。先生与承茂作《妾薄命》诗。

学政张廷璐按行昆山，先生晋见。张公慰劳再三，谓古今晚遇者甚多，劝先生仍然应试。

是年十一月，李崧去世。是年，门人王琢如(其章)，南闱中式。

乾隆二年丁巳，1737　65岁

在旧徒蒋子宣(重光)家坐馆。批阅唐宋八家文，选明代墨卷和《和声》二集。其间和蒋多切磋，怡然自得。

春闱会榜发，门下中式二人，一为王其章，一为温葆经。

李崧子天根请先生为其父作墓志。李崧，无锡人，天爵自尊，真诚待物，晚年盲目，诗益工。与先生交30余年，为挚友。

夏，与同人送李馥归福州。

九月，同黄之隽之西洞庭山，先生作游记《西洞庭风土记》。和马曰琯定交包山寺。

乾隆三年戊午，1738　66岁

二月，编《归愚文续》，作《自序》。

三月，科试，名列第一。考卷评语为："文非腹笥不办，而一往疏古，近曾子固，学西汉人文字。"

五月，两江总督昆明杨永斌请先生入其署，批阅观风卷，两月而事毕。杨奉命回京师任礼部侍郎，先生乃辞而归。

八月，参加江苏乡试。

九月，江苏乡试榜发，以第二名中式。至此，共参加乡试17次。主考为刑部侍郎安州陈德华、宫詹嘉善许王猷，房考为武进县令赵锡礼。所为论、表、五策，主考评语有"寝馈融浃于古"之语，皆进呈朝廷。吴中中式者13人。

十一月，岁试、科试考卷刊刻告成。学政张廷璐还朝。张任江苏学政，达九年之久，而未尝轻辱一士人。

十二月，与倪承茂赴北京，准备参加次年会试。

乾隆四年己未，1739　67岁

与倪承茂等到北京。途中，先生与倪承茂一路唱和，共得诗歌50余首。

二月，参加会试，中第六十五名。殿试二甲第八名。

五月，乾隆帝临勤政殿，接见新科进士。越日，先生被钦点庶吉士。

六月，钦点庶吉士教习师为刑部尚书尹继善、刑部侍郎刘统勋。刘统勋回家守孝，其庶吉士教习师之职，由礼部侍郎吴家骐担任。

是年夏天，移寓沈廷芳拙隐斋，日夕论诗，互有丽泽之益。九月九日，先生于此题《倪云林诗翰卷》。

八月，馆课第一。尹继善评先生答卷，云"论说与赞颠扑不破，不得以辞华目之"。

十一月，先生乞假归里。孙璜访先生于葑溪老屋。

乾隆五年庚申，1740　68岁

课徒于吴江同里袁氏。学生有袁质中(景辂)、吴南勤(德基)等。先生间作八股文。打扰者稀，先生得清闲之乐。

五月，在北濠赵氏阅宋元明人书画，本项元汴家故物。

七月，诗古文稿刻成。

九月，得沈廷芳书，书有云同人想望，宜早赴翰林院。

十二月，北上京城。路过镇江，欲拜访老友余京，而余京已经去世。

乾隆六年辛酉，1741　69岁

二月，入翰林院，继续为庶吉士。当时教习师为史贻直、刑部尚书阿克敦。先生共成赋40余篇。

四月，长子种松到京城应试，并参加官员任职考试。

九月，妾陈氏到京城。

是月，北闱榜发，门人之中式者为凌来吉(钧)、北人王庄阅。南闱榜发，门人李勉伯(绳)中式。

冬月，续刻古文稿，续批八家文百余篇。

乾隆七年壬戌，1742　70岁

四月九日，散馆。御试题《王屋非尧心赋》《春蚕作蚕诗》五言八韵，限"咸"字韵。乾隆帝亲自临考场，入座后，命诸大臣入座。见先生年老，乾隆帝询问姓名籍贯。越三日，等第分，第一名为裘曰修，先生名列第四，留在翰林院。

六月九日，乾隆帝分批接见新留翰林院任职者，命先生和其《销夏十咏》五律，先生未刻赋就，进呈。次日，乾隆帝颁赏先生纱二、葛纱二。

七月，侍班，乾隆帝命和《讨源书屋恭瞻皇祖御笔》七律二首。

九月，奉命和乾隆帝《落叶诗》七律六首。是月，辅臣传谕，先生校勘新旧《唐书》，分修《明史纲目》。

乾隆八年癸亥，1743　71岁

正月，校《旧唐书》，无间日夕。

二月，为乾隆帝所召见，奉命和其《纸鸢》七律一首。

三月，奉命和乾隆帝《柳絮》七律五首。连前和《落叶诗》，内务府鞠勒石。先生又奉命和《喜雨》七律二首。

晦日，乾隆帝御试翰林诸臣于正大光明殿，赋为《藏珠于渊》，论为《礼以养人为本》，诗为《折槛旌直臣》五言八韵，得“交”字。等第发榜，一等三名，王会汾为第一。二等九名，先生为第五。三等二十七名。其余为四等。王会汾、裘曰修、万承苍以编修晋侍读学士，先生晋升左春坊中允。赏赐亦分等第。

五月，晋翰林院侍读。六月，晋左庶子，掌坊。九月，晋侍讲学士。

十二月，获授日讲起居注官。

是岁，乾隆帝侍皇太后之盛京，谒三陵。先生撰写乐府诗十章进呈，乾隆帝命交文颖馆，以备编刻。先生又撰写《恭跋蒋蟠猗恭缮御制盛京赋碑刻》。

是岁，和鲍皋交往。

作组诗《偶述》，第一首“铁冠岳岳立朝端”云云，为左副都御史仲永檀因党争死于狱中而作。第二首“殿头磊落吐鸿辞”云云，为杭世骏被革职作。

乾隆九年甲子，1744　72岁

正月，校勘《旧唐书》完毕，每卷后有考证，缮写进呈，然后开始校勘《新唐书》。

二月，乾隆帝谒泰陵，点讲官侍班，先生在其中。先生老年学骑马到陵，与此谒陵之礼，班次在中堂之下。礼毕，先生随乾隆帝等归。

六月，晋詹事府少詹事。

是月，被钦点为湖北乡试正主考，副主考为御史西有年(成)。晦日，启程前往湖北。

七月，在从京师前往湖北途中。一路却负弩迎者。过柏乡，忆魏荔彤旧有“旌节临吾土”之语，今诗谶果然，而魏已经去世多年，先生因作诗志慨。经过比干墓和岳飞、杨忠烈公祠堂，先生皆瞻拜。

到湖北主持乡试，出闱后，登黄鹤楼，望鹦鹉洲，吊祢衡，会晤已经139岁之老人汤云山，皆有诗歌纪之。回京复命后，先生知南闱解元为门人薛观光，其文体雅正，由此预测文风有将转移之契机。

十一月，命种松南还，一以省其母亲，一以葬俞曾在夫妇。

乾隆十年乙丑，1745　73岁

正月，校勘《新唐书》完毕，进呈。

二月，乾隆帝谒景陵，仍点先生在侍从之列。先生随驾过蓟州，至马兰峪，行礼与乾隆帝谒泰陵同。随驾归，过盘山，乾隆帝宿行宫，先生同其他随行官员由下盘上中盘。和乾隆帝御制诗八首。回到京城。

三月，为张鹏翀作《御书双清阁记》。乾隆九年，乾隆帝画《松竹双清图》，赐予张鹏翀。至此年三月，张鹏翀请假回乡省墓，建造此阁。

四月，会试榜发，门下士二人中式，一为顾栋波，一为高玉驹。顾入翰林院，高铨选部主事。

晋升詹事府詹事，谢恩。乾隆帝于勤政殿召见先生，问及年纪、诗学、儿子几人，又云：“升汝京堂，酬汝读书苦心。”并论及历代诗之源流升降。最后问及苏州年成。先生一一奏对，乃出。次日，先生进呈所作古文和诗钞，获赐府纱二匹。

六月，轮班。乾隆帝召见先生，问上一年湖北乡试事，以及其地民风土俗，并及140岁老人，先生是否亲见其人。先生如实奏对。乾隆帝出其所作《补亡诗》六章，及《读贞观治要》《未央宫瓦》二诗，命先生和。越日，先生进呈和诗，或赐葛纱二匹。

七月，奉旨稽察左翼觉罗四学。

八九两月，参与秋审事宜。先生仔细阅读案卷，释绞罪中可矜者四人。秋审事宜未毕，先生被钦点为武会试副总裁，正总裁为工部侍郎涂逢震。

十一月，和乾隆帝所作《落花诗》六首进呈，获赐缎一匹。

是岁，与张曾定交。

乾隆十一年丙寅,1746　74岁

三月,接家中来信,知妻子俞氏已于正月二十六日去世,先生与种松,皆不及一见。先生欲请假归,适闻讯日,乾隆帝授先生内阁学士,先生觉受恩深,不敢随即请假,遂命种松南还,以尽子道。先生暂留内阁。

四月,乾隆帝赐先生《觉生寺大钟歌》,即用先生同题诗歌原韵。先生云君和臣韵,古未有也。

七月,夜梦见妻子俞氏,醒而成诗。进呈新诗,此诗未删。乾隆帝见此诗,建议先生回乡料理。先生上折请假归乡,并请开缺。乾隆帝下旨准假,不必开缺。

八月,乾隆帝宴请群臣于瀛台,先生仍然奉召赴宴。席间,先生为父请封诰,乾隆帝允之,并赐诗。

在回家途中,先生经过河道总督完颜伟官署,翁照在完公幕府中。

十一月,到家。已经移居城中矣。择日上三代诰命,焚黄墓所,役工建坊。

乾隆十二年丁卯,1747　75岁

正月,和诸老年同门到二弃草堂拜叶燮之位。叶燮之孙子启祥也参加这次活动。

二月,葬妻子俞氏于先生之父亲之墓之昭穴,妾朱氏从葬。先生亦建生圹于中。

四月,辞别家乡亲友,赴京城。

六月,到京城。陛见,乾隆帝赐诗,并授先生礼部侍郎,命入上书房,辅导诸皇子。自此,先生常奉命赋诗。

北闱榜发,门人中式者二人:汪存宽获第三名;王世琪获第十五名。皆能文者。

乾隆十三年戊辰,1748　76岁

三月,钦点会试总裁,刑部尚书陈大受为正总裁,吏部侍郎蒋溥、兵部侍郎鄂容安和先生为副总裁。初六日入闱。十四日,传入乾隆帝皇后去世信仪注到闱中，先生易服举哀。榜发后，旋至乾清宫复命。出，易服，至皇后停梓宫处哭临。殿试日，有旨复令阅卷。

春夏之交，苏州粮食涨价，引发血案。先生闻之，作《哀愚民效白太傅体》诗。

六月，乾隆帝成《悼孝贤皇后诗》，命南书房诸臣与先生同和。乾隆帝赞赏先生和诗，命即写卷后，传观众臣。

前此察典，先生自陈不职，愿让位于学士齐召南。是岁，乾隆帝知先生患噎，命解部务。齐召南任之，德潜专在上书房行走，食原品俸。

乾隆十四年己巳，1749　77 岁

正月，患噎未愈。乾隆帝命兵部尚书梁诗正传旨："沈德潜不必到上书房，许其归里，享林泉之乐。朕与之以诗始，亦以诗终。令其校阅诗稿，校毕起行。"梁捧御制十四本到先生处。奉旨后，逐日细阅，阅过四本，先缴进。乾隆帝阅之称赏，赐先生五言长律一首。先生阅毕缴进，乾隆帝召见，赐"诗坛耆硕"匾额。次日，先生进四首诗，陛辞良久。内侍捧出乾隆帝所赐物品：匾额一，御画一，缎、绫各四匹，人参二斤，治噎大食丸一十六，最后又传出御制用陛辞韵四律。

出都日，皇子亲王俱送诗文、路费。朋旧门生，饯别于都亭。有送至百余里者。赠诗者甚多。

六月，至家。知四月中得孙。亲朋好友来家中者，与都门送行者等，投赠诗篇，类于束笋。宴会几无虚日。

是月，凌如焕来吴门，先生拜谒于遂初园吴家。

七月二十一日，到上海拜谒凌如焕，而凌如焕已经于两日前去世。先生乃作《诰授资政大夫少司马座主凌公神道碑》。

八月，参加虎丘塔影园文宴，远近文友诗友交至。先生成律诗四首，以续梅村文宴之后。

九月，同周准、张石帆、徐无执诸子为西山之游。同游者俱有诗，并相订明年黄山、天台之游。

十一月，阅邸钞，见乾隆帝求经学贯通之士之诏，诏有云："故尚书蔡闻之、宗丞任启运经学湛深，近者侍郎沈德潜学有本原，迥异獭祭为工、剪彩成花者。”

乾隆十五年庚午,1750　78 岁

正月,和周准同为黄山之游。游黄山归家,归方门侄女去世,哭之。闻皇长子去世,一折进挽章,一折向乾隆帝请安。

七月,成祝乾隆帝四十寿诗册进呈,并且进呈新诗一册。

八月,接乾隆帝批折,乾隆帝所赐缎、纱各二匹,御制诗七律一首,落句云:“为语余年勤爱护,来看吴会共论文。”乾隆帝将于次年南巡,故云。

九月,秋闱榜发。南闱,门人中式者三人,为长洲时敷五、吴县吴翀、青浦张宏燧。北闱,门人中式者二人,为蒋棉、申世铣。

是月,为天台之游。方欲遍游琼台、双阙、赤城、天姥诸胜,而驿递适至,云朝廷有旨颁到,宜即归接。未能畅游而归。既接旨,知赐初刻御制诗集四套,共二十四本,御书墨刻十二册,又命和御制诗一百四章,旨云:“于便中和之,接驾日面呈,不必迫窘借屈为也。”随即缮折谢恩。

十二月,儿媳妇蒋氏去世。哭之。

乾隆十六年辛未,1751　79 岁

正月,乾隆帝批折子回。先生获赐“福”字。江苏巡抚王师请先生担任紫阳书院院长。

二月,乾隆帝南巡至清江直隶厂,先生接驾于此,缴进所和御制诗之作,旋被召见于武帐中。乾隆帝问先生身体情况和吴地百姓苦乐,先生答之,获赐绸缎各二匹,人参一斤,貂皮四张,次日获赐诗歌一首,有“玉皇案吏今烟客,天子门生更故人。别后诗裁经细检,当前民瘼听频陈”云云。先生随即伴驾至苏州、浙江、镇江、南京等地。乾隆帝在镇江金山时,和先生《山居杂兴》十章,又赐先生《题紫阳书院》五古一首,命先生校阅御制诗三本,和御制诗十二章,予先生在籍食原品俸禄。

四月,送驾至扬州,召见于高旻寺行宫,慰劳云:“汝年老,不必远送。凡年老诸臣,汝传旨,俱不必再送。”又云:“人言吴民浮薄,看来甚有诚意。”先生奏云:“吴民最易感动。我朝重熙累洽,皇上深仁厚泽,虽田夫村妇，亦俱欢呼爱戴，何况臣工士林。”良久，出。次日遵旨，同旧广抚王谟、太仆卿蒋琏送驾归。途次，知御试诗赋取中一等六名，上下江各三人，赐举人，以中书用。门生中式者钱大昕、褚寅亮二人。

会试榜发，先生门生蒋檙中式，入翰林。

五月，到紫阳书院任职。先拜孔子像，次谢恩，次拜朱熹牌位。写成规条十则，每月一课，四书题二，当日缴卷。古文诗题各一，五日缴卷。诸生中多英迈者。

六月，和御制诗毕，进呈，并恭请圣安。

七月，批折回。一批“诗留览”，一批“朕安，汝亦安否”。

八月，江苏巡抚王师去世。王临终云：“草我墓志，须乞沈少宗伯。”司道述其言，先生乃作《诰赠资政大夫江宁巡抚都察院右副都御使我园王公墓志铭》。

十月，先生启程赴京城，参加皇太后六十寿诞庆祝活动。

十一月，到北京，进呈祝贺皇太后寿辰册，即得乾隆帝召见。乾隆帝问江南年成、米价和当地官员情况，先生奏对。随即随群臣朝贺。二十五日为皇太后寿诞，先生随众到康宁宫行礼，到太和殿行礼。次日，应乾隆帝召，到南书房。乾隆帝命题《韩滉七才子图》、御书《无逸篇》、御画《古干梅》。先生题毕，进呈文徵明像，乾隆帝题七律一首，并且命南书房诸臣属和，又赐先生“德艺清标”匾额。次日，乾隆帝赐先生貂裘，谕次年春暖南还，并命先生校阅他南巡后所作诗歌一本。

十二月朔，到静安庄，谒皇长子停金棺处，拜哭而返。又五日，校阅乾隆帝诗歌完毕，缴呈。望日，乾隆帝于养心殿召见先生，许为先生诗集作序。二十五日，乾隆帝召见先生，命观其所作《归愚诗序》，先生尤其喜欢其中“归愚叟”之称，以及“他日见访山居，即以为愚公谷也”等语，以为从古无君和臣诗者。次日，先生谢恩，获乾隆帝所赐御书“福”字，一同在位时。

乾隆十七年壬申，1752　80岁

正月初九，乾隆帝召先生赋《雪狮子联句》，诗成，乾隆帝给先生御制《归愚诗序》手卷、御书“鹤性松身”匾额、藏佛一尊、红结顶貂帽一、银鼠蟒袍一、天马补服一、椰子素珠一、嵌玉如意一、锦垫一，为先生称寿。次日小宴重华宫，乾隆帝成七律二首，诸臣即席和韵，共十六人，先生予焉。望日，乾隆帝以《小宴重华宫》二律韵，赋二律，赐先生，命先生再和。次日，乾隆帝召先生至圆明园，与论人臣体用。先生云，体用兼备者，如姚、宋、韩、范诸公，可以维持庙社。有体无用，犹不失明理之人，但不可以寄以重任耳。若无体而妄谈作用，恐有狂躁偾事者。乾隆帝以为然。申刻，赐宴正大光明殿，作乐演剧。入夜，奉命往御园看秋千烟火。次日，赋二律八绝句进呈，乾隆帝嘉览焉。

二月朔，进陛辞日子折。乾隆帝召见，赐送行七律一章，又赐银子两百两为路费，祝先生长寿，并且订他年再见之约。先生有"温言霁容，不啻慈父母"之感。初八日，先生南归。过宿迁，见南北试录。紫阳书院共中四人。南榜吴昌宗、闻朱梃、徐伸，北榜顾祁。江南主考邵树本，系戊辰门生。到家后，仍赴书院，按期课文。

五月，《唐宋八家文读本》刻成。此书由保宁太守陆闇亭所刻。

七月，将此前所刻诗古文各删存二十卷，重新开雕。

是月，众善士创立永仁堂，施棺材，聘请先生为监堂。请于两江总督庄公，先拨入官田三十余亩，俟以次振兴。

八月，傅阆陵删订《西湖志》十卷，系以往先生等同修者，请先生代为进呈。

九月，乾隆帝在《西湖志》上题三首绝句代序，赐缎、绫各二匹。

十月，大学士高斌派员送到御赐《三希堂法帖》三十二册，比宋朝之《淳化阁帖》较增二倍余矣。

十一月，生日，戚属门生故旧，有越千百里，舟车沓至者。

岁将除，入山，宿汲云庵，云终日对雪，心无一事，皎如太虚。一年中无几日如此云。

乾隆十八年癸酉，1753　81岁

正月，校乾隆帝所作诗歌，缮折向乾隆帝请安。

三月，收到乾隆帝之批折回复："览汝奏牍，如接晤言。"

四月，文徵明裔孙文含，欲建专祠供奉御制诗、御制额，吴中资助无儿，经费不敷。先生致信转运使吴嗣爵，扬州士人之捐款，倍于吴中士人所捐，祠乃落成。

六月，命种松开始建造御书楼和宗祠，于竹墩故居。

八月，友人袁顧尊（三俊）来访，先生谓袁云："予生平知己，惟徐子龙友（夔）、李子芥轩（崧）、翁子霁堂（照）、周子迂村（准）。门生中惟张生渭徵、尤生昭嗣（秉元）、蒋生子宣（重光）、卢生景程。戚属中惟俞兄曾在与君。今龙友、渭徵、昭嗣、景程、曾在俱成古人，霁堂为诸侯客，行踪无定，迂村遭家难，相对略无欢容。子宣卧病不能行步。明年祠宇成，我时当往来故居，与君衡宇相望，晨夕过从，共寻少时钓游处。暮年常聚，惟吾两人也。"时月之晦日，乃别去。三日而顧尊暴卒。

秋榜发，紫阳书院中式者六人：钱策、华封祝、陈洝新、陈王宾、刘慧远、顾颙遇。

十月，选刻《紫阳书院课艺》告成。

门人潘森千刻先生所定《杜诗偶评》告成。先生作《杜诗偶评序》。

乾隆十九年甲戌，1754　82 岁

二月，江苏巡抚庄交给先生御制诗一册，以及御书"福"字。

三月，校阅御制诗毕，缮折进呈。

四月，收到乾隆帝所批奏折。

会试榜发，先生门人中式者为：王鸣盛、钱大昕、王昶、钱策、汪存宽、危映奎，共六人。危系先生在湖北所录取之举人。殿试，王鸣盛获榜眼，获授编修，钱大昕、汪存宽获授庶吉士。

五月，开始评选《国朝诗别裁集》。

九月，上辞俸禄奏折。乾隆帝批复，不允。

十月，到范氏义庄，观范仲淹手书《伯夷颂》，端庄秀挺，如其为人。后有晏殊、文彦博、富弼、蔡襄、程颢诸先贤题咏，又有元明清诸人题跋，中间亦有秦桧、贾似道题跋。

十一月，新建祠宇落成，以所刻御赐诗文共文石四十有一方，嵌诸壁间。

是岁，紫阳书院肄业者 140 人。巡抚聘请闽中廖太史南崖名鸿章

同先生任讲席。

乾隆二十年乙亥，1755　83岁

正月初一日，成时文一篇。元宵后，庄巡抚进京城朝见乾隆帝后回苏州，先生至庄处，恭请乾隆帝安，知乾隆帝眷念先生，屡次问眠食步履，并赐予"福"字。次日，庄巡抚送乾隆帝诗二册到紫阳书院，命先生缓缓校阅。

二月，校阅乾隆帝诗完毕，缮折，仍托庄巡抚代为进呈。

三月，收到乾隆帝的批折，获赐宫缎四匹。

是月，闻翁照在金陵高方伯署中去世。

四月，阴雨连绵至六月，晴稀少。中下田俱在水中，仅高者犹可望收成。

七月下旬，虫灾严重。继以风灾、霜灾，间有刈获，虽鹅鸭亦不食。民情惶惶。既闻乾隆帝有折漕之旨，又闻乾隆帝怜悯江浙荒歉，暂停南巡。民情始安。

乾隆二十一年丙子，1756　84岁

荒歉之后，民食榆皮，兼掘山粉。因之瘟疫流行，死人载路。先生有诗纪之。

三四月中，周准、盛锦、汪俊、朱受新，相继去世。

插秧后，六月无雨，禾欲枯槁。富户赈贫，不能齐心协力。长官督责，吏役侵渔。正当危迫之际，大雨二日夜，四野沾足，禾苗勃兴。七月后，成两番景象矣。

八月，传到乡试题目，首题"摄齐升堂"一节。先生拟作一篇。榜发，紫阳书院学生中式者有：司马梦祥、袁钰、潘凯，在北闱中式者有：徐作梅、张光焯。江南主考冯浩，系先生戊辰门生，先生因往会晤。

两江总督尹继善邀请主考、将军、监临，与先生同游摄山、栖霞山。松有六朝至当时尚存、两人合抱者。先生成无言古诗六首，尹继善和之。

乾隆二十二年丁丑，1757　85岁

正月，在病中。

二月，未痊愈，乾隆帝南巡，先生至直隶厂迎驾。乾隆帝召见武帐中，赐诗有“星垣帝友岂无友，吴下诗人尚有人”之句，谕有病先行，于苏州再见，先生遂辞出。夜行到家，先生知圣旨：“礼部侍郎沈德潜致政归里，年逾八旬，实称蓬瀛人瑞。今来接驾，着加礼部尚书职衔，以示眷念老臣之意。”乾隆帝到苏州，召见灵岩行宫，问先生高年有学问者，先生以少司成顾栋高、进士方桑如对。乾隆帝又令先生进呈时文稿。次日，先生进呈时文一部，卷轴六种。乾隆帝受时文和唐寅山水卷，赐先生宫缎八匹，端砚一方。次日，复召见，云先生之时文，得先正之力，又云先生病刚痊愈，不必随驾。先生奏云：“恋主情深，忘其为病也。”因随驾至杭州西湖、镇江金山和焦山。至扬州，知道金陵召试古学，共录取七人：下江五人，为王昶、曹仁虎、吴省钦、褚廷璋、徐曰琏，皆紫阳书院中人；上江二人，韦谦恒、吴宽。吴宽是先生旧门人。送驾归家，三月已尽。

四月，会试榜发，门下陈诠中进士。

户部尚书蒋溥寄给先生御制诗，共160余首。奉旨命和。至五月尽，先生和毕，进呈。

先是，二月迎驾时，奏陈辞去紫阳书院掌教职务。诸生吴山秀等，向巡抚呈文挽留先生。巡抚应众之请，亲自到紫阳书院，当面挽留先生，谓“为国作人，即是文章报国，此正公之素心，上必不以为非也”。先生鉴其诚恳，乃留紫阳书院课士。山长之职，由廖鸿章担任。

九月，广西陈宏谋任江苏巡抚。陈硕学，除理学之外，凡水利、农田、兵刑、备荒诸政，必悉心讲求。每试《四书》一题，或论或策一题，评定后，必作题解一篇，以示诸生，公与掌教共之。廖鸿章胸有经画，随大小叩而皆鸣。书院中不止求文辞之工而已。

冬月，批选《国朝诗别裁集》完毕，并为作序言。

乾隆二十三年戊寅，1758　86岁

三月，至西洞庭蔡家，重游石公山、包山寺、大小龙渚、石蛇等处。

包山寺有奸臣黄潜善墓地，松楸郁郁，先生不无恨恨。

八月，日本臣高彝海外寄书千有余言，溯诗学源流，诋钱牧斋持论不公，而以先生为中正。又赠先生诗歌四首，愿附弟子之列，并欲乞奖借一言。先生云其意非不诚恳，然外夷不宜以文字通往还也，因不答以拒之，师文衡山不以书画予远夷之意。

九月，刻先生父亲分隶书，共文石十八方，亦嵌诸壁。先生曾祖墓建坊，亦于是月告成。

乾隆二十四年己卯，1759　87岁

春，正月，顾诒禄为先生《归愚文钞余集》作序言。

二月，门生、沛县知县荆如棠为先生外孙章日照捐太学生。荆因前此公事，曾三宿章家。

四月，蒋仙根设“后己卯送春宴”。前六十年，其尊人蒋深集名贤送春，先生亦与其盛会，而其时仙根才两岁。此又逢己卯，诸君在席者相与赋新诗，谈往事，而王愫作绘以续前人画图。参加此会者，除了德潜外，有彭启丰、赵文哲等，仙根之子蒋业晋、蒋业鼎亦与焉，吴中喧传，以为佳话也。先生作《后己卯送春文宴序》。

闰六月，阅读邸钞，知去秋雨后直至六月无雨。乾隆帝命官发粟平粜，清理刑狱，炎天步祷，为文自责。小暑大雨，远近遍及。乾隆帝又命给助农民籽本，艺粱艺菽，可望有秋。先生感此作诗。

九月，蒋重光刻《国朝诗别裁集》成。

紫阳书院江南乡试中式者为陆锡荣、吴鼎科、邓安道、费弘勋；北闱中式者为金士松。

十月，乾隆帝颁发《墨妙轩帖》四卷，谕不必谢恩。大学士蒋溥（恒轩）传旨，谓尚书沈德潜、侍郎钱陈群明年不必来京祝寿。先生感激不已。

是年，苏州定慧寺垣墙倒塌，出古碑，为苏轼书写的陶渊明《归去来辞》，付寺僧卓契顺者也。先生撰写《定慧寺苏文忠公书归去来辞碑记》。

乾隆二十五年庚辰,1760　88岁

正月,第二孙生。

二月,树华表于祖墓。演剧,请坟邻八十余家,远近欢悦。

三月,归章门女六十寿。

种松重刻《国朝诗别裁集》,以蒋刻本别字太多。

前一岁,进呈《荡平西域》雅诗十四首,歌颂朝廷。此诗折回,乾隆帝批改五字,缘讹认“准夷”为“策陵”,“总台吉”为“四大台吉”。旨云:“沈德潜为南方老成之士,不应错误,故特谕正之。”

四月,会试发榜,门生毕沅、金士松成进士。

五月,殿试,赐毕沅一甲第一人,授修撰。金士松为庶吉士。

七月,进呈《颂言》十四首,祝贺乾隆帝五十大寿。折回。

八月,获赐缎子二匹。获赐日,得第三孙。

九月,浙江乡试榜发,紫阳书院中式二人:唐琪、潘瑛。副榜一人:邱季思。江南乡试榜发,紫阳书院中式六人:薛起凤、陈师集、陈初哲、沈士骏、蔡大镛、段玉裁。典试者钱汝诚、朱丕烈,皆戊寅门生也。北闱榜发,紫阳书院中式者陈基德、汪为善,旧门生陈庸。

十月,通过巡抚陈宏谋,进呈向乾隆帝请安折。

十一月,收到乾隆帝批复:“朕安,卿亦佳否?”

十一月,种松娶吴江周相国裔女为继室。

十二月,请清河道宋鲁儒、乡贡士张集成、国学生顾禄百(诒禄)共同襄理永仁堂事宜。前此借水神阁,施棺堂未建也。至此,议建堂,而经费未足,先生与宋鲁儒向织造安公商之,安公允之。

乾隆二十六年辛巳,1761　89岁

二月,增订后的《国朝诗别裁集》刻成。

三月,选刻盛锦诗。

四月,元和县知县许治聘请顾禄百(诒禄)修改县志。康熙戊申岁,县志已经编成,固矢公矢慎者。后两番为浅学者私改,舛讹不堪,已经三十三年。至此,先生助顾复还旧观。

前岁冬月，选刻《紫阳书院课艺二集》，至是六月，渐次告成。

八月，获赐御制诗二集，八函。浙江巡抚庄有恭遣人带来圣旨，并云先赐予上书房、南书房诸臣，其余未及颁发也。

九月，启程去北京，参加皇太后七旬祝寿活动。

十月底，到京城。

十一月，进呈《历朝圣母图册》《国朝诗别裁集》。乾隆帝召见慰劳，赐缎一匹。十四日，命与九老会，赐杖一、缎四匹、如意一、手炉一、鼻烟壶一、象牙盒一、茶盘一、荷包六、素珠一，命工图象，凡九老三班，在位九人，在籍九人，武臣九人。皇太后赐缎四匹、素珠一挂、如意一、荷包六。十五日，接皇太后驾及乾隆帝驾。二十二日，到太后宫行礼，与九老会者，复赐缎六匹。二十四日，赐游香山，符香山九老之数。钱陈群亦在"九老"之列。二十七日，奉旨校阅御制诗三本

十一月初四日，校阅御制诗三本完毕，呈缴。乾隆帝召见，明次年迎驾送驾，不必出苏州界。

是月，乾隆帝下谕，严厉批评《国朝诗别裁集》。

十二月，以四日之力，校阅毕乾隆帝之诗，并且上缴。乾隆帝召见，命次年其南巡，迎驾送驾，都不必出苏州界。

是年，苏州附近甪直镇建造同仁堂，施舍棺材，代为营葬，施舍药物，敬惜字纸等。先生撰写《同仁堂记》。

乾隆二十七年壬午，1762　90岁

正月上日，归途中，阻冰淮阴。十日，冰冻稍解。买舟一路打冰，八日到家。

二月初一，作《九日同钱尚书陈群舟行迎驾》诗。十九日，先生和钱陈群在常州白家桥接驾。乾隆帝在舟中召见先生，赐座，让先生和钱陈群各回本境。越二日，乾隆帝到苏州，先生侍班于行宫前。乾隆帝谕，老年人宜安息，不必远送。次日，赐先生"九秩诗仙"匾额，诗二首，其中一首是乾隆帝赐给钱陈群和先生两人，首云："二老江浙之大老，新从九老会中回。"先生仍随驾到浙江，乾隆帝仍让先生回苏州。乾隆帝从浙江回苏州，召见先生，先生感到"如慈父之爱子"。乾隆帝再次让先生不

必远送,又让太监扶着先生出行宫。先生共和御制诗十八首,获赐绸缎、古砚、果品和生鱼等。

九月中,游览栖霞山,遇雨,宿般若台。次日微雨,遍游。前此同诸当路游,只及山之半也。雨中探胜,逐境游目。成古诗十二章,视前诗倍之。

十月,晋赠四代诰命,颁到先生之曾祖父、祖父、父亲并赠光禄大夫、礼部尚书,曾祖母、祖母、母亲和已故的妻子,并赠一品夫人。焚黄墓地。

十一月望后二日,系先生九十生辰。宾朋称祝,有泛浙水、越江淮而至者,略如八十岁时。钱陈群有《九十诗仙谣为沈归愚尚书寿》诗。

乾隆二十八年癸未,1763　91 岁

四月,获赐御制《和德潜摄山诗》十二首,御书长卷以赐。

七月,作《重订唐诗别裁集序》。

八月,增订《唐诗别裁集》刻成,共二十卷。先生作作《唐诗别裁集序》。

十二月,第四孙生。

乾隆二十九年甲申,1764　92 岁

六月,获乾隆帝赐翻译《书经》一部,乾隆帝纂《春秋直解》一部。

十月十二,下堂蹉跌,右股受伤,痛深昏聩,百方医治不效,服参,久之始省人事,不良于行。

乾隆三十年乙酉,1765　93 岁

正月,第五孙生。

二月,第六孙生。

乾隆帝南巡,先生扶病和钱陈群前往常州武进白家桥接驾。乾隆帝见二老扶杖跪迎,谕云如此年老,可不必远来,天色已晚,到苏州行宫再召见。二十五日,乾隆帝到苏州行宫,在行宫的修竹吾庐,召见先生,备问病痛和子孙情况,先生一一奏对,旋获赐人参一斤,缎子四匹,律诗

二首，其中一首也是赐给钱陈群的。闰二月四日，乾隆帝往浙江。十二日，内阁传达上谕："沈德潜、钱陈群，江浙耆宿也，并以卿贰予告里居。曩者省方东南，存问所及，特进尚书阶，优颁廪禄。兹时巡莅，止二人扶杖迎谒。耄耋而神明不衰，朕甚嘉焉。其各加太子太傅，以宠异之。沈德潜之孙、钱陈群之幼子，并赐举人，一体应礼部试。二臣益欣愉恬养，以跻期颐，副朕优高年、眷旧臣之意。钦此。"十九日，乾隆帝谕沈德潜、钱陈群并改食正一品俸禄，又赐御临苏轼制草。二十六日，乾隆帝又在行宫召见先生，问民情，说爱戴出于诚信，恐民间不无疾苦。先生奏对，云百姓对皇帝的爱戴，确实出于诚心，因为朝廷减轻了对百姓的赋税，使百姓得以休息，故他们感恩皇帝。乾隆帝又谕先生不必远送，只在行宫门左右送即可以，回家后好好调理。先生感激无加。

三月，举九老会。

四月，第七孙生。

门生贡士王廷魁为先生刻御赐诗文及先生和御制诗，始乾隆二十三年至三十年前后，共六卷，卷后成跋语，以道扬帝德，并志君臣遇合之隆。至是告成。

五月，第八孙生。

九月，南闱榜发，紫阳书院中式八人：沈璜、蒋麟书、徐藻、周梦棠、周赞、魏模、王莘槐；北闱中式二人：韩畅、张埙。南闱副榜二人：李世枢、沈大中；北闱副榜三人：沈杲之、褚超、顾何昌。

是月，众门生谓先生迭受君恩，宜建坊以垂永久。具呈督抚，并允所请。建坊沧浪亭北文待诏祠之左，以乾隆帝御赐诗比文徵明，有"书画虽书诗胜彼，功名已过寿如他"句也。宇共六楹，坊之后建御制诗亭，环列围墙。于十一月落成，费用约800余两银子。

十二月，获赐《御制文初集》，共三十卷。

第九孙生。

乾隆三十一年丙戌，1766　94岁

正月，种松陪维熙上京参加会试，先生具折谢恩，并向乾隆帝请安。御批："览卿奏谢，知体建足痊，为慰。"

六月，儿孙自京师归。

十一月，乾隆帝赐御墨梅。

乾隆三十二年丁亥，1767　95岁

正月，具折向乾隆帝请安。乾隆帝赐人参一斤，御制诗七律一首："乙酉别余念到今，开囊喜接远来音。知常康健仍能咏，防省精神免校吟。通体清新托梅萼，延龄资助赐人参。百年拟谒金门贺，定得如期遂此心。"

八月，长孙沈维熙娶妻子何氏。

第十孙生。

乾隆三十三年戊子，1768　96岁

正月，得张择端《清明易简图》真本，缮折请安，图亦并进呈。旨批回："朕安。卿亦佳否？"又御批进画折云："既系尤迹，卿宜有咏。若能成佳话，写来内廷装池可也。"赐五言古诗一首，人参一斤。先生奉旨成七言古诗一首，并且详述图之始末，进呈谢恩。御批"欣阅览之"。

四月，第五孙殇。

五月，第十一孙生。

九月，南闱榜发，紫阳书院中式者十人：杨昌霖、徐兰森、沈起凤、童高中、顾葵、林蕃锺、曾廷楷、张凤翼、潘元扬、陆学逊。北闱中式一人，为蒋谢庭。

十一月，第十二孙生。

乾隆三十四年己丑，1769　97岁

正月，孙媳妇何氏去世。

四月，宫傅钱陈群来传上谕，悯先生年届期颐，勿涉长途。次年乾隆帝六旬寿辰，只在本地率众人扣祝。奉到御批奏折，获赐御制诗一律。

五月，殿试榜发，紫阳书院门生陈初哲学，赐第一甲第一人，授修撰。奉到御批奏折，其中命先生亦劝钱陈群不必入京恭祝。先生以97

岁高龄，即赴钱陈群家乡嘉兴传旨。

选《紫阳书院课艺三集》。

前岁冬月，选《宋元三家诗》，至是七月，告成。

八月二十三日，同在籍大臣彭启丰、韩彦曾、许集叩祝乾隆帝万寿。诸人所作共计七言律诗200首，相与歌颂朝廷和乾隆帝。

九月初七，卒于家。

乾隆三十五年庚寅，1770

种松命维熙求碑文于彭启丰，彭启丰作《光禄大夫太子太师礼部尚书沈文悫公墓铭》。种松又分别求碑文于钱陈群、袁枚。钱陈群作《赠太子太师大宗伯沈文悫公神道碑》，袁枚作《太子太师礼部尚书沈文悫公神道碑》。种松等乃于十二月癸酉葬先生于元和（故地在今苏州）之姜村祖墓。

乾隆四十三年戊戌，1778

江苏东台县徐述夔《一柱楼诗》案发。先生因作《徐述夔传》，被牵涉其中。是年十一月，乾隆帝将先生所有官爵及官衔谥典尽行革去，其乡贤祠牌位亦一并撤除，乾隆帝所赐祭葬碑文，也被当局遵旨仆倒。

先生子种松为国学生，未仕，此时已去世。种松子十四人：长子维熙，因先生而获乾隆帝赐予举人，未中进士，亦未为官，此时亦已去世，无子；二子维燕、三子维然，俱19岁，俱读书，尚未进学；四子维焘，16岁，为布铺学徒；五子维杰、六子维煦、七子维鱼、八子维点，俱14岁，俱读书未考；九子维默，12岁；十子维照、十一子维焄，俱11岁；其余三子为维罴、维蒸、维熟，皆9岁，俱读书。

乾隆四十四年，1779

乾隆帝写《怀旧诗》，其中有《故礼部尚书衔原侍郎沈德潜》，言先生之为徐述夔作传，乃为了润笔："盖因耄而荒，未免图小利。设曰有心为，吾知其未必。"

后　记

2019年冬，我偶然看到江苏省社科院江苏文脉专项第二批招标的项目目录，稍经斟酌，选择了其中的《沈德潜传》投标。感谢项目评审组专家们，他们把这个项目给了我。

研究沈德潜，难度无疑不小。20世纪80年代初，苏州大学中文系明清诗文研究室油印刘百生编的《明清诗文研究论文索引》。该《索引》显示，从1911年到当时，除了对"九州生气恃风雷"一诗的赏析外，研究清代诗歌的论文稍可观的，也就小几十篇而已。现在的学术界，关于沈德潜研究的论文和著述已经很多了，做这个课题，再要有所发明，甚至是有所刷新，很难。此其一。沈德潜《唐诗别裁集》等诗歌选本，就时间而论，覆盖了除宋元代以外的从上古到清代当时的诗坛。沈德潜的学术文章，以经史子集为研究对象者也不少。因此，沈德潜虽然不以学问名，但其学问的体量还是比较大的。把握这样大的学问体量，难度之大可知。此其二。沈德潜是诗人，对他诗歌的研究，自然是本课题的重中之重。诗词是古代文学中研究难度最大的文体。难点不是其中的典故，而是和文本相关的事件。小说、戏剧甚至散文，所写事情的情节都是自足的，而诗歌中写的情节所涉及的与本事相关的诸般信息是不必自足的，实际上，自足的是很少的，往往是碎片化、含蓄的，甚至是晦涩的。沈德潜的写作年代，正是清王朝高压政治的鼎盛时期，某些诗歌中的事件和主题藏得很深，今天就更加难以明白了。此其三也。

那么，这项研究的成果到底有没有在前人的基础上有所推进呢？应该是有的。例如，对沈德潜诗歌理论的重构，还有对沈德潜若干诗歌本事的考证、对其诗歌艺术的把握和论述，还有对相关观念的评析等等，都是其大者。最为基本的，是对沈德潜作为一个士人的认识，此书更加全面一些。从表面上看，在政治高压、科举制度及其弊病、乾隆帝的非凡恩威等的作用下，沈德潜就是一团面团而已，谨慎、庸懦、迂腐，有时甚至媚态可厌，可是，我的研究结果表明，传统士人对社会责任的坚守在他身上并没有消失，而是以曲折的形式体现出来。康熙帝六次南巡到苏州，他没有一首诗歌歌颂。康熙帝在处理江南所谓“海案”过程中的异常残暴，处理王掞和十二御史上书事件中的猜忌冷酷等，他倒有诗歌纪之，不过隐藏得比较深罢了。这些诗歌，他晚年编定诗集的时候并没有删除。至于《清诗别裁集》中选叶燮《湖天霜》、孙蕙《浚河行》并且加上相关说明，则让我们见识了他的狡狯。从沈德潜的此类诗歌艺术和选诗策略，我们也可以看到在残酷的政治高压下，传统士人对社会使命的自觉坚守。

20 世纪末，我完成了《乾嘉代表诗人研究》一书，后来就很少写研究诗歌理论和诗歌艺术的文章。原因是，我对诗歌这种体裁的认识都体现在此书中了。从那以后，尽管我还有意写了不少诗歌，但我对这种体裁的认识还是没有可观的进步，如果再用几乎同样的认识去研究别的诗歌理论或作品，意义不大。因缘凑合，我得到了这个项目，就只能以我现今的对诗歌这种体裁的认识来论述沈德潜这样一位大家的诗歌理论、诗歌创作和所选诗歌总集了。现在看来，较之 20 世纪末，我对诗歌这种体裁的认识也还是有明显进步的。

人物研究、作品研究、作家研究、流派研究、传播与接受研究，是文学研究的常见模式。作家研究是其中最为基本、最为重要的模式，对研究者的要求是比较全面的。我发表的第一篇论文是 1982 年上半年写的作家论《论宋湘》。《沈德潜传》很可能是我做的最后一个作家研究，代表我目前在作家研究方面所能够达到的高度。

本书图片，都由及门沈黎女士提供。

2022 年 11 月 12 日于苏州独墅湖畔